WILEY FINANCE
2011年度国家出版基金资助项目

"十二五"国家重点图书出版规划项目
当代财经管理名著译库

THE FRANK J. FABOZZI SERIES

（美）弗兰克·J.法伯兹　著
张敦力　赵纯祥　李银香　主译

Fixed Income Analysis

Second Edition

固定收益分析

东北财经大学出版社
Dongbei University of Finance & Economics Press
WILEY
大连

图书在版编目（CIP）数据

固定收益分析（第二版）/（美）法伯兹（Fabozzi，F. J.）著；张敦力，赵纯祥主译．—大连：东北财经大学出版社，2011. 12
（威立金融经典译丛·法伯兹系列）
ISBN 978-7-5654-0650-8

Ⅰ. 固…　Ⅱ. ①法…②张…③赵…　Ⅲ. 债券市场-研究　Ⅳ. F830. 91

中国版本图书馆 CIP 数据核字（2011）第 265731 号

辽宁省版权局著作权合同登记号：图字 06-2008-14 号

Frank J. Fabozzi：Fixed Income Analysis

东北财经大学出版社出版
（大连市黑石礁尖山街 217 号　邮政编码　116025）
教学支持：（0411）84710309
营 销 部：（0411）84710711
总 编 室：（0411）84710523
网　　址：http：//www. dufep. cn
读者信箱：dufep @ dufe. edu. cn
大连图腾彩色印刷有限公司印刷　　东北财经大学出版社发行

幅面尺寸：185mm×260mm　字数：942 千字　印张：38 1/4　插页：1
2011 年 12 月第 1 版　　2011 年 12 月第 1 次印刷

责任编辑：刘东威　孙　平　刘　佳　　责任校对：百　果
封面设计：冀贵收　　版式设计：钟福建

ISBN 978-7-5654-0650-8
定价：78.00 元

译者前言

高风险要求高回报已经成为投资领域的至理名言，但正如本书所言，尽管投资行业富有丰厚的回报，但并非每个人都能足以胜任，它需要你能够熟练地将该领域复杂的知识体系转化为投资决策和管理的技能。

作为注册金融分析师（CFA）协会投资学系列教材之一的《固定收益分析》（第二版），凝结了投资行业内众多精英的智慧与经验，不论你是这个行业的新秀还是元老都能从中获得重要的知识和能力。这次全面修订的新版著作，全面涵盖了固定收益分析领域最重要的问题，深入浅出地讲授了固定收益市场、与固定收益证券投资有关的风险、债券估价和利率风险的基本原理等知识，还进一步研究了附有嵌入期权的固定收益证券的估价、结构化产品（包括抵押支持证券和资产支持证券，以及与2008年美国金融危机有关而被普遍关注的CDO、CDS等金融衍生工具）的特点、信用分析的原理以及如何根据投资目标构造投资组合等问题。

原著篇幅宏大、内容深邃，翻译任务重、难度高，为提高翻译质量和避免对专业词汇理解上的个人偏好，译者自接到翻译这部宏篇巨著的任务以来，组织了来自全国会计领军（后备）人才班的学员和中南财经政法大学的博士与硕士研究生20余人，分成三个小组同时进行翻译，组长分别由张敦力、赵纯祥和李银香担任，审校小组同时对各小组的译稿进行全面核校后对有分歧的内容交由专家组审定，全书最后由张敦力和赵纯祥审校。各小组成员（按拼音排序）完成的主要工作如下：

储艳林：第3至5章；杜菲：核校第15至24章；侯华庆：第10至11章；黄晖：第14至15章；黄江涛：第7至9章；江山：第9至10章；李殿承：第11至13章；李建绍：第14至15章；李姝楠：核校第1至14章；李银香：第3至15章；刘宁：目录、前言、第1章；马丹：第23章；彭斌：第21至22章；沙莎：第22至24章；唐宇璇：勒口文字、封底文字、前言、致谢、导论、四舍五入差异的注解、第15章；王家媛：核校第1、3、4、5、11、15章；王一淮：第17至19章；魏春奇：第15至17章；翁冬冬：第20至24章、索引；吴从曙：第19至20章；夏存海：第9至10章；熊浩：目录、简介、第10章；熊云：第2至4章；杨发勇：第6至8章；余建国：第10至11章；张敦力：目录、前言、第1至12章；张东海：第14至22章、索引；张均平：第4至7章；张星燎：第9至12章；赵纯祥：第15至24章；赵兰芳：第10至14章；钟建斌：第21至22章。

本书译校历时四载，东北财经大学出版社社长方红星教授鼎力支持和悉心鼓舞，财会编辑部主任李智慧博士、教学支持中心主任孙冰洁女士和国际合作部编辑刘东威老师、刘佳老师，以及综合编辑部主任孙平老师等倾尽心力，感激之情难以言表！

由于译者水平和时间有限，错谬之处恳请读者批评指正，以便再版时一一完善。

译者于南湖之滨
2011年秋分

作者简介

弗兰克·J. 法伯兹，博士，注册金融分析师、注册会计师，是耶鲁大学管理学院金融专业的兼职教授及固定收益和衍生品领域的顾问。他是耶鲁大学国际金融研究中心的研究员。1986 年至 1992 年，他在麻省理工大学的斯隆管理学院做访问教授。他是 Black Rock 基金集团和 Guardian 基金集团的董事。

法伯兹博士出版了许多广受好评的著作。他和已故的 Franco Modigliani 教授合作了三本书，后者获得了 1985 年诺贝尔经济科学奖。他和 Harry Markowitz 合编了《投资管理理论与实践》(*The Theory and Practice of Investment Management*)，后者是 1990 年诺贝尔经济科学奖的共同获奖人。

他是“*Journal of Portfolio Management*”的主编，是“*The Journal of Fixed Income*”，“*The Journal of Structured Finance*”和“*Risk Letters*”杂志的副主编。

1994 年，法伯兹博士获得了诺瓦东南大学的人文学名誉博士。在 2002 年 11 月，他进入了固定收益分析师社会名人馆。名人馆于 1995 年建立，目的是表彰在推动固定收益证券和投资组合分析领域的杰出实践者的终生成就。

2003 年，他被任命为普林斯顿大学经营研究和金融工程部的咨询委员。法伯兹博士是中国资产证券化网站（www. chinasecuritization. com）的名誉顾问，主要的任务是“推动资产证券化的理论和实践研究，加快证券化市场的起步和发展，为中国的证券化实践提供技术支持”。

法伯兹博士 1972 年获得纽约市立大学研究中心经济学博士，1970 年获得了纽约城市大学经济学的学士和硕士学位。

参著人员

Mark J. P. Anson，博士，注册金融分析师、注册会计师等

Mark Anson 是加利福尼亚公共雇员退休金系统（CalPERS）的首席投资官。他负责管理 CalPERS 投资的所有资产类别。Anson 博士在芝加哥西北大学法学院获得了法律学位，而且毕业时是“*Law Review*”杂志的执行/出版编辑。他从纽约市的哥伦比亚大学商学院获得了硕士和博士学位，毕业时获得了贝塔·伽玛·西格玛（Beta Gamma Sigma）奖章。Anson 博士是纽约和伊利诺斯州律师协会的会员。他获得了注册金融分析师资格，特许另类投资分析师、注册会计师、注册管理会计师和注册内部审计师资格。Anson 博士已经出版了关于信用衍生品、另类资产和衍生品的税收与会计方面问题的著作，在专业期刊发表了 70 多篇文章。

Kenneth B. Dunn，博士

Kenneth B. Dunn 从 2002 年 7 月起担任卡内基梅隆大学泰珀商学院院长。同时作为摩根斯坦利投资管理公司的常务董事管理固定收益组合，任期 16 年，是美国核心固定收益团队和摩根斯坦利抵押债券团队的合作董事，是 Miller Anderson& Sherrerd 投资公司（1996 年由摩根斯坦利创立）的合伙人。在 Miller Anderson 担任职位之前，他是卡内基梅隆大学终身金融经济学教授，在 1982 年获得了杰出教育奖，1986 年在加拿大英属哥伦比亚大学担任 Leslie Wong Distinguished 教授（访问职位）。他在主流金融学研究杂志上发表了基于期权方法的抵押债券分析和估价的前沿研究。Dunn 博士现在是“*Journal of Fixed Income*”杂志的副主编。1979 年他获得了美国普渡大学工商管理博士，1976 年和 1974 年分别获得了俄亥俄州立大学商业管理的硕士和学士学位。

Frank J. Fabozzi，博士，注册金融分析师、注册会计师

Frank J. Fabozzi，博士，注册金融分析师、注册会计师，是耶鲁大学管理学院金融专业的兼职教授和固定收益和衍生品领域的顾问。他是耶鲁大学国际金融研究中心的研究员。1986 年至 1992 年，他在麻省理工大学的斯隆管理学院做访问教授。他是 Black Rock 基金集团和 Guardian 基金集团的董事。

他是“*Journal of Portfolio Management*”的主编，是“*The Journal of Fixed Income*”，“*The Journal of Structured Finance*”和“*Risk Letters*”杂志的副主编。2002 年 11 月，他进入固定收益分析师社会名人堂。Fabozzi 1972 年从纽约市立大学研究中心获得了经济学博士，1970 年从纽约城市大学获得经济学学士和硕士学位。

J. Hank Lynch，注册金融分析师

Hank Lynch 是道富环球市场上货币期权的常务董事和国际总裁。以前他在美国富利银

行担任常务董事和外汇市场的高级期权交易商，曾是该银行全球客户基础的货币期权的做市者，他将积极的投资组合方法运用于风险管理和银行的货币衍生品投资中。在加入美国富利银行之前，他在 Scudder，Stevens and Clark 公司担任副总裁，是公司的国际债券管理团队的成员，关注投资组合分配和定量策略。在 Scudder，Stevens and Clark 公司时，Lynch 也从事定量债券研究，他主要研究收益率曲线策略、相对价值分析和结构化的债券分析。他在安玛斯特学院拿到学士学位，并获得注册金融分析师资格。

Jack Malvey，注册金融分析师

Jack Malvey 是雷曼兄弟公司常务董事和首席全球固定收益战略家，主要负责雷曼兄弟公司每周出版的《全球相对价值》，还负责全球家庭指数和定量投资组合战略小组的工作。在 1992 年以公司债券战略家的身份加入雷曼兄弟公司之前，Malvey 是 Kidder Peabody 公司的债券研究董事，是穆迪投资者服务公司的分析家。作为一名注册金融分析师，Malvey 先生是固定收益分析家协会的前任主席，在 2003 年 11 月，进入社会名人堂。Malvey 先生在乔治城大学、沃顿商学院、哥伦比亚大学、纽约大学理工分校和耶鲁商学院做过演讲。在过去的 12 年中，他是机构投资者年度固定收益研究调查第一团队的债券战略家。1993 年、1994 年、1995 年、1996 年和 1997 年，Malvey 先生被选为公司债券战略机构投资者第一团队成员。在从公司固定收益产品战略家转型为一般固定收益产品战略家后，在 1997 年、1998 年、1999 年、2000 年、2001 年、2002 年和 2003 年，Malvey 先生被选为一般固定收益战略机构投资者第一团队成员。Malvey 在乔治城大学获得经济学学士，毕业后在纽约的社会研究新学院完成了经济学硕士研究工作。

Mark Pitts，博士

Mark Pitts 是新泽西州的白橡木资本管理公司的负责人，在成立白橡木资本管理公司之前，Pitts 博士是雷曼兄弟公司的高级副总裁。在公司中他成立并从事利率互换产品的交易工作，他还是公司期货部门定量战略小组的董事。他是“*Journal of Portfolio Management*”杂志编辑委员会的成员，是“*Advances in Futures and Options Research*”的副主编。Pitts 博士的文章在主流学术和从业者杂志上发表。他是“*Interest Rate Futures and Options*”一书的合著者（Probus Publishing，1990）。他在杜克大学获得经济学博士学位。

Shrikant Ramamurthy

Shrikant Ramamurthy 是格林尼治资本公司的高级副总裁和合伙人。在那之前，他是保诚证券公司固定收益研究的高级副总裁和董事，他主要负责应征税的固定收益策略和定量研究。他发表了套期保值、资产/负债管理、利率互换、期货期权和 OAS 模型方面的论文。Ramamurthy 先生在额拉姆大学获得了学士学位，在杜克大学获得 MBA 学位。

Roberto M. Sella

Roberto M. Sella 是摩根斯坦利的常务董事，他是摩根斯坦利美国固定收益投资智囊团的成员，是抵押债券和核心级以上固定收益债券团队成员。在加入摩根斯坦利之前，他是巴黎经济合作和发展组织的顾问。之前，他在联邦储蓄委员会工作。Sella 先生在威斯康星大学获得了经济学理科学士、美国大学优等生荣誉，在宾夕法尼亚州立大学沃顿商学院获得了

金融方向的 MBA 学位。

Christopher B. Steward，注册金融分析师

Christopher B. Steward 是惠灵顿管理公司及 LLP 的副总裁和投资顾问，他和投资经理、公司的宏观分析家、资产分配战略家一起工作，主要负责向惠灵顿公司的客户和潜在客户说明公司对不同资产类别的投资策略。Steward 先生之前的职位包括在百能（Putnam）投资公司担任全球固定收益和全球资产配置的客户投资顾问，在 Scudder, Stevens and Clark 公司担任研究分析师和全球债券小组的投资组合经理。Steward 先生在纽约联邦储蓄银行担任了 5 年的高级市场分析师。他在剑桥大学获得了经济学硕士学位，在瓦瑟大学获得学士学位。Steward 先生获得了注册金融分析师资格，在布蓝德斯大学国际经济和金融研究院担任兼职教授。他发表了其他关于国际债券投资的著作，包括 John Wiley & Sons 的“*Perspectives on International Fixed Income Investing*”一书中的两章。

前言

有种观点认为，债券市场是流动性的一个重要源泉，了解任何金融市场都必须包括对债券市场这一功能的正确评价。由于债务在现代金融市场每一层面所发挥的核心作用，上述观点在今天的金融市场显得比以往任何时候都更为正确。因此，任何想在金融领域拥有更高造诣的学生或者从业者至少应当熟悉现行固定收益证券及其相关的衍生品和结构性产品。

本书是对先前两册注册金融分析师（The Chartered Financial Analysts，CFA）备考用书进行全面修订的新版本。与前两册不同，这一版本已经超越了CFA的最初职责范围，它为固定收益分析的关键问题提供尤为全面而又脍炙人口的解决方案。本书内容的广度和质量已从它被很多大学列为金融课程的基础教材中体现出来。对于本书的读者，你无论是完整地通读它，还是随便地翻阅其中的一部分，都能在更加深入地了解债务工具及其为全球金融市场提供的流动性等知识技能方面跨上一个新的台阶。

我研究债券市场始于20世纪60年代。当时，债券被认为是单调乏味而令人厌倦的，对“误入了金融界这潭缺乏生机的死水”这一观点的赞同之辞，我常常不期而遇。的确，有位早期债券市场指数的设计者（不是我）就曾以宣称债券是“呆板的、枯燥的、单调乏味的!”作为演讲的开始。

在债券早期发展阶段，债券市场包括美国财政部、机构、市政当局以及一些高评级公司发行的债券。这些债券的结构通常相当简单，包括固定面值债券、指定到期日债券、直接赎回债券以及一些偿债基金。二级市场几乎没有交易，银行和个人一般持有新发行的免税债券，然而应税债券一般由保险公司和养老基金持有。尽管相对于权益市场，债券市场上发行在外的债券总规模是相当大的，但是相对于股票，二级市场的债券交易规模还很小。

对大多数债券而言，债券锁藏于冻结的投资组合中。息票仍然是真正地被“裁剪下来”，然后交出去，以便收到利息款项（在那时，“剪刀”是债券投资组合管理的主要工具之一）。这种状态反映了当时的环境——债券购买机构的文化是相当传统的（“顽固不化”可能稍显刻薄），债券基本上被认为是收入的来源，而不是创造短期收益的机会，并且企业和市政部门高昂的交易费用削减了任何来自交易的预期利润。

然而，时代在变，在金融领域中，只有固定收益市场见证了一个更快的“发展”——或许说成一场“革命”更为合适。利率引起了价值的大幅波动，这在以前被认为是不可想象的。新的工具相继出现，形成了标准格式，并且以强有力的步伐和庞大的日成交量迅速涌入巨大的市场中。结构化产品、互换和多种多样的期权，已成为许多风险转移方式的必要组成部分，它们使今天的债券市场充满活力。

本书将带领读者踏上一个令人振奋、与20世纪60年代缓慢步伐形成鲜明对比的现代债券市场之旅。本书将从描述债券当前的生动场面入手，在全面概述这些内容后，第2章立即深入研究与一切投资工具有关的基本问题——什么是风险？相对于权益和不动产等其他市场，债券历来被视为风险较低的工具。然而，在今天的固定收益领域，衍生品和结构化过程创造出真正多样化的投资机会，其收益与风险的范围尤为广阔。

国债收益曲线赋予了期限结构和到期风险一个新的透明度，这相应增强了对特定时期最低风险投资的识别能力。国债曲线中界定更为精确的期限结构能够帮助分析非国债证券的利差变动。非国库券市场包括企业、机构、抵押、市政和国际信贷。如今这些债券的总发行量已远远超过了国债的总发行量。要了解市场各部门的信用/流动性之间的关系，必须掌握影响它们定价的收益利差及其相互影响因素。只有这样，才能明白一个特定债券是如何被定价的，以及如何识别债务收益和风险的多维决定因素。

随着对固定收益估值多层次研究的深入，形成分析所有投资形式（而不只是债券）基础的这些相同因素将会显而易见。在每一个市场上，既有即期利率、远期利率，也有更为综合的收益计量指标。在过去，这种结构性的做法，可能被归入深奥领域抑或学术领域而束之高阁，但在当今市场，这些资本结构和期限效应等方面更为复杂的方法已被应用到日常的估价程序。

在过去的几十年，证券化固定收益工具的所有新形式已经形成并呈规模性增长，例如，抵押支持、资产支持和结构化贷款债券。这些债券大体上已成为家庭资产和全球经济流动性的关键。追踪流动性和信贷是如何通过各种渠道通向最终需求者的关键是，明白这些资产的构成、运作以及为何能够吸引来源于各种渠道的资金。

信用分析是另一个在过去数年经历了根本性变化的领域。昔日简单的标准比率计量已被基于期权理论的市场导向分析和资本结构新方法所补充。

债券组合的积极管理已经成为一个巨大的产业，大量基金投资于此，以期获得超过基准指数的收益。如今，固定收益市场的单个证券已经远远超过了权益市场，但是，这些债券被嵌入期限结构和利差矩阵，使得联系更加紧密和可靠。固定收益债券的经理可以运用这些紧密联系来构建紧密的债券组合，用以从总体上控制基准风险，并且还有充足的空间运用于行业选择、收益曲线配置和信用利差来获得阿尔法收益率。大家都认识到，由于很多主要市场参与者面临监管和/或功能的限制，导致固定收益市场长期开发的失效。越来越多的例子证明，这些从积极的债券管理中获得所谓的阿尔法收益，正在通过衍生金融工具（可能是以杠杆的形式）运送到基金资产配置结构的任何头寸中去。

在信用利差和信用风险的管理方面，信用违约互换（credit default swaps，CDS）和其他类型的信用衍生品飞速发展，以至于可以凭借自身的实力形成一个重要的市场。通过对信用风险进行重新分配和分散处理，信用违约互换风险在整个经济中对持续提供流动性起到了关键作用。这些结构化产品和衍生品可能是从固定收益市场演化来的，但是现在它们可谓登峰造极。例如，信用违约互换已经被一些权益管理者作为对冲某种类型权益风险的有效工具。

养老基金在世界范围内的成熟与较苛严的会计/监管环境共同滋生了许多新的管理方法，如盈余管理、资产/负债管理（ALM）或负债驱动型投资（LDI）。这些技术既与现金流量匹配的较早形式、利率变动风险防范策略（immunization）结合使用，也与长时间久期组合、各种类型的互换和衍生品的使用相结合，以减少基金面临的名义和/或实际利率变动的风险。由于限定收益和限定贡献种类的养老基金资产在美国就达 14 万亿美元，所以每一位学习金融的学生都有必要理解这些负债及其与各种固定收益工具之间的联系。

作为一个长期从事金融从业人员教育和资格审查工作的主要组织机构，CFA 协会是为该学科提供平衡及客观视角的理想倡导者。运用它独特的专业网络，CFA 协会能够召集本领域中最有权威的资源来发展、审查和更新每一章节。本书主要作者和编辑弗兰克·法伯兹先生，被认为是固定收益领域最有学识、作品最多的专家之一。法伯兹博士在麻省理工、耶鲁以及宾夕法尼亚大学都有任职，并且和佛朗哥·莫迪格里亚尼（Franco Modigliani）、亨利·马科维茨（Harry Markowitz）、吉福德·方（Gifford Fong）、杰克·马尔维（Jack Malvey）、马克·安森（Mark Anson）以及固定收益领域中其他权威学者合写过文章。不可能有比他们更好的编者/作者和倡导者团队了。因此，他们能够成功地创造出这一通向现代固定收益世界的宝贵指南并不为奇。

过去的30年，与权益市场和其他金融市场相比，债券市场或许是金融市场里变化最快的。可惜的是，债券市场的广泛发展以及在如此众多不同领域和形式上的扩展，使得人们想要在这一领域获得良好的知识技能并不容易。而这本可读性强、颇具权威性以及全面综合的教材，则可以使读者通过了解所有市场最为基础的知识，来帮助他们实现这一目标。教材中较为专业的部分，也会被证明是从业者为满足他们职业生涯之需而反复翻阅的一项资源。

马丁·利博维茨（Martin L. Leibowitz）
摩根斯坦利资本国际执行董事

目　录

第 1 章 债务证券的特征

1.1 引言

在投资管理领域，最重要的决策就是如何把资金配置到不同种类的资产中。两种最重要的资产就是权益证券（equities）和固定收益证券（fixed income securities），其他可供选择的资产还有房地产、私募股本、对冲基金和商品等。本书的重点是讨论上述两种最重要资产中的固定收益证券。

有人在年轻的时候就因为投资一家小公司的股票而赚了足够多的钱来养老——谁没有听过这样的故事？而当大多数人被这样令人振奋的故事激起对投资的兴趣的时候，我们将会发现在学习固定收益证券过程中，各种各样的证券结构开辟了一片令人着迷的学习领域。虽然固定收益证券经常被媒体突出报道的股票市场所掩盖，但是它在个人及机构投资者的投资组合中扮演着一个非常重要的角色。

从最简单的形式看，固定收益证券就是某一主体的财务责任（financial obligation），该主体承诺在未来特定日期支付一笔特定金额的货币。作出支付承诺的主体被称为证券发行人（issuer），如美国联邦政府和法国政府之类的中央政府、房利美（Fannie Mae）和房地美（Freddie Mac）之类由美国国会特许的有中央政府背景的房屋贷款供应商等机构、美国纽约州政府和巴西里约热内卢市政府之类的市政当局、美国可口可乐公司（Coca-Cola）和英国约克郡供水公司（Yorkshire Water）之类的公司以及类似于世界银行的国际组织等。

固定收益证券可分成债务权证（debt obligations）和优先股（preferred stock）两大类。对于债务权证而言，发行人被称为债务人（borrower），购买该权证的投资人被称为债权人（lender 或 creditor）。发行人承诺在特定日期支付的款项（payments）包括利息和本金两部分，其中，本金代表所借入资金的偿还（repayments）。诸如债券、抵押支持证券（mortgage-backed securities，MBS）、资产支持证券（asset-backed securities，ABS）以及银行贷款（bank loans）等，都是固定收益证券中的债务权证。

与债务权证所体现的债权债务关系不同，优先股（preferred stock）体现了股东对公司的所有权利益。支付给优先股股东的股息体现了公司的利润分配。与普通股股东不同，优先股股东只能获得合同约定的股息收入。此外，优先股股东的股息支付先于普通股股东的股利支付。在公司破产的情况下，优先股股东先于普通股股东获得补偿。因此，优先股是一种具有与债券相似特征的权益证券。

在 20 世纪 80 年代以前，固定收益证券是简单的投资工具。不考虑债券发行者的违约风险，债券投资者知道将会获得多长时间的利息以及何时能够收回本金。而且，大部分投资者购买债券的意图是持有至到期。但在 20 世纪 80 年代之后，固定收益领域发生了变化。首先，固定收益证券变得更加复杂。许多固定收益证券具有的特征使投资者难以判断何时能够收回本金以及将会获得多长时间的利息，部分固定收益证券的利息金额也难以确定。其次，这些持有至到期的投资者已经被积极从事固定收益证券交易的机构投资者所取代。

我们将频繁地交替使用“固定收益证券”（fixed income securities）和“债券”（bonds）这些术语。此外，有时还将使用“债券”一词作为抵押支持证券、资产支持证券和银行贷款等的统称。

本章将考察固定收益证券的各种特征，下一章将解释这些特征如何影响与投资固定收益证券有关的风险。书中示例大多使用在美国发行的固定收益证券，因为美国的固定收益市场拥有众多的发行者以及多样化的特征，是世界上规模最大的固定收益市场。近些年来其他国家的固定收益市场也有了长足的发展，债务人也从单一的银行贷款者向固定收益证券发行者转变，这种趋势可望持续下去。

1.2 债券合约与条款

一份债券合约（a bond's indenture）详细列明了债券发行者的承诺和债券持有者的权利。债券持有者有时很难确定债券发行者是否履行了合约中的所有承诺。这个问题可以通过引入一个托管人（trustee）作为债券或者债务合同的第三方来解决，债券合约确认托管人为债券持有者利益的代表。

债券合约中既有积极条款（affirmative covenants），也有消极条款（negative covenants）。积极条款列明债务人承诺履行的行为。最常见的积极条款包括：（1）及时支付利息和本金；（2）支付所有的税金和其他到期的权利；（3）确保债务人经营的所有财产完好无损；（4）向托管人定期提交报告说明自己履行了贷款协议。消极条款列明对债务人行为的某种限制和约束，较为常见的限制条款是那些对导致债务人增加额外债务的行为进行的限制，除非符合特定测试的要求。

1.3 到期期限

债券的到期期限（term to maturity）是指尚未偿付债务的年限或者偿还最后一笔本金之前尚余的年限。债券的到期日是指债务不复存在的日期，债券发行者将在该日通过支付所有尚未支付债务的余额来赎回债券。债券的到期日通常在设定债券合同条款的时候确定下来，如债券合同条款中规定：“到期日为2020年12月1日。”

债券市场中通常简单地使用“到期”（maturity）或者“期限”（term）来指代债券的“到期期限”（term to maturity）。正如后文所解释的，债券合约中可能有允许债券发行者或者债券持有者修改某些债券“到期期限”的条款。

一些市场参与者把期限为1~5年的债券称为短期债券，把期限为5~12年的债券称为中期债券，把期限为12年以上的称为长期债券。

债券可以有任意的到期期限，最长期限一般为30年。但是，Walt Disney在1993年7月发行了到期日为2093年7月15日的债券，期限长达100年；1993年12月，Tennessee Valley Authority发行了到期日为2043年12月15日的债券，期限长达50年。

为什么债券的到期期限如此重要？原因有三：（1）到期期限意味着债券持有者预期获得利息收入以及收回所有本金之前的年限。（2）债券提供的收益取决于到期期限。债券期限与收益率之间的关系被称为收益率曲线（yield curve），将在第4章讨论。（3）由于市场利率的变化，债券价格将会在其存续期内进行波动。债券价格的波动是到期期限（和其他变量）的函数。正如第7章讨论的那样，在其他因素不变的情况下，债券的期限越长，其价格随利率变化而波动的幅度越大。

1.4 票面价值

债券的票面价值（par value）是指债券发行者承诺在到期日支付给债券持有者的确定金额。票面价值又被称为本金价值（principal value）、面值（face value）、赎回价值（redemption value）和到期价值（maturity value）。债券可以有任意金额的票面价值。

因为债券有不同的票面价值，所以实务中习惯按照票面价值的百分比来报价。例如，报价100意味着价格为票面价值的100%；如果票面价值为1 000美元的债券卖出价为900美元，则该债券的报价为90；如果票面价值为5 000美元的债券卖出价为5 500美元，则该债券的报价为110。

当计算在美国交易的债券的美元价格时，首先应计算出每1美元票面价值所代表的美元金额，然后再乘以票面价值求得美元价格。在给定市场报价和票面价值的情况下，债券的美元价格如图表1—1所示①。

图表1—1 **债券美元价格计算表**

市场报价	每1美元票面价值代表的美元价格（已四舍五入）	票面价值（美元）	美元价格
$90\frac{1}{2}$	0.9050	1 000	905.00
$102\frac{3}{4}$	1.0275	5 000	5 137.50
$70\frac{5}{8}$	0.7063	10 000	7 062.50
$113\frac{11}{32}$	1.1334	100 000	113 343.75

值得注意的是，债券可以低于或高于票面价值的价格交易。债券以低于票面价值的价格成交的，被称为折价交易（trading at a discount）；债券以高于票面价值的价格成交的，被称为溢价交易（trading at a premium）。其原因将在第2章解释。

1.5 票面利率

票面利率（coupon rate），亦称名义利率（nominal rate），是债券发行者承诺每年支付的利率。在债券到期期限内债券持有者每年获得的利息收入金额被称为票面利息（coupon）。票面利息的金额等于债券的票面利率乘以票面价值，见式（1—1）：

$$票面利息 = 票面利率 \times 票面价值 \qquad (1—1)$$

① 有关四舍五入的内容参见本书序言部分。

例如，某债券的账面价值为1 000美元，票面利率为8%，则每年支付的利息为80美元（1 000×8%）。

在债券发行人描述债券的时候，票面利率与到期日一并标示。例如，符号“6s of 12/1/2020”表示票面利率为6%的债券到期日为2020年12月1日。票面利率后面的字母“s”表示“票息级数”（coupon series），如上例中，它表示“6%的票息级数”。

在美国，通常的做法是，债券发行者每半年支付一次票息，即一年支付两次。抵押贷款支持证券和资产支持证券一般按月支付票息。但是在美国之外市场发行的一些债券，票息只是每年支付一次。

票面利率也会影响债券价格对市场利率的敏感性。正如第2章将要阐述的那样，在其他因素不变的情况下，票面利率越高的债券，其价格随着市场利率变化而变化的幅度越小。

1.5.1 零息债券

不是所有的债券都定期支付票息，合约中没有规定必须定期支付票息的债券被称为零息债券（zero-coupon bonds）。零息债券持有者通过以低于票面价值的价格购入债券的方式获得利息（即折价购买债券）。于是，零息债券的利息在到期日予以支付，其金额为该债券票面价值与买价的差额。例如，一位投资者以70美元的价格购入票面价值为100美元的零息债券，则在到期日该投资者获得的利息为30美元。发行零息债券的原因将在第2章解释。

1.5.2 梯升债券

有些证券的票面利率随着时间的推移而逐步提高，这些证券被称为梯升债券（step-up notes）。例如，一张5年期的梯升债券可能在前两年的票面利率为5%，而在后三年的票面利率为6%；或者，该梯升债券在前两年的票面利率为5%，第三、四年均为5.5%，第五年为6%。上例中，票面利率只发生一次变化（或只有一个阶梯）的证券被称为单次梯升债券（single step-up notes）；票面利率变化超过一次的证券被称为多次梯升债券（multiple step-up notes）。

以下是学生贷款市场协会（Student Loan Marketing Association）在1994年5月发行的5年期多次梯升债券，票息变动一览表如图表1—2所示。

图表1—2 **多梯升债券票息变动一览表**

时间起点	时间终点	票面利率
1994/5/3	1995/5/2	6.05%
1995/5/3	1996/5/2	6.50%
1996/5/3	1997/5/2	7.00%
1997/5/3	1998/5/2	7.75%
1998/5/3	1999/5/2	8.50%

1.5.3 递延息票债券

有些债券的利息支付会延期若干年，也即递延期内无利息支付。从递延期结束之日起，债券发行者开始定期支付利息直至债券到期。债券发行者在递延期之后支付的利息要比从债券发行开始就支付的利息要高，支付高利息是为了补偿债券持有者在递延期内没有获得利息收入所造成的损失。这些债券被称为递延息票债券（deferred coupon bonds）。

1.5.4 浮动利率债券

债券的票面利率在债券存续期内不需要固定不变。浮动利率债券（floating-rate securities），有时亦称可变利率债券（variable-rate securities），即根据参考利率的变动定期重新设定票息的支付额。票面利率在重新设定日按式（1—2）（亦称票面利率公式（coupon formula））确定：

票面利率（coupon rate）=参考利率（reference rate）+报价利差（quoted margin）　（1—2）

报价利差是指债券发行者承诺支付超过参考利率的额外收益。例如，假设参考利率是1个月的伦敦银行同业拆借利率（LIBOR）①，报价利差是100个基点②，则票面利率公式见式（1—3）：

票面利率=1个月的伦敦银行同业拆借利率+100个基点　（1—3）

所以，在票面利率重新设定日如果1个月的伦敦银行同业拆借利率为5%，则重新设定后的月票面利率为6%（5%+100个基点）。

报价利差不一定是正数，也可能是负数，即要从参考利率中减去报价利差求得票面利率。例如，假定参考利率为5年期国库券的收益率，票面利率根据式（1—4）每6个月重新设定一次：

票面利率=5年期国库券的收益率-90个基点　（1—4）

所以，在息票重新设定日如果5年期国库券的收益率为7%，票面利率则为6.1%（7%-90个基点）。

理解款项支付和票面利率设定的机制非常重要。假定一份浮动利率债券每半年支付一次利息并且今天就是票面利率重新设定日，则根据票面利率公式计算出来的票面利率就是债券发行者承诺在6个月后的利息支付日（从今天算起）支付的利率。

浮动利率债券也许会对在任何票面利率的重新设定日将要支付的最高票面利率作出限制，最高的票面利率被称为上限（cap）。例如，假定一份浮动利率债券的票面利率为3个月的短期国库券利率加上50个基点，且上限为9%；如果在票息重新设定日3个月的短期国库券利率为9%，则根据票面利率公式计算出来的票面利率为9.5%。但是，票面利率的上限为9%，因此，对于上述浮动利率债券，一旦3个月的短期国库券利率超过了8.5%，则票面利率不能超过9%。由于“上限”限制了票面利率的提高，因此，投资者对“上限”并不感兴趣。相反，有些浮动利率债券会明确规定最低的票面利率，该最低票面利率被称为“下限”（floor）。如果按照票面利率公式计算出来的票面利率低于下限，则仍然按照下限利率支付利息。因此，“下限”对投资者有吸引力。正如第1.10节解释的那样，上下限均是有效嵌入的期权。

由于大部分浮动利率债券的参考利率就是一种利率或者利率指数，所以票面利率公式中会出现各种各样的参考利率。浮动利率债券的票面利率可能会与外汇汇率相挂钩，也可能与某种商品（如原油）的价格相挂钩，还可能与某种股票指数（如标准普尔500指数）或者

① 伦敦银行同业拆借利率是国际大银行之间为欧洲美元存单设置的利率。

② 在固定收益市场，市场参与者是用基点来表示利率变动或利率之间的差异的，1个基点代表0.0001，或是0.01%，因而100个基点等于1%。例如，利率从5.0%变至6.2%可以说是变动了1.2%，也可以说是变动了120个基点。

债券指数相挂钩。实际上，债券发行者们通过金融工程已经能够构造具有任何一种参考利率的浮动利率债券。一些国家政府债券的票面利率公式是与通货膨胀指数相挂钩的。

美国财政部从 1997 年 1 月开始发行根据通货膨胀调整的债券，这些证券被称为通胀保护国库券（treasury inflation protected securities，缩写为 TIPS）。该票面利率公式中的参考利率是以城市居民消费者价格指数（the consumer price index for all urban consumers，缩写为 CPI-U）衡量的通货膨胀率（关于这些债券的票息支付机制将在第 3 章讨论），美国公司和代理商也发行与通货膨胀挂钩的债券（inflation-linked bonds 或 inflation-indexed bonds）。例如，1997 年 2 月，JP 摩根公司（J. P. Morgan & Company）发行了 15 年期的债券，该债券的票面利率为 CPI 加上 400 个基点；而在同月，联邦住房贷款银行（Federal Home Loan Bank）发行了 5 年期的债券，该债券的票面利率为 CPI 加上 315 个基点；与此同时，联邦住房贷款银行还发行了 10 年期的债券，该债券的票面利率为 CPI 加上 337 个基点。

通常，在浮动利率债券的票面利率公式中，票面利率随着参考利率的增减而同方向变动。但也有些债券票面利率的变动方向与参考利率相反，这些债券被称为反向浮动利率债券（inverse floaters 或 reverse floaters）①。不难理解为什么投资者会对反向浮动利率债券感兴趣，因为那些相信利率会下跌的投资者将有机会获得较高的票面利率。但是债券发行者们不必持相反的观点，因为当利率下跌的时候反向浮动利率债券能够对冲风险②。

反向浮动利率债券的票面利率计算公式见式（1—5）：

票面利率 = K - L × 参考利率　　（1—5）

其中，K 和 L 是在债券发行公告上具体指定的数值。

例如，假定某一反向浮动利率债券的 K 为 20%，L 为 2，则该债券的票面利率计算公式为式（1—6）：

票面利率 = 20% - 2 × 参考利率　　（1—6）

再假定参考利率为 3 个月期的短期国库券利率，则票面利率计算公式为式（1—7）：

票面利率 = 20% - 2 × 3 个月期的短期国库券利率　　（1—7）

如果在票息重新设定日 3 个月期的短期国库券利率为 6%，则在下一个支付期内的票面利率为：

票面利率 = 20% - 2 × 6% = 8%

如果在下一个票息重新设定日 3 个月期的短期国库券利率下降到 5%，则票面利率增加到：

票面利率 = 20% - 2 × 5% = 10%

需注意的是，如果 3 个月期的短期国库券利率超过 10%，根据票面利率公式计算出来的票面利率就是负值。为了避免这种情况的发生，对反向浮动利率债券的票面利率设置了下限；同时，也设置了上限。当 3 个月期的短期国库券利率为零时，票面利率达到上限。在这种不太可能的情况下，上例中的最高票面利率为 20%。

在学习固定收益证券的过程中，我们会遇到各种类型的票面利率公式③，接下来我们将会讨论到。债券发行者们创造出具有离奇票面利率公式的浮动利率债券的原因在于衍生金融工具的运用。为什么这些离奇的票面利率公式会在债券市场中存在？在学习固定收益分析和

① 在机构债券、公司债券以及市政债券市场上，反向浮动利率债券是作为结构化债券创造出来的，我们将在第 3 章讨论结构化债券。抵押贷款支持证券市场中的反向利率债券很常见，其创造过程将在第 10 章讨论。

② 我们将在后述章节中讨论发行人如何使用衍生金融工具来套期保值。

③ 第 3 章将讨论其他类别的浮动利率债券。

投资组合管理过程中正确理解这一问题，现在还为时过早。毋庸说，这些离奇的票面利率公式允许投资者预测利率变动的趋势或者减少利率波动的风险（即利率风险管理）。对于债券发行者而言，为投资者创造离奇票面利率公式的优点在于能够降低借入资金的成本①。债券发行者的立场与投资者的立场似乎是对立的，但实际情形并非如此。事实上，债券发行者通过利用衍生金融工具能够对冲风险以便获得期望的融资类型（如以固定利率或者浮动利率借入资金）。这些离奇的票面利率公式通常会在结构性债券（structured notes）（一种中期债券）中找到，这部分内容将在第3章讨论。

1.5.5 应计利息

债券发行者不是每天都支付利息，相反，在美国通常每6个月才支付一次利息，而在一些国家是每年支付一次。对于抵押贷款支持证券和资产支持证券，利息通常按月支付。利息支付的对象必须是登记在册的债券持有者。因此，如果某个投资者（假设为A）在两个利息支付日之间出售了债券，而该债券购买者（假设为B）持有到下一个利息支付日，则该段时期内的全部利息将被支付给B，因为他（她）是登记在册的债券持有者。A放弃了从上一个利息支付日到卖出日这段时间内的利息。这段时间内的利息，虽然由A赚得但将由B从发行者手中收取，故称为应计利息（accrued interest）。应计利息的计算方法将在第5章讲述。

在美国及其他许多国家，债券购买者必须向出售者支付应计利息。购买者向出售者支付的金额是两者商定的包含了应计利息的债券价格，该金额被称为“全价”（full price），一些市场参与者称其为“脏价”（dirty price）（即含息价格）；而没有包含应计利息的债券价格被称为“净价”（clean price）（即除息价格）。

债券购买者必须向出售者支付应计利息的债券被称为是带息交易的，如果购买者放弃了下一次的利息支付，则该债券被称为是不带息交易的。在美国，债券通常是带息交易的。在美国之外的一些债券市场中，有些债券在利息支付日前的一段特定时间里是不带息交易的。

当然也有不遵循购买者必须向卖出者支付应计利息这一规则的例外情况。最重要的例外情况就是债券发行者没有履行定期支付利息的承诺，即发行者违约。在这种情况下，债券按照不含应计利息的价格出售，即平价交易（traded flat）。

1.6 清偿债券的条款

债券发行者可以在约定的到期日时偿还本金，承诺在到期日一次性偿还借款总额，也即发行者不必在到期日之前偿还本金，这样的债券被称为一次还本债券（bullet maturity）。在美国和欧洲的公司及政府发行者中，一次还本结构是最常见的债券结构。

有贷款支持的固定收益证券（抵押贷款支持证券和资产支持证券）通常具有分次偿还本金的计划表，这样的固定收益证券被称为分期偿还证券（amortizing securities）。对于许多贷款而言，款项支付是被结构化了的，因此在最后一笔贷款已被偿还的时候，总的欠款也就完全偿清了。

带有偿债基金条款（sinking fund provision）的债券也具有分期清偿的特征。这种清偿条

① 这些离奇的票面利率公式实际上是应经纪公司客户的要求所作出的。也就是说，债券推销人员先被需要创造组合来规避风险的固定收益组合经纪人所接洽，接着经纪公司会通知其投资银行集团来联系潜在的发行者。

款可能指定在临近到期日时偿付所有的发行总额或者仅偿付总额中的一部分。这些条款将在本节的稍后部分讨论。

具有赎回条款（call provisions）的债券赋予发行者在规定的到期日之前完全赎回或者部分赎回债券的权利。某些债券明确指定发行者必须定期赎回预先确定的债券金额。各类赎回条款详述如下。

1.6.1 债券赎回及换新条款

债券发行者通常想拥有在规定的到期日前赎回债券的权利。当债券发行者认识到未来某个时候利率将足够低于发行债券票面利率时，赎回原债券并代之以更低票面利率发行的新债券，则更符合发行者的经济利益。然而这对于债券持有者而言是不利的，因为他们获得的收益不得不再投资于利率更低的债券。所以，那些打算发行附有赎回条款债券的发行者们必须对债券持有者进行补偿，要么以较高的票面利率发行，要么以比不附赎回条款债券低的价格发行。

发行者拥有的这种在规定的到期日之前赎回债券的权利称为赎回条款，如果发行者行使这种权利，他们就赎回了债券。发行者在赎回债券时必须支付的价格被称为赎回价格（call price 或 redemption price）。

债券发行后，发行者在几年内不能赎回债券的情形较为典型，即债券延期赎回（deferred call）。债券第一次被赎回的日期称为首次赎回日期（first call date）。如 Walt Disney 发行的2093 年7 月15 日到期、票面利率为7.55%的100 年期债券，其首次赎回日期为2023 年7 月 15 日；Tennessee Valley Authority 发行的 2043 年 12 月 15 日到期、票面利率为6.875%的50 年期债券，其首次赎回日期为2003 年12 月15 日。

债券可以全部赎回，也可以部分赎回。当部分赎回债券的时候，被赎回部分可以是随机选择，也可以是按比例（pro rata basis）选择。当随机选择赎回部分的时候，电脑程序被用来挑选赎回部分的序列号，随后被选中的序列号将在《华尔街日报》或其他主要城市的日报上公布。按比例赎回意味着债券持有者可以按相同的比例使其持有的债券被赎回（必须遵循最小赎回单位的限制）。按比例赎回在公开发行的债券中比较少见，但是在直接发行或者私募发行的债券中较为常见。

若发行的债券赋予了发行者在规定的到期日之前赎回的权利，则该债券被称为可赎回债券（callable bond）。在美国发行的公司债券中可赎回债券结构曾经一度很普遍，然而，20 世纪90 年代中期以后，一些信誉良好的公司债券发行者越来越少发行可赎回债券。相反，最流行的结构是前文提及的一次还本债券。与此相对应，一些信誉较差的发行者仍然在发行可赎回债券[①]。历史上，可赎回债券在欧洲不如在美国流行。

1. 赎回价格

当发行者行使选择权赎回债券时，赎回价格可以是不考虑赎回日期的固定价格，也可以是基于赎回时间表中指定的价格，还可以是基于凑整升水条款（make-whole premium provision）的价格。我们将使用 Anheuser-Busch 公司发行的各种债券来阐述确定赎回价格的三种方式。

---

① 正如第2 章所要解释的，高信用质量发行人被称为“值得投资级别”发行人，低信用质量发行人被称为“不值得投资级别”发行人。当低信用质量发行人仍大量发行可赎回债券时，信用较好的发行者却减少发行的原因，我们将在稍后解释。

（1）不考虑赎回日期的单一赎回价格。1997 年 6 月 10 日，Anheuser-Busch 公司发行了到期日为 2007 年 6 月 15 日、票面利率为 7.1% 的债券 2.5 亿美元。债券发行公告的部分内容如下：

……公司选择 2004 年 6 月 15 日或以后的任何时间赎回债券，陈述如下：

公司选择在 2004 年 6 月 15 日或以后的任何时间，全部或者部分赎回债券，但至少提前 30 天且不早于 60 天发布公告，赎回价格为全部本金加上至赎回日的应计利息。

该债券从发行之日起有 7 年的延期赎回期，首次赎回日期为 2004 年 6 月 15 日。不考虑赎回日期，赎回价格为票面价值加上应计利息。

（2）基于赎回时间表的赎回价格。赎回时间表（call schedule）意味着赎回价格取决于发行者什么时候赎回债券。例如，1997 年 7 月 Anheuser-Busch 公司发行了到期日为 2017 年 7 月 1 日、票面利率为 7.125% 的信用债券（debenture）2.5 亿美元（第 3 章将讨论何种债务工具被称为信用债券）。该债券的赎回条款如下：

公司选择在 2007 年 7 月 1 日或以后的任何时间，全部或者部分赎回信用债券，但至少提前 30 天且不早于 60 天发布公告，每年 7 月 1 日起的 12 个月为一个赎回期，赎回价格为本金乘以图表 1—3 给出的百分比再加上至赎回日的应计利息。

图表 1—3　**信用债券赎回价格百分比**

当年 7 月 1 日起的 12 个月	赎回价格	当年 7 月 1 日起的 12 个月	赎回价格
2007	103.026%	2012	101.513%
2008	102.723%	2013	101.210%
2009	102.421%	2014	100.908%
2010	102.118%	2015	100.605%
2011	101.816%	2016	100.303%

该债券从发行之日起有 10 年的延期赎回期，赎回价格高于票面价值且随着时间的推移逐渐接近票面价值。必须注意的是，无论何时赎回债券，发行者都要支付高于票面价值的价格。

另外一个有赎回时间表的例子是 1986 年 11 月 20 日 Anheuser-Busch 公司发行的到期日为 2016 年 12 月 1 日、票面利率为 8.625% 的债券。该债券有 10 年的延期赎回期（首次赎回日期为 1996 年 12 月 1 日），赎回时间如图表 1—4 所示。

图表 1—4　**债券延期赎回时间表**

12 月 1 日起的 12 个月中赎回	赎回价格	12 月 1 日起的 12 个月中赎回	赎回价格
1996	104.313	2002	101.725
1997	103.881	2003	101.294
1998	103.450	2004	100.863
1999	103.019	2005	100.431
2000	102.588	2006 及以后	100
2001	102.156		

注意到该债券的赎回价格起初是溢价，但2006年之后降低至票面价值。债券第一次按照票面价值赎回的日期称为“首次面值赎回日期”（first par call date）。

（3）基于凑整升水的赎回价格。凑整升水条款（a make-whole premium provision），也称为保持收益的溢价条款（a yield-maintenance premium provision），它提供了一套确定溢价的规则，发行者赎回债券时必须支付该溢价。凑整升水的目的在于保护那些自发行之日起购买了此种债券的投资者的收益。投资者在赎回日将该溢价与本金一起再投资于具有相同存续期的美国国库券，所获得的收益如果与原债券相同，就实现了凑整升水的目的。债券在赎回时支付的溢价与本金之和被称为凑整升水赎回价格（a make-whole redemption price）。

现以Anheuser-Busch公司发行的2.5亿美元信用债券为例阐述凑整升水条款，该债券票面利率为6%，2001年1月5日发行，2041年11月1日到期，发行公告陈述如下：

我们选择在任何时间全部或者部分赎回本公司信用债券，赎回价格为以下二者中的较高者：（1）该债券本金100%的金额；（2）付款计划中余下的本金和利息（不包括至赎回日的应计利息）以每半年为一个周期（假定每年12个月，每个月30天，一年360天），按调整后的国库券利率加上25个基点折现到赎回日的现值，该现值通常由报价代理机构确定。

该发行公告界定了“报价代理机构”和“调整后的国库券利率”这些术语的含义。但这里没必要深究这些术语的定义，只需注意有关使赎回价格反映当前市场状况如同用国库券收益衡量的赎回价格确定机制（有关国库券将在第3章讨论）。

2. 不可赎回与不可换新债券

如果债券的发行没有任何防止早期赎回的保护条款，则该债券被称为立即可赎回债券（currently callable）。但大多数新发行的债券，即使是立即可赎回的，通常也对某些类型的早期赎回予以限制。最普通的限制就是禁止在一定年限或债券存续期内发行新债券来取代旧债券。相对于那些不可换新但能以其他方式赎回的债券，存续期内不可赎回的债券更为常见。

许多投资者对“不可赎回”（noncallable）和“不可换新”（nonrefundable）这两个术语感到模糊不清。赎回保护比换新保护更坚定。虽然在某些情况下对于完全赎回保护也有例外（如接下来将要讨论的偿债基金以及在某些约束性条款下的债务赎回），但是在应付过早的和不必要的赎回方面，赎回保护仍然比换新保护更加有保障。换新保护仅仅阻止了以低成本发行其他债券的收入作为资金来源的赎回。债券持有者仅仅在利率下跌的时候得到保护，而债务人却能够以较低的成本偿清债务。

例如，1988年6月23日Anheuser-Busch公司发行了票面利率为10%、到期日为2018年7月1日的信用债券，发行后可立即赎回。但是，发行公告中列明的赎回计划如下：

公司将遵照这样的选择：在1998年7月1日之前，不会直接或间接凭来自或者预期来自以低于10%的年利息成本发行债券所获取的收入来赎回任何信用债券。

于是，公司如果以低于10%的利息成本发行新债券来筹集资金，就不能在1998年7月2日之前赎回该债券。但是，没有什么可以阻止公司在10年的换新保护期内以更高的利率发行新债（尽管公司通常不会这么做）或以其他方式筹集资金来赎回旧债券。Anheuser-Busch公司正是这样做的，它在1993年12月到1994年6月间，以源于公司主营业务的资金赎回了6 880万美元的高息债券，赎回价格为票面价值的107.5%。这是被允许的，因为来源于主营业务的资金成本被认为高于债务的利息成本。于是，Anheuser-Busch公司被允许在1998年7月1日之前赎回债券。

3. 正常的与特殊的赎回价格

前面提到的各种类型债券的赎回价格被称为正常的赎回价格（regular redemption prices 或 general redemption prices）。需注意的是，正常的赎回价格在首次票面赎回日之前是高于票面价值的。当然也有针对以偿债基金及其他条款规定的方式赎回的特殊赎回价格（special redemption prices），其收益来自于没收财产、强行拍卖以及撤销管制后的资产转移，特殊赎回价格通常是票面价值。这样，与以正常的赎回价格赎回债券相比较而言，发行者能够在首次票面赎回日之前以特殊的赎回价格（通常是票面价值）赎回债券具有一定的优势。

投资者所关心的是发行者将运用所有可能的手段操纵赎回从而达到适用特殊赎回价格的条件，这就是票面赎回问题。目前已有公司运用特殊赎回价格的诸多案例以及与之相关的诉讼案件，债券持有者已经向发行者所运用的手段发起了挑战。

1.6.2 提前偿付

对于那些有本金偿还计划的贷款所支持的分期清偿债券而言，债务人有权在预定的本金偿还日之前全部或者部分清偿债务。任何在预定的本金偿还日之前偿还本金的行为被称为提前偿付（prepayment）。债务人拥有的提前支付本金的权利被称为提前偿付选择权（prepayment option）。

提前偿付选择权基本上与赎回选择权相同。但是，与赎回选择权不同的是，它不存在一个取决于债务人偿付债券时间的赎回价格。通常，提前偿还贷款的价格就是票面价值。有关提前偿付问题将在讨论抵押贷款支持证券和资产支持证券的时候一并研究。

1.6.3 偿债基金条款

债券合约可能会要求发行者每年偿还一部分债券，即偿债基金条款（sinking fund requirement）。设置偿债基金条款的目的在于减少信用风险（将在下一章中讨论）。该类偿债条款可能设计成在临近到期日偿还所有债务，也可能被设计成在某期末偿还债务的一部分。如果仅仅是部分偿还，则余下的本金被称为“气球型期限”（balloon maturity），即到期大额偿还。

Ingersoll Rand 发行的到期日为 2025 年 6 月 1 日、票面利率为 7.2% 的 1.5 亿美元债券是一个临近到期日支付全部本金的偿债基金条款的例子，该债券于 1995 年 6 月 5 日发行，2006 年 6 月 1 日开始执行偿债基金计划，发行者每年必须偿还 750 万美元。

通常，发行者通过以下两种方式履行偿债基金条款：（1）向托管人支付与拟清偿债券票面价值相等的现金，然后托管人采用抽签的方式决定债券的偿还部分；（2）向托管人交付在公开市场上购买的债券，该部分债券的票面价值等于将要偿还的金额。如果采用的是第一种方式，则在偿还日即停止利息支付。

通常，偿债基金条款要求每期付款额相等，然而在债券合约有明确规定定期付款额可以改变的情况下，每期付款额也可以不相等。许多债券合约也有条款规定发行者拥有偿还超过偿债基金要求的金额的权利，这样的条款被称为加速偿债基金条款（accelerated sinking fund provision）。例如，Anheuser-Busch 公司发行的 2016 年 12 月 1 日到期、票面利率为 8.625% 而且很早就提出赎回计划的债券，其偿债基金规定从 1997 年 12 月 1 日开始每年偿还 750 万美元，同时允许发行者每年可以偿还高达 1 500 万美元的金额。

如果债券最初是按照票面价值发行的，则偿债基金赎回价格通常就是票面价值。如果是溢价发行，则赎回价格一开始为发行价格，之后随着债券到期日的临近而按比例降低到票面价值。

1.7 转换特权

可转换债券（convertible bond）赋予了债券持有者将所持债券转换成特定数量普通股的权利，它允许可转换债券持有者从发行者普通股价格的有利变动中获利。可交换债券（exchangeable bond）则允许债券持有者将债券转换成另一家不同于该债券发行者的公司的普通股股票。这些债券将在随后进行讨论并且给出一个分析框架。

1.8 回售条款

债券合约中的回售条款（put provision）赋予了债券持有者在特定日期以特定价格将债券回售给发行者的权利，该特定价格即为回售价格（put price）。特别的，如果债券的发行价为票面价值或接近于票面价值，则该债券按票面价值回售。对于零息债券而言，回售价格低于票面价值。

对于债券持有者而言，回售条款的优点在于，在债券发行之后如果市场利率高于票面利率，债券持有者可以迫使发行者以回售价格赎回债券，然后再投资于利率更高的债券。

1.9 货币名称

债券发行者可以使用任何货币向持有者支付款项。对于在美国发行的债券，发行者通常使用美元支付利息和本金，但是，没有什么可以强迫发行者必须使用美元支付。债券合约可以规定发行者使用其他指定的货币支付。

以美元向债券持有者支付款项的债券被称为以美元计价的债券（dollar-denominated issue），否则为非美元计价的债券（nondollar-denominated issue）。有些债券以某种货币支付利息而以另外一种货币支付本金，这样的债券被称为双货币债券（dual-currency issue）。

1.10 嵌入期权

正如我们所看到的，一份债券合约通常包含给予债券持有者或发行者根据对方行为采取某些措施的权利的条款，这些权利被称为嵌入期权（embedded options），区别于独立的期权（可以在交易所交易或者场外交易的期权）。之所以叫做嵌入期权是因为它们内含于债券中，事实上，一份债券可能有一种以上的嵌入期权。

1.10.1 发行者的嵌入期权

在前文中讨论过的发行者或者债务人拥有的最常见的嵌入期权包括：（1）赎回债券的权利；（2）贷款池中潜在债务人拥有的提前偿还超过计划偿还金额的本金的权利；（3）加速偿债基金条款；（4）浮动利率债券的上限。

因为发行者能够赎回超过偿债基金条款所要求金额的债券，所以加速偿债基金条款是一种嵌入期权。当市场利率低于债券的票面利率的时候，即使有限制债券赎回的条款，发行者也会行使该期权。

浮动利率债券的上限也是一种嵌入期权，发行者无须采取任何行动就可以利用利率上升带来的好处。上限的限制也使得债券持有者赋予了发行者不必支付超过上限的利息的权利。

债券发行者或者债务人是否行使上述前三项期权取决于市场利率相对于票面利率或者潜在贷款利率是高还是低（例如抵押贷款支持证券和资产支持证券），当市场利率下跌的时候这些期权更具价值。浮动利率债券的上限仍然取决于市场利率的水平，但是当市场利率上升的时候该期权才更具价值。

1.10.2 债券持有者的嵌入期权

债券持有者拥有的最常见的嵌入期权包括：（1）优先转换权；（2）回售债券的权利；（3）浮动利率债券的下限。

债券持有者行使转换期权的内含购入价格相对于该公司股票市价的水平决定了转换期权的价值。如果市场利率高于票面利率，则债券持有者行使回售期权会获得收益。当市场利率上升时，浮动利率债券的上限对发行者有利；而当市场利率下跌时，浮动利率债券的下限对债券持有者有利，因为它固定了最小的利息率。

1.10.3 理解嵌入期权的重要性

本章一开始就指出，固定收益证券已经变得越来越复杂，其原因是由于嵌入期权的存在使得预测证券的现金流量更加困难。固定收益证券的现金流量被定义为它的利息和本金支付。

为了对附有嵌入期权的固定收益证券进行价值评估，必须做到：（1）模拟那些决定嵌入期权在债券存续期内是否被执行的因素；（2）在债券发行人/债务人拥有嵌入期权的情况下，模拟发行人或者债务人的行为以确定促使他们行使嵌入期权的必要条件。

现以某家公司发行的可赎回债券为例，在预测现金流量时，要求：（1）确定发行者在债券存续期内能够支付的利率；（2）制定一套规则用以确定发行者从赎回债券中获得收益的经济环境。在抵押贷款支持证券和资产支持证券的情形下，有必要模拟利率是如何影响债务人在债券存续期内进行再筹资的。附有嵌入期权的债券估价模型将在第9章讨论。

嵌入期权既影响债券的价值，又影响债券的总收益，这一点无论怎样强调也不过分。下一章将讨论与嵌入期权有关的风险。必须意识到的是，由于嵌入期权的存在，有必要制定利率波动的模型和行使嵌入期权的规则。任何对附有嵌入期权的债券的分析向投资者揭示了建模风险（modeling risk）的存在。建模风险是指因模型的假设条件不正确或者不符合现实，模型在分析嵌入期权过程中错误地估计了债券价值的风险。在描述附有嵌入期权的债券估价模型时，将更清晰地揭示这种风险。

1.11 借入资金购买债券

后续章节将讨论投资者使用借入资金购买债券的投资策略。投资者的预期是，用借入资金投资于证券所获得的收益将会超过借款成本。投资者借款时，有几种渠道可供选择。当以借入资金购买债券时，最常见的形式是用证券作抵押来贷款，在这种情况下，此种交易被称为抵押贷款（collateralized loan）。融资买进（margin buying，又译为保证金交易）和回购协议（repurchase agreements）是投资者常用的两种抵押借款协议。

1.11.1 融资买进

在融资买进协议中，购买债券的资金由经纪人提供，而经纪人从银行获得资金。经纪人支付给银行的利率被称为活期借款利率（call money rate）或者经纪人贷款利率（broker loan rate），而经纪人对投资者的要价是活期借款利率再加上一定的服务费，因为经纪人不会免费向投资者提供其购买证券所需要的资金。在美国，1934 年《证券交易法》（the Securities and Securities Exchange Act）就已经禁止经纪人提供超过证券市值一定比例的资金，该法案还确定了美国联邦储备金管理委员会（the Board of Governors of the Federal Reserve）在 T 规则和 U 规则下具有设定初始保证金要求的责任。融资买进对普通股投资者（包括个人投资者和机构投资者）和个人债券投资者而言是最为常见的抵押借款协议，但是对于机构债券投资者而言并不常见。

1.11.2 回购协议

机构投资者在债券市场上使用的抵押借款协议通常是回购协议，后文将详细讨论这些协议。但是，理解回购协议的基本知识很重要，因为它将影响到债券的估价。

回购协议（repurchase agreement）是一种附有卖出方承诺的证券销售，证券卖出方承诺在未来约定的时间以约定的价格从购入方买回该证券。回购价格是指买卖双方一致商定的卖方在回购日向买方支付的金额，回购价格与卖出价格之间的差额即为该笔贷款的美元利息成本。根据美元利息成本、卖出价格以及回购协议的期限便可以计算出内含的利率，该利率被称为回购利率（repo rate）。投资者使用这种借款协议的优点在于其利率要比直接从银行借款的成本低。当贷款的期限只有一天时，称为隔夜回购（an overnight repo 或 overnight RP）；如果期限超过一天，称为定期回购（a term repo 或 term RP）。由于不同的交易有不同的影响因素，因此不同的交易会有不同的回购利率，这将在后面的章节中予以解释。

第 2 章 债券投资风险

2.1 引言

对债券的基本特征有了初步了解后，现在探讨与债券投资有关的风险。这些风险包括：

- 利率风险（interest rate risk）；
- 赎回及提前偿付风险（call and repayment risk）；
- 收益率曲线风险（yield curve risk）；
- 再投资风险（reinvestment risk）；
- 信用风险（credit risk）；
- 流动性风险（liquidity risk）；
- 汇率风险（exchange-rate risk）；
- 波动性风险（volatility risk）；
- 通货膨胀或购买力风险（inflation or purchasing power risk）；
- 事件风险（event risk）；
- 政治风险（sovereign risk）。

本章将考察第 1 章描述的债券票面利率、期限、嵌入期权和货币名称等特征是如何影响这些风险的。

2.2 利率风险

正如将在第 5 章所展示的，债券的价格将随着市场利率或收益率[①]的变动而作反方向变动。当市场利率上升时，债券价格就会下跌；而当市场利率下降时，债券价格就会上升。以票面利率为 6%、期限为 20 年的债券为例，如果债券投资者要求的收益率是 6%，债券的价格为 100 美元。但是，如果必要收益率上升至 6.5%，其价格将会降至 94.4479 美元。因此，在必要收益率净增 50 个基点时，债券价格随之下跌 5.55%。如果情况相反，投资者必要收益率由 6% 降至 5.5%，债券的价格将会上升 6.02%，涨至 106.0195 美元。

由于债券的价格随着市场利率的变化而波动，投资者面临的风险是，如果市场利率上升，其投资组合中所持有债券的价格就会下降，这种风险就被称为利率风险。这是投资者在债券市场所面对的主要风险。

2.2.1 债券利率和价格呈反方向变化的主要原因

债券价格和市场利率（或市场收益率）呈反方向变化的原因如下：假设投资者 X 以 100

---

① 本章交换使用债券市场利率和收益率这两个术语，在第 6 章将阐述债券收益率的计算问题。

美元的价格按面值购入票面利率为6%、期限为20年的债券。正如第6章将要说明的，这类债券的收益率为6%。再假设在X购入该债券后立即发生了这样两件事。首先，市场利率上升至6.50%，那么，债券发行人如果再想按面值出售该债券，票面利率需要达到6.50%才能吸引投资者购买。其次，假设投资者X想以6%的票面利率出售该债券，则没有一个其他投资者再愿意按面值购买票面利率仅有6%的债券。原因是任何想要购买该债券的投资者都可以买到期限为20年、票面利率比6%还高出0.5%的类似债券。

那么投资者X该怎么办呢？他既不能强迫发行人提高票面利率至6.5%，也不能迫使发行人缩短债券的期限至新投资者愿意接受6%票面利率的水平。投资者X唯一可以做的是调整债券的价格，在新的价格下，买方将实现6.5%的收益。这意味着，债券价格被调到面值以下。结果是，新价格必须是94.4479美元[①]。虽然此例假定初始价格等于面值，实际上这一原则适用于任何金额的买价。不管投资者最初为购买债券出了多高价，市场利率的瞬时上升都会导致该债券市价的下跌。

假设市场利率不是上升到6.5%而是下降到5.5%，投资者们则会相当乐意以面值购入票面利率为6%、期限为20年的债券。不过，投资者X认识到市场只向投资者们提供票面利率为5.5%按面值购买债券的机会。于是，投资者X将会提升其价格，直到它能提供5.5%的收益率。该价格最终为106.0195美元。

上例揭示出来的重要关系总结如下：

（1）在票面利率和市场必要收益率相等时，债券按等于面值的价格进行交易，即：

票面利率 = 市场必要收益率→[②]市价 = 面值

（2）如果债券票面利率与市场利率不相等，债券按低于或高于面值的价格进行交易（折价或溢价出售），即：

票面利率 < 市场利率→市价 < 面值（折价）

票面利率 > 市场利率→市价 > 面值（溢价）

（3）债券价格与利率呈反向变化，所以，市场利率与债券价格之间存在如下关系：

市场利率上升→债券价格下跌

市场利率下降→债券价格上升

2.2.2 影响利率风险的债券特征

债券价格对于市场利率变动的敏感性（即债券的利率风险）取决于债券的期限、票面利率与嵌入期权[③]等特征。考虑到第7章将更为详细地分析这些要素，下文仅作简单讨论。

1. 债券期限的影响

当其他所有因素不变时，债券期限越长，债券价格对市场利率变动的敏感性越大。如前例，在市场利率为6%的情况下，对于票面利率为6%、期限为20年的债券而言，投资者要求的收益率上升到6.5%时，债券价格将从100美元降到94.4479美元，下降5.55%。同理，如果换成票面利率为6% 的5年期债券，售价仍是100美元，投资者要求的收益率从6%提高到6.5%时，那么债券价格将下跌至97.8944美元，跌幅仅为2.11%。

---

① 我们将在第5章学习如何计算债券价格。
② 箭头符号表示“因此”。
③ 回顾第1章可知，嵌入期权是债券赋予发行人或投资人的一种选择权，包括债券的赎回权、回售权和转换权。

2. 票面利率的影响

当所有其他因素不变时，票面利率越低，债券价格对市场利率变动的敏感性越大。如在市场利率为6%的情况下，票面利率为9%的20年期债券，其价格为134.6722美元。如果投资者要求的收益率增加了50个基点，达到6.5%，其价格将下降到127.7605美元，下降幅度为5.13%，小于上述票面利率为6%的20年期债券价格的下降幅度（5.55%）。

这暗示着，零息债券价格对市场利率变动的敏感性大于期限相同、带有票面利率且按照使收益率相同的价格交易的债券。

3. 嵌入期权的影响

第1章讨论了可能包含于债券中的各种嵌入期权，在接下来的学习中，我们将了解到，带有嵌入期权债券的价值变动将取决于它的嵌入期权价值是如何随着市场利率的变化而变化的。例如，随着市场利率的下降，可赎回债券价格增长幅度可能没有无期权债券（即不带嵌入期权的债券）的增长幅度大。

为了理解这种现象的成因，现将可赎回债券价格分成两部分，如式（2—1）所示：

可赎回债券价格 = 无期权债券价格 - 所嵌入赎回期权的价格　（2—1）

之所以从无期权债券价格中减去所嵌入赎回期权的价格，是因为赎回期权有利于发行人却不利于债券持有人。相对于无期权债券而言，这会降低可赎回债券的价格。

当市场利率下降时，无期权债券价格会上升。然而，可赎回债券中嵌入的赎回期权价格也会随之上涨，因为赎回期权对债券发行人更有价值。因此，当市场利率下降时，等式右边两部分的价格同时上涨，而可赎回债券价格的变动幅度取决于这两部分价格的相对变动。通常情况下，市场利率下降将导致可赎回债券价格的升高，但没有在其他方面具有可比性的无期权债券价格的提升幅度大。

类似的，当市场利率上升时，可赎回债券的价格下降幅度也比在其他方面具有可比性的其他无期权债券下跌幅度小，原因是内嵌的赎回期权价格也下跌了。所以，当市场利率上升时，无期权债券的价格会下跌，但有部分被内嵌赎回期权下跌的价格所抵销。

2.2.3　收益水平的影响

因为信用风险的存在（稍后讨论），不同的债券在交易时会有不同的收益水平，即使它们有相同的票面利率、期限与嵌入期权。那么，在保持其他因素不变的情况下，收益水平变动是否会影响债券价格对市场利率变动的敏感性？结果是，收益水平越高，债券价格的敏感度越低。

为了说明这点，现比较分别在6%和10%收益水平下出售的票面利率为6%的20年期债券。前者最初售价为100美元，后者则为65.68美元。如果两种收益率都增长100个基点，前者价格跌至89.32美元，下降10.68美元（10.68%）；而后者价格跌至59.88美元，仅下降5.80美元（8.83%）。可见，当其他特征都相同时，债券在一个较低的收益水平交易，其价格的绝对变动和相对变动都变得更为不稳定。这暗示着，对于给定的利率变动，当市场利率处于高水平时，价格敏感度较低；反之，当市场利率处于低水平时，价格敏感度较高。

2.2.4　浮动利率证券的利率风险

固定利率债券的价格随着市场利率的波动而变化，其原因是，债券的票面利率与盛行的市场利率不同。对于浮动利率证券而言，票面利率定期重新设定，其基础是以盛行的市场利率作为参考利率，另加报价利差，而报价利差是针对证券存续期设定的。浮动利率证券的价格波动取决于以下三个因素：

首先，至下次票面利率重新设定的时间越长，价格潜在波动的幅度越大①。如对票面利率每 6 个月重新设定一次的证券，票面利率公式是 6 个月期限的国债利率加 20 个基点，如果此类国债在票面利率重新设定日的 6 个月期限利率是 5.8%，而在那天之后就升至 6.1%，则该证券下 6 个月的票面利率低于市场利率。为了反映这个较低的票面利率，该证券的价格必须下降。再假定票面利率根据 1 个月期限的国债利率每个月重新设定一次，且此类国债利率在票面利率重新设定后立即上升。在这种情况下，投资者这个月尽管可能只实现了低于市场利率 1 个月期限的债券票面利率，但它只管 1 个月。因此，每个月重新设定票面利率债券价格的下降幅度将小于每 6 个月重新设定票面利率债券价格的下降幅度。

其次，浮动利率证券的价格将随着投资者所要求的必要利差（required margin）的变动而变动。仍以上述证券为例，其票面利率公式是 6 个月期限的国债利率加 20 个基点。如果市场情况发生变化，投资者要求的利差是 30 个基点而不再是 20 个基点，则这种证券提供的票面利率将比市场利率低 10 个基点。其结果是，证券的价格将会下降。

最后，浮动利率证券的利率通常有一个上限。当依照票面利率公式计算的票面利率超过上限利率时，证券利率将会设定成上限利率，从而使它的票面利率低于市场利率，于是，证券价格会下降。实际上，一旦达到利率上限，浮动利率证券价格对市场利率变化的反应与固定利率证券相同。浮动利率证券的这种风险即为上限风险（cap risk）。

2.2.5 衡量利率风险

投资者对估算债券价格对市场利率变化的敏感性很感兴趣。本书第 7 章和其他相关章节将花大量时间去研究如何量化债券的利率风险。现在，关于这个问题，我们只需得到一个粗略的概念。

我们所关注的是当市场利率变动时，如何对债券价格的变化进行初步估算。我们可以从两个角度研究这一变化：（1）相对初始价格的价格变动百分比；（2）美元价格变动。

1. 近似的价格变动百分比

计算价格变动百分比的最直接方式是对利率按同样基点升降所导致的价格变动百分比进行平均。例如，我们要估计 ABC 债券价格的敏感性，该债券目前价格为 90 美元，收益率为 6%。现在，假设利率提高了 25 个基点，由 6% 变到 6.25%。25 个基点的收益率变化被称为“利率震动”（rate shock）。问题在于：由于这种冲击，ABC 债券的价格变动了多少？如果收益率增长至 6.25%，债券价格将定为多少？这需要建立一个估价模型。定价模型可用于估计债券在给定收益率水平下的价格。在以后章节中讨论有关简单债券和有嵌入期权的复杂债券估价的各种模型。

现假定估价模型告诉我们，如果收益率为 6.25%，ABC 债券的价格为 88 美元。这意味着相对于最初价 90 美元而言，价格下降了 2 美元，或 2.22%。如果把相对变化的 2.22% 除以 25 个基点，得出的结果表明，债券收益率每上升 1 个基点，价格将下降 0.0889%。

再假定估价模型告诉我们，如果收益率从 6% 下降至 5.75%，价格将增加至 92.7 美元。这意味着债券价格比初始价上涨了 3%。用 3% 除以 25 个基点，可得出债券收益率每下降 1

① 正如第 1 章所解释的，票面利率重新设定公式在重新设定周期开始日设定，但是直至该期末才支付票息。

个基点，价格将上升0.1200%。

将收益率增减变动1个基点所引起的两个价格变动百分比进行平均，得到平均的价格变动百分比0.1044%（(0.0889%+0.1200%)/2）。这意味着，收益率每变动100个基点，价格变动的百分比平均是10.44%（100乘以0.1044%）。

近似计算收益率变动100个基点所引起价格变动的百分比的公式如式（2—2）所示：

$$\frac{\text{收益率下降时的价格}-\text{收益率上升时的价格}}{2\times\text{初始价格}\times\text{以小数表示的收益率变动}} \tag{2—2}$$

在上例中：

收益率下降25个基点时的价格 = 92.7美元

收益率上升25个基点时的价格 = 88.0美元

初始价格 = 90美元

收益率变动幅度 = 0.0025

将这些数值代入公式，即得收益率变动100个基点时价格变动百分比的近似值为：

$$\frac{92.7-88.0}{2\times 90\times 0.0025}=10.44$$

收益率变动1%引起的价格变动百分比有一个特定的称谓，即久期（duration）。从中可以看出，久期是衡量债券价格对收益率变动的敏感性的指标。例如，如果债券的久期是10.44，这意味着收益率变动1%，近似的价格变动百分比为10.44%；收益率变动0.5%，近似的价格变动百分比是5.22%（10.44%除以2）；收益率变动0.25%，近似的价格变动百分比是2.61%（10.44%除以4）。

值得注意的是，近似百分比的计算是以假设收益率具有相同的上升和下降幅度为前提的。当在第7章讨论债券价格相对于收益率变化而波动的属性时，我们将看到，这个价格的百分比变动不是对称的，并将讨论使用久期作为利率风险衡量标准的含义。重要的是，必须注意，当收益率骤升骤降时，用债券久期得到的债券价格和估价模型的结果几乎一样。如果估价模型不可靠，那么久期将较差地衡量价格对收益率变动的敏感性。

2. 估计债券的美元价格变动

在债券市场价值和久期已知的情况下，很容易从衡量债券价格变动百分比的久期转而讨论近似的美元价格变动。仍以久期为10.44的ABC债券为例，假设其市场价值为500万美元。当收益率变动100个基点时，债券的美元价格变动额近似等于500万美元的10.44%，即522 000美元；收益率变动50个基点时，近似的美元价格变动是261 000美元；收益率变动25个基点时，美元价格变动约为130 500美元。

收益率变动100个基点所引起的债券美元价格的近似变动有时被称为“美元久期”（dollar duration）。

2.3 收益率曲线风险

债券价格将随着市场利率或收益率发生变动而变动，债券期限则是影响债券价格相对于收益率变动敏感性的因素之一。债券组合是拥有不同期限的债券的集合。因此，当市场利率发生变化时，债券组合中每种债券价格都会随之改变，组合的整体价值也将发生变化。

如同将在第4章所要了解到的，在现实经济中没有单一的利率或收益率，而是一种利率结构。一种重要的结构是收益率和期限之间的关系，表示这种关系的曲线被称为收益率曲线

(yield curve)。就像将在第4章所要了解到的，当利率发生变动时，它们通常不会对所有的期限都按相等的基点数变动。

如图表2—1所示，假设一种价值为6 500万美元的债券组合包含了四种债券，所有债券都按等于面值的价格进行交易。

图表2—1　**收益率曲线风险例示**

债券组合的构成

债券	票面利率（%）	期限（年）	收益率（%）	面值（美元）
A	5.00	2	5.00	5 000 000
B	5.25	5	5.25	10 000 000
C	5.50	20	5.50	20 000 000
D	5.75	30	5.75	30 000 000
总计				65 000 000

（a）收益率曲线平行移动+25个基点

债券	票面利率（%）	期限（年）	原收益率（%）	面值（美元）	新收益率（%）	新价格（美元）	价值（美元）
A	5.00	2	5.00	5 000 000	5.25	99.5312	4 976 558
B	5.25	5	5.25	10 000 000	5.50	98.9200	9 891 999
C	5.50	20	5.50	20 000 000	5.75	97.0514	19 410 274
D	5.75	30	5.75	30 000 000	6.00	96.5406	28 962 166
总计				65 000 000			63 240 997

（b）收益率曲线的非平行移动

债券	票面利率（%）	期限（年）	原收益率（%）	面值（美元）	新收益率（%）	新价格（美元）	价值（美元）
A	5.00	2	5.00	5 000 000	5.10	99.8121	4 990 606
B	5.25	5	5.25	10 000 000	5.45	99.1349	9 913 488
C	5.50	20	5.50	20 000 000	5.75	97.0514	19 410 274
D	5.75	30	5.75	30 000 000	6.20	93.9042	28 171 257
总计				65 000 000			62 485 625

（c）收益率曲线的另一种非平行移动

债券	票面利率（%）	期限（年）	原收益率（%）	面值（美元）	新收益率（%）	新价格（美元）	价值（美元）
A	5.00	2	5.00	5 000 000	5.05	99.9060	4 995 300
B	5.25	5	5.25	10 000 000	5.40	99.3503	9 935 033
C	5.50	20	5.50	20 000 000	5.75	97.0514	19 410 274
D	5.75	30	5.75	30 000 000	6.10	95.2082	28 562 467
总计				65 000 000			62 903 074

如果希望知道利率变化后债券组合的价值改变了多少，通常假设所有收益率都按相同的基点数变动。于是，如果想知道债券组合价值对收益率变动了25个基点的敏感性如何，就可以将四种债券的收益率都提高25个基点，以决定每种债券新的价格与市场价值，以及组合的新价值。图表2—2（a）列示了收益率增长25个基点的情况。对上述假定的债券组合而言，每种债券的价值变动如图表2—1（a）所示。债券组合的价值从6 500万美元跌至63 240 997美元，下跌了1 759 003美元。

图表2—2　　　　收益率曲线的移动

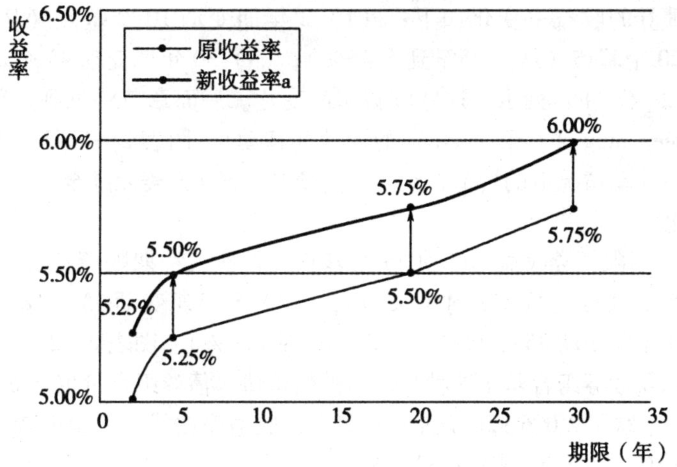

（a）收益率曲线平行移动+25个基点

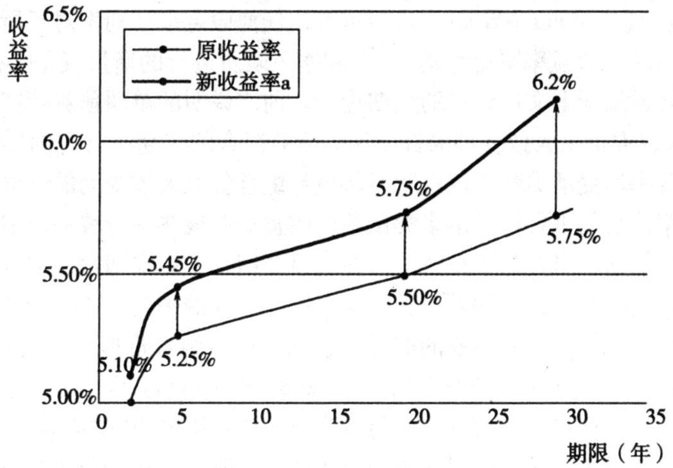

（b）收益率曲线的非平行移动

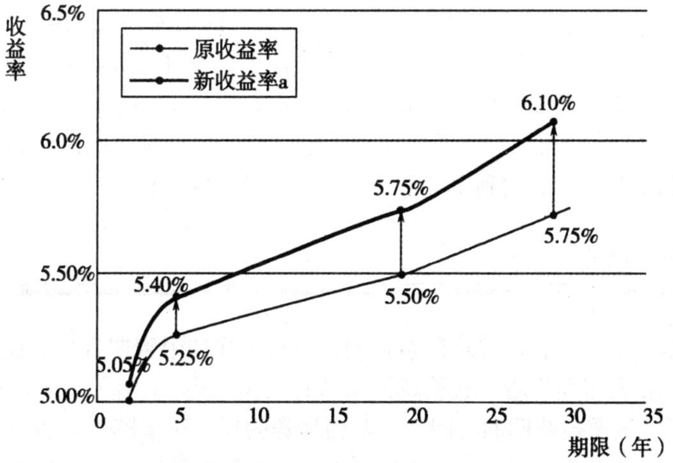

（c）收益率曲线的另一种非平行移动

假设所有期限债券的收益率不再等量变动，其中，20 年期限债券收益率变动 25 个基点，但其他期限债券的收益率变化如下：（1）2 年期变动 10 个基点（从 5% 到 5.1%）；（2）5 年期变动 20 个基点（从 5.25% 到 5.45%）；（3）30 年期变动 45 个基点（从 5.75% 到 6.2%）。图表 2—2（b）列示了这些收益率的变化。后面章节将见到这种被称为"收益率曲线变陡"（steepening of yield curve）的运动（移动）。图表 2—1（b）列示了组合在收益率曲线发生上述移动情况下的价值，组合的价值从 6 500 万美元跌至 62 485 625 美元，下跌了 2 514 375 美元。

再假设，20 年期限债券收益率变动 25 个基点，其他三种期限债券的收益率变动如下：（1）2 年期变动 5 个基点（从 5% 到 5.05%）；（2）5 年期变动 15 个基点（从 5.25% 到 5.40%）；（3）30 年期变动 35 个基点（从 5.75% 到 6.1%）。图表 2—2（c）列示了这些收益率的移动情况以及债券组合基于这种移动后的新价值。债券组合价值从 6 500 万美元跌至 62 903 074 美元，下跌了 2 096 926 美元。可见，当收益率曲线上升幅度较大时，图表 2—2（c）中收益率曲线的移动没有图表 2—2（b）中的大。

此处的关键是，组合将因收益率曲线移动的程度而具有不同的风险。这种风险被称为"收益率曲线风险"（yield curve risk）。这暗示着，任何假定市场利率对于所有期限的债券均按相等基点数变动（即收益率平行移动），对利率风险所进行的衡量仅是一种近似结果。

上述原理同样适用于上文讨论过的久期理论。前文说明的单项债券持续期是收益率变动 100 个基点所引起债券价格大致变动的百分比。债券组合的久期则具有同样的含义：它是所有期限债券的收益率均变动 100 个基点所引起债券组合价值大致变动的百分比。

正因为收益率曲线的重要性，诸多尝试估计收益率曲线非平行移动所引起债券组合风险的方法被构想出来，这些将在第 7 章讨论，在此只介绍一种基本却常用的方法。下一章将会看到收益率曲线是由一个个不同期限债券收益率所连接成的序列。在一种期限债券的收益率发生变化而其他期限债券收益率不变的前提下，确定债券组合价值变动的百分比是可能的。这是久期的一种形式，被称为"利率久期"（rate duration）。这里的利率特指某一到期期限所对应的利率。例如，假定一个债券组合包含具有不同期限的 40 种债券，"'5 年期利率久期'为 2"意味着，当 5 年期债券利率变动 100 个基点时债券组合价值大致会变动 2%，前提是其他所有利率均未变动。

所以，在理论上，没有一个利率的久期，仅有每个期限所对应利率的久期。而在实务中，并不是针对所有期限来计算一个利率久期，实际上，仅针对收益率曲线上一些关键的债券期限才计算利率久期，即关键利率久期（key rate duration）。所以，关键利率久期仅是与"关键"期限部分的变化相关的利率久期。分析系统提供者仅报告他们认为是关键期限的期限所对应的关键利率久期。关键利率久期将在以后章节中深入讨论。

2.4 赎回和提前偿付风险

如同在第 1 章所解释的，债券可能包含允许发行人在期限到期日之前赎回所有或部分债券的条款。然而从投资者角度看，接受赎回条款有三大劣势：

劣势 1：由于不知道被赎回的时间，可赎回债券的现金流量模式无法确切估计。

劣势 2：因为债券发行人有可能在市场利率降到债券票面利率以下时赎回债券，所以投资者会面临再投资风险。也就是说，债券被赎回后，投资者不得不将所获收入按低于票面利率的收益率进行再投资。

劣势3：因为其他方面具有可比性的无期权债券的存在，债券价格的增值潜力会被削减（这被称为价格压缩（price compression））。

劣势3已在第2.5节中解释过，当时讨论了利率下降时，可赎回债券价格是怎样不如在其他方面具有可比性的无期权债券的价格升得高。

由于投资者面临的上述三大劣势，可赎回债券将使投资者遭受赎回风险（call risk）。抵押贷款支持证券和资产支持证券也同样存在这些劣势，因为这两种证券的债务人能够在计划的本金偿还日前提前偿付本金，这类风险被称为提前偿付风险（prepayment risk）。

2.5　再投资风险

再投资风险（reinvestment risk）是指从利息和本金款项支付（包括计划的款项支付、赎回收入和提前偿付的本金）中获得的、可用于再投资的收入，不得不以低于原证券利率的收益率进行再投资的风险。

我们已经明白投资者购买可赎回或本金可提前偿付债券时，再投资风险是如何显现出来的。由于市场利率在债券发行之后已经下降，发行者赎回债券通常是为了降低利息支出。投资者将会面临这样的问题：他们不得不在一个利率更低的市场环境中，用被赎回债券所得到的收入进行再投资。

当投资者购买债券时，同样会发生再投资风险，并且它依赖于作为衡量报酬指标的该债券收益率。至此，尚未解释如何计算债券的“收益率”。如果计算，则会说明：为了保证购买时计算出来的收益率能够实现，投资者必须能够将每次票息支付款按该收益率进行再投资。

例如，投资者购买了收益率为6%的20年期债券，为了实现这个6%的收益率，投资者必须在每次收到利息时按6%的利率水平进行再投资，直至债券到期为止。因此，假设第一次票息款在以后的19.5年内能以6%利率水平再投资；第二次票息款能在其后的19年内以6%水平支付；以后情况依此类推。票息款以低于6%的水平进行再投资的风险也是再投资风险。

投资于分期偿还证券（即定期偿还本金）的再投资风险将更大。通常，分期偿还证券按月支付利息和本金并允许发行者在计划的还款日之前提前偿还本金。现在投资者更为关心再投资风险，是因为本金提前偿还的原因通常是市场利率的下降，其情形如同可赎回债券。但是，由于款项按月支付，投资者不得不确保所收回的利息和本金每个月而不是每半年都能够按照不低于计算出来的收益率进行再投资。

理解这种分期偿还证券的再投资风险很重要。“按月还本付息的债券有利，是因为相对于仅仅每半年付息一次的债券而言，投资者有机会以更大的数额（由于收回本金）进行更频繁的再投资”，是一些市场参与者老生常谈的话题，但在利率持续下降的环境下，事实并非如此，因为利率持续下降将导致发行者加速本金的提前偿付，并迫使投资者以较低的利率进行再投资。

理解了上述再投资风险，现在就不难理解零息债券为什么会吸引一些投资者。因为没有用来再投资的利息，也就不存在再投资风险。因此，零息债券消除了再投资风险。对一些投资者而言，消除再投资风险很重要，这是对风险方程有利的一面（plus side）。而其不利的一面（minus side）则如第2.2节所解释的，对两种期限相同的债券而言，票面利率越低，其利率风险越大。因此，既定期限的零息债券让投资者承受最大的利率风险。

一旦掌握了稍后章节中介绍的基本分析工具，就会明白如何量化债券的再投资风险问题。

2.6 信用风险

购买债券的投资者会面临信用风险（credit risk）。信用风险有三种类型：

（1）违约风险（default risk）；

（2）信用利差风险（credit spread risk）；

（3）降级风险（downgrade risk）。

2.6.1 违约风险

违约风险被定义为债券发行人到期不能偿还债券本息的风险。

已有研究文献考察了发行人违约的可能性。债券总体中预计违约债券所占的百分比被称为违约率（default rate）。违约发生并不意味着投资者损失了投资的全部金额。投资者预计可能获得收回一定比例的投资额，这一比例被称为回收率（recovery rate）。如果给定违约率和回收率，便可估计预期的违约损失。第3章将解释相关的研究结论。

2.6.2 信用利差风险

即使没有违约，投资者也会担心债券市价是否会下降或者在市场上的价格表现不如其他债券。要理解这些，需回想债券价格与市场要求的收益率之间呈反向变化的规律。于是，如果市场中的收益率在上升，债券价格就会下降；反之亦然。

正如将在第3章所看到的，债券收益率由两部分组成：（1）类似的无违约风险债券的收益率；（2）为了补偿该债券相关风险而超过无违约风险债券收益率的风险溢价（risk premium）。风险溢价被称为利差（yield spread）。在美国，国库券由于流动性很高并且没有可赎回条款（一些早期发行的国库券除外）而被认为无违约风险，并把国库券的利率当做基准收益率。违约风险所导致的风险溢价或利差被称为信用利差（credit spread）。

信用利差如何变化将决定那些非国库券债券的价格表现及其在一定时期的收益水平。如果信用利差增长，投资者会说利差被"扩大"，在国库券利率不变的前提下，债券的市场价格将会下降。发行人债务责任因信用利差增长而价值减少使投资者面临的风险被称为信用利差风险。

对于单个的债券发行人、特定行业或者经济部门的发行人，乃至所有非国库券的发行人，这种风险均会存在。例如，在经济萧条时，投资者一般会担心发行者那些用以偿还债务的现金流量会减少。其结果则是，非国库券债券的信用利差趋于扩大，所有这类债券在这个时期的价格都下降。

2.6.3 降级风险

尽管组合管理者试图把债券分配在债券市场的不同领域以利用预期的信用利差变化，而研究个别债券信用质量的分析师关注的则是该债券信用利差的增长前景。但分析师是怎样估计的？他是否会相信市场将要改变与个别债券相关的信用利差呢？

评级公司为每种债券确定的信用等级是投资者用于估计债券违约风险的一种工具，评级公司（rating companies）通常又被称为评级机构（rating agencies）。在美国有三家评级机构：穆迪投资者服务公司（Moody's Investors Services，Inc.）、标准普尔公司（Standard & Poor's Corporation）和惠誉评级公司（Fitch Ratings）。

信用等级是一种反映债券或其发行人潜在违约风险的指标，它以简单形式表明信用评级机构对债券发行人按约还本付息能力的评价。通过符号或字母，信用等级以简单的形式表达了复杂的概念。事实上，它们是总结性的意见。穆迪、标准普尔和惠誉评定的债券评级以及每一等级的含义如图表2—3所示。

图表2—3 **债券分级符号及其说明**

穆迪	标准普尔	惠誉	简要说明
投资等级——高信誉（high credit worthiness）			
Aaa	AAA	AAA	金边债券（gilt edge），最佳，最安全
Aa1	AA+	AA+	高等级，高信用质量
Aa2	AA	AA	
Aa3	AA−	AA−	
A1	A+	A+	中上等级
A2	A	A	
A3	A−	A−	
Baa1	BBB+	BBB+	中下等级
Baa2	BBB	BBB	
Baa3	BBB−	BBB−	
投机等级——较低信誉（lower credit worthiness）			
Ba1	BB+	BB+	低等级，投机
Ba2	BB	BB	
Ba3	BB−	BB−	
B1		B+	高度投机
B2	B	B	
B3		B−	
主要以投机为目的，相当大的风险或违约			
Caa	CCC+ CCC	CCC+ CCC	风险相当大，难以维系
Ca	CC	CC	可能违约，非常投机
C	C	C	极度投机
	C1		收入债券，无利息支付
	D	DDD DD D	违约

在所有评级体系中，高等级意味着低信用风险，换言之，债券发行人将来按承诺支付本息的可能性很大。对于最高等级的债券，穆迪以符号“Aaa”标示，标准普尔和惠誉均以符号“AAA”标示。次高等级的债券会被标明“Aa”（穆迪）或“AA”（标准普尔和惠誉），对于第三等级，三个评级机构都用符号“A”标示。接下来的三种等级分别是 Baa（或 BBB）、Ba（或 Bb）和 B。此外还有 C 等级，穆迪用 1、2、3 来细分每一等级的信用质量，标准普尔和惠誉则用符号“+”和“-”来表示。

债券等级为“3A”的（AAA 或 Aaa）被认为是最优等（prime grade）；“2A”（AA 或 Aa）的，则是优等（high quality grade）；单“A”表示中上等（upper medium grade），而“3B”则为中下等（lower medium grade）。低等级债券被认为含有投机级因素或属明显的投机级。

被评为前四个级别（AAA、AA、A 和 BBB）的债券被认为是投资级债券（investment-grade bonds）。被评为前四个级别之下的债券被称为非投资级债券（non-investment-grade bonds）或投机级债券（speculative-grade bonds），或被更普遍地称为高收益债券（high yield bonds）或垃圾债券（junk bonds）。

债券被评级后，评级机构会跟踪调查发行人的信用质量，并重新确定其信用等级。债券或其发行人信用质量的提高会被评为一个较高的等级，即升级（upgrade）。债券或其发行人信用质量的恶化会被罚到一个较低的等级，即降级（downgrade）。债券或其发行人的意料之外的降级会增加信用利差，并导致该债券或发行人所有债券价格的下降。这种债券等级下降所引起的风险称为降级风险，且与信用利差风险密切相关。

正如前文所解释的，信用等级是一种反映潜在违约风险的指标。为了理解信用风险的其他方面，分析师必须清楚债券评级机构是如何通过估计违约风险来实现评级的目的。评级机构对潜在违约风险的评估将会导致降级风险，潜在违约与信用等级的变化紧接着都会引起信用利差风险。

被管理者用来估量一种债券是升级还是降级的常用工具是评级转换矩阵（rating transition matrix）。这只不过是一个由评级机构编制的表格，表中列示特定时间内升级或降级的债券所占的百分比。所以，该表可以用来估量降级风险与违约风险。

图表 2—4 列示了假设的 1 年期评级转换矩阵。第一列列示的是年初的债券等级，而顶行列示的是年末的债券等级。各单元格中的数值表示年初等级的债券中有多大比例变为年末的等级。例如，年初、年末等级均为 AA 所对应单元格中的数值为 92. 75%，它表示在年初被评为 AA 级的债券中，有 92. 75% 在年末仍被评为 AA 级。年初等级为 AA、年末等级为 A 所对应单元格中的数值为 5. 07%，它表示年初等级为 AA 的债券中，有 5. 07% 在年末降为 A 级。这些百分比可视为概率，即被评为 AA 级的债券在年末降级为 A 级的概率为 5. 07%，因此，该比率也可以用来估计总体降级风险。仍以年初等级为 AA 的那一行为例，其列标为 A、BBB、BB、B、CCC 和 D 单元格中的数值均代表从 AA 等级降为相应等级的概率。如果把这些数值（5. 07%、0. 36%、0. 11%、0. 07%、0. 03%、0. 01%）相加，可得 5. 65%，即 AA 级债券在 1 年内会降级的概率估计为 5. 65%。于是，5. 65% 可以被认为是估计的降级风险。

图表2—4　**假设的1年期评级转换矩阵**

年初等级	年末等级								合计
	AAA	AA	A	BBB	BB	B	CCC	D	
AAA	93.20	6.00	0.60	0.12	0.08	0.00	0.00	0.00	100
AA	1.60	92.75	5.07	0.36	0.11	0.07	0.03	0.01	100
A	0.18	2.65	91.91	4.80	0.37	0.02	0.02	0.05	100
BBB	0.04	0.30	5.20	87.70	5.70	0.70	0.16	0.20	100
BB	0.03	0.11	0.61	6.80	81.65	7.10	2.60	1.10	100
B	0.01	0.09	0.55	0.88	7.90	75.67	8.70	6.20	100
CCC	0.00	0.01	0.31	0.84	2.30	8.10	62.54	25.90	100

等级转换矩阵也显示了升级的可能性。仍以表2—3中年初等级为AA的那一行为例，列标为AAA所对应单元格的数值为1.60%，这是年初被评为AA等级、年末升为AAA等级债券所占的百分比。

最后，关注一下D等级债券，即发生违约的债券。可以采用年末被评为D等级债券所在列中的信息来估计特定等级债券在年末违约的可能性。所以，这是对违约风险的一种估计。例如，在年初被评为AA等级的债券到年末违约的概率是0.01%。相反，年初等级为CCC的债券到年末违约的概率达25.9%。

2.7　流动性风险

当投资者想在债券到期日之前卖掉手中的债券时，他所关心的是来自经纪人或交易者的竞价是否接近该债券市场显示的价值。如果债券在最近市场交易中的价格在90至95美元之间，并且市场条件也没发生改变，那么投资者将会期望按90到95美元的价格出售该债券。

流动性风险是指投资者不得不以低于市场显示的价值的价格出售他的债券，其中，市场显示的价值是在最近的交易中展现出来的。衡量流动性的主要指标为买入报价（交易者买入证券愿出的价格）与卖出报价（交易者卖出证券愿出的价格）的差额，买入卖出价差越大，流动性风险越大。

流动性市场通常被界定为“市场中买入卖出价差较小，且不会随着交易量的扩大而显著增大”①。怎样在多方交易市场上定义买入卖出价差将在下文解释。以四位交易者的买入卖出报价为例。每一报价都是92美元再加上图表2—5中的数除以32得来的，在图表2—5中显示的买入卖出价差是针对每个交易者分别计量的。最优的买入卖出价差是交易者2与交易者3的价差，仅有2/32。

对整个市场而言，买入卖出价差能以最好的买入报价（经纪人或交易者愿意买入证券的最高价格）和最低的卖出报价（交易者愿意卖出该证券的最低价格）之间的差距来估算。这种判断流动性的标准被称为“市场买入卖出价差”（market bid-ask spread）。对四个交易者而

① Robert I. Gerber, “A User's Guide to Buy-Side Bond Trading,” Chapter 16 in Flank J. Fabozzi (ed.), *Managing Fixed Income Portfolios* (New Hope, PA: Frank J. Fabozzi Associates, 1997, p. 278).

言，最高的买入价是 $92\frac{2}{32}$，最低的卖出价是 $92\frac{3}{32}$①。因而，市场买入卖出价差为$\frac{1}{32}$②。

图表2—5 特定证券的买入卖出价差

	交易者			
	1	2	3	4
买入价	1	1	2	2
卖出价	4	3	4	5

每位交易者的买入卖出价差（除以32）

	交易者			
	1	2	3	4
买入卖出价差	3	2	2	3

2.7.1 流动性风险与盯住市场头寸

对于那些计划持有债券至到期且不需要盯住市场头寸（mark the position to market）的投资者而言，流动性风险并不是主要的关注点。对于计划持有债券至到期、定期盯住市场头寸的机构投资者会关注流动性风险。通过盯住市场头寸，债券在组合中的价值将会以最近的市场价格为基础进行重新估计。例如，要求共同基金每天对其组合中的投资盯市（按市值计价）（mark to market），以便计算共同基金的净资产价值（net assets value，NAV）。虽然其他机构投资者没有像共同基金那样频繁地盯市，但当需要向顾客、董事会或托管人定期提交报告时，他们也会盯市。

从何处获得盯住市场头寸的价格？通常，债券组合管理者通过从几个经纪人/交易者那里征询债券买价，然后用某种程序来决定其作为盯住市场头寸的买入报价。债券的流动性越差，经纪人/交易者提供的买入报价变动越大。对于流动性很小的债券而言，其价格并不是根据多个交易者的买入报价来决定，而是不得不由一个定价服务机构来决定（例如，服务机构用模型来估量证券的公允价值）。

第1章讨论了回购协议的使用问题，它是借入资金购买债券的一种形式，所购债券被作为抵押物。为了判断这些抵押物是否为贷款人（即提供资金的交易者）借出的资金提供了足够的保障，这些债券将被定期盯市。如果市场流动性下降，借入该资金的组合管理者将不得不完全依赖资金借出方确定的买入报价。

2.7.2 流动性风险的变化

买入卖出价差以及由此产生的流动性风险，会随时间的推移而改变。市场流动性的变化是正在考虑新的复杂结构下投资的组合管理人关注的问题。在需要估计新的市场利率之前，投资者和交易者都不愿意增加新的头寸，于是，意料之外的利率改变也许会导致买入卖出价差的扩大。

---

① 译者注：原文为 $92\frac{2}{32}$，实应为 $92\frac{3}{32}$。

② 译者注：原文为 $3\frac{1}{32}$，实应为$\frac{1}{32}$。

还有一个例子可以说明什么情况下市场流动性会改变。当有机会投资于新的债券结构时，由于这个结构太过新颖，通常只有极少数投资者进行交易。如果新结构逐渐变得流行起来，就会有更多的交易者进入市场，市场流动性也随之提高。相反，如果新的债券结构无法引起人们的兴趣，交易者就不愿意为潜在的新买家持有这些债券，其中一些人离开市场，而另一些人则报出一个不吸引人的买价，因此，最初的买家将面临一个流动性较低的市场。如 1994 年春季，在一种叫做衍生抵押债券市场的抵押贷款支持证券市场上，因为一位重要投资者（一种对冲基金）的垮台，许多交易者离开市场，结果市场流动性显著下降，买入卖出价差急剧扩大。

2.8　汇率风险或货币风险

如果一种债券不是以投资组合经理人的本国货币支付，则他在债券到期时收到的本国货币现金流量是未知的。以经理人的本国货币计量的现金流量依赖于债券发行人支付债券本息时的汇率。假定组合经理人的本国货币为美元，而他购买了一种用日元支付的债券。如果在债券本息支付时日元对美元贬值，则只能兑换较少的美元。

又如，有一位英国的组合经理人，其本国货币为英镑。如果他购买了美国的一种以美元支付的债券，他会非常关注发行人支付本息时美元对英镑是否贬值。如果美元真地贬值了，则在外汇市场只能兑回较少的英镑。

投资于以外国货币支付本息的债券，在收到本息时只能兑换较少本国货币的风险，称为汇率风险（exchange rate risk）或货币风险（currency risk）。

2.9　通货膨胀风险或购买力风险

由于通货膨胀所造成债券现金流量价值下跌的风险就是通货膨胀风险（inflation risk）或购买力风险（purchasing power risk），它是由购买力来衡量的。例如，如果投资者购买一种票面利率为 5% 的债券，但当时市场通货膨胀率为 3%，投资者的购买力并未增长 5%，而是只增长大约 2%。

除了抗通胀债券，所有债券投资者都面临通货膨胀风险。因为发行人允诺支付的利率在整个债券期间内都是固定的。

2.10　波动性风险

在第 2.2 节讨论嵌入期权对债券利率风险的影响时指出，影响嵌入期权价值的因素变动也会影响债券价格的变动。此前还分析了利率水平变化怎样影响含嵌入期权的债券价格。但是还有其他因素影响嵌入期权的价格。

在以后的讨论中，可以通过对期权定价的一般了解来得到对一种重要因素的正确评价。影响期权价值的一种主要因素为“预期波动”。对普通股期权而言，预期波动是指“预期价格波动”。二者的关系是：预期价格波动愈大，期权价值愈大。债券期权有着同样的关系。但是，不是预期价格波动，而是“预期收益率波动”。预期收益率波动越大，期权价值越大。收益率波动的含义及计算方法将在第 8 章具体说明。

现将预期收益率波动和可赎回债券的价格联系起来，并回忆式（2—1）中的可赎回债券价格公式：

可赎回债券价格 = 无期权债券价格 − 所嵌入赎回期权的价格

如果预期收益率波动增加，在其他因素不变的情况下，所嵌入赎回期权的价格就会增长。结果，可赎回债券价格将降低（因为前者从无期权债券的价格中减去）。

为了说明预期收益率波动的变动如何影响可回售债券的价格，可将可回售债券价格写成式（2—3）：

可回售债券价格 = 无期权债券价格 + 所嵌入回售期权的价格　　（2—3）

预期收益率波动的下降降低了所嵌入回售期权的价格，因而降低了可回售债券的价格。所以，可回售债券的波动性风险是预期收益率波动下降。

这种带有嵌入期权债券的价格随着预期收益率变动而下降的风险称为波动性风险。

图表 2—6 归纳了预期收益率波动的变化对可赎回和可回售债券价格的影响情况：

图表 2—6　　**预期收益率波动的变化对嵌入债券价格的影响**

嵌入期权的种类	波动性风险的原因
可赎回债券	预期收益率波动增加
可回售债券	预期收益率波动减少

2.11 事件风险

有时债券发行人支付本息的能力会因以下事件而发生剧烈、意外的变化：

（1）自然灾害（如地震或飓风）或生产事故损害了发行人的偿债能力。

（2）公司的合并或重组削弱了发行人的偿债能力。

（3）国家政策改变。

这些风险通常称为事件风险（event risk）。

2.11.1 公司合并/重组

第一种事件风险会导致发行人的信用等级被评级机构降级，因而也是一种降级风险。但是，降级风险通常仅限于某一特定发行人，而灾害产生的事件风险通常影响的远不止一个发行人。

第二种事件风险也会导致降级，也会影响其他发行人。RJR Nabisco 公司 1988 年秋季进行杠杆收购（LBO）是个很好的案例。当时债券市场的整个工业债券板块因为债券市场交易者从市场抽离资金而受到极大损害，新债券被推迟发行，最初的杠杆收购招标公告造成二级市场活动陷入停顿。投资者对 RJR Nabisco 债券的期望报酬率增长了 250 个基点。此外，由于 RJR Nabisco 的杠杆收购显示规模并不是杠杆收购的障碍，之前被市场参与者认为不可能是杠杆收购候选人的其他工业巨头也完成了公平交易，RJR Nabisco 杠杆收购对其他工业企业的“溢出效应”（spillover effect）导致了市场期望报酬率的急剧提升。

2.11.2 监管风险

上面列举的第三种风险是监管风险（regulatory risk，又译为管制风险、法规风险），该风险以各种各样的方式出现。被监管对象包括投资公司、储蓄机构以及保险公司。退休基金由 ERISA[①] 监管。监管这些对象是通过认可它们可能投资的证券和/或按实现管制会计（regulatory accounting）的目的处理这些证券进行的。

监管的变动可能要求被监管对象放弃某种特定的投资，大量被放弃的证券涌入市场会对类似证券的价格产生不利影响。

2.12　政治风险

当投资者想要购买外国主体发行的证券时（如一位法国投资者购买巴西政府发行的债券），投资者将会面临政治风险或主权风险（sovereign risk）。这是一种因外国政府的某种行为而造成的风险，其结果或是违约或是虽无违约但债券价格出现不利变化。这与第2.6节所描述的信用风险——信用风险利差和降级风险相类似。外国政府即使不违约，但它的行为也会增加投资者所要求的信用风险利差或增加降级的可能性。这两种情况都会对债券价格产生不利影响。

政治风险由两部分组成：一是外国政府不愿支付，外国政府可能简单地拒付其债务；二是国内不利的经济状况所造成的无力支付。历史上，外国政府违约绝大部分是因为无力支付而不是不愿支付。

---

① 译者注：ERISA 是 Employee Retirement Income Security Act 的缩写，即1974年《雇员退休收入保障法案》。

第3章 债券类别和工具概述

3.1 引言

至此，本书已经讨论了债券的基本特征和债券投资的相关风险。本章将考察一个国家债券市场的主要类别及发行的证券，包括主权债券、准政府债券、市政或地方证券、公司债券、抵押贷款支持证券、资产支持证券和债务抵押债券。本章将介绍上述各类工具。

3.2 债券市场的分类

尽管世界上尚无统一的债券市场分类体系，但可使用图表3—1显示的分类。从特定国家来看，债券市场可分为内部债券市场（internal bond market）和外部债券市场（external bond market）两大类。

图表3—1 **债券市场类别概要**

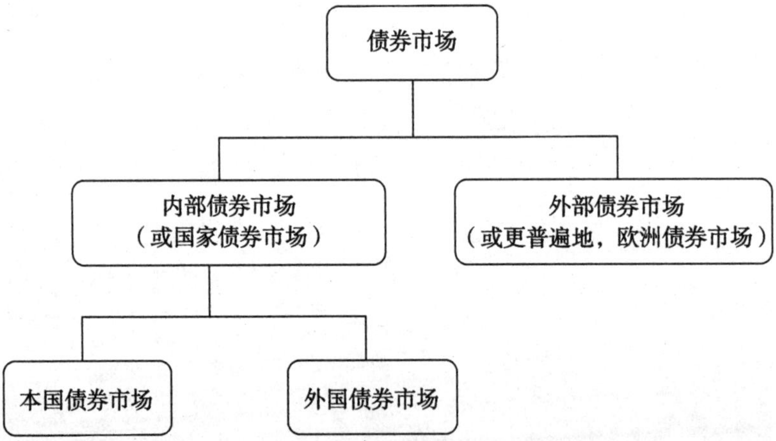

3.2.1 内部债券市场

一个国家的内部债券市场也被称为**国家债券市场**（**national bond market**）。它分为两个部分：**本国债券市场**（**domestic bond market**）和**外国债券市场**（**foreign bond market**）。本国债券市场是发行人在母国发行和交易债券的市场。

一个国家的外国债券市场，是非本国发行人在该国发行和交易债券的市场。如在美国，外国债券市场是非美国主体在美国发行和交易债券的市场。在英国，由一家日本公司用英镑标价发行并随后在此交易的债券市场，是英国的外国债券市场的一部分。外国债券市场的债券还有别称。例如，在美国市场，外国债券的别称是“扬基债券”（Yankee bonds）；在英国市场，用英镑标价的外国债券的别称是“猛犬债券”（bulldog bonds）。外国债券可以任何一种货币标价。如在美国，由澳大利亚公司发行的一种外国债券，可以用美元、澳元或欧元标价。

外国债券发行人包括中央政府和其下属机构、公司和超国家组织。**超国家组织**（**supranational**）是由两个或两个以上的中央政府通过国际条约形成的主体，如国际复兴开发银行（International Bank for Reconstruction and Development）（普遍地称为世界银行）和泛美开发银行（Inter-American Development Bank）。超国家组织可以促进成员国的经济发展。

3.2.2 外部债券市场

外部债券市场包括具有下列鲜明特征的债券：

（1）由一个国际银团包销；

（2）在发行时，同时向许多国家投资者发行；

（3）发行范围超过任何单个国家的管辖权；

（4）采取不记名（非注册）的方式发行。

外部债券市场被称为**国际债券市场**（**the international bond market**）、**离岸债券市场**（**the offshore bond market**），或更常见地被称为**欧洲债券市场**（**the Eurobond market**）[①]。全书将用“欧洲债券市场”这一术语来描述外部债券市场。

欧洲债券以债券的标价货币来分类。例如，以美元标价的欧洲债券被称为“欧洲美元债券”（Eurodollar bonds）。以日元计价的欧洲债券被称为“欧洲日元债券”（Euroyen bonds）。

全球债券（**global bond**）是一种在一个或多个国家的外国债券市场和欧洲债券市场发行和交易的债券。

3.3 主权债券

在许多有债券市场的国家中，中央政府发行的债券最多。这些债券被称为**主权债券**（**sovereign bonds**）。政府既可以在本国的国家债券市场发行和交易证券，也可以在欧洲债券市场或另一个国家外国债券市场发行债券。政府证券通常是以发行国的货币标价，但政府也可以发行以任何一种货币标价的债券。

3.3.1 信用风险

任何债券的投资者都面临信用风险，但全世界都觉得，由美国政府发行的债券实际上并无信用风险，因此市场认为这些债券是无违约风险债券。非美国中央政府的主权债券则由信用评级机构评级，这些评级被称为**主权评级**（**sovereign ratings**）。标准普尔和穆迪信用评级机构对主权债券进行评级。稍后将讨论在评级主权债券中应考虑的因素。

评级机构对主权债券进行两种类型的评级：一种是**本币债券评级**（**local currency debt rating**）；另一种是**外币债券评级**（**foreign currency debt rating**）。进行两种评级的原因是：历史数据显示，违约频率因债券的货币标价而不同，特别是以外币标价的债券更可能违约。本币债券和外币债券的违约评级不同，原因是如果美国政府想增加税收和控制其国内金融体

---

① 必须注意的是，本书对债券市场的划分是得到广泛认可的。也有少数研究者认为外部债券市场由外国债券市场和欧洲债券市场组成。

系，它可以发行大量的货币来偿付本币债券本息。以外币标价的债券却非如此。中央政府必须购买外币来满足外币标价债券的需求，对汇率只拥有较少的控制力。因此，对于以外币标价的债券，本币严重贬值将损及中央政府偿还债务的能力。

3.3.2 新国库券的分销办法

中央政府用四种方法来分销新债券：（1）**正常拍卖周期/多种价格法**（regular auction cycle/multiple-price method）；（2）**正常拍卖周期/单一价格法**（regular auction cycle/single-price method）；（3）**特别拍卖法**（ad hoc auction method）；（4）**水龙头法**（tap method）。

在定期拍卖周期/多种价格法中有一个正常的拍卖周期，中标者会分配到以其投标收益率（价格）定价的证券。在定期拍卖周期/单一价格法中也有一个正常的拍卖周期，中标者会分配到政府所接受的最高收益率定价的证券。例如，如果单一价格拍卖的最高收益率是7.14%，即使某投标者的投标利率为7.12%，他也能以按7.14%的收益率确定的价格购买证券。相反，在多种价格拍卖中，该投标人将必须以按照7.12%的收益率确定的价格购买证券。目前美国政府采用正常拍卖周期/单一价格法发行债券。

在特别拍卖系统中，在市场情况看来良好时，政府会宣布拍卖，且仅在拍卖时才公布拍卖数量和债券到期时间，这是英格兰银行分销英国政府债券的方法之一。在水龙头方法系统中，拍卖先前未偿还债券的附加债券，而且政府定期宣告新拍卖的附加债券。水龙头方法已在美国、英国和荷兰得到应用。

1. 美国国库券

美国国库券由美国财政部发行，并且有美国政府的充分信誉支持。如上所述，全世界的市场参与者认为美国国库券没有信用风险。由于美国国库券市场的重要性，我们将仔细研究这个市场。

在一级市场，通过定期举行的密封投标拍卖会使用单一价格方法出售国库券。财政部会通过新闻发布或记者招待会提前几天宣布每次拍卖会，国库券拍卖是在竞争性投标的基础上进行的。

国库券二级市场是场外交易市场，大批美国政府证券交易商不停地提供发行在外的国库券的出价和询价。国库券几乎是24小时交易。最近期拍卖的特定期限债券被称为**新发行债券**（on-the-run issue or the current issue）。被新发行的证券所取代的债券被称为**旧债券**（off-the-run issues）。

图表3—2提供了美国财政部发行证券的概要。美国国库券分为**固定本金国库券**（fixed-principal securities）或**通胀指数国库券**（inflation-indexed securities）。

（1）固定本金国库券。固定本金国库券包括短期国库券、中期国库券和长期国库券。**短期国库券**（treasury bills）以折价发行，无票面利率，到期价格为面值，到期日不超过12个月。作为折价债券，短期国库券不支付利息；投资者的收益是到期价值和购买价格的差额。第6章将解释如何计算短期国库券的价格和收益率。

期限大于1年但不超过10年的国库券称为**中期国库券**（treasury notes）。中期国库券的发行价格接近面值，到期价值为面值。期限超过10年的国库券称为**长期国库券**（treasury bonds）。虽然仍有少量发行在外的债券是可赎回的，但是自1984年以来美国财政部不再发行可赎回国库券。至本书截稿时，美国财政部已经停止发行长期国库券。

图表3—2 **美国国库券产品概要**

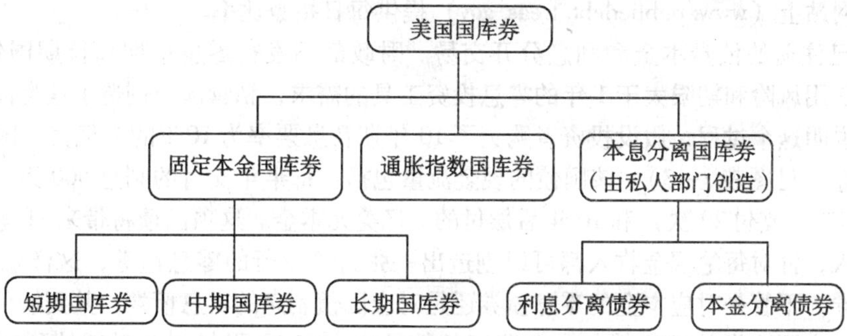

(2) 通胀指数国库券。除了固定本金国库券以外，美国财政部也发行能对抗通货膨胀的中期国债和长期国债。这些证券通常被称为**通货膨胀保护国库券**(**treasury inflation protection securities，TIPS**)(财政部称这些证券为**通胀指数国库券**(**treasury inflation indexed securities，TIIS**))。

通货膨胀保护国库券原理如下：票面利率设定为一个固定利率，该利率的确定参见本节后文的拍卖程序。该票面利率被称为“实际利率”，因为它是投资者最终赚取的超过通货膨胀率的利率。政府用作通货膨胀调整的通货膨胀指数，是美国所有城市未按季节调整的平均物价指数。

被财政部当做利息支付金额和到期价值基础的本金每半年调整一次，即所谓的**经通货膨胀调整后的本金**(**inflation-adjusted principal**)。通货膨胀的调整如下：假设通货膨胀保护国库券的票面利率是3.5%而年度通货膨胀率是3%，一个投资者在1月1日以10万美元的票面价值(本金)购买这种债券，半年的通货膨胀率为1.5%(3%除以2)。在第一个半年期末用原始票面价值乘以(1+半年的通货膨胀率)，得到经通货膨胀调整后的本金。在例子中，第一个半年期末经通货膨胀调整后的本金是101 500美元，而本期的票面利息正是以这个经通货膨胀调整后的本金为计算基础的。接下来在利息支付日用1.75%(实际利率3.5%的一半)乘以经通货膨胀调整后的本金(101 500美元)，因此利息支付额是1 776.25美元。

紧接着的一个半年期是这样的：期初经通货膨胀调整后的本金是101 500美元。假设第二个半年期的半年通货膨胀率是1%，那么，在第二个半年期末经通货膨胀调整后的本金是期初本金101 500美元用半年期通货膨胀率1%调整后的金额，本金的调整额是1 015美元(1%×101 500)。因此，在第二个半年期末(本例中是12月31日)经通货膨胀调整后的本金是102 515美元(101 500+1 015)。在第二次利息支付日用当日经通货膨胀调整后的本金(102 515美元)乘以实际利率的一半(即3.5%的1/2)，得到付给投资者的利息额为1 794.01美元。

从中可以看出，通货膨胀调整额的一部分来自于利息支付，因为它是以经通货膨胀调整后的本金作为计算基础的。然而，每年美国政府对调整额征税，这降低了投资于对抗通货膨胀国库券对纳税人的吸引力。

因为可能发生通货紧缩(即价格下跌)，到期日经通货膨胀调整后的本金可能会低于最初的账面价值。然而，财政部已经对通货膨胀保护国库券进行结构调整，使得它们可以以超过经通货膨胀调整后的本金和最初账面价值的金额赎回。

经通货膨胀调整的本金必须在结算日计算，它是根据一个指数比率来定义的，这个比率是结算日与发行日的参考消费者物价指数的比值。参考消费者物价指数是滞后3个月计算的，例如，2 月份公布的消费者物价指数是 5 月 1 日的参考消费者物价指数。美国财政部公布并在其网站上（www. publicdebt. treas. gov）提供每日指数比率。

（3）已注册的债券本金和利息分开交易。财政部不发行零息中期和长期国债。然而，由于对无信用风险和期限大于 1 年的零息投资工具的需求，私营部门创造了这类证券。

为了说明这个过程，假设投资者购买了 10 年期及息票率为 10% 的 1 亿美元国债以创造零息国库券（见图表 3—3），该国债的现金流量包括：每半年支付的利息 500 万美元（1 亿美元乘以 5%，支付 20 次）和 10 年后偿付的 1 亿美元本金。这项国债将带来 21 笔不同时点的现金收入，针对每笔现金收入都可以创造出一张折价发行的零息债券，这样就制造了 21 张零息债券。不管是对应本金的零息债券还是对应国债利息的零息债券，其到期价值都等于财政部对相应国库券的本息偿付。在我们的例子中，有 20 张与利息对应的到期价值均为 500 万美元的零息债券，以及一张到期价值为 1 亿美元的零息债券，债券到期日与国库券相应支付日一致。

零息债券通过国库已注册的利息和本金分开交易证券程序发行，设计该程序是为了使国库券更容易分离。已注册的利息和本金分开交易证券程序创造的零息国库券仍然是美国政府的直接债务。

被分离的国库券简称为本息分离国库券（treasury strips），债券利息派生的分离债券被称为利息分离债券（coupon strips）。债券本金派生的分离债券被称为本金分离债券（principal strips）。利息分离债券和本金分离债券的区分和下面讨论的非美主体的税务处理有关。

一个应税个体投资于利息分离债券的缺点是每年对应计利息收税，尽管利息支付到期时才会收到。因而，这些工具产生负现金流量直至债券到期，因为投资者必须为应收未收利息缴税。

图表 3—3　**票面利息分离：产生零息国库券**

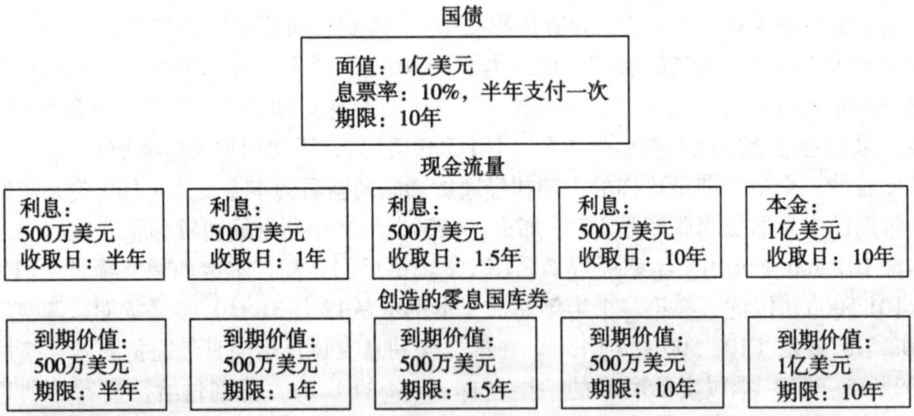

区别本金分离和利息分离的原因之一是某些外国购买者偏好本金派生出来的证券（例如本金分离债券）。这一偏好归因于他们母国对利息的税收规定。有些国家规定购买本金分离债券的利息视为资本利得，对比普通收益而言，资本利得能获得税收优惠（例如较低税率）。

2. 非美国国家主权债券发行人

本书不可能讨论世界上所有的政府债券，但将大致介绍几个主要的主权债券发行人。

德国政府发行期限为 8 ~ 30 年的长期债券和期限为 5 年的中期债券，就发行在外的数量和在二级市场上的周转量而言，10 年期的债券是德国政府债券市场中最大的一块。中期债券和长期债券票面利率固定，为子弹型结构。

英国政府发行的债券被称为“金边债券”。英国国债市场的金边债券比其他政府债券市场的国债种类都要多。金边债券市场上最大的部分是完全固定利率证券，第二大的部分是指数挂钩证券，简称“挂钩债券”。有少数发行在外的金边债券是“不可赎回的”，没有到期日的金边债券被称为“永久金边债券”。英国政府设计了一个可以将金边债券变为金边分离债券的程序，这一程序从1997年12月起开始实施。

法国政府发行一种称为OATs的30年期的长期国债，以及一种称为BTANs的2~5年中期国债。OATs不可赎回，绝大部分OATs有固定的票面利率，但也有一些特殊的OATs采用浮动利率。长期OATs可以通过分离来创造OATs本息分离债券。法国政府是继美国之后第一批允许本息分离交易的国家。

意大利政府发行：（1）期限分别为5年、10年、30年的固定利率债券BTPs；（2）7年期的浮动利率债券CCTs，其参考利率为意大利短期国库券利率；（3）2年期的零息债券；（4）可回售债券CTOs。可回售债券的期限与BTPs一致，投资者有权在规定的到期日之前中途将债券回售给意大利政府。自1992年起意大利政府不再发行CTOs。

加拿大政府债券市场和美国政府债券市场有密切联系，包括债券种类在内都有相似的结构。除了通货膨胀保护债券（称为“实际收入债券”），债券都有一个固定利率。所有新的加拿大债券都是“子弹型”的，即它们是不可赎回也不可回售的。

大约3/4的澳大利亚政府债券市场由固定利率债券和称为“国债指数化债券”的通货膨胀保护债券构成。国债指数化债券利息或本金是与澳大利亚消费者物价指数相挂钩的。市场其余部分包括称为“可调整的国库券”的浮动利率债券，它的期限是3~5年且参考利率是澳大利亚银行票据指数。

日本政府公开发行的政府债券（称为“日本政府债券”）有两种：（1）中期债券；（2）长期债券。中期债券有两种：有息债券和零息债券。有息债券的期限有2年、3年和4年，另一种中期债券是5年期的零息债券。长期债券都是有息的。

拉丁美洲、除日本之外的亚洲和东欧金融市场被认为是“新兴市场”。投资于新兴市场国家的政府债券要比投资于工业化国家的政府债券承担更大的信用风险。新兴市场中政府债券的大量二级交易是**布雷迪债券（Brady bonds）**交易，布雷迪债券是指对贷给新兴市场国家政府的不良贷款进行转换所形成的可销售有价证券。布雷迪债券有两种类型：第一种类型包含有这些贷款的应付利息（逾期利息债券）；第二种类型包括所欠的银行贷款本金数额（本金债券）。

3.4 准政府/机构债券

中央政府可以设立发行债券的机构或组织。这些主体的债券不是由中央政府直接发行，但是可能会得到政府的直接或潜在保证。这些债券一般被称为**准政府债券（semi-government bonds）**或**政府机构债券（government agency bonds）**。在一些国家，准政府债券还包括该国的某些地区发行的债券。

这里有一些准政府债券的例子。在澳大利亚，有澳洲电信发行的债券或者像太平洋电力这样的国家电力供应者发行的债券，这些债券受澳洲联邦的充分信任和信用保护。在德国，有中央政府充分信任和信用保护的政府机构债券由德国联邦铁路和德意志联邦邮电局发行。

在美国，准政府债券被称为联邦机构证券（federal agency securities），它们又根据发行者类型进一步地被分为联邦关联机构（federally related institutions）发行的债券和政府支持企业（government-sponsored enterprises）发行的债券。接下来，本书将关注美国联邦机构证券。图表3—4提供了美国联邦机构证券市场的一个概要。

联邦关联机构是联邦政府的左膀右臂。它们包括美国进出口银行、田纳西河流管理局、商品信用公司、农民住宅管理局、总务署、政府国民抵押贷款协会、海事管理局、私人出口基金公司、农村电气化管理局、农村电话银行、小型企业总署和华盛顿大都会地区运输管理局。除田纳西河流管理局和小型企业总署发行的证券外，其他证券得到了美国政府充分的信任和信用支持。近年来，田纳西河流管理局已经成为唯一直接对市场发行债券的发行者。

政府支持企业是私人拥有的并由美国国会特许授权的经营主体。国会授权创立它们以降低特定经济部门的借款资金成本，这些部门非常重要，必须对其保证援助。它们涉及的个体包括农民、户主和学生。对政府支持企业的赋权法例要定期审查。政府支持企业在市场上直接发行债券，这些债券的市场比国债的要小，但近年来已经成为债券市场中活跃、重要的一部分。

图表3—4　　**美国联邦机构证券市场概要**

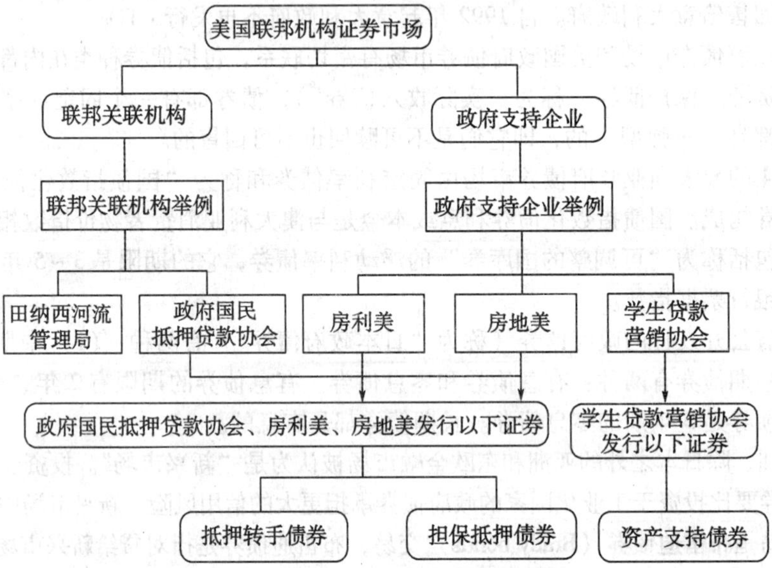

现在有六家政府支持企业顺利发行债券：联邦国民抵押贷款协会（房利美）、联邦房屋抵押贷款公司（房地美）、联邦农业抵押贷款公司、联邦农场信用银行体系、联邦房贷银行体系和学生贷款营销协会。

房利美、房地美和联邦房贷银行负责对居民住房部分提供贷款，联邦农业抵押贷款公司对农场财产发挥相同的功能。联邦农场信用银行体系对经济中的农业部门中的信用市场贷款，学生贷款营销协会为高等教育提供基金。

3.4.1　美国机构信用债券和贴现债券

大体上，政府支持企业发行两种类型的负债：信用债券和贴现债券。信用债券和贴现债券没有任何特殊的抵押品来支持债务，其偿债能力取决于发行债券的政府支持企业产生足够的现金流量来满足债务的能力。

信用债券（debentures）可以是中期债券或长期债券。政府支持企业发行的中期债券，除了少数例外，期限是1~20年，长期债券的期限长于20年。贴现债券是短期债务，期限是1~360天。

有几个政府支持企业频繁发行债券，因此已经为它们发行的债券建立了正规程序。例如，房利美和房地美发行的信用债券。房利美发行基准中期债券（benchmark notes）、基准长期债券（benchmark bonds）、基准可赎回中期债券（callable benchmark notes）、中期票据和全球债券，房地美发行的信用债券是中期参考债券（reference notes）、长期参考债券（reference bonds）、可赎回中期参考债券（callable reference notes）、中期票据和全球债券（本章第3.6节和第3.8节单独讨论中期票据和全球债券）。

基准票据、基准债券和中期参考债券、长期参考债券都能通过分离来创造零息债券。

3.4.2 美国机构抵押贷款支持证券

负责向抵押贷款市场提供流动资金的两个政府支持企业——房利美和房地美也发行用它们购买的抵押贷款来支持的债券，也就是，它们用包销或购买的抵押贷款作为它们发行债券的抵押品。这些债券被称为**机构抵押贷款支持证券**（agency mortgage-backed securities），包括抵押转手债券、抵押担保债务和分离的抵押贷款支持证券。后两种抵押贷款支持证券被称为衍生抵押贷款支持证券，因为它们由抵押转手债券产生。

尽管本书局限于讨论美国抵押贷款支持证券市场，实际上大部分发达国家拥有相似的抵押贷款产品。

1. 抵押贷款

抵押贷款（mortgage loan）是一种以一些特定不动产做抵押品担保的贷款，且规定要求借款人后续进行一系列偿付贷款。如果借款人违约，抵押贷款规定贷款人有权取消抵押品赎回权并且扣押资产以确保债务被偿付。抵押贷款的利率被称为抵押利率（mortgage rate）或契约利率（contract rate）。

在美国，有很多种抵押贷款计划可供选择。抵押贷款计划就是对抵押利率、抵押期限和借出资金的偿付方式的详述。现在，我们将用最常见的抵押贷款计划来解释抵押贷款支持证券的特征：固定利率、等额偿付、本息全部分期偿还。这种抵押贷款计划所隐含的基本观点是每个月包括利息和本金偿付在内的抵押贷款偿还额相同。每月偿付的目标是，贷款到期后，贷款能够被完全清偿。

这种抵押贷款计划的月还款额于每月1日偿付，它包括：（1）上月末的未偿付抵押贷款本金余额乘以固定年利率的1/12得出的利息；（2）未偿付抵押贷款本金余额的一部分。

每月抵押贷款偿还额扣除掉其中利息偿付部分的剩余额被用来冲销未偿付的抵押贷款本金余额。这个数额被称为**摊销额**（**amortization**），我们也称它为**计划本金偿还**（**scheduled principal payment**）。

为说明这种抵押贷款计划，假设有一项30年期（360个月）的抵押利率是8.125%的100 000美元抵押贷款，每个月的抵押贷款偿还额是742.50美元。①

---

① 月抵押贷款偿还额的计算方法就是年金现值的简单应用，计算公式为：

$$MP = B\left[\frac{r(1+r)^n}{(1+r)^n-1}\right]$$

式中：

MP——月抵押贷款偿还额；

B——借入金额（即初始贷款余额）；

r——月抵押利率（年利率除以12）。

本例中，B = 100 000美元，r = 0.0067708（0.08125/12），n = 360

因此：

$$MP = 100\,000 \times \frac{0.0067708 \times 0.0067708^{360}}{0.0067708^{360}-1} = 742.50\text{（美元）}$$

图表 3—5 显示了在特定月份每月抵押贷款偿还额是如何在利息偿还额和本金偿还额之间分配的。1 月初，抵押贷款余额是最初贷款额 100 000 美元，1 月抵押贷款偿还额包括本月借入的 100 000 美元的利息。由于年利率是 8.125%，月利率就是 0.0067708（0.08125/12)，因此 1 月份的利息是 677.08 美元（100 000 美元 ×0.0067708）。月抵押贷款偿还额 742.50 美元和利息 677.08 美元的差额 65.41 美元，是每月抵押贷款偿还额的一部分，它就是计划本金偿还（即摊销）。1 月份的 65.41 美元减少抵押贷款余额。

1 月末（2 月初）的抵押贷款余额是 99 934.59 美元（100 000 美元 - 65.41 美元)，用月利率（0.0066708）乘以 2 月初的抵押贷款余额（99 934.59 美元）得出 2 月抵押贷款偿付额的利息是 676.64 美元。月抵押贷款偿还额 742.50 美元和利息 676.64 美元的差额 65.86 美元，是随每月抵押贷款偿还额偿付的抵押贷款余额的数额。注意到第 360 月的抵押贷款偿还额（即最后的支付）足以还清余下的抵押本金余额。

如图表 3—5 所示，月抵押贷款偿还额中的利息部分下降而本金偿付部分上升，出现这一现象的原因是，抵押贷款余额随着每月的抵押贷款偿还额而减少，产生于抵押贷款余额的利息就下降了。由于每月抵押贷款偿还额是固定值，在随后的每月，每月偿付中逐渐增加的部分被用来减少未偿付的抵押贷款本金余额。

图表 3—5 **固定利率、等额偿付、本息全部分期偿还抵押贷款摊销计划（节选）**

抵押贷款：100 000 美元 每月支付：742.50 美元

抵押利率：8.125% 贷款期限：30 年（360 月） 单位：美元

(1)	(2)	(3)	(4)	(5)	(6)
月	月初余额	支付	利息	预定的本金偿付	月末余额
1	100 000.00	742.50	677.08	65.41	99 934.59
2	99 934.59	742.50	676.64	65.86	99 868.73
3	99 868.73	742.50	676.19	66.30	99 802.43
4	99 802.43	742.50	675.75	66.75	99 735.68
…	…	…	…	…	…
25	98 301.53	742.50	665.58	76.91	98 224.62
26	98 224.62	742.50	665.06	77.43	98 147.19
27	98 147.19	742.50	664.54	77.96	98 069.23
…	…	…	…	…	…
184	76 446.29	742.50	517.61	224.89	76 221.40
185	76 221.40	742.50	516.08	226.41	75 994.99
186	75 994.99	742.50	514.55	227.95	75 767.04
…	…	…	…	…	…
289	42 200.92	742.50	285.74	456.76	41 744.15
290	41 744.15	742.50	282.64	459.85	41 284.30
291	41 284.30	742.50	279.53	462.97	40 821.33
…	…	…	…	…	…
358	2 197.66	742.50	14.88	727.62	1 470.05
359	1 470.05	742.50	9.95	732.54	737.50
360	737.50	742.50	4.99	737.50	0.00

对抵押贷款（或抵押贷款组合）的投资者来说，如上所述的月抵押贷款偿还额并不等于投资者的现金流量，原因有两个：（1）佣金；（2）提前偿付。

每种抵押贷款必须要通过服务机构管理。一种抵押贷款的管理包括：收回每月还款额并转交给抵押权人；向抵押人发出还款通知；还款逾期时提醒抵押人；持续记录本金余额；对不动产税和保险的托管余额的管理；必要时发起抵押品赎回权取消的诉讼程序；适当时向抵押人提供税务信息。佣金是抵押贷款利息的一部分，如果抵押利率是8.125%且佣金是50个基点，那么投资者获得的利率是7.625%。投资者获得的利率称为**净利率**（net interest）。

我们列举的等额偿付、固定利率和本息全部分期偿还现金流量假设，在计划支付日之前户主不必对抵押贷款本金余额中的任何一个部分进行偿付，但是房屋所有人必须在计划支付日期之前偿付全部或部分抵押余额。超过月抵押贷款偿还额的偿付部分称为**提前偿付**（prepayment），提前偿付可能是未偿还本金的全部余额或部分余额。当不是提前偿付全部余额时，被称为**减缩**(curtailment)。通常，提前偿付抵押贷款没有罚金。

因此，抵押贷款的现金流量是按月支付的，包含三部分内容：（1）净利息；（2）预定的本金偿付额；（3）提前还款额。提前还款额的结果是来自抵押权的现金流量的数量和时间是不确定的，这就是第2章提到的**提前偿付风险**（prepayment risk）。①

例如，一个有100 000美元、利率是8.125%、期限是30年抵押权的投资者能够确定的是，只要贷款未清偿且借款人不违约，每个月在预定日期将会收到利息和偿还的本金。投资者不能确定的是抵押贷款的存续期限和本金偿付时间，不仅仅等额偿付、固定利率和本息全部分期偿还的抵押贷款是这样，所有的抵押贷款都存在这一情况。

2. 抵押转手债券

抵押转手债券或转手债券，是一个或多个抵押所有权人组成一个抵押贷款集合（组合）并且出售其份额或参与权证所产生的一种债券。一个组合可能包含有几千或者只有少量几笔抵押贷款。当一个抵押权组合中的抵押贷款被作为转手证券的担保品时，那种抵押贷款就称为是被证券化的。

转手债券产生的现金流量取决于潜在组合中的抵押贷款。如刚才解释的，现金流量包括月抵押贷款偿还额中利息部分、计划的本金偿付额和任意的本金提前偿付额。每个月转手债券持有者都将收到偿付额，提前偿付行为使债券持有人无法确定与本金偿还相关的现金流量的时间和金额。

图表3—6和图表3—7对转手债券创造过程进行了举例说明。图表3—6显示了2 000笔抵押贷款和这些贷款产生的现金流量。为了易于理解，假设每笔贷款的数额都是100 000美元，因此2 000笔贷款合计是2亿美元。

拥有图表3—6中任意单个抵押贷款的投资者都面临着提前偿付风险。对单笔贷款来说，很难预测提前偿付。但如果单个投资者购买全部的2 000笔贷款，那么基于过去的提前偿付历史经验，提前偿付很容易预测。不过投资者需要投入2亿美元来购买所有的2 000笔贷款。

假设某个投资者购买了图表3—6中所示的2 000笔贷款并且对它们进行组合。这2 000笔贷款可以作为抵押品来发行债券，如图表3—7所描述的，债券的现金流量是基于这2 000笔贷款的现金流量。假设发行了200 000个权证，那么每个权证最初值1 000美元

① 我们将在后续章节介绍影响提前偿付的因素。

(200 000 000美元/200 000)。每个权证持有者对全部现金流量有0.0005%(1/200 000)的要求权，这样创造出的债券是抵押转手债券。

图表3—6 **抵押贷款**

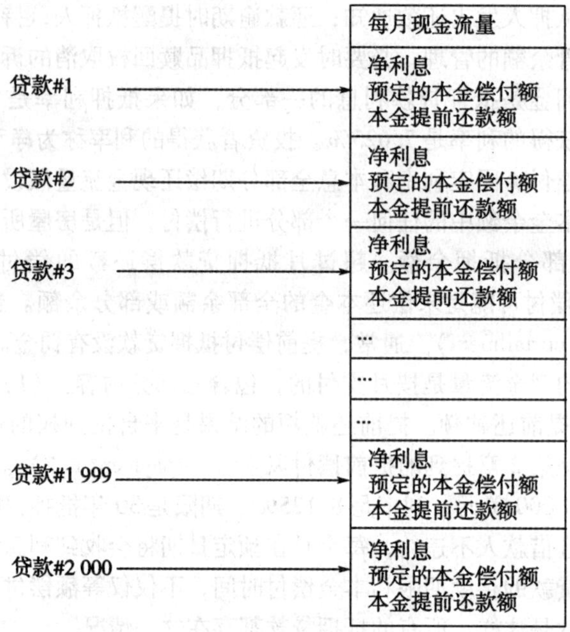

图表3—7 **转手债券的产生**

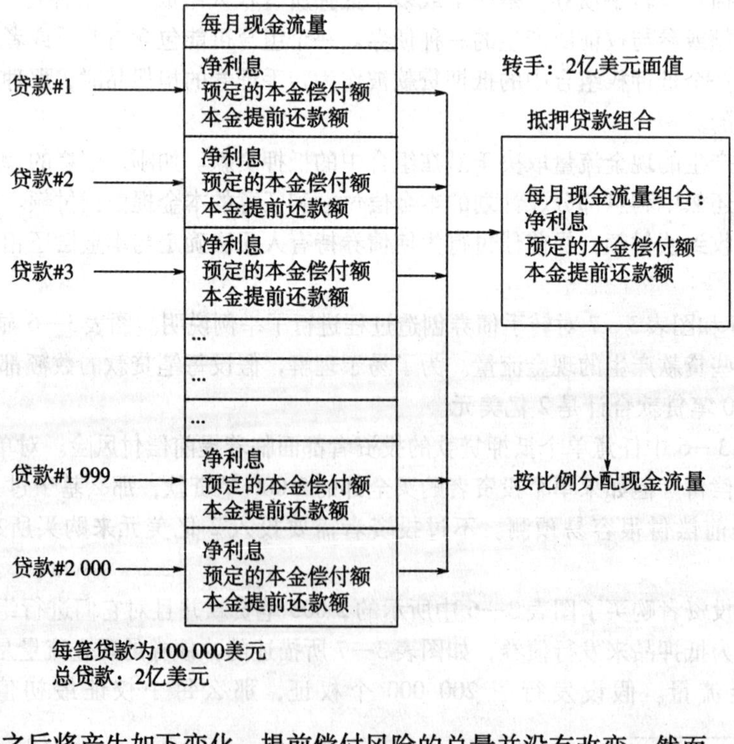

通过转手之后将产生如下变化：提前偿付风险的总量并没有改变，然而，一个投资者不

需要投资2亿美元，但是其面临的提前偿付风险涉及2 000笔贷款，而不是一笔单独的抵押贷款的提前偿付风险。

我们来对抵押转手债券（一种摊销债券）的现金流量和不可赎回附息债券（一种非摊销债券）的现金流量进行比较。对于标准附息债券，在到期之前没有本金偿付；而对于抵押转手证券，本金偿付是随时间进行的。不像标准附息债券每半年支付一次利息，抵押转手证券按月支付利息和本金。转手证券和可赎回的附息债券的相似之处在于由于全部本金偿还时间的不确定性所导致的现金流量的不确定性。

转手债券由吉利美、房利美和房地美发行，它们保证按时支付利息和本金。[①] 吉利美、房利美和房地美发行的抵押贷款组合中所包含的贷款必须符合由这些主体设立的标准。满足这些标准要求的贷款被称为**合规贷款**（conforming loans）。非机构发行的抵押贷款支持证券是由不合规贷款集合作为支持的。

3. 担保抵押债券

现在我们将说明一种机构抵押衍生债券——**担保抵押债券**（collateralized mortgage obligation，CMO）是怎样产生的。担保抵押债券产生的动因是在不同种类的债券之间分散提前偿付风险。

在图表3—7中，无论潜在组合中有多少贷款，转手投资者仍然承担着与潜在的抵押贷款组合有关的全部提前偿付风险。然而，我们可以创造投资者并不平等分担提前偿付风险的债券。假设以某个优先原则实施对本金（计划本金和提前偿付）的分配，而不是像在转手债券的案例中那样按比例基础分配月现金流量。图表3—8显示了这是如何操作的。

图表3—8显示了最初的2 000笔抵押贷款和抵押转手债券的现金流量，同时还显示了三类债券，债券类别也可以叫做债券**组别**（tranches），[②] 每个组别的面值和一系列支付规定说明如何将转手债券的本金分配给各组别。注意，三个组别的面值总额等于2亿美元。尽管在图中没有显示，每个组别的债券都有代表相应比例利息收益权的凭证。假设为面值8 000万美元的A组别发行了80 000张凭证，每张凭证都将从A组别的偿付额中享受相应比例的份额（0.00125%）。

图表3—8所显示的本金偿付规则是：A组别先收回所有本金（定期偿付和提前偿付），直到其剩余本金余额降至零。然后，B组别会收到所有本金偿付额直到其剩余本金余额为零。B组别得到清偿后，C组别才会收到本金偿付。图表3—8中的现金流量分配规则说明：每一组别收到的利息是以其未清偿面额为基础计算得出的。

由此产生的抵押贷款支持证券被称为担保抵押债券，机构发行的担保抵押债券的担保品是放置在信托基金中的转手债券组合。担保抵押债券现金流量的主要来源是抵押贷款组合。

这样处理的变化如下：担保抵押债券的提前偿付风险和2 000个抵押贷款的提前偿付风险是一样的，然而提前偿付风险是被不同地分散于担保抵押债券的三个组别。组别A最先承担提前偿付风险，然后是组别B，最后是组别C，这使得组别A实际上是比另外两个组别期限更短的债券，而组别C的期限最长。不同机构的投资者对不同的组别感兴趣，取决于它们所对应的债务的实质和担保抵押债券组别的实际到期日。此外，担保抵押债券的每一个组别期限的不确定性比产生担保抵押债券的转手债券组合的期限的不确定性要小，因此，对

① 房地美发行的抵押转手证券只保证利息的及时支付，而对于本金仅仅保证最终能得到全部偿付。
② “组别（tranche）”一词来自于法语单词，意思是“薄片”。法语中“tranche”的发音与英语中的“launch”相同。

来自于潜在抵押组合的现金流量非等比例分配创造的组别，比转手债券更满足某些机构投资者的资产/负债目标。换句话说，本金偿付的分配规则在不同的组别之间对提前偿付风险进行重新分配。

图表3—8中描述的担保抵押债券具有对现金流量进行分配的一系列简单规则。如今产生了更错综复杂的担保抵押债券结构，基本目标是提供一些提前偿付风险更小的担保抵押债券组别。当然，要注意的是，这样做的前提是抵押担保债券结构中一些组别提前偿付风险能被转移到其他组别。

图表3—8 **担保抵押债券的产生**

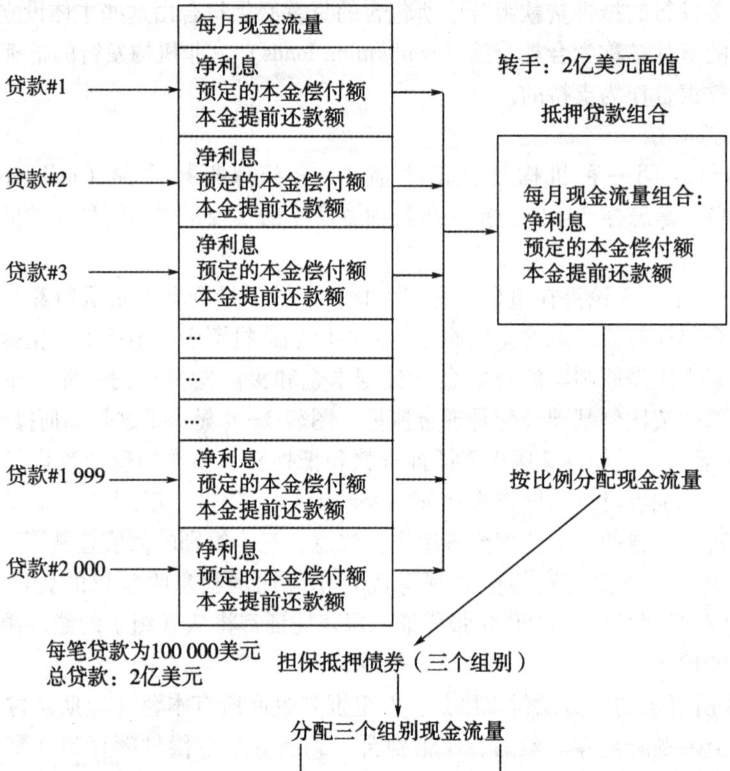

组别（面值）	净利息	本金
A 8 000万美元	每月按未清偿面额支付	收到所有本金直到完全清偿
B 7 000万美元	每月按未清偿面额支付	A组别得到清偿后，B组别收到所有本金
C 5 000万美元	每月按未清偿面额支付	B组别得到清偿后，C组别收到所有本金

按计划分期偿付组别债券是**担保抵押债券组别**（**planned amortization class tranche**）的一个很好的例子。如果提前偿付是以一个确定的提前偿付比率实现的话，那么这是一个有本金提前偿付计划（因此命名为“按计划分期偿付”）的组别。[①] 因此，这类有担保抵押债券组别的提前偿付风险降低了（不是消失）。为了使按计划分期偿付组别债券承担很小的提前偿付风险而面临更大的提前偿付风险的组别被称为**支持组别**（**support tranche**）。

① 后文会解释“提前偿付率”的含义。

第10章将详细描述按计划分期偿付组别债券、支持组别和其他类型的担保抵押债券组别。

3.5　州政府及地方政府债券

非中央政府主体也发行债券。在美国，非中央政府主体包括州政府和地方政府以及它们创造的主体。这些债券被称为**市政证券**（municipal securities）或**市政债券**（municipal bonds）。由于美国债券市场拥有最大、最发达的非中央政府债券市场，本书将集中讨论这个市场中的市政债券。

在美国，有免税和应课税的市政债券。“免税”是指市政债券的利息免收联邦收入税，市政债券的免税政策只适用于利息收入，并非资本利得。对于利息收入是否免税，不同的州有不同的规定。每个州都有自己的规章以确定市政债券如何征税。已发行的市政债券大部分是免税的。尽管有应课税的市政债券在市场上发行和交易，市政债券还是通常被称为免税证券（tax-exempt securities）。市政债券在美国各地的市政债券交易商支持的场外交易市场进行交易。

像其他的非国库固定收入债券一样，市政债券让投资者面临信用风险。国家认可的评级机构根据信用风险对市政债券进行评级。在后面的章节将会看到评级机构在评估信用风险时考虑的因素。

市政债券结构主要有两种：税收支持债券（tax-backed debt）和收入债券（revenue bonds）。下文将分别描述它们和两者的一些差异。

3.5.1　税收支持债券

税收支持债券是由州、县、特区、市、镇和学校行政区发行的以税收作为偿付支持的债券工具。图表3—9介绍了在美国市政债券市场发行的税收支持债券的类型。税收支持债券包括**一般责任债券**（general obligation debt）、**拨款担保债券**（appropriation-backed obligations）和**公共信用提升计划支持的债券**（debt obligations supported by public credit enhancement programs），下面将分别展开讨论。

图表3—9　**美国市政债券市场发行的税收支持债券**

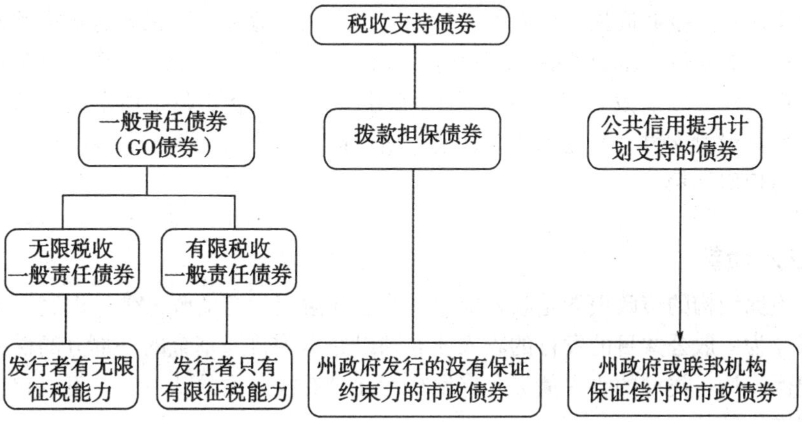

1. 一般责任债券

税收支持债券最常见的类型是一般责任债券。一般责任债券有两类：无限担保型和有限担保型。**无限税收一般责任债券**（unlimited tax general obligation debt）是一般责任债券中较强有力的形式，因为它受发行者无限征税能力的保证。税收来源包括公司税和个人税、销售税和财产税。无限税收一般责任债券被认为受发行者的全部信誉和信用保护。**有限税收一般责任债券**（limited tax general obligation debt）只能得到有限的征税能力保证，因为法律对政府偿付这些债务的征税规定了税率上限。

某些一般责任债券不仅以发行者用以积累普通基金的收入的一般征税权力为担保，还受到一些除了普通基金的额外收入——专项收费、补助金和特别费的保证。因为担保收入来源的两重性，这些债券被称为**双保险证券**（double-barreled in security）。例如，由专门目的服务体系发行的债券可能会受到财产税保护、特别费/提供服务的经营收入保护，或者财产税、特别费/提供服务的经营收入的共同保护。在最后一种情况下，债券是双保险的。

2. 拨款担保债券

许多州政府和主管部门发行拨款担保债券，如果它们不能得到发行人的偿付，将由州政府用税收基金拨款偿付。来自州的一般税收的资金拨款必须要有州立法机关的批准，然而州的保证是没有约束力的。这种对税收没有约束力保证的负债被称为**道德责任债券**（moral obligation bonds）。因为道德责任债券需要立法机关的批准来拨给资金，它被划归为拨款担保债券。道德责任保证的目的是增强发行主体的信用度。然而，如果发行人不能偿付债券，投资者只能寄希望于州政府勤勉尽责争取州立法机关的批准。

3. 公共信用提升计划支持的债券

虽然道德责任债券是州提供的信用提升的一种形式，但是它不具有法律上的强制力和约束力。有些主体已经发行了某种形式的带有法律强制力的公共信用提升计划支持的债券。公共信用提升计划通常发生在有地方政府或者联邦机构的保证时，或者有自动扣留州政府援助资金以偿付发行主体的任何违约债券时。通常，公共信用提升计划的后一种形式被用于各州教育系统中的负债。

州信用提升计划的例子有：弗吉尼亚的债券保证计划，该计划授权管辖者扣押对市政府的州援助支付并且转移那些资金去偿付市政当局违约的一般责任债券持有者的本金和利息；南卡罗来纳州法律规定，如果一个教育区域没有能力偿付其一般责任债务，该州的财政官员可以强制扣留该州的援助拨款；得克萨斯州创造了永久教育基金来保证有资格的教育区域的债券本金和利息的支付，基金的收入是通过得克萨斯州拥有的土地和矿产的权利获得的。

最近，州和地方政府发行了越来越多的债券，偿债资金来源于所谓的“专门”收益，如销售税、烟草清偿支付、酬金和罚金，很多债券被结构化后和将在本章稍后讨论的资产支持证券的结构相似（第3.7节）。

3.5.2 收入债券

第二种担保结构的市政债券是收入债券。为企业融资发行的收入债券以完工项目产生的收入为担保，为一般公共目的发行的收入债券则以原本为普通基金的一部分的税务和财政收入来源为担保。后一类型的收入债券允许发行者在没有投票人的认可时，可以超出一般责任负债的限制进行借债。

收入债券可以按融资方式进行分类。这些收入债券包括公用事业收入债券、运输收入债券、住房收入债券、高等教育收入债券、健康保护收入债券、运动和会议中心收入债券、海港收入债券和工业收入债券。

3.5.3 特别债券结构

一些市政证券有特别证券结构，包括**投保债券**（insured bond）和**换新债券**（prerefunded bonds）。

1. 投保债券

投保债券，除了受到发行者收入的保证外，还得到商业保险公司书面的保险单的支持。市政债券的保险是保险公司承诺向债券持有者支付在规定的到期日债券发行者没有支付的本金和/或票面利息。一旦发行，这种市政债券保险的期限包括整个债券存续期并且不能被保险公司取消。

2. 换新债券

尽管最初是作为收入债券或者一般责任债券发行，市政债券有时候是可以换新的，因此被称为**换新市政债券**（prerefunded municipal bonds）。换新通常发生在原始债券是托管的或者是以美国政府保证的直接债务为担保的情况下，这样意味着美国政府保护的证券投资组合被置于一个信托基金中。证券组合的现金流量和债券发行者必须支付的负债相匹配。例如，假设一种市政债券的利率是7%，发行价格是1亿美元，到期期限是12年，这个市政债券的责任是在以后的12年里每半年支付350万美元，并在12年后的到期日支付1亿美元。如果发行者想换新这一债券，可以购买在以后的12年里每半年支付350万美元且到期支付1亿美元的美国政府债券组合。

一旦债券组合已经设计妥当，并且债券组合的现金流量和市政债券的现金流量相匹配，换新市政债券就不再作为一般责任债券或收入债券而受到保护，转而受到代管基金中债券组合的现金流量的保护，如果托管基金中的债券是由美国政府保证的，那么这些市政债券几乎没有信用风险，它们是最安全的市政债券。

换新市政债券的代管基金可以被结构化，使得准备换新的债券可以在原始债券契约中确定的第一个赎回日或随后的赎回日被赎回。虽然大部分换新债券通常会被提前赎回，但有些换新债券的代管基金的结构会有所不同，代管基金中的一些债券的到期日与原始债券契约规定的到期日一致，这些债券被称为**代管至到期的债券**（escrowed-to-maturity bonds）。

3.6 公司债券

全世界的公司试图通过银行借款或者债务性证券发行来筹集资金，这些发行的证券包括债券（被称为公司债券）、中期票据、资产支持证券和商业票据。图表3—10介绍了公司债券市场的结构。在全世界的很多国家，非银行借款的发达市场还没有形成或只是处于初期阶段，债务资本筹措的主要形式是银行借款。但是，即使在公司债券市场很小的国家，大公司也可以到它们的本国债券市场之外的其他债券市场筹集资金。

因为美国有可以让公司通过公开发行债券来筹措资本的发达市场，本书将关注美国市场。在描述美国公司债券的特征之前，首先将讨论破产情况下债券持有者的权利和评级机构在进行评级时考虑的因素。

3.6.1 美国的破产程序和债券持有者的权利

每个国家都有证券法和合同法来界定债券持有者的权利，同时还有破产法规来规定破产案件中对债券持有者的处置。

图表 3—10　　公司债券的概要

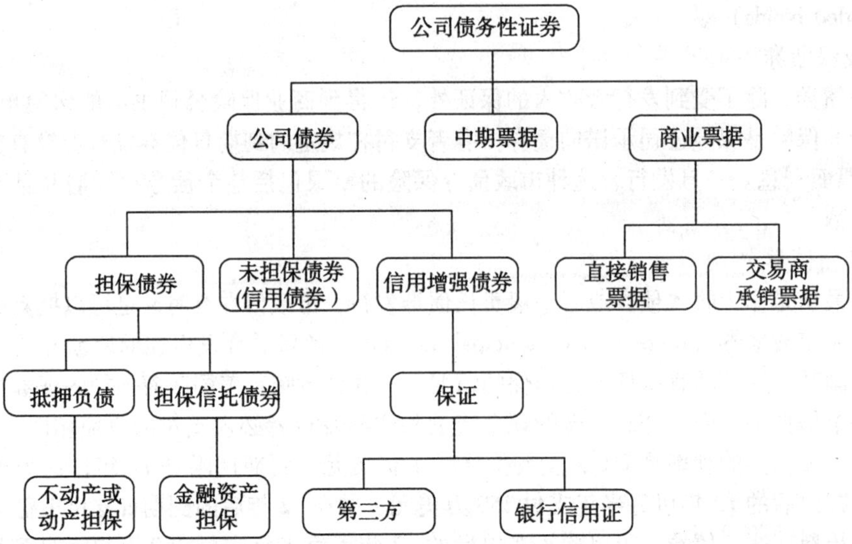

在法律约定方面有一些全世界通用的准则，下面讨论美国法律体系的特征。

在破产程序中，美国公司的债权人相对于权益所有者有优先权，而且，某些债券持有人比其他债权人有优先权。自 1978 年颁布破产改革法案以来，美国管理破产的法律是随时修订的。这部法案的一个目的是，当公司申请破产时为公司清算或重组制定规范。

公司**清算**（liquidation）意味着所有财产要分配给公司的权利持有者，并且公司主体不会再继续存在。在**重组**（reorganization）过程中，破产程序的末期会有一个新的公司主体出现。破产公司的一些证券持有者将收到交换他们所有权的现金，其他的持有者可能接受重组后公司的新证券，还有一些可能同时收到现金和新证券。

破产法案的另一个目的是让公司有时间决定重组或是清算，并给公司以必要的时间来制订计划以完成重组或清算。这一目的已经达到了，因为当一家公司申请破产时，该法案向公司提供保护来防止债权人试图自行行使求偿权。破产请求可以是公司自己申请，也可以是债权人申请，公司自己申请的破产称为**自愿破产**（voluntary bankruptcy），债权人申请的破产称为**非自愿破产**（involuntary bankruptcy）。根据破产法申请保护的公司通常变为"拥有资产所有权的债务人"并且在法院的监管下继续经营。

破产法由 15 条组成，每一条涵盖了一类特定的破产。第 7 条论述公司的清算，第 11 条论述公司的重组。

当公司清算时，债权人对可获得的资产的求偿顺序会严格根据**绝对优先权条款**（absolute priority rule）确定。根据绝对优先权条款，在次级债权人得到任何赔偿之前，高级债权人得到全部清偿。无论是受保护还是不受保护的债权人，绝对优先权条款保证了他们比股东具有优先权利。在清算中，绝对优先权条款通常有效。相反，在理论界却有着激烈的争论，认为在公司重组中严格的绝对优先权通常得不到法院或者证监会的支持。

3.6.2　进行评级时应考虑的因素

以前的章节中提到了有一些公司会根据违约的可能性对公司债券进行信用评级，这些公司被称为评级机构。在进行信用考察的过程中，每个评级机构和投资管理公司聘请的信用分析师会考虑影响信用的 4C 因素——**品质**（character）、**能力**（capacity）、**抵押品**（collateral）、**契约条款**（covenants）。

信用分析可以针对整个公司，也可以是该公司的某一特定负债，理解这一点是很重要的。因此，一个评级机构可能根据破产案件中每种债券的持有者的优先级别，对一个公司的各种债券赋予不同的信用等级。下面将讨论优先债券和次级债券。例如，对于破产案件中的一个特定债券，相对次级债券持有者，优先债券持有者处于更有利的位置。因此，一个评级公司可能对公司的优先债券评级为“A”，而对该公司的次级债券给出较低的评级“BBB”。

品质分析包括对管理质量的分析。在讨论信用评级需考虑的因素时，穆迪投资者服务公司提到如下的关于管理质量的因素：

*尽管很难量化，管理质量仍然是证明发行者信用度的最重要因素之一。当出现突发事件时，管理者应该做出合理的反应来维持公司的业绩。*①

例如，穆迪投资者服务公司的分析师在评价管理质量时，会试图探寻管理层制定的商业战略和政策。分析师会考虑如下因素：（1）战略方向；（2）财务理念；（3）稳健；（4）追踪记录；（5）连续计划；（6）控制系统。②

在评估发行者的支付能力时，分析师会运用财务报表分析。除了财务报表分析，穆迪投资者服务公司的分析师考察的因素还有：（1）行业趋势；（2）监管环境；（3）基本经营和竞争状况；（4）财务状况和流动资金来源；（5）公司债务结构（包括结构性次级和优先求偿权）；（6）母公司支持条款；（7）特殊事件风险。③

对于“4C”中的第 3 个“C”——抵押品（collateral），不仅要考察传统意义上的保证负债的抵押资产，还要考察发行者控制的非抵押资产的质量和价值。非抵押品能够提供额外的资金来源以支持偿债。资产构成产生现金流量的基础，无论是繁荣时期还是萧条时期这些现金流量都能用于偿债。稍后将讨论用于公司债券的各种类型的抵押品和分析师在对投资者的受保护状况进行评估时应该考察的要素。

契约条款涉及对借款人活动的限制和约束。**积极条款**（affirmative covenants）要求借款人承诺做某些事情，**消极条款**（negative covenants）要求借款人不能采取某些行动。消极条款通常是在借款人和贷款人或他们的代理人之间协商得出的。借款人希望有效的限制贷款条约尽可能少，而贷款人则希望限制条约尽可能多，这与合理的商业惯例相一致，但是贷款人不应该试图阻止借款人进行可接受的商业活动和管理。只要能使得负债的利率较低，借款人在一定限度内可能愿意接受附加限制。通常当借款人愿意支付更多的利息或其他的报酬时，他们可以受到较少的限制。稍后在本章中将看到积极条款和消极条款的例子。

3.6.3　公司债券

第 1 章讨论了债券的特征，包括息票的各种类型、本金偿付条款、提前赎回条款和其他

---

① “Industrial Company Rating Methodology,” *Moody's Investors Service*: *Global Credit Research* (July 1998), p. 6.
② “Industrial Company Rating Methodology,” *Moody's Investors Service*: *Global Credit Research* (July 1998), p. 7.
③ “Industrial Company Rating Methodology,” *Moody's Investors Service*: *Global Credit Research* (July 1998), p. 3.

嵌入期权。第2章回顾了信用风险的各种形式和由评级机构确定的信用等级。在关于公司债券的讨论中，将研究担保债券和未担保债券以及违约和回收利率的相关信息。

1. 担保债券、未担保债券和信用增强

一家公司的负债可能是有担保的或没有担保的。**担保债券**（secured debt）意味着有某种形式的抵押品来确保负债的支付，如果没有抵押品就是**未担保债券**（unsecured debt）。

重要的是要意识到，虽然在发生违约时，法律上的优先地位会增加债权人收回债务的机会，但当发行人产生足够的现金流量以支付债务的能力严重受损时，这种地位不能保护债券持有人完全不受财务损失。对财务状况恶化的借款人的求偿往往低于账面价值。

（1）担保债券。不管是**不动产**（real property）还是**动产**（personal property）都可能作为担保债券的抵押品。对于**抵押负债**（mortgage debt），债券发行人赋予债券持有人对抵押资产的留置权。留置权——出售抵押资产来偿还债权人的未清偿债务——是一项合法权利，实际上，取消抵押品赎回权和出售抵押资产并不常见。违约发生时，通常会对债券发行人进行财务重组以制定对债权人负债清偿的条款。留置权是很重要的，因为在决定重组条款时，相对于其他债券持有人，它给了抵押债权持有人一个议价的机会。

一些公司没有固定资产和其他实物资产，因此没有抵押品用来提供抵押留置权以保护债券持有人。然而它们有其他公司的证券，通常是其子公司的证券。为了满足债券持有者的担保需求，债券发行人赋予投资者对其拥有的股票、票据、债券和其他金融资产的留置权，受到这些资产担保的债券被称为**担保信托债券**（collateral trust bonds）。合格的抵押品被信托人定期地拿到市场上去询价，以确定其市场价值是否在全部未清偿债券及应计利息的金额之上。如果抵押品不足以清偿，那么债券发行人必须在一定时期内拿出达到要求金额的抵押品，否则，信托人将出售抵押品并且赎回债券。

抵押债券有很多不同的名称，常见的有：**首位抵押债券**（first mortgage bonds）（**最常用的名称**）、**首位普通抵押债券**（first and general mortgage bonds）、**首位换新抵押债券**（first refunding mortgage bonds）和**首位抵押和担保信托**（first mortgage and collateral trusts）。一家公司可能有两个等级或更多个等级的不同优先权的未偿付抵押负债（除了上面提到的优先留置权债券），这种情形经常发生，因为在现有契约中公司不能发行新的首位抵押债券（或类似的债券），通常这种次级负债被称为普通换新抵押债券（general and refunding mortgage bonds）。在实践中，它们主要是次级抵押负债。一些发行者可能会有三级抵押债券。

尽管契约可能不限制用同一留置权发行的债券总量，但是在公司出售更多债券之前必须要满足一些特定发行测试（issuance tests）。具有代表性的是，在用同一留置权发行额外的债券之前，必须要通过收益测试（earnings test）。

（2）未担保债券。未担保债券通常被称为信用债券（debenture bonds）。尽管信用债券不受特定抵押资产的保护，但那并不意味着债券持有人对发行人的资产或收益没有求偿权。信用债券持有人拥有一般债权人的求偿权，这一求偿权适用于债务人的未用来抵押担保其他负债的所有资产。信用债券持有人对抵押资产价值超过清偿抵押债券的部分有求偿权。次级信用债券（subordinated debenture bonds）对资产和收益的求偿权排在担保债券和信用债券之后，且经常在一些一般债权人之后。

保护未担保债券持有人权益的重要规定之一是消极抵押条款（negative pledge clause）。这项条款存在于大多数优先未担保债券和一些次级债券中，它禁止公司在没有同等地保护附属债券时（有例外情况），创造或采用任何留置权来保证债券发行。

（3）信用增强。一些债券发行人让其他公司担保他们的贷款，这通常发生在子公司发行债券并且投资者希望有**第三方保证（third-party guarantee）**时。尽管担保也会扩大经营公司的债务，但利用担保可以使特殊项目和子公司融资变得更加容易和方便。

第三方（关联方）保证的一个例子是美国西部资本基金公司的担保票据，其利率为8%，到期日为1996年10月15日（受美国西部公司担保）。西部资本基金公司的主要目的是，通过美国西部公司担保的债券的发行向美国西部公司及其子公司提供融资。百事可乐公司担保其金融分支机构——百事可乐资本资源有限公司的债务，美孚石油公司（一家俄亥俄州的公司）无条件担保管线公司的债务。

信用增强的另外一个特点是银行签发的信用证（letter of credit）。信用证要求银行在受托人提出申请时支付款项，这样债券发行人有可用的货币来偿还到期的利息和本金偿付。信用证方式下银行的信用代替了债券发行人的信用。专门保险公司也用它们的信用为其他公司债务提供担保，包括新发行债券和二级市场流通的未清偿债券。在这些案例中，债券的信用评级通常几乎等于担保人的信用评级。

尽管保证书或其他类型的信用增强可能对债券持有人增加某种程度的保障，但仍然应该谨慎。实际上，这项工作可能变得更加复杂，因为需要对债券发行人和担保人同时进行分析。在很多案例中，如果发行人只是一个没有自己的经营业务的融资渠道，就只需要对担保人进行分析。然而如果两个关注对象都是经营性公司，那么非常有必要对两者都进行分析，因为本金和利息的及时支付将主要取决于能力较强的一方。一般来说，信用增强者的清偿能力的下降会减少信用增强债券的价值。

2. 违约率和回收率

现在来讨论公司债券发行人过去表现中关于向债权人履行义务的各个方面，我们将具体研究两个方面。首先，将回顾公司债券发行人的违约率，然后，回顾公司债券发行人的违约损失率。从投资角度来看，违约率本身并不是非常重要：假设组合的收益利差足够高以至于能够弥补违约损失，债券组合即使面临违约风险也能获得比国库券高的收益。此外，因为违约债券持有人通常能回收所投资债券面值的一部分，**违约损失率（default loss rate）**实际上比违约率低，因此，关注违约损失率（或者**回收率（recovery rates）**）是非常重要的。

（1）违约率。违约率可以有不同的衡量方法。定义违约率的一个简单方法是把发行人作为研究单位。衡量违约率是用违约的债券发行人数量除以年初总的发行人数量。这种衡量标准被称为**发行人违约率（issuer default rate）**，既没有给出违约数量，也没有发行金额。例如，穆迪投资者服务公司用这种违约率统计量来研究违约率。忽视发行金额的理由是投资者在进行信用决策时，不会因为发行金额大而更信任发行人。第二种衡量标准——被称为**金额违约率（dollar default rate）**，是用给定年份的所有违约债券的面值除以这一年所有未清偿债券的面值总和来定义此种违约率。用两者中的任意一个违约率统计量，都可以测量一个给定年份的违约率或者超过一定年限的一个年平均违约率。

关于公司债券违约率有一些深入的研究，所有的研究表明，信用评级越低，公司发生违约的可能性越大。

对非投资级公司债券（即投机级债券或高收入债券）违约率的研究很广泛。Edward

Altman 研究认为投机级公司债务每年的违约率在 2.15% ~2.4%。[①] 然而，Asquith、Mullins 和 Wolff 三人发现将近 1/3 的投机级债券违约。[②] 这种矛盾的产生是因为研究者使用了三种不同的"违约率"定义，即使应用于同样范围的债券（事实上并不是），这些研究的结果也可能同时是有效的。[③]

Altman 定义的违约率为金额违约率。他的估计（2.15% ~2.4%）是数年的年金额违约率的简单平均值。Asquith、Mullins 和 Wolff 三人使用的是累积的金额违约率统计量。尽管两种衡量都是债券违约倾向的有效指示，但它们不是直接可比的。即使是在按照年化的违约率调整后，它们也不会得到相同的数量。但是，两个研究中累计违约率的年度平均值统计量会惊人地相似。大量的研究把所有原始发行的高收入债券的年金额违约率都确定在 3% ~4%。

（2）回收率。有一些研究关注于公司债券的回收率或者违约损失率。衡量回收额不是一项简单的工作。当违约发生时对索赔人的最后分配可能包括现金和证券，通常很难确定会得到什么，也很难确定收回的非现金支付的现值。

这里我们来回顾穆迪投资者服务公司研究中公布的回收信息，其中使用违约时的交易价格作为回收金额的替代变量。[④] 回收率是违约时的交易价格除以面值，穆迪投资者服务公司发现所有违约债券的回收率都是 38%，而且，研究发现债券等级越高，回收率越高。

3.6.4 中期票据

中期票据（medium-term note，MTN）是一种债务工具，其特点是票据由发行方的代理人向投资者持续提供。投资者可以在以下几种到期期限的票据中选择：9 个月到 1 年、超过 1 年到 18 个月、超过 18 个月到 2 年，如此类推到 30 年。中期票据由美国证券交易委员会根据第 415 号规则（缓行注册规则）进行登记，该规则赋予借款人连续发行证券的最大灵活性。和公司债券一样，中期票据由国家认可的统计评级机构进行评级。

用"中期票据"这一术语来描述这种债务工具是个误导。传统意义上，术语"票据"或"中期"用来指期限大于 1 年但是小于 15 年的债券。很明显，这不是中期票据的特征，因为被出售票据的期限从 9 个月到 30 年，甚至更长。例如，在 1993 年 7 月，沃特·迪斯尼公司发行了期限为 100 年的债券，不符合中期票据缓行注册的规定。从借款人的角度来看，发行中期票据的最初目的是弥补商业票据和长期债券之间的融资方式的空缺，因为这个原因，它们被称为"中期"。

借款人可以灵活地设计中期票据来满足他们自己的需求。他们可以发行固定或浮动利率债券，可以以美元或者外币来支付本金。中期票据也可以被设计成具有公司债券的特征。

1. 一级市场

在首次出售时，中期票据和债券分配给投资者的方式不同。虽然一些公司债券发行是通过基于"勤勉尽责基础"的代销协议（即承销商并不向发行人购买证券而只是同意出售它们）出售，[⑤] 但通常公司债券由投资银行家承销。承销时，投资银行家以协商价格和收益率

---

① Edward I. Altman and Scott A. Nammacher, *Investing in Junk Bonds* (New York: John Wiley, 1987) and Edward I. Altman, "Research Update: Mortality Rates and Losses, Bond Rating Drift," unpublished study prepared for a workshop sponsored by Merrill Lynch Merchant Banking Group, High Yield Sales and Trading, 1998.

② Paul Asquith, David W. Mullins, Jr., and Eric D. Wolff, "Original Issue High Yield Bonds: Aging Analysis of Defaults, Exchanges, and Calls," *Journal of Finance* (September 1989), pp. 923 -952.

③ 同样的道理，我们知道近年来美国的年死亡率小于 1%，但是我们也清楚所有的人最终都会死亡。

④ Moody's Investors Service, *Corporate Bond Defaults and Default Rates*: 1970 - 1994, Moody's Special Report, January 1995, p. 13.

⑤ 第 3.9 节的 3.9.1 部分描述了债券一级市场。

向发行人购买债券，然后试图把债券卖给投资者，第3.8节将对此进一步讨论。传统上，中期票据由投资银行公司或者其他作为代理的经纪人/交易商根据勤勉尽责原则代销。债券和中期票据的另外一个区别是：当发行时，中期票据通常发行规模小，既可以连续发行，也可以间歇发行，而债券则是大量且间歇地出售。

想启动一个中期票据计划的公司主体将为债券发行而向美国证券交易委员会提出缓行注册申请①。美国证券交易委员会的中期票据发行登记的数额在100万美元和10亿美元之间，一旦售完，发行人可以为一个新的中期票据发行申请另外一个缓行注册。申请材料将包括作为代销人的投资银行的清单，通常是2~4个。

然后，发行人公布各种期限范围的利率，例如，9个月到1年、1年到18个月、18个月到2年以及比2年期更长的年利率。在发行利率目录中，发行人通常以同期国库券利率加上溢价的形式公布利率，发行人不愿出售的期限范围的利率则不会公布出来。

代理人将会向对中期票据感兴趣的投资者提供公布利率目录，对此感兴趣的投资者将会和代理人联系，然后，代理人会和发行人联系以确定交易的具体条款。由于中期票据不能以投资者确定的任意一天为到期日，投资者只能在发行人确定的几种期限范围内选择。

发行利率目录可以由发行人随时更改，或者是因为要对变化的市场情况作出回应，或者是因为发行人已经筹集到了某一期限需求的资金额。在后一种情况下，发行人可以不公布那一期限范围的利率或者降低利率。

2. 结构化中期票据

以前，代表性的中期票据是不可赎回的固定利率信用证券。现在，中期票据的发行人在衍生市场（期权、期货/远期、互换、上限、下限）将它们的发行和交易联系起来是很常见的，因此，它们可以创造债务工具，这些债务工具比公司债券市场上存在的债务具有更复杂的风险/收益特征。具体来说，一种中期票据可以在票据的整个或部分存续期内采用浮动利率，并且票面利率公式可以是以基准利率、股票指数、单个股票价格、外币汇率或者商品物价指数为基础。反向浮动票面利率的中期票据可以包括各种嵌入期权。

在现货市场交易的同时也在衍生市场交易的中期票据被称为**结构化票据（structured notes）**。用以创造结构化票据最常用的衍生工具是互换，第13章将介绍互换。通过同时利用发行市场和衍生市场，发行人可以为机构投资者创造更适合的能够满足他们投资目的的投资工具，除非投资者被禁止利用互换来套期保值和投机。然而，结构化票据使只能购买投资级债券的机构投资者有机会参与其他资产类的投资，如股票市场。因此，有时结构化票据被称为“规则破坏者”。例如，一个投资者购买票面利率和标准普尔500指数（参考利率）挂钩的中期票据，那么他在不持有普通股股票的情况下就参与了股票市场。如果票面利率和外国股票指数挂钩，投资者在没有外国普通股股票的情况下，将进入外国的股票市场。在创造结构化票据产品——互换的过程中，发行人可以减少他们的筹资成本。

常见的结构化票据包括：梯升型票据、反向浮动利率债券、减债浮动利率债券、双重指数化浮动利率债券、设定范围票据和指数摊还票据。

---

① 证券交易委员会第415号规则允许特定的发行商只需申请一份登记文件，以表明希望在此后两年内一次或多次发行确定金额的某类特定债券。第415号规则通常被称为“缓行注册规则”，因为债券就像放在发行商的“货架”上一样，无须额外得到证券交易委员会的核准，就可以从“货架”上拿下来并出售给公众。实质上，只申请一份登记文件可以使发行商快速进入市场，因为证券交易委员会已经预先核准了证券发行。在第415号规则实施之前，公开发行证券需要经过相当长的时间。所以，在快速变化的市场中，发行商无法让新股及时进入市场，也就无法有效利用已发现的有吸引力的筹资机会。

（1）减债浮动利率债券。减债浮动利率债券（deleveraged floater）有利率计算公式，其票面利率是参考利率的一部分加上报价差额。

减债浮动利率债券的一般公式是：

票面利率 = b × 参考利率 + 报价差额

b 是介于 0 和 1 之间的一个数值。

（2）双重指数化浮动利率债券。双重指数化浮动利率债券（dual-indexed floater）的票面利率通常是一个固定百分比加上两个参考利率的差额。例如，联邦房贷银行系统发行的浮动利率债券的票面利率（按季度重置）如下：

10 年期国库券利率 - 3 个月期伦敦银行同业拆借利率 + 1.6%（160 个基点）

（3）设定范围票据。设定范围票据（range note）是浮动利率票据的一种，只要在重设日参考利率在一定范围之内，那么其票面利率等于参考利率。如果参考利率超出范围，则那段期间的票面利率是 0。例如，一张 3 年期设定范围票据可能指定参考利率是 1 年期国库券利率，并且票面利率每年会重设。如果在票面利率重置日国库券利率在如下范围内，则年票面利率就是国库券利率。

	1 年	2 年	3 年
范围下限	4.5%	5.25%	6.00%
范围上限	6.5%	7.25%	8.00%

如果 1 年期国库券利率超出范围，票面利率就是 0。例如，在第 1 年的票面利率重置日，1 年期国库券利率是 5%，这一年的票面利率是 5%。然而，如果 1 年期国库券利率是 7%，则这一年的票面利率是 0，因为 1 年期国库券利率比第 1 年的上限 6.5% 大。

（4）指数摊还票据。指数摊还票据（index amortizing note，IAN）是固定票面利率的结构化票据，但是在规定的到期日之前，要根据某一参考利率的当前值进行本金偿付。本金偿付是结构化的，所以指数摊还票据的到期时间随参考利率的上升而延长，随参考利率的下降而缩短。

根据对再投资风险的理解，可以看到投资于指数摊还票据会有风险。因为票面利率是固定的，所以当利率上升时，投资者倾向于快速收回本金把所得收益以当前较高的利率进行再投资，然而指数摊还票据的本金偿付率就会下降；相反，当利率下降时，投资者不愿意快速收回本金，因为收回本金后，他们就不得不以当前较低的利率对所获收益进行再投资。事实上，利率下降时，指数摊还票据的投资者将会很快收回本金。

3.6.5 商业票据

商业票据（commercial paper）是短期无担保的本票，在公开市场发行并且代表发行公司的义务。通常，商业票据是作为零息票据发行的。在美国，商业票据的期限通常少于 270 天，最常见的期限是 50 天或者更短。

发行人通常使用出售新商业票据获得的收入来偿还到期票据的持有人，这个过程通常被称为“滚动”短期票据。商业票据的投资者面临的风险是发行人可能没有能力在到期日发行新票据。为了防范这种“滚动风险”，商业票据通常由未使用的银行贷款额度支持。

商业票据几乎没有二次交易，主要是商业票据的投资者通常计划持有票据至到期。这是可以理解的，因为发行方将发行投资者期望的特定期限的票据，而投资者可以与发行人直接交易购买商业票据。

商业票据的发行公司可以被分为财务公司和非财务公司。和非财务公司相比，财务公司更为频繁地使用商业票据。财务公司有三种类型：专属金融公司、银行关联金融公司和独立金融公司。专属金融公司是制造型公司的子公司，其主要目的是为母公司的客户担保融资，例如，美国汽车制造商拥有专属金融公司。此外，银行控股公司可能有一个是金融公司的子公司，这个财务公司为个人和企业购买产品提供贷款。独立金融公司是指，不是设备制造厂商或银行控股公司的子公司的那些财务公司。

图表3—11 **商业票据评级**

	商业票据评级公司		
分类	惠誉	穆迪	标准普尔
投资级	F—1 +		A—1 +
	F—1	P—1	A—1
	F—2	P—2	A—2
	F—3	P—3	A—3
非投资级	F—S	NP（不在任何 Prime 评级类别之列）	B
			C
违约级	D		D

商业票据被分为直接销售票据和交易商承销票据。直接销售票据（directly placed paper）是没有代理人和中介的帮助，由发行人出售给投资者的票据。大多数直接销售票据的发行人是金融公司，这些公司不断需要资金来向客户提供贷款，它们发现，建立销售队伍来向投资者直接出售商业票据能够节约成本。通用电气资本公司——通用电气公司的主要金融服务部门——是美国最大、最积极的商业票据直接发行人。交易商承销票据（dealer - placed commercial paper）需要代理人来出售发行人的票据。

国家认可的三个统计评级机构对公司债券和中期票据进行评级，也对商业票据进行评级。图表3—11列示了相关等级。商业票据评级和其他债券评级被分为投资级或非投资级。

3.6.6 银行债务

商业银行是特殊类型的公司，大银行将使用前面描述的各种债务来筹集资金。本部分将讨论银行的其他两种债务——可转让存单和银行承兑汇票——银行用它们来筹集资金。

1. 可转让存单

存单（certificate of deposit，CD）是由银行（或其他接受存款的主体）发行的一种金融资产，表明一笔指定总额的货币已被存入开具存单的机构。存单标有一个到期日和一个指定利率，它可以以任意面额发行。在美国，大多数银行发行的存单由联邦存款保险公司担保，但最高担保金额只能是10万美元。存单的最长期限没有限制。存单可能是不可转让的或者可转让的，对不可转让存单，储户必须等到存单的到期日才能取得资金。如果储户在到期日之前取出资金，会处以提前取款罚金。相反，可转让存单允许最初的储户（或存单的后来所有者），于到期日之前在公开市场出售存单。可转让存单通常以100万美元或者更大的面额发行。因此，由联邦存款保险公司承保的银行发行的可转让存单的投资者，将面临任何金额超过10万美元的信用风险。

可转让存单的一种重要类型是欧洲美元存单（Eurodollar CD），它是由美国、欧洲、加拿大和日本银行在伦敦初次发行的以美元标价的欧洲美元存单。欧洲美元存单的支付利率在世界金融市场发挥重要作用，因为它们被全球认为是银行借款的成本。这是因为该利率代表了大型国际银行间通过发行给定期限的欧洲美元存单来相互支付借款的利率，支付的利率被称为**伦敦银行同业拆借利率（London interbank offered rate，LIBOR）**。欧洲美元存单的期限从1天到5年。所以，“3个月伦敦银行同业拆借利率”是指，对期限为3个月的欧洲美元存单，大型国际银行提供的用来支付其他同类银行的利率。20世纪90年代，伦敦银行同业拆借利率逐渐成为借款协议——贷款和浮动利率证券所选择的参考利率。

2. 银行承兑汇票

简而言之，银行承兑汇票（bankers acceptance）是用来为商贸交易提供方便的工具，这个工具被称为银行承兑汇票是因为银行承担向持票人偿还贷款的最终责任。用银行承兑汇票来为商业交易融资被称为“承兑汇票融资”。在美国，使用银行承兑汇票的交易包括：(1) 进口货物；(2) 出口到外国的货物；(3) 出口方和进口方都不是美国公司的两个非美国家间的货物储存和运输；(4) 在美国的两个公司间的货物的储存和运输。银行承兑汇票像国库券和商业票据一样以折价出售。

解释银行承兑汇票产生过程的最好方法是例证。假设交易方包括以下几个公司：

- 美国豪华轿车公司，宾夕法尼亚一家出售汽车的公司。
- 意大利快速汽车公司，意大利的一家汽车制造商。
- First Doylestown 银行，宾夕法尼亚的一家商业银行。
- Bancodi Francesco 银行，意大利 Naples 的一家银行。
- Izzabof 货币市场基金，美国的一个共同基金。

豪华轿车公司和意大利快速汽车公司正在考虑进行一个项商业交易。豪华轿车公司想进口意大利快速汽车公司生产的45辆轿车，而意大利快速汽车公司关注豪华轿车公司收到45辆轿车时及时付款的能力。

承兑汇票融资被认为是为交易提供方便的一种方式。豪华轿车公司为45辆轿车支付了900 000美元，意大利快速汽车公司的销售合同条款规定在向豪华轿车公司发货后60天付款。意大利快速汽车公司决定是否愿意接受900 000美元的银行承兑汇票，在考虑卖方出价时，意大利快速汽车公司必须计算900 000美元的现值，因为要在发货后60天才收到付款。假设意大利快速汽车公司同意这些条款。

豪华轿车公司与它的开户银行 Doylestown 银行一起安排签发它的银行信用证。信用证意味着 Doylestown 银行将如期支付900 000美元，那是豪华轿车公司在对方发货后60天必须向意大利快速汽车公司支付的货款。

信用证或远期汇票将由 Doylestown 银行发送到意大利快速汽车公司的开户银行——Banco di Francesco 银行，一旦收到信用证，Banco di Francesco 银行会通知意大利快速汽车公司，然后该公司将发出这45辆轿车。在运出轿车后，意大利快速汽车公司将向 Banco di Francesco 银行出示货运单据并且收回900 000美元的现值金额。这时意大利快速汽车公司退出交易程序。

Banco di Francesco 银行向 Doylestown 银行出示远期汇票和货运单据，后者将在远期汇票上盖上“承兑”的章印，这样 Doylestown 银行就签发了一张银行承兑汇票。这意味着 Doylestown 银行同意在到期日向银行承兑汇票持有人支付900 000美元。豪华汽车公司将收到货运单据，也就是说，一旦它与 Doylestown 银行签订一张票据或者其他类型的融资协议，它就可以购得45辆轿车。

在这一时刻，银行承兑汇票的持有人是Banco di Francesco银行。它有两种选择：可以继续持有银行承兑汇票将其作为贷款组合的投资，或者可以要求Doylestown银行支付900 000美元的现值。我们假设要求支付900 000美元的现值，则银行承兑汇票的持有人变成Doylestown银行，它有两种选择：持有银行承兑汇票将其作为贷款组合的投资，或者将其出售给一个投资者。假设Doylestown银行选择了后者，并且Izzabof货币市场基金正在寻找到期日和该银行承兑汇票相同的高质量的投资。Doylestown银行以900 000美元的现值价格向Izzabof货币市场基金出售了银行承兑汇票。如果不是将银行承兑汇票直接出售给投资者，Doylestown银行也可以将其出售给一个交易商，交易商再像Izzabof货币市场基金一样将其出售给一个投资者。不管是这两种情况中的哪一种，在到期日，Izzabof货币市场基金向Doylestown银行出示银行承兑汇票并且收回900 000美元，然后Doylestown银行向豪华汽车公司追索900 000美元。

投资于银行承兑汇票使投资者面临信用风险和流动性风险。信用风险上升是因为在到期日借款人和承兑银行可能都没有能力支付本金。当银行承兑汇票市场在20世纪80年代早期出现时，有超过25个交易商。到1989年，发行的银行承兑汇票数量的下降使很多曾经的大型交易商离开市场。现在，市场上只有少量的大型交易商而且银行承兑汇票被认为是非流动的。然而，由于银行承兑汇票主要是由打算持有至到期的投资者购买，这些投资者不关注流动性风险。

3.7 资产支持证券

在第3.4.2小节我们描述了住宅抵押贷款是怎样被证券化的。到目前为止，住宅抵押贷款是最多的一类证券化资产，很多国家证券化资产的主要类型包括如下：

- 汽车贷款和租赁；
- 客户贷款；
- 商业资产（包括飞机、设备租赁、贸易应收款）；
- 信用卡；
- 住宅权益贷款；
- 制造用厂房贷款。

资产支持证券（**asset-backed securities**）是由一组贷款或应收款支持的证券。本节的目的是要对资产支持证券作简单介绍。

3.7.1 特设机构的作用

初次接触资产支持证券市场的投资者关注的关键问题是，为什么公司不是简单地发行公司债券或中期票据而是资产支持证券？要理解这个问题，一起来关注一个被评为BBB级的制造工程设备的公司——XYZ公司。它的销售一部分是现金销售，其他一些是分期付款销售，分期付款销售的资产是XYZ公司资产负债表上显示为“分期付款应收款”的资产。

假设XYZ公司想筹资75 000 000美元。如果发行公司债券，XYZ公司的融资成本将是国债基准收益率加上BBB级发行人的收益利差。假设XYZ公司有超过75 000 000美元的分期付款应收款，XYZ公司可以将其作为债券发行的抵押品，那么资金成本将是多少呢？可能和公司债券的成本相同。其原因是，如果XYZ公司对其债务违约，债权人对XYZ公司包括分期付款应收款在内的所有资产有求偿权，以满足他们债券的支付。

然而，假设XYZ公司可以创造另外一个公司或者法律主体并且向其出售分期付款应收款，这一主体被称为特设机构。如果交易处理恰当，特设机构将拥有分期付款应收款，而不是XYZ公司。理解特设机构不是XYZ公司的子公司很重要，因此，特设机构的资产（即分期付款应收款）不被XYZ公司所拥有。这意味着如果XYZ公司被迫破产，它的债权人对分期付款应收款没有求偿权，因为它是特设机构拥有的。这样的影响是什么呢？

假设特设机构出售由分期付款应收款支持的证券，那么现在，债权人将评估收回应收款的信用风险，这一风险独立于XYZ公司的信用等级。特设机构发行的证券会得到怎样的信用等级呢？任何它想要的信用等级都可以！特设机构可以得到它想要的任何等级可能看起来很奇怪，但是事实就是如此。原因是特设机构会向评级机构展示证券抵押品（即分期付款应收款）的特征。反过来，评级机构将对抵押品的信用质量进行评估，并且通知发行人必须怎样做才能获得特别的信用等级。

更具体地说，发行人将被要求对证券进行"信用增强"，信用增强的方式有很多种。一般而言，评级机构将审查分期付款应收款组合中的潜在损失，并且决定需要多大程度的信用增强来获得特别的信用等级。发行人要求的信用等级越高，信用增强越大。因此，被评为BBB级的XYZ公司可以使用分期付款应收款作为抵押品来获得资金，并为发行的证券取得一个较好的信用等级。事实上，只要有足够的信用增强，就可以发行等级为AAA的证券。

一个公司发行比公司本身信用等级高的证券的关键是使用特设机构作为发行人。准确地说，公司向其出售资产的法律主体被称为特设机构或特设公司（special purpose vehicle or special purpose corporation），它在创造证券——资产支持证券中发挥关键作用，资产支持证券从试图融资的公司中分离出抵押资产。[①]

为什么公司并不总是为有抵押品支持的证券申请最高信用等级（AAA）？答案是信用增强不是无成本的。信用增强机制增加了通过资产支持证券实现证券化借款的成本。因此，当寻求一个较高的信用等级时，公司必须作出信用增强带来的额外成本与降低融资成本之间的权衡。

另外，如果发生破产就会出现风险，即破产陪审员可能判定特定机构的资产是融资公司（我们例子中的XYZ公司）的债权人最后索赔的资产。在美国，这是一个尚未解决的重要的法律问题，法律专家坚持这种情况是不可能发生的。在资产支持证券的创立计划书中，会有解决这个问题的法律意见。这就是在美国特定机构被称为"远离破产"主体的原因。

3.7.2 信用增强机制

接下来将讨论评级机构如何分析抵押品来确定信用等级。重要的是要理解信用增强的程度将取决于特定等级。信用增强结构一般有两种类型：外部的和内部的。

外部信用增强以第三方担保人的形式出现。外部信用增强最常见的形式有：（1）公司担保；（2）信用证；（3）债券保险。公司担保可以来自寻求融资的发行主体（上例中的XYZ公司）或者它的母公司，债券保险发挥了和在市政债券结构中相同的作用，并且被称为保险"围巾"。

① 对于那些为出售的资产做会计核算的公司来说，还有其他的优势。本书不讨论资产证券化融资的这个方面，因为这对投资者来说意义不大。

外部信用增强（external credit enhancements）的一个缺点是它必须承受第三方担保人的信用风险。如果第三方担保人被降级，即使抵押品按预期履行该证券也要降级，这是基于评级机构遵循的“弱联结”测试。根据这一测试，在评价被提议的结构时，证券的信用质量取决于和潜在贷款的品质无关的信用增强中的最弱环节。通常，外部信用增强使投资者遭受事件风险，因为一个主体（第三方担保人）的降级会导致资产支持证券的降级。

内部信用增强（internal credit enhancements）以比外部信用增强更复杂的形式出现。内部信用增强最常见的形式是准备金、超额担保和优先/次级结构。

3.8 债务抵押债券

同时被划分为资产支持证券市场组成部分的固定收益产品是债务抵押债券（collateralized debt obligation，CDO）。债务抵押债券自2000年起的发展得到了特别关注。此外，虽然债务抵押债券受到各种资产的支持，但是其管理方式在其他资产支持证券交易中没有代表性。发达国家和发展中国家都在发行债务抵押债券。

债务抵押债券是由如下种类债务中的一个或多个的分散化组合支持的产品：

- 美国国内投资级和高收益公司债券；
- 美国国内银行贷款；
- 新兴市场债券；
- 特殊情况贷款和不良债务；
- 外国银行贷款；
- 资产支持证券；
- 住宅及商业抵押支持证券；
- 其他债务抵押债券。

当债务的潜在组合包括债券性工具（公司债券和新兴市场债券）时，债务抵押债券被称为债券抵押债券（collateralized bond obligation，CBO）。当债务的潜在组合是银行贷款时，债务抵押债券被称为贷款抵押债券（collateralized loan obligation，CLO）。

在债务抵押债券结构中，一个资产管理人负责管理资产组合（即它所投资的债务资产）。购买潜在资产（即债券和贷款）的资金来自于债务抵押债券的发行。债务抵押债券通常被结构化为和担保抵押债券相似的债券和组别。评级机构对组别进行评级。管理人如何管理债务抵押债券是有限制条件的，通常是必须满足特定的测试。如果资产管理人违反了限制中的任意一条，债券会被降级并且受托人可能开始向债务抵押债券结构中的高优先级债券持有人支付本金。

债务抵押债券的分类是基于交易发起人的动机。如果发起人的动机是获得差额，那么交易被称为是一种套利交易（arbitrage transaction），该差额是潜在组合（即抵押品）中的固定收入产品提供的收益和债券结构中向债券持有人支付的金额之间的差额（此外，债务抵押债券是作为投资管理公司的发起人的工具，发起人管理额外资产并由此产生额外管理费用）。如果发起者的动机是从它的资产负债表上除去债务工具（主要是贷款），那么交易被称为资产负债表交易（balance sheet transaction）。资产负债表交易的发起人主要是金融机构，例如银行和保险公司，它们寻求将更高的风险资本需求的贷款从资产负债表中移除，以达到降低资本需求的目的。

3.9 债券的一级市场和二级市场

金融市场可以被分为一级市场和二级市场，一级市场交易新发行的金融债权工具，二级市场用来交换以前发行的金融债权工具。

3.9.1 一级市场

债券的一级市场包括向投资者分销新近发行的证券，证券的发行人是中央政府、证券的代理机构、地方政府和公司。投资银行家帮助发行人联合分销新近发行的证券，发行新证券的传统过程需要投资银行家履行下面三个职能中的一个或多个：（1）就合同条款和发行日向发行人提出建议；（2）从发行人处购买证券；（3）公开发行。履行建议职能可能需要投资银行家设计一个债券结构，和一个特定传统工具相比，该债券结构使投资者更满意。

在新证券的销售中，投资银行家不需要履行第二个职能——从发行人处购买证券，他们只需担任新证券的顾问或分销商。从发行人处购买证券的职能被称为包销。当一个投资银行公司从发行人处购买证券并且面临以较低价格出售给投资者的风险，它被称为包销商。当一个投资银行公司同意以设定价格从发行人处购买证券，包销协议被称为公司承诺。相反，在勤勉尽责的代销协议中，投资银行公司只同意使用其专业技术来出售证券——它并不向发行人购买全部证券。从证券发行赚得的费用是支付给发行人的价格和投资银行再将证券向公众供应时的价格（被称为再出售价格）之间的差额。

1. 包销和拍卖过程

不是所有的债券发行都使用传统的公司承诺或我们刚才描述的勤勉尽责的代销来承销。在美国、欧洲市场和外国债券市场中的其他方式包括包销（bought deal）和拍卖过程（auction process）。包销的机制如下：一个承销商或承销商团体向债券潜在发行人提供一个公司出价，购买一定数量的有确定的票面利率和期限的证券。发行人有大约一天（可能只有几个小时）来接受或拒绝承销商的出价，如果接受出价，承销公司就“包销”。接下来，承销商可以把证券出售给其他投资银行公司，使其可向它们的客户分销或把证券分销给自己的客户。通常，包销的承销商将会向他们的机构客户提前出售大部分证券，因此，承销商的资本损失风险并不像最初看上去那样大。有一些交易如此直接以至于一个大承销商可能有足够的感兴趣的机构投资者，使得以再出售价格分配证券的风险很小。此外，使用利率风险控制工具的套期策略可以减少或消除债券售价低于再出售价格而导致损失的风险。

在拍卖过程中，发行人公布证券的合同条款和为全部证券提交买价的感兴趣的参与者，这一过程更常见地被称为竞标承销。例如，一个公共事业单位想发行40亿美元的债券，各承销商将组成集团对发行证券投标，最低收益率（即发行人的最低成本）的竞标集团将赢得全部40亿美元债券然后再将其向公众出售。

2. 证券的私募

证券公开发行和私募发行的不同之处是发行人必须满足的监管规定条款不同。例如，在美国，1933年《证券法》和1934年《证券交易法》要求提供给一般公众的证券必须在美国证券交易所登记，除非有特别豁免。《证券法》允许某些特定证券不登记。1933年《证券法》的第4节第2条对“非公开发行人的交易”豁免登记。

豁免发行登记并不意味着发行人不需要向潜在投资者披露信息，发行人必须提供相同的美国证券交易所认可材料的信息。和公开发行的发行计划书相反，这些信息在私募备忘录中提供。私募备忘录和发行计划书的区别在于，前者不包括被美国证券交易所视为“非实质性”的信息，然而发行计划书中要求有这些信息。此外，与发行计划书不同，私募备忘录不受美国证券交易所的审查。

在美国，私募证券购买人面临的一个限制是在购买后两年内不能出售，因此，在那段期间市场上没有流动性。私募证券购买人必须为流动性的缺乏得到补偿，因此流动性的缺乏增加了证券发行人的成本。1990 年生效的美国证券交易所条款 144A，允许大机构商在没有向美国证券交易所登记的情况下，彼此之间交易这些私募证券，这就规避了两年持有期硬性规定。因此，现在私募被分为 144A 条款发行和非 144A 条款发行，后者更常见地被称为私募，144A 条款发行由投资银行家承销。

3.9.2　二级市场

在二级市场，债券发行人——不管是公司还是政府机构——都可能定期得到债券价值的信息。债券的定期交易向发行人显示了在公开市场债券需求的一致价格，因此，发行人可以发现投资者希望从他们债券取得的价值以及投资者期望和要求的内含利率。二级市场能够给债券投资者提供几方面的便利。显然，市场对他们持有的债券提供流动性以及公允价格或一致价格的相关信息。此外，二级市场还把很多感兴趣的交易者聚到一起，因而减少了寻找债券的潜在购买人或出售人的成本。

债券可以在交易所或在场外市场进行交易。传统上，债券交易主要发生在场外交易市场，经纪人—交易商交易席位发挥基本作用来填写顾客购买和出售的订单。然而，近年来，这种传统债券交易方式朝电子债券交易方向发展，并且很可能继续下去。

向电子债券交易的转变有几个相关原因。首先，因为债券交易已经是一个本金业务（经纪人—交易商要用他们自己的资本冒险），而不是代理业务（经纪人—交易商主要充当代理人或经纪人），做市商的资本是关键。机构投资者可用于全世界投资的资本额，对经纪人—交易商的资金提出很高的要求。因此，对经纪人—交易商而言，做市变得更加危险。其次，债券市场波动性的上升，增加了债券交易中的经纪人—交易商需要的资金。最后，债券市场交易的收益性下降了，因为很多产品已经变得更加商品化并且它们的买卖价差有所减少。

债券市场交易风险增加和收益性下降的综合效应，导致大型经纪人—交易商减少了投资于这种业务的资金规模。经纪人—交易商已经发现，在其他业务（例如承销和资产管理）中利用他们的资本将会更有效，而不是在最基本的做市商业务。因此，传统上主要面向本金型债券市场的流动性有所下降，并且流动性的下降为其他做市机制提供了空间。传统做市商公司的撤离为电子交易开路。事实上，大型经纪人—交易商债券公司支持债券的电子交易。

债券的电子交易有助于填充这个空白并且为债券市场提供流动性。除了提供债券市场的流动性和价格发现功能（特别为流动性小的市场）这些优点外，电子交易还可以实现交易成功并提高投资组合管理效率。例如，组合管理人可以将他们的买卖订单登录到网站上，交易订单，然后清除这些订单。

债券的电子交易系统有很多种。电子交易系统的两大类型是交易商对客户系统和交易系统。交易商对客户系统可以是单个交易商系统或多个交易商系统。单个交易商系统是基于一个客户和单个确定交易商通过计算机交易。单个交易商系统就是对传统经纪人—交易商做市机制的简单计算机化。多个交易商系统比单个交易商系统有一些先进之处。一个客户可以从几个确定交易商中任选一个，这些交易商通过计算机提供出价和询价，客户知道交易商的具体情况。

在交易系统，交易商和客户的出价和询价都是匿名进入系统，执行交易的清除也是通过一个普通程序进行的。两种不同的主要交易系统分别基于连续交易和集合竞价。连续交易允许以连续变化的市场确定价格全天进行交易，适合于流动债券，如国库券和机构债券。集合竞价在一天的特定时刻提供固定价格拍卖（即所有的交易以同一“固定”价格发生），适合于流动性较差的债券，例如公司债券和市政债券。

第 4 章 收益利差

4.1 引言

特定债券所提供的利率主要受以下两个方面的影响：(1) 无风险投资工具；(2) 所发行债券的相关风险。这里把无风险投资工具的收益率称作利率水平。一个国家的中央银行的政策可以影响利率水平进而影响一个国家的经济。在美国，利率水平取决于宏观经济状况、联邦储备委员会实施的利率政策和政府执行的财政政策。

财经刊物和交易商报价表上面有几乎所有时刻报出的各种利率。为什么不同的债务投资工具其利率水平不同？第 1 章和第 2 章已经给出了解释。第 1 章介绍了债券的不同特征，而第 2 章在与不具有这些特征的债券比较的基础上，讨论了这些特征如何影响债券的风险。

这一章将进一步考察不同债券市场上的以及同一债券市场上不同债券的收益率差异。这一信息常被投资者用来评估不同债券市场上或同一债券市场的单个证券的“相对价值”。相对价值分析是一种根据预期的潜在收益率对单个不同证券或债券市场进行排序的过程。下面将继续交替使用“利率”和“收益率”这两个术语。

4.2 利率决定

这一章主要研究：(1) 在某一时点不同债券的利率之间的关系；(2) 在一个给定时点不同经济部门间利率的联系。我们将简单介绍美国联邦储备委员会这一政策制定机构，它的利率政策直接影响短期利率，并间接影响到长期利率。

美联储一旦作出决策，便会立刻在会议结束时发表声明公布这一决策，并且在召开国会前通过公开演讲或国会的联储主席证词来传达未来的政策意图，美联储会关注一些主要经济指标来预先考虑今后货币政策的变化并估计对短期利率可能造成的影响，而那些寻求有效的投资组合定位策略以利用预期利率变动的管理者们也同样关注这些指标。美联储密切关注的指标有非农业就业人口、工业产出、新建住宅、汽车销售量、耐用品订单、美国采购管理协会的供应商交货以及商品价格。

美联储主要用以下四种利率政策工具来实施货币政策：

(1) 公开市场业务；

(2) 贴现率；

(3) 存款准备金制度；

(4) 口头劝说，以影响银行如何向商业机构和消费者提供信用贷款。

开展公开市场业务和改变贴现率是最常用的方式，这两种工具都能够降低或者提高资金成本从而达到调控目的。在公开市场业务中，美联储会通过买卖国库券的方式进行操作，这种方式通过增加市场的资金（购买国库券）或者从市场收回资金（出售国库券）从而达到影响联邦资金利率的目的，而联邦资金利率就是银行间的拆借利率。贴现率是银行在提供抵押的基础上向美联储借入资金时的利率，提高贴现率会增加银行拆入资金的成本，反之亦然。改变银行存款准备金制度和口头劝说则是使用相对少的政策工具。

4.3 国库券利率

美国财政部发行的债券有美国政府充分的信用支持，所以，全世界的市场参与者都将这种债券看成是“无违约风险”的债券，但是拥有美国国库券本身是存在风险的。

发行的国库券主要包含以下几种：

短期国库券：1 年以内的零息债券，有 1 个月、3 个月、6 个月几种。

中期国库券：大于 1 年、小于 10 年的附息债券。目前主要发行 2 年、5 年、10 年的中期国库券。

长期国库券：到期日 10 年以上的附息债券。比较常见的是 30 年期的，但是从 2001 年 10 月开始这种债券已停止发行。

通货膨胀保护证券：一种以消费者价格指数作为本金参考调整率的附息债券。

新发行的债券指最近一次被拍卖的不同到期日的中期和长期国库券。旧债券是指以前发行而现在已被新发行的债券替代的债券。在它之后又有不止一次其他债券发行，那么它们被称为“完备过往财政证券”（well off-the-run issues）。

国库券的二级市场是场外交易市场，这里聚集着一群美国政府债券交易商，他们为特定的流通中的国库券持续提供报价和询价。这个二级市场是世界上最具流动性的金融市场。旧债券的流动性比新发行债券的要差。

4.3.1 国库券的风险

简单介绍了国库券后，我们开始讨论国库券的风险。它们已在第 2 章列出来，现在重述一下，有以下 10 个：利率风险、提前偿付和赎回风险、收益率曲线风险、再投资风险、信用风险、流动性风险、汇率风险、价格波动性风险、通货膨胀或购买力风险、事件风险。

包括国库券在内的所有的固定收益证券都会使投资者面临利率风险，但并不是所有证券的利率风险都相同。① 因为，当利率改变的时候，到期时间与票面利率都会影响价格变化的程度。一个衡量债券利率风险的指标是久期。② 和其他的固定收入证券一样，不同国库券的久期不同，因此所面临的利率风险也不同。

从技术上讲，收益率曲线风险和价格波动性风险是与国库券相联系的风险，但是在固定收益分析的初期将不对这些风险进行解释，在这一章的学习中也不需要理解这两种风险。

因为国库券是不可赎回的，因此就没有因赎回引起的再投资风险。③ 附息的国库券有再投资风险是因为为了实现债券的收益，投资者必须将等于计算得到的收益率的利息收入再投资。所以，所有附息国库券都有再投资风险。由于短期国库券是一种零息债券，所以就不存

---

① 利率风险是指，当利率发生波动时，债券价格产生相反方向的变化。

② 久期用于衡量债券价格对利率波动的敏感性。

③ 美国财政部已不再发行可赎回债券。在 20 世纪 80 年代早期，财政部曾发行过到期日不迟于 2014 年 11 月的可赎回债券（假设它们不会被提前赎回）。截至 2004 年，这些可赎回债券的最长期限是 10 年。虽然未清偿的可赎回国库券被称为“债券”，但是根据它们当前的期限，这些国库券无法与长期债券进行相对价值分析。由于财政部不再发行可赎回债券，且未清偿的可赎回债券也不具有一般长期债券的期限特征，因此我们不考虑这种债券，而把国库券简单认为是不可赎回的。

在再投资风险。

至于信用风险，全世界的金融机构都认为国库券是没有信用风险的。实际上，当市场参与者和媒体说到国库券无风险时是指没有信用风险。

国库券具有高流动性，但是新发行的国库券和旧国库券的流动性不一样。因此，不同的收益率就反映了它们不同的流动性。

由于美国国库券是以美元为面值的，因此对于国内的投资者来说就不存在汇率风险，但是，非美国投资者就面临着汇率风险。

利率固定的债券也有通货膨胀风险。通货膨胀对抗债券（TIPS）的债券利率可以有效地根据通货膨胀率进行调整，因此可以避免通货膨胀风险。

最后，无数影响国库券的风险的事件可归结为政治风险——一种事件风险。与其他的中央银行和政府一样，美国的货币和财政政策对于美国国库券的影响也是有好有坏的。

4.3.2 国库券收益率曲线

假定国库券的投资者没有信用风险，市场的参与者将新发行债券的收益率看做是对具有相同期限的非国库券债券要求的最低利率。尽管是以表格的形式呈现的，图表4—1中给出了2002年2月8日的新发行国库券的到期日与收益率之间的关系，这一关系就是国库券的**收益率曲线（treasury yield curve）**。

图表4—1　　2002年2月8日的新发行国库券的到期日与收益率之间的关系

到期日	收益率
1个月	1.68
3个月	1.71
6个月	1.81
1年	2.09
2年	2.91
5年	4.18
10年	4.88
30年	5.38

资料来源：*Global Relative Value*, Lehman Brothers, Fixed Income Research, February 11, 2002, p.128.

图表4—1表明到期日越长收益率就越高，这种曲线又称为向上倾斜的收益率曲线（upward sloping yield curve）。这是债券收益率曲线中最典型的形状，因此又称为标准的收益率曲线（normal yield curve）。向下倾斜的收益率曲线（inverted yield curve）表明到期日越长收益率越低。而平坦的收益率曲线（flat yield curve）表明收益率与到期日无关。

图表4—2提供了这些曲线的不同形状，也展示了收益率曲线是怎么随着时间改变的。在图表4—2中，距离2001年年初5年内到期的国库券收益率曲线向下倾斜，但是到期日超过5年的国库券收益率曲线却向上倾斜了。到2001年12月，所有的利率都下降了。可以看出，与向上倾斜的收益率曲线产生的长期利率相比，短于10年期的债券收益率下降的幅度要大得多。

可用于构造收益率曲线的新发行债券的数目在最近20年里减少了。虽然图表4—1中给出了2002年2月8日的1年期和30年期的收益率，但是至本书截稿时，已没有1年期的国库券，30年期的国库券也将随着时间逐渐减少。为了获得不存在的新发行债券的到期日的收益率，很有必要对两种新发行债券的收益率进行插值。在实际中有很多方法可以运用（最简单的是线性插值法）。因此，当市场参与者在讨论国库券收益率曲线的收益率（这一收益率无法从新发行债券中得到）的时候，例如8年期国库券的收益率，只是一种近似值。

图表4—2　　美国国库券收益率曲线：2000年12月和2001年12月

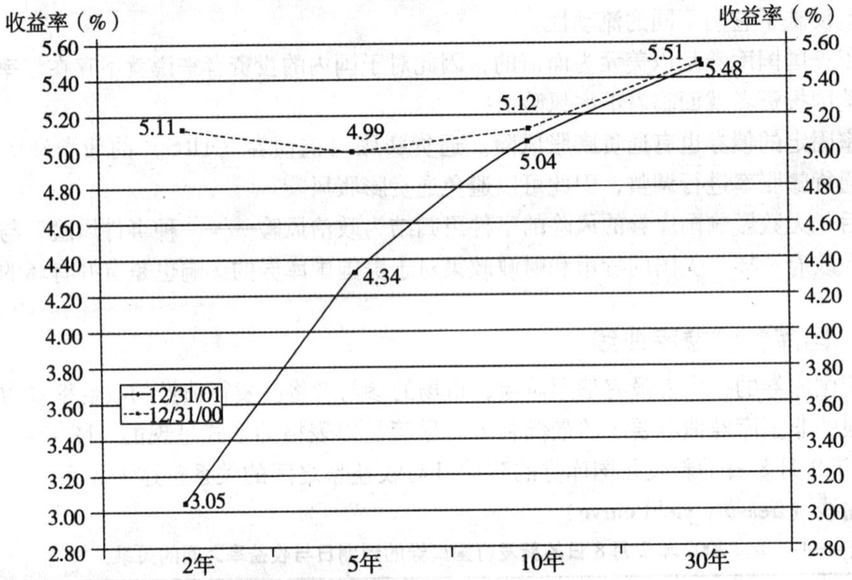

资料来源：Lehman Brothers Fixed Income Research, *Global Fixed Income Strategy* "*Playbook*" January 2002.

一定要理解的是，任何非国库券债券必须在相同到期日的国库券收益率基础上加上溢价。例如，如果一家公司希望在2002年2月8日发行10年期的不可赎回债券，发行者提供的收益率必须超过4.88%（10年期新发行国库券的收益率）。至于增加多少则取决于这一债券所附带的各种额外风险。即使是旧国库券也要提供一个溢价以反映流动性的差别。

这里，有两个因素使到期日和收益率之间的关系更加复杂。

其一，当购买这些债券的资金融资成本降低时，发行债券的收益率也相对比较低，债券的收益率就被扭曲了。因为，一部分投资者用借入资金来投资国库券，并以这些国库券作为担保。这种抵押借贷方式叫回购协议。因为交易商需要用这些债券进行交易活动，他们愿意以比借贷市场上更低的利率借款给投资者。因此，这种更便宜的融资成本会影响新发行国库券的价格，就导致了更低的收益率。

其二，新发行债券与旧债券有不同的利率风险与再投资风险。例如，在2002年2月，5年期的新发行国库券的票面利率为4.18%，而小于5年期的旧债券的票面利率为5.25%，这两种债券有不同程度的利率风险。尤其是新发行国库券因较低的票面利率而有更大的利率风险（久期），然而，也正是因为较低的票面利率，它的再投资风险也更小。

因此，当市场参与者讨论国库券市场利率，并使用这些利率来估量其他证券价值的时候，常参考国库券市场的另外一种关系：零息债券的到期日与收益率之间的关系。但是，我们也说过零息债券期限通常只有1、3、6个月，那么如何得到它们之间的关系呢？我们将在下面章节来讨论。

我们先来讨论利率期限结构理论。

收益率曲线揭示了什么信息？如何解释收益率曲线的变化？这些问题对于多期债券估

价、经济预测和风险管理来说很有意义。利率期限结构理论[①]回答了这三个问题。这里将介绍主要的三个理论。[②]

这三个主要的理论是：

- 纯预期理论；
- 流动性偏好理论；
- 市场分割理论。

（1）**纯预期理论**（pure expectations theory）。纯预期理论用最简单直接的方式阐述了收益率曲线和投资者对未来利率的预期之间的关系。因为长期利率与投资者对未来通货膨胀的预期紧密相连，这一理论也为一些有趣的经济解释提供了一个契机。

纯预期理论解释了关于预期未来短期利率的期限结构。根据纯预期理论，市场决定了2年期债券的收益，而2年期债券的收益应大致等于现在购买的1年期债券的收益加上1年后购买的1年期债券的预期收益。

根据这个理论，上升的期限结构表明了市场预计短期利率会在未来上升。例如，如果2年期债券的收益率高于1年期的收益率，根据这一理论，投资者预计从现在开始的1年后的年利率要高于当前市场的年利率，只有这样，两种方式的2年期投资才能得到相同的预期收益。同样的，平坦的期限结构说明了未来预期短期利率与现在的短期利率是一样的，而向下的期限结构反映了未来的预期短期利率会下降。上述结论可以总结如下：

期限结构形状	纯预期理论的解释
向上倾斜（正常）	预期利率上升
向下倾斜（反向的）	预期利率下降
平坦	预期利率不变

那么纯预期理论怎样解释弯曲的收益率曲线呢？根据这一理论，这是由于投资者预期1年期债券的收益率在某些年份内会上升，然后在某些年份内又会下降。

上文阐述的关系表明收益率曲线的形状包含了关于投资者对未来通货膨胀预期的信息。最早的利率理论（费雪）认为名义利率是实际利率与预期通货膨胀率之和，在这种假设条件下，如果预计短期利率会上升，投资者也会预计通货膨胀率上升。一个向上倾斜（向下倾斜）的期限结构意味着投资者预期未来的通货膨胀率会上升（下降）。财经刊物上的许多经济讨论都是以收益率曲线的这种解释为依据的。

纯预期理论的不足是：它假定投资者不关心利率风险和其他不同期限的债券的相关投资风险。

（2）流动性偏好理论（liquidity preference theory）。流动性偏好理论认为市场参与者希望对持有较长期限的债券而承受的利率风险得到补偿。期限越长，随着利率改变的价格的波动性就越大，那么投资者就需要对这种风险得到补偿。根据流动性偏好理论，利率期限结构由对未来利率的预期与利率风险产生的风险溢价两者决定。[③] 由于利率风险随着到期日的推迟而增加，所以流动性偏好理论认为风险溢价随着到期日的推迟而增加。

---

① 期限结构也就是到期日结构，它描述的是债券收益率如何随到期日变化而变化。换言之，期限结构提出这样一个问题：为什么长期债券的收益率不同于短期债券。

② 在第6章中，我们将根据远期利率采用更数学化的方法来阐释这些理论。

③ 在流动性偏好理论中，流动性是根据利率风险衡量的。具体来说，利率风险越大，流动性越低。

根据这个理论，向上倾斜的收益率曲线反映了未来利率可能上升、不变或者下降，但是由于随到期日的推迟而不断增加的风险溢价却足以形成一个向上倾斜的收益率曲线。因此，对于向上倾斜的收益率曲线（最常见的一种形式），流动性偏好理论本身不能说明对未来短期利率的预测。对于平坦的或者向下倾斜的收益率曲线，在利率风险溢价随着到期日推迟而增加的前提下，流动性偏好理论与对未来短期利率下降的预测是一致的。

由于流动性偏好理论证明了期限结构是由对未来利率的预期和利率风险产生的风险溢价共同决定的，因此它又被称为有偏差的预期理论（biased expectations theory）。

（3）市场分割理论（market segmentation theory）。市场分割理论的拥护者认为在收益率曲线不同到期日的区域内，资金的供求决定了该区间的利率，因此，对于该期限区间的利率决定，每个期限区间是一个独立的或者分割的市场，向上倾斜、向下倾斜或者弯曲的收益率曲线都有可能。实际上，市场分割理论可用于解释任何一种可能观察到的收益率曲线的形状。

为什么该理论的拥护者认为每个到期日区间是独立或者分割的？在债券市场上，根据对收益的需求不同，投资者可分为两类：一类是根据宽基债券市场指数来管理资金；另一类是根据债务的情况来管理资金。最简单的情况是根据债务来管理资金。投资者在管理资金时，必须根据负债的期限将他们的投资行为限制在能够与债务的到期日最为匹配的债券品种，这是资产负债管理最基本的原则。[①] 如果这些投资者不这样做，他们将面临资产负债不匹配所带来的风险，例如，考虑一个管理固定收益养老金基金经理的情况，因为固定收益养老金基金所代表的债务是长期的，经理将投资于长期债券市场。同样的，债务期限比较短的商业银行，将集中投资于短期固定收益债券。即使长期债券的利率比短期债券的利率更有吸引力，根据市场分割理论，商业银行将只限于投资期限短的债券。对金融机构的限制条款加强了这一分割理论，这些条款严禁它们从事资产与负债不匹配的投资行为。

市场分割理论的一个分支是**偏好理论（preferred habitat theory）**，这个理论论证了投资者喜欢根据债务的属性投资于一些特定的期限区间。但是，这个理论的支持者却不敢断定投资者只会投资于期限在他们偏好的区间内的债券。他们认为投资者受到收益溢价的诱惑也可能会偏离他们投资偏好。偏好理论暗示了任何收益率曲线的形状都是可能的。

4.3.3 国库券剥离

虽然美国财政部不发行限期超过1年的零息国库券，但是，政府交易商可以合成更长期限的零息国债，并得到美国政府充分的信用和保证。他们通过将附息国债的票息和本金分离开，并分别出售来创造这些债券。这一过程称作息票分离过程（stripping a treasury security），由此产生的债券称为国库券分离债券（treasury strips）。由利息而来的国库券分离债券叫做国库券利息分离债券，而由本金而来的国库券分离债券称为国库券本金分离债券。第3章讲了息票分离的过程。

因为零息投资工具没有任何再投资风险，因此不同到期日的国库券分离债券比依赖于新发行国库券收益率曲线的债券更好地反映了收益和期限之间的关系。无再投资风险排除了比较债券时因不同再投资风险而导致的误差。另一个好处是零息债券的久期近似等于其到期日。因此，当比较长期债券和国库券分离债券时，应该比较它们的久期。

---

① “匹配原则”是财务基本原则之一：流动资产应当用流动负债筹资（或匹配）；长期资产则应用长期负债筹资。

零息债券的收益率有个特殊的称谓——即期利率（spot rate）。例如，国库券收益率叫做国库券即期利率（treasury spot rate）。国库券即期利率和到期日之间的关系称为利率的期限结构（term structure of interest rates）。有时关于国库券市场上的利率期限结构的讨论让人困惑。国库券收益率曲线和其利率期限结构经常互换使用，但它们之间有技术上的差别，应该理解这些术语的使用背景。

4.4 非国债证券的收益率

尽管国库券收益率曲线作为投资者投资于非国库券的最小利率基准有一些缺陷，通常将加在相同到期日的国库券收益率上的额外收益率称作收益利差（yield spread）。事实上，因为固定收益市场中的非国债产品类别提供了一个收益利差，非国债产品类别通常被叫做**利差类别（spread sectors）**，而这些类别的非国库券证券称为利差产品（spread products）。

4.4.1 衡量收益利差

尽管我们经常讨论相同到期日的国库券的利差，其实任意两种债券之间的收益利差都能很容易地推算出来。一般来说，债券X和债券Y的收益利差推算如下所示：

收益利差＝债券X的收益率－债券Y的收益率

债券Y被认为是债券X的衡量参考标准。

这种方式算出来的收益利差称为绝对收益利差（absolute yield spread），以基点来衡量。例如，2002年2月8日，10年期新发行国库券的收益率是4.88%，而10年期A级工业债券的收益率是6.24%。如果10年期工业债券是债券X，10年期新发行国库券为债券Y，绝对收益利差为：

收益利差＝6.24%－4.88%＝1.36%（或136个基点）

除非特别说明，收益利差一般采用这种方法衡量。收益利差也可以用相对数来衡量，也就是用收益利差除以参考债券Y的收益率，称为相对收益利差（relative yield spread），用公式表示如下：

相对收益利差＝（债券X收益率－债券Y收益率）/债券Y收益率

有时债券之间用收益率比率来比较，如下所示：

收益率比率＝债券X收益率/债券Y收益率

通常，在美国债券市场上这样推算时，是以国库券作为债券Y（也就是参考债券）。在这种情况下，收益率计算等式表示如下：

绝对收益利差＝债券X的收益率－新发行国库券收益率

相对收益利差＝（债券X收益率－新发行国库券收益率）/新发行国库券收益率

收益率比率＝债券X收益率/新发行国库券收益率

以相对收益利差和收益率比率来衡量的原因是，收益利差的值受利率水平的影响。例如，1957年国库券的收益率大概为3%。在那时，BBB级债券与国库券之间的绝对收益利差为0.4%，相对收益利差为13%。然而，1985年国库券收益率上升超过了10%，40个基点的绝对收益利差意味着只有4%的相对收益利差。因此，在1985年要求超过40个基点的绝对收益利差以达到相同的相对收益利差。

这一章将关注于最常用的作为收益利差衡量标准的绝对收益利差。因此，当提到收益利差时是指绝对收益利差。

用绝对收益利差、相对收益利差还是收益率比率来衡量取决于引起收益利差的原因。通常，积极的债券投资组合策略包含评估产生收益利差的因素，预测随着投资期限的变化产生的收益利差的变化，并根据这一预测作出投资决策。

4.4.2 市场间收益利差和市场内收益利差

债券市场根据发行者不同分为不同的细分市场。在美国，包括美国政府债券市场、政府机构市场、市政债券市场、公司债券市场、抵押贷款支持证券市场、资产支持证券市场、外国债券市场（主权债券市场、超国家组织债券市场、公司债券市场）。不同的债券市场提供不同的风险和回报。

主要的债券细分市场进一步分为许多体现了共同经济特征的子债券市场。例如，在公司债券市场中，子债券市场包括：（1）工业公司债券市场；（2）公共设施公司债券市场；（3）金融公司债券市场；（4）银行债券市场。在资产支持证券市场，各债券市场是根据支持债券发行的担保品类别进行区分的。主要的类型为由以下组合担保的债券：（1）信用卡应收账款；（2）房屋净值贷款；（3）机动车贷款；（4）预制房屋贷款；（5）学生贷款。除了国库券债券市场，其他的债券市场都有广泛的发行者，每个发行人都有不同的能力以满足其契约义务。因此，债务的一个主要特征就是取决于发行者的类型。

两个债券市场间相同到期日债券的收益利差被称为市场间收益利差（intermarket sector spread）。市场参与者最常计算的市场间收益利差是非国库券债券市场和国库券市场相同到期日债券的收益利差。

同一个市场上不同债券的收益利差称为市场内收益利差（intramarket sector spread）。拿国库券来说，可以为一个给定的发行者估计一条收益率曲线。收益利差一般随到期日的推迟而增加。一个给定的发行者的收益利差可以加到相同到期日的新发行国库券收益率上，得到的曲线就是发行者的新发行债券收益率曲线（issuer's on-the-run yield curve）。

除到期日外，其他影响市场间债券收益利差和市场内收益利差的因素有：（1）两种债券的相对信用风险；（2）嵌入期权的存在；（3）债券的流动性；（4）投资者收到的利息是否要征税。

4.4.3 信用利差

国库券与除信用评级外所有性质相同的非国库券债券之间的收益利差称为信用利差（credit spread）或者质量利差（quality spread）。"除了信用评级之外其他方面都相同"就是说到期日相同而且没有嵌入期权。

例如，图表4—3是依据信用等级和到期日列出的期限为90天、2002年2月8日到期的公司债券收益利差，报告了90天期限的最高、最低和平均收益利差。注意，信用等级越低，信用利差越高。同时也要注意，对一个给定的公司债券市场和给定的信用等级，信用利差随到期日推迟而增加。

有研究称公司债券和国库券之间的信用利差随经济波动而有规则地变化。信用利差在经济紧缩时期变大，在经济扩张时期变小。其经济原理是，在紧缩的经济中，公司的收益和现金流量都减少，使得公司债券发行者更难履行他们的契约债务。为了诱使投资者在信用质量下降时持有利差产品，信用利差必须扩大。当投资者卖掉公司债券投资于国库券时，发行人会进一步扩大信用利差（这种做法通常被称为“飞向质量”）。在经济扩张、商业交易蓬勃发展时，收益和现金流量将增加，公司债券发行者履行契约债务的可能性增大，信用利差会缩小。

图表4—4给出了自1919年以来经济周期对信用利差的影响的证据。Baa级和Aaa级的公司债券的信用利差是不同的。阴影部分代表由美国国家经济研究局（NBER）所定义的经济衰退期。一般来说，公司信用利差在经济扩张期是缩小的，而在经济衰退期会急剧扩大。事实上，在官方定义的经济衰退出现之前信用利差就开始扩大。①

一些市场观察者将经济周期性行业和非经济周期性行业之间的收益利差当作因预期的经济环境而产生的收益利差的指标。背后的经济原理是，当经济周期性行业和非经济周期性行业都受对预期经济衰退的负面影响的时候，对经济周期性行业的影响要大些。因此，随着对经济衰退的预期，经济周期性行业和非经济周期性行业债券发行者之间的信用利差将会扩大。

图表4—3 **2002年2月8日到期的公司债券信用利差**

	AA—90天			A—90天			BBB—90天		
期限（年）	高	低	平均	高	低	平均	高	低	平均
工业									
5	87	58	72	135	85	112	162	117	140
10	102	73	90	158	109	134	180	133	156
30	114	93	106	170	132	152	199	154	175
公用事业									
5	140	0	103	153	112	134	200	163	184
10	160	0	121	168	132	153	220	182	204
30	175	0	132	188	151	171	240	200	222
金融									
5	103	55	86	233	177	198			
10	125	78	103	253	170	209			
30	148	100	130	253	207	228			
银行									
5	97	60	81	113	83	100			
10	120	78	95	127	92	110			
30	138	105	121	170	127	145			

资料来源：Abstracred from *Global Relative Valve*，Lehman Brothers，Fixed Income Research，February 11，2002，p. 33.

---

① 在Leland E. Crabbe和Frank J. Fabozzi所著的*Managing a Coporate Potfolio*一书的第10章里，读者会看到关于经济周期和信用利差的更进一步的讨论和数据。

图表 4—4　　自 1919 年以来经济周期对 Baa 级和 Aaa 级公司债券信用利差的影响

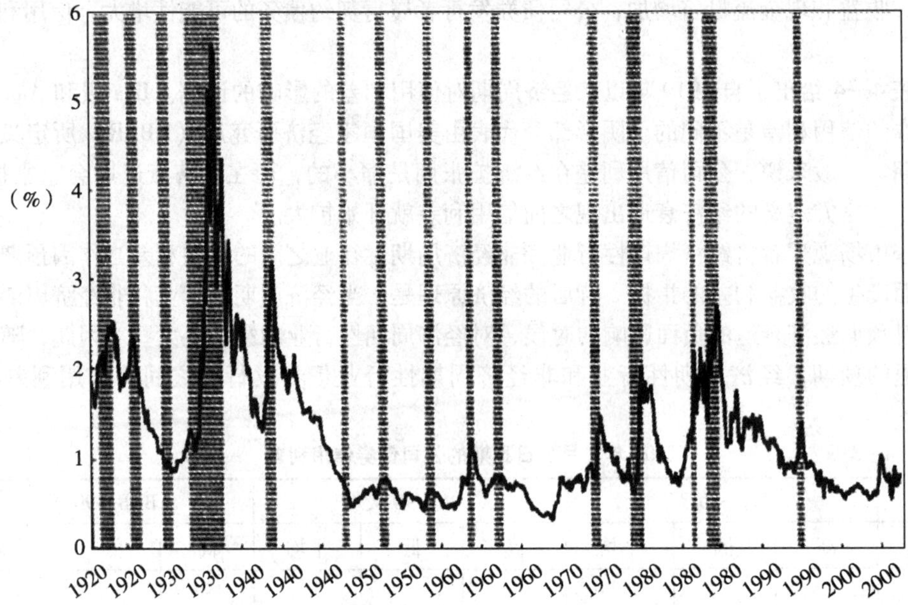

阴影部分=美国国家经济研究局定义的经济衰退期

资料来源：Exhibit 1 in Leland E.Crabbe and Frank J.Fabozzi, *Managing a Corporate Portfolio* (Hoboken,NJ:John Wiley & Sons.2002),p.154.

4.4.4 嵌入期权

债券发行通常包含一项条款，即发行人或债券持有人的一方有权选择采取一些行动对抗另一方，锁定己方风险。在发行债券时，最常见的期权类型是在赎回条款中赋予发行人在规定到期日之前能够部分或全部收回债券的权利。

嵌入期权的存在不但对一种债券相对于国库券的收益利差有影响，而且对这种债券与其他不包括嵌入期权在内类似的债券的收益利差也有影响。一般来说，对于类似于国库券，但含有有利于发行人的嵌入期权（如赎回期权）的债券，投资者要求一个比不带有此期权的债券更高的收益利差。相反，对带有有利于投资者的嵌入期权（例如回售期权或者转换期权）的类似国库券的债券，投资者要求一个较小的收益利差。事实上，对含有有利于投资者的期权的债券，其利率可能低于可比的国库券的利率。

甚至对于可赎回债券，收益利差依赖于赎回权的特征。对于带有延期赎回的可赎回债券，递延赎回期越长，提供给投资者的赎回保护就越强。因而，如果所有其他因素不变，递延赎回期越长，提前赎回特征所导致的收益利差就越低。

债券市场的一个主要子市场是抵押贷款支持证券市场。① 这些债券使投资者面临提前偿付风险，抵押贷款支持证券和可比国库券之间的收益利差反映了这一风险。为了说明这个问题，现在来考虑一个基本的抵押支持证券，叫做吉利美（政府国民抵押贷款协会）转手债券。这种债券有美国政府充分的信用支持。因此，吉利美转手债券与类似的国库券之间的收益利差不是取决于信用风险，而是主要取决于提前偿付风险。例如，图表 4—5 显示了附有

① 抵押贷款支持证券市场通常被简称为“抵押市场”。

不同票面利率的30年期的吉利美转手债券的收益利差。第一个有待解决的问题是用来作为基准以计算吉利美转手债券收益利差的可比国库券的到期日。这之所以是一个问题，是因为转手抵押债券是一种摊还证券，它随着时间的推移偿还本金，而不是只在已宣告的到期日（前面所说的30年）一次偿还。因而，当吉利美转手债券的既定期限是30年时，它的收益不应该和30年期的国库券相比较。现在，可以从图表4—5中看到基准国库券的收益取决于票面利率。在第二列显示的收益利差也是依赖于票面利率。

图表4—5 **30年期的吉利美转手债券的收益利差和期权调整利差**（2002年2月8日）

息票率	收益利差（基点）	基准国库券	2002年2月8日期权调整利差（基点）	90天期权调整利差（基点）		
				高	低	平均
6.5	203	5年	52	75	46	59
7.0	212	5年	57	83	54	65
7.5	155	3年	63	94	62	74
8.0	105	3年	73	108	73	88
9.0	244	2年	131	160	124	139

资料来源：Abstracred from *Global Relative Valve*, Lehman Brothers, Fixed Income Research, February 11, 2002. p. 132.

一般来说，当收益利差被用来对可赎回债券估价时，有一部分差额反映了与嵌入期权相联系的风险。已公布的利差没有根据嵌入期权来调整。这种收益利差有时被称为名义利差（nominal spreads），所谓名义，在一定意义上是指在计算调整收益利差时，没有排除嵌入期权的价值。根据嵌入期权调整后的收益利差是期权调整利差。

图表4—5的最后四栏显示，在列表中列出的是雷曼兄弟公司估计的吉利美转手债券在2002年2月8日和之前90天的期权调整收益利差（含高、低和中间值）。名义收益利差显示在第二列。注意期权调整收益利差大大低于名义收益利差。例如，7.5%的息票债券的名义收益利差是155个基点。调整提前偿付风险后（即嵌入期权），期权调整收益利差值明显减小，只有63个基点。

4.4.5 流动性

即使在国债市场上，由于流动性的差异和回购市场的效应，在旧国债和刚刚发行的国债之间存在收益的差异。类似的，对于其他非国库券债券，普通的新发行的债券的收益率曲线可以估计出来，也就可以计算出旧债券与新发行债券之间的流动性利差差异。

雷曼兄弟公司的研究表明，影响流动性（进一步影响收益率差异）的一个因素是发行的规模——相对于较小的发行量，规模越大，流动性越高，收益利差越小。[①]

4.4.6 利息收入的税收

在美国，除了符合联邦收入税税法免除的情况，利息收入需要向联邦政府交税。此外，利息收入也要交地方税。

联邦税法特别地免除了合格的市政债券的利息收入税。[②] 由于这种市政债券免税的特

① *Global relative value*, *Lehman Brothers*, Fixed Income Research, June 28, 1999, COR-2 AND 3.
② 正如第3章讲到的，一些市政债券需要缴税。

征，市政债券的收益率低于相同到期日的国债收益率。根据 Bloomberg 金融市场的报道，图表 4—6 显示了 2002 年 2 月 12 日的市政债券与国债收益率的关系。市政债券的收益率比率是级别为 AAA 级的一般责任债券（税收支持债券）的收益率与新发行的同期限国债的收益率之比。①

图表 4—6　AAA 级一般责任市政债券与美国国债收益率之比

期限	AAA 级一般责任市政债券收益率（%）	美国国债收益率（%）	收益率之比
3 个月	1.29	1.72	0.75
6 个月	1.41	1.84	0.77
1 年	1.69	2.16	0.78
2 年	2.20	3.02	0.73
3 年	2.68	3.68	0.73
4 年	3.09	4.13	0.75
5 年	3.42	4.42	0.77
7 年	3.86	4.84	0.80
10 年	4.25	4.95	0.86
15 年	4.73	5.78	0.82
20 年	4.90	5.85	0.84
30 年	4.95	5.50	0.90

资料来源：Bloomberg Financial Markers.

免税债券和国债的收益率差异通常不是用绝对收益利差来衡量，而是用收益率比率来衡量。更具体地说，它是用免税债券收益率与可比国债收益率的商来衡量。这可以从图表 4—6 看出。随着时间的推移，收益率比率随着税率和其他因素的变化而变化。税率越高，免税的特征越有吸引力，收益率比率越低。

美国市政债券市场可以分为两个部分：一般责任债券市场和收入债券市场。对于免税的债券市场，计算收益利差的基准不是国债，而是由活跃于市政债券市场的经纪公司和数据分析机构产生的级别为 AAA 的一般责任债券的收益率曲线。

下面将介绍税后收益率和应税等值收益率。

在缴纳联邦政府收入税之后的应税债券的收益率称为税后收益率（after-tax yield），它是这样计算的：

税后收益率 = 税前收益率 ×（1 − 边际税率）

当然，不同投资者的边际税率②是不同的。例如，一种应税债券的收益率是 5%，投资

① 图表 4—6 中有些到期日的国库券没有新发行债券，它们的收益率是根据市场收益率估计出来的。
② 边际税率是指增量收入的税率。

者的边际税率是31%，那么：

税后收益率 = 0.05 × （1 - 0.31） = 0.0345 = 3.45%

同样，可以计算税后收益率与免税债券相同的应纳税债券的收益率，这个收益率被称为应税等值收益率（taxable-equivalent yield or tax-equivalent yield）。可以这样计算：

应税等值收益率 = 免税债券收益率/（1 - 边际税率）

例如，投资者的边际税率是31%，免税债券的收益率是4%，那么：

应税等值收益率 = 0.04/（1 - 0.31） = 0.058 = 5.8%

注意，边际税率越高，应税等值收益率也越高。例如，如果上例中的边际税率不是31%而是40%，那么应税等值收益率是6.67%，而不是5.8%。计算过程为：

应税等值收益率 = 0.04/（1 - 0.40） = 0.0667 = 6.67%

一些地方政府对于免交联邦收入税的债券征税。一些地方政府免除所有的市政债券的利息收入税，也有一些地方政府不免除。一些州免除在本州内发行的市政债券的利息收入税，但是对州以外市政机构发行的市政债券征收利息收入税。也就是说，对于具有相同信用等级和期限的两个市政债券来说，因为不同的州的市政债券的相对需求不同，它们可能具有不同的收益利差。例如，相对于在一个所得税税率为0（例如德克萨斯州）的地方发行的市政债券，像在纽约这样所得税比较高的地方的人们对市政债券的需求比较旺盛，这会降低它的收益率。

4.4.7 技术性因素

有时，暂时性的供需不平衡会引起收益利差与正常值的偏离。例如，在1999年的第二季度，发行者开始怀疑联邦政府会采取一些提高利率的政策。结果，大量公司债券在市场上发行，导致公司债与国库券之间的收益利差提高。

在市政债券市场，同一市场内发行人暂时性的过度供应会影响收益利差。例如，高等级的州一般责任债券的大量新增发行额可能会降低其与低等级债券之间的收益利差。在疲软的市场环境中，高等级市政债券比信用差的债券更容易进入市场流通，所以有时候即使对中低等级的市政债券发行的需求相对不足时，大量的高等级市政债券也会涌入疲软的市场。

既然技术性因素会暂时扭曲收益利差关系，一些投资者会发现技术性因素会影响提上日程表即将发行的债券的未来收益利差。在对债券发行人和债券细分市场进行评估时，一些公司分析师会识别这种由于新增债券供应量带来的收益利差变动风险。

4.5 非美国发行债券的利率

影响美国债券收益利差的因素同样也可以用来解释其他国家不同债券之间的收益利差和不同国家债券之间的收益利差。主要的非美国债券市场也有与美国国库券收益率曲线相似的政府基准收益率曲线。图表4—7显示了德国、日本、英国和法国在2001年年初和年末的政府债券收益率曲线。这些收益率曲线显示了它们不同的形状以及它们变动的方式。注意，只有日本的收益率曲线几乎是平行移动（也就是说，不同到期日的债券利率几乎以相同的基点变动）。

图表 4—7　　德国、日本、英国和法国的政府债券收益率曲线（2001 年）

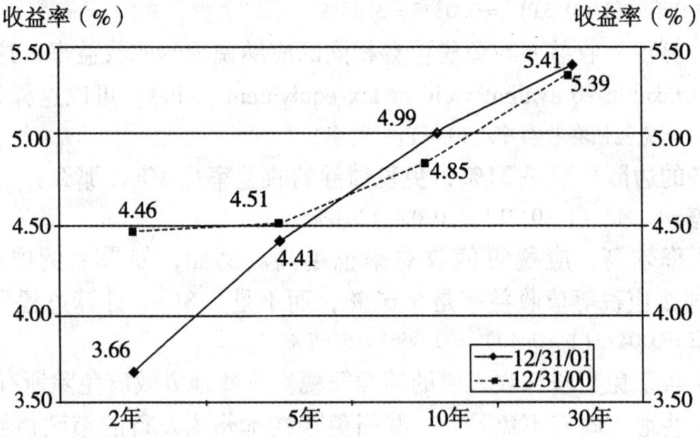

(a)德国政府债券收益率曲线

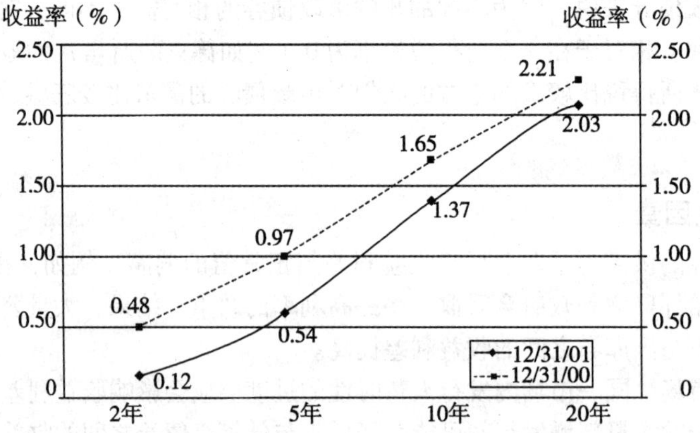

(b)日本政府债券收益率曲线

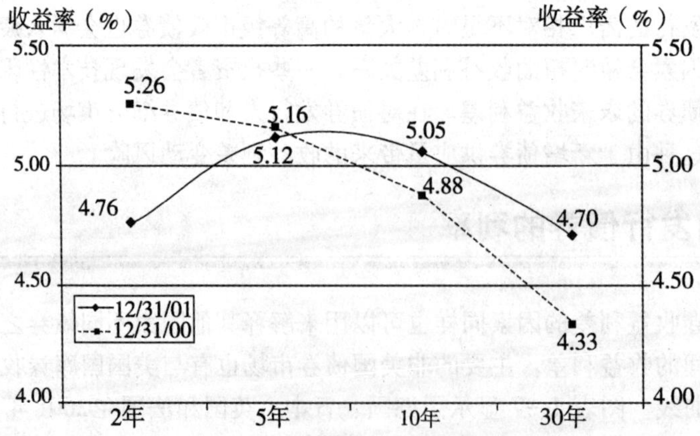

(c)英国政府债券收益率曲线

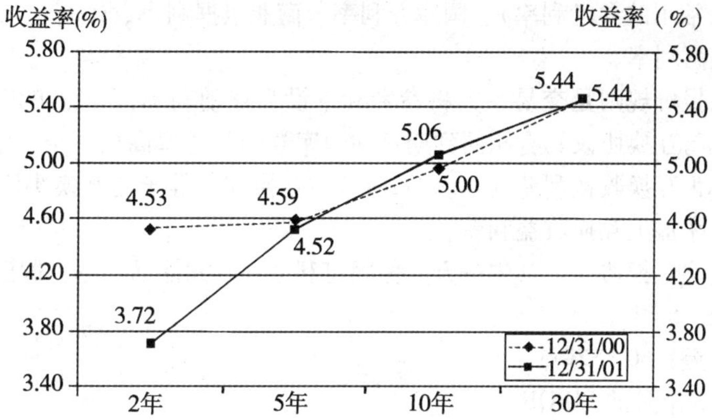

(d)法国政府债券收益率曲线

资料来源：Lehman Brothers Fixed Income *Research,Global Fixed Income Strategy* "*Playbook*" January 2002.

德国债券市场是欧洲最大的公开发行债券市场。德国国债的收益率被看做是欧洲的基准利率。正是因为德国债券市场的重要性，名义利率通常都是根据德国政府债券计算出来的。

借入短期资金进行投资的机构投资者（融资投资者）显然渴望得到超过借款成本的额外收益。最常用的借款成本的参考利率是伦敦银行同业拆借利率（LIBOR）。LIBOR 是伦敦同业银行市场上一个银行向另一个银行借款的利率。借款是通过一个银行（贷款者）的现金储蓄转化为另一个银行（借款者）的存单（CD）而进行的，存单的期限可以从隔夜到 5 年不等。因此，3 个月的 LIBOR 代表的是 3 个月到期的存单所支付的利率。存单可以以多种货币标价。有 LIBOR 报价的货币有美元、英镑、欧元、加拿大元、澳大利亚元、日元和瑞士法郎。当以美元标价时，被称为欧洲美元存单。每个交易日英国银行协会（BBA）都会以各种形式报出不同到期日和不同货币的 LIBOR。

寻求借款的主体支付超过 LIBOR 的收益利差，并希望通过对借入资金的投资来获得弥补借入成本的收益利差。例如，对一个融资投资者来说，如果借款成本为 3 个月的 LIBOR 加上 25 个基点的利率，而这个投资者 3 个月可以获得的收益是 3 个月的 LIBOR 加上 125 个基点，这样投资者就可以获得 100 个基点的收益利差。

4.6　互换收益利差

另一个重要的收益利差量度是互换收益利差。

4.6.1　利率互换和互换收益利差

在利率互换中，双方（称为合约对方（counterparties））同意交换每期的利息支出。互换的利息数额是以事先确定的本金为基础的，这一本金被称为名义本金（notional principal）或名义金额（notional amount）。每一方支付给另一方的数额等于协议利率乘以名义本金，双方交换的只是利息支出而不是本金。在最常见的互换中，合约一方在整个互换期内都会在指定的时间支付给另一方以固定利率支付的利息额。这一方被称为固定利率支付者（fixed-rate payer），他支付的固定利率称为互换利率（swap rate）。另一方同意支付随某一参考利率浮动的利息额，一般称其为固定利率接受者（fixed-rate receiver）。

在利率互换中用于作为浮动利率的参考利率是货币市场工具的某一种：银行间同业拆借

利率（互换中最常用的参考利率）、国库券利率、商业票据利率、银行汇票承兑利率、联邦资金利率和最优惠利率。

互换利率的报价规则是交易一方将参考利率设为浮动利率，并报出将要实行的固定利率。固定利率比与互换协议具有相同到期日的国库券的收益率高出一个规定的“利差”。这一规定的利差称为互换收益利差（swap spread）。互换利率等于与互换协议具有相同到期日的国库券的收益率加上互换收益利差。

为了描述利率互换协议，其中一方支付固定利率并收到浮动利率，假设如下条件成立：

互换的期限：5 年

互换收益利差：50 个基点

参考利率：3 个月的 LIBOR

名义本金：50 000 000 美元

支付频率：每 3 个月付息一次

同时，假定互换开始达成时 5 年期的国库券利率是 5.5%，在它基础上加上 50 个基点，这样互换利率将是6%。

这意味着固定利率支付者同意在接下来的 5 年中以年利率 6% 每季度付息一次，并从固定利率接受者那里收到按 3 个月的 LIBOR 每季度支付一次的数额。名义本金是 50 000 000 美元，这表示每 3 个月固定利率支付者支付 750 000 美元（50 000 000 美元 ×6%/4）。固定利率接受者支付额为 3 个月的 LIBOR 乘以 5 000 000 美元除以 4。下表显示了固定利率接受者按不同的 3 个月的 LIBOR 值支付给固定利率支付者的数额。[①]

3 个月的 LIBOR	年总金额（美元）	季度支付额（美元）
4%	2 000 000	500 000
5%	2 500 000	625 000
6%	3 000 000	750 000
7%	3 500 000	875 000
8%	4 000 000	1 000 000

实际上，双方的支付将相互抵销。如果 3 个月的 LIBOR 是 4%，固定利率接受者将收到 750 000 美元并支付给固定利率支付者 500 000 美元，抵销后，固定利率支付者还需支付 250 000美元。

4.6.2 利率互换的作用

利率互换在固定收入投资组合管理和风险管理中有许多重要的应用。它们将债券市场上固定利率和浮动利率板块联系起来，因此，投资者能够通过一个利率互换协议将固定利率资产转换为浮动利率资产。

假设一家金融机构投资于面值共 50 000 000 美元的 5 年期债券，债券利率是 9%，而且该债券以平价出售。同时，这一机构每季度借入 50 000 000 美元为买入债券而融资，融资成本是 3 个月的 LIBOR 加上 50 个基点。任何一个 3 个月期的资产（即 5 年期债券）和负债

① 支付额的计算是用年支付额除以 4，因为利息是按季支付。在实际应用中，固定利率和浮动利率支付额都要按一个季度的天数进行调整，但是本章不需要关注这种调整方法。

（融资成本）的“收入利差”取决于3个月的LIBOR。下表表明年收入利差如何随3个月的LIBOR的波动而波动。

资产收益率	3个月的LIBOR	融资成本	年收入利差
9.00%	4.00%	4.50%	4.50%
9.00%	5.00%	5.50%	3.50%
9.00%	6.00%	6.50%	2.50%
9.00%	7.00%	7.50%	1.50%
9.00%	8.00%	8.50%	0.50%
9.00%	8.50%	9.00%	0.00%
9.00%	9.00%	9.50%	-0.50%
9.00%	10.00%	10.50%	-1.50%
9.00%	11.00%	11.50%	-2.50%

当3个月的LIBOR提高时，收入利差下降。如果3个月的LIBOR超过8.5%，收入利差变为负的（也就是说，借款的支出超过投资债券的收入）。

这一金融机构的资产和负债没有匹配，用一个利率互换协议可以对冲这一不匹配。例如，假定这一机构的经理签订一个5年期的互换协议，名义本金是50 000 000美元，协议规定该机构支付固定利率交换3个月的LIBOR。进一步假定互换利率是6%，在不同的3个月的LIBOR下，考虑了互换支付的年收入利差如下表所示：

资产收益率	3个月的LIBOR	融资成本	互换中支付的固定利率	互换中收到的3个月的LIBOR	年收入利差
9.00%	4.00%	4.50%	6.00%	4.00%	2.50%
9.00%	5.00%	5.50%	6.00%	5.00%	2.50%
9.00%	6.00%	6.50%	6.00%	6.00%	2.50%
9.00%	7.00%	7.50%	6.00%	7.00%	2.50%
9.00%	8.00%	8.50%	6.00%	8.00%	2.50%
9.00%	8.50%	9.00%	6.00%	8.50%	2.50%
9.00%	9.00%	9.50%	6.00%	9.00%	2.50%
9.00%	10.00%	10.50%	6.00%	10.00%	2.50%
9.00%	11.00%	11.50%	6.00%	11.00%	2.50%

假定债券按期支付，并且没有提前赎回，金融机构就锁定了250个基点的收入利差。

这一金融机构就有效地利用了利率互换将固定利率资产转换为浮动利率资产。人为设计的浮动利率资产的参考利率是3个月的LIBOR，负债是以3个月的LIBOR来衡量的。同样的，金融机构也可以通过签订一个5年期名义本金为50 000 000美元的互换协议将其负债转换为固定利率负债，这时它成为固定利率支付者，结果将是一样的。

这一简单的例子表明利率互换的重要性。资产和负债不匹配的投资者和发行者能利用利率互换协议更好地搭配他们的资产和负债以降低风险。

4.6.3 互换收益利差的决定因素

从世界范围来看，市场参与者将互换收益利差视为价值评估和相对价值分析的一个恰当的收益利差衡量标准。这里将讨论互换收益利差的决定因素。

我们知道：

互换利率 = 国库券利率 + 互换收益利差

其中，国库券利率是与互换协议具有相同到期日的国库券的收益率。因为互换双方就未来的参考利率和互换利率进行互换，所以：

参考利率 = 国库券利率 + 互换收益利差

从中我们可以得到：

互换收益利差 = 参考利率 - 国库券利率

因为最常用的参考利率是 LIBOR，将其代入上面的等式得到：

互换收益利差 = LIBOR - 国库券利率

因此，互换收益利差是短期借款的成本减去国库券利率后的收益利差。

图表 4—8　　**1992 年 6 月到 2001 年 12 月互换收益利差和 AA、A、BBB 信用等级的收益利差相关性轨迹**

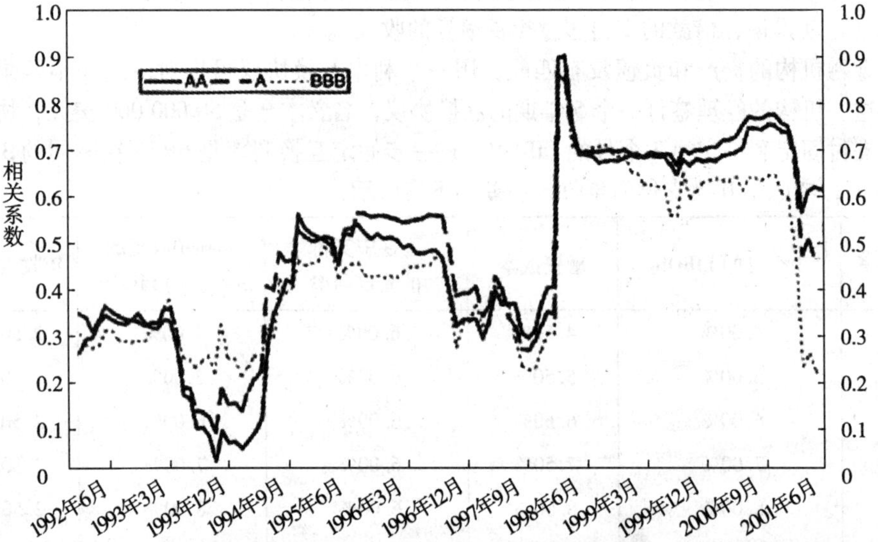

资料来源：Lehman Brothers Fixed Income Research, *Global Fixed Income Strategy* "*Playbook*" January 2002.

图表 4—9　　**德国、日本、英国和美国 2001 年 1 月和 12 月的互换收益利差曲线**

	德国				日本				英国				美国			
	2 年	5 年	10 年	30 年	2 年	5 年	10 年	30 年	2 年	5 年	10 年	30 年	2 年	5 年	10 年	30 年
2001 年 1 月	23	40	54	45	8	10	14	29	40	64	83	91	63	82	81	73
2001 年 12 月	22	28	28	14	3	(2)	(1)	8	36	45	52	42	46	76	77	72

资料来源：Lehman Brothers Fixed Income Research, *Global Fixed Income Strategy* "*Playbook*," January 2002.

图表 4—10　　美国和德国 5 年期互换的日收益利差：2001 年

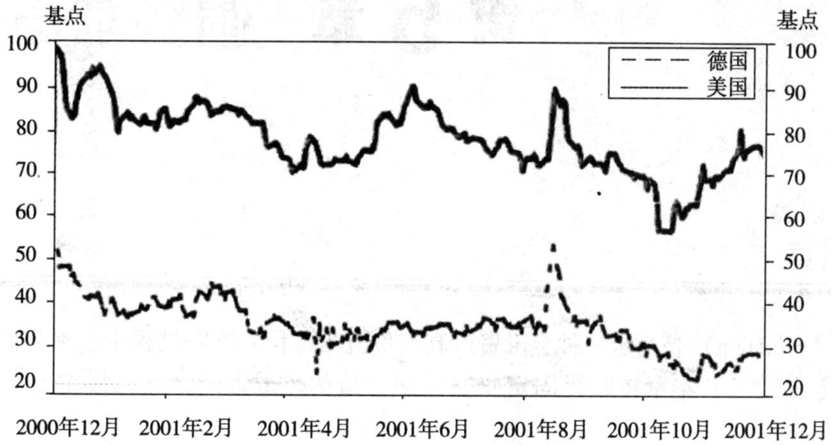

资料来源：Lehman Brothers Fixed Income *Research, Global Fixed Income Strategy* “*Playbook*,” January 2002.

互换收益利差基本上反映了公司债券市场上的信用利差①。有研究表明，在固定收入市场的各板块中互换收益利差和信用收益利差之间有很高的相关性。这一点可以从图表 4—8 看到，它显示了 1992 年 6 月到 2001 年 12 月互换收益利差和 AA、A、BBB 信用等级的收益利差相关性轨迹。从图表中可知，它与 AA 等级的信用收益利差有高度的相关性。

4.6.4　互换收益利差曲线

互换收益利差曲线（swap spread curve）反映了互换利率和互换期限之间的关系。我们可以获得每个国家的互换收益利差曲线。互换收益利差是加在相应国家的与互换协议具有相同到期日的政府债券收益率上的利率额。图表 4—9 显示了德国、日本、英国和美国 2001 年 1 月和 12 月的互换收益利差曲线，这些互换收益利差一起变化。例如，图表 4—10 显示了美国和德国从 2000 年 1 月到 2001 年 12 月 5 年期互换的日收益利差。

① 我们说“基本上”是因为还有一些技术性因素影响了互换收益利差。

第5章 债务证券估值

5.1 引言

估值（valuation）是确定一种金融资产真实价值的过程。这一过程也被称为对金融资产“估值”或“定价”。本章将解释固定收益证券估值的一般原则，且只讨论无期权债券的估值。

5.2 估值的一般原则

金融资产估值的基本原则是其价值要等于预期现金流量的现值。除了金融资产外，这一原则对其他资产也适用。因此，金融资产的估值包括如下三个步骤：

第一步：估计预期的现金流量。

第二步：确定一种或几种适宜的利率用于现金流量折现。

第三步：用第一步中的预期现金流量和第二步中的利率计算预期现金流量现值。

5.2.1 估计现金流量

简单地说，现金流量就是预期从投资中将来能收到的现金。对于固定收入证券来说，现金流量是利息收入还是本金偿付并没有差别。证券的现金流量是每一期现金收入的总和。即使不考虑违约风险，很少有固定收入证券的现金流量能被轻易预测。不可赎回的美国国库券有确定的现金流量。对国库券来说，其现金流量是到期日之前包括到期日收到的每6个月支付一次的利息和到期日支付的本金。

有时，投资者会发现当他们购买固定收益证券时，下列三种情况使估计现金流量非常困难。

（1）发行者或投资者有权改变合同约定的本金偿付日；

（2）利息支付定期地按以某一种或某几种参考利率、价格或汇率为基础的公式来重新调整；

（3）投资者可以选择将证券转换或交换为普通股股票。

符合情况1的例子有可赎回债券、可回售债券、抵押贷款支持证券和资产支持证券。情况2的例子有浮动利率证券。可转换债券和可交换债券则是情况3的例证。

对于符合情况1的债券，未来的利率变动是决定是否执行期权的关键因素。尤其是，如果利率下降到足够低，发行者可以以更低的利率发行新债券，并用这些收入来支付（或赎回）原有的有较高票面利率的债券（假设利息节省比重新筹资的成本大）。同样，对于一项贷款，如果利率下降到足够低以至于节约的利息比重新筹资的成本大，借款者就有动力重新融资。对于可回售债券，如果利率上升足够高而使市场价格低于出售价格，投资者将出售这一债券。

以上也就是说为了恰当地估计固定收入证券的现金流量，有必要考虑未来利率和其他影响隐含期权的因素的变动如何影响现金流量。

5.2.2 确定合适的利率

一旦固定收入证券的现金流量被估计出来，下一步就是确定将它们折现的合适的利率。正如前一章所述，我们将交替使用利率和收益率两个术语。投资者所要求的最低利率是在市场上无违约风险的现金流量可得到的收益率。在美国，这一收益率就是国库券的收益率。这就是国债市场被密切注视的原因之一。美国投资者要求的最低利率是多少？此时，可以假定就是与被估值证券期限相同的在流通的国债证券的收益率。① 接下来，我们将对它简要介绍。

对于不是由美国政府发行的证券，投资者将在流通的国债的基础上要求一个收益率溢价。这一溢价反映了投资者所接受的额外风险。

对每一估计的现金流量，可用相同的利率来计算现值。但是，由于每一现金流量都不一样，更合适的办法是用与每一现金流量的到期日对应的利率来对其估值。在传统的方法中使用单一的利率。在第5.4节将看到恰当的估值方法，即用不同的与特定现金流量对应的利率来估值，同时也将说明为什么要这样做。

5.2.3 对预期现金流量折现

给定预期现金流量和用于折现的利率，估值过程的最后一步就是对现金流量估值。

未来收到的一笔现金流量的价值是为了获得它而现在必须投资的资金数量，所得到的价值被称为现金流量的现值（present value）（也称为贴现值（discounted value））。现值取决于以下两个因素：（1）现金流量收到的时间；（2）用于计算现值的利率。这一利率被称为贴现率（discount rate）。

首先，计算每一期预期现金流量的现值。然后，为了确定证券的价值，计算总的现值和（即该证券的所有预期现金流量的现值之和）。

如果贴现率 i 适用于现在的任意金额投资，从现在起 T 年后收到的现金流量的现值为：

现值 = 第 T 期预期现金流量/ $(1+i)^T$

金融资产的价值也就是所有预期现金流量的现值之和。也就是，假定有 N 个预期现金流量：

价值 = 现值 1 + 现值 2 + … + 现值 N

为了说明现值计算公式，考虑一个 4 年到期的债券，票面利率是 10%，到期价值是 100 美元。为了简化，假定每年支付一次利息，折现率为 8%。这一债券的现金流量如下：

年份	现金流量（美元）
1	10
2	10
3	10
4	110

① 正如第3章所提到的，新发行的国库券是最近一次拍卖的国库券。

每一现金流量的现值为：

第 1 年：$现值_1 = 10/1.08^1 = 9.2593$（美元）

第 2 年：$现值_2 = 10/1.08^2 = 8.5734$（美元）

第 3 年：$现值_3 = 10/1.08^3 = 7.9383$（美元）

第 4 年：$现值_4 = 110/1.08^4 = 80.8533$（美元）

所以，这一证券的现值是以上 4 个现金流量的现值之和为 106.6243 美元。

1. 现值的性质

从上面的描述中可以看到现值的一个重要性质：对前 3 年，现金流量和折现率都相同。随着时间的流逝，现值越来越小。这是现值的一个重要性质：对于一个给定的贴现率，收到现金流量的时间越迟，其现值就越小。这可以从现值公式中看出，随着 T 的增加，现值减小。

假如贴现率不是 8%，适用于每期现金流量的贴现率是 12%。那么，每期现金流量的现值就是：

第 1 年：$现值_1 = 10/1.12^1 = 8.9286$（美元）

第 2 年：$现值_2 = 10/1.12^2 = 7.9719$（美元）

第 3 年：$现值_3 = 10/1.12^3 = 7.1178$（美元）

第 4 年：$现值_4 = 110/1.12^4 = 69.9070$（美元）

这个证券的价值就是 93.9253 美元。与 8% 的贴现率相比，12% 贴现率下的证券价值更低。这就是现值的另外一个性质：贴现率越高，现值越低。因为一个证券的价值就是预期现金流量的现值，这个性质就可以推至证券的价值：贴现率越高，一个证券的价值越低。反之也是成立的，即贴现率越低，证券的价值越高。

图表 5—1 表明：对于无期权债券来说，证券价值和贴现率之间存在反向关系。图表 5—1 中曲线的形状是凸起的。凸（convex）意味着曲线是弯向原点的。就像我们将要在第 7 章中看见的，凸性或者弯曲的形状暗示着利率变化时债券的价格波动性。需要重点理解的是这种关系不是线性的。

图表 5—1 **无期权债券价格和贴现率之间关系**

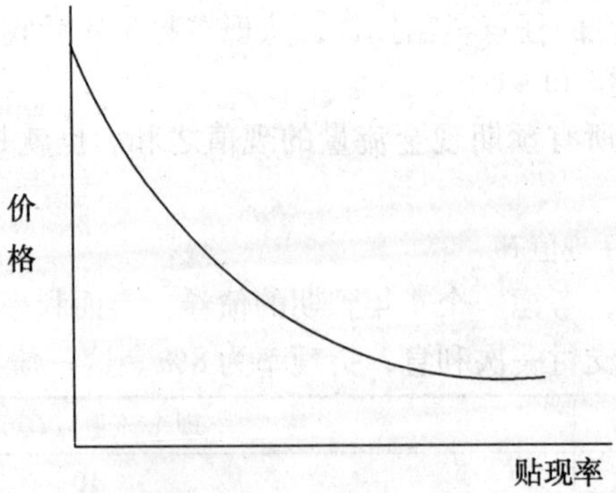

最高价格=未贴现现金流量总和

2. 票面利率、贴现率和价格相对面值的关系

在第 2 章，我们描述了债券的票面利率、要求的市场收益率和价格相对面值之间的关系（即溢价、折价或平价）。必要收益率等于上面讨论的贴现率。关系如下：

票面利率 = 市场要求的收益率，那么价格 = 面值

票面利率 < 市场要求的收益率，那么价格 < 面值（折价）

票面利率 > 市场要求的收益率，那么价格 > 面值（溢价）

既然知道了怎样为债券定价，我们就能够表明这个关系。我们假设债券的票面利率是10%。如果贴现率是8%，债券价值为106.6243美元，即价格大于面值（溢价）。这是因为票面利率（10%）大于要求的收益率（8%的贴现率）。当贴现率是12%的时候，债券价值为93.9253美元，即当票面利率小于要求的收益率的时候，债券的价值小于面值（折价）。当贴现率等于票面利率的时候，即10%，债券的价值等于面值，如下所示：

年	现金流量（美元）	10%贴现率下的现值（美元）
1	10	9.0909
2	10	8.2645
3	10	7.5131
4	110	75.1315
	总计	100.0000

3. 债券到期前的价值变化

当债券接近到期日的时候，价值发生变化。更具体地说，假设贴现率不变，债券价值如下：

（1）如果债券是以溢价方式发行的，价值随时间下降；

（2）如果债券是以折价方式发行的，价值随时间增加；

（3）如果债券是以平价方式发行的，价值不随时间变化。

在到期日，债券的价值等于面值。随着债券接近到期日，价格也趋向于面值，这个性质有时候被称为"回归面值"（pull to par value）。

为了解释债券以溢价方式发行时的状况，再次考虑4年期票面利率为10%的债券。当贴现率是8%的时候，债券价格是106.6243美元。假设1年后贴现率仍然是8%。因为债券现在可以看做一个3年期的证券，因此只剩下3期的现金流量。现金流量和现金流量的现值如下：

年	现金流量（美元）	8%贴现率下的现值（美元）
1	10	9.2593
2	10	8.5734
3	110	87.3215
	总计	105.1542

价格从106.6243美元下降到105.1542美元。

现在假设债券价格最初低于面值。例如，像上面描述的，如果贴现率是12%，4年期票面利率为10%的债券价值是93.9253美元。假设贴现率仍然是12%，1年后现金流量和现金流量的现值如下：

年	现金流量（美元）	12%贴现率下的现值（美元）
1	10	8.9286
2	10	7.9719
3	110	78.2958
	总计	95.1963

债券价值从93.9253美元上升到95.1963美元。

为了理解随着到期日的临近，债券价格是怎样变化的，考虑下面三种20年期的债券，市场要求的收益率是8%：一个溢价债券（10%票面利率），一个折价债券（6%票面利率），一个平价债券（8%票面利率）。为了简化这个例子，假设每种债券按年支付利息。图表5—2显示了假定8%的市场要求收益率不变，当到期日来临时每种债券的价格。初始价格是119.6363美元的溢价债券的价格在不断下降，直到到期日达到面值。初始价格是80.3637美元的折价债券的价格不断上升，直到到期日达到面值。

在现实中，贴现率随着时间不断变化。那么随着到期日的来临，由于贴现率和现金流量都在变化，债券的价值也在变化。例如，再次假设4年期10%票面利率债券的贴现率是8%，因此债券是以106.6243美元出售的。1年以后，假设适用于3年期票面利率为10%的债券的贴现率从8%上升到9%，那么现金流量和现金流量的现值如下所示：

年	现金流量（美元）	9%贴现率下的现值（美元）
1	10	9.1743
2	10	8.4168
3	110	84.9402
	总计	102.5313

债券的价格从106.6243美元下降到102.5313美元。如前文所示，如果贴现率不上升，那么价格仅仅下降到105.1542美元。4.0930美元的价格下降可以被分解为：

由于到期日的临近产生的价格变化（不考虑折现率变化）：	1.4701美元
由于贴现率从8%上升到9%产生的价格变化：	2.6229美元
总的价格变化：	4.0930美元

图表5—2 **到期日来临时溢价债券、折价债券和平价债券的运动** 单位：美元

三种债券的资料：

20年期，市场要求的收益率是8%

按年支付利息

溢价债券=10%票面利率，售价119.6363美元

折价债券=6%票面利率，售价80.3637美元

平价债券=8%票面利率，面值出售

假设：市场要求的收益率8%始终不变

到期年限	溢价债券	折价债券	平价债券
20	119.6363	80.3637	100.000
19	119.2072	80.7928	100.000
18	118.7438	81.2562	100.000

续表

到期年限	溢价债券	折价债券	平价债券
17	118.2433	81.7567	100.000
16	117.7027	82.2973	100.000
15	117.1190	82.8810	100.000
14	116.4885	83.5115	100.000
13	115.8076	84.1924	100.000
12	115.0722	84.9278	100.000
11	114.2779	85.7221	100.000
10	113.4202	86.5798	100.000
9	112.4938	87.5062	100.000
8	111.4933	88.5067	100.000
7	110.4127	89.5873	100.000
6	109.2458	90.7542	100.000
5	107.9854	92.0146	100.000
4	106.6243	93.3757	100.000
3	105.1542	94.8458	100.000
2	103.5665	96.4335	100.000
1	101.8519	98.1481	100.000
0	100.0000	100.0000	100.000

时间对债券价格的影响

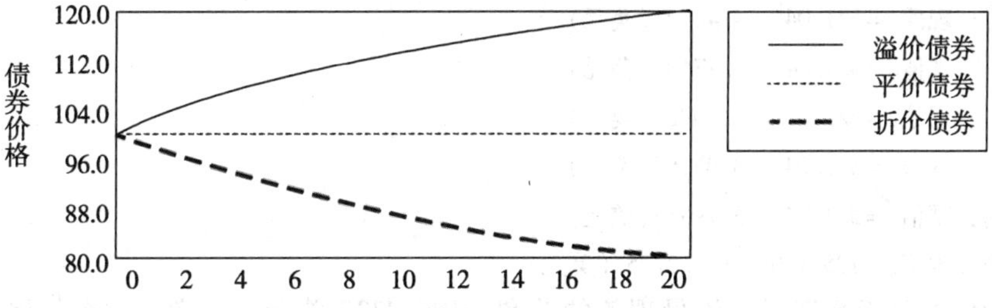

5.2.4　用多种贴现率定价

到目前为止，我们只用一个贴现率来计算每期现金流量的现值。不久会看到，为一个债券的现金流量定价的合理方法是采用与收到每期现金流量时期相对应的不同的贴现率。因此，让我们来看一下对每期现金流量采用不同贴现率时如何为一个证券定价。

假设适用的贴现率如下：

第1年　6.8%

第2年　7.2%

第3年　7.6%

第 4 年　8.0%

因此，对 4 年期利率为 10% 的债券，每期现金流量的现值是：

第 1 年：现值$_1$ = 10/1.068^1 = 9.3633（美元）

第 2 年：现值$_2$ = 10/1.072^2 = 8.7018（美元）

第 3 年：现值$_3$ = 10/1.076^3 = 8.0272（美元）

第 4 年：现值$_4$ = 110/1.080^4 = 80.8533（美元）

根据上面的一组贴现率，这个债券的现值就是 106.9456 美元。

5.2.5　半年期的现金流量定价

上面的例子假设利息是一年支付一次。对于大多数债券来说，利率是半年支付的。这不会为计算带来任何的复杂性。计算过程就是简单地通过把年利率支付额除以 2 以调整利率支付，并把年贴现率除以 2 以调整贴现率。在现值公式中的时期 t 就是按 6 个月计算的，而不是按年。

例如，再次考虑 4 年期 10% 利息率且到期价值为 100 美元的债券。前 3.5 年的现金流量是 5 美元，最后的现金流量等于最后的利息支付加上到期值。因此，最后的现金流量是 105 美元。

现在是棘手的部分。如果使用的是年贴现率是 8%，怎样得到半年的贴现率呢？简单地采用年贴现率的一半，4%。读者可能会有这样的问题：4% 半年贴现率的实际年贴现率不是 8%。这是对的。但是，在下一章会看到，债券市场的惯例是名义年利率是半年利率的 2 倍。下一章会更详细地解释，在这里不要受到此影响。现在，仅仅接受这个事实，在本章中年贴现率的一半就是半年期贴现率。

给定现金流量和半年期贴现率 4%，每期现金流量的现值是：

第 1 期：现值$_1$ = 5/1.04^1 = 4.8077（美元）

第 2 期：现值$_2$ = 5/1.04^2 = 4.6288（美元）

第 3 期：现值$_3$ = 5/1.04^3 = 4.4450（美元）

第 4 期：现值$_4$ = 5/1.04^4 = 4.2740（美元）

第 5 期：现值$_5$ = 5/1.04^5 = 4.1096（美元）

第 6 期：现值$_6$ = 5/1.04^6 = 3.9516（美元）

第 7 期：现值$_7$ = 5/1.04^7 = 3.7996（美元）

第 8 期：现值$_8$ = 105/1.04^8 = 76.7225（美元）

债券的价值等于 8 期现金流量现值的总和：106.7327 美元。注意，这个价格大于按年支付利息的价格，因为年利息的一半比按年支付提前 6 个月收到。相对于按年支付利息，按 6 个月支付利息的现值更高。

不可分期偿还债券的价值可以被分成两个部分：（1）利息支付的现值；（2）到期值的现值。对于一个固定利率的债券，利息支付代表着一种年金。当采用一个单独的贴现率的时候，可以用简单公式来计算债券的价值：计算年金的现值，然后加上到期值的现值。①

年金的现值等于：

① 注意到在前面的例证中，我们先计算出到期日前的按半年支付的利息的现值，再加上最后一期现金流量（最后一次半年利息支付加到期值）的现值。在展示如何使用简易公式时，我们是计算出所有半年利息支付的现值，再加上到期值的现值。这两种方法算出的债券价值是相等的。

$$年金支付\times\frac{1-\frac{1}{(1+i)^{期数}}}{i}$$

对于一个每年支付利息的债券，i 是年贴现率，“时期数”等于年数。

把这个公式应用到半年支付利息的债券，年金支付是年利息支付的一半，时期数就是到期年数的 2 倍。因此，利息支付的现值能够表示为：

$$半年利息支付\times\frac{1-\frac{1}{(1+i)^{期数}}}{i}$$

i 是半年的贴现率（年贴现率/2）。因为在我们的例子里一个时期是半年，所以公式中我们把年数乘以 2。

到期值的现值为：

$$到期值的现值=\frac{100}{(1+i)^{年数\times 2}}$$

为了解释这个计算，再次考虑 4 年期 10% 票面利率的债券，年贴现率为 8%，根据前面提到的原因，半年贴现率是年贴现率的一半。因此：

半年的利息支付 = 5 美元

半年的贴现率 = 4%

年数 = 4

利息支付的现值是：

$$5\times\frac{1-\frac{1}{1.04^{4\times 2}}}{0.04}=33.6637（美元）$$

为了决定价格，到期值的现值必须与利息支付的现值相加。到期值的现值是：

到期值的现值 = $100/1.04^{4\times 2}=73.0690$（美元）

债券价格是 106.7327 美元（33.6637 美元 + 73.0690 美元），这和前面计算的债券价格一致。

5.2.6　零息债券定价

对于一个零息债券，只有一期现金流量——到期值。从现在起 N 年到期的零息债券的价值是：

$$\frac{到期值}{(1+i)^{年数\times 2}}$$

i 是半年期贴现率。

可能令人惊奇的是，时期数是到期年数的 2 倍。在计算零息债券的价值时，公式分母中的期数是按 6 个月为一期计算的，基本原理是零息债券的定价应该和半年付息债券的定价一致。因此，为了在现值计算中保持一致，也必须按 6 个月为一期计算。

为了解释这个公式的应用，一个 5 年期零息债券，到期值是 100 美元，贴现率为 8% 的价值是 67.5564 美元，计算过程如下：

I = 0.04

N = 5

$100/1.04^{5\times 2}=67.5564$（美元）

5.2.7 利息支付日之间的债券的定价

对于付息债券，当我们试图对在非利息支付日的债券定价时，情况就复杂了。在这个例子中，购买者支付给出售者的金额是现金流量的现值。但是紧接着的下一次现金流量，包含下面两个部分：

- 销售者赚得的利息；
- 购买者赚得的利息。

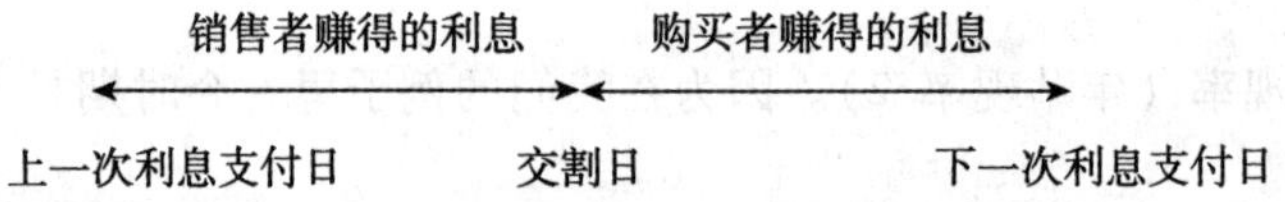

销售者赚得的利息是发生在上一次利息支付日和交割日①之间应计提②的利息，这个利息叫做应计利息（accrued interest）。在购买时，购买者必须补偿销售者的应计利息。当下次收到利息支付的时候，购买者能够收回应计利息。

当采用前面描述的现值计算法计算一个债券的价格时，应计利息包含在价格中，这个价格被称为全价（full price），市场参与者也称它为脏价（dirty price）。这是购买者支付给销售者的全部价格。为了决定债券价格，应计利息应该从全价中被减掉，有时候这就叫净价（clean price）。

下面我们显示当一个债券在利息支付日之间购买的时候，怎样修正现值公式用来计算全价。

1. 计算全价

为了计算全价，首先需要决定交割日和下一次利息支付日之间的部分日期。如下计算如下：

w 期 = 交割日和下一次利息支付日之间的天数/计息期的天数

贴现率为 i，假设第一次利息支付是从现在开始的 w 期，从现在开始的第 t 期收到的预期现金流量的现值是：

$现值_t = 预期现金流量/(1+i)^{t-1+w}$

当在利息支付日之间购买证券时用来计算现值的程序叫做“街道法”。

为了解释这个计算过程，假设有 5 个半年的利息支付，利息率仍然是 10%，同时假设：

（1）交割日和下一次利息支付日之间是 78 天；

（2）计息期是 182 天。

w 是 0.4286 期（78/182）。按照 8% 的年贴现率对每笔现金流量进行贴现，其现值分别为：

第 1 期：$现值_1=\frac{5}{1.04^{0.4286}}=4.9167$（美元）

第 2 期：$现值_2=\frac{5}{1.04^{1.4286}}=4.7276$（美元）

第 3 期：$现值_3=\frac{5}{1.04^{2.4286}}=4.5457$（美元）

① 交割日即债券交易完成日。
② 指债券持有人应得的但尚未收到的利息。

第 4 期：$现值_4 = \frac{5}{1.04^{3.4286}} = 4.3709$（美元）

第 5 期：$现值_5 = \frac{105}{1.04^{4.4286}} = 88.2583$（美元）

全价为 106.8192 美元，是现金流量现值的总和。记住，全价包括了购买者支付给销售者的应计利息。

2. 计算应计利息和净价

为了找到不带应计利息的价格，即所谓的净价或简单地说就是价格，必须计算出应计利息。为确定应计利息，首要的是确定在应计利息期内的天数。应计利息期的天数由以下公式来确定：

$$应计利息期天数 = 计息期天数 - 自交割到下一次利息支付日的天数$$

销售者得到的作为应计利息的下一个半年期利息支付的份额如下所示：

$$\frac{应计利息的天数}{计息期天数}$$

回到我们刚才计算全价的例子，由于计息期有 182 天并且从结算日到下一个利息支付期有 78 天，应计利息期的天数为 104 天（182 - 78）。因此，利息支付中应计利息所占份额为：

$$\frac{104}{182} = 0.5714 = 57.14\%$$

从 1 - w 中也可以得到同样的百分比。在我们的例子中，w 是 0.4286。因此，1 - 0.4286 = 0.5714。

给定 w 的值，应计利息（AI）的数额等于：

$$AI = 每半年支付的票息 \times (1 - w)$$

我们计算全价的例子中的利息率为 10%，每 100 美元面值债券的半年利息支付为 5 美元，w 为 0.4286，因而应计利息为：

$$5 \times (1 - 0.4286) = 2.8570（美元）$$

因而净价为：

$$全价 - 应计利息$$

在我们的例子中，净价为：①

$$106.8192 - 2.8570 = 103.9622（美元）$$

3. 应计利息天数惯例

两个日期间的天数计算的实际操作取决于债券市场的应计利息天数惯例。债券不同，计算天数的惯例也就不相同。应计利息天数惯例也可用于计算 ω 比率中分子与分母的天数。

半年支付的应计利息（AI）的计算公式如下：

$$应计利息 = \frac{每年支付的票面利息}{2} \times \frac{应计利息天数}{计息期天数}$$

在计算两个日期之间的天数时，实际的天数与用在应计利息公式中的天数并不总是一致。使用的天数取决于特定债券的应计利息天数惯例。具体来说，国库券、政府机构债券、市政债券和公司债券的应计利息天数惯例各不相同。

对附息的国库券来说，应计利息天数惯例是用于计算两个日期之间的实际天数。这叫做“实际/实际”应计利息天数惯例。例如，假设一种附息国库券，上一利息支付日为 3 月 1

---

① 注意，在计算全价时，下一期利息支付的现值也要计算出来。但是，交易时购买者要向出售者支付应计利息，虽然在下次利息支付日时购买者会收回支付的应计利息。

日，下一利息支付日为9月1日。假定这种国库券的交割日为7月17日。从7月17日（交割日）到9月1日（下一利息支付日）之间的实际天数为46天，如下所示：

7月17日到7月31日	14天
8月	31天
9月1日	1天
	46天

注意交割日（7月17日）没有计算在内。计息期的天数是3月1日到9月1日的实际天数，为184天。因此，从上一次利息支付（3月1日）到7月17日之间的天数为138天（184－46）。

对于附息的政府机构债券、市政债券和公司债券来说，应计利息天数惯例是不同的。它假定每月有30天，因而6个月为180天，1年有360天。这种应计利息天数惯例叫做"30/360"。例如，我们再回想一下购买的国库券，其交割日为7月17日，上一次利息支付日是3月1日，下一次利息支付日是9月1日。如果这种债券是政府机构债券、市政债券或公司债券，那么到下一次利息支付日的天数为44天，如下所示：

7月17日到7月31日	13天
8月	30天
9月1日	1天
	44天

注意交割日7月17日不计算在内。由于7月被看做有30天，因此还剩13天（30天减去7月开始的17天）。从3月1日到7月17日的天数是136天，它就是应计利息期的天数。

5.3 传统的估价方法

传统的估价方法是将固定收益债券的每一笔现金流量都按照同样的利率（贴现率）贴现。例如，利率为12%的附息债券、利率为8%的债券和零息债券，期限均为10年。图表5—3中显示了每一债券的现金流量。由于这三种债券的现金流量都被视为无违约风险，因此传统的方法是用相同的贴现率计算三种债券的现值，而且每一期现金流量的贴现率也相同。所使用的贴现率是从国库券收益率曲线得到的新发行国库券的收益率。例如，假定10年期新发行国库券的收益率是10%，那么就用10%对每一债券的各期现金流量贴现。

图表5—3　**三种10年期、票面价值均为100美元债券的现金流量**

每期为6个月　单位：美元

	利率		
期	12%	8%	0%
1—19	6	4	0
20	106	104	100

对于非国库券证券，其贴现率是收益率溢价或收益利差与新发行国库券的收益率相加。在传统方法中不管何时收到现金流量，该债券的收益利差都是一样的。对于10年期非国库券证券，假定适用的收益利差是90个基点，那么所有的现金流量的贴现率都是10年期新发行国库券的收益率加90个基点。

5.4 无套利估值方法

传统方法的根本缺陷是它将每一个证券视为相同的若干笔现金流量。例如，考虑 10 年期美国国库券，利息率为 8%。每 100 美元票面价值的现金流量包括 19 次半年支付的利息和最后一次 104 美元的本息支付。传统方法对每一期现金流量都采用相同的贴现率。

恰当的方式是将 10 年期利率为 8% 的国库券视为若干个零息债券，其到期值与现金流量相等，且到期日就是各期现金流量的支付日期。因此，这个债券可以被看做 20 个零息债券。这样做的原因是可以避免通过分离证券并在市场上以高于购买成本的价值出售被分离的证券以获得套利收益。后面将讨论这一原因。这一估值方法被称为无套利估值方法（arbitrage-free valuation approach）。①

通过将金融资产当作若干个零息债券，可以产生一个一致的估值框架。将金融资产当作若干个零息债券意味着任何两种债券都可以看做不同的若干个零息债券并相应估值。

图表 5—4 体现了传统方法和无套利估值法的差异，表中显示了图表 5—3 中的三种债券如何估值。传统方法下，三种债券的贴现率都是 10 年期美国国库券的收益率。在无套利估值方法下，每一现金流量的贴现率都是美国财政部发行的与现金流量时点相同的零息债券的实际利率。

图表 5—4　　传统方法和无套利估值法的比较

每期为 6 个月　　单位：美元

	贴现率		现金流量*		
期	传统方法	无套利估值法	12%	8%	0%
1	10 年期国债利率	1 期国债即期利率	6	4	0
2	10 年期国债利率	2 期国债即期利率	6	4	0
3	10 年期国债利率	3 期国债即期利率	6	4	0
4	10 年期国债利率	4 期国债即期利率	6	4	0
5	10 年期国债利率	5 期国债即期利率	6	4	0
6	10 年期国债利率	6 期国债即期利率	6	4	0
7	10 年期国债利率	7 期国债即期利率	6	4	0
8	10 年期国债利率	8 期国债即期利率	6	4	0
9	10 年期国债利率	9 期国债即期利率	6	4	0
10	10 年期国债利率	10 期国债即期利率	6	4	0
11	10 年期国债利率	11 期国债即期利率	6	4	0
12	10 年期国债利率	12 期国债即期利率	6	4	0

① 简单地说，套利就是在一个市场以某一价格买进，同时在另一市场以不同的价格卖出。套利者可以通过低价买进同时在另一市场高价卖出获得无风险收益，但是这种无风险套利机会是很少见的。如果一个资产组合可以产生的回报（预期收益）与某一资产相同，而两者价格不同，那么就存在一个不太明显的套利机会。这种套利所依据的金融基本原则是“同一价格理论”，这一原则是指特定资产无论人们是用何种方式创造出来的，其价格都是一样的。“同一价格理论”暗含着，如果一项资产的回报与一组资产综合产生的报酬相等，那么两者的价格也应该相等。

续图表

期	贴现率		现金流量*		
	传统方法	无套利估值法	12%	8%	0%
13	10年期国债利率	13期国债即期利率	6	4	0
14	10年期国债利率	14期国债即期利率	6	4	0
15	10年期国债利率	15期国债即期利率	6	4	0
16	10年期国债利率	16期国债即期利率	6	4	0
17	10年期国债利率	17期国债即期利率	6	4	0
18	10年期国债利率	18期国债即期利率	6	4	0
19	10年期国债利率	19期国债即期利率	6	4	0
20	10年期国债利率	20期国债即期利率	106	104	100

* 面值为100美元。

因此，为了采用无套利估值方法，必须确定美国财政部支付给不同到期日零息国库券的理论利率。正如以前章节所解释的，零息国库券的利率称为国债即期利率。第6章将说明如何计算国债即期利率（treasury spot rate）。这一即期利率是用来贴现相同到期日的无违约风险现金流量的利率。以即期利率贴现的债券价值称为无套利价值（arbitrage-free value）。

5.4.1 用国债即期利率估值

为了便于讨论，我们将每一到期日的国债即期利率当作是已知的。为说明如何利用国债即期利率来计算国库券的无套利价值，将利用图表5—5第四行所示的假定国债即期利率来为10年期、利率为8%的国库券估值，最后一行显示了每一期现金流量的现值。现值的总和就是国库券的无套利价值，为115.2619美元。

图表5—5 **10年期、利率为8%的国库券的无套利价值**

期	年	现金流量（美元）	即期利率（%）*	现值（美元）**
1	0.5	4	3.0000	3.9409
2	1.0	4	3.3000	3.8712
3	1.5	4	3.5053	3.7968
4	2.0	4	3.9164	3.7014
5	2.5	4	4.4376	3.5843
6	3.0	4	4.7520	3.4743
7	3.5	4	4.9622	3.3694
8	4.0	4	5.0650	3.2747
9	4.5	4	5.1701	3.1791
10	5.0	4	5.2772	3.0829
11	5.5	4	5.3864	2.9861
12	6.0	4	5.4976	2.8889
13	6.5	4	5.6108	2.7916
14	7.0	4	5.6643	2.7055

续图表

期	年	现金流量（美元）	即期利率（%）*	现值（美元）**
15	7.5	4	5.7193	2.6205
16	8.0	4	5.7755	2.5365
17	8.5	4	5.8331	2.4536
18	9.0	4	5.9584	2.3581
19	9.5	4	6.0863	2.2631
20	10.0	104	6.2169	56.3830
			总计	115.2621

*即期利率为年贴现率。

**现值计算公式为：

$$现值=\frac{现金流量}{(1+\frac{即期利率}{2})^{期}}$$

作为第二个例子，假定10年期、利率为4.8%的国库券以图表5—5中所示的国债即期利率估值，其无套利价值为90.8428美元，如图表5—6所示。

图表5—6　**10年期、利率为4.8%的国库券的无套利价值**

期	年	现金流量（美元）	即期利率（%）*	现值（美元）**
1	0.5	2.4	3.0000	2.3645
2	1.0	2.4	3.3000	2.3227
3	1.5	2.4	3.5053	2.2781
4	2.0	2.4	3.9164	2.2209
5	2.5	2.4	4.4376	2.1506
6	3.0	2.4	4.7520	2.0846
7	3.5	2.4	4.9622	2.0216
8	4.0	2.4	5.0650	1.9648
9	4.5	2.4	5.1701	1.9075
10	5.0	2.4	5.2772	1.8497
11	5.5	2.4	5.3864	1.7916
12	6.0	2.4	5.4976	1.7334
13	6.5	2.4	5.6108	1.6750
14	7.0	2.4	5.6643	1.6233
15	7.5	2.4	5.7193	1.5723
16	8.0	2.4	5.7755	1.5219
17	8.5	2.4	5.8331	1.4722
18	9.0	2.4	5.9584	1.4149
19	9.5	2.4	6.0863	1.3578
20	10.0	102.4	6.2169	55.5156
			总计	90.8430

*即期利率为年贴现率。

**现值计算公式为：

$$现值=\frac{现金流量}{(1+\frac{即期利率}{2})^{期}}$$

在下一章，我们讨论收益率的衡量。到期收益率是一种衡量方法。在这一章不讲述它如何计算，只是简单介绍结果。10 年期、利率为 4.8% 的国库券的收益率为 6.033%。注意，即期利率用来计算价格，然后价格用于推算传统的收益率衡量。重要的是，要理解有无数的即期利率曲线能产生同样的价格和同样的收益率（在下一章我们会解释这个问题）。

5.4.2 使用国债即期利率的原因

到目前为止，我们简单地认为国库券的价值应该用各期现金流量对应的国债即期利率来折现得到。但是如果市场参与者用与被估值的国债具有相同到期日的新发行国债的收益率来对证券估价，情况会怎样？（换句话说，如果参与者用附息债券而不是零息债券的收益率会怎样？）我们来看看为什么国债必须以接近其无套利价值来交易。

1. 分离和无套利定价

上述过程的关键在于国库券分离市场。正如第 3 章中解释的，交易商能够分离附息国债的现金流量，创造零息债券。这些零息债券就是所谓的国库券分离债券，可以出售给投资者。它们能以国库券即期利率出售。如果国库券的市场价格比无套利价值要低，交易商会买入国库券并进行分离，然后将国库券分离债券出售以得到比买入成本更多的收入，得到的收益就是套利收益。因为，正如将看到的，用国库券即期利率计算的价值无法产生套利收益，所以这一方法叫做“无套利法”。

为了说明这一方法，假定新发行的 10 年期国库券的收益率是 6%（第 6 章将看到图表 5—5 中的国库券即期利率曲线是根据新发行的 10 年期、利率为 6% 的国库券的收益曲线得出的）。假定利率为 8% 的 10 年期国库券以 6% 的贴现率按传统方法贴现。图表 5—7 表明所有现金流量的折现价值为 114.8775 美元。

再考虑证券的市场定价为 114.8775 美元时将会怎样。以国库券即期利率计算的价值（见图表 5—5）是 115.2621 美元，交易商会怎么做？他可以用 114.8775 美元买入这一 10 年期国库券，分离它，将国库券分离债券按图表 5—5 所示的即期利率出售。通过这种处理，交易商将得到 115.2621 美元的收入，如此产生的套利收益是 0.3846 美元（115.2621 - 114.8775）。① 发现这个套利机会后，交易商将对 10 年期、利率为 8% 的国库券抬高出价以购得证券并进行分离。但是，当国库券的市场定价是 115.2621 美元时，套利收益消失。这个价格也就是所谓的无套利价值。

为了更详细地了解套利收益的来源，看一看图表 5—8。第三列显示了如果被分离，每一现金流量可以以什么价格出售，也就是图表 5—5 中以国库券即期利率折现的现金流量现值。第四列显示如果每一现金流量按 6% 折现，交易商将以什么价格购买现金流量。这就是图表 5—7 的最后一列。从被分离的各期现金流量中获得的套利总和就是全部的套利收益。

2. 重构和无套利定价

我们已经说明了当市场价格低于无套利价值时，国库券本息分离如何迫使其市场价格趋近由无套利定价所确定的价值。很明显，当市场价格高于无套利价值时，交易商将不再分离国库券，因为从国库券分离中产生的收益比购买该债券的成本要小。

① 这个金额看起来很小，但是请注意，这只是面值 100 美元债券所获得的收益。把单位收益乘上数以千计的债券数额，你就会看到交易商的盈利潜力。

图表5—7 **利率为8%的10年期国库券的贴现价值（以6%的贴现率）**

期	年	现金流量（美元）	即期利率（%）*	现值（美元）**
1	0.5	4	6.0000	3.8835
2	1.0	4	6.0000	3.7704
3	1.5	4	6.0000	3.6606
4	2.0	4	6.0000	3.5539
5	2.5	4	6.0000	3.4504
6	3.0	4	6.0000	3.3499
7	3.5	4	6.0000	3.2524
8	4.0	4	6.0000	3.1576
9	4.5	4	6.0000	3.0657
10	5.0	4	6.0000	2.9764
11	5.5	4	6.0000	2.8897
12	6.0	4	6.0000	2.8055
13	6.5	4	6.0000	2.7238
14	7.0	4	6.0000	2.6445
15	7.5	4	6.0000	2.5674
16	8.0	4	6.0000	2.4927
17	8.5	4	6.0000	2.4201
18	9.0	4	6.0000	2.3496
19	9.5	4	6.0000	2.2811
20	10.0	104	6.0000	57.5823
			总计	114.8775

*贴现利率为年利率。

**现值计算公式为：

$$现值=\frac{现金流量}{1.03^{期}}$$

图表5—8 **10年期、利率为8%的国库券分离的套利收益** 单位：美元

期	年	售价	买价	套利收益
1	0.5	3.9409	3.8835	0.0574
2	1.0	3.8712	3.7704	0.1008
3	1.5	3.7968	3.6606	0.1363
4	2.0	3.7014	3.5539	0.1475
5	2.5	3.5843	3.4504	0.1339
6	3.0	3.4743	3.3499	0.1244
7	3.5	3.3694	3.2524	0.1170
8	4.0	3.2747	3.1576	0.1170

续图表

期	年	售价	买价	套利收益
9	4.5	3.1791	3.0657	0.1134
10	5.0	3.0829	2.9764	0.1065
11	5.5	2.9861	2.8897	0.0964
12	6.0	2.8889	2.8055	0.0834
13	6.5	2.7916	2.7238	0.0678
14	7.0	2.7055	2.6445	0.0611
15	7.5	2.6205	2.5674	0.0531
16	8.0	2.5365	2.4927	0.0439
17	8.5	2.4536	2.4201	0.0336
18	9.0	2.3581	2.3496	0.0086
19	9.5	2.2631	2.2811	-0.0181
20	10.0	56.3830	57.5823	-1.1993
		115.2621	114.8775	0.3846

当这些情况发生时，交易商将实施重构程序。① 基本上，交易商能购买一系列国库券分离债券以创造合成的（即人为创造的）附息国库券，这一国库券比相同到期日和相同利率的国库券更有价值。

为了说明这一方法，假设一个10年期、利率为4.8%的国债，其无套利价值计算如图表5—6所示，为90.8430美元。图表5—9显示的是在传统方法下全部现金流量都以6%贴现得到的价格，为91.0735美元。交易商能做的是按图表5—6所示的价格购买6个月期的国库券分离债券，同时卖空10年期、利率为4.8%、现金流量与国库券分离债券相同的国债。通过这样处理，交易商以90.8430美元的成本就能拥有10年期、利率为4.8%的国库券的现金流量，从而获得0.2305美元（91.0753 - 90.8430）的套利收益。购买的一系列国库券分离债券所产生的现金流量用于支付被卖空的国库券。事实上，在实际操作中，可以用财政部提供的重构程序来实现，这种方式更有效。

是什么迫使市场价格逼近无套利价值90.8430美元呢？交易商卖空这一国库券会导致其价格下跌。当价格下降至90.8430美元时，套利收益不再存在。

分离和重构过程能保证国库券的价格不会显著偏离其无套利价值。在其他国家，当政府允许其债券分离和重构时，这些国家政府债券也会向它们的无套利价值靠近。

① 重构的定义是提供新的债券结构，通常是把不同的部分集合成一个整体。在这里，重构是指把国库券分离债券集合起来，这样就产生一个新的附息国库券。也就是说，重构是本息分离的相反程序。

图表5—9 **10年期、利率为4.8%的国库券按照6%贴现的价格**

期	年	现金流量（美元）	即期利率（%）	现值（美元）
1	0.5	2.4	6.0000	2.3301
2	1.0	2.4	6.0000	2.2622
3	1.5	2.4	6.0000	2.1963
4	2.0	2.4	6.0000	2.1324
5	2.5	2.4	6.0000	2.0703
6	3.0	2.4	6.0000	2.0100
7	3.5	2.4	6.0000	1.9514
8	4.0	2.4	6.0000	1.8946
9	4.5	2.4	6.0000	1.8394
10	5.0	2.4	6.0000	1.7858
11	5.5	2.4	6.0000	1.7338
12	6.0	2.4	6.0000	1.6833
13	6.5	2.4	6.0000	1.6343
14	7.0	2.4	6.0000	1.5867
15	7.5	2.4	6.0000	1.5405
16	8.0	2.4	6.0000	1.4956
17	8.5	2.4	6.0000	1.4520
18	9.0	2.4	6.0000	1.4097
19	9.5	2.4	6.0000	1.3687
20	10.0	102.4	6.0000	56.6964
			总计	91.0735

5.4.3 信用利差和非国债证券的估值

国债即期利率能用于任何无违约风险债券的估值。对于非国债证券，其理论价值不容易确定。其价值由国债即期利率加上一个反映额外风险的收益利差来贴现现金流量获得。

用于贴现非国债证券现金流量的即期利率可以由国债即期利率加上一个不变的信用利差构成。例如，假定6个月期的国库券即期利率是3%，而10年期国债即期利率是6%，适用的信用利差为90个基点。这样，年即期利率3.9%被用于贴现6个月期非国债债券的现金流量，而用6.9%来贴现10年期非国债债券的现金流量（记住当贴现的是支付期为半年的现金流量时，贴现率分别为年即期利率的一半）。

这一方法的缺陷是：预期不同时期收到的现金流量的信用利差一样是没有根据的。事实上，前一章里讲到信用利差如何随到期期限延长而增加时也研究过这一问题。因此，预期信用利差可能随到期期限延长而增加，也就是存在信用利差期限结构（term structure of credit spreads）。

交易商公司经常为每一信用级别和每一市场板块估计一个信用利差期限结构。通常，信用利差随到期期限延长而增加，这是一个典型的信用利差期限结构。此外，不同的信用级别有不同的期限结构。一般来说，信用级别越低，信用利差期限结构越陡峭。

当某一给定的信用级别和市场的信用利差与国债即期利率相加时，所得到的期限结构用于估计该市场相应信用级别债券的价值。这一期限结构被称为基准即期利率曲线（benchmark spot rate curve）或者基准零息债券利率曲线（benchmark zero-coupon rate curve）。

例如，图表5—10重现了图表5—5中的国债即期利率曲线，表中也显示了用于非国债证券的假定的信用利差。这一基准即期利率曲线在倒数第二列。它用于为有相同信用级别和市场的证券估值。在图表5—10中用这一方法为假定利率为8%的10年期债券估值，其无套利价值为108.4616美元。注意这一理论价值比类似的国库券价值要小，利率为8%的10年期国库券的无套利价值是115.2621美元（见图表5—5）。

图表5—10　**利用基准即期利率曲线进行利率为8%的10年期非国债债券无套利价值的计算**

期	年	现金流量（美元）	国债即期利率（%）	信用利差（%）	基准即期利率（%）	现值（美元）
1	0.5	4	3.0000	0.20	3.2000	3.9370
2	1.0	4	3.3000	0.20	3.5000	3.8636
3	1.5	4	3.5053	0.25	3.7553	3.7829
4	2.0	4	3.9164	0.30	4.2164	3.6797
5	2.5	4	4.4376	0.35	4.7876	3.5538
6	3.0	4	4.7520	0.35	5.1020	3.4389
7	3.5	4	4.9622	0.40	5.3622	3.3237
8	4.0	4	5.0650	0.45	5.5150	3.2177
9	4.5	4	5.1701	0.45	5.6201	3.1170
10	5.0	4	5.2772	0.50	5.7772	3.0088
11	5.5	4	5.3864	0.55	5.9364	2.8995
12	6.0	4	5.4976	0.60	6.0976	2.7896
13	6.5	4	5.6108	0.65	6.2608	2.6794
14	7.0	4	5.6643	0.70	6.3643	2.5799
15	7.5	4	5.7193	0.75	6.4693	2.4813
16	8.0	4	5.7755	0.80	6.5755	2.3838
17	8.5	4	5.8331	0.85	6.6831	2.2876
18	9.0	4	5.9584	0.90	6.8584	2.1801
19	9.5	4	6.0863	0.95	7.0363	2.0737
20	10.0	104	6.2169	1.00	7.2169	51.1835
					总计	108.4616

5.5 估值模型

估值模型（valuation model）提供了证券的公允价值。到目前为止，我们展示的两种估值方法都是用于简单证券的估价。所谓的简单就是假定证券不包含嵌入期权。国库券和无期权的非国债证券可以用无套利法来估值。

更一般的估值模型可处理含嵌入期权的证券。在固定收入领域，两个常用模型是二项式模型（binomial model）和蒙特卡罗模拟模型（Monte Carlo simulation model）。前一个模型适用于可赎回债券、可回售债券、浮动利率债券和结构化债券，在这一模型中利息公式以某一利率为基础。后一种模型用于抵押贷款支持证券和某些资产支持证券。①

总的来说，这两种估值模型有五个共同特点：

（1）每一模型以新发行的国债的收益率开始，并产生国债即期利率。

（2）每一模型都对短期利率预期波动进行假定。这是一个关键的假定，因为它会大大影响证券的公允价值。

（3）在波动假定的基础上，产生利率树的不同“枝”（二项式模型中）和利率“路径”（蒙特卡罗模拟模型中）。

（4）模型根据国债市场校准。这意味着如果“新发行”的国债券用这一模型估值，将得到与市场观察一致的价格。

（5）规定有关规则以确定何时发行者将执行嵌入期权——针对可赎回和可回售债券的规则以及针对抵押贷款支持证券和某些资产支持证券的提前偿付模型。

任何一种估值模型的使用者都面临着模型风险（modeling risk），也就是因为其假定前提不正确而导致模型结果是不正确的。因此，通过改变假定对估值模型的模型风险进行重点检验很有必要。

① 这里简单地解释一下原因：抵押贷款支持证券和某些特定资产支持证券是利率路径依赖证券，因此二项式模型不能对它们估值。

第6章 收益率衡量、即期利率和远期利率

6.1 引言

通常，投资者是通过市场中报价使用的收益率和收益利差来衡量债券的相对价值。这些方法是建立在很多假设的基础上的，这将对它们精确估计债券的相对价值构成障碍。本章将解释各种收益率和收益利差衡量方法以及它们的局限性。

本章将介绍一个计算新发行国库券的即期利率的基本方法。我们还将看到名义利差衡量方法的局限性并介绍两种可以克服这些局限性的方法——无波动利差和期权调整利差（OAS）。

6.2 收益的来源

当一个投资者购买一种固定收益债券时，他会期望通过以下一种或几种来源获得现金回报：

（1）发行者的利息支付；

（2）当债券到期、被赎回或者被出售时的资本利得（或者资本损失，即负的收益）；

（3）中期现金流量收入（规定到期日之前的利息和本金支付）的再投资。

任何企图衡量收益率的方法在衡量固定收益证券的潜在收益时，都应该考虑以上所述的三种收入来源。

6.2.1 利息支付

最常见的债券收益来源就是定期利息支付。对于零息债券来说，这个收益来源是零。如果投资者折价购买债券并在到期时以全部面值收回，零息债券投资者实际上就收到一个合计利息。

6.2.2 资本利得或损失

当债券到期、被赎回或者被出售时投资者都会收到现金。如果这些收益大于购买价格，就将会产生资本利得。如果持有一个债券到期，当买价低于其面值的时候就会产生资本利得。例如，以94.17美元购买一个面值为100美元的债券，若持有至到期将会产生5.83美元（100－94.17）的资本利得。对于可赎回债券，当赎回价格高于购买价格时也会产生资本利得。例如，在前面的例子中债券是可赎回的并且之后的赎回价是100.50美元，就可以实现6.33美元（100.50－94.17）的资本利得。同样的债券如果在到期或赎回前出售，若收入超过其购买价也会产生资本利得。所以，如果假设债券在其到期前可以按103美元的价格卖出，资本利得将是8.83美元（103－94.17）。

同样，对于所有的三种结果，当收到的现金低于购买价格的时候就会产生资本损失。对于一个持有至到期债券，当买价高于其面值的时候（例如，在溢价时购买）就会产生资本损失。例如，以102.50美元购买一个面值为100美元的债券，若持有至到期将会产生2.50美元（102.50－100）的资本损失。对于可赎回债券，当赎回价格低于购买价格也会产生资本损失。例如，在我们之前的例子中的债券是可赎回的并且之后的赎回价是100.50美元，就会产生2美元（102.50－100.50）的资本损失。同样的债券如果在到期或可赎回前出售，如果卖价低于其购买价也会产生资本损失。所以，如果我们假设的债券在其到期前可以按98.50美元的价格卖出，资本利得将是4美元（102.50－98.50）。

6.2.3 再投资收益

除了零息工具这种例外情况，到期前固定收益债券产生的定期利息可以重新用来投资。分期偿还债券（例如抵押贷款支持证券和资产支持证券）产生的定期本金偿付能在最终到期前进行重新投资。在债券最终到期前将中期现金流量（利息和偿付本金）重新投资所获得的利息被称为**再投资收益**（**reinvestment income**）。

6.3 传统收益率衡量方法

在债券市场中常用的衡量收益率的方法包括当期收益率、到期收益率、赎回收益率、回售收益率、最差收益率和现金流量收益率。这些衡量方法都是用百分比来表示而不是用数值。下面，我们将解释每种方法如何计算并介绍各自的局限性。

6.3.1 当期收益率

当期收益率（current yield）表明了票面利息和债券价格之间的关系，其公式如下：

$$当期收益率=\frac{年票面利息}{价格}$$

例如，一个票面利率为7%、8年期债券的价格是94.17美元，其当期收益率为7.43%。具体计算如下：

年票面利息＝0.07×100＝7（美元）

价格＝94.17美元

$$当期收益率=\frac{7}{94.17}=0.0743\text{或者}7.43\%$$

当债券折价出售的时候当期收益率将会大于票面利率；反之，溢价出售时当期收益率将会小于票面利率。当债券以面值出售时当期收益率将等于票面利率。

当期收益率的缺点是只考虑了票面利息而没有考虑到投资者的其他收益来源，它既没有考虑当投资者折价购买债券并持有至到期时将会获得的资本利得，也没有考虑投资者溢价购买债券并持有至到期所带来的资本损失，而且也没有考虑再投资收益。

6.3.2 到期收益率

债券市场上最通常使用的方法就是**到期收益率**（**yield to maturity**）。到期收益率就是使得债券现金流量的现值等于其市场价值与应计利息之和的折现利率。要得出到期收益率，首先要决定预期现金流量，然后通过试误法找出使得债券现金流量的现值等于其市场价值加上应计利息的利率（这实际上是一个简单的内部收益率 IRR（internal rate of return）计算的特例，其中现金流量就是债券持有至到期所收到的现金）。在这一章的例子中假设利息将会在 6 个月之后支付，所以现在没有应计利息。

同样以 8 年期、票面利率为 7%、价格是 94.17 美元的债券为例。债券的现金流量是：（1）每6个月支付一次的3.50美元的利息，共16次；（2）从现在开始8年后的100美元支付。通过不同的半年期折现率计算现值如下：

半年利率	3.5%	3.6%	3.7%	3.8%	3.9%	4.0%
现值（美元）	100.00	98.80	97.62	96.45	95.30	94.17

当用 4.0% 的利率时，现金流量的现值是 94.17 美元，就是债券的价格。因此，4.0% 就是以半年为计息期的到期收益率。

债券市场的习惯是将以半年为计息期的到期收益率乘以 2 得到年利率即到期收益率。因此，上述债券的到期收益率就是8.0%（4.0% ×2）。这样通过计算半年到期收益率再乘以2计算出来的到期收益率就被称为**债券等值收益率**（**bond-equivalent yield**）。

下表就显示了债券价格、票面利率、当期收益率和到期收益率的关系：

债券售价	关系
面值	票面利率 = 当期收益率 = 到期收益率
折价	票面利率 < 当期收益率 < 到期收益率
溢价	票面利率 > 当期收益率 > 到期收益率

1. 债券等值收益率惯例

债券市场中的习惯做法就是简单地将半年收益率乘以 2 得到年收益率。如前所述，称之为债券等值收益率。一般来说，将一个半年的利率（或者半年收益率）乘以 2 来获得年收益率的方法，我们称之为**债券等值基础**（**bond-equivalent basis**）。

学习债券市场知识的学生们通常会对这种惯例产生疑问。最常见的两个问题是：第一，为什么只是简单地将半年利率乘以 2？第二，通过复利方法将半年收益率[①]折算为实际年收益率不是更为合适吗？

第一个问题的答案是，这仅仅是一种习惯做法。运用惯例通常都是非常安全的，除非没有正确地使用。事实上市场参与者都明白，收益率是在半年基础上计算出来并在需要使用时进行适当调整的。所以，如果债券等值收益率是6%，那么投资者就知道它的半年收益率是 3%。这就是说，投资者可以根据半年收益率计算实际年收益率或者其他年度指标。当投资经理把购进作为资产的证券的收益率与一项负债所要求的收益率比较时，该证券的收益率将按照与负债必要收益率一致的计算方法进行衡量。

第二个问题的答案是，计算实际年收益率肯定是最好的。但是那又怎么样？一旦发现了计算收益率的常用方法的局限性，我们经常产生疑惑的是，投资者在做出投资决定时究竟应不应该使用实际收益率或债券等值收益率。这就是说，当我们发现收益率衡量方法的主要问题后，通过半年收益率乘以 2 得到债券年等值收益率的方法只是次要问题。

所以，不要再追究这些惯例是否合理，而是要确定你能够适当地使用债券等值收益率。

① 运用复利将半年收益率换算为实际年收益率的方法是：
实际年收益率 = $(1+\text{半年收益率})^2-1$

2. 到期收益率的局限性

到期收益率不仅考虑了利息收入，还考虑了投资者在债券到期时会获得的资本利得或损失。到期收益率还考虑了现金流量的时间。*它还考虑了再投资收入，但假设票面利息能够以等于到期收益率的利率重新投资*。例如，到期收益率是8%，为了获得同等的收益率，所支付的利息就应当以8%的利率进行再投资。

接下来详细讨论这种情况。在例子中我们将以金额进行分析，首先要分清楚**未来总收入金额**（total future dollars）和**总收益金额**（total dollar return）的区别。未来总收入金额是指一个投资者期望得到的全部现金收入（包括本金的收回）；**总收益金额**是指一个投资者希望从三种收益来源（利息收入、资本利得或损失、再投资收入）中得到的回报。

假设一个投资者拥有94.17美元，并将其存入一份8年期的存单。假设银行按4%的利率每6个月支付一次利息，这就是说按照计算债券等值年收益率的方法，银行利息的年利率是8%（4%×2）。这样在8年后收回的本金和得到的利息就是预期总收入。按照计算未来总收入金额的标准公式我们可以得出未来总收入金额如下：

$94.17 \times 1.04^{16} = 176.38$（美元）

所以，当投资者以债券等值基础的8%的收益率投资8年期的债券94.17美元，并每半年支付利息，投资者将会得到176.38美元。分解这个总收入我们将看到：

未来总收入金额＝176.38美元

归还本金＝94.17美元

该存单的总回报＝82.21美元

因此，任何一个以债券等值基础的8%收益率进行投资的8年期94.17美元的债券，将会获得的未来总收入金额都是176.38美元，或者等同于从所有来源中得到82.21美元收益。换言之，我们看看该债券的三种收益来源，下面的等式是成立的：

利息＋资本利得＋再投资收益＝总收益

＝存单的总回报

＝82.21美元

现在，用票面利率为7%的8年期债券代替存单。三种收益的来源是票面利息、资本利得或损失，以及再投资收入。假设债券的价格是94.17美元。这个债券的到期收益率是8%（债券等值年收益率）。可以注意到这是一种和银行存单一样的投资——银行在8年内按债券等值基础上的8%的利率每半年支付一次利息。因此，该债券的投资者应预期收到怎样的未来总收入金额呢？如前所述，一项94.17美元的投资将会产生176.38美元，即它的收益率是8%，或者等同于产生的总收益是82.21美元。让我们来看看实际上产生的收入到底有哪些。

每6个月产生的票面利息是3.5美元，所以收入中利息收入是16个半年的利息，即56美元。当债券到期时，会产生资本利得5.83美元（100－94.17）。因此，根据这两种收益来源我们可以看到：

票面利息＝56美元

资本利得＝5.83美元

未来总收益（除去再投资收益）＝61.83美元

这里有一个问题出现了，只产生了61.83美元的收益，而不是8%收益率的债券应该产生的82.21美元的收益。这样就有了20.38美元（82.21－61.83）的收益短缺。这个短缺是如何产生的呢？

回忆一下存单的例子，银行重新投资了本金和利息，并每半年支付4%的利息或者等值的8%的年利息。相对比之下，对于债券来说，投资者必须将利息再投资直到债券到期。这就是20.38美元的收益短缺的来源。但是，当收益率为多少的时候才能使得债券产生这20.38美元的收益呢？答案就是：到期收益率。[①] 这就是说，如果把每半年的3.5美元的利息按照4%的半年收益率（到期收益率的一半）再投资就可以产生20.38美元的收益。如果从获得债券到债券到期的期间t内（我们的例子是16个期间）半年利率是4%，那么3.5美元的利息收入获得的再投资收益是：

$3.5 \times 1.04^{16-t} - 3.5$

第一个利息收入（t=1）能被投资于接下来的15个期间。根据公式我们可以看到第一个利息收入获得的再投资收益是：

$3.5 \times 1.04^{16-1} - 3.5 = 2.8$（美元）

同样，所有的利息收入的再投资收益如下表所示：

期间	投资期数	利息（美元）	再投资收益（美元）
1	15	3.5	2.80
2	14	3.5	2.56
3	13	3.5	2.33
4	12	3.5	2.10
5	11	3.5	1.89
6	10	3.5	1.68
7	9	3.5	1.48
8	8	3.5	1.29
9	7	3.5	1.11
10	6	3.5	0.93
11	5	3.5	0.76
12	4	3.5	0.59
13	3	3.5	0.44
14	2	3.5	0.29
15	1	3.5	0.14
16	0	3.5	0.00
		合计	20.39

总的再投资收益是20.39美元（经四舍五入调整后不等于20.38美元）。

所以，半年利率为4%（等值基础上的到期收益率的一半）的债券的再投资收益是20.38美元，总收益是：

① 这个可以通过年金终值来证实。年金终值的计算公式如下：

年金终值系数 $= \left[\frac{(1+i)^n - 1}{i}\right]$

其中，i是利率；n是年限。

在例子中，i=4%，n=16，年金是每半年的利息=3.5美元。因此，利息的年金终值就是：

$3.5 \times \left[\frac{(1.04)^{16} - 1}{0.04}\right] = 76.38$（美元）

因为支付的利息是56美元，所以再投资的收入就是20.38美元（76.38−56）。这就是我们的例子中收益的缺口。

利息收入	=56.00 美元
资本利得	=5.83 美元
再投资收益	=20.38 美元
总收益金额	=82.21 美元

上述讨论运用了银行存单的投资方法说明了一个半年付息一次、本金为94.17美元的8年期投资要获得多少未来总收入才能达到8%的收益率。而且，这个规则适用于所有类型的投资，不仅限于存单。例如，投资者可以购买一份价格为94.17美元、收益率为8%的债务工具且每半年收到一次利息，那么，投资者应该将收益表示如下：

应收到的未来总收入金额=176.38 美元

应收到的总收益金额=82.21 美元

用美元金额（或者英镑、日元，或是其他货币）来表述是很重要的，因为“收益率衡量”通常很容易被人误解。

再投资收益是总收益金额中很重要的一部分。在例子中，总收益金额是82.21美元，而再投资收入弥补的收益短缺是20.38美元，这就是说再投资收益占到总收益的25%。

它占了如此大的比例，我们应该用其他债券再来分析一次。假设按面值（100美元）购买了一个15年期、票面利率为8%的债券。这个债券的收益率很好确定，因为它是以面值购买的，收益率就等于票面利率8%。下面将它转化为实际的金额。如果投资者投资于这个100美元的15年期、收益率为8%的债券，并每半年获得一次利息，那么未来总收入金额是：

$100\times1.04^{30}=324.34$（美元）

分解未来总收入金额可以看到：

未来总收入金额=324.34 美元

收回的本金=100 美元

总收益金额=224.34 美元

除去再投资收入，总收益金额是：

利息收入	=120 美元
资本利得	=0
除去再投资收益的收益金额	=120 美元

注意到资本利得是0，因为债券是以面值购买的。

因此，收益的短缺金额是104.34美元（224.34－120）。如果利息能够以8%的收益率重新投资（即购买债券时的收益率），那么这个短缺能够得到弥补。对于这个债券，再投资收益金额占符合8%收益率的债券总收益金额的46.5%（104.34美元/224.34美元）。①

显然，当下面两个假设成立时，投资者将会实现购买时的到期收益率：

假设1：利息能够以到期收益率再投资。

假设2：债券将会被持有至到期。

在第一个假设下，投资者面临的风险是未来的利率可能会低于购买时的到期收益率，这就是**再投资风险**（reinvestment risk）。如果债券没有持有至到期，投资者面临的风险就是他有可能以低于购买价的价格将债券出售，那么得到的收益率就会低于到期收益率，这就是**利**

① 间隔半年的30笔4美元年金的终值 $=4.00\left[\frac{(1.04)^{30}-1}{0.04}\right]=224.34$（美元）

因为利息收入是120美元，资本利得是0，再投资收入是104.34美元。这个金额就是我们例子中产生的收益短缺的金额。

率风险（interest rate risk）。

3. 影响再投资风险的因素

债券有两个特点将会影响再投资风险的程度。

特点1：对于一个给定的到期收益率和非零票面利率债券，到期时间越长，债券的总收益金额要达到购买时的到期收益率就越依赖再投资收益。

这就暗示了对于长期附息债券的到期收益率几乎不能说明如果持有长期附息债券至到期的潜在收益。对于长期债券，在高利率的水平下，再投资收益的影响因素可能达到债券收益的70%以上。

特点2：对于附息债券，给定了到期时间和到期收益率，票面利率越高，债券的总收益就越依赖于债券利息的再投资，以达到在购买时的到期收益率。

这就意味着当持有至到期且到期收益率固定时，溢价债券比平价债券更依赖再投资收益。这是因为当持有至到期时，再投资收益要用来弥补由于溢价摊销带来的资本损失。反过来，折价出售债券对再投资收益的依赖性弱于平价出售债券，因为一部分收益是来自债券持有至到期由于折价所带来的资本利得。对于零息债券，由于没有再投资收益，所以将零息债券持有至到期是没有再投资风险的。

图表6—1显示了不同票面利率和到期期限的债券的总收益金额依赖于再投资收益的情况。

图表6—1　　**产生8%收益率的债券再投资收益占总收益金额的百分比**

	剩余到期时间（年）				
	2	3	4	5	6
票面利率为7%的债券					
价格	98.19	97.38	95.94	94.17	91.35
百分比	5.2%	8.6%	15.2%	24.8%	44.5%
票面利率为8%的债券					
价格	100.00	100.00	100.00	100.00	100.00
百分比	5.8%	9.5%	16.7%	26.7%	46.5%
票面利率为12%的债券					
价格	107.26	110.48	116.22	122.30	134.58
百分比	8.1%	12.9%	21.6%	31.0%	51.8%

4. 半年付息债券和按年付息债券的比较

在收益计算中，我们已经研究了半年付息的债券。一些非美国债券有可能是按年支付利息，例如欧洲的许多政府债券和欧洲债券。在这种情况下，就需要直观地比较一下固定利率美国债券和按年支付利息的固定利率非美国债券的到期收益率。

按年支付利息的债券的到期收益率给定，其债券等值收益率计算如下：

$$\text{按年支付债券的等值收益率} = 2 \times [(1 + \text{按年支付债券的收益率})^{0.5} - 1]$$

方括号中的式子表示在复利计息规则下，按年付息债券的收益率所产生的半年收益率，把这个收益率乘以2就得到债券等值收益率。

例如，按年支付债券的到期收益率是6%，那么债券等值收益率就是：

$2\times(1.06^{0.5}-1)\times100\%=5.91\%$

注意债券等值收益率一定低于年支付债券的到期收益率。

将一个美国债券的债券等值收益率转换为按年支付为基础的收益率，这样债券收益率就可以被看做是按年付息的债券收益率。我们可以运用下面的公式：

$$按年付息的收益率=\left[\left(1+\frac{债券等同收益率}{2}\right)^2-1\right]$$

通过将债券等值收益率除以2可以计算出半年的收益率，半年收益率经过复利后得到按年支付的收益率。

例如，若美国债券的年等值收益率是6%，则按年支付的到期收益率就是：

$(1.03^2-1)\times100\%=6.09\%$

由于经过复利计算，按年支付的收益率总是大于债券等值收益率。

6.3.3　赎回收益率

如果债券是可赎回的，就可以像计算到期收益率一样计算出一个赎回收益率。一个可赎回债券应该有一个赎回计划表。① 赎回收益率假设发行者将会在某个赎回日以赎回计划表上的价格将债券赎回。典型的做法是投资者计算**首次赎回收益率**（yield to first call）或者**下一次赎回收益率**（yield to next call）、首次以面值赎回收益率和换新赎回收益率。首次赎回收益率用于计算当前不可赎回的债券，而下一次赎回收益率用于计算当前可赎回的债券。

换新赎回收益率（yield to refunding）用于计算当前可赎回，但是赎回的资金来源有严格限制的债券。也就是说，如果一种债券发行时包含一些换新保护条款，在一定时期内，发行者不能用发行其他资金成本低的债券取得的资金来赎回该债券。因此，如果利率下降而债券发行者不能取得更低成本的资金来偿还债券，债券持有者就获得了某种保护。必须强调的是，在换新保护期内发行者可以利用其他资金来源（例如库存现金）赎回债券。换新日期就是债券可以用低成本债务赎回的第一天。

计算赎回收益率的方法和计算到期收益率的方法相同，即确定能够使得预期现金流量的现值等于价格与应计利息之和的利率。在计算首次赎回收益率的时候，预期现金流量就是首次赎回日前支付的票面利息加上赎回价格。对于**首次以面值赎回收益率**（yield to first par call），预期现金流量是发行者首次能以面值赎回债券前支付的票面利息和面值。对于换新赎回收益率，预期现金流量就是首次换新日前支付的票面利息和赎回价格。

为了说明上述计算过程，以8年期、利率为7%、到期价格为100美元的债券为例，该债券的售价为106.36美元。假设首次赎回日期是从现在起3年后，赎回价格是103美元。如果该债券在3年后被赎回，则现金流量是：（1）6次每半年支付的3.5美元的利息；（2）3年后支付的103美元。

图表6—2中显示了几个半年利率的现值，因为2.8%的半年利率使得现金流量的现值等于价格，所以2.8%就是首次赎回收益率。因此，债券等值的年首次赎回收益率就是5.6%。

对于8年期、利率为7%的可赎回债券，假设首次以面值赎回日期是5年后，那么首次赎回现金流量就是：（1）10次每6个月支付一次的3.5美元的利息；（2）5年后支付的100美元。首次以面值赎回收益率是5.53%。让我们来验证一下。半年的收益率是2.765%

① 赎回计划表显示了发行商在债券被赎回时应该支付的价格。第1章中已经展示了一个赎回计划表。

图表 6—2 8 年期、利率为 7%、到期价格为 100 美元的债券的赎回收益率。首次赎回日期是第 3 年末，赎回价格是 103 美元

年利率（%）	半年利率（%）	6 次支付 3.5 美元的现值（美元）	103 美元现值（美元）	现金流量现值（美元）
5.0	2.5	19.28	88.82	108.10
5.2	2.6	19.21	88.30	107.51
5.4	2.7	19.15	87.78	106.93
5.6	2.8	19.09	87.27	106.36

（5.53% 的一半），10 次 3.5 美元的半年期利息用 2.765% 的利率折现后就是 30.22 美元，5 年后（10 个半年期）100 美元（以面值赎回）的现值就是 76.13 美元，现金流量的现值就是 106.35 美元（30.22 + 76.13）。因为债券的价格是 106.36 美元，而运用 5.53% 的收益率计算出来的价格和它只相差 1 美分，可以认为 5.53% 就是首次以面值赎回收益率。

让我们更仔细地研究一下赎回收益率，可以把它看做一个衡量有价债券的潜在收益的方法。赎回收益率考虑了持有债券的所有三种潜在收益的来源。然而，与到期收益率一样，赎回收益率假设在预期赎回日之前，所有现金流量都可以按赎回收益率进行再投资。正如我们所述的，这种假设显然不太合适。此外，赎回收益率假设：

（1）投资者将会将债券持有至赎回日；

（2）发行商将在赎回日将债券赎回。

赎回收益率背后的假设是不现实的，而且，比较赎回收益率和到期收益率是毫无意义的，因为在假设的赎回日现金流量就停止了。例如，有两个债券 M 和 N，假设 M 是 5 年期不可赎回债券，其到期收益率是 7.5%；N 将在 3 年后被赎回，赎回收益率是 7.8%。在 5 年内哪种债券对于投资者将是较好的选择？从所给的收益率中不能得出答案。如果投资者打算持有债券 5 年而发行商在 3 年后就将债券 N 赎回，那么 5 年后的总收益金额就取决于赎回日至投资期终点之间投资产生的收益是多少。

6.3.4 回售收益率

若一个债券是可回售的，首次回售日的收益率是可以计算的。回售收益率是使得到首次回售日为止的现金流量的现值等于价格加上应计利息。和所有的收益率计算方法一样（当期收益率除外），回售收益率假设中间支付的票面利息都以计算出的回售收益率进行再投资。此外，回售收益率还假设债券将在首个可回售日被回售。

例如，假设一个 8 年期、利率为 6.2% 的债券可以在 3 年后以面值回售，该债券的价格是 102.9 美元。如果债券在 3 年后回售，那么现金流量就是：（1）6 次每半年支付的 3.10 美元的利息；（2）3 年后的 100 美元的回售价格。使得现金流量现值等于价格 102.19 美元的半年期利率是 2.7%，因此，2.7% 就是半年期回售收益率，5.4% 就是债券等值的年回售收益率。

6.3.5 最差收益率

对于任何一个可能的赎回日或者回售日都可以计算收益率。除此之外，还可以计算到期收益率。这些收益率中最低的一个就称为**最差收益率**（**yield to worst**）。假设一个可赎回债券只有 4 个可赎回日期，而且在每个可能的赎回日其赎回收益率是 6%、6.2%、5.8% 和 5.7%，到期收益率是 7.5%，那么最差收益率就是当中最小的 5.7%。

对于计算潜在收益，最差收益率没有任何意义，它只是告诉投资者持有债券的可能的最

差收益。正如之前所述的任何一种收益率计算方法，它不能确定投资期间的潜在收益率。此外，最差收益率没有认识到在用于确定最差收益率的不同收益率计算方法下，再投资风险也不同。

6.3.6 现金流量收益率

抵押贷款支持证券和资产支持证券都受到一组贷款或应收账款集合体的支持，这些有价证券的现金流量包括本金和利息。复杂性在于个人借款者的贷款在预定本金归还日之前能够部分或全部提前偿付。因为存在提前偿付本金，为了预测现金流量就必须估计可能发生本金提前偿付的比率，这个比率就叫做**提前偿付率**（**prepayment rate**）或者**提前偿付速度**（**prepayment speed**）。

给定基于假设的提前偿付率的现金流量之后，就能够计算出收益率，收益率是能使预计现金流量的现值等于价格加上应计利息的利率。计算出来的收益率通常被称为现金流量收益率（cash flow yield）。[1]

1. 债券等值收益率

通常，抵押贷款支持证券和资产支持证券每个月都有现金流入。因此，使得预计本利和的现值等于市场价格加上应计利息的利率也是以月利率来表示的。月利率通过以下计算转化为年利率。

首先，通过复利计算将月利率转换为半年实际收益率：

$$半年实际收益率 = (1 + 月收益率)^6 - 1$$

接下来，按债券等值年收益率的折算法，将半年实际收益率增加一倍就变成了年现金流量收益率：

$$\begin{aligned} 现金流量收益率 &= 2 \times 半年实际收益率 \\ &= 2 \times [(1 + 月收益率)^6 - 1] \end{aligned}$$

如果月收益率是0.5%，那么：

$$债券等值基础上的现金流量收益率 = 2 \times (1.005^6 - 1) \times 100\% = 6.08\%$$

现金流量收益率的计算看起来可能很奇怪，因为它首先要根据给出的月收益率计算半年实际收益率，然后乘以2。这只是市场上的一个惯例。当然，学习债券市场知识的学生仍会像对待到期收益率一样提出两个问题：为什么要这么做？直接用月收益率转化为年收益率不是更好吗？答案和之前回答关于到期收益率的类似问题是一样的。此外，接下来将会看到，这是在运用现金流量收益率衡量抵押贷款支持证券和资产支持证券的回报水平的过程中遇到的最微不足道的问题。

2. 现金流量收益率的不足

如前所述，衡量债券的潜在收益时，到期收益率有两个缺点：（1）它假设了债券利息能够以等于到期收益率的收益率再投资；（2）假设债券能够持有至到期。这些缺点同样也存在于现金流量收益率的计算中：（1）假设预期现金流量按照现金流量收益率再投资；（2）在有提前偿付假设的情况下，抵押贷款支持证券和资产支持证券都被假设持有至所有贷款都还清为止。再投资风险，即现金流量将以低于现金流量收益率的收益率再投资产生的风险，其意义对于抵押贷款支持证券和资产支持证券非常重要，因为通常本金（计划和提前偿付

---

① 相较于现金流量收益率，一些公司例如Prudential Securities更喜欢用到期收益率。

的）和利息是按月偿付的。此外，现金流量收益率还依赖于根据提前偿付率预测的现金流量能否实现。如果实际提前偿付率与假设的提前偿付率差别很大，现金流量收益率就不能实现。

6.3.7 浮动利率债券利差的估测

浮动利率债券的票面利率随着参考利率（如 LIBOR 或者国库券利率）进行周期性变化。因为未来的参考利率水平未知，所以不可能确定其现金流量，这就意味着无法计算到期收益率，但可估测其“利差”（即高于参考利率的差额）。

通常，可用几种利差进行浮动利率债券的估价，其中，存续期利差（spread for life）和折现利差（discount margin）是两种常用的利差[①]。

1. 存续期利差

当浮动利率债券以溢价或者折价出售时，投资者将该溢价或折价部分视为收益额的额外来源。存续期利差（或者叫做简单利差（simple margin））是浮动利率债券剩余期限内折价或溢价摊销收益率和固定报价利差之和。计算公式如下：

$$\text{存续利差} = \left[\frac{100 \times (100 - \text{价格})}{\text{到期期限}} + \text{报价利差}\right] \times \frac{100}{\text{价格}}$$

其中：价格为 100 美元面值的市价；到期期限为至到期日的年限；报价利差为在利率重置公式中报价利差的基点。

例如，假设浮动利率证券报价利差为 80 个基点，以 99.3098 美元卖出，6 年到期。那么：

价格 = 99.3098 美元

到期期限 = 6 年

报价利差 = 80 个基点

$$\text{存续期利差} = \left[\frac{100 \times (100 - 99.3098)}{6} + 80\right] \times \left(\frac{100}{99.3098}\right)$$

$$= 92.14 \text{ 个基点}$$

存续期利差的局限性在于它只考虑了剩余到期时间内折价或溢价摊销收益，并没有考虑货币的时间价值。

2. 折现利差

折现利差是用来估测投资者在债券存续期内预期收到的高于参考利率的平均利差。计算步骤如下：

步骤一：假设参考利率在整个债券期间内保持不变，确定现金流量。

步骤二：选择一个利差。

步骤三：用当前的参考利率加上步骤二选择的利差作为折现率折算步骤一中的现金流量。

步骤四：把步骤三中计算的现金流量的现值与价格加上应计利息之和作比较，如果现值等于价格加上应计利息，贴现利差就是步骤二中假设的价差；如果现值不等于有价证券的价格加上利息，回到步骤二试用其他利差。

对于一个以面值出售的有价证券，贴现利差就是利息重置公式里的报价

① 对其他传统衡量方法的讨论，见 Frank J. Fabozzi 和 Steven V. Mann 所著的 *Floating Rate Securities*（New Hope，PA；Frank J. Fabozzi Associates，2000）一书的第 3 章。

价差。

为了解释这个计算过程，假设一份6年期浮动利率债券以99.3098美元的价格出售，其利率是6个月的伦敦银行同业拆借利率加上80个基点，票面利率每6个月重新计算一次。假设当前参考利率是10%。

图表6—3中显示了该证券的贴现利差的计算。第二栏显示了6个月的LIBOR的当前值，第三栏列出了证券的现金流量，前11期的现金流量等于6个月期LIBOR当前值的一半（5%）加上半年报价价差40个基点再乘以100美元。在到期日（即第12期），现金流量就是5.4美元加上到期价格100美元。最后五栏上面显示了假设的报价价差，假设价差下面显示了现金流量的现值。最后一行给出了现金流量的总现值。

图表6—3　　**计算浮动利率有价证券的贴现利差**

浮动利率有价证券：

到期时间＝6年

价格＝99.3098美元

票面利率公式＝伦敦银行同业拆借利率＋80个基点

每6个月重置一次

			基于报价价差的现值（美元）				
时期	LIBOR（%）	现金流量（美元）	80bp	84bp	88bp	96bp	100bp
1	10	5.4	5.1233	5.1224	5.1214	5.1195	5.185
2	10	5.4	4.8609	4.8590	4.8572	4.8535	4.8516
3	10	5.4	4.6118	4.6092	4.6066	4.6013	4.5987
4	10	5.4	4.3755	4.3722	4.3689	4.3623	4.3590
5	10	5.4	4.1514	4.1474	4.1435	4.1356	4.1317
6	10	5.4	3.9387	3.9342	3.9297	3.9208	3.9163
7	10	5.4	3.7369	3.7319	3.7270	3.7171	3.7122
8	10	5.4	3.5454	3.5401	3.5347	3.5240	3.5186
9	10	5.4	3.3638	3.3580	3.3523	3.3409	3.3352
10	10	5.4	3.1914	3.1854	3.1794	3.1673	3.1613
11	10	5.4	3.0279	3.0216	3.0153	3.0028	2.9965
12	10	105.4	56.0729	55.9454	55.8182	55.5647	55.4385
		现值	100.0000	99.8269	99.6541	99.3098	99.1381

*在1—11期内，现金流量＝100美元×0.5×（LIBOR＋假设价差）

在第12期，现金流量＝100美元×0.5×（LIBOR＋假设价差）＋100美元

**折现率是这样确定的：当LIBOR为10%时，加上价差得到折现率，因此，对于80个基点的假设价差，折现率是10.80%，这是一个债券等值基础的年折现率，半年折现率就是5.4%，这就是用于计算假设价差为80个基点时的现金流量现值的折现率。

对于假设价差为96个基点时，现值等于浮动利率有价证券的价格（99.3098美元）。因此，贴现利差就是96个基点。注意到，当证券以面值出售时，贴现利差的基点是80，和报价价差相同。

用贴现利差衡量浮动利率有价债券的潜在收益有两个缺点：第一，这个方法假设参考利率在整个投资期间内不变；第二，如果浮动利率有上下限，此方法不适用。

6.3.8 短期国库券收益率

短期国库券是一种到期日小于等于1年的零息票据。短期国库券市场的常用方法是计算短期国库券的基于折价收益率（yield on a discount basis）。这个收益率由两个变量决定：

（1）每1美元到期价值的当前结算价（用p表示）。

（2）剩余到期天数，即交割日与到期日之间的天数（用N_{SM}表示）。

基于折价收益率（用d表示）计算如下：

$$d=(1-p)\left(\frac{360}{N_{SM}}\right)$$

我们用两个短期国库券的例子来说明基于折价收益率的计算，假设交割日期都是1997年8月6日。第一个债券的到期日是1998年1月8日，价格是0.97769722。对于这个债券，从结算日到到期日之间$N_{SM}=155$，因此，基于折价收益率是：

$$d=(1-0.97769722)\times\left(\frac{360}{155}\right)=5.18\%$$

对于第二个债券，到期日是1998年7月23日，价格是0.9490075。假设结算日是1997年8月6日，从结算日到到期日之间$N_{SM}=351$，因此，基于折价收益率是：

$$d=(1-0.9490075)\times\left(\frac{360}{351}\right)=5.23\%$$

给定基于折价收益率，债券的价格（到期价值为1美元）是按照如下方法计算的：

$$p=1-d\times\frac{N_{SM}}{360}$$

销售折价率为5.18%的一份155天的债券，1美元到期值的当前价格计算如下：

$$p=1-0.0518\times\frac{155}{360}=0.97769722$$

销售折价率为5.23%的一份351天的债券，1美元到期值的当前价格计算如下：

$$p=1-0.0523\times\frac{351}{360}=0.9490075$$

基于折价收益率不是一个计算国库券回报率的有效手段，这主要有以下两个原因：第一，这种计量方法是基于投资的到期值而不是所投资的实际美元数额。第二，年收益率是以360天而不是以365天来计量的，这就使得短期国库券与中、长期国库券的比较更加困难，因为中、长期国库券的利息都是以1年的实际天数来计算支付的。以360天作为1年是一种约定俗成的金融市场惯例。尽管基于折价收益率存在缺陷，但它还是被交易员用来对短期国库券定价。

市场参与者认识到基于折价收益率的局限性之后，进而对它做出了调整，使短期国库券的报价收益率与其他附息国库券的收益率可比。对于那些希望将国库券的收益与其他货币市场工具（即1年内到期偿还的债务）比较的人来说，有一种公式可以将基于折价收益率转换为货币市场收益。关键是当把基于折价收益率作为国库券收益率的报价成为惯例时，除了用报价收益率来计算价格，没人使用那些收益率。

6.4 理论即期利率

国库券的理论即期利率代表着利率的合理设定，这种利率可以被用来评价无风险现金流量。无风险即期利率曲线可以从国库券收益曲线中观察得出，在实践中存在几种方法。本章接下来所阐述的产生理论即期利率的方法称作自展（bootstrapping）（这里所描述的自展同样被用来构造伦敦银行同业拆借利率的理论即期利率曲线）。

6.4.1 自展

自展是以新发行国库券的收益率为起点的，因为这样便没有信用风险和流动性风险。然而在实际生活中，得到足够的数据去绘出美国国库券收益曲线却是一个很大的难题。在美国，财政部目前发行了3个月和6个月的短期国库券以及2年、5年和10年的中期国库券。短期国库券是零息工具，而中期国库券是附息工具。所以，没有足够数据去绘出国库券收益曲线，特别是2年以后的曲线。美国财政部曾经发行过30年期政府公债，自从财政部不再发行30年期政府公债后，市场参与者用最近发行的长期国债（期限小于30年）去估计30年期债券收益。2年、5年、10年期国库券和估计的30年期国库券被用来绘出国库券收益曲线。

2003年9月5日，雷曼兄弟报告了以下四种收益率：

2年	1.71%
5年	3.25%
10年	4.35%
30年	5.21%

为了求得其余的25年的收益率（3年、4年、6年、7年、8年、9年、11年，直到29年到期），这25个整年到期日的收益率是根据前后相近的期限的收益率利用插值法得出的。最简单的且在实践中最常使用的内插法是线性内插法。

假设要求出每1年间隔期的收益率。为了得到从较短期限的新发行国库券收益率到较长期限的新发行国库券收益率的利差，我们可以采用以下公式：

$$\frac{\text{较长到期日的收益率}-\text{较短到期日的收益率}}{\text{两个到期日之间的年数}}$$

把上式计算出的收益率与较短到期日的收益率相加，就得到中间的整年到期日的新发行债券的收益率。

以2003年9月5日的收益率为例，使用5年期收益率3.25%和10年期收益率4.35%计算6年、7年、8年和9年的内插收益率步骤如下：

首先，

$$\frac{4.35\%-3.25\%}{5}=0.22\%$$

然后，

6年内插收益率 $=3.25\%+0.22\%=3.47\%$

7年内插收益率 $=3.47\%+0.22\%=3.69\%$

8年内插收益率 $=3.69\%+0.22\%=3.91\%$

9年内插收益率 $=3.91\%+0.22\%=4.13\%$

然而，市场参与者谈论的国库券收益曲线上的到期收益率——比如我们所说的8年期收益率——它不是新发行国库券的到期收益率，只是一个估计值。注意不同到期日国库券之间存在很大的收益率差异。当使用线性内插法时，估计出的中间到期日对应的到期收益率可能导致误差，本章随后也会提到。

为了解释自展，本章将以图表6—4中以半年为计息期的6个月到10年期的国库券收益率为例。[①] 图表6—4中有20个收益率，这些收益率被假定是根据新发行债券收益率插值计算的，图表6—5中的国库券收益曲线是在图表6—4的基础上得到的。接下来将说明图表6—4中最后一栏（即期利率）的数值是如何得到的。

在下面的分析解释过程中，记住一条基本原则是很重要的，那就是附息国库券的价值应该等于按附息国库券现金流量复制的零息国库券组合的价值之和。在第5章曾经讨论过这种无套利定价法。

图表6—4 **估计的国库券收益率（内插法）**

时期	年限	票面年收益率（%）	价格（美元）	即期利率（%）
1	0.5	3.00	—	3.0000
2	1.0	3.30	—	3.3000
3	1.5	3.50	100.00	3.5053
4	2.0	3.90	100.00	3.9164
5	2.5	4.40	100.00	4.4376
6	3.0	4.70	100.00	4.7520
7	3.5	4.90	100.00	4.9622
8	4.0	5.00	100.00	5.0650
9	4.5	5.10	100.00	5.1701
10	5.0	5.20	100.00	5.2772
11	5.5	5.30	100.00	5.3864
12	6.0	5.40	100.00	5.4976
13	6.5	5.50	100.00	5.6108
14	7.0	5.55	100.00	5.6643
15	7.5	5.60	100.00	5.7193
16	8.0	5.65	100.00	5.7755
17	8.5	5.70	100.00	5.8331
18	9.0	5.80	100.00	5.9584
19	9.5	5.90	100.00	6.0863
20	10.0	6.00	100.00	6.2169

* 到期日收益率和即期利率都是年利率，同时也被认为是国库券等值的年收益率。以半年为计息期的收益率等于年收益率的一半。

图表6—4中的6个月期和1年期的国库券在第5章介绍过，这两种债券被称为短期国库券，它们是零息债券工具。因此，半年期国库券的3%年化收益率等于6个月期的年即期利率。[②] 同样，1年期国库券的收益率就是1年期的即期利率。给出了这两个即期利率，就可以计算出理论上的1.5年期零息国库券收益率。理论上1.5年期国库券的价值应该和1.5年期附息国库券产生的3笔现金流量的现值相等，且折现率是每笔间隔6个月收到的现金流量时间对应的即期利率。正如前文已经介绍的，由于所有的附息债券都是平价出售，1.5年

① 图表6—4中的收益率有两点需要注意。首先，这些收益率与前面我们用于展示如何用线性内插法计算中间收益率的2003年9月5日的国库券收益率无关。其次，期限长于1年的国库券收益率都是假定价格等于面值。所以，据图表6—4绘出的国库券收益曲线又被称为平价收益曲线（par yield curve）。

② 短期国库券的年收益率是按照债券等值收益率原理计算的。在本章的前面部分，我们可以看到如何报出短期国库券收益率，这个收益率又可以转换成债券等值收益率。此处假设图表6—4已经这样处理了。

期附息国库券的现金流量如下：

图表6—5　　国库券平价收益曲线

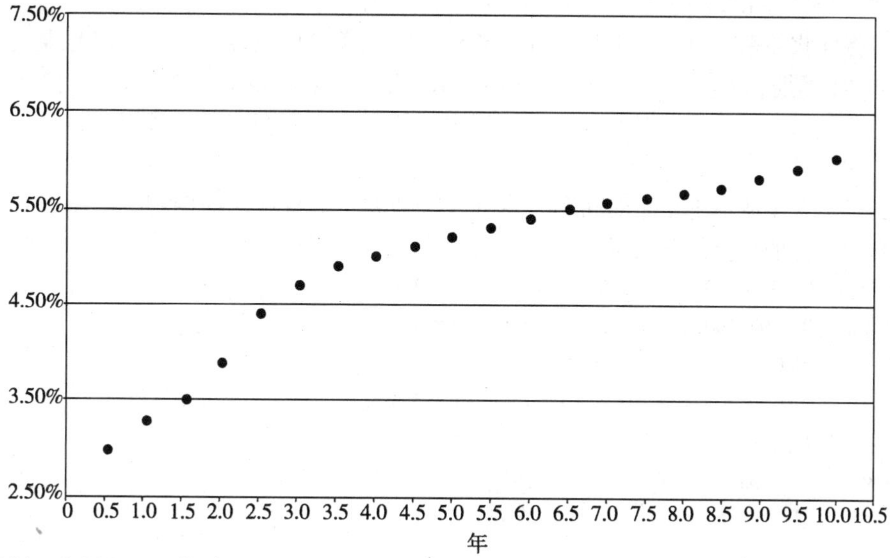

0.5 年	0.035×100 美元×0.5	= 1.75 美元
1.0 年	0.035×100 美元×0.5	= 1.75 美元
1.5 年	0.035×100 美元×0.5 +100 美元	= 101.75 美元

然后现金流量的现值计算如下：

$$\frac{1.75}{(1+Z_1)^1}+\frac{1.75}{(1+Z_2)^2}+\frac{101.75}{(1+Z_3)^3}$$

条件：

Z_1 =6 个月期理论年即期利率的一半

Z_2 = 1 年期理论年即期利率的一半

Z_3 =1.5 年期理论年即期利率的一半

由于6个月期的年化即期利率是3%，1年期的即期利率是3.3%，因此可以得到：

$Z_1 = 0.0150 \quad Z_2 = 0.0165$

可以按照以下方法计算1.5年期的附息国库券的现值：

$$\frac{1.75}{(1+Z_1)^1}+\frac{1.75}{(1+Z_2)^2}+\frac{101.75}{(1+Z_3)^3}=\frac{1.75}{1.015^1}+\frac{1.75}{1.0165^2}+\frac{101.75}{(1+Z_3)^3}$$

由于1.5年期的附息国库券的价格是面值（见图表6—4），因此下面的关系式必然成立：①

$$\frac{1.75}{1.015^1}+\frac{1.75}{1.0165^2}+\frac{101.75}{(1+Z_3)^3}=100$$

可以用如下方法得到1.5年期理论年即期利率：

$$1.7241+1.6936+\frac{101.75}{(1+Z_3)^3}=100$$

$$\frac{101.75}{(1+Z_3)^3}=96.5822$$

① 如果不是根据平价收益曲线来求1.5年期的即期利率，这个等式对任意一个1.5年期债券的市场价格都成立。

$$(1+Z_3)^3=\frac{101.75}{96.5822}$$

$$Z_3=0.0175265=1.7527\%$$

然后将此收益率乘以 2，可以得到 3. 5053% 的债券等值收益率，这同时也是理论上的 1. 5 年期的年即期利率。而这种利率只适用于 1. 5 年期零息国库券，如果这种债券是实际存在的话。换句话说，从现在至 1 年半以内所收到的国库券现金流量应该以 3. 5053% 的利率来计算。

给出了 1. 5 年期理论年即期利率，便可以得到 2 年期理论年即期利率。图表 6—3 中 2 年期附息国库券的现金流量如下：

0. 5 年	0. 039 × 100 美元 × 0. 5	= 1. 95 美元
1. 0 年	0. 039 × 100 美元 × 0. 5	= 1. 95 美元
1. 5 年	0. 039 × 100 美元 × 0. 5	= 1. 95 美元
2. 0 年	0. 039 × 100 美元 × 0. 5 + 100	= 101. 95 美元

然后计算现金流量的现值：

$$\frac{1.95}{(1+Z_1)^1}+\frac{1.95}{(1+Z_2)^2}+\frac{1.95}{(1+Z_3)^3}+\frac{101.95}{(1+Z_4)^4}$$

条件：

Z_4 = 2 年期理论即期利率的一半。

由于半年期、1 年期和 1 年半期的即期利率分别是 3. 00%、3. 30%、3. 5053%，相应的：

$Z_1=0.0150$　　$Z_2=0.0165$　　$Z_3=0.017527$

所以，2 年期附息国库券的现值为：

$$\frac{1.95}{1.0150^1}+\frac{1.95}{1.0165^2}+\frac{1.95}{1.07527^3}+\frac{101.95}{(1+Z_4)^4}$$

由于 2 年期附息国库券的价格等于面值，以下关系式也必然成立：

$$\frac{1.95}{1.0150^1}+\frac{1.95}{1.0165^2}+\frac{1.95}{1.017527^3}+\frac{101.95}{(1+Z_4)^4}=100$$

我们可以从以下公式中得到 2 年期理论即期利率：

$$\frac{101.95}{(1+Z_4)^4}=94.3407$$

$$(1+Z_4)^4=\frac{101.95}{94.3407}$$

$$Z_4=0.019582=1.9582\%$$

然后将收益率乘以 2，就得到理论上的 2 年期债券等值即期利率 3. 9164%。

继续使用这种方法，利用 Z_1、Z_2、Z_3 和 Z_4（半年期、1 年期、1 年半期和 2 年期的利率）的计算值以得到图表 6—4 中 2. 5 年期附息债券的理论即期利率和价格。进而，可以得到以后的 15 个半年期的理论即期利率。

图表 6—4 的最后一栏就是所得到的理论即期利率，表明了债券报价当日起的 10 年期以内无违约风险即期利率的期限结构。事实上，图表 6—4 前面的章节中使用的即期利率就是图表 6—4 中的无违约风险即期利率。

图表 6—6 是一个理论即期利率的图示，这个图被称作理论即期利率曲线（theoretical spot rate curve）。同时，图表 6—6 也显示了图表 6—5 中的平价收益率曲线。需注意的是，

当平价收益率曲线向上倾斜时，理论即期利率曲线高于平价收益率曲线；当平价收益率曲线向下倾斜时，理论即期利率曲线低于平价收益率曲线。

6.4.2　相对于即期利率的收益利差度量

传统的非国库债券收益利差分析是指计算目标债券到期收益率与基准附息国库券到期收益率之间的差异，而后者是从国库券收益曲线中得到的。以下面的 10 年期债券为例：

发行债券	票面利息	价格（美元）	到期收益率
国库券	6%	100.00	6.00%
非国库债券	8%	104.19	7.40%

图表 6—6　理论即期利率曲线和国库券收益曲线

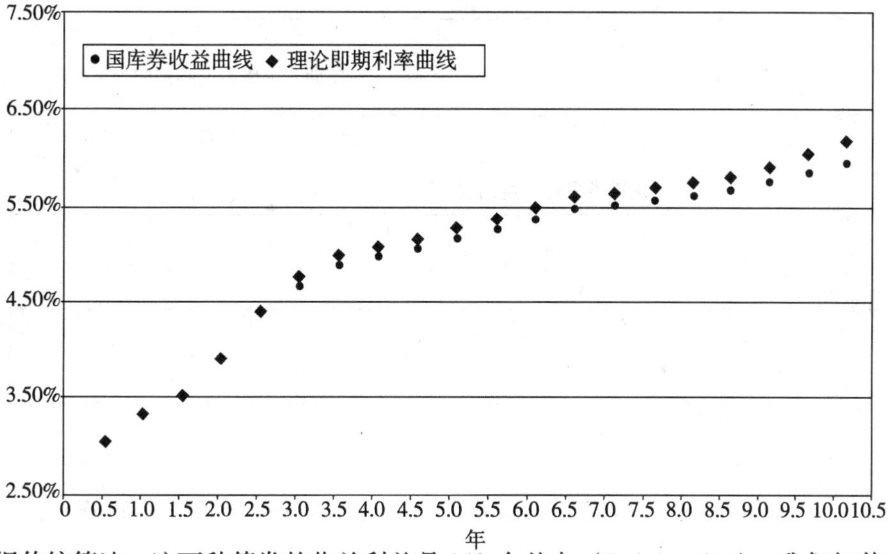

根据传统算法，这两种债券的收益利差是 140 个基点（7.4% - 6%）。我们把传统收益利差称作名义利差（nominal spread）。

图表 6—7 显示了图表 6—5 得出的国库券收益曲线，1.4% 的名义利差是 10 年期非国库券债券的到期收益率 7.4% 和 10 年期国库券的到期收益率 6% 的差额。

什么是名义利差度量法？这种方法衡量的是对非国库券债券投资者提供的风险补偿，而不是国库券投资者。这些风险包括额外的信用风险、期权风险[①]*（即嵌入期权的风险）以及流动性风险。*

名义利差度量法的缺陷是：

（1）国库券和非国库券债券的收益率都没有考虑即期利率的期限结构；

（2）在债券可赎回或可回售的情况下，预期利率波动可能会改变非国库券债券的现金流量。

为了掌握这两种方法，接下来研究名义利差度量法的两个缺点，并学习其他可选的利差衡量方法。

① 期权风险包括提前偿付风险和赎回风险。

1. 无波动利差

无波动利差（zero-volatility spread）或者**Z 利差**（Z-spread）是指当投资者将债券持有至到期时，可以实现的在整个持有期内超过国库券每期即期利率曲线的固定幅度的收益利差。Z 利差不是超过国库券收益率曲线的利差——那是名义利差。Z 利差，令非国库券债券未来现金流量的折现值等于其价格，算出的折现率与国库券即期利率的差额就是 Z 利差，也叫做静态利差（static spread）。确定 Z 利差需要使用试误法。

接下来将利用前例中非国库券债券和图表 6—4 中国库券的即期利率来解释这种方法。这些即期利率将在图表 6—8 中再次出现。图表 6—8 的第三栏是利率为 8% 的非国库券债券的现金流量。我们的目标是确定这样一个利差，将该利差与国库券即期利率之和作为折现率，算出的非国库券债券现金流量的现值等于其市价 104. 19 美元。

图表 6—7　　**名义利差说明**

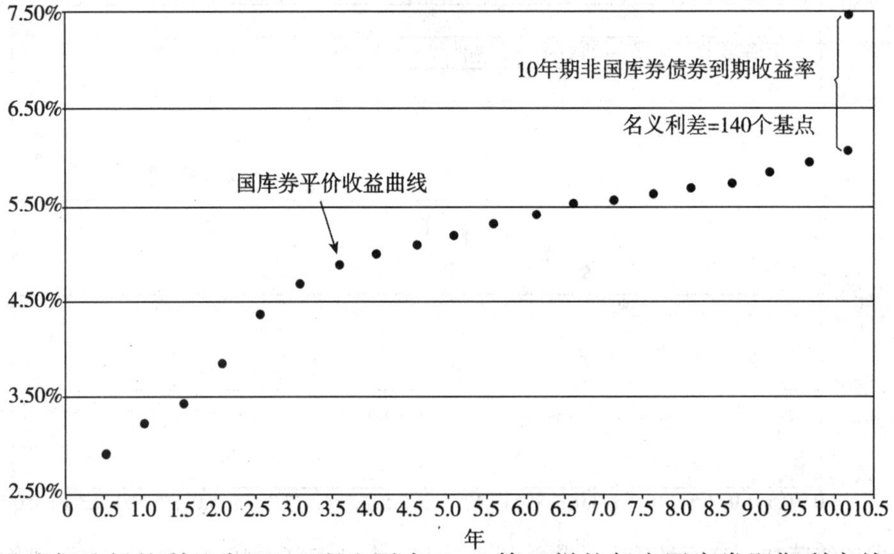

假设我们选择的利差为 1%，那么图表 6—8 第四栏的每个国库券即期利率就要加上 1%。所以，第 5 年（第 10 期）的即期利率是 6. 2772%（5. 2772% +1%）。即期利率加上 1% 后可用于计算第五栏的各期现值。第五栏的总现值是 107. 5414 美元。因为这个现值和非国库券债券的价格（104. 19 美元）不相等，所以 Z 利差不是 1%。如果尝试 1. 25%，可以从图表 6—8 的倒数第二栏知道现值为 105. 7165 美元，由于它不等于非国库券债券的价格，1. 25% 依然不是 Z 利差。图表 6—8 的最后一栏是利差为 1. 46% 时的现值。这一现值和已发行的非国库券债券价格是相等的，所以 1. 46% 才是 Z 利差。

图表 6—9 是 Z 利差的图示。由于计算 Z 利差的基准是图中的理论即期利率曲线，在每个到期日，上方的点代表的收益率比下方的理论即期收益率高出 146 个基点。这就是 Z 利差，这是一种超过整个即期利率曲线的利差。

必须清楚的是：名义利差和 Z 利差使用的基准不同。名义利差是高于国库券收益曲线上某一点的利差，而 Z 利差是超过整个即期利率曲线的利差。

非国库券债券的 Z 利差代表的是什么呢？由于 Z 利差是同国库券即期利率曲线相关的计量方法，因此它代表对非国库券债券的信用风险、流动性风险和所有期权风险（即内嵌期权的风险）所给予的风险补偿。

图表6—8 票面利率为8%、价格为104.19美元、收益率为7.4%的10年期非国库券债券的Z利差

时期	年限	现金流量（美元）	即期利率（%）*	按不同价差计算的现值（美元）**		
				100bp	125bp	146bp
1	0.5	4.00	3.0000	3.9216	3.9168	3.9127
2	1.0	4.00	3.3000	3.8334	3.8240	3.8162
3	1.5	4.00	3.5053	3.7414	3.7277	3.7163
4	2.0	4.00	3.9164	3.6297	3.6121	3.5973
5	2.5	4.00	4.4376	3.4979	3.4767	3.4590
6	3.0	4.00	4.7520	3.3742	3.3497	3.3293
7	3.5	4.00	4.9622	3.2565	3.2290	3.2061
8	4.0	4.00	5.0650	3.1497	3.1193	3.0940
9	4.5	4.00	5.1701	3.0430	3.0100	2.9825
10	5.0	4.00	5.2772	2.9366	2.9013	2.8719
11	5.5	4.00	5.3864	2.8307	2.7933	2.7622
12	6.0	4.00	5.4976	2.7255	2.6862	2.6536
13	6.5	4.00	5.6108	2.6210	2.5801	2.5463
14	7.0	4.00	5.6643	2.5279	2.4855	2.4504
15	7.5	4.00	5.7193	2.4367	2.3929	2.3568
16	8.0	4.00	5.7755	2.3472	2.3023	2.2652
17	8.5	4.00	5.8331	2.2596	2.2137	2.1758
18	9.0	4.00	5.9584	2.1612	2.1148	2.0766
19	9.5	4.00	6.0863	2.0642	2.0174	1.9790
20	10.0	104.00	6.2169	51.1835	49.9638	48.9632
			合计	107.5416	105.7165	104.2146

* 即期利率是一个年利率。

** 计算现金流量现值的折现率，是用假定的利差加上即期利率之和除以2得到的。例如，4期的即期利率为3.9164%。如果假定利差是1%，那么1%加上3.9164%后就得到了4.9164%。将这一利率除以2就得到了一个半年期的折现率为2.4582%，然后现值就是：

$$\frac{\text{t期现金流量}}{1.024582^t}$$

（1）Z利差和名义利差的差异。通常，对于标准的子弹型附息债券来说（一次偿还本金），Z利差和名义利差的区别不大。在上述例子中，只有0.06%。一般来说，差异程度（即差异的数值）受到以下因素影响：①利率的期限结构类型；②证券的特征（即票面利率、到期期限、本金偿还条款的类型——分期偿还债券或是非分期偿还债券）。

对短期债券来说，差异很小。导致这一差异的主要因素就是国库券即期利率曲线的形状。即期利率曲线越陡，差异就越大。为了解释这一点，我们来比较图表6—10中两条即期利率曲线。两条即期利率曲线中最长到期日的收益率都是6%。第一条曲线比图表6—8中的曲线陡峭；而第二条曲线则是平坦的，同时所有到期日收益率都是6%。对于10年期、利率为8%的非国库券债券来说，可以发现图表6—10中第一条即期利率曲线的Z利差是192个基点。因此，对于那条比较陡峭的即期利率曲线来说，Z利差和名义利差之间的差异为0.52%。而较平坦的曲线的Z利差是1.4%，和名义利差一样。这种情况会一直存在，因为在计算名义利差时，每期的现金流量都是用一个相等的折现率进行折现，而对一条平坦的

收益曲线进行 Z 利差计算时，每期的现金流量也是用相等的折现率进行折现。因此，对于短期证券来说，名义利差和 Z 利差是基本相同的。

对于那些本金随期支付而不是到期日支付的债券，名义利差和 Z 利差的差额会进一步加大。所以，对于具有陡峭收益曲线的抵押贷款支持证券或者资产支持证券来说，名义利差和 Z 利差的差异要大得多。如果考察 10 年期零息债券和半年期现金流量相同（包括利息和本金支付）的 10 年期的分期偿还债券的例子，我们会对此有直观感觉。零息债券的 Z 利差不会受到期限结构的影响，而分期偿还债券会受影响。

图表 6—9　　**Z 利差的图示**

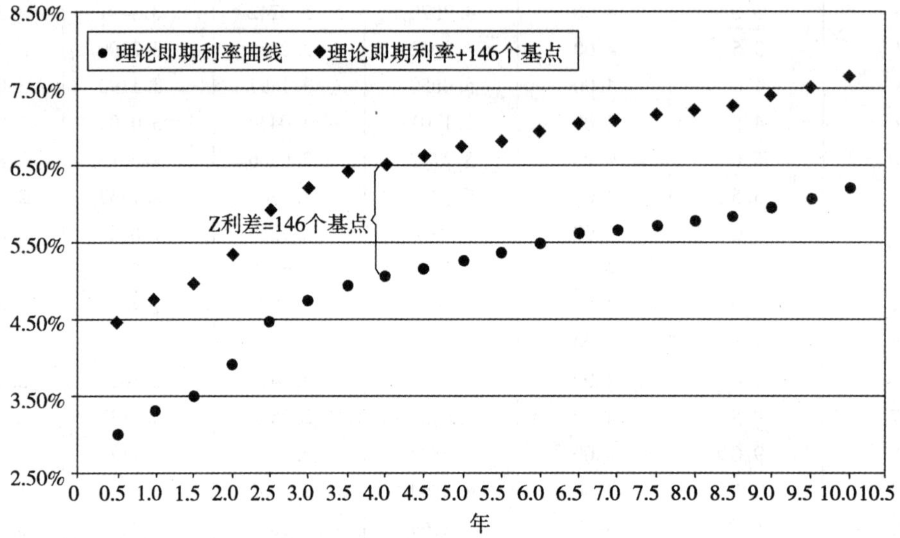

图表 6—10　　**两条假设即期利率曲线**

时期	年限	陡峭曲线（%）	平坦曲线（%）
1	0.5	2.00	6.00
2	1.0	2.40	6.00
3	1.5	2.80	6.00
4	2.0	2.90	6.00
5	2.5	3.00	6.00
6	3.0	3.10	6.00
7	3.5	3.30	6.00
8	4.0	3.80	6.00
9	4.5	3.90	6.00
10	5.0	4.20	6.00
11	5.5	4.40	6.00
12	6.0	4.50	6.00
13	6.5	4.60	6.00
14	7.0	4.70	6.00
15	7.5	4.90	6.00
16	8.0	5.00	6.00
17	8.5	5.30	6.00
18	9.0	5.70	6.00
19	9.5	5.80	6.00
20	10.0	6.00	6.00

（2）基于其他基准的Z利差。用计算国库券即期利率曲线的Z利差的方法可以算出任意基准即期利率曲线的Z利差。为了说明，假定10年期、利率为8%的非国库券债券的交易价格为105.5423美元。假设该发行者的基准即期利率曲线在第5章的图表5—10中已经给出。而和发行者的基准即期利率曲线相关的Z利差必须与表中倒数第二栏显示的即期利率相加，从而使得现金流量的现值和市场价格是相等的。在这个例子中，相对于基准的Z利差是0.4%。

当基准不是国库券即期利率曲线的时候（例如，无违约风险即期利率曲线），Z利差又意味着什么呢？以基准国库券即期利率曲线作基准的时候，非国库券债券的Z利差内含了信用风险、流动性风险和期权风险。当以发行者的即期利率曲线为基准的时候，Z利差主要计量的就是债券的流动性风险和期权风险产生的利差。

于是，说到Z利差的时候，就必然说到相关的一些基准即期利率曲线。因为在计算Z利差的时候，要考虑到信用风险和市场风险。传统的Z利差的计算方法使用国库券收益率作为基准利率，但不是任何时候都要这样做。分析系统的经销商通常都会允许使用者选择自己想要的一种基准即期利率曲线。在美国以外的市场，经常选择非国库券即期利率曲线为基准。关键是投资者应该弄清用什么基准来计算Z利差。

2. 期权调整利差

Z利差计量的是即期利率曲线的利差，从而解决了上面提到的名义利差的第一个问题。现在来看看第二个缺陷：没有考虑到未来利率波动对内含期权债券的现金流量的改变。

（1）估价模型。投资者设法要做的就是去买价值低估证券（证券的价值高于它的价格）。然而在做这些之前，人们需要知道证券的价值是多少（即应支付的公允价值）。设计估价模型就是为了精确地提供这些数据。如果在一个模型中，普通股每股的公允价值是36美元，而市场价格是24美元，那么就认为股票被低估了。

然而，估价模型不能就此停止。市场参与者发现考虑收益利差比价格差异要更加便利一些。估价模型能够体现公允价值和市场价格的差异，同时把它转换成收益利差。模型解决的问题不是证券价值被低估多少，而是承担这些风险，我们会相应地得到多少报酬。

期权调整利差（option-adjusted spread，OAS）是这样一种调整方法：得出公允价值和市场价值的美元差价，再转换成一种收益利差计量的方法。也就是说，根据期权调整利差得到的收益率（用试误法）可以使债券的公允价值等于市价。这有点像前面计算到期收益率、赎回收益率等的做法，只有在这种情况下，我们计算的是利差（以基点表示）而不是回报的百分数。

OAS是由模型决定的，也就是OAS的计算值取决于使用的估价模型。特别是，不同的OAS模型在预测利率变动时差异很大，从而导致了OAS水平的不同。这两种主要模型又有什么区别呢？

- 利率波动是一个关键假设。尤其当利率波动越大时，OAS就越低。在比较不同交易机构的OAS时，检验所作的波动假设更为重要。

- OAS是一个利差，但是利差是与什么比较的呢？OAS是一个在国库券即期利率曲线或者是发行者分析采用的基准之上的利差。在模型中，即期利率曲线实际上是考虑一系列利率波动假设后的结果。这再一次说明，不同的模型产生不同的结果。

为什么这种利差被称为期权调整利差？因为证券的内含期权能够改变现金流量；证券的价值应该把现金流量的变动考虑进去。而Z利差不可能做到这些，因为它忽略了利率变动会影响现金流量的事实。实质上，它假设利率的波动为零，这就是为什么 Z 利差被认为是**无波动利率的 OAS（zero-volatility OAS）**。

（2）期权成本。通过计算在假定利率或收益率波动下的 OAS 与 Z 利差的差异，可以得到任何证券的内嵌期权的隐含成本。也就是说，Z 利差仅仅是 OAS 和期权成本的总和。

Z 利差 = OAS + 期权成本

进而得到：

期权成本 = Z 利差 - OAS

期权成本按照上式计量的原因如下：假定在一个环境中，利率不会改变，投资者将会赢得 Z 利差。当未来利率不确定的时候，由于嵌入期权的存在，利差不再是 Z 利差而是期权调整利差，即考虑了期权成本的利差。所以，期权成本是一个差价，是在静态利率环境下的利差（Z 利差或无波动期权调整利差）和期权调整利差的差价。

对于可赎回债券和大部分抵押贷款支持证券、资产支持证券来说，期权成本是正值。那是因为发行者有能力改变现金流量，从而导致 OAS 要低于 Z 利差。而在可回售债券的情况下，OAS 是大于 Z 利差的，所以期权成本是负的。之所以会发生这种现象，就是由于投资者有改变现金流量的能力。

一般来说，如果期权成本是正的，意味着投资者出售了一份期权给发行者或者借贷者。可赎回债券、抵押贷款支持证券和资产支持证券就属于这种情况。负值的期权成本意味着投资者从发行者或者借贷者那里购买了一个期权。可回售债券就是一个负期权成本的例子。在抵押贷款支持证券市场，某些证券的期权成本也是负的。

（3）揭示名义利差的陷阱。我们可以用这一章所用的概念来揭示名义利差的陷阱。首先，重新确定一下期权成本、Z 利差和 OAS 的关系：

Z 利差 = OAS + 期权成本

接下来，回忆一下名义利差和 Z 利差没有明显的差别。假设名义利差约等于 Z 利差，那么上式可以改写为：

名义利差 ≈ OAS + 期权成本

这个等式告诉我们高名义利差会掩盖一个高的期权成本。期权成本代表价差中由投资者提供给发行方或者借款人的部分，因此，当一个可赎回或者可提前偿付证券的名义利差是 200 个基点时，期权成本可能是 190 个基点，而 OAS 只有 10 个基点。但是投资者只会得到 OAS 的补偿。一个信赖名义利差的投资者不一定能得到与所承担的内嵌期权债券的期权风险对应的补偿。

3. 利差衡量的小结

我们已经描述了三种利差衡量方法：

- 名义利差；
- 无波动利差；
- 期权调整价差。

为了了解三种利差，我们提出两个问题：

（1）计算利差的基准是什么？也就是利差衡量是相对于什么而言的？

（2）利差衡量的是什么？

下表总结了各种利差衡量方法的基准和利差补偿的风险。

利差	基准	补偿对象
名义利差	国库券收益曲线	信用风险、期权风险、流动性风险
无波动利差	国库券即期利率曲线	信用风险、期权风险、流动性风险
期权调整利差	国库券即期利率曲线	信用风险、流动性风险

6.5　远期利率

我们已经看到了如何从国库券收益曲线推导出无违约风险的理论即期利率。市场参与者可以从这个即期利率曲线中获取额外有用的信息：远期利率（forward rates）。在后面的特定假设下，这些利率能被看做是市场对远期利率的一致看法。

下面举例介绍可以根据无违约理论即期利率曲线计算出的远期利率：

- 6 个月后的半年期远期利率；
- 3 年后的半年期远期利率；
- 1 年后的 1 年期远期利率；
- 2 年后的 3 年期远期利率；
- 3 年后的 5 年期远期利率。

因为远期利率是根据无违约理论即期利率曲线推导出来的，这些利率有时也被称为**内含远期利率（implied forward rates）**。我们从计算半年远期利率开始，然后再来解释如何计算任意一个远期利率。

在例子中继续运用国库券收益曲线，就像之前提到的，可以用自展构造出伦敦银行同业拆借利率的即期利率曲线，而伦敦银行同业拆借利率的远期利率则使用下面的方法得到。

6.5.1　推导半年期远期利率

为了说明推导出半年期远期利率的过程，要用到表 6—4 中的收益率曲线和相关的即期利率。本章前面部分运用了简单的套利原则来得到即期利率，这里我们同样要使用这些套利原则。具体地说，如果两项投资有相同的现金流量和风险，它们也应该有相同的价值。

考虑一个投资者有 1 年的投资期限，他面临着下面两种选择：

- 购买 1 年期国库券；
- 购买半年期国库券，到期后再购买另外一个半年期国库券。

如果两种投资的收益相同，投资者将不会有任何倾向。投资者清楚半年期国库券的即期利率和 1 年期的即期利率，但是他不知道 6 个月后半年期国债的利率。如果给定半年期和 1 年期国库券的即期利率，则半年期国债的远期利率等于使得两种方案的总收益相等的利率。

为了确定这个利率，假设购买半年期的国库券用了 X 美元，在第 6 个月月末，这个投资价值就变成了：

$X(1+z_1)$

这里 z_1 是即期的半年期债券等值收益率的一半。

用 f 代表 6 个月远期的半年期国库券年收益率的一半，如果投资者用滚动投资（旧债券到期，马上购买新债券）购买这只债券，那么在 1 年后这个 X 美元的投资就变成了：

$X(1+z_1)(1+f)$

图表 6—11　**6 个月后的半年期远期利率图示**

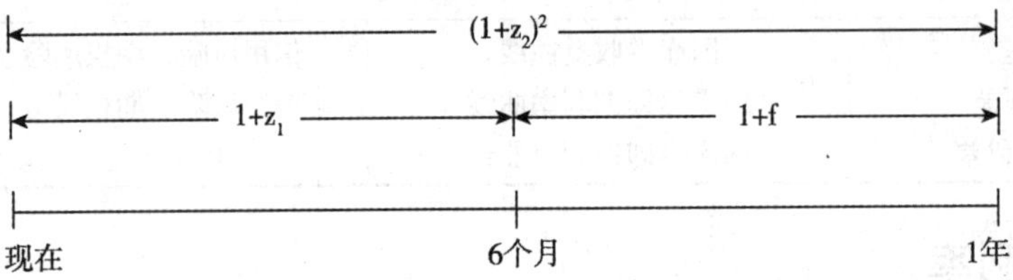

下面来考虑选择 1 年期国库券的投资，用 z_2 表示 1 年期即期利率的债券等值收益率的一半，则 1 年后这个 X 美元的投资就变成了：

$$X(1+z_2)^2$$

出现平方的原因是投资了两期（每期是半年）。

在图表 6—11 中展示了两个方案，现在我们可以分析投资者的选择和如何确定远期利率。如果投资者投入相同的 X 美元并在 1 年后获得相同的收益，即下式成立时，他就不会有任何投资偏好：

$$X(1+z_1)(1+f)=X(1+z_2)^2$$

解出 f，我们得到：

$$f=\frac{(1+z_2)^2}{1+z_1}-1$$

将 f 乘以 2 就得到半年的远期利率。

我们可以用图表 6—4 中的理论即期利率来解释这个公式的运用。从表中可以看出：

半年期国库券的即期利率 =0.030，因此 $z_1=0.0150$；

1 年期国库券的即期利率 =0.033，因此 $z_2=0.0165$。

将数字代入公式，就得到：

$$f=\frac{(1.0165)^2}{(1.0150)}-1=0.0180=1.8\%$$

因此，6 个月后的半年期远期利率的债券等值收益率就是 3.6%（1.8% ×2）。

让我们来证实一下这个结果。如果投资 X 美元于半年期国库券，利率是 1.5%，6 个月以后收回的资金再以 1.8% 的远期利率再投资半年。这个方案的总收益就是：

$$X(1.015)(1.018)=1.03327X$$

1 年期短期债券的 X 投资的半年利率是 1.0165%，在年底将会得到总收益：

$$X(1.0165)^2=1.03327X$$

如果 6 个月后半年期国库券的收益率是 1.8%（债券等值收益率为 3.6%），那么这两个方案的收益相同。也就是说，如果投资者确信 6 个月后半年期国库券的收益率是 1.8%，他将会对这两种选择没有偏好。

这也同样可以用来计算未来任意时间开始的半年期的远期利率，例如，可以确定以下数据：

- 从现在开始 3 年后的半年期远期利率；
- 从现在开始 5 年后的半年期远期利率。

${}_1f_m$ 表示半年期的远期利率，左下角的 1 表示一个期间段，右下角的 m 表示期间从第 m 期末开始。当 m 等于零时，意味着是当前利率。于是，第一个半年期的远期利率就是当前的半年期即期利率。也就是，${}_1f_0=z_1$。

计算半年期的远期利率的公式就是：

$$ {}_1f_m = \frac{(1+z_{m+1})^{m+1}}{(1+z_m)^m} - 1 $$

假定要求从现在开始4年后半年期的远期利率，从符号的含义可知，m是8，可以得到 ${}_1f_8$。公式如下：

$$ {}_1f_8 = \frac{(1+z_9)^9}{(1+z_8)^8} - 1 $$

图表6—4中4年的即期利率是5.065%，4年半的即期利率是5.1701%，z_8 是2.5325%，z_9 是2.58505%，所以：

$$ {}_1f_8 = \frac{1.0258505^9}{1.025325^8} - 1 = 3.0064\% $$

将这个利率乘以2就可以得到从现在开始4年后的半年期的远期年利率是6.01%。

图表6—12列出了图表6—4中的短期国库券收益曲线上的所有半年期远期利率。表6—12列出的远期利率是根据债券等值收益率原理年化处理后的远期利率。在图6—13中，短期远期利率和国库券平价收益曲线以及理论即期利率曲线描绘在同一张图中。短期远期利率所组成的图形被称为**短期远期利率曲线**（short-term forward-rate curve）。注意到短期远期利率曲线是在另两条曲线之上，当平价收益曲线向上倾斜时这种情况永远成立；反之，短期远期利率曲线就会低于另两条曲线。注意这种不常见的短期远期利率曲线。对于这种图形的形状有一个数学解释。在实务中，分析者会使用统计方法做出一条平滑的短期远期利率曲线。

图表6—12 **半年期远期利率（债券等值基础上的年利率）**

符号	远期利率（%）
${}_1f_0$	3.00
${}_1f_1$	3.60
${}_1f_2$	3.92
${}_1f_3$	5.15
${}_1f_4$	6.54
${}_1f_5$	6.33
${}_1f_6$	6.23
${}_1f_7$	5.79
${}_1f_8$	6.01
${}_1f_9$	6.24
${}_1f_{10}$	6.48
${}_1f_{11}$	6.72
${}_1f_{12}$	6.97

续图表

符号	远期利率（%）
${}_1f_{13}$	6.36
${}_1f_{14}$	6.49
${}_1f_{15}$	6.62
${}_1f_{16}$	6.76
${}_1f_{17}$	8.10
${}_1f_{18}$	8.40
${}_1f_{19}$	8.71

图表 6—13　　**短期远期利率曲线图**

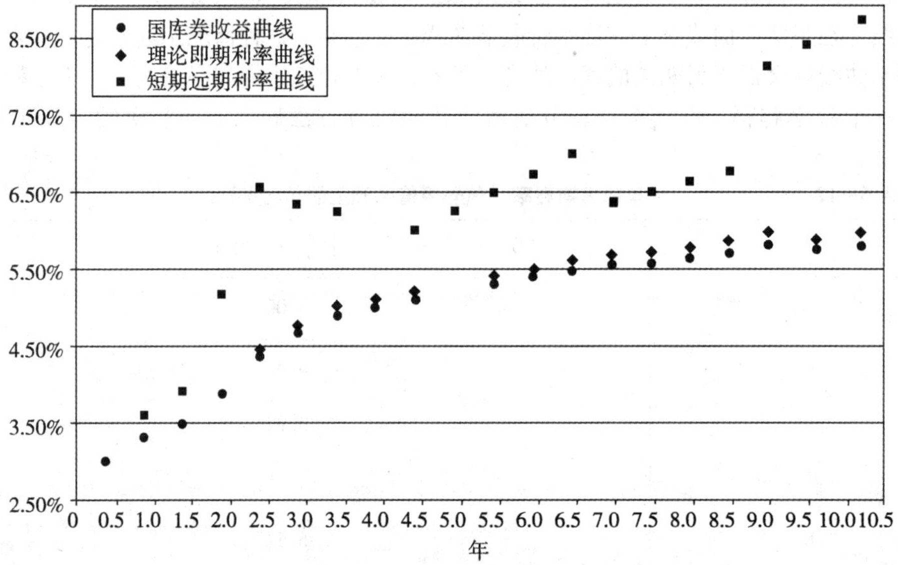

6.5.2　即期利率和短期远期利率之间的关系

假定投资者购买了一份3年期的零息国库券为X美元。从现在开始的3年（6期）总收入如下：

$$X(1+z_6)^6$$

一种替代方案是购买半年期国库券，且每隔半年就将到期收入做再投资，如此持续3年。未来的投资回报额取决于半年期的远期利率。假设投资者每半年到期收入的实际再投资收益率就是图表6—12算出的半年期远期利率。在第3年年底，X投资的收入就等于：

$$X(1+z_1)(1+{}_1f_1)(1+{}_1f_2)(1+{}_1f_3)(1+{}_1f_4)(1+{}_1f_5)$$

由于两个投资项目在第3年年底必会产生相同的收入，前面的等式也可表示为：

$$X(1+z_6)^6=X(1+z_1)(1+{}_1f_1)(1+{}_1f_2)(1+{}_1f_3)(1+{}_1f_4)(1+{}_1f_5)$$

计算出3年（6期）半年期即期利率为：

$$z_6 = [(1+z_1)(1+{}_1f_1)(1+{}_1f_2)(1+{}_1f_3)(1+{}_1f_4)(1+{}_1f_5)]^{1/6}-1$$

这个等式告诉我们3年期的即期利率取决于当前半年期即期利率和5个半年期远期利率。实际上，等式的右边是当前半年期即期利率和5个半年期远期利率的几何平均数。

让我们用图表6—4和图表6—12中的数值来证明这个结论。由于图表6—4中的半年期即期利率是3%，z_1是1.5%，所以①：

$$z_6 = (1.015\times1.018\times1.0196\times1.0257\times1.0327\times1.03165)^{1/6}-1=0.023761=2.3761\%$$

利率乘以2得到4.7522%。这和表6—4中的即期利率是一致的。

一般而言，T期的即期利率、当前半年期即期利率以及半年期的远期利率之间的关系如下：

$$z_T = [(1+z_1)(1+{}_1f_1)(1+{}_1f_2)\cdots(1+{}_1f_{T-1})]^{1/T}-1$$

所以，根据远期利率贴现和采用即期利率贴现的现值是相同的。

6.5.3　运用远期利率估价

由于即期利率可以由一系列连续的短期远期利率得到，用即期利率或者远期利率贴现现金流量不会有很大区别。也就是说，假设在T期的现金流量是1美元，那么用T期即期利率计算现金流量现值的公式为：

$$\text{T期1美元的现值}=\frac{1}{(1+z_T)^T}$$

我们知道：

$$z_T = [(1+z_1)(1+{}_1f_1)(1+{}_1f_2)\cdots(1+{}_1f_{T-1})]^{1/T}-1$$

然后，等式两边同时加1：

$$(1+z_T) = [(1+z_1)(1+{}_1f_1)(1+{}_1f_2)\cdots(1+{}_1f_{T-1})]^{1/T}$$

将等式的两边都T次方，可以得到：

$$(1+z_T)^T = (1+z_1)(1+{}_1f_1)(1+{}_1f_2)\cdots(1+{}_1f_{T-1})$$

将上面等式的右边代入现值公式可以得到：

$$\text{T期1美元的现值}=\frac{1}{(1+z_1)(1+{}_1f_1)(1+{}_1f_2)\cdots(1+{}_1f_{T-1})}$$

实际上，1美元T期的现值被称作**T期的远期贴现因子**（**forward discount factor for period T**）。

例如，根据图表6—12中的远期利率，可得到4期的远期贴现率如下：

$z_1=3\%/2=1.5\%$　　　　${}_1f_1=3.6\%/2=1.8\%$

${}_1f_2=3.92\%/2=1.958\%$　　　　${}_1f_3=5.15\%/2=2.577\%$

$$\text{1美元4期远期贴现因子}=\frac{1}{1.015\times1.018\times1.01958\times1.02577}=0.925369$$

可以发现，这将与采用即期利率折现得到的结果相同（图表6—4中的2年期即期利率是3.9164%）。采用即期利率计算如下：

$z_4=3.9164\%/2=1.9582\%$

① 实际上，基于年利率计算的半年期远期利率保留更精确的小数。例如，表6—12中${}_1f_3$为5.15%，但对应的更精确的半年期远期利率是2.577%。

4 期 1 美元的现值 $=\frac{1}{1.019582^4}=0.925361$

答案和远期贴现因子相同（微小误差是由四舍五入产生的）。

图表 6—14 是基于图表 6—12 的远期利率计算得到的每一期远期贴现因子。下面看看远期利率和即期利率是如何被用来估价 2 年期票面利率为 6% 的国库券的。使用即期利率按照如下公式可以得到每期现金流量的现值：

$$\frac{t \text{ 期现金流量}}{(1+Z_t)^t}$$

图表 6—14 **各期远期贴现因子的计算**

时期	时间	符号	远期利率*	0.5×远期利率**	1+远期利率	远期贴现因子
1	0.5	$_1f_0$	3.00%	1.5000%	1.01500	0.985222
2	1.0	$_1f_1$	3.60%	1.8002%	1.01800	0.967799
3	1.5	$_1f_2$	3.92%	1.9583%	1.01958	0.949211
4	2.0	$_1f_3$	5.15%	2.5773%	1.02577	0.925362
5	2.5	$_1f_4$	6.54%	3.2679%	1.03268	0.896079
6	3.0	$_1f_5$	6.33%	3.1656%	1.03166	0.868582
7	3.5	$_1f_6$	6.23%	3.1139%	1.03114	0.842352
8	4.0	$_1f_7$	5.79%	2.8930%	1.02893	0.818668
9	4.5	$_1f_8$	6.01%	3.0063%	1.03006	0.794775
10	5.0	$_1f_9$	6.24%	3.1221%	1.03122	0.770712
11	5.5	$_1f_{10}$	6.48%	3.2407%	1.03241	0.746520
12	6.0	$_1f_{11}$	6.72%	3.3622%	1.03362	0.722237
13	6.5	$_1f_{12}$	6.97%	3.4870%	1.03487	0.697901
14	7.0	$_1f_{13}$	6.36%	3.1810%	1.03181	0.676385
15	7.5	$_1f_{14}$	6.49%	3.2450%	1.03245	0.655126
16	8.0	$_1f_{15}$	6.62%	3.3106%	1.03310	0.634132
17	8.5	$_1f_{16}$	6.76%	3.3778%	1.03378	0.613412
18	9.0	$_1f_{17}$	8.10%	4.0504%	1.04050	0.589534
19	9.5	$_1f_{18}$	8.40%	4.2009%	1.04201	0.565767
20	10.0	$_1f_{19}$	8.72%	4.3576%	1.04357	0.542142

* 这一栏的利率四舍五入到小数点后两位。

** 这一栏的利率是使用前一栏的年远期利率计算的，保留 4 位小数。

使用图表 6—4 中的即期利率估计债券价值，就得到下表中的结果：

时期	即期利率（%）	半年期即期利率（%）	1 美元的现值（美元）	现金流量（美元）	现金流量的现值（美元）
1	3.0000	1.50000	0.9852217	3	2.955665
2	3.3000	1.65000	0.9677991	3	2.903397
3	3.5030	1.75266	0.9492109	3	2.847633
4	3.9164	1.95818	0.9253619	103	95.312278
				合计	104.018973

根据即期利率算出债券的价值是 104.0190 美元。

用远期利率和远期贴现因子，代入下面的公式可以得到 t 期现金流量的现值：

t 期现金流量 × t 期贴现因子

下表是用图表 6—14 中的远期利率和远期贴现因子来估值债券：

时期	半年期即期利率（%）	1 美元的现值（美元）	现金流量（美元）	现金流量的现值（美元）
1	1.5000	0.9852217	3	2.955665
2	1.8002	0.9677991	3	2.903397
3	1.9583	0.9492109	3	2.847633
4	2.5773	0.9253619	103	95.312278
合计		104.018973		

由远期利率可以得到这一债券的现值是 104.0190 美元。

所以，无论是用即期利率还是远期利率贴现现金流量，得到的债券价值都是一样的。

6.5.4 任意远期利率的计算

利用即期利率，可以计算出任意远期利率。根据之前推导半年远期利率时使用的套利理论，任何远期利率都可以得到。

远期利率有两个要素：一个是远期利率起点；另一个是利率对应的时间长度。例如，3 年后的 2 年期远期利率意思是以从现在起 3 年后的时点为起点，时间长度为 2 年的远期利率。表示远期利率的符号是 f，有两个下标——一个在前，一个在后，表示如下：

${}_{t}f_{m}$

左下角的 t 表示利率的时间长度，右下角的 m 表示利率的开始点。

记住，时间期间仍然是半年。基于上面的符号可得下表：

符号	远期利率的意义
${}_{1}f_{12}$	从现在开始 6 年（12 期）后的半年（1 期）远期利率
${}_{2}f_{8}$	从现在开始 4 年（8 期）后的 1 年（2 期）远期利率
${}_{6}f_{4}$	从现在开始 2 年（4 期）后的 3 年（6 期）远期利率
${}_{8}f_{10}$	从现在开始 5 年（10 期）后的 4 年（8 期）远期利率

为了明白远期利率是如何从公式中得出的，假设投资者的预计投资期限为 m + t 期，有如下两种备选方案：

- 购买在 m + t 期到期的零息国库券；
- 购买在 m 期到期的零息国库券，然后在到期日用收入购买期限为 t 的零息国库券。

对于这两种选择，如果在 m + t 的投资期内产生相同的收益，投资者将没有任何投资偏好。

第一种方案投资 100 美元，假设在投资开始日的半年利率是 z_{m+t}，投资所产生的收入如下：

$100\ (1+z_{m+t})^{m+t}$

对于第二种选择，假设在 m 期内的半年利率是 z_m，m 期末投资所产生的收入如下：

$100\ (1+z_m)^{m}$

将 m 期的收入在远期利率${}_{t}f_{m}$下再投资，在 m + t 期末投资所带来的价值是：

$100\ (1+z_m)^{m}\ (1+{}_{t}f_{m})^{t}$

由于投资者对这两种选择无偏好，下面的关系必然成立：

$$100\ (1+z_{m+t})^{m+t}=100\ (1+z_m)^m\ (1+{}_tf_m)^t$$

我们可以计算出${}_tf_m$：

$${}_tf_m=\left[\frac{(1+z_{m+t})^{m+t}}{(1+z_m)^m}\right]^{1/t}-1$$

注意到如果 t 是 1，用公式可以得到 1 期（半年）远期利率。

为了解释这一点，假设投资者想要知道从现在开始 3 年后的 2 年远期利率，可以从图表 6—4 的即期利率得到，则 t 等于 4，m 等于 6。把 t 和 m 代入等式得到的远期利率如下：

$${}_4f_6=\left[\frac{(1+z_{10})^{10}}{(1+z_6)^6}\right]^{1/4}-1$$

这就意味着需要以下的即期利率：z_6（3 年期即期利率）和 z_{10}（5 年期即期利率）。根据图表 6—4 得到：

z_6（3 年期即期利率）$=4.752\%/2=0.02376$

z_{10}（5 年期即期利率）$=5.2772\%/2=0.026386$

然后，

$${}_4f_6=\left[\frac{(1.026386)^{10}}{(1.02376)^6}\right]^{1/4}-1=0.030338$$

所以，${}_4f_6$ 是 3.0338%，乘以 2 得到按照债券等值收益率原理年化处理的远期利率 6.0675%。

我们可以验证这一结论。投资 100 美元于 10 期的即期利率为 2.6386% 的债券上，可以产生如下收益：

$100\times1.026386^{10}=129.7499$（美元）

投资 100 美元于 6 期利率为 2.376% 的债券，然后再投资 4 期远期利率为 3.030338% 的债券，得到相同的收益：

$100\times1.02376^6\times1.030338^4=129.75012$（美元）

第7章 利率风险衡量方法

7.1 引言

第2章讨论了债券投资的利率风险。债券价值与利率呈反方向变化。如果利率提高，债券的价格就会下降。对于空头债券头寸来讲，如果利率下降，就会产生损失。然而，投资经理想知道的并不仅仅是债券头寸何时会产生损失。为了控制利率风险，经理必须能够量化风险将带来的结果。

衡量利率风险的关键在于：当利率发生不利波动时对债券头寸的价值进行准确估计。估价模型可以达到这一目的。因此，如果没有可信赖的估价模式，就不可能确切地衡量利率风险敞口。

本章介绍两种方法计算利率风险——全面估价方法和久期或凸性方法。

7.2 全面估价法

通常衡量债券头寸或投资组合利率风险敞口的最常见的方法就是当利率变化时重新对它估价。利率变化情境不同，所进行的分析也不同。例如，一个经理想计算利率突然变化50个基点、100个基点或200个基点时产生的利率风险，这一方法需要在一个给定的利率变化情境中对债券或者债券投资组合进行重新估价，因此被称为**全面估价法**（**full valuation approach**）。该方法有时被称为**“情境分析”**（**scenario analysis**），因为它是根据利率变化情境评估风险的。

为了说明这一方法，假设一个经理有面值1 000万美元、票面利率为9%的20年期债券头寸，且债券不附期权。在6%的收益率下（即到期收益率）债券的当前价格为134.6722美元，1 000万美元债券头寸的市场价格是13 467 220美元。持有债券的经理担心未来市场收益率上升，因为这会降低债券头寸的市值。为评估市场收益率上升所带来的风险，该经理决定研究一下在下面三种利率变化情境中，债券价值会如何变化：（1）上升50个基点；（2）上升100个基点；（3）上升200个基点。也就是说，经理想估算如果市场收益率从6%增加到6.5%、7%或8%，债券头寸价值将会发生什么样的变化。因为这是一个无期权的债券，所以可直接估算。在接下来的例子中，将分别用每一种市场收益率来折现各笔现金流量。换句话说，为了简化计算，假设收益率曲线是平坦的（即便那个假设并不是完全适合这些例子）。图表7—1显示了每100美元面值债券的价格和1 000万美元头寸的市场价格，以及新的市场价值和变化百分比。

投资组合中的每一种债券都是基于特定的情境定价，投资组合的整体价格也是基于特定的情境计算。假设一个经理有以下两种无期权债券的投资组合：（1）票面利率为6%的5年期债券；（2）票面利率为9%的20年期债券。5年期债券的持有总面值是500万美元，每份债券价格为104.3706美元，对应的收益率为5%。20年期债券的持有面值为1 000万美元，其价格是134.6722美元，对应的收益率为6%。假设那个经理想要估算5年期收益率和20年期收益率同时提高0.5%、1%或2%时投资组合的利率风险。图表7—2显示了对应的利率风险敞口。表中的a部分和b部分分别表示三种情境下5年期债券和20年期债券的市场价格，c部分表示在三种情境下债券投资组合的市场价格和市价变化百分比。

图表7—1 **全面估价法评估三种情况债券组合利率风险**

当前债券头寸：票面利率为9%的20年期债券（无期权）

价格：134.6722美元

到期收益率：6%

持有面值：1 000万美元

头寸的市场价格：13 467 220美元

情境	收益率变化（基点）	新收益率	新价格（美元）	新市场价值（美元）	市场价值变化百分比（%）
1	50	6.5%	127.7606	12 776 050	−5.13
2	100	7.0%	121.3551	12 135 510	−9.89
3	200	8.0%	109.8964	10 989 640	−18.40

图表7—2

假设收益率曲线平行上升的三种情境下，两种债券组合（无期权）利率风险的全面估价法

表a

债券1：票面利率为6%的5年期债券　　面值：5 000 000美元

初始价格：104.3760美元　　初始市场价值：5 218 800美元

收益率：5%

情境	收益率变化（基点）	新收益率	新价格（美元）	新市场价值（美元）
1	50	5.5%	102.1600	5 108 000
2	100	6.0%	100.0000	5 000 000
3	200	7.0%	95.8417	4 792 085

表b

债券2：票面利率为9%的20年期债券　　面值：10 000 000美元

初始价格：134.6722美元　　初始市场价值：13 467 220美元

收益率：6%

情境	收益率变化（基点）	新收益率	新价格（美元）	新市场价值（美元）
1	50	6.5%	127.7605	12 776 050
2	100	7.0%	121.3551	12 135 510
3	200	8.0%	109.8964	10 989 640

表c

初始组合市场价值：18 686 020.00美元

情境	收益率变化（基点）	市场价值			市场价值变化百分比（%）
		债券1（美元）	债券2（美元）	组合（美元）	
1	50	5 108 000	12 776 050	17 884 020	−4.29
2	100	5 000 000	12 135 510	17 135 510	−8.30
3	200	4 792 085	10 989 640	15 781 725	−15.54

在图表 7—2 中，假设 5 年期和 20 年期市场收益率的变化幅度相同。全面估价法同样可以处理两种债券的收益率曲线不是等幅度变化的情形。图表 7—3 说明了在这种情况下如何对上述的债券投资组合进行全面估价分析。这种分析情形是不同债券各自收益率变化幅度不相同的收益率曲线变化的情况。在图表 7—3 中，假定 5 年期和 20 年期的收益率发生以下变化：

情境	5 年期收益率变化（基点）	20 年期收益率变化（基点）
1	50	10
2	100	50
3	200	100

图表 7—3 的最后一组显示每一情境下投资组合的市场价格变化。

图表 7—3　**假设收益率曲线非平行上升的三种情境下，两种债券组合（无期权）利率风险的全面估价法**

表 a

债券 1：票面利率为 6% 的 5 年期债券　　面值：5 000 000 美元
初始价格：104.3760 美元　　初始市场价值：5 218 800 美元
收益率：5%

情境	收益率变化（基点）	新收益率	新价格（美元）	新市场价值（美元）
1	50	5.5%	102.1600	5 108 00
2	100	6.0%	100.0000	5 000 000
3	200	7.0%	95.8417	4 792 085

表 b

债券 2：票面利率为 9% 的 20 年期债券　　面值：10 000 000 美元
初始价格：134.6722 美元　　初始市场价值：13 467 220 美元
收益率：6%

情境	收益率变化（基点）	新收益率	新价格（美元）	新市场价值（美元）
1	10	6.1%	133.2472	13 324 720
2	50	6.5%	127.7605	12 776 050
3	100	7.0%	121.3551	12 135 510

表 c

初始组合市场价值：18 686 020.00 美元

情境	市场价值			市场价值变化百分比（%）
	债券 1（美元）	债券 2（美元）	组合（美元）	
1	5 108 000	13 324 720	18 432 720	-1.36
2	5 000 000	12 776 050	17 776 050	-4.87
3	4 792 085	12 135 510	16 927 595	-9.41

全面估价法似乎比较直接。如果有一个好的估价模型可以评估收益率曲线平行或不平行变动时投资组合和单个债券的价值将如何变化，就可以评估投资组合利率风险。

当运用全面估价法时，经常出现的问题就是：究竟应该用哪一种情境来评估利率风险。对于一些被管制的实体，经常会有监管者指定的情境。例如，监管者通常要求存款机构确定当利率（向上或者向下）变化1%、2%或3%时，对他们的债券组合的价值产生何种影响。监管机构倾向认为这是“模拟”利息的变化情况，而非情境分析。风险管理者和高度杠杆投资者（如对冲基金）往往倾向于根据极端情境来估计利率变动的风险。这种做法称为压力测试（stress testing）。

当然，在评估收益率曲线变化如何影响投资组合风险敞口时，有大量的情境可供评估。最先进的分析技术是：采用复杂的统计程序对历史数据进行处理，以确定一组收益率曲线变化情境的相似集。①

本章似乎可以到此为止。我们可以用全面估价法来评估利率变化导致的债券及投资组合的风险，但一个必须不断重复的前提是——经理人有良好的估值模型来估计在每个利率变化情境下债券将会是什么价格。不过，不能仅仅满足于此。事实上，本章的后文部分比该部分篇幅大得多。为什么？因为全面评估过程很耗费时间，尤其是投资组合包含大量债券时，即使只包括少数复杂债券（即有嵌入期权的债券）时也是如此。虽然全面估价法值得推荐，但是经理更想要一个简单的方法以了解当利率处于平行变化状态时，不同债券的价格如何波动，而不是必须重新估价整个投资组合。第 2 章提到了这种方法——久期。本章 7.4 节和 7.5 节将分别讨论这种方法和另一种辅助方法（凸性）。为了给理解这些方法的局限性奠定基础，7.3 节将介绍债券价格波动的基本特征。事实上，使用一种或两种方法来描述债券头寸或组合的利率风险存在着不足。这些方法只是为估计利率风险提供了一个起点。

7.3 债券价格波动特征

第 2 章描述了影响债券价格波动的特征：(1) 到期期限；(2) 票面利率；(3) 嵌入期权的存在。我们也解释了收益率水平如何影响价格波动。本节将更进一步地研究债券的价格波动。

7.3.1 无期权债券价格波动特征

让我们从无期权债券开始（即无嵌入期权的债券）。无期权债券的一个根本特征就是债券价格与收益率呈反方向变动。图表 7—4 以 4 种面值 100 美元的债券为例说明了这一特征。

图表 7—4 **4 种无期权债券的价格/收益率关系**

收益率（%）	价格（美元）			
	6%/5 年	6%/20 年	9%/5 年	9%/20 年
4.00	108.9826	127.3555	122.4565	168.3887
5.00	104.3760	112.5514	117.5041	150.2056
5.50	102.1600	106.0195	115.1201	142.1367
5.90	100.4276	101.1651	113.2556	136.1193
5.99	100.0427	100.1157	112.8412	134.8159

① 使用的统计程序是主成分分析。

续图表

收益率（%）	价格（美元）			
	6%/5年	6%/20年	9%/5年	9%/20年
6.00	100.0000	100.0000	112.7953	134.6722
6.01	99.9574	99.8845	112.7494	134.5287
6.10	99.5746	98.8535	112.3373	133.2472
6.50	97.8944	94.4479	110.5280	127.7605
7.00	95.8417	89.3225	108.3166	121.3551
8.00	91.8891	80.2072	104.0554	109.8964

图表7—5显示了无期权债券的价格/收益率关系的图形。需注意的是，由于收益率提高，无期权债券的价格下降。然而，这个关系不是线性的（即不是直线关系）。任何无期权债券价格/收益率的关系是凸的。这个价格/收益率的关系反映了必要收益率的瞬间变化。

图表7—5　　**无期权债券价格/收益率的关系图**

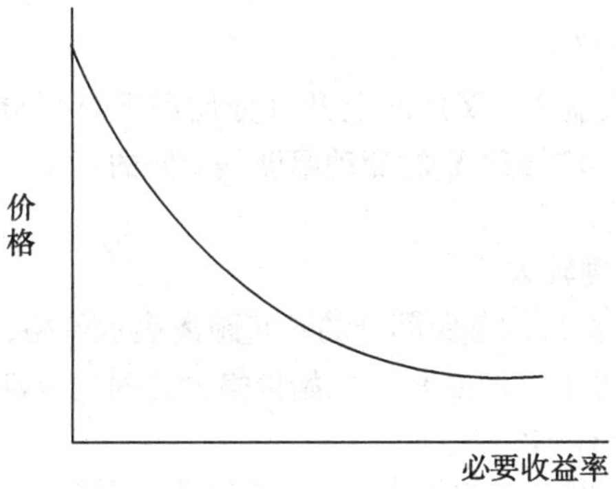

最高价格=未贴现现金流量合计

债券价格对利率波动的敏感性可以用价格变动金额或价格变动百分比来衡量。图表7—6显示了图表7—4中4种债券在不同收益率波动下的价格变化百分比，假设4种债券最初收益率都是6%。通过图表7—6可以显示出无期权债券价格波动的下述特性：

特性1：虽然价格以收益率变化的相反方向波动，但并不是所有债券的价格变化百分比都相同。

图表7—6　　**4种债券的价格变化百分比（假设4种债券的初始收益率均为6%）**

新收益率（%）	价格变化百分比（%）			
	6%/5年	6%/20年	9%/5年	9%/20年
4.00	8.98	27.36	8.57	25.04
5.00	4.38	12.55	4.17	11.53
5.50	2.16	6.02	2.06	5.54
5.90	0.43	1.17	0.41	1.07
5.99	0.04	0.12	0.04	0.11
6.01	-0.04	-0.12	-0.04	-0.11
6.10	-0.43	-1.15	-0.41	-1.06
6.50	-2.11	-5.55	-2.01	-5.13
7.00	-4.16	-10.68	-3.97	-9.89
8.00	-8.11	-19.79	-7.75	-18.40

特性2： 若收益率波动较小，无论收益率是增加还是减少，特定债券价格变动百分比是大致相同的。

特性3： 若收益率波动较大，那么收益率上升时和下降时的债券价格变化百分比就会不同。

特性4： 收益率发生大幅波动时，价格增加的百分比大于价格下降的百分比。

虽然这些特性是通过价格变化百分比来说明的，但对价格变动金额来说，这些特性同样成立。

解释最后两个债券价格波动特性要利用价格/收益率关系的凸性。图表7—7阐述了这一点，以下是图中符号的含义：

Y = 初始收益率

Y_1 = 较低的收益率

Y_2 = 较高的收益率

P = 初始价格

P_1 = 收益率为 Y_1 时的价格

P_2 = 收益率为 Y_2 时的价格

在图表7—7中，初始收益率（Y）的上升百分比和下降百分比是相等的。也就是说，收益率从Y降至 Y_1 以及由Y增加到 Y_2 的变动幅度是相同的：

$$Y - Y_1 = Y_2 - Y$$

同时，收益率的变化幅度较大。

横轴（代表收益率）到图形的截距部分的垂直距离表示价格，当收益率从Y降低到 Y_1 时，原始价格（P）的变动等于新价格 P_1 与原始价格P之间的差额，即：

收益率下降时的价格变动 = $P_1 - P$

当收益率从Y增加到 Y_2 时，原始价格（P）的变动等于新价格 P_2 与原始价格P之间的差额，即：

收益率上升时的价格变动 = $P_2 - P$

如图表7—7所示，收益率下降或上升的百分比相同，但债券价格波动却不同，即：

$$P_1 - P \neq P_2 - P$$

这正是特性3的含义。

比较债券价格变化可以发现，收益率下降时价格变化大于收益率上升时的价格变化，即：

$$P_1 - P > P_2 - P$$

这就是特性4。

特性4的含义是：对债券持有者来说，收益率下降时实现的资本利得大于收益率同等幅度上升时产生的资本损失。对债券空头方（即卖空手中并没有的债券）来说，情况恰好相反：如果收益率变化相同的幅度，潜在资本损失大于潜在资本利得。

价格/收益率关系图的凸性会影响特性4。与图表7—7相比，图表7—8中价格/收益率关系的凸曲度较小，也就是说，图表7—8中价格/收益率关系曲线的弯曲度小于图表7—7。请注意由于凸性差异，当收益率增加或减少相同数目的基点和收益率的变化幅度较大时，会发生什么变化。我们在图表7—8和图表7—9中使用与图表7—7同样的符号标记。需注意的是，虽然收益率下降时导致价格上升大于收益率提高产生的价格下降，但是差额并不大。相反，图表7—9表示的债券比图表7—7和图表7—8更具有凸性，所以利率变动相同幅度价格上升和下降之间的差额要显著大于图表7—7和图表7—8中表示的债券。

图表7—7 无期权债券特性3和特性4的图形说明

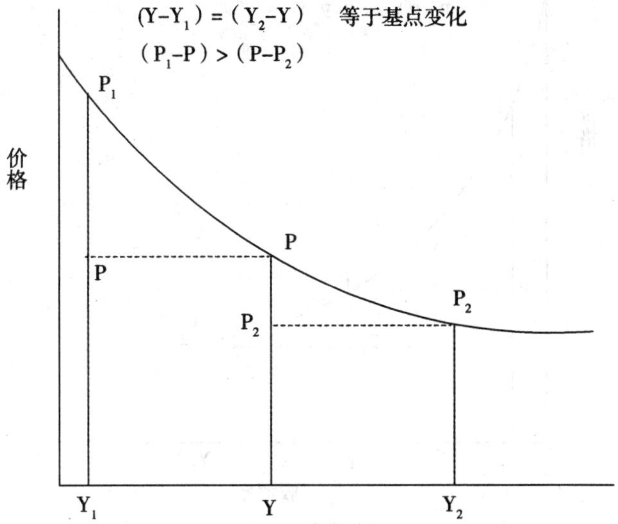

图表7—8 凸性对特性4的影响：凸性较小债券

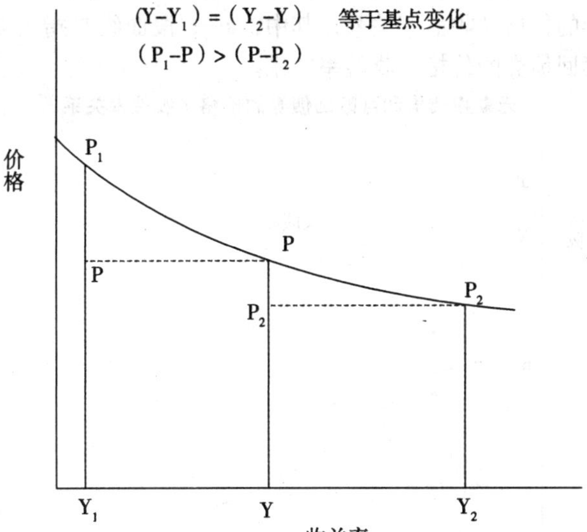

7.3.2 嵌入期权债券的价格波动

现在开始讨论嵌入期权债券的价格波动。正像在前面章节中所解释的，嵌入期权的债券价格包括两部分：一部分是无期权债券的价格；另一部分是嵌入期权的价值。换句话说，嵌入期权的债券价格等于无期权债券价格加上或减去嵌入期权的价值。

最常见的两种类型的嵌入期权是赎回（或提前偿付）期权和回售期权。随着市场利率下跌，发行人可以在预定的本金归还日期前赎回或提前偿付债务。另外一种期权是回售期权。这个期权使投资者有权要求发行人以特定的价格购买债券。下面将讨论两种嵌入期权（赎回期权和回售期权）债券的价格/收益率关系以及价格波动的内涵。

图表 7—9　　凸性对特性 4 的影响：凸性较大债券

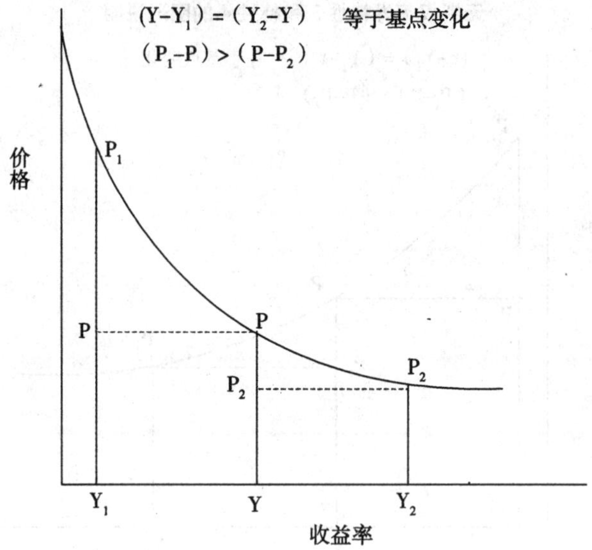

1. 含赎回期权和提前偿付期权的债券

在下面的讨论中，我们将谈到可赎回债券或可提前偿付的债券。图表 7—10 显示了无期权债券和可赎回债券的价格 / 收益率关系，其中，a—a′段曲线是指无期权债券，而 a—b 段不规则曲线则是可赎回债券的价格 / 收益率关系。

图表 7—10　　无期权债券和可赎回债券的价格 / 收益率关系

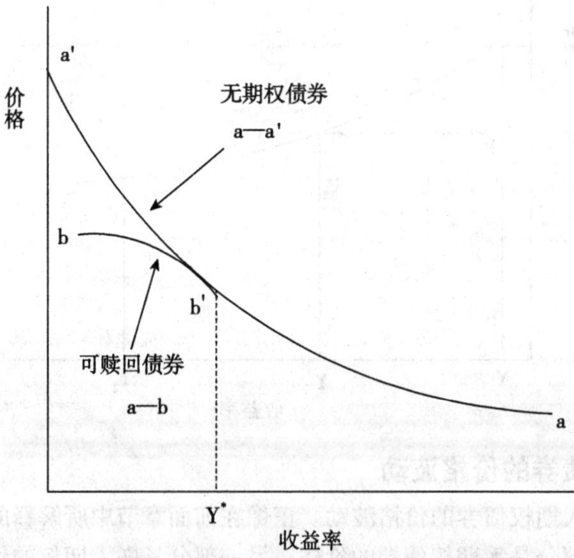

赎回债券价格/收益率关系原理如下：当可比的债券的市场收益率高于可赎回债券的票面利率时，发行人是不太可能提前赎回的。例如，如果债券的票面利率是 7%，而可比的债券当前的市场收益率是 12%，发行人不可能会发行利率 12% 附息债券来赎回利率 7% 的附息债券。由于债券不大可能被赎回，可赎回债券将与其他的类似的无期权债券有相似的价格 / 收益率关系。因此，可赎回债券会被当做无期权债券来估价。不过，由于赎回期权仍然有一些价值，所以可赎回债券不会完全按照无期权债券的价格进行交易。①

当市场收益率下跌时，投资者会担心发行方可能赎回债券。市场利率刚好低于票面利率时，发行方不一定马上赎回。因此，当收益率从较高的水平下降接近票面利率时，嵌入看涨期权的价值会增加。例如，如果债券的票面利率是7%，市场收益率下降至7.5%，发行人很可能不会赎回债券。然而，此时的市场收益率会让投资者产生担忧：如果市场利率进一步下降，发行方最终将赎回债券。就赎回期权的价值而言，此时该期权对发行方更有利，因此也就降低了可赎回债券的价值。② 在图表7—10中，在给定的收益率下，嵌入看涨期权的价格可以通过无期权债券价格（曲线a—a′表示的价格）和曲线a—b所示价格的差额来衡量。需注意的是，收益率水平较低时（横轴上小于y^*的区间），赎回期权的价格较高。

让我们利用图表7—10的信息，比较一下可赎回债券和无期权债券的价格波动。图表7—11显示的是图表7—10中可赎回债券价格/收益率曲线与无期权债券分离的部分（图表7—10中的b—b′段）。在先前的讨论中我们知道，收益率发生大幅变动时，无期权债券价格的增幅大于跌幅（特征4）。那么，对于具有图表7—11显示的价格/收益率曲线的可赎回债券，这种情况也成立吗？不，事实并非如此，图表7—11显示的情况正好相反。也就是说，对于给定的收益率的大变化，价格增加幅度小于价格下降幅度。

图表7—11　**可赎回债券价格/收益率曲线负凸性部分**

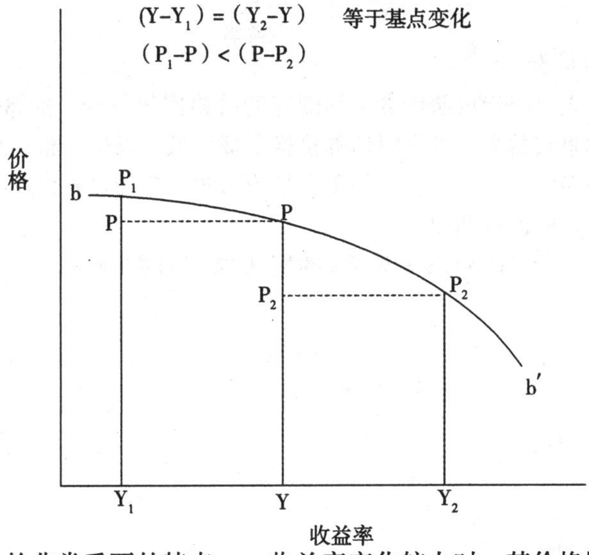

这个可赎回债券的非常重要的特点——收益率变化较大时，其价格增幅小于跌幅——被称为负凸性（negative convexity）。③ 但从图表7—10可知，可赎回债券的这一特点并不是对任何收益率水平都成立的。当收益率较高时（相对于票面利率），可赎回债券和无期权债券表现出同样的价格/收益率关系，因此，高收益率水平下，价格增加幅度大于下降幅度。因为市场参与者将图表7—11的价格/收益率关系形状称做负凸性，所以无期权债券的价格/收益率关系就叫做正凸性（positive convexity）。因此，可赎回债券在低收益率水平呈负凸性，而在高收益率水平呈正凸性，图表7—12体现了这一点。

① 这是因为未来利率仍有可能下降，债券也有可能被赎回。
② 对于熟悉期权理论的读者，这一特征也可以如此表述：当票面利率低于市场利率时，嵌入的赎回期权被称为处于“虚值状态”，反之则称为“实值状态”。
③ 数学家们称此形状为“凹”。

我们可以看出，当一个债券呈负凸性时，随着利率下降其价格上升的幅度“被压缩”。也就是说，在一个特定收益率水平上，当利率下降时，价格上升很少。当债券进入这一区域，债券被认为是“价格压抑”。

图表 7—12　　　　可赎回债券的负凸性和正凸性

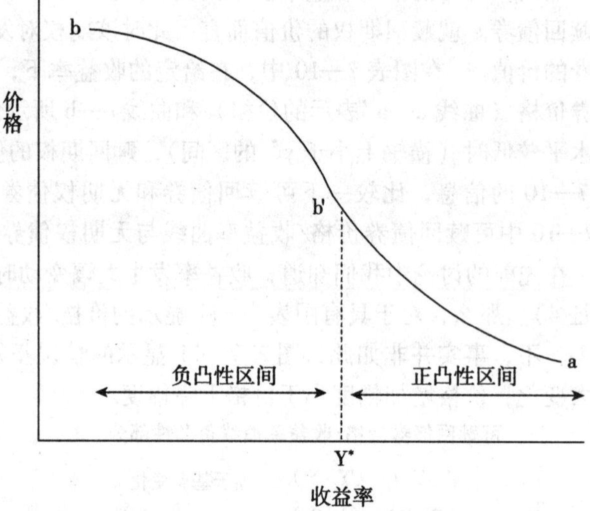

2. 嵌入回售期权债券

可回售债券持有人可能会按照债券契约规定的价格回售债券。通常回售价格就是面值。投资者的优势是：如果收益率上升使得债券价格下降至低于回售价格，投资者就可以行使回售权。如果回售价是面值，这意味着，如果市场收益率上升超过票面利率，债券的价值将低于面值，投资者就会行使回售期权。

图表 7—13　　　　可回售债券和无期权债券的价格/收益关系曲线

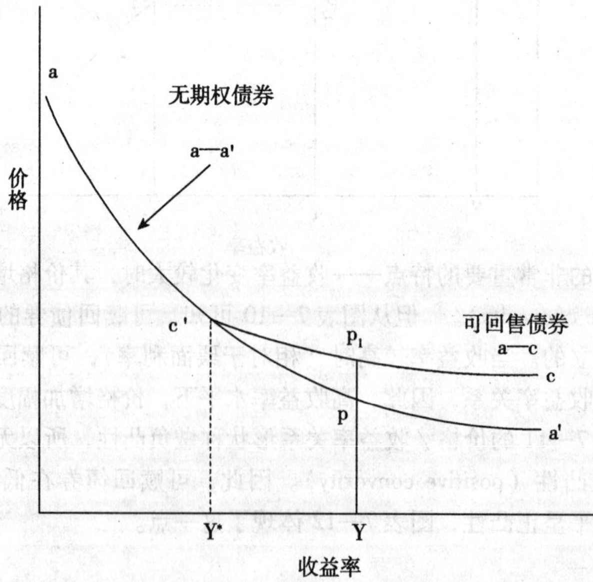

可回售债券的价值等于无期权债券的价值加上回售期权的价值。因此，可回售债券价值与其他可比的无期权债券价值的差异就是嵌入回售期权的价值。图表 7—13 体现了这一点，该图表中a—c段曲线表示可回售债券的价格/收益关系曲线，a—a′段曲线则是无期权债券的价格/收益关系曲线。

当收益率水平较低时（低于债券票面利率），可回售债券的价格基本上等于无期权债券的价格，因为此时回售期权的价值很小。随着收益率上升，可回售债券的价格逐渐下降，但其下降幅度小于无期权债券的降幅。在给定的收益率水平下（y），可回售债券与无期权债券的价格差正是回售期权的价值（P_1-P）。当收益率提高到一定水平使得债券价格可能低于回售价格时，该利率水平下的价格就是回售价格。

7.4　久期

掌握了债券价格波动性的相关背景知识后，现在来介绍一种全面估价法的替代方法：久期/凸性法。正如第2章所述，久期是债券价格对利率变化的敏感性的近似衡量。具体来说，也就是收益率变动1%引起的价格变动百分比的估计值。本节中将看到久期是价格变动百分比的一阶（线性）估计。为了提高久期的估值准确度，我们根据债券的“凸性”进行调整。因此，同时使用久期和凸性来估计利率风险的方法就称为**久期/凸性法**（**duration/convexity approach**）。

7.4.1　计算久期

第2章介绍了久期的估值公式：

$$\frac{\text{收益率下降时的债券价格}-\text{收益率上升时的债券价格}}{2\times\text{初始价}\times\text{小数形式的收益率变动}}$$

令：

Δy = 用小数表示的收益率变动

V_0 = 初始价格

V_- = 收益率下降Δy时的债券价格

V_+ = 收益率上升Δy时的债券价格

因此，久期可以表示为：

$$\text{久期}=\frac{V_- - V_+}{2\times V_0\times\Delta_y}\tag{7—1}$$

假设票面利率为9%、20年期的无期权债券的售价为134.6722美元，收益率是6%（见图表7—4）。

现在，分别令收益率上升和下降20个基点，并计算分子中的债券的新价格。

收益率从6%降至5.8%时，价格增至137.5888美元；收益率从6%升至6.2%时，价格降为131.8439美元。因此：

$\Delta y=0.002$；V_0 = 134.6722美元；V_- =137.5888美元；V_+ =131.8439美元。

进而：

$$\text{久期}=\frac{137.5888-131.8439}{2\times134.6722\times0.002}=10.66$$

在第2章里，久期被解释为当收益率变动1%时价格变动百分比的估计值。久期等于10.66表示收益率变动1%时，债券价格大约变化10.66%。

对于久期的这种解释，一个常见的问题是：在久期计算公式（7—1）中使用的收益率变动与久期的解释之间是否存在一致性。仍以前面的票面利率为9%、20 年期的无期权债券为例，计算久期时我们假设收益率波动为0.2%，进而得到公式（7—1）中分子所使用的两个价格。然而，我们却将久期表述为收益率变动1%时价格变动百分比的估计值。理由是：无论公式（7—1）中的收益率变动是多少，对久期的解释都是一样的。如果用0.25%的收益率变化来计算公式（7—1）中的分子，得到的久期仍解释为收益率变动1%时价格变动的估计百分比。稍后我们会用不同的收益率变动为例说明久期的敏感性。

7.4.2 利用久期估算价格变化百分比

第2章解释了在给定收益率变化和久期的情况下，如何估算价格变化百分比。本章将用下面的公式说明估算过程：

$$价格变化百分比的估计值 = -久期 \times \Delta y_* \times 100\% \quad (7—2)$$

式中，Δy_*就是求解估计的价格变化百分比时所依据的收益率变化（以小数表示）。[①] 公式(7—2）右边的负号表示价格与收益率之间的反向变动关系（例如，收益率提高，价格下降）。下面用两个例子来阐述如何用久期估计债券的价格变化。

例1：收益率的小幅波动。以前面提到的9年期债券为例，其交易价格为134.6772美元，久期等于10.66。收益率增加10个基点时（即$\Delta y_* = +0.001$），估计的价格变化百分比是：

$$价格变化百分比的估计值 = -10.66 \times (+0.001) \times 100\% = -1.066\%$$

该估计值是否准确呢？实际的价格变化百分比是-1.06%（收益率增加到6.10%时，价格变化如图表7—6所示）。本例中，久期很好地达到了估值目的。

当收益率下降10个基点时（即$\Delta y_* = -0.001$），用久期仍可得到较准确的价格变化百分比。此时，估计的价格变化百分比等于+1.066%（即变动数值相同，方向相反）。图表7—6中实际价格变化百分比为+1.07%。

接下来看看用久期估计新价格的准确度如何。若初始价为134.6722美元，收益率上升0.1%，则预计的价格跌幅为1.066%。也就是说，价格会降至133.2366美元，计算过程为134.6722×（1-0.01066）。图表7—4中，收益率上升0.1%后，债券的实际价格为133.2472美元。可见，用久期估计出的新价格接近于实际价格。

若收益率下降0.1%，图表7—4中的实际价格是136.1193美元，而估计价格是136.1078美元（价格上涨1.066%）。这个估计结果同样与实际价格非常接近。

例2：收益率的大幅波动。如果收益率变动幅度从0.1%增至2%时，久期估值的精确度如何。本例中，Δy_*是+0.02，代入公式（7—2）得到：

$$估计的价格变化百分比 = -10.66 \times (+0.02) \times 100\% = -21.32\%$$

此时估值的准确度如何呢？在图表7—6中，收益率上升2%达到8%后，债券的实际价格波幅为-18.40%。在这种情况下，久期估值的精确度低于收益率小幅波动的情况。若收益率降低2%，则估计的价格变化百分比等于+21.32%，而图表7—6中的实际价格变化百分比为+25.04%。

---

① 下面将解释久期计算公式（7—1）中的Δy和价格变化百分比估值公式（7—2）中的Δy_*之间的差异。在久期公式中Δy用于估计久期，同时后文也会提到，对于适度的小幅收益率变动，算出的久期仍是原值。我们称这种收益率变化为“利率震动”。确定久期之后，下一步就是估计某一收益率变动引起的价格变化百分比。公式（7—2）中，Δy_*就是求解价格变化百分比的估计值时所依据的特定的收益率变化。

同样，再看看使用久期估计新价格的效果。初始价是134.6722美元且收益率上升2%，则价格跌幅为-21.32%，新价格是105.9601美元，计算过程为134.6722×（1-0.2132）。图表7—4中对应的实际价格是109.8964美元，因此，估值结果不及收益率变化0.1%时准确。收益率下降2%时，根据久期估出的新价是163.3843美元，而实际价是168.3887美元（见图表7—4）。再一次说明了收益率波幅增大时，用久期估计价格变化的精确度会降低。需注意的是，无论收益率提高2%还是降低2%，久期都会低估新的价格。下面简单地介绍一下原因。

下面是关于应用久期来估计价格变化百分比的结论：

收益率变化（基点）	初始价格（美元）	新价格（美元）		价格变化百分比（%）		结论
		基于久期	实际	基于久期	实际	
+10	134.6722	133.2366	133.2472	-1.066	-1.06	估计价格接近新价格
-10	134.6722	136.1078	136.1193	+1.066	+1.07	估计价格接近新价格
+200	134.6722	105.9601	109.8964	-21.320	-18.40	低估新价格
-200	134.6722	163.3843	168.3887	+21.320	+25.04	低估新价格

这些是否让你感到诧异？在学习了本章7.3节和估值公式（7—2）中关于价格/收益关系特征的内容之后，你不应该觉得意外。回顾一下公式（7—2），注意无论收益率上升还是下降，价格变化百分比的估计值都是数值相同，符号相反。这与收益率变动时，无期权债券价格波动的特性3和特性4相违背。前文中，特性3指出，当收益率增加或减少相同的基点且波幅很大时，价格变化百分比并不相同；特性4则指出价格变化百分比的增幅大于其跌幅。以上两点解释了收益率变动2%时估值不准确的原因。

为什么收益率只变动0.1%时，用久期可以准确估计价格变化百分比？回忆一下特性2，若收益率波动较小，无论收益率是增加还是减少，价格变化百分比是大致相同的。我们也可以用价格/收益关系曲线解释这些结论。

7.4.3　根据久期估计价格波动的图示

7.3节用价格/收益关系曲线图证明了债券的价格波动特征。同样，我们也可以用曲线图说明从前例中研究得出的结论，以及其他值得注意的问题。

无期权债券的价格/收益关系曲线是凸的，图表7—14体现了这一关系。在图表7—14中，在曲线上收益率为y^*的点作一条切线。（对于不熟悉切线概念的读者，可以这样理解：切线是在相关（局部）范围内，与曲线只有一个交点的一条直线。图表7—14中，切线与曲线相交于收益率为y^*、价格为p^*的点。）切线的作用是估计收益率变化时的新债券价格。如图表7—14所示，如果我们画一条任意收益水平（位于横轴）下的垂线，则横轴与切线之间的距离就代表了初始收益率为y^*、利用久期得出的债券的估计新价格。

现在来研究一下这条切线与久期之间的相关性。给定初始价格和收益率变化之后，切线可以告诉我们某债券的估计新价格。然后，我们就可以算出对应的估计价格变化百分比。而这恰好等于通过公式（7—2）算出的结果：给定收益率变化下价格变化百分比的估计值。因此，使用切线或公式（7—2）可以得到相同的价格变化百分比。

图表 7—14 **无期权债券的价格/收益关系曲线及切线**

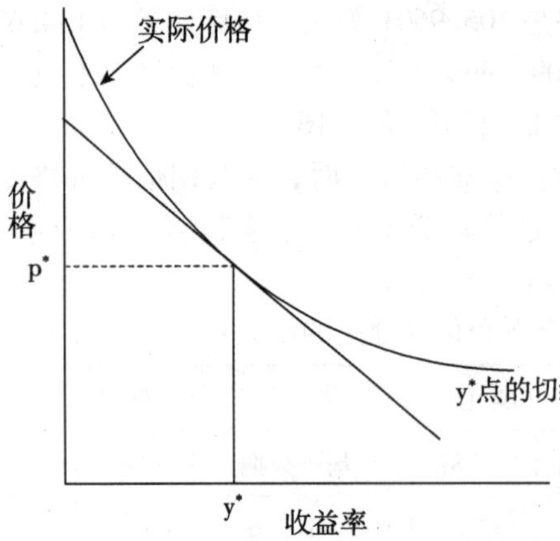

这一点有助于我们理解：为什么收益率发生小幅变动时，久期可以有效地估计价格变化百分比或新的价格。在图表 7—15 中，收益率发生微小变化时，切线并没有明显偏离价格/收益关系曲线。因此，当收益率提高或降低 0.1% 时，切线可以准确估计新的价格，正如我们之前以数值为例所证明的一样。

图表 7—15 **利用切线估计新价格**

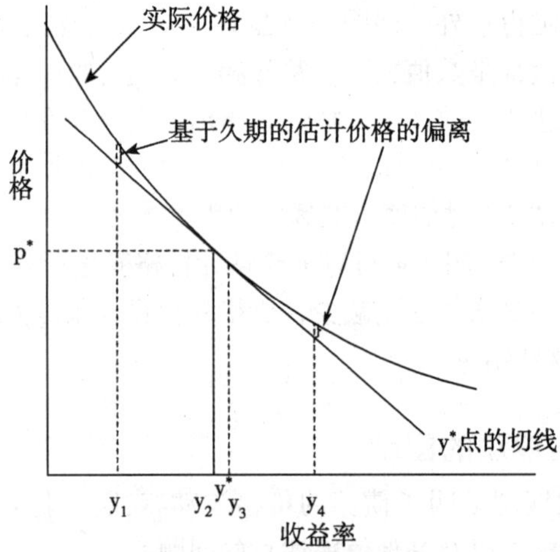

图表 7—15 表明收益率发生较大变动时，用切线进行估值的结果如何。需注意的是，随着收益率逐渐偏离初始数值，估计误差也会进一步扩大。债券凸性越大，估值的精确度越低，图表 7—16 证明了这一点。

同时还应注意的是：无论收益率变动的数值是多少，切线总是会低估无期权债券的新价格，因为切线在价格/收益关系曲线的下方。这就解释了在例证中，使用久期为什么会低估债券的实际价格。

图表 7—17 显示的是无期权债券的久期估值结果。当我们处理复杂的证券时，无法反映市场上可能将发生的利率变动类型的微小的利率变化，就不能用于确定价格的变化。这是因为在处理含嵌入期权的债券时，预期现金流量可能会变化。相比之下，如果使用较大的利率变化，我们就会面临由凸性不对称引起的问题。对于嵌入期权债券来说，利率变化大甚至可能导致预期现金流量的剧烈变化，这种变化与利率波动小时的预期现金流量变化截然不同。

图表7—16　　利率大幅变动时，为凸性不同的债券估计新价格

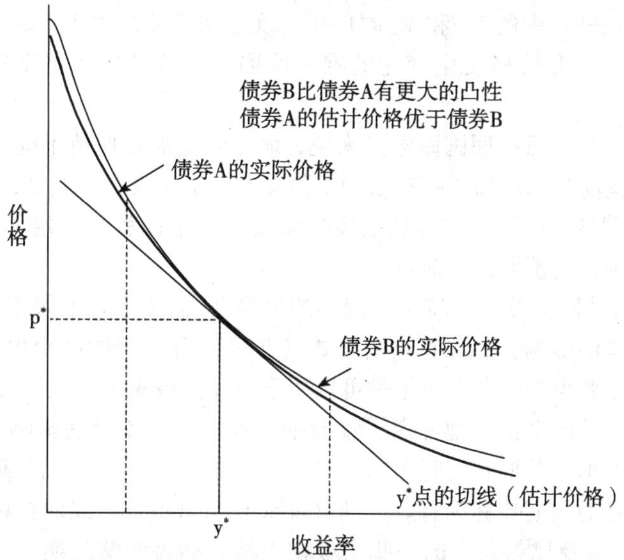

图表7—17　　不同利率变动幅度下的久期估值（假设初始收益率为6%）

债券	1个基点	10个基点	20个基点	50个基点	100个基点	150个基点	200个基点
6%/5年	4.27	4.27	4.27	4.27	4.27	4.27	4.27
6%/20年	11.56	11.56	11.56	11.57	11.61	11.69	11.79
9%/5年	4.07	4.07	4.07	4.07	4.07	4.08	4.08
9%/20年	10.66	10.66	10.66	10.67	10.71	10.77	10.86

对于复杂证券的利率微小变化处理还有一个潜在问题。代入久期公式（如公式(7—2)）的债券价格是根据定价模型推导出来的。久期度量法关键取决于定价模型。如果利率变化较小，而且使用了不合格的定价模型计算公式（7—1）所需的价格，那么，用不准确的估计价格除以利率的微小变化（包含在分母中）将对久期的估值质量产生重大影响。

7.4.4 利率波动和久期估计

用公式（7—1）计算久期时，需将利率增加或减少相同基点，以获得 V_- 和 V_+。在范例中我们随意选择了20个基点。但是，利率变化应该达到多少？也就是说，应该让利率波动多少个基点呢？

图表7—17显示了利率波动范围从0.01%到2%时，用公式（7—1）估算出的四种假设债券的久期。其中，两种5年期债券的久期不受利率波动大小的影响，它们的凸性低于另外两种20年期的债券。不过，即使是20年期债券，在图表7—17列示的利率波动幅度下，其久期也没有因较高凸性受到很大影响。

在实践中，分析系统的开发商和经销商是怎么做的呢？每个系统开发者会根据利率变动的历史数据推导出合理的利率波动，然后将这些数值用于分析系统。

7.4.5 修正久期与有效久期

实践中使用的一种久期形式是修正久期（modified duration）。修正久期是指：假设债券

的预期现金流量不随收益率变动，当收益率变化1%时，债券的估计价格变化百分比。这意味着，计算公式（7—1）中的 V_- 和 V_+ 时使用的现金流量就是用于计算 V_0 的现金流量。所以，收益率变动时，债券价格发生变化的唯一原因是新收益率水平下的现金流量贴现值变化。

对无期权债券（如不可赎回国库券）来说，假定现金流量保持不变是有道理的。因为，即使利率变化，美国财政部对债券持有人的偿付义务也不会改变。但是，对于含嵌入期权的债券（例如可赎回债券、可回售债券和抵押担保债券）来说就不一定了。收益率的变化可能会显著改变这些证券的预期现金流量。

7.3 节给出了可赎回债券和提前偿付债券的价格/收益关系。如果不能清楚分辨收益率变化对预期现金流量的影响，那么算出的公式（7—1）分子中的两个价格就无法准确代表价格的实际变化。由此得到的久期也不是可以用于估计价格变化的合理数值。

一些嵌入期权债券的定价模型考虑了收益率变动对现金流量的影响。如果 V_- 和 V_+ 是用这些公式得到的，那么久期就同时考虑了按不同利率贴现的影响和预期现金流量变化的影响。以这种方式计算的久期被称为有效久期（effective duration）或期权调整久期（option - adjusted duration）（雷曼兄弟在它的一些出版物中将其称为调整久期（adjusted duration））。图表 7—18 概括了修正久期和有效久期之间的区别。

图表 7—18　　修正久期和有效久期

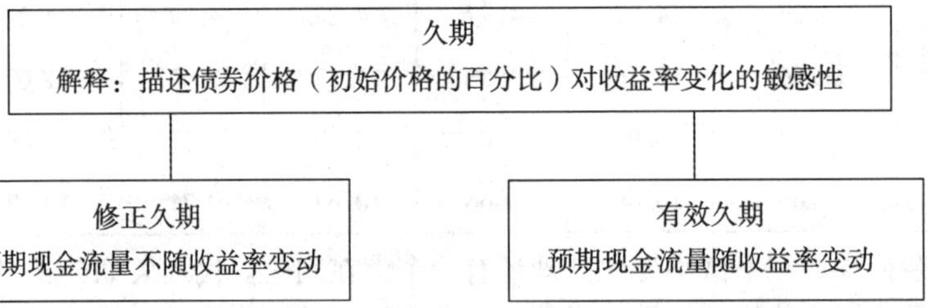

含嵌入期权债券的修正久期和有效久期之间可能存在着显著差异。比如，一种可赎回债券的修正久期是5，但有效久期只是3。对于特定的抵押担保债券，修正久期是7，有效久期却达到20。因此，在衡量嵌入期权债券的价格对收益率波动的敏感性时，使用修正久期会让人产生误解，而有效久期是更合适的衡量方法。

7.4.6　麦考利久期和修正久期

比较修正久期和另一种久期——麦考利久期（Macaulay duration）的关系是很有意义的。修正久期可表示如下：①

$$修正久期 = \frac{1}{(1 + 收益率/k)}\left(\frac{1 \times PVCF_1 + 2 \times PVCF_2 + \cdots + n \times PVCF_n}{k \times 价格}\right) \qquad (7—3)$$

其中：

k = 每年付息次数（例如，半年付息债券的 k = 2，按月付息债券的 k = 12）

n = 到期日前的期数（即到期日前的年数乘以 k）

收益率 = 债券的到期收益率

$PVCF_t$ = 第 t 期的现金流量按到期收益率折现的现值，t = 1，2，…，n

① 更具体地说，这个公式计算的是债券在每年计息日的修正久期。

我们知道，久期反映了收益率变动时债券的估计价格变化百分比。

在修正久期公式（7—3）中，括号里的表达式是由 Frederick Macaulay 于 1938 年提出的。[①] 这种衡量方法被普遍称为麦考利久期。所以，修正久期通常表示为：

$$修正久期 = \frac{麦考利久期}{(1 + 收益率/k)}$$

公式（7—1）给出的久期的一般公式提供了计算债券修正久期的快捷方法。因为这种快捷方法计算简便，所以大部分分析系统的经销商舍弃公式（7—3）而用公式（7—1）来节约计算时间。

但是，用修正久期计量嵌入期权债券的利率风险是有缺陷的，麦考利久期也一样。久期公式（7—3）会误导使用者，因为它掩盖了一个事实：对于嵌入期权的债券，必须辨认出其预期现金流量的变化。虽然对无期权债券来说，公式（7—3）可以得出与公式（7—1）相同的价格变化百分比，但公式（7—1）仍是更优的选择，因为它承认债券现金流量和价值会因收益率变化而变化。

7.4.7　久期的解释

纵观全书，久期的定义是：当收益率变动1%时，价格变动百分比的估计值。对于使用久期的经理和投资者，最相关的信息就是久期的定义。事实上，只要理解久期的定义，就能很容易地算出债券价值变化。

假设有一份售价 134.6722 美元、票面利率 9%、20 年期的债券，我们想知道收益率变动 50 个基点时，该债券的价格大约变化多少。由于久期等于 10.66，100 个基点的收益率变动会带动价格变化 10.66%。当收益率波动 50 个基点时，价格大约变化 5.33%（10.66%/2）。因此，如果收益率提高 0.5%，价格就会从 134.6722 美元降至 127.4942 美元，跌幅为 5.33%。

现在，让我们看看在资料中出现的以及投资经理与客户交谈时提到的久期的其他定义或解释。

1. 久期是“一阶导数”

有时市场参与者会将久期称为“价格/收益函数的一阶导数”或简称为“一阶导数”。这听起来让人印象深刻。首先，这里的“导数”不是“衍生工具”（即期货、互换、期权等）。上下文中提到的导数是用微积分的方法对数学函数求微分得到的。数学中有一阶导数、二阶导数等。当市场参与者说久期是一阶导数时，就是指这种数学上的意义。一阶导数计算的是曲线的斜率——如图表 7—14 中切线的斜率。如果我们能够写出一种债券的可导数学等式，那么对这个等式做一次微分运算就得到一阶导数。即使你不知道微分过程，看起来也相当棒，因为这种定义暗示着你懂得微积分。虽然一阶导数对久期的解释是正确的，但是它无助于理解债券利率风险的意义。也就是说，它是一种没有实际操作意义的解释方式。

为什么这种解释没有实际操作意义呢？回到前例中的久期为 6、总额 1 000 万美元的债券头寸。假设客户关心的是债券的利率风险，现在你告诉他债券的久期是 6，并且这就是债券价格函数的一阶导数。实际上你并没有向客户提供足够的信息。相反，应该告知客户久期是 6，而久期是估计的债券价格对利率变动 1% 的敏感性。这样，就向客户提供了与利率风险更相关的信息。

---

① Frederick Macaulay, *Some Theoretical Problems Suggested by the Movement of Interest Rates, Bond Yields, and Stock Prices in the U. S. Since* 1856 (New York: National Bureau of Economic Research, 1938).

2. 久期是时间的某种度量

当 Macaulay 于 1938 年首次提出久期的概念时，他是将久期作为债券流通在外时间的度量。具体来说，Macaulay 把久期定义为债券的各期利息和本金支付时间的加权平均值。后来，人们总是把久期当作时间期限来考虑，即年数。这种观点是极不合适的，原因有二。

首先，从量纲的角度来看，将久期表示为年数并无不妥，因为以年数作为数值量纲是恰当的。然而，正确的解释应该是：久期是零息债券的价格波动性，该零息债券的加权平均到期年限是久期所表示的年数。因此，当经理人说久期是 4 年时，仅仅关注 4 年的加权平均到期时间没有意义，而是应当理解成 4 年期零息债券具有的利率风险。

其次，从时间角度考虑久期会使经理和投资者在理解某些复杂证券的久期时变得困难。这里有一些例子。对于只收取利息的抵押贷款支持证券（即只收到利息支付而不是本金支付），其久期为负值。那么“-4”表示什么呢？从价格变化百分比的角度考虑，它意味着：当利率变化 1% 时，债券价格会变化 4%，但是两者变化方向相同。

第 2 个例子是担保抵押债务市场中创造的反向浮动利率证券，其背后潜在的抵押物可能是还有 25 年到期的贷款。不过，反向浮动利率证券的久期很可能超过 25 年。对于那些从时间定义角度看待久期的经理和客户来说，这是没有意义的。

最后，我们考虑一种衍生工具，比如一项将在 1 年后过期的期权。假设报告的久期是 60，这意味着什么呢？对于从时间角度解释久期的人，这是否指 60 年、60 天、60 秒？以上都不是答案。它仅仅是说：这项期权趋向于具有与 60 年期零息债券相同的利率变动价格敏感性。

3. 忘记一阶导数和时间定义

当我们用年数角度（零息债券的价格波动性）或一阶导数定义久期时，不需要关心在技术上是否正确。甚至有些人把久期解释成证券的“半衰期”。[①] 依据后文中描述的限制条件，久期衡量的是证券的价格对利率波动的敏感性。随着讨论的深入，我们将会不断完善这个定义。

这种利率风险衡量方法的使用者感兴趣的是，久期能告诉他们关于债券（或组合）的利率风险的哪些信息。久期向投资者提供了一种当利率有潜在波动时，对价格风险或价格变化百分比的预期。现在，看看下面一位持有久期为 4 的投资组合的客户的定义方式，并找出该客户最佳的利率波动时投资组合的利率风险的定义。

定义 1：久期为 4 表明当利率变动 100 个基点时，投资组合的价值大约会变化 4%。

定义 2：久期是组合中的债券的价格函数的一阶导数。

定义 3：久期是收回投资组合现值的加权平均回收年数。

定义 1 显然是更可取的。期望客户能更好地理解后两种定义可能是不现实的。

更重要的是，将久期解释为债券价格对利率波动的价格变化敏感性度量，可以方便投资经理在特定假设条件下根据不同债券的利率风险比较各种债券。

7.4.8 组合久期

投资组合的久期可以通过计算组合中债券的加权平均久期得到。各债券的权数是该债券在投资组合中所占的比例。精确地说，一个组合的久期可按下式计算：

$$w_1D_1 + w_2D_2 + w_iD_i + \cdots + w_KD_K$$

① “半衰期”是指一种元素减少到其初始价值的一半所需的时间。

其中：

w_i = 债券 i 的市值/组合的市值

D_i = 债券 i 的久期

K = 投资组合包含的债券种数

下面举例说明该公式，考虑下面的三份无期权债券构成的组合：

债券	价格（美元）	收益率（%）	持有面值（美元）	市值（美元）	久期
10%，5 年期	100.0000	10	4 000 000	4 000 000	3.861
8%，15 年期	84.6275	10	5 000 000	4 231 375	8.047
14%，30 年期	137.8586	10	1 000 000	1 378 586	9.168

本例中，假定各债券的下一利息支付日恰好是现在起 6 个月之后（即不存在应计利息）。该组合的市值是 9 609 961 美元。由于债券不附期权，我们可以使用修正久期。下面给出了每 100 美元面值债券的市价、收益率和久期：

例证中 K 等于 3，同时：

$w_1 = 4\ 000\ 000/9\ 609\ 961 = 0.416$　　　　$D_1 = 3.861$

$w_2 = 4\ 231\ 375/9\ 609\ 961 = 0.440$　　　　$D_2 = 8.047$

$w_3 = 1\ 378\ 586/9\ 609\ 961 = 0.144$　　　　$D_3 = 9.168$

该组合的久期等于：

$0.416 \times 3.861 + 0.440 \times 8.047 + 0.144 \times 9.168 = 6.47$

组合久期为 6.47 意味着：各债券的收益率变化 1%，该组合的市价将大约变化 6.47%。但是必须记住，各债券的收益率必须变动 1%，久期衡量法才能发挥效用（换言之，收益率曲线必须平行移动）。这是一个非常关键的前提，必须牢牢记。

计算久期的另一种可选方法是：先算出在给定组合中各债券收益率变动的条件下，债券的价格变动金额，再把所有的价格变动金额加总。用价格变动总和除以组合的初始市值，就得到价格变化百分比，该数值经调整后可得到组合久期。

例如，考虑前例中 3 种债券的组合。假设我们用各种债券的久期为基础计算收益率变动 0.5% 时 3 份债券的价格变动额：

债券	市值（美元）	久期	收益率变动 0.5% 时的价值变动（美元）
10%，5 年期	4 000 000	3.861	77 220
8%，15 年期	4 231 375	8.047	170 249
14%，30 年期	1 378 586	9.168	63 194
		合计	310 663

因此，所有债券的收益率变动 0.5%，会使债券组合的市值变化 310 663 美元，由于组合的市值为 9 609 961 美元，0.5% 的收益率变动会导致价值变化 3.23%（310 163 ÷ 9 609 961）。由于久期也表示利率变化 1% 时价格的百分比变化估计值，所以这也意味着组合久期是 6.46（3.23 × 2）。这与前面求得的组合久期是一致的。

7.5 凸性调整值

用久期表示，无论利率上升还是下降，价格变化百分比估计值都是一样的。但是，正如之前我们说明的，这与债券价格变动性的特性3相违背。具体地说，尽管收益率小幅波动时价格变化百分比一样，但是出现大幅波动时这一结论就不成立了。这也暗示了久期只是收益率小幅波动时价格变化百分比的合理估计值。

前文介绍特性3时，我们使用的是利率为9%、20年期的债券，该债券按6%的收益率出售，久期为10.66。对于0.1%的收益率变动，无论收益率上升还是下降，估计值都是精确的。但是，当变动幅度为2%时，价格变化百分比的估计值将显著偏离真实值。

出现这一结果的原因是：久期实质上是收益率小幅波动情况下的一阶（线性）估计。[①]我们可以用一种被称为“凸性调整”的二阶估计来改进这种方法。它被用来估算价格变化中久期没有解释的部分。

价格变化百分比的凸性调整公式是：

$$\text{价格变化百分比的凸性调整值} = C \times (\Delta y_*)^2 \times 100 \qquad (7—4)$$

其中：

Δy_* = 用于求出价格变化百分比的收益率变化

$$C = \frac{V_+ + V_- - 2V_0}{2V_0 (\Delta y)^2} \qquad (7—5)$$

公式中符号的含义与久期公式（7—1）一致。[②]

以假定的利率为9%、按6%收益率出售的20年期债券为例。从7.4.1小节中，我们知道收益率变化2%时（$\Delta y = 0.02$）：

$V_0 = 134.6722$ 美元，$V_- = 137.5888$ 美元，$V_+ = 131.8439$ 美元

将这些数值代入公式（7—5）求C：

$$C = \frac{131.8439 + 137.5888 - 2 \times 134.6722}{2 \times 134.6722 \times 0.02^2} = 81.95\%$$

假设我们求出了设定债券在收益率变化2%时的估计价格变化百分比的凸性调整值。也就是说，公式（7—4）中Δy_*是0.02。那么，凸性调整值为：

$$81.95\% \times 0.02^2 \times 100 = 3.28\%$$

如果收益率从6%跌至4%，根据久期得到的价格变化百分比的凸性调整值仍是3.28%。

基于久期和凸性调整值计算的价格变化百分比是通过加总这两个数值得到的。因此，如果收益率从6%升至8%，估计的价格变化百分比就等于：

根据久期得到的百分比估计变化	= -21.32%
凸性调整值	= +3.28%
总的估计价格变化百分比	= -18.04%

---

① 通过图表7—15可以看出久期为什么是线性估计，该图中的切线用于估计新价格。也就是说，我们使用一条直线来估计一种非线性（即凸形的）关系。

② 参见前面脚注关于公式（7—5）中Δy和公式（7—4）中Δy_*的差异的解释。

实际的价格变化百分比是 -18.04%。

当收益率从6%下降200个基点至4%时，估计的价格变化百分比如下所示：

根据久期得到的百分比估计变化	= +21.32%
凸性调整值	= +3.28%
总的估计价格变化百分比	= +24.60%

实际的价格变化百分比是 +25.04%。因此，把久期和凸性调整值结合起来，就可以很好地估计债券价格变动对收益率波动的敏感性（即比单独使用久期更准确）。

7.5.1 正/负凸性调整值

注意到当凸性调整值为正数时，我们得到前文所描述的情形：利率变化较大时，利得要大于损失。也就是说，债券呈现正凸性。从上例中我们可以看出这一点。但是，如果凸性调整值是负数，就会出现损失大于利得的情况。例如，一份债券的有效久期是4，收益率变动200个基点时的凸性调整值是 -1.2%。

图表7—11显示了债券的负凸性。调整凸性后的债券估计价格变化百分比是：

根据久期得到的估计价格变化百分比	= -8.0%
凸性调整值	= -1.2%
总的估计价格变化百分比	= -9.2%

若收益率下降200个基点，估计价格变化百分比如下所示：

根据久期得到的估计价格变化百分比	= +8.0%
凸性调整值	= -1.2%
总的估计价格变化百分比	= +6.8%

注意到损失大于利得——这一特性称为负凸性，我们在7.3节和图表7—11中都阐述过这一点。

7.5.2 修正凸性和有效凸性调整值

收益率变化时，假设预期现金流量会随之变化或不变化都可以得到计算凸性调整值公式（7—4）中的C所使用的债券价格，后一种情况下，得到的凸性被称为修正凸性调整值（modified convexity adjustment）（实际上，带有“修正”这一形容词的凸性调整值在业内是不被认可的）。相反，有效凸性调整值（effective convexity adjustment）假定现金流量随收益率变化而变化。久期也存在同样的区分。

如久期一样，无期权债券的修正凸性调整值和有效凸性调整值之间几乎没有差别。但是，对于嵌入期权债券来说，修正凸性调整值和有效凸性调整值之间存在明显差异。事实上，所有无期权债券的任意凸性调整值都是正数，而嵌入期权债券则可能同时具有负的有效凸性调整值和正的修正凸性调整值。

7.6 基点价格

一些经理人用另一种价格波动性衡量法来量化利率风险——基点价格（price value of a basis point，PVBP）。这种度量也叫做收益率变动一个基点引起的价格变化金额（dollar value of an 01，DV01），它是收益率变动0.01%时债券价格波动的绝对值。也就是说：

PVBP = | 初始价格 - 收益率变动一个基点时的价格 |

收益率增加或减少0.01%时基点价格是否会存在差异？答案是否定的，特性2解释了其中的原因——收益率小幅波动下，债券价格变化是大约一致的。

为举例说明计算过程，我们仍使用图表7—4的数据。假设初始收益率是6%，分别利用收益率为5.99%和6.01%时的债券价格来计算基点价格。各债券的基点价格如下表所示：

票面利率	6.0%	6.0%	9.0%	9.0%
到期期限（年）	5	20	5	20·
初始价（美元）	100.0000	100.0000	112.7953	134.6722
5.99%收益率下的价格（美元）	100.0427	100.1157	112.8412	134.8159
5.99%收益率下的PVBP（美元）	0.0472	0.1157	0.0459	0.1437
6.01%收益率下的价格（美元）	99.9574	99.8845	112.7494	134.5287
6.01%收益率下的PVBP（美元）	0.0426	0.1155	0.0459	0.1435

基点价格与久期之间存在相关关系。实际上，基点价格只不过是第2章提到的用金额表示久期的一种特殊情况。众所周知，久期是债券利率变动1%时，价格变化百分比的估计值。在给定债券久期时，可以利用公式（7—2）计算任意收益率变动下的估计价格变化百分比。知道初始价格和0.01%收益率变动下的估计价格变化百分比之后，就可以算出对应的价格变动。

以利率为9%、20年期的债券为例，其久期等于10.66。根据公式（7—2）并忽略式中的负号，得到利率上升0.01%时（即$\Delta y = 0.0001$）的估计价格变化百分比：

$$10.66 \times 0.0001 \times 100\% = 0.1066\%$$

给定初始价格是134.6722美元，用久期估算的美元价格变动是：

$$0.1066\% \times 134.6722 = 0.1435\ (\text{美元})$$

这一价格变动与该债券的基点价格相同。下面列出了各债券收益率增加0.01%时的基点价格和各债券收益率增加0.01%时根据久期估算的价格变化：

票面利率	6.0%	6.0%	9.0%	9.0%
到期期限（年）	5	20	5	20
收益率提高1个基点时的PVBP（美元）	0.0426	0.1155	0.0459	0.1453
久期	4.2700	11.5600	4.0700	10.6600
根据久期估算的价格变化（美元）	0.0427	0.1156	0.0459	0.1436

7.7 收益率波动的重要性

到现在为止，我们没有考虑到的因素是利率波动性。正如第2章所解释的，其他因素相同，票面利率越高，收益率变化时债券价格的波动性越低。此外，收益率水平越高，也能得出相同的结论。这一点通过图表7—19得以体现，该图显示了无期权债券的价格/收益关系。当收益率水平较高时（例如图中的 Y_H），收益率的变化不会导致初始价格的大幅变动。例如，收益率从 Y_H 升至 Y_H''，价格发生小幅波动，从 P_H 降至 P_H'。但是，当收益率处于较低水平且发生变动时（例如图中从 Y_L 到 Y_L'），与从 Y_H 升至 Y_H'' 相同的变幅所产生的初始价格变动是较大的（P_L 到 P_L'）。

图表7—19　　无期权债券的价格/收益关系

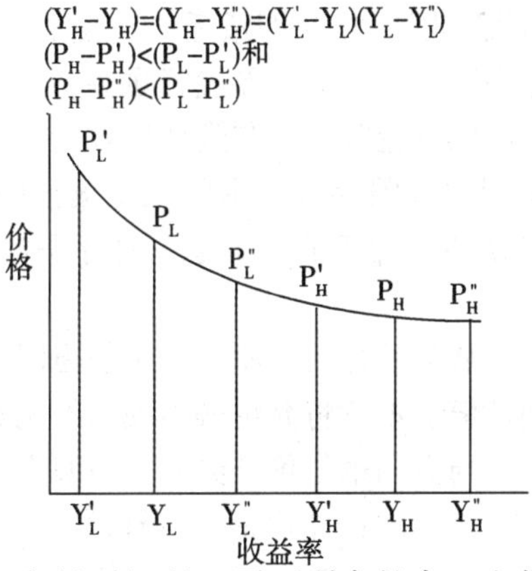

这也可以从久期特性的角度得到解释：票面利率越高，久期越低；收益率水平越高，久期越低。根据这两个特性，一份10年期非投资级债券的久期比一份10年期的流通附息国库券的久期低，原因是前者的票面利率较高且在较高的收益率水平上交易。这是否意味着10年期非投资级债券的利率风险比较低？再以10年期瑞士政府债券为例，其票面利率低于10年期的美国流通附息国库券，并按较低的收益率水平交易。所以，10年期瑞士政府债券的久期将高于10年期的流通附息国库券。这是否意味着10年期瑞士政府债券的利率风险比较高？不是这样的，我们遗漏了利率的相对波动性，我们可以称之为收益率波动（yield volatility）或利率波动（interest rate volatility）。

给定债券的久期和头寸的现行价值之后，预期收益率波动越大，债券的利率风险越大。对于非投资级债券，尽管它们的久期小于期限相同的流通附息国库券，但是其收益率波动性高于国库券。对于10年期瑞士政府债券，虽然其久期大于10年期的美国流通附息国库券，但收益率波动性却显著小于10年期美国附息国库券。

因此，为了衡量债券组合或头寸的利率风险，有必要度量一下收益率波动性。这需要对概率分布的基本原理有所了解。收益率波动的衡量方式就是收益率变化的标准差。我们将看到，基于潜在假设，估计的收益率波动性可能存在很大的取值范围。

风险价值框架（value-at-risk（VaR）framework）可以将债券头寸的利率风险与收益率波动性联系起来。该框架中，风险被定义为：以特定概率发生的债券头寸市价的预期最大潜在损失。

第 8 章 利率的期限结构与波动

8.1 引言

市场参与者密切关注国库券的收益率。对这些收益率的分析至关重要，因为这些收益率常用于计算用来证券估价的利率，它们也是投资非国债证券时用以确定投资者的预期最低回报率的基准。我们要分清楚新发行国库券（即最近一次拍卖的国库券）收益率曲线和利率期限结构。新发行国库券收益率曲线表示的是新发行国库券收益率与到期期限之间的关系。利率期限结构显示了零息国库券的理论收益率与到期期限之间的关系。零息国库券的收益率又称国库券即期利率。因此，利率期限结构表示的就是国债即期利率与到期期限之间的关系。区分国债收益率曲线和国债即期利率曲线的意义在于只有后者才能用于评价固定收益证券。

第 6 章论证了如何用自展法从新发行的国库券逐步得出国债即期利率曲线，然后，我们也得出了无期权债券的无套利价值。本章将介绍得出国债即期利率的其他方法，另外本章将继续讨论曾经介绍过的被市场参与者用来估价证券的另一基准——互换曲线。

第 4 章已经解释了利率期限结构的各种理论，每种理论都试图解释收益率曲线的形状。此后，在第 6 章，我们介绍了远期利率。本章将解释远期利率在诸多利率期限结构理论中所起到的作用，并且批判其中的一种理论——纯预期理论，因为该理论对远期利率的经济解释存在问题。

第 7 章曾经提到过利率波动性或收益率波动性在评价证券和衡量债券的利率风险中的作用。在介绍技术分析的章节，我们将继续探究对它们的衡量方法的重要性，尤其是，我们将研究在对含嵌入期权的债券、抵押贷款支持证券与资产支持证券及衍生金融工具估价时，利率波动性所发挥的作用。因此，本章将解释如何估算利率波动性和计算衡量它时存在的有关问题。

本章的开始部分将回顾有关国债收益率曲线的内容。此外，将通过对影响收益率的一些因素的实践证据的审视，来为理解债券收益率做好准备。

8.2 对国债收益率曲线的回顾

国库券提供的收益率代表了投资者购买非国债证券时所要求的基准利率或最低利率。因此，市场参与者会持续关注国库券的收益率，尤其是新发行国库券的收益率。本章将讨论曾经关注过的新发行国库券的收益率与到期期限之间的关系（即收益率曲线）。

8.2.1 收益率曲线的形状

图表 8—1 显示的是从美国国债市场和其他国家政府债券市场观察到的收益率曲线，共有 4 种形状。最常见的收益率曲线如图表 8—1（a）所示，到期期限越长，收益率越高。也

就是说，持有较长期限债券的投资者会赢得较高的潜在收益率。这种形状被称为正常（normal）收益率曲线或正斜率收益率曲线（positively sloped yield curve）。平坦的收益率曲线（flat yield curve）是无论期限长短，收益率都大致相等的曲线，如图表8—1（b）所示。有时也会出现期限越长、收益率越低的情况，像这种陡度向下的收益率曲线被称为反向（inverted）收益率曲线或负陡度收益率曲线（negatively sloped yield curve），如图表8—1（c）所示。图表8—1（d）中，收益率在一定期限范围内随到期期限增长，随后下降，这种曲线就是拱形收益率曲线（humped yield curve）。

图表8—1　　**收益率曲线形状**

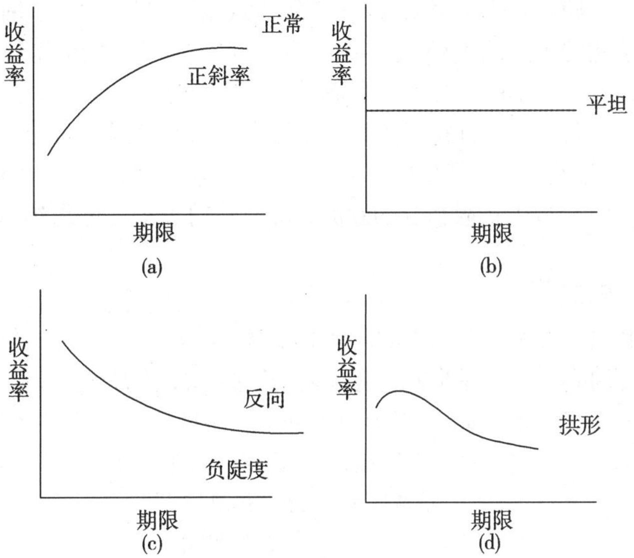

市场参与者谈及长期国库券收益率和短期国库券收益率的差异时，这两种期限的收益率之间的差额被看做是收益率曲线的陡度或坡度。目前还没有业内认可的对“长期”和“短期”的统一定义。有些市场参与者将收益率曲线的坡度定义为30年期国库券和3个月期国库券收益率之间的差异，还有市场参与者将收益率曲线的坡度定义为30年期国库券和2年期国库券收益率之间的差异。更通行的做法是采用30年期国库券与2年期国库券收益率之间的差额。虽然2003年6月美国暂停发行30年期国库券，大多数市场参与者将距今发行时间最短的30年期债券作为基准，也就是2003年6月发行，目前还有大约22年到期的30年期债券。大多数市场参与者将这种国库券作为长期利率的“晴雨表”，然而，应该注意的是在关于债券市场发展的日常讨论中，10年期国债利率经常被当做长期利率。

在不同的时点，收益率曲线的坡度会发生变化。例如，在美国，1989—1999年，收益率曲线的坡度（用30年期国债利率与2年期国债利率的差额衡量）在1992年9月和10月达到最大，等于3.48%。而在2000年的大部分时间里，收益率曲线的坡度是负数，也就是说2年期国债的收益率高于30年期国债。2000年5月，2年期国债收益率超出30年期国债收益率65个基点（即收益率曲线的斜度为0.65%）。

应该注意的是并不是所有债券市场板块对收益率曲线的斜度都持同样的观点。抵押贷款支持证券市场——第10章将提到，认为收益率曲线坡度应取10年期与2年期国债收益率差额。这是因为抵押贷款支持证券市场中影响定价和再融资机会的是10年期利率。

不仅在美国债券市场对收益率曲线坡度有不同解释，在其他国家也有不同解释。在欧洲，英国是唯一采用30年期政府债券市场的国家。欧洲资本市场逐渐形成根据互换曲线（尤其是欧洲互换曲线）确定坡度的共识。本章随后将介绍这点。

有些市场参与者将收益率曲线分为“长期区间”和“短期区间”，再对这两部分收益率曲线的坡度分别考虑。但是，关于期限分界点的定义仍然没有形成共识。在美国，市场参与者通常将不超过10年期的收益率曲线作为短期区间收益率曲线，10~30年期的收益率曲线作为长期区间收益率曲线。若视2年为最短的到期期限，则短期区间收益率曲线的坡度就是10年期国债收益率和2年期国债收益率之差，长期区间收益率曲线的坡度是30年期国债收益率与10年期国债收益率之差。

历史数据显示，长期区间收益率曲线比短期区间收益率曲线平坦，例如，1992年10月当收益率曲线的陡度达到最大值3.48%时，长期区间收益率曲线的陡度仅有95个基点。

市场参与者经常将收益率曲线分为3个期限区间：短期、中期和长期。同样，对各期限区间的分界点没有形成共识，并且在不同的国家和市场这些分界点可能会不一样。在美国，常用的分类是视1~5年区间为短期区间，5~10年为中期区间，大于10年的期限为长期区间。[①] 在几乎不发行10年以上期限债券的欧洲大陆，长期收益区间是10年。

8.2.2 收益率曲线变化

收益率曲线变化是指各种到期期限的国库券收益率的相对变化。收益率曲线的平行变动（parallel shift in the yield curve）是指对所有到期期限的国库券而言，收益率的变化幅度都相同。收益率曲线的非平行变动（nonparallel shift in the yield curve）是指不同到期期限的国库券的收益率不按相同基点数变动。这两种变动如图表8—2所示。

图表8—2 **收益率曲线变动的类型**

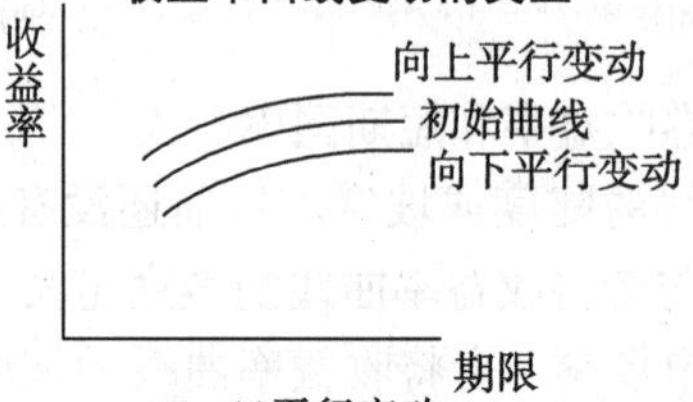

(a)平行变动

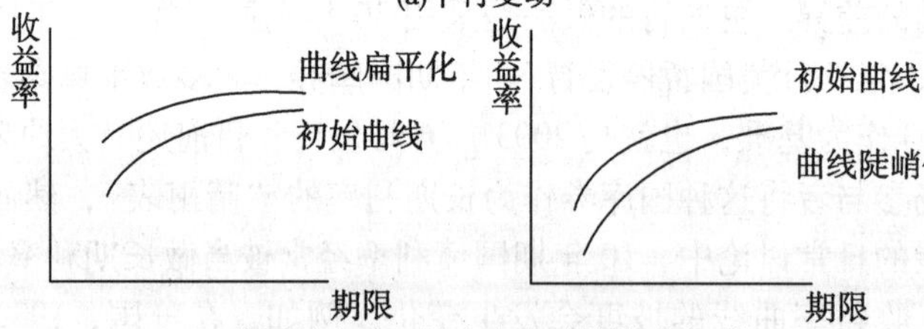

(b)非平行变动：坡度变化（陡峭或扁平）

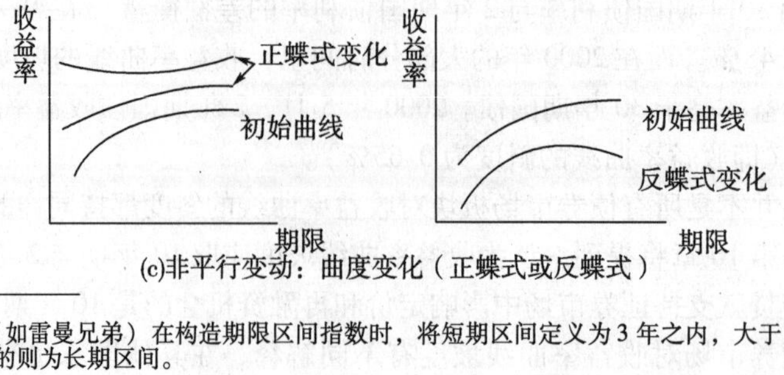

(c)非平行变动：曲度变化（正蝶式或反蝶式）

① 指数设计者（如雷曼兄弟）在构造期限区间指数时，将短期区间定义为3年之内，大于3年小于10年的期限区间为中期，大于10年的则为长期区间。

历史上，有两种类型的收益率曲线非平行变动：（1）收益率曲线的坡度发生弯曲；（2）收益率曲线的曲度或拱度发生变化。收益率曲线坡度变化（twist in the slope of the yield curve）是指收益率曲线变得更扁平或陡峭。收益率曲线变扁平（flattening of the yield curve）意味着收益率曲线坡度已经下降了；收益率曲线变陡峭（steepening of the yield curve）意味着收益率曲线坡度已经上升。这种情形在图表8—2（b）中有所描绘。

另外一种收益率曲线的非平行变动是指收益率曲线在曲度和拱度上发生改变。这种类型的改变包括两部分：短期区间收益率曲线和长期区间收益率曲线分别相对于中期区间收益率曲线的变动。像这种改变了曲度的收益率曲线的非平行转移被称做蝶形变化（butterfly shifts）。这个名称来源于将3个到期期限区间比作1只蝴蝶的3个部分，尤其是，中期区间可以看做蝴蝶的身体，短期区间和长期区间可以看做蝴蝶的2个翅膀。

正蝶式变化（positive butterfly）意味着收益率曲线隆起较小（即有更小的曲度），这就是说如果收益率增加，短期区间和长期区间的收益率的增长速度将超过中期区间的收益率的增长速度。如果收益率下降，短期区间和长期区间的收益率的下降速度将小于中期区间的收益率的下降速度。反蝶式变化（negative butterfly）意味着收益率曲线更大幅度地隆起（即有更大的曲度）。因此，如果收益率增加，中期区间的收益率的增长速度将超过短期区间和长期区间的收益率的增长速度；如果收益率下降，中期区间的收益率的下降速度将低于短期区间和长期区间的收益率的下降速度，将出现反蝶式情形。蝶式转移如图表8—2（c）所示。

历史上，我们注意到收益率曲线这3种类型的变化并不是相互孤立的。2种最常见的变化模式是：（1）收益率曲线的向下移动并且变得更陡峭；（2）收益率曲线的向上移动并且变得更平缓。正蝶式变化与收益率向上变化的趋势有关，反蝶式变化与收益率向下变化的趋势有关。另一种说法是短期区间的收益率比长期区间的收益率更加不稳定。

8.3　收益率曲线变化产生的国库券收益

正如第6章讨论过的，如果满足一定的假设，收益率就是经承诺过的回报。但总收益（来自利息和价格变化的回报）是一种更恰当的计量投资国库券的潜在收益的方法。短期投资期间的总收益有赖于利率如何改变，就是收益率曲线如何变化。

有几篇已发表和未发表的研究论文讨论了收益率曲线形状的改变如何影响国库券总收益。有关这方面的第1篇论文由2位高盛公司的研究者（Robert Litterman 和 Jose Scheinkman）合著，并于1991年发表。① 最近的研究结果支持了 Litterman 和 Scheinkman 的发现，因此，我们将对他们的发现进行讨论。Litterman 和 Scheinkman 发现有3个因素解释了所有期限零息国库券的回报。第1个因素是利率水平的改变，第2个因素是收益率曲线坡度的改变，第3个因素是收益率曲线曲度的改变。

Litterman 和 Scheinkman 在解释不同到期期限的零息国库券的回报时，使用了回归分析的方法来测定这3个因素的相对贡献。他们以决定系数来衡量每个因素的重要性，一般用"R^2"表示。通常"R^2"计量因变量（即他们研究中的零息国库券的总收益）方差的百分

① Robert Litterman and Jose Scheinkman, "Common Factors Affecting Bond Returns," *Journal of Fixed Income* (June 1991), pp. 54－61.

比中有多少是因为自变量（即上述3因素）变化引起的。[①] 例如，0.8的R^2意味着零息国库券收益方差的80%可由3因素来解释，因此，收益方差有20%不能由3因素来解释。"R^2"的取值范围是0～100%。在Litterman和Scheinkman的研究中，所有到期期限的R^2值都非常高，意味着3因素具有非常强的解释力。

其他因素不变，代表利率水平变化的第1个因素对所有期限的收益变化最具有解释力，平均为90%。这暗含着一个国债投资组合经理应控制的最重要的因素是利率水平变化产生的风险。为此，用一定的方法量化这种风险就非常重要。实际上，久期就是用于量化收益率曲线平行变动的风险。

收益率曲线坡度的改变是第2大作用因素。它对所有到期期限的国库券收益方差的平均相对贡献是8.5%。这样，收益率曲线坡度变化的重要性大约是利率变动的重要性的1/10。然而，相对贡献为8.5%仍然能对国库券投资组合产生重要影响，并且，证券投资组合经理必须控制这种风险。第2章简要解释了作为证券投资组合经理如何使用关键利率久期来实现对风险的控制。本章将就此进一步探讨。

第3个因素，收益率曲线的曲度变化，相对而言，对零息长期国库券影响要小得多。

8.4 构建国库券理论即期利率曲线

迄今为止，我们的焦点一直集中在国库券收益率曲线的形状上。事实上，金融报刊往往在其对利率的讨论中，侧重于国债收益率曲线。然而，正如第5章所解释的，为固定收益证券定价时，采用的是国库券即期利率曲线所表示的无违约风险即期利率。无违约风险即期利率曲线可以通过国库券收益率构建。可选的国债包括：

（1）国债利息分离债券；

（2）新发行的国债；

（3）新发行的国债和选定的旧国债；

（4）所有附息国债和短期国债。

选定用于构建理论即期利率曲线的证券之后，构建曲线的方法也必须确定下来。方法依证券种类而定。如果采用国债利息分离债券，则确定程序较为简单，因为所观察到的收益率就是即期利率，如果选用新发行的国债，无论有无选定的旧国债，都要采用自展法。

自展法是一种采用估计的国债平价收益率曲线的重复性方法，即根据期限小于m年的收益率来获得第m年的即期利率。例如，假设平价收益率曲线上的收益率标为y_1，…，y_t，下标表示时期，那么，第1期的收益率y_1就是第1期的即期利率，第1期的即期利率表示为s_1。那么，根据套利理论，y_2和s_1可以用来得出第2期的即期利率s_2。下一步，采用套利理论，y_3、s_1和s_2可用于得出s_3。此过程一直持续到从s_1到s_m的所有即期利率计算出来为止。

在选择用于构建无违约风险即期利率曲线的证券范围时，分析者希望能避免收益率没有受下列因素影响而产生偏差：（1）违约；（2）嵌入期权；（3）流动性；（4）定价失误。为排除违约风险，可以使用美国国库券。因为市场收益率反映了嵌入期权的价值，所以不能选

---

① 关于决定系数的进一步解释，参见：Richard A. DeFusco, Dennis W. Mcleavey, Jerald E. Pinto, and David E. Runkle, *Quantitative Methods for Investment Analysis* (Charlottesville, VA: Association for Investment Management and Research, 2002), pp. 388－390.

用含嵌入期权的债券。在美国国债市场，只有几只可赎回债券，因此，这个问题不用考虑。不过，在其他国家则有可赎回和可回售政府债券。流动性与债券类型有关。期限相同时，有些美国国库券的流动性低于债券。事实上，有些国库券却有极高的流动性，因为它们被经销商用在回购协议中。最后，在有些国家，某些政府债券的交易受到限制，导致估算价格不一定反映真实价格。

确定了每一个到期期限的理论即期利率后，我们就可以使用各种用于计算连续的利率曲线的统计方法。关于这些统计方法的讨论是另外一个专题。

8.4.1 国债利息分离债券

用观察的国债利息分离债券收益率来构建实际即期利率曲线看来是最简化的方法，因为采用国债分离债券的观察收益率会产生3个问题。首先，分离债券市场的流动性并非像附息国债市场一样高，因此，通过利息分离债券观察收益率存在流动性的溢价偏差问题。

其次，利息分离债券的税收处理不同于附息国债，尤其是利息分离债券的应计利息，即使在投资者没有收到现金的情况下仍需计税。因此，对纳税主体来说，国债利息分离债券是负现金流量的证券，所以，剥离证券收益率反映了这种税收不利方面。

最后，对于某些期限的债券而言，美国以外的投资者发现为获得与分离债券有关的有利税率而放弃一定的收益是有利可图的。具体而言，某些外国税务机关允许它们的公民将到期值与购买价之差作为资本利得，并且对这种资本利得以较低的税率课税。有些国家税务当局规定只有本金产生而不是由利息产生的分离债券才能得到这种低税率的有利处理。为此，采用国债分离债券来描述理论即期利率时仅限于利息分离债券。

8.4.2 新发行的国债

新发行的国债是最近一次拍卖的特定到期日的债券。在美国，这种债券包括1个月、3个月、6个月的短期国债和2年期、5年期、10年期的中期国债。短期国债是零息债券，中期国债是附息债券。①

对于每一个新发行的国债，都能够观察到它的收益率，对附息债券而言，当不是按面值发行时，这些收益率并不能作为分析中采用的收益率。相反，对新发行国债要采用它的估计平价收益率，得到的新发行收益率曲线被称为平价息票收益率曲线（par coupon curve）。采用带面值的债券的原因是为了消除以折、溢价销售证券带来的纳税影响。不同的税收处理会扭曲收益率。

8.4.3 新发行的国债和选定的旧国债

采用新发行的国债带来的一个问题是不同到期期限之间的差距很大，特别是在5年以上的。为解决这个问题，有些经销商和卖方使用选定的旧国债，通常采用20年期和25年期的债券。②

假设平价息票收益率曲线包括了所有选定的旧国债，先使用线性内插法填补其他到期期限的收益率，然后就可以用自展法构建理论即期利率曲线了。

---

① 美国财政部曾经发行过3年期、7年期的中期国债和15年期、20年期、30年期的长期国债。

② 参见：Philip H. Galdi and Shenglin Lu, *Analysing Risk and Relative Value of Corporate and Goverment Securities*, Merrill Lynch & Co., Gloabal Securities Research & Economics Group, Fixed Income Analytics, 1997, p. 11.

8.4.4 所有附息国债和短期国债

仅仅选用新发行的国债和少量的旧国债是不能识别包含在未用作分析的国债价格中的信息的。因而，有些市场参与者认为采用所有未兑付的附息国债和短期国债来构建理论即期利率曲线更为合适。此外，常见的做法是过滤国债证券范围，以消除回购市场中那些特别（以低于它们的真实收益率进行交易的）的证券。①

如果采用了所有附息国债和短期国债，就必须使用比自展法更复杂的方法以构建理论即期利率曲线，因为对每个到期期限可能会有不止1个收益率。如果使用了所有的国债证券，就有各种各样的方法来拟合曲线上的点。这些方法需要作税收影响调整。② 对各种方法的讨论是个专门论题。

8.5 互换曲线（LIBOR 曲线）

在美国，采用国债即期利率曲线来估价很普遍。在其他国家，要么使用政府即期利率（如果债券流动市场存在），要么使用互换曲线（简要解释为 LIBOR 曲线）。

LIBOR 曲线是伦敦银行同业拆借利率，也是主要国际银行相互提供一定到期期限欧洲美元存单的利率。到期日有从隔夜到5年期的。因此，说到3个月期 LIBOR 是指主要国际银行向同行提供3个月内到期的欧洲美元存单的利率。在一个国家货币市场中有将固定现金流量转换为浮动现金流量的互换市场，在这种情况下，可以构建这个国家特有的互换曲线。

8.5.1 互换和互换曲线要素

为讨论互换曲线，我们需要了解普通利率互换的基础知识。在普通利率互换中，双方交换基于名义金额（notional amount）的现金流量。此时，一方付出固定现金流量并收到浮动现金流量；另一方付出浮动现金流量并收到固定现金流量。这就叫“互换”，因为双方在互换利息支付额：（1）一方按浮动利率付出并按固定利率收取；（2）另一方按固定利率付出并按浮动利率收取。虽然互换是从“利率”角度定义的，但是双方互换的金额是以货币表示的，其数值等于下文介绍的名义金额。

假如互换规定：（1）一方要按6%的固定利率支付；（2）名义互换金额是1亿美元；（3）按季支付；（4）互换期是7年。6%的固定利率叫互换利率（swap rate），也叫互换固定利率（swap fixed rate）。互换利率6%乘以名义金额1亿美元得出年付息额600万美元，如果按季支付，则每季支付150万美元（600/4）且在接下来的7年内都要按季支付。③

利率互换中的浮动利率可以是任何短期利率，例如3个月到期的短期国债利率或3个月期的 LIBOR 利率。在互换中最常见的参考利率（reference rate）是3个月期的 LIBOR 利率。当 LIBOR 作为参考利率时，互换就被称为基于 LIBOR 的互换。

---

① 必须对被称为“特价效果”的证券进行调整。这种现象是指那些由于在回购协议市场中价值较低而导致交易时的收益率低于真实收益率的证券。正如所解释的，在回购协议中，证券是用来作为贷款的抵押品。如果它是经销商需要的那种，就被称为“热门抵押品”或“特别抵押品”，如果证券作为抵押品，则借款利率会更低。这种有利特征的结果是，作为特别抵押品的证券在市场上将提供更低的收益率，以便投资者能用特别抵押品进行更廉价的融资。因此，使用特别抵押品证券收益率将导致收益率估计偏差。10年期新发行美国国债是典型的特别抵押品。

② Oldrich A. Vasicek and H. Gifford Fong, “Term Structure Modeling Using Exponential Splines,” *Journal of Finance* (May 1982), pp. 339 - 358.

③ 实际上，我们将在第14章中看到每季支付稍有不同，因为按季支付依每季的实际天数而定。

和在前面例子中用到的互换一样，我们假设参考利率为3个月期的LIBOR利率。在该互换中，一方支付6%的固定利率（也就是互换利率）并在未来7年内收到3个月期的LIBOR利率。因此，7年期的互换利率是6%。但是，以6%的互换利率进入这个互换等同于锁定未来7年内的3个月期的LIBOR利率（按季滚动）。因此，按3个月期的伦敦银行同业拆借利率计算，3个月期的LIBOR的7年期到期利率是6%。

假设互换市场报出的各种期限互换利率如下表所示：

期限	互换利率
2年	4.2%
3年	4.6%
4年	5.0%
5年	5.3%
6年	5.7%
7年	6.0%
8年	6.2%
9年	6.4%
10年	6.5%
15年	6.7%
30年	6.8%

这将构成互换曲线。这个互换曲线也告诉我们在未来指定的期间内可以将3个月期LIBOR的数值锁定在多少。锁定3个月期的LIBOR意味着支付浮动利率的一方（即同意支付3个月期的LIBOR）就锁定了借款利率；收到浮动利率的一方锁定了要接受的金额。因为3个月期的LIBOR被经常用于互换，互换曲线也称为LIBOR曲线（LIBOR curve）。

注意我们一直未指定假设的互换曲线中支付所采用的货币。假设上述互换曲线是指用美元（即用美元表示的名义金额）从固定利率互换到浮动利率（反之亦然）。上述互换曲线就是美元互换曲线。如果是用欧元表示名义金额，且从固定欧元金额互换到浮动欧元金额，那么，互换曲线将是欧元互换曲线。

最后，让我们看看如何报出互换的条件。对给定的到期日，在互换市场按惯例报出的并非互换利率而是互换利差（swap spread）。利差是可能超过任何要求的基准利率（通常是政府债券收益率）的部分。对给定的到期日，互换利差定义如下：

互换利差＝互换利率－与互换同期限的政府债券收益率

对于以欧元计价的互换（即支付欧元的互换），作为基准的政府收益率是与互换期限相同的德国政府债券的收益率。

以假设的7年期互换为例，假定互换支付的货币是美元，估计的7年期美国国债收益率是5.4%。那么，由于互换利率是6%，则互换利差是：

互换利差＝6%－5.4%＝0.6%＝60个基点

假定互换以欧元计价，且互换利率是6%，同样假定估计的7年期德国政府债券收益率是5%。那么，互换利差的报价就是100个基点（6% -5%）。

互换利差实际上反映了互换交易对手不能履行其义务的风险，因此，它基本反映了信用风险。既然互换中典型的交易对方是与银行有关的主体，互换利差就可作为银行部门信用风险的粗略指标。因此，互换利率曲线并不是一条无违约风险的曲线，而是银行间或AA级信用债券曲线。

需注意的是，互换利差取决于互换利率与政府债券收益率的对比。如果政府债券收益率曲线是现成可用的，为什么投资者仍愿使用互换曲线？下面我们将回答这个问题。

8.5.2 越来越多的人使用互换曲线的原因

投资者和发行人利用互换市场来进行套期保值和套利交易，并且将互换曲线作为评价固定收益证券业绩和固定收益证券定价的基准。由于互换曲线实际上就是LIBOR曲线，而且投资者的借款利率也是LIBOR，所以对融资方来说互换曲线比政府债券收益率曲线更有用。

用互换曲线作为基准比使用政府债券收益率曲线更有优越性，因此，在这些活动中互换曲线的应用日渐增长。在介绍这些优越性之前，必须明白的是，与政府债券收益率曲线相比，互换曲线的流动性可能更差。在这种情形下，互换曲线将反映流动性溢价。幸运的是，流动性在许多国家并不是一个问题，因为互换市场已成为具有高度流动性的市场，互换期限的范围很广但买卖价差很小。在有些国家，互换市场的流动性比政府债券市场更高。

相对于政府债券收益率曲线，互换曲线的优越性是：①

（1）几乎没有对互换市场的政府管制。没有政府管制使得不同市场的互换利率更具可比性。某些国家会发行向投资者提供各种税收优惠的主权债券，因此对全球投资者而言，这些主权债券使得对不同国家政府利率的对比分析变得困难，因为有些市场收益率并没有反映它们的真实收益率。

（2）互换供应仅仅取决于在任何给定的时间里寻求或愿进入互换交易的交易对手的数量。既然没有潜在的政府债券，也就没有了可能导致政府债券收益率低于其真实收益率的市场技术因素的影响。②

（3）因主权信用风险差异，比较各国政府收益率曲线是很困难的。相比之下，反映在互换曲线中的信用风险是相似的，因此，比较不同国家的互换曲线更有意义。主权风险并未反映在互换曲线中，因为正如前面提到的，互换曲线被认为是银行间或者视同AA级信用债券收益率曲线。

（4）比政府债券收益率曲线有更多的到期时点可用来构建互换曲线。更具体地说，在互换市场所报出的是到期期限为2年、3年、4年、5年、6年、7年、8年、9年、10年、15年和30年的互换利率。因此，互换市场有2年及更长期限的10个市场利率。相反，在美国国债市场，例如，2年期或更长期限的新发行国债仅有3个市场利率（2年、5年和10年），并且其中的一个利率——10年期的利率——未必是个良好的基准，因为它在回购协议市场中经常用作特殊抵押品。此外，因为美国财政部已经停止发行30年期的债券，也就无从获得30年期的政府债券收益率。

---

① Uri Ron, "A Practical Guide to Swap Curve Construction," Chapter 6 in Frank J. Fabozzi (ed.), *Interest Rate, Term Structure, and Valuation Modeling* (NY: John Wiley & Sons, 2002).

② 例如回购协议市场中作为"特别抵押品"的政府债券。

8.5.3　构建 LIBOR 即期利率曲线

在固定收益证券定价中，计算现金流量现值的适用贴现率的基准并非国债收益率曲线，而是国债即期利率。采用自展法，可以由国债收益率曲线推出国债即期利率。

类似的，当以互换曲线作为基准时，用于折现现金流量的不是互换曲线而是即期利率。这个即期利率以完全同样的方式——采用自展法——由互换曲线导出。由此得到的即期利率曲线被称为 LIBOR 即期利率曲线（LIBOR spot rate curve）。此外，远期利率曲线可由即期利率曲线导出。在互换市场，以同样方式导出的远期利率曲线被称为 LIBOR 远期利率曲线（LIBOR forward rate curve）。所以，如果我们懂得国债市场上由收益率曲线到即期利率曲线再到远期利率曲线的机制，在这儿就不用重复解释互换市场的这一过程，就是说，方法相同，只是所使用的收益率不同。①

8.6　利率期限结构的预期理论

到目前为止，我们已经描述了分析家和证券投资组合经理关注的不同类型的曲线。关键曲线就是即期利率曲线，因为是用即期利率来评价固定收益证券的现金流量。即期利率曲线也叫利率期限结构，简称为期限结构。现在我们转向期限结构的另外一个潜在作用。分析家和证券投资组合经理很想知道期限结构中是否包含一些有助于投资决策的信息。为此，市场参与者依赖于关于期限结构的不同理论。

在第 4 章，我们解释了利率期限结构的四种理论——纯预期理论、流动性偏好理论、偏好理论和市场分割理论。与市场分割理论不同，前三个理论都存在一个关于短期远期利率行为的假设，并且也假设了目前长期债券的远期利率与市场对未来的短期利率的预期密切相关。为此，纯预期理论、流动性偏好理论和偏好理论被称为利率期限结构的预期理论（expectations theories of the term structure of interest rates）。

区分上述三种预期理论的是：除了未来利率预期外，是否存在影响远期利率的系统因素。纯预期理论假定除了预期的未来短期利率外，并无系统因素影响远期利率。流动性偏好理论和偏好理论坚持有其他影响因素。于是，后两种形式的预期理论有时也称为有偏的预期理论（biased expectations theories）。各种理论的相互关系如图表 8—3 所示。

8.6.1　纯预期理论

根据纯预期理论，远期利率完全代表预期的未来即期利率。这样，特定时点的整个期限结构反映了市场目前对未来短期利率的预期。在这种观点下，一个上升的期限结构一定表明了市场预期短期利率在整个相关未来期间是呈上升趋势的。类似的，一个平坦的期限结构反映了未来短期利率在大部分时间内将保持平稳，而一个下降的期限结构则一定会反映未来短期利率下降的趋势。

---

① 问题在于用何种收益率构建互换利率曲线。实际工作者从两个相关市场中获取收益率：欧洲美元存单期货合约和互换市场。本章不介绍欧洲美元存单期货合约，而是放在第 14 章讨论。现在，对于这种合约，我们要注意的一个重要事实是：它提供了一种锁定未来的 3 个月期 LIBOR 的方法。实际上，它把锁定 3 个月期 LIBOR 延续到未来。

实际工作者用期限不超过 4 年的欧洲美元存单期货利率来获得各季度的 3 个月期 LIBOR。虽然有些欧洲美元存单期货的结算期超过 4 年，但是，出于技术原因（与合约的凸性有关），分析家只采用前 4 年的期货利率（事实上，实际做法因人而异，有些人使用 2～4 年期的期货利率）。到期期限超过 4 年时，就用互换利率来计算 3 个月期 LIBOR。如前所述，市场中存在 1～10 年期的各期互换利率，以及 15、30 年期互换利率。

图表 8—3 利率期限结构的预期理论

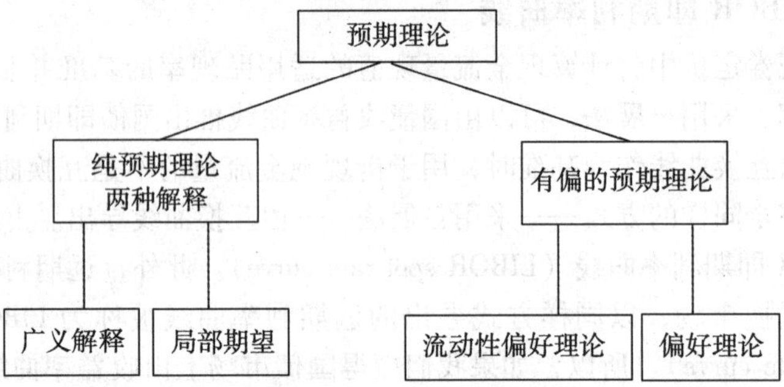

1. 纯预期理论的缺陷

定性地看，纯预期理论有个非常严重的缺陷。它忽略了投资债券时的内在风险。如果远期利率正好是未来利率的准确估计，那么，未来债券价格就可以被确定。任何投资期间的回报将是确定的，且与投资工具到期日无关。然而，未来利率具有不确定性，因此，当未来的利率不确定导致未来的债券价格也不确定时，对这些债券的投资将变得有风险，因为在一定投资期间的收益率变得不确定。

导致一定投资期的回报具有不确定性的风险有两种。第一种风险是投资期末的债券价格的不确定性。例如，一位计划投资 5 年的投资者可能考虑以下 3 种备选方案：

方案1：投资 5 年期零息债券并持有 5 年。

方案2：投资 12 年期零息债券并在第 5 年底卖掉。

方案3：投资 30 年期零息债券并在第 5 年底卖掉。

我们无从得知方案 2 和方案 3 将实现的收益，因为每份债券在第 5 年底的价格是不知道的。在 12 年期债券的例子中，价格取决于从现在起 5 年后的 7 年期债券收益率，30 年期债券的价格将有赖于从现在起 5 年后的 25 年期债券收益率。既然当前期限结构中暗含的 5 年后的 7 年期、25 年期债券的远期利率并非实际未来利率的完美预测，则自现在起 5 年后的两种债券价格就具有不确定性。如此，就产生了利率风险。也就是说，因为利率的上升，债券价格可能低于目前对投资期末债券价格的预期。正如前面所解释的，利率风险的一个重要特征是债券的到期日越长，风险越大。

第二种风险是指在投资期终点之前到期的债券，其收入的再投资利率的不确定性，也就是说，再投资风险。例如，一位计划投资 5 年的投资者可能考虑以下 3 种备选方案：

方案1：投资 5 年期零息债券并持有 5 年。

方案2：投资 6 个月期零息票工具，并且在整个 5 年的投资期内，在到期时将收益再投资于 6 个月期零息票工具。

方案3：投资 2 年期零息债券，并且在到期时将收益再投资于 3 年期零息票债券。

方案 2 和方案 3 的风险在于 5 年投资期的回报是未知的，因为整个投资期内的再投资收益率都是未知的。

2. 理论解释

经济学家提出了几种关于纯预期理论的解释。这些解释既不完全相同，彼此之间也不一致，很大程度上是因为他们对前面解释的与实现回报有关的两种风险给予了不同的解释。[①]

① John Cox, Jonathan Ingersoll, Jr., and Stephen Ross, "A Re-examination of Traditional Hypotheses About the Structure of Interest Rates," *Journal of Finance* (September 1981), pp. 769-799.

（1）广义解释

纯预期理论的广义解释认为不管选择的是什么期限策略，投资者预期投资期的回报是相同的。[①] 例如，按照这种理论，一位 5 年期的投资者购买 5 年期、12 年期或 30 年期的债券并持有 5 年是没有区别的，因为投资者预期这三种债券 5 年投资期的回报是相同的。对于这种广义解释的批评是：因为投资于到期日长于投资期的债券存在价格风险，这三种差异颇大的投资的预期回报应该是显著不同的。[②]

（2）纯预期理论的局部期望形式

第二种解释就是纯预期理论的局部期望形式（local expectations form of the pure expectations theory），它认为自当日起短期投资期内具有不同到期日的债券的回报将是相同的。假如投资者的投资期是 6 个月，购买 1 年期、5 年期或 10 年期债券将得到相同的投资回报。

为说明这点，我们将采用图表 8—4 中假设的收益率曲线。第 6 章使用了图表 8—4 中的收益率曲线来说明如何计算即期利率和远期利率。图表 8—5 给出了所有 6 个月期的远期利率。我们将关注于 1 年、5 年、10 年期的债券。

图表 8—4　　**假设国债平价收益率曲线**

时期	年	年到期收益率（BEY）（%）*	价格（美元）	即期利率（BEY）（%）*
1	0.5	3.00	100.00	3.0000
2	1.0	3.30	100.00	3.3000
3	1.5	3.50	100.00	3.5053
4	2.0	3.90	100.00	3.9164
5	2.5	4.40	100.00	4.4376
6	3.0	4.7	100.00	4.7520
7	3.5	4.9	100.00	4.9622
8	4.0	5.00	100.00	5.0650
9	4.5	5.10	100.00	5.1701
10	5.0	5.20	100.00	5.2772
11	5.5	5.30	100.00	5.3864
12	6.0	5.40	100.00	5.4976
13	6.5	5.50	100.00	5.6108
14	7.0	5.55	100.00	5.6643
15	7.5	5.60	100.00	5.7193
16	8.0	5.65	100.00	5.7755
17	8.5	5.70	100.00	5.8331
18	9.0	5.80	100.00	5.9584
19	9.5	5.90	100.00	6.0863
20	10.0	6.00	100.00	6.2169

* 到期收益率和即期利率是基于债券等值的年利率。为取得半年收益率或利率，取年收益率或年利率的一半即可。

---

① F. Lutz, "The Structure of Interest Rates," *Quarterly Journal of Economics* (1940 - 41), pp. 36 - 63.
② Cox, Ingersoll, and Ross, pp. 774 - 775.

图表 8—5　　6 个月远期利率：短期远期利率曲线（基于债券等值的年利率）

标记	远期利率	标记	远期利率
$_1f_0$	3.00%	$_1f_{10}$	6.48%
$_1f_1$	3.60%	$_1f_{11}$	6.72%
$_1f_2$	3.92%	$_1f_{12}$	6.97%
$_1f_3$	5.15%	$_1f_{13}$	6.36%
$_1f_4$	6.54%	$_1f_{14}$	6.49%
$_1f_5$	6.33%	$_1f_{15}$	6.62%
$_1f_6$	6.23%	$_1f_{16}$	6.76%
$_1f_7$	5.79%	$_1f_{17}$	8.10%
$_1f_8$	6.01%	$_1f_{18}$	8.40%
$_1f_9$	6.24%	$_1f_{19}$	8.72%

我们的目的是要看看在所有的 6 个月期的远期利率都能实现的情况下，1 年期、5 年期和 10 年期债券的 6 个月投资期的总回报会发生什么变化。图表 8—6 中（a）部分显示了 1 年期债券的总回报，在 6 个月末，这个债券是 6 个月期的债券。6 个月的远期利率是 3.6%。这意味着如果远期利率得以实现，从现在起 6 个月后的半年期收益率将是 3.6%。如果债券必须提供 3.6% 收益率（就是 6 个月的远期利率），债券价格自现在起 6 个月后将从当前的 100 美元下降到 99.85265 美元。价格下降是必然的，因为如果自现在起 6 个月后的 6 个月远期利率得以实现的话，收益率将从 3.3% 上升到 3.6%。6 个月实现的总收益金额就是票面利息减去价格下降金额，6 个月总回报率为 3%。

局部期望理论所持的观点是：如果远期利率得以实现的话，在 6 个月的投资期内即使是 5 年期和 10 年期的债券也将产生 3% 的总回报。图表 8—6 中的（b）部分和图表 8—6 中的（c）部分所显示的就是这种情况。我们仅需要以两种债券中的一种为例，解释其计算过程。让我们使用 5 年期债券，6 个月远期利率如图表 8—6 中（b）部分第 3 栏所示。现在我们运用在第 6 章讨论过的几个原则。我们曾论证过为估价一种证券，每一笔现金流量应该以相同到期日的即期利率来折现。我们也论证了 6 个月的远期利率可以用于估价证券的现金流量，且使用远期利率来估价证券的结果是相同的。假设 5 年期债券的第 3 期现金流量为 2.6 美元。6 个月远期利率分别为 3.6%、3.92% 和 5.15%，均为年利率。那么，这些利率的一半分别是 1.8%、1.96% 和 2.575%。使用 6 个月远期利率，2.6 美元的现值是：

$$\frac{2.6}{1.018 \times 1.0196 \times 1.02575} = 2.44205 \text{（美元）}$$

这就是图表 8—6 中（b）部分第 3 栏显示的现值。以同样的方法可以计算出第 3 栏中的所有现值，自今起 6 个月后 5 年期债券（那时可以看做是 4.5 年期债券）的无套利估价是98.89954美元。总回报（考虑票面利息和因价格从100美元下降产生的损失）是3%。这样，如果6个月远期利率得以实现，这三种债券都提供了3%的短期（6个月）回报。①

（3）远期利率和市场共识

第6章首次引入了远期利率概念，并了解了如何计算各种形式的远期利率。也就是说，我们知道了如何计算开始于未来任何时点的任何期限的远期利率。例如，可以计算自现在起5年后的2年期远期利率或8年后的3年期远期利率。同时，第6章演示了如何利用套利理论从即期利率推导出远期利率。

之前并没有解释远期利率，我们只关注于如何根据套利理论由即期利率计算出远期利率。现在让我们以一个简单的例子提供两种解释。假设投资者有1年的投资期，备选投资方案为：投资1年期短期国债；或投资6个月期国债，并将这6个月到期的国债所产生的收入再投资于另一份6个月期的短期国债。由于短期国债是零息债券，则它们的利率就是即期利率，且能用于计算6个月后的半年期远期利率。如果6个月期的短期国债利率为5%，1年期短期国债利率为5.6%的话，则自现在起6个月后的半年期远期利率是6.2%。为证实这点，假设投资者用100美元进行1年期的投资，这100美元的零息债券投资将以2.8%（5.6%的一半）的比率在两个半年期增长至：

$100\times1.028^{2}=105.68$（美元）

如果100美元以2.5%（5%的一半）的利率投资于6个月期零息债券，且其产生的收入以3.1%（6.2%的一半）的6个月远期利率进行再投资，则100美元将增长至：

$100\times1.025\times1.031=105.68$（美元）

这样，6个月远期利率对100美元投资在1年末产生了相同的未来美元收入。

远期利率的一种解释是“盈亏平衡利率”，那就是：远期利率会使投资者认为两种投资方案——一次性投资于整个投资期，或者先投资于部分期间，再把收入滚动投资于剩余投资期——没有区别。因此，在我们的例子中，6.2%的远期利率可以称为盈亏平衡利率，该远期利率可以使以下两种投资方案的收益相等：先购买半年期零息债券，再以5%的收益率滚动投资于另一份半年期零息债券；或购买1年期、收益率为5.6%的零息债券。

类似的，4年后的2年期远期利率可以解释为使投资者对以下两种投资没有偏好的盈亏平衡收益率：①以4年即期利率投资4年期零息债券工具并再滚动投资2年期零息债券工具；②直接以6年即期利率投资6年期零息债券工具。

图表8—6　　**6个月以上投资期的总回报（如果6个月远期利率得以实现）**

（a）1年期债券的总回报（如果远期利率得以实现）

时期	现金流量（美元）	6个月远期利率（%）	投资期满价格（美元）
1	101.650	3.6	99.85265

投资期满价格：99.85265　　总收益：101.5027

利息：1.65　　总回报：3.00%

① 已有研究证明：适用范围较窄的局部预期理论是唯一能维持均衡状态的纯预期理论。参见：Cox, Ingersoll, and Ross, “A Re-examination of Traditional Hypotheses About the Structure of Interest Rates.”

（b）5年期债券总回报（如果远期利率得以实现）

时期	现金流量（美元）	6个月远期利率（%）	现值（美元）
1	2.60	3.60	2.55403
2	2.60	3.92	2.50493
3	2.60	5.15	2.44205
4	2.60	6.54	2.36472
5	2.60	6.33	2.29217
6	2.60	6.23	2.22293
7	2.60	5.79	2.16039
8	2.60	6.01	2.09736
9	102.60	6.24	80.26096
		总计	98.89954

投资期满价格：98.89954　　总收益：101.4995

利息：2.6　　总回报：3.00%

（c）10年期债券总回报（如果远期利率得以实现）

时期	现金流量（美元）	6个月远期利率（%）	现值（美元）
1	3.00	3.6	2.94695
2	3.00	3.92	2.89030
3	3.00	5.15	2.81775
4	3.00	6.54	2.72853
5	3.00	6.33	2.64482
6	3.00	6.23	2.56492
7	3.00	5.79	2.49275
8	3.00	6.01	2.42003
9	3.00	6.24	2.34681
10	3.00	6.48	2.27316
11	3.00	6.72	2.19927
12	3.00	6.97	2.12520
13	3.00	6.36	2.05970
14	3.00	6.49	1.99497
15	3.00	6.62	1.93105
16	3.00	6.76	1.86791
17	3.00	8.10	1.79521
18	3.00	8.40	1.72285
19	103.00	8.72	56.67989
		总计	98.50208

投资期满价格：98.50208　　总收益：101.5021

利息：3.00　　总回报：3.00%

远期利率的第二种解释是投资者锁定的未来某一时段的利率。例如，再次考虑 1 年期投资，如果投资者购买了 1 年期的债券而不是 6 个月期的债券，那么他就已经锁定了自现在起 6 个月后的 6.2% 的利率，不管 6 个月内利率如何变化。类似的，在 6 年期投资的案例中，通过投资一份 6 年期零息债券而不是 4 年期零息债券，投资者就锁定了 4 年后的 2 年期零息债券的收益率。被锁定的收益率是 4 年后的 2 年期远期利率。自现在起 5 年后的 1 年远期利率是通过以下方式锁定的利率：购买 6 年期零息债券，而不是投资 5 年期零息债券且将其产生的收入在第 5 年年末再投资于 1 年期零息债券。

对远期利率有另一种解释。纯预期理论的支持者坚持远期利率反映了对未来利率的市场共识。他们主张远期利率能用于预测未来利率。这样，自然就有一个关于远期利率的问题：远期利率预测未来利率的准确性如何？研究证明远期利率在预测未来利率方面并不准确。[①] 那么，为什么了解远期利率如此重要？原因在于：远期利率表明了投资者在作投资决策时其期望回报率与“盈亏平衡利率”或“锁定利率”有什么不同。

这样，即使远期利率可能没有实现，远期利率仍是在两个投资方案之间决策的高度相关因素。特别的，如果投资者对未来利率的预期小于相应的远期利率，他会更愿意在当前投资以锁定远期利率。

8.6.2　流动性偏好理论

我们已经解释了纯预期理论的缺陷，就是它没有考虑与投资债券有关的风险。我们从第 7 章得知持有债券的到期日越长，债券的利率风险越大（回忆一下久期随到期日增长而增加）。

假设存在这种不确定性，并且考虑投资者普遍不喜欢不确定性，有些经济学家和金融分析者已经提出了一种不同的理论——流动性偏好理论。该理论认为：只有长期债券的利率与平均预期利率之间的利差能够补偿投资期限较长带来的风险时（风险溢价与到期期限正相关），投资者才会投资长期债券。[②] 换言之，远期利率应该既反映利率预期也反映流动性溢价（真正的风险溢价），且期限越长，溢价越高。

根据流动性偏好理论，远期利率不是对未来利率市场预期的无偏估计，因为它们包含流动性溢价。这样，向上倾斜的收益率曲线可能反映了未来利率上升的预期，也可能反映未来利率不变甚至下降，但是流动性溢价随着期限增加而上升得很快从而产生一个向上倾斜的收益率曲线。也就是说，任何收益率曲线或者利率期限结构的图形可由有偏的预期理论来解释。

8.6.3　偏好理论

偏好理论（preferred habitat theory）也采取这样一种观点：与风险溢价一样，期限结构反映了未来利率的预期和风险溢价。然而，偏好理论摒弃了风险溢价必须与期限一致地上升的假设。[③] 因为偏好理论的拥护者认为只有所有借款者渴望长期借款，所有投资者都打算在最短的时间内清算他们的投资，这个假设才可能成立。但是机构投资者的债权持有期是由负

---

① Eugene F. Fama, "Forward Rates as Predictors of Future Spot Rates," *Journal of Financial Economics* Vol. 3, No. 4, 1976, pp. 361 – 377.

② John R. Hicks, *Value and Capital* (London: Oxford Unniversity Press, 1946), second ed., pp. 141 – 145.

③ Franco Modigliani and Richard Sutch, "Innovation in Interest Policy," *American Economic Review* (May 1966), pp. 178 – 197.

债的性质决定的，所以这个假设不成立。

偏好理论声称，如果资金供求在特定的到期期限范围内不平衡，投资者和借款者不会偏离偏好的期限区间进行投资和筹资活动，以获取资金供求不平衡所带来的利益。投资者可能受收益率溢价诱惑，从而接受偏离偏好的期限区间进行投资活动的相关风险。同样，只有存在足够的成本节约能补偿额外的筹资风险，借款者才会偏离偏好的期限区间进行筹资。

因此，这种理论认为，收益率曲线的形状会受到利率预期和诱使市场参与者偏离偏好的期限区间的正或负的风险溢价的影响。很显然，根据这种理论，收益率曲线倾斜、下降或者平行都是可能的。

8.7 度量收益率曲线风险

我们现在知道如何构建利率期限结构，知道期限结构中潜在的信息内容，这些信息有助于根据不同的期限结构理论做出投资决策。接下来看看当期限结构发生变化时，如何度量一个债券组合或头寸的风险。这种风险叫收益率曲线风险（yield curve risk）。

收益率曲线风险的度量方法是：假定其他关键期限的即期利率不变，改变特定关键期限的即期利率并确定某种证券或组合对这一变化的敏感性。价值变动对特定即期利率变动的敏感性被称为利率久期。即期利率曲线上任意一点都具有利率久期（rate duration）。因此，不是只有一个利率久期，而是存在代表即期利率曲线上每个到期日的久期向量。如果所有利率的变化量相同，那么价值的总变化就是利率平行变动情况下的某一证券或组合的有效久期。回忆一下，有效久期是考虑所有嵌入期权后期限结构平行变动给一个债券或者投资组合所带来的风险。

这种利率久期方法最早被 Donald Chambers 和 Willard Carleton 于 1988 年[①]所采用，并命名为“久期向量”。Robert Reitano 在一系列论文中提出了一个类似的方法并认为这些久期是“部分久期”。[②] 这种方法最通用的版本由 Thomas Ho 于 1992 年建立。[③]

Thomas Ho 的方法重点关注即期利率曲线上 11 个关键到期日。这些利率久期被称为关键利率久期（key rate durations）。他衡量了即期利率曲线上一些特殊的期限的关键利率久期，这些特殊期限是 3 个月、1 年、2 年、3 年、5 年、7 年、10 年、15 年、20 年、25 年和 30 年。任意两个关键利率之间的变化都通过线性近似值来计算。

使用关键利率久期，任一种收益率曲线变化的影响都可以被量化。平行变动可以这样量化：将所有的关键利率变化相同的基点，再根据相应的关键利率久期衡量变动对投资组合价值的影响。收益率曲线变陡所造成的影响可以由以下两个方面决定：（1）减少收益率曲线短期关键利率和使用相应的关键利率久期确定组合价值的增加；（2）增加收益率曲线长期关键利率和使用相应的关键利率久期确定组合价值的减少。

为了简化关键利率久期方法的理论，假设没有 11 个关键利率，而是仅有 3 个关键利率——2 年、16 年和 30 年。[④] 零息债券久期近似于到期年的数字，因此，3 个关键久期就是

---

① Donald Chambers and Willard Carleton, “A Generalized Approach to Duration,” *Research in Finance* 7 (1988).

② Robert R. Reitano, “Non-Parallel Yield Curves Shifts and Durational Leverage,” *Journal of Portfolio Management* (Summer 1990), pp. 62 – 667, and “A Multivariate Approach to Duration Analysis,” ARCH 2 (1989).

③ Thomas S. Y. Ho, “Key Rate Durations: Measures of Interest Rate Risk,” *The Journal of Fixed Income* (September 1992), pp. 29 – 44.

④ 这就是 Ho 所使用的数值例子，参见：“Key Rate Durations,” p. 33.

2、16和30。考虑以下两个100美元的组合，包括2年、16年和30年三种债券：

组合	2年	16年	30年
Ⅰ	50美元	0	50美元
Ⅱ	0	100美元	0

三种债券的关键利率久期将由D（1）、D（2）、D（3）来表示，并定义如下：

D（1）=2年曲线部分的关键久期

D（2）=16年曲线部分的关键久期

D（3）=30年曲线部分的关键久期

三种债券的关键利率久期和久期如下：

期限	D（1）	D（2）	D（3）	久期
2年	2	0	0	2
16年	0	16	0	16
30年	0	0	30	30

一个组合的关键利率久期是组合中各债券的关键利率久期的加权平均数。每一组合的关键利率久期和有效久期计算如下：

组合1：

D（1）=（50/100）×2+（0/100）×0+（50/100）×0=1

D（2）=（50/100）×0+（0/100）×16+（50/100）×0=0

D（2）=（50/100）×0+（0/100）×0+（50/100）×30=15

有效久期=（50/100）×2+（0/100）×16+（50/100）×30=16

组合2：

D（1）=（0/100）×2+（100/100）×0+（0/100）×0=0

D（2）=（0/100）×0+（100/100）×16+（0/100）×0=16

D（2）=（0/100）×0+（100/100）×0+（0/100）×30=0

有效久期=（0/100）×2+（100/100）×16+（0/100）×30=16

两个组合的关键利率久期是有区别的，而有效久期则是相同的。尽管有效久期相同，但当即期利率不平行移动时，两个组合的结果并不一样。考虑以下三种情况：

情况1：所有即期利率下降10个基点。

情况2：2年利率上升10个基点同时30年利率下降10个基点。

情况3：2年利率下降10个基点同时30年利率上升10个基点。

现在我们来演示如何用关键利率久期来计算组合1在情况2下的预计总收入。组合1的2年关键利率久期（D（1））是1。当2年关键利率增加100个基点时，组合的价值大约减少1%。当增加10个基点时（正如情况2所假设），组合价值将减少约0.1%。现在让我们来看看情况2中30年关键利率的变化。30年关键利率久期（D（3））是15。当30年关键利率下降100个基点时，组合的价值大约增加15%。当降低10个基点时（正如情况2所假设），组合价值将增加约1.5%。因此，对于情况2条件下的组合1，可以得出：

因2年关键利率变化所引起的组合价值变化	-0.1%
因30年关键利率变化所引起的组合价值变化	+1.5%
组合价值变化	+1.4%

用同样的方法，两个组合在三种情况下的总收益可以估算出来。估算的总收益如下：

组合	情境 1	情境 2	情境 3
Ⅰ	1.6%	1.4%	-1.4%
Ⅱ	1.6%	0	0

因此，只有在收益率曲线平行变动（情境 1）时，这两种组合根据久期计算的价值变化才一致。

对于阶梯型、杠铃型和子弹型等不同投资组合，它们的关键利率久期是不同的。阶梯型组合（ladder portfolio）在每个期限区间内债券金额（市场价值）大约相等。杠铃型组合（barbell portfolio）中，短期和长期债券的比重比中期债券大。子弹型组合（bullet portfolio）中，相对于短期和长期债券，中期债券的比重大。

关于阶梯型、杠铃型和子弹型组合的关键利率久期组合见图表 8—7。[①] 所有这些组合都有相同的有效久期。如图表 8—7 所示，阶梯型组合从第 2 年开始，所有的关键期限几乎有相同的关键利率久期。杠铃型组合的 5 年和 20 年期限的关键利率久期很大，而其他关键到期日很小。子弹型组合中，10 年期限的关键利率久期明显大于其他关键到期日。

图表 8—7　**三种财富组合的关键利率久期形状（1997 年 5 月 23 日）：阶梯型、杠铃型和子弹型**

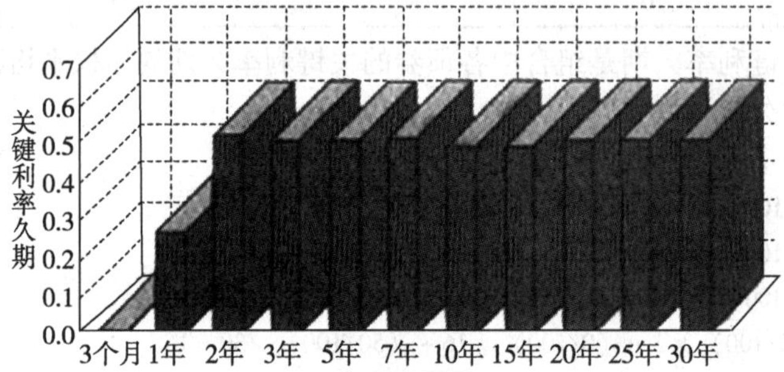

（a）阶梯型

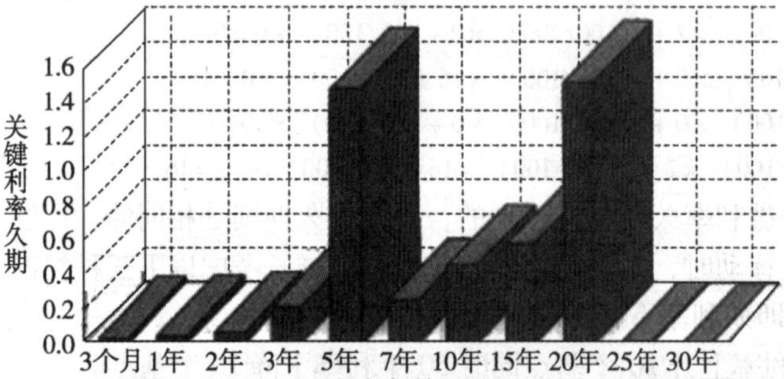

（b）杠铃型

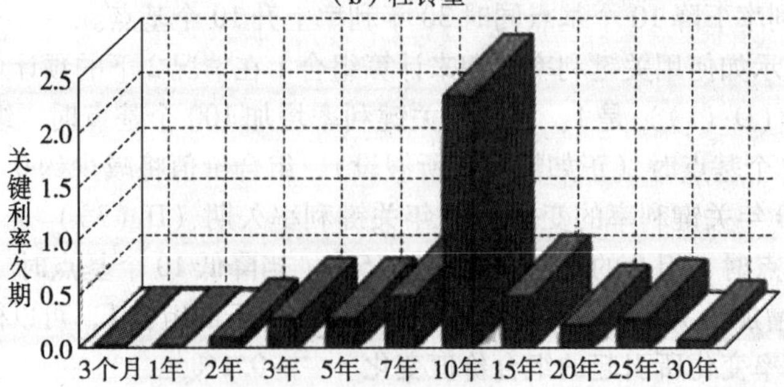

（c）子弹型

资料来源：Barra.

① 图表 8—7 中显示的关键利率久期所对应的组合被假定成构建于 1997 年 4 月 23 日的国库券组合。

8.8　收益率波动和度量

在评估债券或组合利率风险敞口时应该将有效久期和收益率波动结合起来，因为仅凭有效久期不足以度量利率风险。原因是：有效久期表明，如果利率波动，债券或组合的市场价值将按照有效久期预计的大致百分比改变。然而，组合利率波动带来的风险决定于利率有多大可能性以及多大幅度的波动，这一参数由收益率波动来度量。比如，考虑一个有效久期为6年的美国国库券和一个有效久期为4年的新兴市场国家政府债券。仅依据有效久期来判断，美国国库券的利率风险要大于新兴市场国家政府债券。假设相对于美国国库券来说，新兴市场国家政府债券的收益率波动是显著的。那么，有效久期本身并不足以确定利率风险。

度量收益率或利率波动之所以重要，还有另外一个原因：这是估价模型的关键输入变量。为了估价含嵌入期权的债权和结构化产品，要对收益率波动做出假定。同样，测量收益率或利率波动在对一些利率衍生品（即期权、上限、下限）估价时也很必要。

本节将讨论怎样度量收益率波动，并讨论一些用来估计它的技术。收益率波动根据标准差或方差来测量。我们也将看到，如何根据历史收益率来计算由日收益率波动比例衡量的收益率波动，以及一个投资者在度量历史收益率波动时面临的几个问题。然后我们将建立收益率波动模型并预测收益率的波动。

8.8.1　度量历史收益率波动

市场参与者寻求收益率波动度量方法。通常使用的方法是标准差或方差。下面我们来看如何利用历史数据计算收益率波动。

随机变化的历史数据样本方差可用以下公式计算：

$$方差 = \frac{\sum_{t=1}^{T}(X_t - \bar{X})^2}{T-1} \tag{8—1}$$

然后：

$$标准差 = \sqrt{方差}$$

这里：

X_t = 变量 X 的 t 次观察值

X = 变量 X 的样本均值

T = 观察到的样本数量

我们重点关注收益率波动，尤其是当日收益相对于前日收益的变化。比如，假设一个零息国库券第1天的收益率是6.555%，而第2天收益率是6.593%。收益率的相对变化是：

(6.593% − 6.555%)/6.555% = 0.005797

这就意味着如果第1天收益率是6.555%，并且一天增加0.005797，那么第2天的收益率将是：

6.555% × 1.005797 = 6.593%

如果考虑连续复利而不是单利，收益率的相对变化就可以通过两天的收益率比率的自然对数计算出来。也就是说，相对收益率变化可以计算如下：

Ln（6.593%/6.555%）= 0.0057804

这里的“Ln”代表自然对数。无论是单利还是复利，对于相对日收益率变化的计算并没有太大的区别。[①] 实际中一般是用复利。把收益率比率的自然对数乘以 100，就相当于日收益率变化的百分比。

这样，设 y_t 是第 t 天的收益率，y_{t-1} 是第 t－1 天的收益率，收益率的变动率 X_t 可由下式得出：

$X_t = 100 \ [\text{Ln} \ (y_t / y_{t-1})]$

在我们的例子中，y_t 是 6.593%，y_{t-1} 是 6.555%，于是：

$X_t = 100 \ [\text{Ln} \ (6.593\% / 6.555\%)] = 0.57804\%$

为了演示如何根据历史数据计算日收益率标准差，我们看看图表 8—8 列出的零息国库券 26 个连续日的收益率。这 26 个观察值中，25 个日收益率变动比率的计算结果在第 3 栏。第 4 栏展示观察数据偏离均值的平方。图表 8—8 下方是关于 25 个收益率变动的日均值、方差、标准差的计算结果。日标准差为 0.6360%。

图表 8—8　**基于 26 个观察值计算的日收益率标准差**

(1) t	(2) y_t	(3) $X_t = 100 \ [\ln \ (y_t / y_t - 1)]$	(4) $(X_t - \overline{X})^2$
0	6.695		
1	6.699	0.06720	0.02599
2	6.710	0.16407	0.06660
3	6.675	-0.52297	0.18401
4	6.555	-1.81411	2.95875
5	6.583	0.42625	0.27066
6	6.569	-0.21290	0.01413
7	6.583	0.21290	0.09419
8	6.555	-0.42625	0.11038
9	6.593	0.57804	0.45164
10	6.620	0.40869	0.25270
11	6.568	-0.78860	0.48246
12	6.575	0.10652	0.04021
13	6.646	1.07406	1.36438
14	6.607	-0.58855	0.24457
15	6.612	0.07565	0.02878
16	6.575	-0.56116	0.21823
17	6.552	-0.35042	0.06575
18	6.515	-0.56631	0.22307
19	6.533	0.27590	0.13684
20	6.543	0.15295	0.06099
21	6.559	0.24424	0.11441
22	6.500	-0.90360	0.65543
23	6.546	0.70520	0.63873
24	6.589	0.65474	0.56063
25	6.539	-0.76173	0.44586
	总计	-2.35020	9.7094094

① 参见：Chapter 2 in DeFusco, McLeavey, Pinto, and Runkle, *Quantitative Methods for Investment Analysis.*

样本均值 $= \bar{X} = \frac{-2.35020\%}{25} = -0.09401\%$

方差 $= \frac{9.7094094\%}{25-1} = 0.4045587\%$

标准差 $= \sqrt{0.4045587\%} = 0.6360493\%$

日收益率标准差因 25 个数据观测日的选择不同而变动。日收益率标准差取决于日期的选择，理解这一点很重要。本章以后还会提到这一点。

1. 确定观察数量

在我们的例子中，使用了 25 个日收益率变动比率的观察值。合适的观察数量依据现实需要而定。比如，一个关注隔夜头寸的交易者可能会使用 10 个最近的交易日数据（即两周）。一个关注更长期变动的债券组合经理可能会使用 25 个交易日的数据（大约一个月）。观察数量的选择对于日收益率标准差的计算有重要影响。

2. 标准差的年度化

日收益率标准差乘以一年的天数的平方根可以求得年化的收益率标准差，[①] 即：

日标准差 × （一年的天数）$^{1/2}$

实践中，人们对于上式中用于年度化标准差的天数有不同的做法。一些投资者和交易者使用 365 天来年度化日收益率标准差。也有一些投资者和交易者使用 250 天或 260 天来年度化日收益率标准差。后者是按实际交易日计算的，即一年 52 周，每周 5 天。用 250 天是在 260 天中减去 10 个无交易的假期日。

这样，投资者计算年度化的收益率标准差时必须确定：

（1）使用的日观测值数量。

（2）用于日标准差年度化的一年的天数。

图表 8—8 中基于 25 个日收益率变化的日标准差，使用 250 天、260 天和 365 天来计算的年度化标准差如下：

250 天	260 天	365 天
10.06%	10.26%	12.15%

记住，所有这些结论，包括用于计算日标准差的天数和用于年度化的天数，都不仅仅是课堂练习。最终，这些标准差将用于证券的估价或者风险的度量，并且最终对证券价值有重要影响。

3. 使用标准差估计收益率

零息国库券收益率变化的年标准差为 12% 是什么意思？意思是如果现在的收益率是 8%，那么收益率变化的年标准差是 96 个基点。这是将收益率变化年标准差 12% 乘以当前收益率 8% 得到的。

假设收益率变动近似于正态分布，我们能使用正态分布为未来收益率构造一个置信区间。[②] 例如，我们知道，未来的收益率有 68.3% 的可能性出现在样本收益率的期望值左边到右边的一个标准差的区间。样本收益率的期望值就是当前收益率。如果年标准差是 96 个基

① 在任意概率分布下，评估某一期随机变量是否受到前期随机变量的影响是很重要的。从收益率波动的角度来解释，就是说我们一定要知道当前的收益率是否会受到前期收益率的影响。序列相关性被用来描述不同期限的收益率之间的关系。在用日标准差乘以一年中天数的平方根来对日收益率年度化时，我们假定序列相关性是不显著的。

② 参见 DeFusco, McLeavey, Pinto, and Runkle, *Quantitative Methods for Investment Analysis* 第 4 章。

点而当前收益率是8%，那么未来收益率包括在7.04%（8%减96个基点）和8.96%（8%加96个基点）之间的概率就是68.3%。对于低于和高于当前收益率3个标准差的区间，就有99.7%的概率包含未来的收益率。用以上的数据，3个标准差是288个基点（96个基点的3倍）。这个区间就是5.12%（8%减288个基点）至10.88%（8%加288个基点）。

这个构造的区间或范围被称为置信区间。① 第一个区间7.04%至8.96%是一个置信度68.3%的区间。第二个区间5.12%至10.88%是一个置信度99.7%的区间。任意一个概率的置信区间都能构建。

8.8.2 历史波动率与隐含波动率

市场参与者估算收益率波动有两种方法：第一种方法是估算历史收益率的波动。这种方法已在本章中详细描述。这样计算出来的波动率称为历史波动率（historical volatility）。第二种方法是基于利率期权和上限的观察价格估算收益率波动。使用这种方法计算出来的收益率波动称为隐含波动率（implied volatility）。

隐含波动率是基于一些期权定价模型得到的。这些基础证券是国库券或国库券期货合约的期权定价模型的一个关键输入量是预期收益率波动。如果一个期权观察到的定价被假设为公允的，而且假定期权定价模型也能得出公允价格，那么，隐含收益率波动就是输入期权定价模型后得到期权的观测价格的收益率波动。

使用隐含波动率有几个问题。首先，期权定价模型要假设是正确的。其次，期权定价模型假设波动在期权到期日之前是持续的。因此，解释一个隐含波动率就成为一个难题。②

8.8.3 预测收益率波动

正如所见，当收益率波动由标准差度量时，它随时间段的选择和观察数量而变。现在我们讨论收益率波动的预测问题。有几种方法可以实现预测。在描述这些方法之前，首先要搞清用什么均值估计标准差。

假设在第12日结束时，一个要预测波动率的交易商想用最近10天的交易来预测波动率并且在每个交易日结束时更新预测值。他将用什么均值呢？

交易者能计算一个10天的日收益率变动比率的移动平均值。图表8—8给出了零息国库券从1到25日的日收益率变动率。要计算第12日结束时的日收益率变动率的移动平均数，交易者要用从3到12日的10个交易日。在第13日结束时，交易者将加入第13日的收益率变动率，并剔除第3日的收益率变动率来计算10天的移动平均数。交易者将使用从第4日到第13日的10个交易日的数据。

图表8—9列出了从第12日到第25日的10天移动平均值。注意这段时间内的显著变化。10天的变动率移动平均数的范围从-0.20324%到0.07902%。

到目前为止，仍然假设移动平均是用于收益率变动期望值的合适估计。然而，这在理论上仍有争议，有人认为收益率波动期望值更合适的估计是零。③ 在公式（8—1）中，不是用X代表移动平均数，而用零。如果用零代入公式（8—1），那么关于方差的等式就变为：

① 参见DeFusco, McLeavey, Pinto, and Runkle, *Quantitative Methods for Investment Analysis* 第6章。

② 更近一步讨论参见：Frank J. Fabozzi and Wai Lee, "Measuring and Forecasting Yield Volatility," Chapter 16 in Frank J. Fabozzi (ed.), *Perspectives on Interest Rate Risk Management for Money Managers and Traders* (New Hope, PA: Frank J. Fabozzi Associates, 1998).

③ Jacques Longerstacey and Peter Zangari, *Five Questions about RiskMetrics*™, JP Morgan Research Publication 1995.

图表8—9　**零息国库券日收益率波动的10日移动平均值**

10个交易日的结束日	日均值（%）
12日	-0.20324
13日	-0.04354
14日	0.07902
15日	0.04396
16日	0.00913
17日	-0.04720
18日	-0.06121
19日	-0.09142
20日	-0.11700
21日	-0.01371
22日	-0.11472
23日	-0.15161
24日	-0.02728
25日	-0.11102

$$方差 = \frac{\sum_{t=1}^{T} X_t^2}{T-1} \tag{8—2}$$

有几种方法可以预测日波动率。由公式（8—2）得出的日标准差将根据观测天数被赋予相等的权重。所以，如果一个交易者要通过最近10个交易日来计算波动率，那么每一天的权重都为0.10。

例如，假设一个交易商对假设的零息国库券的波动率感兴趣，并决定使用10个最近交易日的数据来计算。图表8—10显示了使用图表8—8中数据得到的不同交易日的10天的波动率，以及由公式（8—2）得到的方差计算出的标准差。

有理由相信，投资者在计算波动率的时候会对最近的收益率和价格的变化赋予更大的权重。对近期信息赋予更大的权重，也就意味着对更早的观测值给予比较小的权重。这样可以对公式（8—2）中的方差计算进行修正。

$$方差 = \frac{\sum_{t=1}^{T} W_t X_t^2}{T-1} \tag{8—3}$$

W_t表示对第t个观测值赋予的权重，所有的权重之和等于T，也就是$\sum W_t = T$。观测值的时间离现在越早，赋予的权重越小。权重的分配应该达到这样的效果：预测的波动率对市场大的变化有迅速的反应，而当市场变化渐渐远离我们时，预测的波动率也应该趋于平稳。

最后，金融资产的时间序列特征告诉我们，如果上一个期间波动剧烈，下一个期间也会剧烈波动。如果上一个期间的收益率相对稳定，则下一个期间也基本一样。这意味着今天的波动率也许取决于最近的波动率。这样就可以建立模型来预测未来的波动率。用于估计波动率的时间序列性质的统计模型是自回归条件异方差模型①。“条件”的意思是方差的值取决于随机变量的值。异方差表示不是所有的随机变量的方差都相等。建立自回归条件异方差模型是一个专门的论题。②

图表 8—10 **基于 10 个交易日观测值的移动平均值日标准差**

10 个交易日的结束日	移动平均值日标准差（%）
12 日	0.75667
13 日	0.81874
14 日	0.58579
15 日	0.56886
16 日	0.59461
17 日	0.60180
18 日	0.61450
19 日	0.59072
20 日	0.57705
21 日	0.52011
22 日	0.59998
23 日	0.53577
24 日	0.54424
25 日	0.60003

① 参见：Robert F. Engle, "Autoregressive Conditional Heteroskedasticity with Estimates of Variance of U. K. Inflation," *Econometrica* 50 (1982), pp. 987 – 1008.
② 参见：Chapter 9 in DeFusco, McLeavey, Pinto, and Runkle, *Quantitative Methods for Investment Analysis.*

第9章 含嵌入期权的债券估价

9.1 引言

如果债券结构中存在嵌入期权，此类债券的估价将十分复杂。本章将介绍一种估价模型，用于对包含一种或多种嵌入期权且嵌入期权的价值取决于未来利率的债券进行估价。嵌入期权的例子是可赎回权和可回售权以及浮动利率证券的利率上限（即最大利率）。虽然已经有多种关于含嵌入期权债券的估价方法，但本章将重点介绍“无套利估价”模型。本章最后将讨论可转换债券的估价。对于可转换债券的估价的难点在于，这些债券的典型特点一般是可赎回的，也可能是可回售的。这样，可转换债券的估价不仅要考虑取决于未来利率的嵌入期权（即可赎回和可回售期权），还要考虑普通股的未来价格走势（即普通股的可赎回权）。

为了理解如何对含有嵌入期权的债券进行估价，必须先熟悉几个基本的概念。在9.2、9.3、9.4、9.5节中将介绍这些基本概念。9.2节将解释与债券估价模型相关的关键要素。9.3节将概述债券估价过程。由于债券估价需要提供基准利率，9.4节将介绍几种不同的基准利率和如何理解与特定基准相关的利差衡量。9.5节将通过数字图表来解释如何对无期权债券进行估价。第5章中已经介绍了本节中提到的相关概念。本节用例子解释如何对无期权债券进行估价，这些债券将在本章其余内容中用于解释如何对包含一种或多种嵌入期权的债券进行估价。

9.2 债券估价模型的要素

估价过程的第一步是确定基准利率。正如稍后介绍的，基准利率可以从以下三类潜在市场中获得：

- 国债市场；
- 债券市场的某个板块；
- 发行人证券市场。

在即期利率（或远期利率）的基础上，即可得到无期权债券的无套利价值。即期利率是使基准市场新发行债券的现金流量贴现价值等于它们市场观测价格的利率。例如，如果国债市场为基准市场，通过无套利模型为每一种新发行的政府债券的估价，与该债券的市场观测价格相等。在国债市场中，新发行的债券是指最近一次发行的债券（注意：美国财政部发行的所有此类债券都属于无期权债券）。如果用于设置基准的市场属于债券市场的一个板块，或者是发行人证券市场，新发行债券的价格可以根据新发行的多个到期日的无期权债券的市场出售价格来估计。

在导出对含有嵌入期权的债券进行估价时使用的利率时，遵循的原则是相同的。假设特定基准市场上新发行的债券是合理定价的[①]。无论估价模型如何复杂，在使用该模型对每种基准债券市场上新发行的债券进行估值应与新发行债券的市场价格相等。

建立模型对含有嵌入期权的债券进行估价时，首要的复杂因素在于未来现金流量取决于未来利率的变化情况。这意味着必须考虑未来利率。在估价模型中应考虑这一点，方法是根据一些假定的利率波动情况来预测利率的变化。前一章内容解释了利率波动的概念以及如何估算利率波动。如果给定了假定的利率波动，可以构造一个利率“树形图”，表示出符合波动假设的可能发生的远期利率情况。从利率树形图中可以获得估价过程中两个重要因素。首先，树形图上的利率可用于估计考虑嵌入期权后的现金流量。其次，树形图上的利率可用于计算现金流量的现值。

对于给定的利率波动，在实际操作中，人们已经使用几种利率模型来构建利率树形图。**利率模型（interest rate model）**是对利率在债券有效期内产生的变化进行的一种概率性描述。这是通过对短期利率水平与利率波动（根据标准差度量）之间的关系进行假设来实现的。有关金融文献中建议使用的不同利率模型，以及金融从业者用于创建估价模型的利率模型的内容，不在本章内容的考虑之列。[②]需要理解的重点在于常用的利率模型基于短期利率是如何随着时间推移产生的。因此，这些利率模型被称作**单因素模型（one-factor models）**，其中的“因素”是指只对一种利率随时间的变化建立了模型。更多复杂的模型还会考虑多种利率随时间变化的情况。例如，一个利率模型可以规定短期利率和长期利率随时间变化的情况。这样的模型称为**两因素模型（two-factor model）**。

如果给定一个利率模型和一个利率波动假设，就可以假设利率将变成下期可能出现的两种利率中的一种。将该假设用于创建利率树形图的估价模型被称作**二项式模型（binomial model）**。还有一些模型假设利率在下期可能出现三种变化，这样的模型被称作**三项式模型（trinomial models）**。还有一些更为复杂的模型，这些模型在创建利率树形图时假设在下一阶段中可能会呈现三种以上可能的利率，这些假设利率发生不连续变化的模型被称作“离散时间期权定价模型”。使用期权估价技术可以对含有嵌入期权的债券进行估价，这是因为估价需要对嵌入期权的价值进行估算。然而，有关常用的离散时间期权定价模型的基本理论，以及特殊的二项式模型的介绍不在本章考虑范围之内。[③]

在本章后面的内容中将看到，当用图形描述离散时间期权定价模型时，可以表示利率变化的不同路径。这些图形显示看起来像一个点阵[④]。因此，离散时间期权定价模型有时也被称作“点阵模型”。由于利率路径组成的图形看起来像树的分支，因此也被称为**利率树形图（interest rate tree）**。

不管假设在下一阶段可能会呈现多少种可能的利率，运用利率树形图为基准市场上证券的估价必须与证券的市场观测价格相等，也就是说，必须得出无套利价值。因此，如果国债市场被用于制定基准利率，所生成的利率树形图为每一新发行的国债的估价必须与该国债的市场观测价格相等。另外，直觉和使用利率树形图的方法（即后面介绍的逆序归纳法）也是相同的。一旦符合下列两个条件的利率树形图生成：（1）与利率波动假设和利率模型保

---

① 市场参与者也将模型的这个特点称作“向市场的校准”。

② 对于这些模型的进一步解释参见：Gerald W. Buetow Jr. and James Sochacki, *Terms Structure Models Using Binominal Tress: Demystifying the Process* (Charlottesville, VA: Association of Investment Management and Research, 2000).

③ 有关二项式模型及其基本理论，请参见：Chapter 4 in Don M. Chance, *Analysis of Derivatives for the CFA Program* (Charlottesville, VA: Association for Investment Management and Research, 2003).

④ 点阵是指很多点构成的规则的周期性排列。

持一致；（2）为基准市场中的证券的估价等于市场观测价格，下一步就是使用利率树形图对含有嵌入期权的债券进行估价。它的复杂性在于，对于任何时期，必须建立一套规则，确定何时将行使嵌入期权。对于可赎回债券，这些规则被称作“赎回规则”。由于模型建立者的差异，这些规则会有所不同。

建立包含嵌入期权的债券估价模型比建立无期权债券估价模型要复杂，但基本原则是一致的。对无期权债券进行估价所建立的模型只是用即期利率对现金流量进行贴现。运用即期利率贴现将得出无套利价值。对于含有嵌入期权的债券进行估价的模型而言，利率树形图用于对未来现金流量进行估价，估计远期现金流量需要将利率树形图与赎回规则相结合。同样，利率树形图将得出一个无套利价值。

现在我们将目光从理论转移到实践。只有少数从业者会开发自己的模型对含有嵌入期权的债券进行估价。相反，投资组合经理或分析师的通常做法是使用交易商或分析系统生产商所开发的模型。这样就会产生一个问题：为什么还要详细介绍这些容易从第三方得到的估价模型？这是因为一个估价模型对于投资组合经理或分析师来说不应该是一个黑匣子。实际使用的模型应符合本章内容中介绍的所有原则，但是在某些假设上会有所差异，这将产生完全不同的估价。必须理解这些估价产生差异的原因。另外，第三方模型为用户提供了改变假设的选择。对于一个没有真正“理解”估价模型的用户而言，他无法对这些假设的重要性做出评价，也就无法衡量这些假设对于由模型生成的值所造成的影响。前面的内容已经提到过“建模风险”。这种风险指的是模型的基本假设可能是错误的。对估价模型的理解有助于用户有效地确定某个假设的意义。

现在通过利率波动来解释模型假设的重要性。假设一种债券的市场价格是89美元。如果利率波动为12%，运用估价模型对一个含有嵌入期权的债券估计价格为90美元。那么，依照估价模型，这种债券市价低估了1美元。而如果假设的利率波动为15%，假设同样的估价模型估计的价格为87美元。这个结果告诉证券管理人或分析师这种债券市价高估了2美元。哪种结果是正确的呢？很明显，这个问题的答案取决于投资者所认为的未来利率波动的情况。

本章将运用二项式模型来讨论所有与含有嵌入期权的债券的估价相关的问题和假设。从彭博新闻社或其他一些商家和经销商处[①]可以获得这种模型。本章将会介绍如何根据利率波动假设来创建利率树形图（更加准确地说是二项式利率树形图），以及如何运用利率树形图来对无期权债券进行估价。如果给定利率树形图，本章将介绍如何对含有嵌入期权的不同类型的债券进行估价，包括可赎回债券、可回售债券、梯升债券、带上限的浮动利率票据等。本书第12章才会解释为什么不用二项式模型对抵押贷款支持证券和资产支持证券进行估价。第14章会解释如何使用二项式模型对期权、上限和下限进行估价。

再次强调，虽然本章仅使用二项式模型来说明如何对含有嵌入期权的债券进行估价，其他允许在下一阶段出现多种利率的模型也应该遵循相同的原则，也就是说，这些模型首先研究新发行债券收益率，生成一个利率树形图，通过利率树形图得到无套利价值。这些模型取决于与利率波动及嵌入期权执行的规则相关的假设。

---

① 该模型最早的出处参见：Andrew J. Kalotay, George O. Williams, and Frank J. Fabozzi, “A Model for the Valuation of Bonds and Embedded Options,” *Financial Analysts Journal* (May-June 1993), pp. 35–46.

9.3 债券估价过程回顾

本节内容是对前面提到过的债券估价过程以及关键概念进行简要的回顾。这将有助于理解已经介绍的有关概念与含有嵌入期权的债券的估价之间的关系。

无论某种债券是否含有嵌入期权，都可以做到：

（1）如果给定一个要求的到期收益率，可以计算出债券的价值。例如，如果一种9年期、票面利率8%、每半年支付利息的债券的要求收益率为7%，那么它的价格是106.59美元。

（2）如果给定一种债券的市场观测价格，可以计算出它的到期收益率。例如，如果一种5年期、票面利率5%、每半年支付利息的债券的价格是93.84美元，那么它的到期收益率是7.5%。

（3）如果给定到期收益率，可以计算出收益利差。例如，如果一种5年期、票面利率6%、每半年支付利息的债券的到期收益率为7.5%，而相对应的基准收益率为6.5%，那么收益利差为100个基点（7.5%减去6.5%）。此时的收益利差称作名义利差。

在使用单一利率计算债券价值（如上面的第一种情况）或计算到期收益率（如上面的第二种情况）时存在的问题是，没有认识到每种现金流量都是独特的，并且各自需要不同的贴现率。如第8章所述，如果无法按照不同的利率对预计的现金流量进行贴现，将导致出现套利的机会。

正是因为估价过程存在这样的问题，所以才引入了理论即期利率的概念，以解决由于使用单一利率引起的问题。即期利率是用于对现金流量进行贴现的适当利率。对于每个到期日，都可以计算一个理论即期利率。本书在前面的章节中介绍了计算即期利率曲线（即每个到期日对应的即期利率）的步骤。

借助即期利率曲线可以得到债券的价格。但是，如何利用即期利率曲线计算到期收益率呢？实际上，在这种情况下并没有到期收益率的等价概念。相反，可以运用收益利差计量方法来解决单一利率引起的问题。这种方法指的是无波动利差，在第4章中有相关介绍。无波动利差，也叫做Z利差和静态利差，在所有即期利率上加上该利差时，将使得债券现金流量的当前价值与债券的市场价格相等。

此时并没有引入任何关于如何处理含有嵌入期权债券的概念，仅仅是解决了如何使用单一利率对现金流量进行贴现的问题。但是，还有一个关键的问题必须要解决。如果一种债券含有嵌入期权，收益率的一部分也就是利差的一部分可归因于嵌入期权。在对含有嵌入期权的债券进行估价时，必须根据嵌入期权的价值调整利差。这种调整的方法叫做期权调整利差（OAS）。在第3章中提到过这种方法，但是没有进一步解释。本章将介绍如何计算含有嵌入期权债券的利差衡量。

9.3.1 基准利率和相对价值分析

收益利差计量方法用于对证券的**相对价值**（**relative value**）进行估算。相对价值分析包括识别那些能够比基准债券获取更高收益的证券。相对价值分析可用于将证券识别为定价过高（“贵的”）和定价过低（“便宜的”），或者合理定价的证券。证券组合经理可利用相对价值分析对某个证券板块或其子板块中的不同证券或某个特定发行人的不同证券进行分级。

为了理解利差计量方法，需要明确以下两个问题：

(1) 计算利差的基准是什么？也就是说，利差的计量是相对什么而言的？

(2) 什么是利差度量？

前面提到过，不同的利差度量方法都是以基准利率为起点的。基准利率可以从以下任意一种途径获得：

- 国债市场；
- 特定信用评级的某个具体的债券板块；
- 某个具体的发行人。

比如，一个给定信用评级的特定债券板块可能包括 A 级公司债券，或者 AA 级银行债券。前面一章中介绍的 LIBOR 曲线是一个例子，因为该曲线被市场视为银行间同业拆借利率或 AA 级评级基准。

另外，基准利率可基于以下曲线：

- 估计的收益率曲线；
- 估计的即期利率曲线。

收益率曲线表示附息债券的收益率与到期日之间的关系；即期利率曲线表示即期利率与到期日之间的关系。

下表总结了六种潜在的基准利率：

	国债市场	给定信用评级的某个特定的债券板块	某个具体的发行人
收益率曲线	国债收益率曲线	该板块收益率曲线	发行人收益率曲线
即期利率曲线	国债即期利率曲线	该板块即期利率曲线	发行人即期利率曲线

第 8 章进一步解释了如何根据国债收益率曲线来构建国债即期利率曲线。以国债市场的收益率作为基准利率，可以为一定信用评级的某个债券板块或某个特定发行人构建出新发行债券收益率曲线。为了给既定信用评级的板块或一个特定发行人构建新发行债券收益率曲线，对每一种新发行国债收益率需要考虑适当的信用利差。对于所有的到期日而言，这种信用利差不是一成不变的。例如，在第 5 章中解释过，信用利差可能会随着到期日增加。如果给定了新发行债券收益率曲线，可以为既定信用评级的债券板块或发行人生成理论即期利率，所使用方法与给定国债收益率曲线生成国债即期利率的方法是一样的。

9.3.2　利差度量方法的解释

本节将介绍基于给定的备选基准利率的三种利差：名义利差、无波动利差和期权调整利差。

在美国，国债市场的收益率通常被作为基准利率。这个基准可以是国债收益率曲线，也可以是国债即期利率曲线。正如前面介绍的，名义利差是指相对于国债收益率曲线测算的利差，而无波动利差是指相对于国债即期利率曲线而言的利差。本章将说明，OAS 是相对于国债即期利率曲线而言的利差。

如果使用了国债市场利率，那么这三种利差度量的基准以及利差补偿的风险总结如下：

利差计量	基准	被补偿的风险
名义利差	国债收益率曲线	信用风险、期权风险、流动性风险
无波动利差	国债即期利率曲线	信用风险、期权风险、流动性风险
期权调整利差	国债即期利率曲线	信用风险、流动性风险

其中，“信用风险”是相对于无违约率而言的，因为国债市场被认为是无违约市场。

在使用 OAS 的情况下，如果计算出的 OAS 比市场对相应信用风险和流动性风险要求补偿的利差大，那么债券价值被低估了。如果计算出的 OAS 比市场对相应信用风险和流动性风险要求补偿的利差小，那么债券价值被高估了。只有使用名义利差或无波动利差包括对嵌入期权的补偿。

例如，对于某个含有可赎回嵌入期权的 BBB 信用评级的非国债公司债券 W，假设以下条件：

基准：国债市场

基于国债收益率曲线的名义利差：170 个基点

基于国债即期利率曲线的无波动利差：160 个基点

基于国债即期利率曲线的 OAS：125 个基点

假设在市场上，与债券 W 具有相同信用评级、到期日和流动性的无期权债券以 145 个基点的名义利差确定的价格进行交易，如果仅仅从名义利差考虑，债券 W 的价值被低估了，因为其名义利差比相对应的无期权债券的名义利差要大（170 个基点对 145 个基点）。甚至可以比较债券 W 的无波动利差和无期权债券的名义利差（比较并不准确，因为两种利差基准不同），债券 W 的无波动利差是 160 个基点，而无期权债券的名义利差为 145 个基点，通过分析可以看出债券 W 定价偏低。然而，如果不考虑嵌入期权的价值（普遍认为准确地通过 OAS 计算的价值），从 OAS 可以看出该债券交易要求的利差小于可比的无期权债券的名义利差。虽然两种利差基准不同，但从 OAS 还是可以看出债券 W 的价值被高估了。

9.3.3 特定信用评级基准的某个具体的债券板块

与将国债市场作为基准不同，也可以将特定信用评级的某个具体的债券板块作为基准。此时，利差度量可解释为：

利差计量	基准	被补偿的风险
名义利差	板块收益率曲线	信用风险、期权风险、流动性风险
无波动利差	板块即期利率曲线	信用风险、期权风险、流动性风险
期权调整利差	板块即期利率曲线	信用风险、流动性风险

其中，“板块”是指既定信用评级的具体债券板块。“信用风险”指的是某个被考察的证券的信用风险与作为基准的板块的信用风险的差异，而“流动性风险”指某个被考察的证券的流动性风险与作为基准的板块的流动性风险的差异。

仍然以含有可赎回嵌入期权的 BBB 信用评级的公司债券 W 作为例子来进一步说明，假设利差衡量如下：

基准：AA 级公司债券板块

名义利差：110 个基点

无波动利差：100 个基点

OAS：80个基点

假设在市场上，与债券W具有相同信用评级、到期日和流动性的无期权债券以90个基点的名义利差确定的价格进行交易（相对于AA级公司债券板块）。如果仅仅使用基于同样基准的名义利差度量相对收益率，可以看出债券W的价值被低估了，因为其名义利差比可比的无期权债券的名义利差要大（110个基点对90个基点）。甚至可以直接比较债券W的无波动利差和无期权债券的名义利差，债券W的无波动利差是100个基点（相对于AA级公司债券即期利率曲线），而无期权债券的名义利差为90个基点（相对于AA级公司债券市场收益率曲线），通过分析可以看出债券W定价偏低。然而，对于债券W相对价值的正确评估将取决于其OAS与其他BBB级债券OAS（相对于相同的AA级公司债券市场即期利率曲线）的比较。例如，如果其他BBB级公司债券的OAS小于80个基点，就可证明债券W定价偏低。

9.3.4　具体发行人基准

除了使用国债市场或债券板块作为基准来计量某个具体证券的相对价值，还可以将估计的发行人收益率曲线或发行人即期利率曲线作为基准。这样，对于三种利差度量可作如下解释：

利差计量	基准	被补偿的风险
名义利差	发行人收益率曲线	期权风险、流动性风险
无波动利差	发行人即期利率曲线	期权风险、流动性风险
期权调整利差	发行人即期利率曲线	流动性风险

可以注意到，由于假设所分析的具体证券的信用风险与基准发行人的信用风险相同，所以不存在"信用风险"。如果不考虑任何嵌入期权，名义利差为正，表示该证券相对于市场对发行人其他债券的定价而言是定价偏低的；如果是负值，则表示该证券定价偏高。

如果不考虑任何嵌入期权，那么对于无波动利差可以使用同样的解释方法。对于OAS而言，利差为正值表示即使调整嵌入期权后，该证券的价值还是定价偏低；如果OAS为零，则表示该证券定价合理；如果为负值，表示该证券定价偏高。

我们还是以含有可赎回嵌入期权的BBB信用等级的公司债券W作为例子来进一步说明。假设该债券由RJK公司发行，再假设债券W满足以下条件：

基准：RJK公司债券

基于RJK公司收益率曲线的名义利差：30个基点

基于RJK公司即期利率曲线的无波动利差：20个基点

基于RJK公司即期利率曲线的OAS：-25个基点

名义利差和无波动利差都可以说明债券W定价偏低（两种利差衡量都为正值）。但是，如果考虑嵌入期权的话，那么相应的利差度量OAS为负值，这意味着债券W价格定价偏高，应避免买入。

9.3.5　OAS、基准及相对价值

本章的重点内容是对于含有嵌入期权的债券的估价。虽然我们必须解释如何计算OAS，但此处只总结如何将OAS理解为基于基准的相对价值衡量的工具。

首先考虑当以国债即期利率曲线为基准时的情况。OAS 为零，表示该证券相对国债而言没有利差。因此，OAS 为零的证券应该避免买入。OAS 为负值，表示该证券的利差低于国债，也应该避免买入。仅仅 OAS 为正值并不能代表该证券定价合理或偏低，还取决于市场针对可比债券要求的利差（相对于国债市场）。该债券价格是定价偏高、偏低还是合理，取决于该债券的 OAS 值与可比债券的 OAS 值相比较的结果。可比债券的 OAS 叫做“要求的 OAS”，把被分析的债券通过计算得出的 OAS 称为“债券的 OAS”，那么：

如果债券的 OAS 比要求的 OAS 大，说明该债券定价偏低；

如果债券的 OAS 比要求的 OAS 小，说明该债券定价偏高；

如果债券的 OAS 与要求的 OAS 相等，说明该债券定价合理。

如果把某个具有特定信用评级的债券板块作为基准，那么被分析的债券与该板块的相对信用评级显得非常重要。在本章的论述中，*假设被作为基准的债券板块的信用评级比被分析的债券的信用评级要高*。OAS 为零，表示该债券相对于基准债券板块而言没有利差，应该避免买入。OAS 为负值，表示该债券的利差低于基准债券板块，也应该避免买入。如同以国债为基准一样，当 OAS 为正值时，相对价值取决于该债券的 OAS 与要求的 OAS 之间比较的结果。这里，要求的 OAS 是指基准债券板块的可比债券的 OAS。如果给定了债券的 OAS 和要求的 OAS，那么：

如果债券的 OAS 比要求的 OAS 大，说明该债券定价偏低；

如果债券的 OAS 比要求的 OAS 小，说明该债券定价偏高；

如果债券的 OAS 与要求的 OAS 相等，说明该债券定价合理。

其中，“偏低”、“偏高”、“定价合理”等术语仅仅相对于既定基准而言。如果某个投资者是依靠对外融资的投资者，当他对某个债券进行估价（相对于他的借款成本）时，会存在一套不同的规则。例如，假设被用作基准的债券板块是 LIBOR 即期利率曲线，再假设投资者的筹资成本相对 LIBOR 的利差为 40 个基点，那么，是否对该证券进行投资就取决于 OAS 是否超过 40 个基点，并有足够数量来补偿信用风险。

最后，当以发行人即期利率曲线作为基准时，如何估计相对价值？如果发行人的某个具体的债券定价合理，其 OAS 应该等于零。所以，与使用基准国债或基准债券板块不同的是，OAS 为零时表示债券被合理估价。OAS 为正值时，表示相对于发行人的其他债券，该债券的交易价格定价偏低；OAS 为负值时，表示相对于同一个发行人的其他债券，该债券的交易价格定价偏高。

基准、OAS 和相对价值之间的关系在图表 9—1 中作了总结。

图表 9—1 **基准、OAS 和相对价值之间的关系**

基准	OAS 为负值	OAS 为零	OAS 为正值
国债市场	债券定价过高	债券定价过高	必须将债券的 OAS 与类似债券的 OAS（要求的 OAS）进行对比： 如果债券的 OAS 比要求的 OAS 大，说明该债券定价偏低； 如果债券的 OAS 比要求的 OAS 小，说明该债券定价偏高； 如果债券的 OAS 与要求的 OAS 相等，说明该债券定价合理

续图表

基准	OAS 为负值	OAS 为零	OAS 为正值
既定信用评级的债券板块（假设信用评级高于被分析的债券）	债券定价过高（假设信用评级高于被分析的债券）	债券定价过高（假设信用评级高于被分析的债券）	必须将债券的 OAS 与类似债券的 OAS（要求的 OAS）进行对比： 如果债券的 OAS 比要求的 OAS 大，说明该债券定价偏低； 如果债券的 OAS 比要求的 OAS 小，说明该债券定价偏高； 如果债券的 OAS 与要求的 OAS 相等，说明该债券定价合理
发行人自己的债券	债券定价过高	债券定价合理	债券定价过低

9.4　对无期权债券如何进行估价的回顾

在开始讨论如何对含有嵌入期权的债券进行估价之前，将首先讨论如何对无期权债券进行估价。后面将利用同一种债券来解释如果含有嵌入期权时该如何对其进行估价。

第5章解释了如何利用即期利率计算无期权债券的无套利价值。第6章介绍了即期利率与远期利率的关系，然后介绍了如何利用远期利率来推导出与使用即期利率时相同的无套利价值。本节将回顾如何使用即期利率和远期利率两种方法对无期权债券进行估价。本章后面的内容将把要对其债券进行估价的发行人的债券作为基准。因此，*讨论从发行人的新发行债券收益率曲线开始*。

为了获得某个具体的发行人的新发行债券收益率曲线，需要在每一种新发行的国债收益率基础上加上适当的信用利差。不同到期日的债权的信用利差是不一样的。在本章论述中，假设将要对其债券进行估价的发行人有如下新发行的债券：

到期时间	到期收益率	市场价格
1年	3.5%	100
2年	4.2%	100
3年	4.7%	100
4年	5.2%	100

每种债券都以面值（100）进行交易，因此票面利率与到期收益率相等。假设债券为每年付息，这样可以简化论述。

使用第6章中介绍的自展法，即期利率如下所示：

年限	即期利率
1	3.5000%
2	4.2148%
3	4.7352%
4	5.2706%

下面将使用以上的即期利率对债券进行估价。

第6章介绍了如何从即期利率导出远期利率。记住一点，不同的期限结构理论对于远期利率会产生不同的解释。但是，估价过程*不依赖于任何理论*。下面的远期利率是根据即期利率通过运算导出的，并且可以看到，用远期利率得到的债券估值与使用即期利率的估价是一致的。1年期远期利率为：

当前1年期远期利率	3.500%
1年后的1年期远期利率	4.935%
2年后的1年期远期利率	5.784%
3年后的1年期远期利率	6.893%

现在，考虑一种4年后到期、票面利率为6.5%的无期权债券。这种债券的价值可以通过两种方法计算出来，两种方法计算得到的值是一样的。首先，按照即期利率可以对现金流量进行贴现，如下所示：

$$\frac{6.5}{1.035^1}+\frac{6.5}{1.042148^2}+\frac{6.5}{1.047352^3}+\frac{100+6.5}{1.052706^4}=104.643\text{（美元）}$$

第二种方法是按照1年期远期利率进行贴现，如下所示：

$$\frac{6.5}{1.035}+\frac{6.5}{1.035\times1.04935}+\frac{6.5}{1.035\times1.04935\times1.05784}+\frac{100+6.5}{1.035\times1.04935\times1.05784\times1.06893}=104.643\text{（美元）}$$

可以看出，无论是按照即期利率还是远期利率对债券现金流量进行贴现，可以得到同样的估值。

记住无期权债券的价值为104.643美元。当我们在本章下面的内容中使用二项式模型对相同的债券进行估价时，该模型应生成一个104.643美元的数值，否则模型是有缺陷的。

9.5 使用二项式模型对含有嵌入期权的债券进行估价

在9.2节内容中已经介绍过，人们已经开发出多种模型对含有嵌入期权的债券进行估价。本章将运用二项式模型来讨论所有与含有嵌入期权的债券的估价相关的问题和假设。估价过程中使用的利率来源于**二项式利率树形图**（**binomial interest rate tree**）。本部分先解释一下这种树形图的一般特点；然后将介绍如何运用二项式利率树形图对债券进行估价；接下来看看如何由新发行债券收益率曲线来构建利率树形图。从根本上说，二项式利率树形图导出方法与第6章中介绍的运用自展法导出即期利率的原则是相同的，也就是说，没有套利机会。

9.5.1 二项式利率树形图

一旦考虑到嵌入期权的问题，必须考虑到利率波动。这是因为，发行人或投资者（取决于谁拥有期权）的决定会受到未来利率变化情况的影响。这意味着估价模型必须明确考虑未来的利率变化。反过来说，必须通过将利率波动包含在估价模型中来实现估价。前面的章节介绍了什么是利率波动，以及如何测算利率波动。

图表 9—2 **二项式利率树形图**

A: 1 年期二项式利率树形图　　　　B: 2 年期二项式利率树形图

如何在估价模型中引入利率波动？更具体地说，看看如何将图表 9—2 中的利率波动引入二项式模型中？看一下图表 9—2 中的 A 部分，它表示利率树形图的起点或*根基*。所显示的时间为“现在”。图中标有 N 的点上有一个用 r_0 标示的利率，表示现在的利率。

请注意，在字母 N 的右边有两个箭头。此处将介绍利率波动。图中的点称为*节点*。节点处表示的*要么是随机事件，要么就是决策*。在创建二项式利率树形图时，在每个节点处都是一个随机事件。利率的变化表现的就是随机事件。本章后面介绍如何使用二项式利率树形图来确定含有嵌入期权的债券的价值时，每个节点处表示一个决策。具体来说，这个决策指的是发行人或债券持有者（取决于嵌入期权的类型）是否会执行该期权。

在二项式模型中，假设随机事件（即利率的变化）只会呈现两种可能的值。而且，假设实现其中任何一种数值的可能性是相等的。这两种可能的值是 A 部分中以 $r_{1,H}$ 和 $r_{1,L}$ 标示的两种利率①。A 部分底部的标示说明时间是以年为单位的②。这说明 r_0 处的利率是现在的 1 年期利率，而在第 1 年处，有两种可能的 1 年期利率：$r_{1,H}$ 和 $r_{1,L}$。注意两个下标所使用的符号。第一个下标 1 表示这是从第 1 年后开始的利率，第二个下标表示利率是第 1 年中两种利率中较高的一种（H）还是较低的一种（L）。

现在我们来创建二项式利率树形图。看一下图表 9—2 中 B 部分标示的现在、第 1 年和第 2 年的情况。在第 1 年有两个节点，这取决于所出现的利率到底是较高的还是较低的一种。在两个节点处都有随机事件发生。如果出现的是较高的利率（$r_{1,H}$），相应的节点是 N_H。在二项式模型中，在下一年（即第 2 年）可能会出现的利率可以是以下两个值中的一个：$r_{2,HH}$ 或者 $r_{2,HL}$。下标 2 表示第 2 年。这样我们可能会达到节点 N_{HH} 和 N_{HL} 中的一个。下标“HH”表示达到节点 N_{HH} 的路径是第 1 年和第 2 年中较高的利率，而下标“HL”表示达到节点 N_{HL} 的路径是第 1 年中较高的利率和第 2 年中较低的利率。

同样，如果第 1 年达到的是较低的利率（$r_{1,L}$），相应的节点是 N_L，那么第 2 年可能出现的利率是 $r_{2,LH}$ 或者 $r_{2,LL}$。这样可能会达到节点 N_{LH} 和 N_{LL} 中的一个。下标“LH”表示达到节点 N_{LH} 的路径是第 1 年中较低的利率和第 2 年中较高的利率，而下标“LL”表示达到节点 N_{LL} 的路径是第 1 年和第 2 年中较低的利率。

---

① 如果我们使用三项式模型，在下一年中可能会出现三种可能的利率。
② 在实际情况中，用于构建利率树形图的时间间隔通常更短一些。

图表 9—3　　　　4 年期二项式利率树形图

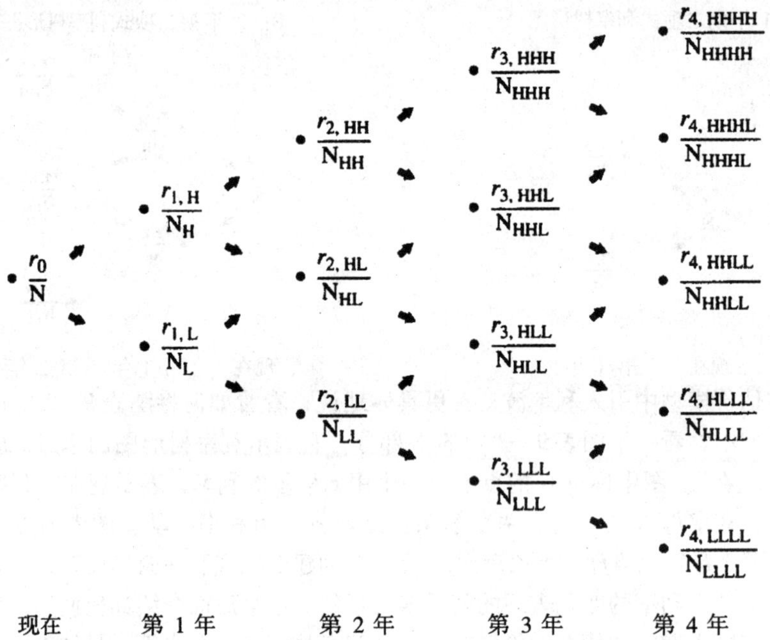

请注意，在图表 9—2 中 B 部分中的第 2 年处，只显示了 N_{HL} 而没有显示 N_{LH}。这是因为，第 1 年利率较高，而在第 2 年利率较低，与第 1 年利率较低，而在第 2 年利率较高，最终达到的节点是一样的。与其用符号把利率树形图弄得眼花缭乱，还不如只显示出两条路径中的其中一条。

在对含有嵌入期权的债券进行估价的说明中，将以 4 年期的债券为例，因此需要使用 4 年期二项式利率树形图来对该债券进行估价。图表 9—3 显示了将使用的树形图和符号。

在二项式利率树形图中显示的利率实际上是远期利率。从根本上说，这些利率是在第 t 期开始的一期的远期利率（在我们所举例子的图中，一期就是指 1 年）。因此，在对无期权债券进行估价时，使用的是远期利率，而且我们使用一期的远期利率对估价进行了说明。每一期都有一个特定的远期利率。在对含有嵌入期权的债券进行估价时，将继续使用远期利率，但是对于某一既定的期间，存在不止一个远期利率，而是一组远期利率。

图表 9—4　　　　计算节点处的价值

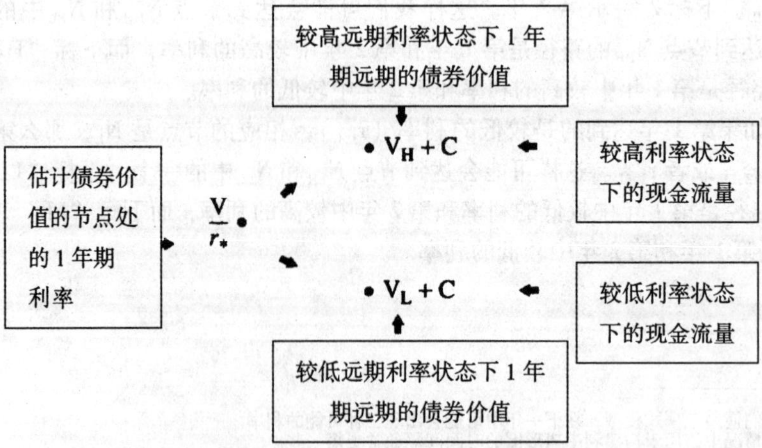

在二项式利率树形图中，不同利率之间会有一定的关系。这种关系取决于所假设的利率模型。基于一些利率波动假设，所选择的利率模型会显示以下关系：

第1年的利率为 $r_{1,L}$ 和 $r_{1,H}$；

第2年的利率为 $r_{2,LL}$，$r_{2,HL}$ 和 $r_{2,HH}$；

依次类推。

如果只想理解估价模型，没有必要在这里列出数学关系式。

9.5.2 确定节点处的价值

如何运用二项式利率树形图来对债券进行估价？要实现这个目的，首先必须确定债券在每个节点处的价值。为了得到债券在某个节点处的价值，首先要计算在要确定价值的节点的右侧较高和较低节点处债券的价值。例如，在图表9—4中，假设要确定债券在节点 N_H 上的价值，那么首先必须确定债券在节点 N_{HH} 和 N_{HL} 上的价值。现在先别管是怎样获得这两个价值的，因为整个过程始于利率树形图的最后（最右边）1年并逆向移动，得到需要的最终结果。由于在每个利率树形图中寻求最终结果的过程都是逆向移动的，这种方法被称为**逆向归纳法（backward induction）**。

实际上某个节点处的价值将取决于其未来现金流量。反过来说，未来现金流量则取决于：（1）今后1年的利息支付；（2）今后1年的债券价值。前者是已知的。债券价值取决于我们最关注的节点右边的两个节点处的利率是较高的利率还是较低的利率。因此，节点处的现金流量是：（1）较高的1年期利率对应的债券价值加上利息支付；（2）较低的1年期利率对应的债券价值加上利息支付。让我们再回到债券在节点 N_H 处的价值。现金流量要么是 N_{HH} 处的债券价值加上利息支付，要么是 N_{HL} 处的债券价值加上利息支付。

通常来说，要获得债券在某个节点处的价值，必须遵循估价的基本规则：价值指的是预期现金流量的现值。适当贴现率是我们需要计算价值的节点处的1年期利率。这样就会出现两个现值：当1年期利率为较高利率时的现值，以及当1年期利率为较低利率时的现值。由于假设出现两种结果的可能性是均等的（即出现每种结果的可能性是50%），因此只需要计算两种现值的平均值即可。在图表9—4中对此作了说明，假设需要被估价的节点处的1年期利率是 r_*，并且：

V_H = 较高1年期利率对应的债券价值

V_L = 较低1年期利率对应的债券价值

C = 利息支付

节点处的现金流量为：

较高1年期利率对应的 $V_H + C$

较低1年期利率对应的 $V_L + C$

在节点处使用1年期折现率 r_* 得到的两种现金流量的现值为：

$$\frac{V_H + C}{(1 + r_*)} = \text{较高1年期利率对应的现值}$$

$$\frac{V_L + C}{(1 + r_*)} = \text{较低1年期利率对应的现值}$$

那么，节点处债券的价值为：

$$\text{节点处价值} = \frac{1}{2}\left[\frac{V_H + C}{(1 + r_*)} + \frac{V_L + C}{(1 + r_*)}\right]$$

9.5.3 创建二项式利率树形图

任何一种利率树形图的创建都是比较复杂的，虽然原则很容易让人理解。这种原则适用于二项式利率树形图或下一周期会出现两种以上利率的利率树形图。*创建利率树形图的基本原则是：在运用树形图对作为基准的新发行债券进行估价时，最后得到的价值应是无套利价值。*也就是说，利率树形图为新发行债券生成的价值应等于该债券的市场观测价值。另外，利率树形图应与假设的利率波动保持一致。

下面简单介绍一下创建利率树形图的过程。并不一定要了解如何导出利率树形图，要了解的是如何基于给定的利率树形图上的利率对债券进行估价。在第一个节点处（即利率树形图的根基）的利率是新发行债券的1年期利率（这是因为在简化的图示中，假设不同节点间的时间间隔是1年）。利率树形图的生长方式与通过基于无套利理论的自展法获得即期利率的方法是一样的。

第1年的利率（两种远期利率）可以通过以下信息获得：

（1）2年期新发行债券对应的票面利率；

（2）假设的利率波动；

（3）利率树形图根基的利率（即现在的1年期新发行债券利率）。

如果给定以上利率，可以*推测*出节点 N_L 处的较低利率 $r_{1,L}$。较高的利率 $r_{1,H}$ 则无法推测，而是通过假设1年期利率（$r_{1,L}$）的波动来确定。给定 $r_{1,L}$ 来确定 $r_{1,H}$ 的公式取决于所使用的利率模型。使用 $r_{1,L}$ 和对应的 $r_{1,H}$，可以对2年期新发行债券进行估价。如果使用逆向归纳法最后计算出来的价值与2年期新发行债券的市场价值不相等，那么用于测试的 $r_{1,L}$ 不能用于创建利率树形图。如果估计价值过高，则应用一个较高利率进行测试；如果估计价值过低，则应用一个较低利率进行测试。这个测试过程是不断重复的，直到根据估计的 $r_{1,L}$ 和对应的 $r_{1,H}$ 计算出来的2年期新发行债券的价值与其市场价值相等。

此时，就得到了利率树形图根基处的利率和第1年的两种利率：$r_{1,L}$ 和 $r_{1,H}$。现在我们需要得到第2年的三种利率：$r_{2,LL}$、$r_{2,HL}$ 和 $r_{2,HH}$。这三种利率可以通过以下信息确定：

（1）3年期新发行债券对应的票面利率；

（2）假设的利率模型；

（3）假设的利率波动；

（4）利率树形图根基处的利率（即现在的1年期新发行债券利率）；

（5）两个1年期利率（$r_{1,L}$ 和 $r_{1,H}$）。

首先推测 $r_{2,LL}$。所假定的利率模型规定了在给定 $r_{2,LL}$ 的情况下获得 $r_{2,HL}$ 和 $r_{2,HH}$ 的方法以及假设的1年期利率的波动。通过这种方法可以获得利率树形图中对3年期新发行债券进行估价所需的利率，然后对3年期新发行债券进行估价。如果生成的价值与3年期新发行债券的市场价值不相等，那么用于测试的 $r_{2,LL}$ 不能用作利率树形图中的利率。然后不断重复推算过程，直到根据 $r_{2,LL}$ 推导的第2年的利率计算出来的3年期新发行债券的价值与其市场价值相等。

利率树形图生成过程与前面介绍的获得第1年利率 $r_{1,L}$ 和 $r_{1,H}$ 和第2年利率 $r_{2,LL}$、$r_{2,HL}$ 和 $r_{2,HH}$ 的过程是一样的。假设1年期利率波动为10%，图表9—5表示的是发行人用于对4年内到期的债券进行估价所使用的二项式利率树形图。使用哪种利率模型并不重要。如何确保图表9—5中显示的利率就是正确的利率呢？要证明这点，应使用利率树形图对一种新发行债券进行估价并证明从二项式模型中得到的价值与债券的市场观测价值相等。

图表 9—5　　对发行人的债券进行估价所使用的二项式利率树形图

（4年内到期，假设利率波动为10%）

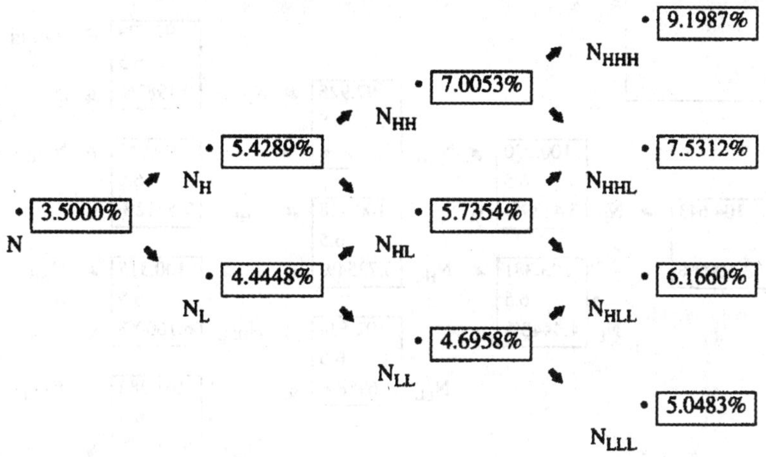

例如，为了证明图表9—5利率树形图中第0年、第1年和第2年对应的利率都是准确的，此处使用3年期新发行债券作例子。该债券的市场价值为100。图表9—6表示利用逆向归纳法对该债券的估价。请注意利率树形图根基处的价值（即由模型导出的价值）是100。因此，根据以前2年的利率导出的利率树形图能够估计出与3年期新发行债券的市场观测价值100相等的价值。这种证明方法等同于这个模型生成了一个无套利价值。

图表 9—6　　图表9—5中的二项式利率树形图对3年期新发行债券

（票面利率为4.7%）进行准确估价的图示

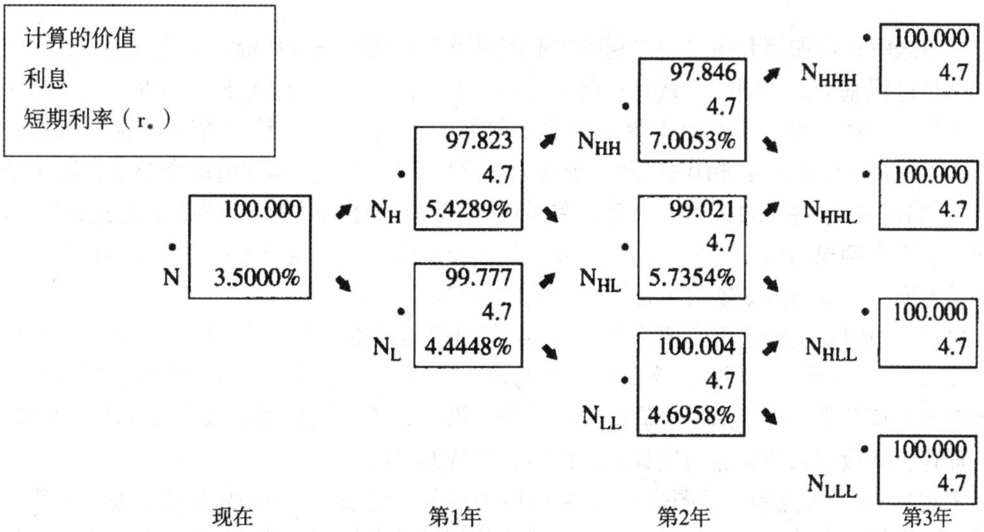

9.5.4　使用利率树形图对无期权债券进行估价

为了说明如何利用图表9—5中显示的二项式利率树形图，假设一种票面利率为6.5%、4年到期的无期权债券，并假设该发行人的新发行债券收益率曲线如前面给定的，因此图表9—5中的利率树形图是合适的二项式利率树形图。图表9—7表示的是贴现过程中出现的不同价值，其估计的债券价值为104.643美元。

图表 9—7　　对无期权债券的估价（4 年到期，票面利率为 6.5%，假设利率波动为 10%）

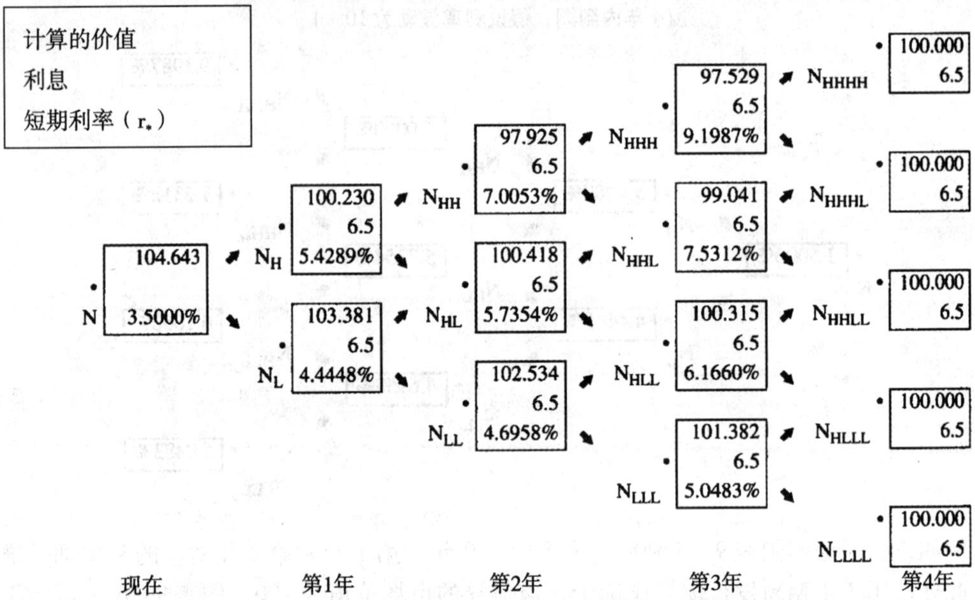

请注意这个价值与前面根据即期利率或1 年期远期利率贴现的债券价值是相等的，这一点十分重要。由于债券是无期权债券，因此应期望得到这样的结果。这一点清楚地表明对于无期权债券而言，这个估价模型与无套利估价模型是一致的。

9.6　对可赎回债券的估价和分析

接下来将说明如何利用二项式利率树形图对可赎回债券进行估价。估价过程与无期权债券的估价过程基本是相同的，只有一点不同——当发行人可能行使赎回期权时，处于某个节点处的债券价值必须有所变化以等于二者中较低的价值：（1）该债券未被赎回时的价值（即运用前面提到的逆向归纳法得到的价值）；（2）赎回价格。本章前面介绍过，某个节点处要么代表随机事件，要么代表决策。在创建二项式利率树形图时，节点处代表随机事件。在对含有嵌入期权的债券进行估价时，节点处代表决策以便决定是否行使某个期权。对于可赎回债券而言，发行人必须决定是否行使赎回期权。

例如，假设有一种票面利率为 6.5%、4 年到期的债券，1 年后可以 100 美元的价格赎回。图表 9—8 表示在二项式利率树形图上的每个节点处都有两个价值。前面提到的贴现过程可用于计算每个节点处两个价值中的第一个。第二个价值则取决于该证券是否会被赎回。为了简化，假设如果该证券超过其赎回价格，发行人将赎回。

图表 9—9 中重点展示了图表 9—8 中的两个部分。图表 9—9 中的 A 部分表示在第 2 年和第 3 年中债券未被赎回的节点（基于例子中使用的简单赎回规则）。在这种情况下，报告的价值与无期权债券的估价是一样的。图表 9—9 中的 B 部分表示在第 2 年和第 3 年中债券被赎回的一些节点。请注意现金流量是如何改变的。例如，在第 3 年，在节点 N_{HLL}处，通过逆向归纳法生成的价值（即现金流量）为 100.315 美元。但是，如果基于给定的赎回规则，则该证券将被赎回。因此，100 美元表示节点处的第二个价值，然后这个价值将用于逆向归纳法。这就是二项式方法是如何根据远期利率及嵌入期权来改变现金流量的。

如图表9—8所示的利率树形图的根基表示该可赎回债券的价值为102.899美元。

上面的介绍中还未提到但却非常重要的一个问题是：发行人在什么情况下才会真正赎回债券。对于赎回规则的详细解释超出了本章内容的讨论范围。从根本上说，这涉及要确定对于发行人来说在什么时候赎回债券是比较经济的（税后）。

假设赎回价格计划为：第1年102美元，第2年101美元，第3年100美元。再假设只有在该债券超过了那一年度的赎回价格时才会被赎回。图表9—10表示每个节点处的价值以及可赎回债券的价值。这个赎回价格计划导致可赎回债券的价格为103.942美元，高于当每年的赎回价格为100美元时相应的债券价格102.899美元。

图表9—8 对可赎回债券的估价（4年到期，票面利率为6.5%，1年后可按100美元的价格赎回，假设利率波动为10%）

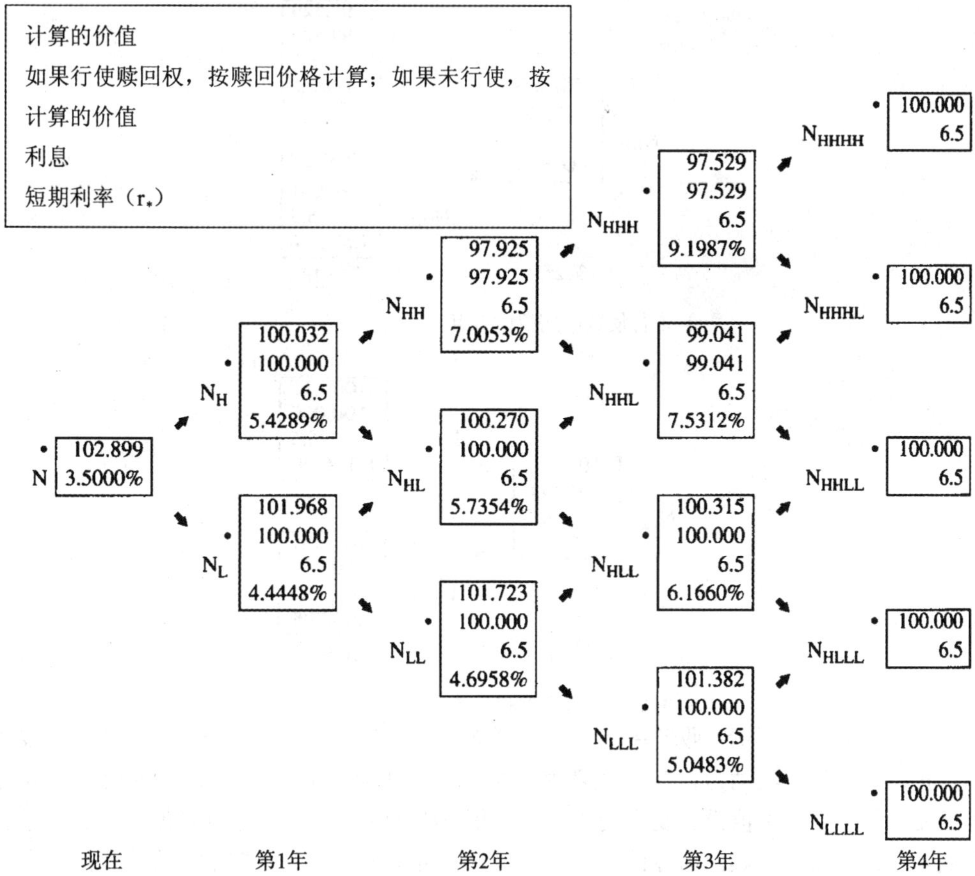

9.6.1 确定赎回期权的价值

第2章中已经介绍过，可赎回债券的价值等于无期权债券的价值减去赎回期权的价值，这就是说：

赎回期权的价值 = 无期权债券的价值 - 可赎回债券的价值

刚才已经介绍如何确定无期权债券的价值以及可赎回债券的价值。两种价值之间的差异就在于赎回期权的价值。

上例中无期权债券的价值为104.643美元。假设1年期利率波动为10%，如果每一年的赎回价格为100美元，可赎回债券的价值为102.899美元，那么赎回期权的价值就是1.744

美元（104.643 - 102.899）。

9.6.2 波动和无套利价值

在上例中，假设的利率波动为10%。对于波动的假设会对无套利价值产生重要的影响。更准确地说，期望波动越高，期权的价值也越高。对于债券中嵌入的期权也是如此。相应的，这对于含有嵌入期权的债券的估价也会产生影响。

例如，对于可赎回债券而言，假设的利率波动越高，意味着赎回期权的价值升高，而由于无期权债券的价值并未受到影响，可赎回债券的价值必将减少。

图表 9—9　　**可赎回债券第2年和第3年的节点**

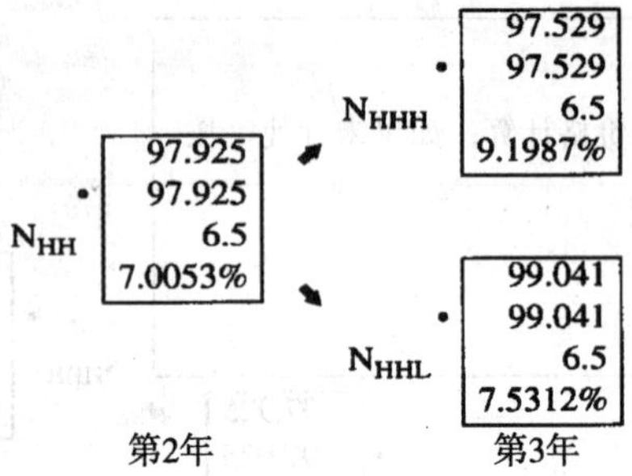

(a) 未行使赎回期权的节点

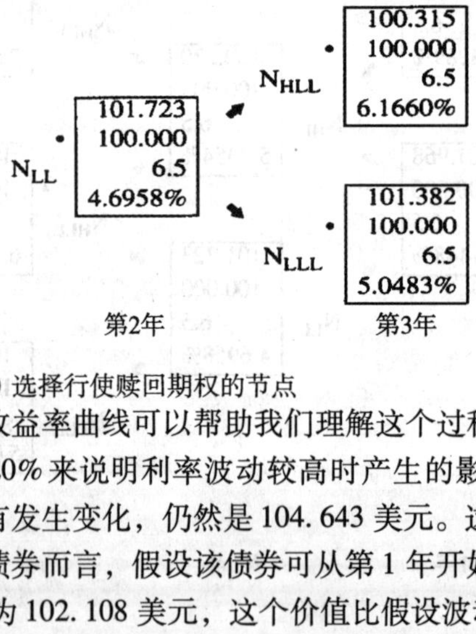

(b) 选择行使赎回期权的节点

前面介绍的新发行债券收益率曲线可以帮助我们理解这个过程。当时假设的利率波动为10%。我们假设利率波动为20%来说明利率波动较高时产生的影响。在这种较高的波动水平上，无期权债券的价值没有发生变化，仍然是104.643美元。这是可以预料到的，因为不存在嵌入期权。对于可赎回债券而言，假设该债券可从第1年开始按票面价值赎回，可以看到当波动为20%时，其价值为102.108美元，这个价值比假设波动为10%的时候（102.899美元）要小一些。其原因是期权的价值会随着假设利率波动的升高而增加。因此，当波动为20%时，嵌入的赎回期权的价值比波动为10%的时候要高。但是，嵌入的赎回期权是从无期权债券价值中减掉的，从而得到可赎回债券的价值。当利率波动为20%时从无期权价值中减掉的嵌入赎回期权的价值比利率波动为10%的时候要高，所以当利率波动为20%的时候，可赎回债券的价值要低一些。

9.6.3 期权调整利差

假设4年期票面利率为6.5%的可赎回债券的市场价格为102.218美元，利率波动为

10% 时的理论价值为 102.899 美元。这意味着根据估价模型，该债券价值低估了 0.681 美元。债券市场参与者考虑的因素不是以美元计算的债券价格是低估还是高估，而是考虑收益利差——价格低估的债券以较高的收益利差交易，而价格高估的债券以较低的收益利差交易。

图表 9—10　对可赎回债券的估价（4 年到期，票面利率为 6.5%，具有赎回价格计划，假设利率波动为 10%）

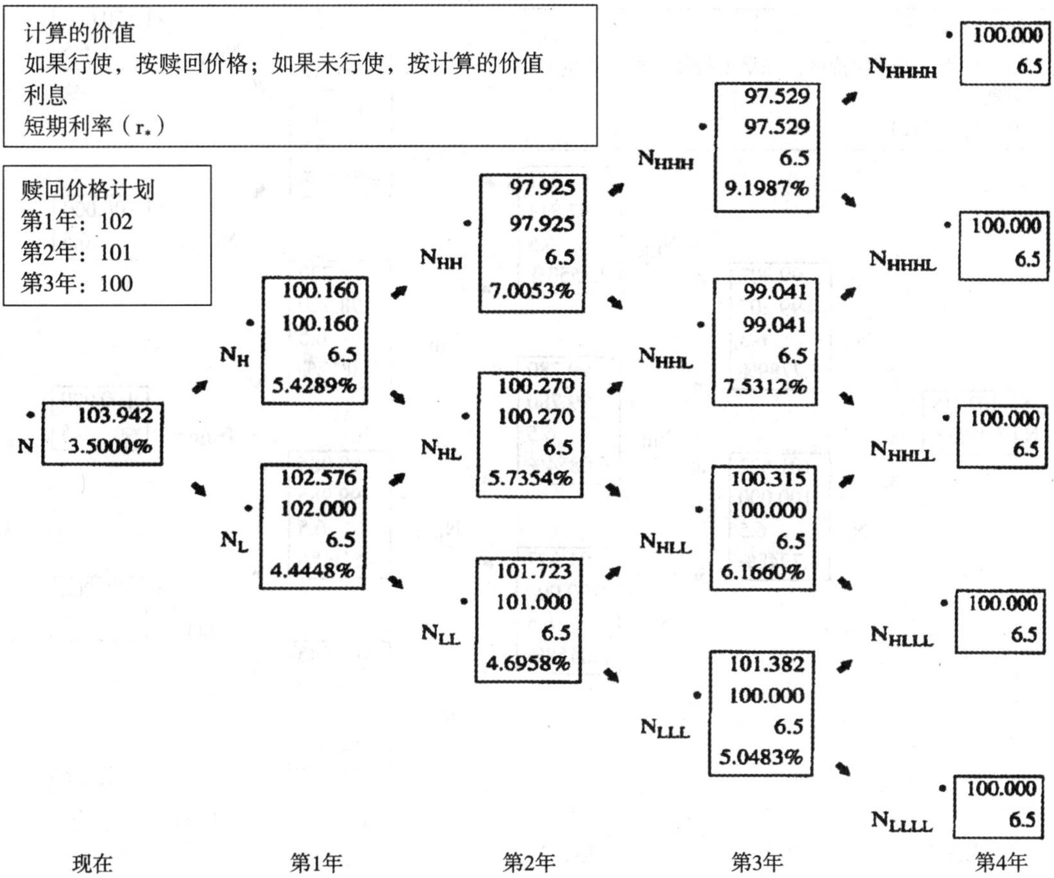

期权调整利差（option-adjusted spread）是一种固定利差，将该利差加入到二项式利率树形图上的 1 年期利率中时可使得无套利价值（即由二项式模型生成的价值）与市场价格相等。在我们的例子中，如果市场价格为 102.218 美元，那么 OAS 是一个这样的固定利差——当加入到图表 9—5 中的每个利率中时，所生成的无套利价格等于 102.218 美元。这样，最终需要加入 35 个基点。在图表 9—11 中可以证明这一点，图表 9—11 展示了对每个利率加入 35 个基点后该证券的价值。

与含有嵌入期权债券的价值一样，OAS 也取决于波动假设。对于给定的债券价格，所假设的利率波动越高，可赎回债券的 OAS 越低。例如，如果波动是 20% 而不是 10%，OAS 将会是 -6 个基点。这个例子清楚地证明了波动假设的重要性。假设波动为 10%，那么 OAS 为 35 个基点。波动为 20% 时，OAS 下降，而且在这种情况下为负值，因此这种债券的价值相对于模型来说被高估了。

OAS 设法达到的目的是从名义利差中分离出由于期权风险造成的一部分数量。这种利差衡量被称为 OAS 是因为：（1）它是一种利差；（2）在计算相对于基准利率的利差时，它可以调整期权的现金流量。第二点可以从图表 9—8 和图表 9—9 中看到。请注意，在每个节点处，由逆向归纳法获得的价值都会根据赎回期权和赎回规则进行调整。因此，最终得到的利差是“经过期权调整”的利差。

图表 9—11　对于利率为 6.5%、可按 102.218 美元的价格出售的可赎回债券，其期权调整利差为 35 个基点的图示（假设利率波动为 10%）

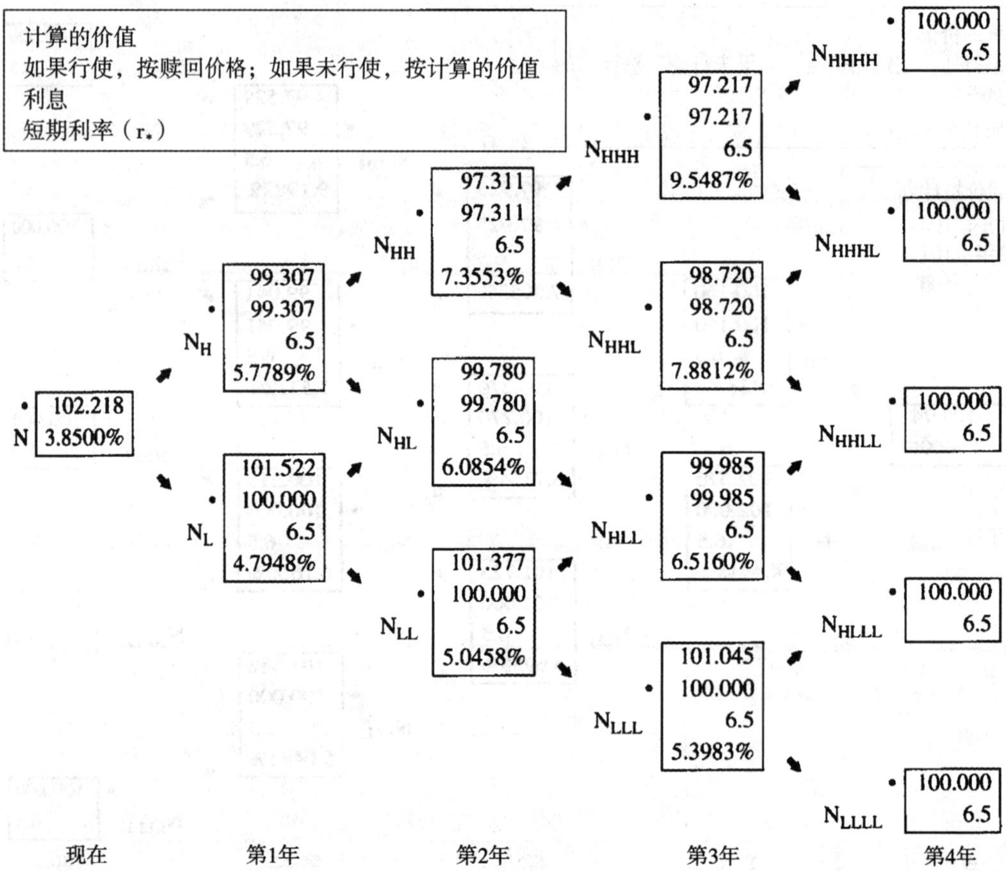

* 每个 1 年期利率都比图表 9—5 中的利率大 35 个基点。

那么，OAS 揭示了关于可赎回债券相对价值的什么信息？9.3 节中已经介绍过，这个问题的答案取决于所使用的基准。图表 9—1 总结了如何解释 OAS。在我们的例子中，关于可赎回债券的估价，其基准是发行人自己的债券。从图表 9—1 中可以看到，OAS 为正值表示可赎回债券定价偏低（估价过低）。当波动为 10% 时，OAS 为 35 个基点。所以，假设波动为 10%，根据相对价值来看，可赎回债券还是很有吸引力的。但是，需要记住的关键一点是，OAS 取决于所假设的利率波动。如果假设利率波动为 20%，OAS 为 -6 个基点。因此，如果投资者认为这个利率波动比较合适，可用于对可赎回债券的估价，那么根据相对价值来看，该证券定价偏高（估价过高）。

9.6.4 有效久期和有效凸性

第 7 章已经介绍过久期和凸性度量的定义以及它们如何计算。具体来说，久期指的是利率变化 100 个基点时相应证券价值的近似变化百分比（假设收益率曲线平行变动）。通过凸性度量可以对使用久期获得的估计价格变化进行调整。关于久期和凸性的计算公式如下所示：

$$久期 = \frac{V_- - V_+}{2V_0 (\Delta y)}$$

$$凸性 = \frac{V_+ + V_- - 2V_0}{2V_0 (\Delta y)^2}$$

其中：

Δy = 用于计算新价值的利率变化

V_+ = 当收益增加 Δy 时的估计价值

V_- = 当收益减少 Δy 时的估计价值

V_0 = 最初价格（每100美元面值的债券价格）

第7章对“修正的”久期和凸性以及“有效的”久期和凸性作了区分①。修正的久期和凸性不会考虑到含有嵌入期权的债券的现金流量可能会由于期权的行使而产生变化的情况。与此相反的是，有效的久期和凸性考虑到了由于期权的行使，未来利率的变化可能会改变现金流量的情况。但是，当时没有介绍如何计算有效的久期和凸性，因为这需要一个对含有期权的债券进行估价的模型，本章将介绍这种模型。

如何使用二项式模型计算有效的久期和凸性？对于有效的久期和凸性而言，价值 V_- 和 V_+ 可从二项式模型中获得。请回忆一下，如图表9—8以及图表9—9中B部分所示，在使用二项式模型时，某个节点处的现金流量可根据嵌入的赎回期权进行调整。

计算 V_+ 值的步骤如下：

第1步：给定了债券的市场价格，使用前面介绍的步骤计算其OAS。

第2步：将新发行债券收益率曲线向上移动少量基点（Δy）。

第3步：根据步骤2中的新收益率曲线，构建二项式利率树形图。

第4步：将OAS加入到二项式利率树形图中的每个1年期利率中，从而得到“经过调整的”利率树形图。也就是说，计算有效的久期和凸性时假设当利率变化时，OAS不会发生变化。

第5步：使用步骤4中得到的“经过调整的”利率树形图来确定债券的价值 V_+。

确定 V_- 价值的步骤与上面的5个步骤是一样的，只是第2步变为将新发行债券收益率曲线向下移动少量基点（Δy）。

为了说明如何确定 V_+ 和 V_- 以便计算有效久期和有效凸性，我们将使用与前面内容中已经使用过的相同的新发行债券收益率曲线，假设利率波动为10%。我们的例子中将使用票面利率为6.5%、初始售价为102.218美元，可按票面价值赎回的4年期可赎回债券。该债券的OAS为35个基点。

图表9—12表示的是将收益率曲线向上移动少量的基点（25个基点），然后在每个1年期利率中加入35个基点（OAS）后得到的经过调整的利率树形图。然后利用经过调整的利率树形图对债券进行估价。最后得到的价值 V_+ 是101.621美元。图表9—13表示的是将收益率曲线向下移动25个基点，然后在每个1年期利率中加入35个基点后得到的经过调整的利率树形图。最后得到的价值 V_- 是102.765美元。

① 参见第7章的图表7—18。

图表 9—12　　**计算有效久期和有效凸性时对于 V_+ 值的确定***

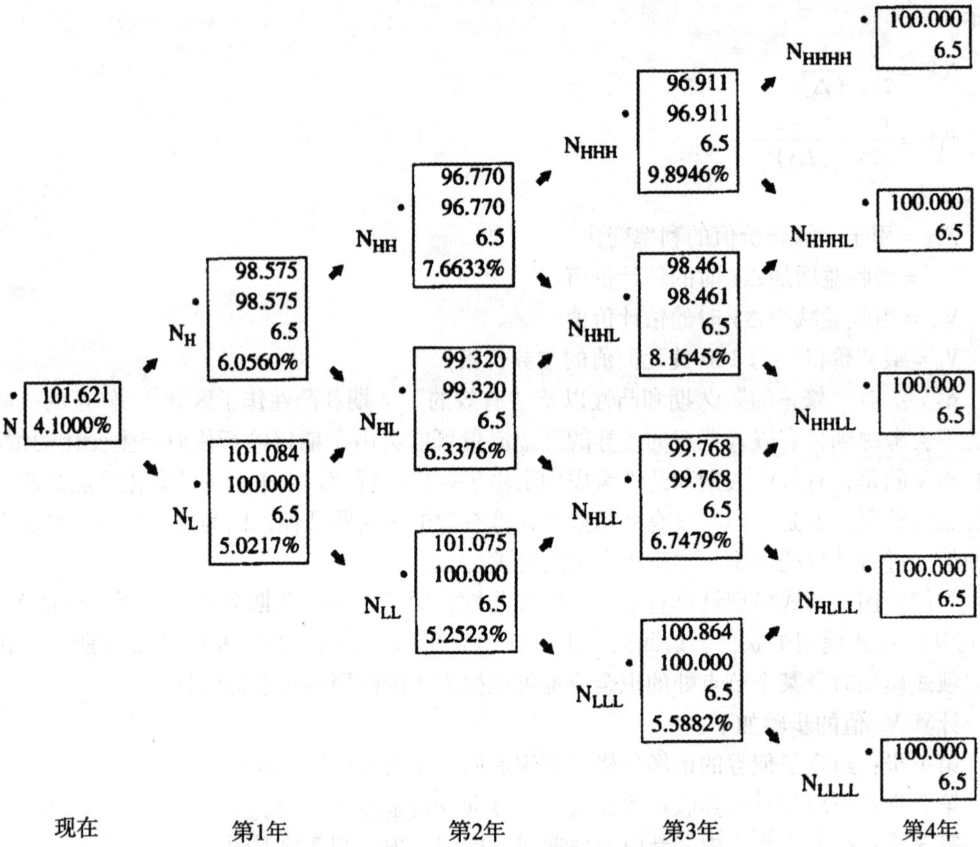

*在新发行债券收益率曲线上移动 +25 个基点。

所得到的结果总结如下：

$\Delta y = 0.0025$；$V_+ = 101.621$；$V_- = 102.765$；$V_0 = 102.218$。

因此：

$$有效久期 = \frac{102.765 - 101.621}{2 \times 102.218 \times 0.0025} = 2.24$$

$$有效凸性 = \frac{101.621 + 102.765 - 2 \times 102.218}{2 \times 102.218 \times 0.0025^2} = -39.1321$$

请注意该可赎回债券表现出负凸性。第 7 章介绍了含有嵌入期权的债券的负凸性特征。

9.7 对可回售债券进行估价

可回售债券指的是债券持有人有权要求发行人在到期日之前提前偿清的债券。

为了说明如何使用二项式模型对可回售债券进行估价，假设有一种票面利率为 6.5%、4 年后到期的债券，到期日之前可按票面价值 100 美元回售。再假设图表 9—5 中的二项式利率树形图适用于该债券，而且若该债券的价格低于票面价值，债券持有人将行使回售权。

图表9—13　　**计算有效久期和有效凸性时对于 V_- 值的确定***

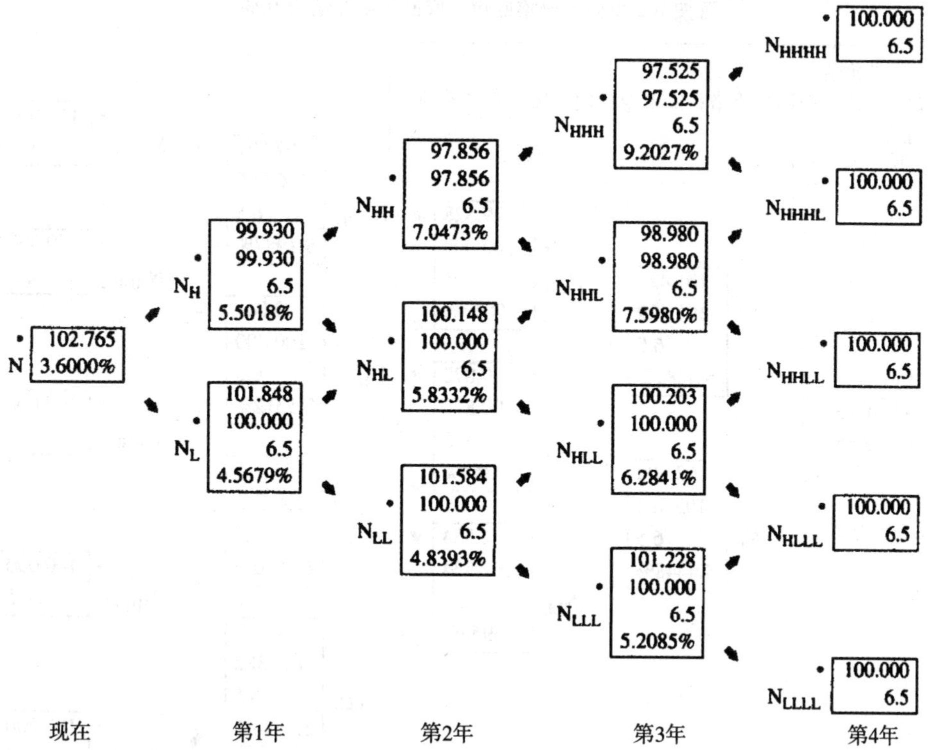

*在新发行债券收益率曲线上移动 -25 个基点。

图表9—14 表示的是二项式利率树形图，图中标示了考虑投资者是否在节点处行使期权的价值。图表9—15 中要重点说明的第 2 年和第 3 年对应的节点与图表9—9 中所采取的方法一样。图表9—15 中的下半部分表示未行使回售期权的节点，因此每个节点处的价值与无期权债券的价值一样。相反，图表9—15 中的上半部分由于行使了回售期权，可以忽略由逆向归纳法得到的价值，而使用回售价格 100 美元作为其价值。

可回售债券的价值为 105.327 美元，这个价值比相应的无期权债券的价值要高，从下面的数学关系中可以看出原因：

可回售债券的价值 = 无期权债券的价值 + 回售期权的价值

加入回售期权价值的原因是因为投资者已经购买了回售期权。

可以改写上面的关系式来确定回售期权的价值：

回售期权的价值 = 可回售债券的价值 - 无期权债券的价值

例子中可回售债券的价值为 105.327 美元，而相应的无期权债券的价值为 104.643 美元，由此回售期权的价值为 -0.684 美元。负号表示发行人已经出售该期权，或者说，投资者已经购买了该期权。

前面已经强调过含有嵌入期权的债券的价值会受到利率波动假设的影响。与可赎回债券不同，可回售债券的价值会随着假设波动的增加而增加。可以证明，如果假设波动为 20%，那么该可回售债券的价值将从波动为 10% 时的 105.327 美元增加到 106.010 美元。

图表 9—14　　对可回售债券的估价（4 年到期，票面利率为 6.5%，可按 100 美元的价格回售，假设利率波动为 10%）

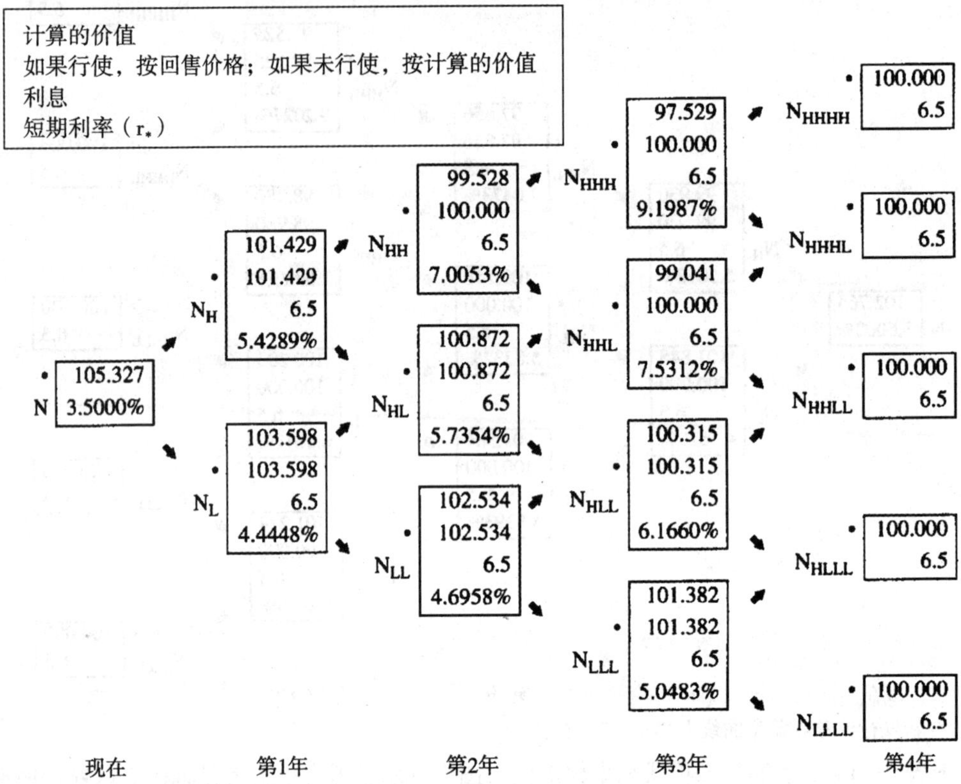

图表 9—15　　可回售债券第 2 年和第 3 年中的节点

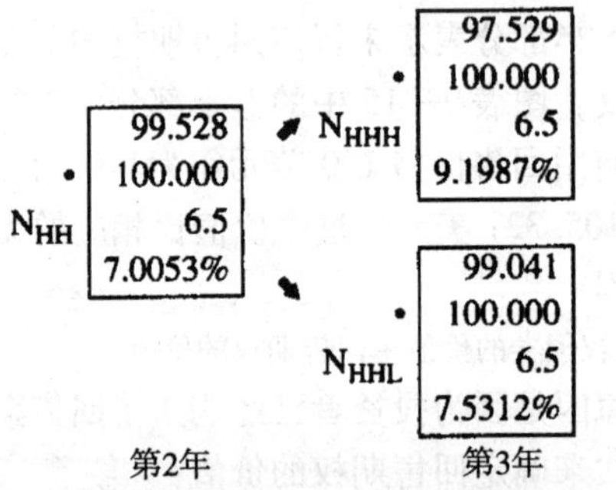

（a）行使回售期权的节点

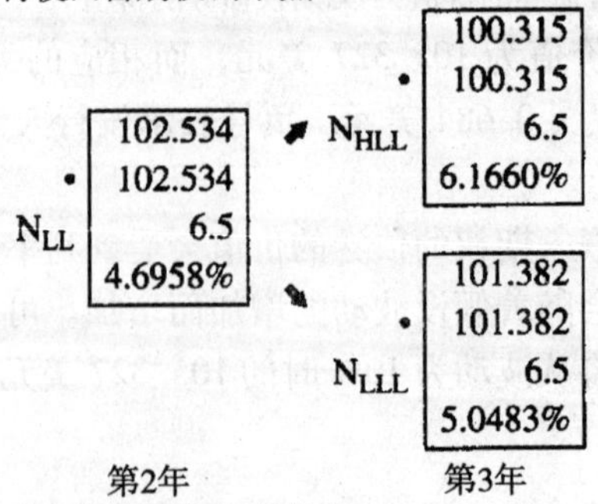

（b）未行使回售期权的节点

假设某个债券既是可回售的又是可赎回的。对此种结构债券的估价步骤是根据该债券是否会被回售或赎回调整每个节点处的价值。为了证明这点，假设前面曾分析过的 4 年期可赎回债券具有赎回计划。图表 9—10 介绍了该债券的估价。假设该债券在第 3 年可按票面价值回售。图表 9—16 介绍了该如何对该可赎回/可回售债券进行估价。在每一节点处，需要对两个期权行使做出决定。首先，如果给定了某个节点处由逆向归纳法获得的估价，则应根据赎回规则以确定该债券是否会被赎回。如果被赎回，节点处的价值被会赎回价格代替。后面估价步骤将继续使用该节点处的赎回价格。其次，如果某节点处的赎回期权未行使，还要确定是否行使回售期权。如果行使了回售期权，该节点处的回售价格将替代通过逆向归纳法得到的价值，然后用于后面的计算。

图表 9—16　　**对可回售/可赎回证券进行估价（假设波动为 10%）**

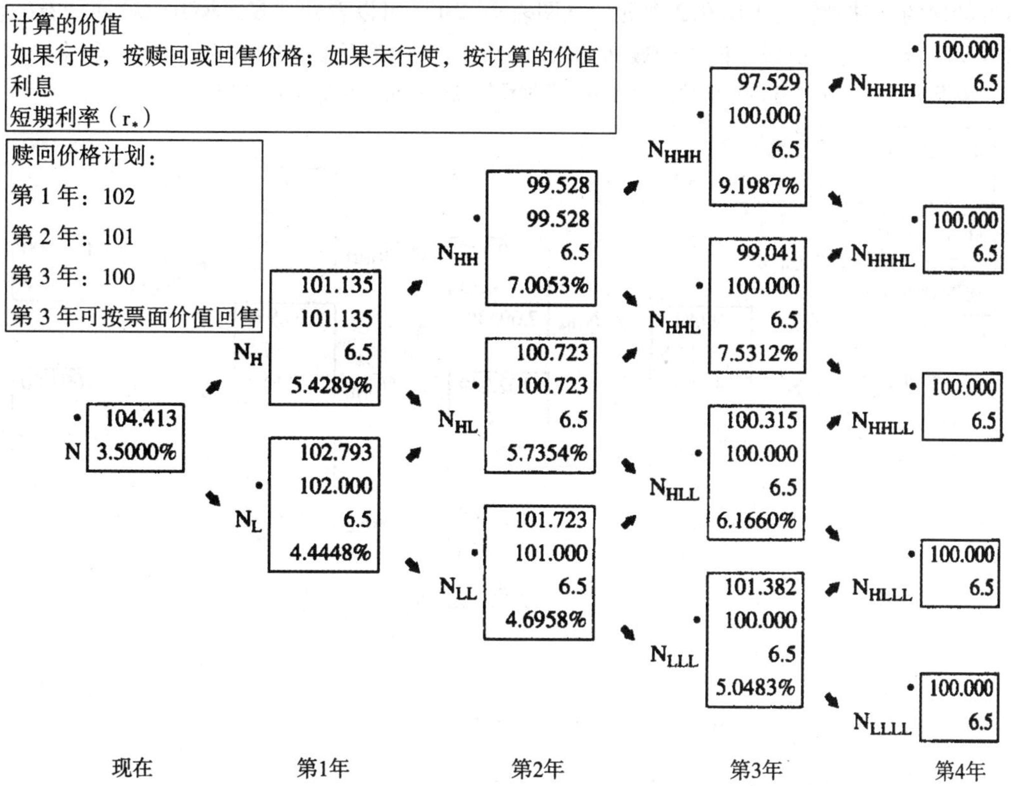

9.8　对梯升可赎回债券的估价

梯升可赎回债券指的是其票面利率会定期增加（阶梯式增加）的可赎回债券。当债券有效期内票面利率只增加一次时，称为**单次梯升可赎回债券**（single step-up callable note）。**多次梯升可赎回债券**（multiple step-up callable note）指的是在债券有效期内票面利率多次增加的梯升可赎回债券。使用二项式模型对其进行估价的方法与可赎回债券的估价基本相似，除了一点差异，即每个节点处的现金流量被改变以反映梯升可赎回债券利率改变的特点。

为了说明如何使用二项式模型对梯升可赎回债券进行估价，我们从**单次梯升可赎回债券**开始说明。假设一种 4 年期的梯升可赎回债券，2 年的票面利率为 4.25%，再加上 2 年后的票面利率为7.5%。假设该债券在第2年和第3年底可按票面价值赎回，我们将使用图表9—5中的二项式利率树形图对该债券进行估价。

图表9—17表示的是相应的单次梯升不可赎回债券的价值。估价步骤与图表9—8中执行的步骤相同，除了一点差异，即每个节点处方框内的票面利率反映了梯升过程。其价值为102.082美元。从图表9—8可以看出，单次梯升可赎回债券的价值为100.031美元。嵌入的赎回期权的价值等于梯升不可赎回债券价值与梯升可赎回债券价值之间的差额，即等于2.051美元。

对于多次梯升可赎回债券而言，使用的估价步骤是一样的。假设一个多次梯升可赎回债券具有以下几种票面利率：第1年为4.2%，第2年为5%，第3年为6%，第4年为7%。再假设该债券在第1年年底可按照票面价值赎回。从图表9—19中可以看到，如果该债券为不可赎回的，其价值为101.012美元。从图表9—20中可以看到，多次梯升可赎回债券的价值为99.996美元。所以，嵌入的赎回期权的价值为1.016美元（101.012－99.996）。

图表9—17　对4年到期的单次梯升不可赎回债券进行估价（假设波动为10%）

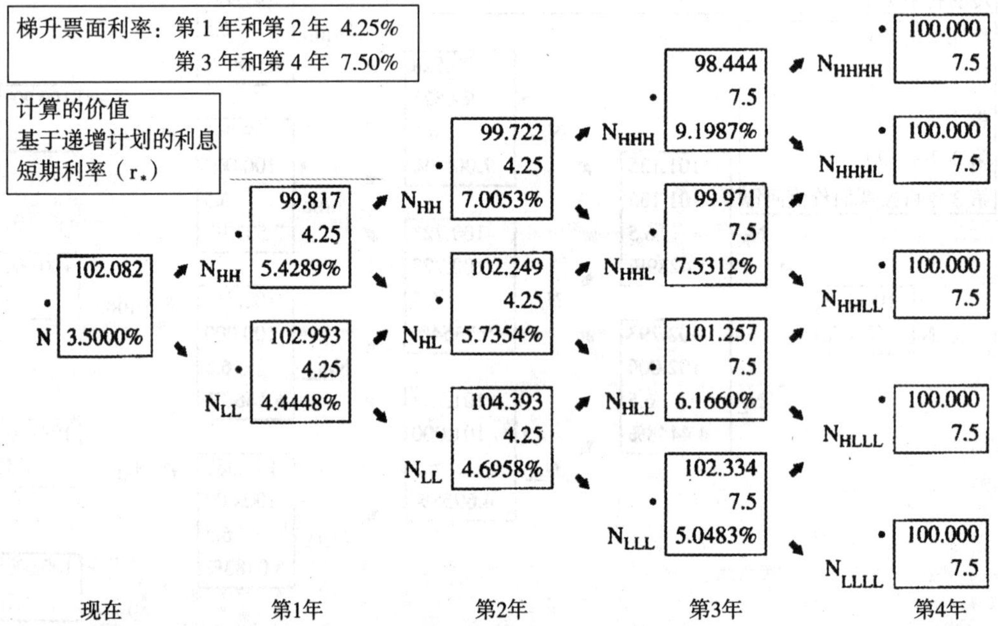

9.9 对有上限浮动利率债券进行估价

使用二项式模型对具有上限的浮动利率债券（即封顶浮动利率债券）进行估价时，要求根据1年期利率（假设为参考利率）对票面利率进行调整。图表9—21表示的是票面利率为1年期利率（与参考利率没有差额）且票面利率没有限制的浮动利率债券相应的二项式利率树形图和每个节点处相应的价值。

关于浮动利率债券，需要回忆的一点重要内容是其票面利率在期初时设定，而在期末（也就是下期初）支付。也就是说，利息被延迟支付。第1章已经讨论了浮动利率债券的这种特点。

图表9—18 对4年到期的单次梯升可赎回债券进行估价（2年后可按100的价格赎回，假设波动为10%）

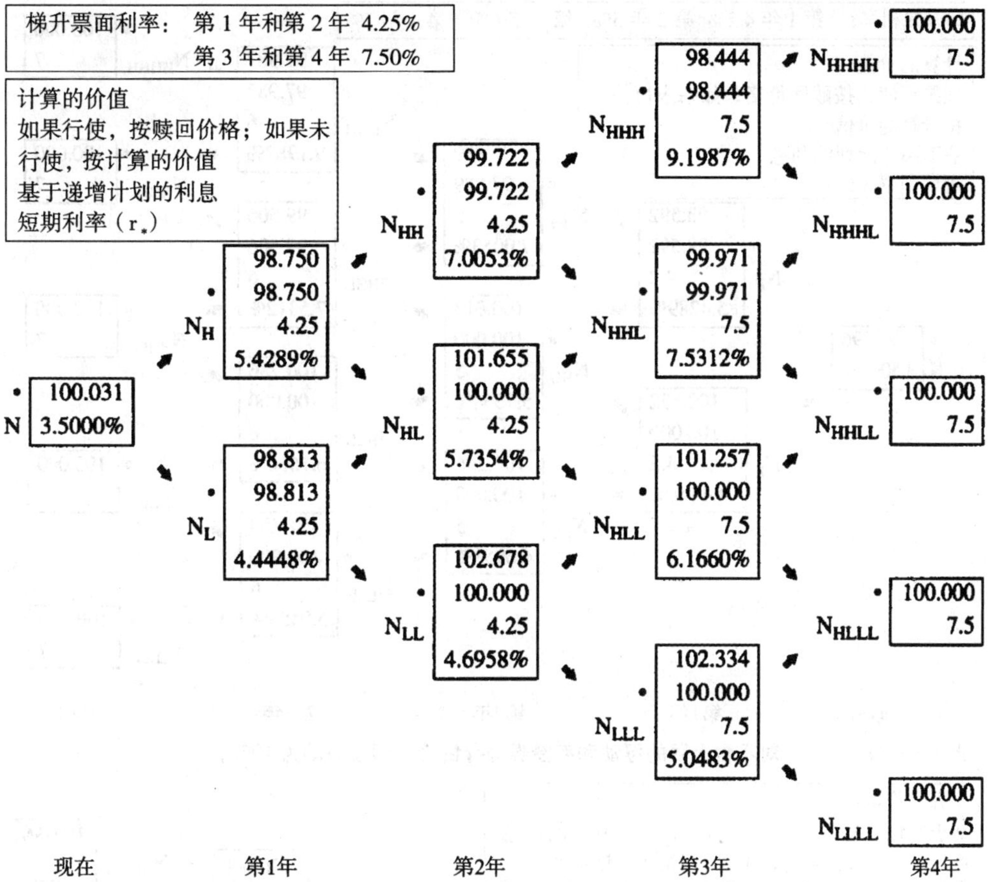

图表9—19 对4年到期的多次梯升不可赎回债券进行估价（假设波动为10%）

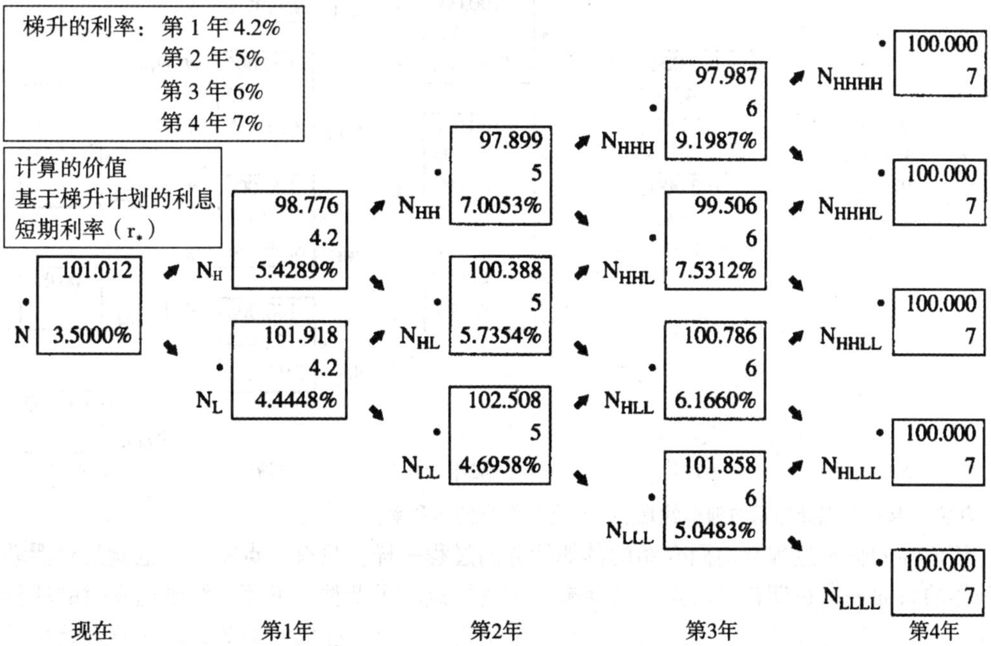

图表 9—20 对 4 年到期的多次梯升可赎回债券进行估价（1 年后可按 100 的价格赎回，假设波动为 10%）

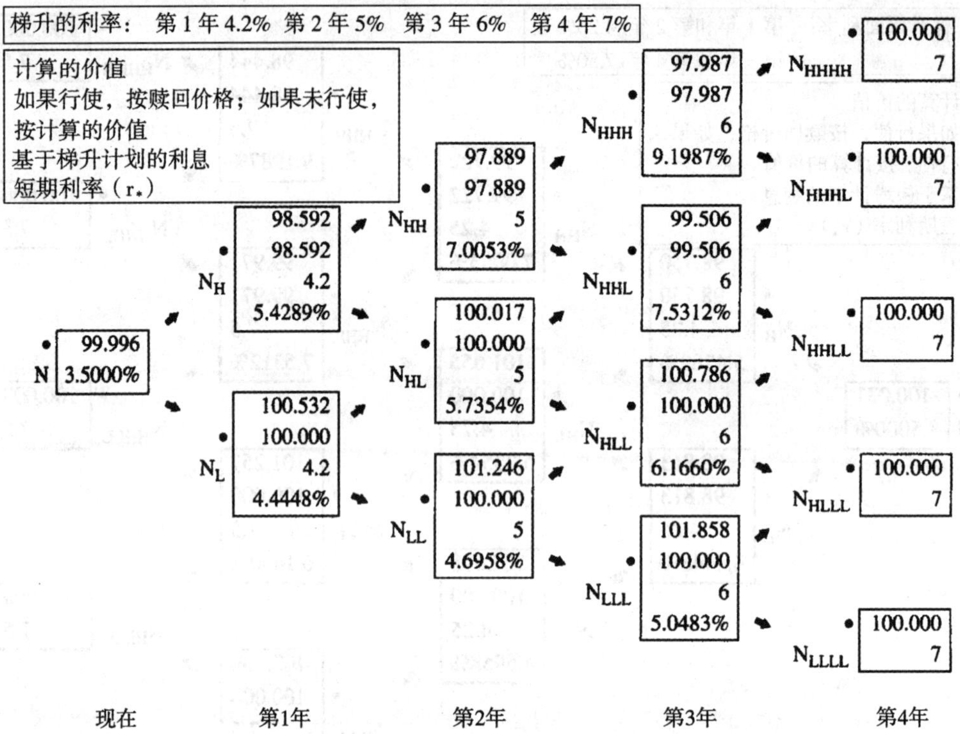

图表 9—21 对不含上限的浮动利率债券进行估价（假设波动为 10%）

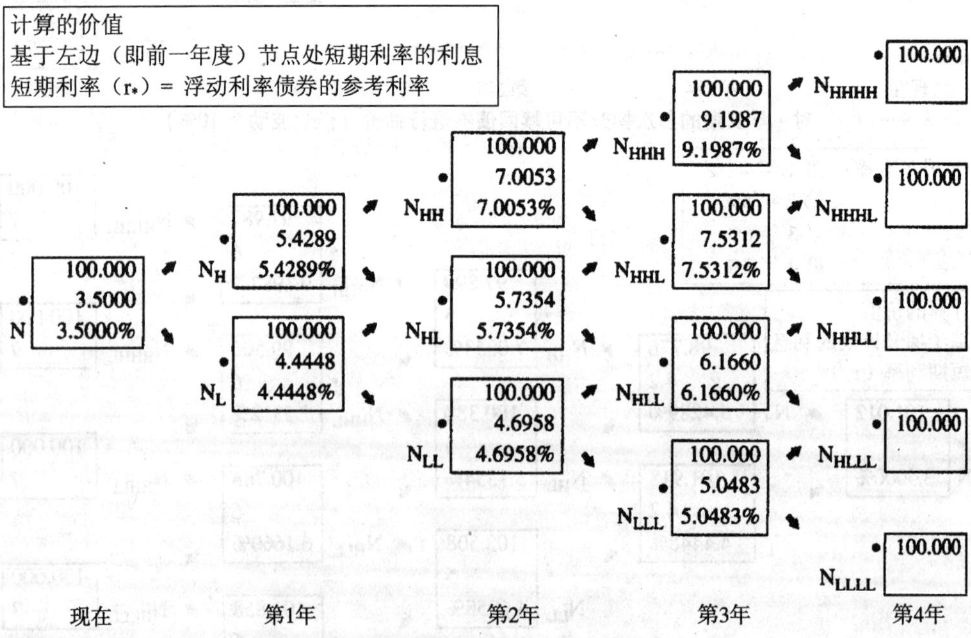

*注意：*某一节点处标示的利率就是下一年度将要收到的利率。

该债券的估价过程与前面介绍的其他债券的过程一样，只有一点差异，也就是对浮动利率债券的票面利率在期初时设定而且期末支付的特点作了调整。下面介绍延迟支付的这种特性对逆向归纳法造成的影响。请看图表 9—21 中第 2 年最上面的那个节点。该节点处显示的票面利率为 7.0053%，由该节点处的 1 年期利率确定。由于直到第 3 年才支付利息（即拖欠支付），该节点处的价值 100 是通过对该节点处标示的票面利息进行贴现后使用逆向归纳法得到的。例如，如何得到第 2 年顶部方框中的价值 100？具体步骤是计算债券价值和利息两个现值的平均值。由于债券价值和利息相同，所以现值简化为：

$$\frac{100+7.0053}{1.070053}=100$$

假设浮动利率债券的上限为 7.25%。图表 9—22 表示的是如何对该浮动利率债券进行估价。在每一个 1 年期利率超过 7.25% 的节点处，利率将用 7.25% 代替。该有上限浮动利率债券的价值为 99.724。因此，上限的成本等于面值与 99.724 之间的差值。如果该浮动利率债券的上限是 7.75% 而不是 7.25%，那么可以看到该浮动利率债券的价值将变为 99.858。也就是说，上限越高，有上限浮动利率债券的交易价格越接近于其面值。

因此，有必要再次强调一下，这里仅仅对估价机制稍作修改以反映浮动利率债券的现金流量的特点。其他所有关于对含有嵌入期权的债券进行估价的原则都是一样的。对于有上限浮动利率债券而言，每个节点都需要确定是否忽略基于上限的现金流量。由于浮动利率债券中嵌入的上限实际上是投资者给予发行人的一种期权，因此使用本章介绍的估价模型对有上限浮动利率债券进行估价也就不足为奇了。

图表 9—22　　**对上限为 7.25 的浮动利率债券进行估价（假设波动为 10%）**

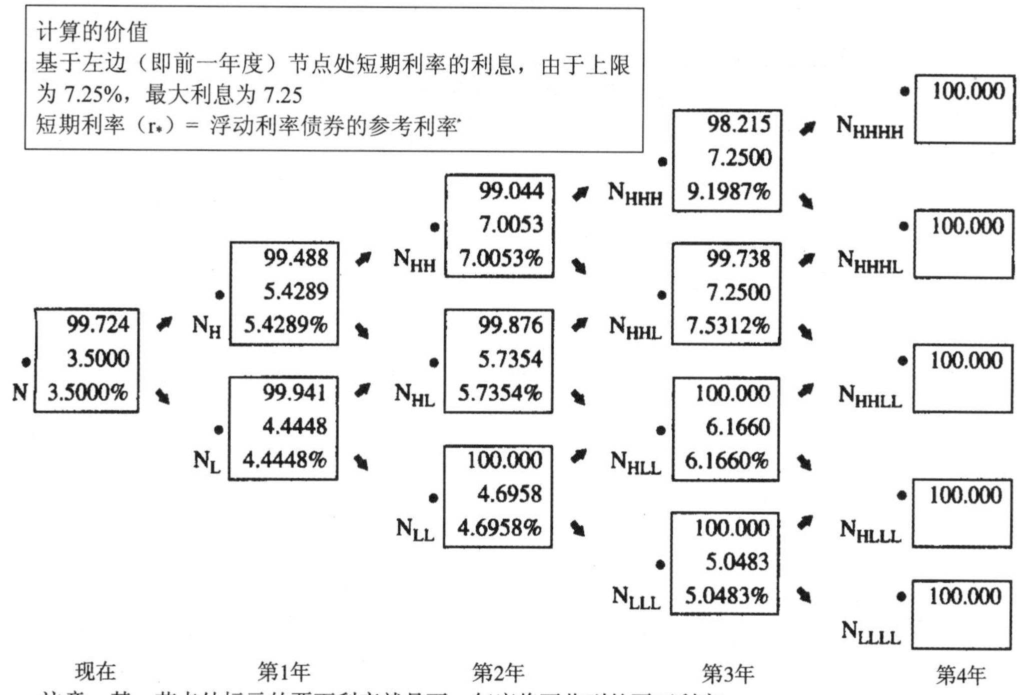

*注意：*某一节点处标示的票面利率就是下一年度将要收到的票面利率。

9.10　可转换债券的分析

可转换债券指的是可按照投资者的期权转换为普通股的一种债券。因此，由于投资者拥有期权，那么这种债券就是一种含有嵌入期权的债券。另外，由于可转换债券是可以赎回和回售的，因此可以将其看做一种复杂债券，因为该债券的价值将取决于利率变化（影响赎回和回售期权的价值）和股票市场价格的变化对于将转换为普通股的期权的价值所产生的影响。

9.10.1 可转换债券的基本特征

可转换债券的转换条款给予债券持有人权利，使其能够将债券转换为发行人的预定数量的普通股。因此，可转换债券含有嵌入认购期权，提供购买发行人普通股的选择权。**可交换债券**（exchangeable security）给予债券持有人权利，使其能够用债券交换其他某个公司的普通股而不是债券发行人的普通股。在本章内容中，可转换债券包括通常我们所说的可转换债券和可交换债券。

我们将使用一种假设的可转换债券对以下不同概念的计算方法进行说明。这种债券是 All Digital Component（ADC）公司票面利率为 $5\frac{3}{4}\%$ 的可转换债券，期限为 9 + 年。有关该假设债券的信息以及发行人股票的信息请参见图表 9—23。

图表 9—23 **有关 ADC 公司期限为 9 + 年、票面利率为 $5\frac{3}{4}\%$ 的可转换债券和普通股的信息**

可转换债券

目前市场价格：106.50 美元　　到期日：9 + 年

3 年内不可赎回

赎回价格计划（美元）	
第 4 年	103.59
第 5 年	102.88
第 6 年	102.16
第 7 年	101.44
第 8 年	100.72
第 9 年	100.00
第 10 年	100.00

票面利率：$5\frac{3}{4}\%$

转换比率：面值为 1 000 美元的债券可以转换 25.32 股 ADC 公司股票

评级：A3/A -

ADC 公司普通股

预期波动：17%　　目前股息收益率：2.727%

每股股息：每年 0.90 美元　　股票价格：33 美元

债券持有人行使可转换债券的转换期权所能获得的普通股的股份数称为**转换比率**（conversion ratio）。转换的特权可延伸至证券整个有效期或有效期的一部分，所规定的转换比率可随时间变化。如果发行人进行股票分割或者发放股票股利，转换比率将随之调整。对于 ADC 公司可转换债券而言，其转换比率为 25.32 股。也就是说，债券持有人转换面值为 1 000美元的债券，可获得 25.32 股 ADC 公司的普通股。

在可转换债券发行时，可转换债券的购买者为股票支付的有效价格可以通过以下方法确定：债券说明书中会规定投资者用债券交换普通股所获得的股份数。这个股份数叫做**转换比**

率。例如，假设转换比率为20。如果投资者将债券转换成股票，那么他将得到20股普通股股票。现在，假设可转换债券的票面价值为1 000美元，并且在发行时以同样的价格出售给投资者。那么，实际上投资者在发行时购买价格为1 000美元的可转换债券，相当于购买的普通股每股价格为50美元（1 000美元/20股）。这个价格在债券说明书中称为**转换价格**（conversion price），有些投资者也把它称为**标明转换价格**（stated conversion price）。对于不是以票面价值发行的债券（例如零息债券），其市场转换价格或有效转换价格的确定方式是用1 000美元面值债券的发行价格除以转换比率。

1 000美元面值的ADC公司可转换债券的发行价格也是1 000美元，而转换比率为25.32，所以，ADC公司可转换债券发行时的转换价格为39.49美元（1 000美元/25.32股）。

几乎所有的可转换债券都是可赎回的。ADC公司可转换债券有3年的不可赎回期。图表9—23中显示出了ADC公司可转换债券的赎回价格计划。还有一些债券具有附条件赎回特点，当股票达到一定价格时，允许发行人在不可赎回期内赎回债券。

有些可转换债券是可回售的。回售期权可分为“硬”回售和“软”回售。**硬回售**（hard put）指的是可转换债券必须由发行人以现金方式赎回。在**软回售**（soft put）的情况下，投资者可以行使回售权，而发行人可以选择支付方式。发行人可以现金、普通股、次级票据或三种方式组合来赎回可转换债券。

9.10.2 可转换债券的传统分析

可转换债券的传统分析依赖于不直接对嵌入赎回、回售或认股期权进行估价的方法。下面的内容将对这些方法进行介绍和说明，然后讨论使用基于期权的方法对可转换债券进行估价。

1. 可转换债券的最小价值

可转换债券的**转换价值**（conversion value）或**平价**（parity value）是指对债券进行立即转换的价值①。也就是说：

转换价值＝普通股的市场价格 × 转换比率

可转换债券的最低价值为以下两个价值中较大者②

（1）其转换价值；

（2）不含转换期权的债券本身的价值。也就是说，可转换债券不转换为股权的现金流量（即普通公司债券）。这个价值被称为**普通债券价值**（straight value）或**投资价值**（investment value）。使用本章前面内容中介绍的估价模型可以得到普通债券价值，因为几乎所有的可转换债券都是可赎回的。

如果可转换债券的出售价格不是以上两个价值中较大的值，则可实现套利收益。例如，假设转换价值大于普通债券价值，该债券按普通债券价值交易。投资者会以普通债券价值购买该可转换债券并且立即转换。通过这种方法，投资者实现的收益等于转换价值与普通债券价值之间的差值。反过来，假设普通债券价值大于转换价值，该债券会按转换价值交易。投

① 从技术上说，这里提到的转换价值的标准书面定义在理论上是不正确的，因为债券持有人将其转换后，股票的价格会下降。从理论上说，正确的定义为：转换价值指转换比率与转换后股票价格的乘积。

② 如果转换价值是这两个价值中较大的那个值，则可转换债券可按低于转换价值的价格交易。原因如下：（1）有一些限制条件使得投资者无法转换；（2）期权标的股票不能立即变现；（3）预期的强制性转换会导致高利率证券应计利息的损失。请参见：Mihir Bhattacharya, “Convertible Securities and Their Valuation,” Chapter 51 in Frank J. Fabozzi (ed.), *The Handbook of Fixed Income Securities: Sixth Edition* (*New York*: McGraw Hill, 2001), p. 1128.

资者按转换价值购买可转换债券会获得高于可比的普通债券的收益。

再来讨论一下ADC公司的可转换债券。假设该债券的普通债券价值为98.19美元（100美元面值）。由于每股普通股的市场价格为33美元，面值为1 000美元的债券的转换价值为：

转换价值 = 33 × 25.32 = 835.56（美元）

因此，转换价值是票面价值的83.556%。100美元面值的债券其转换价值为83.556美元。由于其普通债券价值为98.19美元，而转换价值为83.556美元，因此ADC公司可转换债券的最小价值为98.19美元。

2. 市场转换价格

如果投资者购买可转换债券然后转换成普通股，投资者实际为普通股支付的价格称为**市场转换价格**（market conversion price）或**转换平价**（conversion parity price）。可通过以下方法得到：

市场转换价格 = 可转换债券的市场价格 ÷ 转换比率

市场转换价格是一种有效的基准，因为一旦股票的实际市场价格上涨超过了市场转换价格，可转换债券的价值必将会以至少与股价上涨幅度相同的百分率增加。因此，市场转换价格可视为盈亏平衡价格。

投资者购买的如果是可转换债券而不是其标的股票，实际上其支付的价格超过股票现行市场价格。每股溢价等于市场转换价格与普通股现行市场价格的差值，即：

每股市场转换溢价 = 市场转换价格 − 现行市场价格

每股市场转换溢价通常以现行市场价格的百分率来表示，如下所示：

市场转换溢价率 = 每股市场转换溢价 ÷ 普通股的市场价格

那么为什么有些人愿意以溢价购买股票呢？请回忆一下，可转换债券的最低价是其转换价值或普通债券价值中较高的那个值。因此，如果普通股价格下降，可转换债券的价格不会下降到普通债券价值之下。普通债券价值就成为可转换债券价格的下限。但是，这个下限是可变化的，因为普通债券价值会随着利率的变化而变化。

可以看出，每股市场转换溢价可视为认购期权的价格。在第13章我们会介绍，认购期权的购买者限定了期权价格的下跌风险。如果是可转换债券，债券持有人通过每股市场转换溢价将债券下跌风险锁定在债券的普通债券价值。认购期权的购买者与可转换债券的购买者之间的差异在于前者准确知道以美元金额表示的下跌风险，而后者仅仅知道可能带来的最大损失就是可转换债券的价格与普通债券价值之间的差额。然而，在未来某个日期的普通债券价值却是未知的，其价值会随着市场利率变化而变化，或者由于发行人信用质量变化而发生变化。

ADC公司可转换债券的市场转换价格、每股市场转换溢价以及市场转换溢价率的计算如下所示：

$$\text{市场转换价格} = \frac{1\ 065}{25.32} = 42.06\ (\text{美元})$$

因此，如果投资者购买可转换债券然后将其转换为普通股，那么投资者实际支付的每股价格为42.06美元。

每股市场转换溢价 = 42.06 − 33 = 9.06（美元）

投资者购买可转换债券实际支付每股9.06美元的溢价，而购买股票应支付的价格为33美元。

$$市场转换溢价率=\frac{9.06}{33}=0.275=27.5\%$$

每股9.06美元的溢价表示投资者通过购买可转换债券而支付的股票价格比市场价格33美元高出27.5%。

3. 可转换债券的本期收入 vs 普通股票的本期收入

作为每股市场转换溢价的抵销，通常意味着投资者购买可转换债券而不是直接购买股票，从可转换债券票面利息中实现的本期收入要高于从与转换比率相等的普通股份数带来的本期红利收入。对可转换债券进行估价的分析师通常会通过计算**溢价回收期**（**premium payback period**）（也称为**盈亏平衡时间**（**break-even time**））来计算回收每股溢价所需的时间。计算公式如下：

溢价回收期＝每股市场转换溢价 ÷ 每股收入有利差异

其中：

每股收入有利差异＝［票面利息－（转换比率×普通股每股股利）］÷转换比率

该公式的分子是债券的票面利息与投资者如果把债券转换为普通股股票时将获得的股利之间的差值。由于投资者将按照转换比率转换为普通股，然后用转换比率乘以普通股每股股利，得到的乘积是投资者将债券转换为股权可获得的总股利。用票面利息与转换转换为普通股股票后可获得的总股利之间的差额除以转换比率，可得到拥有可转换债券而非普通股股票的每股收入有利差异。

请注意，溢价回收期并未考虑货币的时间价值或这段时期内红利的变化。

对于ADC公司可转换债券而言，每股市场转换溢价为9.06美元。每股收入有利差异计算方法如下：

债券的票面利息＝0.0575×1 000＝57.50（美元）

转换比率×每股股利＝25.32×0.90＝22.79（美元）

因此：

$$每股收入有利差异=\frac{57.50-22.79}{25.32}=1.37（美元）$$

$$溢价回收期=\frac{9.06}{1.37}=6.6（年）$$

不考虑货币的时间价值，假设股利不变，投资者可在6.6年后回收每股市场转换溢价。

4. 可转换债券的下跌风险

不幸的是，投资者通常将普通债券价值用作可转换债券下跌风险的度量，因为假设可转换债券的价格不会降至普通债券价值以下。因此，有些投资者将普通债券价值视为可转换债券价格的下限。下跌风险度量以普通债券价值的百分率表示，计算方法如下：

高于普通债券价值的溢价率＝可转换债券的市场价格÷普通债券价值－1

其他因素不变，高于普通债券价值的溢价率越高，可转换债券的吸引力越小。

尽管实际应用也是如此，但这种度量下跌风险的方法本身是有缺陷的，因为普通债券价值（下限）会随着利率变化而变化。如果利率上升（下降），普通债券价值会下降（上升），造成下限的下降（上升）。因此，下跌风险会随着利率变化而发生变化。

对于ADC公司的可转换债券而言，由于其市场价格为106.5美元，而其普通债券价值为98.19美元，因此普通债券价值的溢价为：

$$高于普通债券价值的溢价率=\frac{106.5}{98.19}-1=0.085=8.5\%$$

5. 可转换债券的上涨潜力

可转换债券上涨潜力的估计取决于基础普通股的前景。因此，我们将使用关于权益分析的书本中分析普通股的方法。

9.10.3 可转换债券的投资特征

可转换债券的投资特征取决于普通股的价格。如果普通股价格低，普通债券价值将大大高于转换价值，该债券的交易将会更类似于普通债券。这种情况下的可转换债券被称为**固定收益等价债券**（fixed income equivalent）或**不良可转换债券**（busted convertible）。

如果股票的价格高，以至于其转换价值大大高于普通债券价值，那么可转换债券的交易将会更类似于权益工具，这种情况下的可转换债券被称为**普通股等价债券**（common stock equivalent）。在这种情况下，每股市场转换溢价会比较小。

在固定收益等价债券和普通股等价债券这两种情况之间，可转换债券以**混合证券**（hybrid security）方式交易，其兼具固定收益证券和普通股工具两者的特征。

9.10.4 期权估价方法

在对于可转换债券的讨论中，并未涉及以下问题：

（1）每股转换溢价的公允价值是多少？

（2）怎样处理含有赎回和/或回售期权的可转换债券？

（3）利率的变化对于股票价格会有怎样的影响？

先来讨论一下不可赎回/不可回售的可转换债券。购买了该债券的投资者实际上参与了两种单独的交易：（1）购买不可赎回/不可回售的普通债券；（2）购买股票的认购期权（或认股权证），其中可以借助认购期权购买的股份数与转换比率相等。

问题是：认购期权的合理价值是多少呢？合理价值取决于第14章中介绍的会影响认购期权价格的因素。第14章中介绍的重点是以固定收益工具为基础的期权，但这些原则同样适用于普通股股票的期权。一个关键性因素是股票的预计价格波动：预期价格波动越大，认购期权的价值也越大。认购期权的理论价值可使用布莱克—斯科尔斯期权定价模型对其进行估计。第14章会介绍该模型，在投资学教科书中会作详细介绍。可转换债券价值的近似值可通过以下公式计算：

可转换债券的价值 = 普通债券价值 + 股票赎回期权的价值

由于投资者购买了股票的认购期权，认购期权的价值加上普通债券价值才能得到可转换债券的价值。

现在我们进一步考察可转换债券的一般特点：发行人赎回证券的权利。因此，可赎回的可转换债券的价值等于：

可转换债券的价值 = 普通债券价值 + 股票认购期权的价值 - 债券赎回期权的价值

因此，对于可转换债券的分析必须考虑发行人赎回权利的价值。这取决于：

（1）远期利率波动；

（2）决定发行人赎回证券是否最适宜的经济因素。布莱克—斯科尔斯期权定价模型无法处理这种情况。

我们再进一步考虑更多因素。假设可赎回的可转换债券也是可回售的，那么可转换债券的价值等于：

$$\text{可转换债券的价值} = \text{普通债券价值} + \text{股票认购期权的价值} - \text{债券赎回期权的价值} + \text{债券回售期权的价值}$$

为了将利率与股票价格结合起来（我们上面提出的第三个问题），必须对这两个变量历史变化的统计分析进行估计并引入模型中。

已经有多位研究者推荐使用基于期权定价法的估价模型①。这些模型可分为单因素模型和多因素模型。这里的“因素”指的是假设的影响可转换债券价值的随机变量。很明显，这些因素包括标的普通股股票的价格变动以及利率变动。根据 Mihir Bhattacharya 和 Yu Zhu 的观点，最常用的可转换债券估价模型是单因素模型，其中的单因素是标的普通股股票的价格变动②。

9.10.5　可转换债券的风险/收益

接下来使用 ADC 公司的可转换债券及其估价模型来研究投资于可转换债券或基础普通股票时的风险/收益。

假设某位投资者正考虑购买 ADC 公司的普通股或可转换债券。股票可在市场上以 33 美元的价格购买。如果购买可转换债券，那么投资者购买股票的实际价格为42.06 美元（每股市场转换价格）。图表 9—24 表示的是 1 年后两种选择方案的总收益，假设条件分别是：(1) 股票价格不发生变化；(2) 股票价格变化 ±10%；(3) 股票价格变化 ±25%。可转换债券的理论价值基于此处未作介绍的某些估价模型。

如果 ADC 公司股票价格不变，那么购买股票的收益将比不上购买可转换债券，尽管购买可转换债券转换成股票必须支付溢价。其原因在于，虽然可转换债券的理论价值降低了，利息收入要高于对于资本损失的补偿。在 ADC 公司股票价格下降的两种情形中，可转换债券的收益会优于股票，因为普通债券价值为可转换债券提供了下限。

图表 9—24　**ADC 公司股票和可转换债券 1 年收益对比（假设股票价格发生变化）**

投资期初始日期：1993 年 10 月 7 日

投资期终止日期：1994 年 10 月 7 日

1993 年 10 月 7 日 ADC 公司股票价格：33.00 美元

ADC 公司股票收益的假设波动：17%

股票价格变化（%）	GSX 股票收益（%）	可转换债券的理论价值（美元）	可转换债券的收益（%）
-25	-22.27	100.47	-0.26
-10	-7.27	102.96	2.08
0	2.73	105.27	4.24
10	12.73	108.12	6.92
25	27.73	113.74	12.20

这种分析中的一个关键性的假设是普通债券价值除了随着时间推移发生变化以外不会受其他因素影响。如果利率上升，普通债券价值将下降。即使利率不上升，发行人的信用度也

① Michael Brennan and Eduardo Schwartz, "Convertible Bonds: Valuation and Optimal Strategies for Call and Conversion," *Journal of Finance* (December 1977), pp. 1699 – 1715; Jonathan Ingersoll, "A Contingent-Claims Valuation of Convertible Securities," *Journal of Financial Economics* (May 1977), pp. 289 – 322; Michael Brennan and Eduardo Schwartz, "Analyzing Convertible Bonds," *Journal of Financial and Quantitative Analysis* (November 1980), pp. 907 – 929; George Constantinides, "Warrant Exercise and Bond Conversion in Competitive Markets", *Journal of Financial Economics* (September 1984), pp. 371 – 398.

② Mihir Bhattacharya and Yu Zhu, "Valuation and Analysis of Convertible Securities," Chaper 42 in Frank J. Fabozzi (ed.), *The Handbook of Fixed Income Securities: Fifth Edition* (Chicago: Irwin Professional Publishing, 1997).

可能会降低，造成投资人要求更高的收益。前例清楚地表明了投资于可转换债券是优缺点并存的。缺点在于由于必须支付每股溢价，放弃了部分潜在的上涨收益。优点在于减少了下跌风险（由普通债券价值决定）。

请记住，购买可转换债券的主要原因在于，股票价格的上涨会引起潜在的价格增值。对于发行人收益和股票价格增长的前景分析不在本书的讨论范围之内，而在有关权益分析的所有书籍中都会介绍。

第 10 章 抵押贷款支持证券板块

10.1 引言

本章及下一章将要讨论贷款或应收账款组合支持的抵押贷款支持证券和资产支持证券。第 3 章简要介绍了这些债券。抵押贷款支持证券市场，简单地说，是指债券市场中的抵押债券板块（mortgage sector），其中包括抵押贷款支持证券。抵押贷款支持证券包括以住房抵押贷款为支持的债券，即住房抵押贷款支持证券（residential mortgage-backed securities）和以商业不动产贷款为支持的债券，即商业不动产抵押贷款支持证券（commercial mortgage-backed securities）。

在美国，住房抵押贷款支持证券被分为两类：（1）由联邦机构发行的部分（一个联邦关联机构和两个由政府支持的企业）；（2）由私人企业发行的部分。前者被称为机构抵押贷款支持证券（agency mortgage-backed securities），后者被称为非机构抵押贷款支持证券（nonagency mortgage-backed securities）。

除了传统的住宅抵押贷款和商业抵押贷款以外的应收账款支持债券被称为资产支持证券。可以被用作这些债券担保品的贷款和应收账款种类很多且不断增加。总的来说，抵押贷款支持证券和资产支持证券都被称为结构化的金融产品（structured financial products）。

理解这些按照债券市场指数进行分类的债券种类是很重要的。一个主流的债券指数——雷曼综合债券指数，有一部分是关于抵押转手债券市场的。在抵押转手债券中，雷曼兄弟仅仅包括了抵押转手债券中的机构抵押转手债券。想想抵押转手债券板块代表了雷曼综合债券指数的 1/3，就能理解这部分为什么如此重要了。它是雷曼综合债券市场指数最大的部分。商业不动产抵押贷款支持证券大概代表了雷曼综合债券市场指数的 2%。雷曼综合债券指数包括抵押转手债券和商业不动产抵押贷款支持证券。

本章的焦点主要放在抵押贷款支持证券市场。尽管许多国家都在发展抵押贷款支持证券市场，但是本章仍主要关注美国抵押贷款支持证券市场，因为它的规模很大，它在美国债券市场指数中占有重要地位。联邦关联机构发行的机构抵押贷款支持证券不存在信用风险，政府支持企业所发行债券的信用风险被认为是很小的。重要的风险是提前偿付风险。在已有的不同等级的债券中，有多种方式去重新分散提前偿付风险。历史上，机构抵押贷款支持证券市场首先发展起来。创造机构抵押贷款支持证券的技术然后被移植到其他类型的贷款和应收账款的证券化上。在运用这项技术创造使投资者面临信用风险的债券时，必须建立一种机制，它能够创造出发行人要求的投资级信用等级的债券。第 11 章讨论了这种机制。第 12 章将讨论怎样估量抵押贷款支持证券和资产支持证券的利率风险。

在美国以外，市场参与者经常交易的是资产支持证券。抵押贷款支持证券被视为资产支持证券的一部分。虽然这是一个更加适合的债券分类方式，但在美国不是按这一惯例分类的。下一章将介绍资产支持证券（包括抵押贷款支持证券）在美国以外的发展。

住宅抵押贷款支持证券包括：(1) 抵押转手债券；(2) 抵押担保债券；(3) 分离的抵押贷款支持证券。后两种抵押贷款支持证券被称为衍生抵押贷款支持证券（derivative mortgage-backed securities），因为它们是根据抵押转手债券创造出来的。

10.2 住房抵押贷款

抵押贷款（mortgage）是指以属于借款人的特定不动产为抵押，要求借款人必须按照预先确定的计划偿还的贷款。抵押让贷款人在借款人不能还款时可取消贷款抵押品的赎回权，控制财产以确保贷款能被偿付。抵押贷款的利率被称作抵押利率（mortgage rate）或合同利率（contract rate）。本节的重点是住房抵押贷款。

当贷款人以借款人的信用或是抵押物为担保发放贷款时，这些抵押贷款被称为传统的抵押贷款（conventional mortgage）。贷款人可能会要求借款人投保抵押贷款保险以确保借款人的全面履约。有些资格符合要求的借款人能够获得由美国三大政府机构之一提供的抵押贷款保险，这三大机构是联邦住宅管理局（FHA）、退伍军人管理局（VA）、农村住宅服务机构（RHS）。另外，也有一些私人抵押贷款保险商。抵押贷款保险的费用由借款人以更高的抵押利率方式支付。

全世界有多种抵押贷款设计（mortgage designs）在使用。抵押贷款设计就是利率水平、抵押期限、偿付贷款方式的特别约定。在美国，可供选择的抵押贷款设计包括：(1) 固定利率、等额偿付抵押贷款；(2) 可调整利率抵押贷款；(3) 气球型抵押贷款；(4) 增长权益抵押贷款；(5) 反向抵押贷款；(6) 分层偿付抵押贷款。其他的国家根据自己的房屋金融市场状况发展各自独特的抵押贷款方式。其中一些抵押贷款设计将抵押贷款偿付同本国的通货膨胀联系起来。下面将介绍美国最普遍使用的固定利率、等额偿付抵押贷款。通过这种抵押贷款，就能理解所有关于投资抵押贷款支持证券的风险的原理并且解决如何计量这些风险的难题。

固定利率、等额偿付完全摊销抵押贷款（fixed-rate，level-payment，fully amortized mortgage）具有以下特征：

- 抵押贷款期间抵押利率固定；
- 抵押贷款期间每月还款额相等（即等额偿付）；
- 当最后一个月还款偿付后，抵押贷款余额为 0（即贷款被完全分期偿还）。

每月的抵押贷款还款额包括本金和利息。最具代表性的还款期是每月偿付。这种抵押贷款设计是在月初偿付每次抵押贷款还款，并且还款额中包括：

(1) 由固定年利率的 1/12 乘以本月初未偿付贷款余额所应计的利息；

(2) 未偿还的抵押贷款余额的部分本金偿付。

每月抵押贷款还款额和用于实际偿付利息部分之间的差额就用于偿还抵押贷款中应偿还的本金部分。设计成每月偿付抵押贷款的目的是使最后一个月还款后，抵押贷款余额为 0（即抵押贷款被全额偿付）。

下面举例说明这种抵押贷款设计，假设有一个 30 年期（360 个月）、本金 10 万美元、年利率为 8.125% 的抵押贷款。每个月的抵押贷款还款额为 742.5 美元。图表 10—1 显示了在列出的月份中，抵押贷款还款额是如何被划分为利息和计划的本金偿付的。在第 1 个月初，抵押贷款余额是 10 万美元，即初始贷款的数额。第 1 个月的抵押贷款偿还额包括本月所借的10万美元的利息。年利率为8.125%，则月利率为0.0067708（0.08125/12）。第1个月的利息就是677.08美元（100 000×0.0067708）。本月抵押贷款还款额742.5美元和利息677.08美元之间的差额65.41美元就代表了本月抵押贷款还款额中的本金偿付部分，也就是所说的计划摊销额（scheduled amortization）。本章可交换使用计划本金偿付和计划摊销额的概念。第1个月的65.41美元减少了抵押贷款本金余额。

第1个月末的抵押贷款本金余额（即第2个月的期初额）是99 934.59美元（100 000－65.41）。第2个月的抵押贷款偿付利息是676.64美元，用月利率（0.0067708）乘以第2个月初的抵押贷款本金余额（99 934.59美元）。本月抵押贷款还款额742.5美元和利息676.64美元之间的差额是65.86美元，代表了本月抵押贷款还款额中的抵押贷款本金余额偿付部分。注意第360个月的抵押贷款偿付额，即最后一次偿付，足够还清剩下的抵押贷款本金余额。

正如图表10—1所清楚显示的，每个月所偿付的利息在下降而本金偿还额在增加。原因是随着每个月的抵押贷款偿付，抵押贷款本金余额减少了，抵押贷款余额的利息也随之下降。既然每个月的抵押贷款还款额是一个固定的美元数额，在随后的每个月，每月偿付额中就会有一个逐渐增加的部分来减少未偿付的抵押贷款本金余额。

图表10—1 **等额偿付的固定利率抵押贷款的还款计划（部分月份）**

抵押贷款：100 000美元　　每月偿付额：742.5美元

抵押贷款利率：8.125%　　贷款期限：30年（360个月）　　单位：美元

期数	月初抵押贷款本金余额	每月抵押偿付额	利息	计划偿还本金额	月末抵押贷款本金余额
1	100 000.00	742.5	677.08	65.41	99 934.59
2	99 934.59	742.5	676.64	65.86	99 868.73
3	99 868.73	742.5	676.19	66.30	99 802.43
4	99 802.43	742.5	675.75	66.75	99 735.68
25	98 301.53	742.5	665.58	76.91	98 224.62
26	98 224.62	742.5	665.06	77.43	98 147.19
27	98 147.19	742.5	664.54	77.96	98 069.23
74	93 849.98	742.5	635.44	107.05	93 742.93
75	93 742.93	742.5	634.72	107.78	93 635.15
76	93 635.15	742.5	633.99	108.51	93 526.64
141	84 811.77	742.5	574.25	168.25	84 643.52
142	84 643.52	742.5	573.11	169.39	84 474.13
143	84 474.13	742.5	571.96	170.54	84 303.59

续图表

期数	月初抵押贷款本金余额	每月抵押偿付额	利息	计划偿还本金额	月末抵押贷款本金余额
184	76 446. 29	742. 5	517. 61	224. 89	76 221. 4
185	76 221. 4	742. 5	516. 08	226. 41	75 994. 99
186	75 994. 99	742. 5	514. 55	227. 95	75 767. 04
233	63 430. 19	742. 5	429. 48	313. 02	63 117. 17
234	63 117. 17	742. 5	427. 36	315. 14	62 802. 03
235	62 802. 03	742. 5	425. 22	317. 28	62 484. 75
289	42 200. 92	742. 5	285. 74	456. 76	41 744. 15
290	41 744. 15	742. 5	282. 64	459. 85	41 284. 3
291	41 284. 3	742. 5	279. 53	462. 97	40 821. 33
321	25 941. 42	742. 5	175. 65	566. 85	25 374. 57
322	25 374. 57	742. 5	171. 81	570. 69	24 803. 88
323	24 803. 88	742. 5	167. 94	574. 55	24 229. 32
358	2 197. 66	742. 5	14. 88	727. 62	1 470. 05
359	1 470. 05	742. 5	9. 95	732. 54	737. 5
360	737. 5	742. 5	4. 99	737. 5	0

1. 服务费

每笔抵押贷款都需要服务。为抵押贷款提供的服务包括：收取每月偿付额；转交资金给贷款人；发送偿付通知书给抵押贷款借款人；当出现延期偿付时提醒抵押贷款借款人；记录本金余额；必要时，提起取消抵押赎回权的诉讼；向抵押贷款借款人提供税务信息。服务费是抵押利率的一部分。如果抵押利率是 8. 125%，而服务费是 50 个基点时，投资回收利率是 7. 625%。投资者得到的利率叫做净利率（net interest）或净票面利率（net coupon）。收取的服务费通常被称为服务利差（servicing spread）。

偿付的服务费随着抵押贷款的摊销而下降，这不仅适用于我们之前已讨论过的抵押贷款，还适用于其他所有的抵押贷款。

2. 提前偿付和不确定的现金流量

在等额偿付的固定利率抵押贷款的现金流量的案例中，假设贷款人（房东）在预定的到期日之前，不会提前偿付全部或部分的抵押贷款本金余额。但是贷款人可以在到期日之前提前偿还全部或部分抵押贷款本金余额。超过每月抵押贷款偿付额的偿付叫做提前偿付（prepayment）。提前偿付可能会偿付所有或部分抵押贷款余额。当只是提前偿付部分未偿付本金余额时就叫做减缩（curtailment）。

提前偿付的影响是使得抵押贷款的现金流量的数量和时间变得不确定。这种风险被称为提前偿付风险（prepayment risk）。举例来说，一个 10 万美元、8. 125% 利率的 30 年抵押的贷款人都知道，只要贷款未被提前偿付，借款人不违约，在每个月的约定日期就能收到利息和偿还的本金，在30年末的时候，投资者就能收到10万美元的本金。但投资者不知道的是，贷款能存续多久和本金偿付的时间，这些是不确定的。所有的贷款都存在这种可能，而不仅仅是等额偿付的固定利率抵押贷款。影响提前偿付的因素将在本章稍后讨论。

大部分抵押贷款都没有提前偿付的罚金。未偿还的贷款本金余额都能被提前偿还而不用交罚金。也有一些抵押贷款有提前偿付罚金。罚金的目的是当利率下降时阻止提前偿付。有提前偿付罚金的抵押贷款有下列的结构：在限定时间内，如果贷款被提前全额偿付或者是超过了未偿付本金一定的限额，就会有提前偿付罚金。这个期间就被称做锁定期（lockout period）或惩罚期（penalty period）。在惩罚期内，借款人可以不受惩罚地偿付未偿还本金余额的一定数额。超过了一定数额，就要偿付相当于数月利息的罚金。

10.3 抵押转手债券

当一个或多个抵押贷款的持有者形成一个抵押贷款组合并卖出组合中的部分组别或权证时，抵押转手债券（mortgage passthrough security）就形成了。一个抵押贷款组合可能包括几千个抵押贷款或者只有几个抵押贷款。当被作为抵押转手债券担保的抵押贷款被包含进了抵押贷款组合，这个抵押贷款就被称为证券化（securitized）了。

10.3.1 现金流量特征

抵押转手债券的现金流量依赖于基础抵押贷款组合的现金流量。正如在前面的章节中所解释的，现金流量由包括利息、计划的本金偿还及任何提前偿付额组成。

债券持有者每个月都能得到偿付，但是投资者从抵押贷款组合得到的现金流量，无论是金额还是时间都不会相同。抵押转手债券的月现金流量少于基础抵押贷款组合的月现金流量，差额是服务费以及其他费用。其他费用是由发行人或保证发行的保证人（稍后讨论）收取的。抵押转手债券的票面利率被称为转手利率（passthrough rate）。转手利率比基础抵押贷款组合的抵押利率要低，差额是服务费及保证费的金额。

现金流量的时间也不同。对于出抵人，月抵押贷款偿付是在每个月的第一天，但是把相应的现金流量支付给债券持有者会延迟一定天数。由于抵押转手债券的类型不同，延迟的长度也不同。不是所有证券化的抵押贷款组合中的抵押贷款都具有相同的抵押利率或是到期日。在描述抵押转手债券时，要确定加权平均票面利率和加权平均到期日。加权平均票面利率（weighted average coupon rate）根据每笔抵押贷款本金余额占抵押贷款组合余额总额的百分比加权组合中每笔抵押贷款的抵押利率计算得出。加权平均到期日（weighted average maturity）由每笔抵押贷款在未偿还的抵押贷款余额中的比例加权到期日前的剩余月数。

例如，假设一个贷款组合只有5笔贷款，未偿付的贷款余额、抵押利率、剩余期限如下表所示：

贷款	未偿还的抵押贷款余额（美元）	组合中的权重	抵押利率	剩余期限（月）
1	125 000	22.12%	7.5%	275
2	85 000	15.04%	7.2%	260

续表

贷款	未偿还的抵押贷款余额（美元）	组合中的权重	抵押利率	剩余期限（月）
3	175 000	30.97%	7.0%	290
4	110 000	19.47%	7.8%	285
5	70 000	12.39%	6.9%	270
总计	565 000	100%	7.28%	279

抵押贷款组合的加权平均票面利率：

$0.2212 \times 7.5\% + 0.1504 \times 7.2\% + 0.3097 \times 7.0\% + 0.1947 \times 7.8\% + 0.1239 \times 6.9\% = 7.28\%$

抵押贷款组合的加权平均到期期限：

$0.2212 \times 275 + 0.1504 \times 260 + 0.3097 \times 290 + 0.1947 \times 285 + 0.1239 \times 270 = 279$（月）（取整）

10.3.2 抵押转手债券的种类

在美国，三种主要的抵押转手债券由美国国会所属的机构担保，以增加住房抵押贷款市场上的资金供给。这些机构是政府国民抵押贷款协会（Ginnie Mae，吉利美）、联邦住宅抵押贷款公司（Freddie Mac，房地美）、联邦国民抵押贷款协会（Fannie Mae，房利美）。

房地美和房利美通常被认为是美国政府的机构，它们是美国政府下属的法人执行机构。也就是说，它们是政府设立的企业，但是它们的保证并不意味着美国政府的全额信用。与此相反，吉利美是一个联邦所属的机构，它是城市住宅发展部的一个部分。正因为如此，它的保证意味着美国政府的全额信用。由房地美和房利美发行的抵押转手债券被称为传统抵押转手债券（conventional passthrough securities）。本书将三家机构所发行的抵押转手债券称为机构抵押转手债券（agency passthrough securities）。需要说明的是，市场参与者把机构抵押转手债券仅认为是由吉利美所发行的抵押转手债券①。

一笔贷款如果想要进入贷款组合支持机构债券，它必须符合规定的承销标准。这些标准设置了贷款的最大限额、贷款所需要提供的文件、最大限额的贷款价值比、是否需要保险。如果一笔贷款满足了作为机构抵押贷款支持证券附属担保物的承销标准，它就被称为合规抵押贷款（conforming mortgage），如果它不能满足承销标准，则被称为不合规抵押贷款（nonconforming mortgage）。

用不合规抵押贷款作为担保的抵押转手债券都是由私人发行的。这些债券被称为非机构抵押转手债券（nonagency mortgage passthrough securities），由互助储蓄银行、商业银行、私营企业（private conduits）发行。私营企业购买这些不合规抵押贷款，进行组合，然后卖出以不合规抵押贷款中的优质组合为担保物的抵押转手债券。非机构抵押转手债券由国家认可的统计评级机构评级。这些债券得到信用增强，这样能够获得投资级评级。下一章将介绍这些债券。

① 由吉利美和房利美发行的抵押转手债券被命名为抵押贷款支持证券（MBS），所以，当市场参与者说吉利美 MBS 或者房利美 MBS 就是指由这两个机构所发行的抵押转手债券。由房地美所发行的抵押转手债券被称为参与权证（PC），所以，当市场参与者说房地美 PC 时，是指由房地美所发行的转手债券。不同的机构有不同的发行程序，这是由于不同的抵押贷款组合而产生的各种抵押转手债券（比如 30 年的固定利率抵押贷款、15 年的固定利率抵押贷款、可调整利率抵押贷款）。此处不回顾这些不同的项目。

10.3.3　交易与结算流程

机构抵押转手债券的标志包括由机构提供的前缀组合和数字组合。前缀显示了转手债券类型。这些用于抵押贷款支持证券交易和结算的特定规则由债券市场协会发布。许多交易发生的时候，抵押贷款组合并未确定，交易时也没有组合信息。这样的交易被称为即将宣告的交易（to-be-announced trade，TBA 交易）。在 TBA 交易中，双方要对机构类型、代理程序、票面利率、面值、价格、结算日期达成一致。在 TBA 交易中，无需具体确定机构抵押转手债券中作基础的抵押贷款组合，这个信息在交割时由卖方向买方提供。在有些交易过程中，债券要满足特殊要求才能被交割，比如要求房地美（Freddie Mac）抵押贷款组合的票面利率为8.5%，加权平均票面利率在9.0%与9.2%之间。也有一些特殊组合交易，其被交割的组合代码是确定的。

抵押转手债券价格的报价方式和美国附息国债一样。94 －05 的报价意味着面值的 94 又 5/32 或者面值的 94.15625%。买方付给卖方的价格是协商后的价格加上应计利息。在给定的面值下，价格金额（包括应计利息）受未偿付的抵押贷款组合余额影响。组合因子系数（pool factor）显示了未被偿付的最初抵押贷款余额的百分比。所以，90% 的组合因子系数意味着 90% 的初始抵押贷款余额未被偿付。组合因子系数由机构每月报告。

为本金偿付的美元价格由给定的协议价格、面值和机构发布的组合因子系数确定：

价格 × 面值 × 组合因子系数

例如，如果双方同意一笔 100 万美元面值的转手债券的价格为 92 万美元，组合因子系数为 0.85，那么除了应付利息以外由买方支付的价格是：

0.92 × 1 000 000 × 0.85 = 782 000（美元）

买方不知道他能获得什么，除非他指明组合代码。同一机构在指定时间会发行许多相同票面利率的经过处理的债券。比如说，在 2000 年的前半年，有超过 30 000 个票面利率为 9% 的 30 年期的吉利美抵押贷款支持证券的组合。某一个转手债券以全部坐落在加利福尼亚的财产抵押的贷款组合为支持；而另一个由抵押贷款组合为支持的转手债券，抵押财产可能源自一个国家的不同地区。当交易商们谈论第 9 号吉利美抵押贷款支持证券时，他们指的是哪一个组合呢？他们不是指一个特定的组合，而是指普通的抵押转手债券，不同地区的抵押贷款基础组合的转手债券的提前偿付特征是不同的。由交易商报出的转手债券的提前偿付利率是针对普通抵押转手债券的。被购买的特定组合有可能与普通的抵押转手债券的提前偿付率具有明显差异。此外，当一个投资者购买转手债券而没有指明组合代码时，卖方有权交割最差偿付的组合，只要被交割的组合符合交割的要求。

10.3.4　计量提前偿付率

提前偿付是指任何超过计划金额的本金偿付。在描述提前偿付时，市场参与者指的是提前偿付速度（prepayment speed）或提前偿付率（prepayment rate）。本节将介绍某个月的提前偿付率是如何计算的，然后再介绍如何将月提前偿付率年化并且解释用于描述抵押贷款组合期间住宅抵押贷款市场提前偿付率模式的惯例。

在本节的讨论中，必须记住三点：第一，一个抵押贷款组合的实际提前偿付率是如何计算的；第二，在规划抵押贷款组合的现金流量时，在给定的提前偿付率下投资者如何使用提前偿付方式来规划提前偿付；第三，计算提前偿付率的技巧。如何规划提前偿付率的难点在这儿不讨论。事实上，这超越了本章的范围。投资者在提前偿付模型中使用的因素（比如规则提前偿付中使用的统计模型）将在下文描述。

1. 单月提前偿付率

给定每个月的提前偿付金额和本月全部未偿付的金额，月提前偿付率就能被算出来。一个月的全部未偿付的数额不是上个月组合未偿付的抵押贷款余额。原因是本月有计划的本金偿付额，并且按规定，这个数额不属于提前偿付。第 t 月的未偿付的金额是指第 t 月的月初抵押贷款余额减去第 t 月的计划本金偿付额。

每月提前偿付额和本月全部未偿付的金额之间的比例叫做单月提前偿付率①（single monthly mortality rate，SMM）。单月提前偿付率计算如下：

单月提前偿付率 = 第 t 月提前偿付额 ÷（第 t 月的月初抵押贷款余额 – 第 t 月的计划本金偿付额）

让我们举例说明 SMM 的计算。假设如下：

第 33 个月的月初抵押贷款余额 = 358 326 766 美元

第 33 个月的计划本金偿付额 = 297 825 美元

第 33 个月的提前偿付 = 1 841 347 美元

第 33 个月的单月提前偿付率 = 1 841 347 ÷（358 326 766 – 297 825）= 0. 005143 = 0. 5143%

第 33 个月的单月提前偿付率是 0. 5143%，解释如下：在第 33 个月，未偿付的抵押贷款余额的 0. 5143% 被提前偿付。

单月提前偿付率使用方式有两种：第一，给定抵押贷款组合的提前偿付，投资者可以用第 33 个月单月提前偿付率的方法计算出单月提前偿付率。第二，给定一个假设的单月提前偿付率，投资者可以用它去预测本月的提前偿付。本月的提前偿付可以用来测定本月的抵押贷款组合的现金流量。本章稍后将举例说明如何计算抵押转手债券的现金流量。在第 t 月，给定一个单月提前偿付率，第 t 月的提前偿付通过如下计算可得：

第 t 月的提前偿付 = 单月提前偿付率 ×（第 t 月的月初抵押贷款余额 – 第 t 月的计划本金偿付额）

（10—1）

举例来说，假设一个投资者拥有一笔抵押转手债券，某月初抵押贷款余额为 2. 9 亿美元，本月的计划本金偿付额为 300 万美元。投资者认为单月提前偿付率为 0. 5143%，则本月提前偿付额为：

0. 005143 ×（290 000 000 – 3 000 000）= 1 476 041（美元）

2. 条件提前偿付率

市场参与者通常指的提前偿付率是以年度为基础而不是以月份为基础的。这可以通过年化单月提前偿付率来处理。年化的单月提前偿付率被称为条件提前偿付率②（conditional prepayment rate，CPR）。给定了指定月份的单月提前偿付率，条件提前偿付率可以表示成③：

条件提前偿付率 = 1 –（1 – 单月提前偿付率）^{12} （10—2）

假设单月提前偿付率为 0. 005143，则条件提前偿付率为：

---

① 看上去很奇怪，用术语“死亡率”（mortality）来衡量提前偿付。这个术语的使用受到了保险精算员的影响，他们在抵押贷款市场发展的早期，转行去交易公司帮助估价抵押贷款支持证券。精算员们认为抵押贷款的提前偿付意味着抵押贷款的死亡。

② 被称为条件提前偿付率是因为某一年的提前偿付取决于（即以……为条件）前一年的能够提前偿付的数额。有时，市场参与者将条件提前偿付率视做“恒定”的提前偿付率。

③ 通过给定的单月提前偿付率推导条件提前偿付率超出了本章范围。证明过程参见：Lakhbir S. Hayre and Cyrus Mohebbi，“Mortgages Mathematics”，in Frank J. Fabozzi（. ed），*Handbook of Mortgage-Backed Securities*：*Fifth Edition*（New York，NY：McGraw-Hill，2001），pp. 844 – 845.

条件提前偿付率 $= 1 - (1 - 0.005143)^{12}$

$= 1 - 0.994857^{12} = 0.06 = 6\%$

6%的条件提前偿付率意味着，除了计划的本金偿还数额，大约有年初未偿还抵押贷款余额的6%在年底前被提前偿付。

给定一个条件提前偿付率，相应的单月提前偿付率可以通过求解公式（10—2）计算出来：

$$单月提前偿付率 = 1 - (1 - 条件提前偿付率)^{1/12} \quad (10—3)$$

举例说明公式（10—3），假设条件提前偿付率为6%，则单月提前偿付率为：

单月提前偿付率 $= 1 - (1 - 0.06)^{1/12} = 0.005143 = 0.5143\%$

3. 公共证券协会的提前偿付基准

单月提前偿付率是1个月的提前偿付率，条件提前偿付率是1年的提前偿付率。市场参与者在抵押贷款组合期间用提前偿付模式或基准来描述提前偿付率（历史的/实际的提前偿付率，以及用来规划未来现金流量的提前偿付率）。在20世纪80年代前期，公共证券协会（PSA），后来改名为债券市场协会，承担了一项关于典型的抵押贷款组合期间的提前偿付模式的研究。基于这项研究，公共证券协会建立了提前偿付的基准，被称为公共证券协会的提前偿付基准（PSA prepayment benchmark）。尽管有时被视为提前偿付模型，但它是一项惯例，而不是用来预测提前偿付的模型。

公共证券协会的提前偿付基准用一系列的单月条件提前偿付率来表示。公共证券协会的提前偿付基准假设新发生的抵押贷款的提前偿付率较低，随着抵押贷款的到期日临近而不断提高。公共证券协会的提前偿付基准假设一笔30年抵押贷款的条件提前偿付率如下：（1）第1个月的条件提前偿付率为0.2%，接下来的30个月中，每月条件提前偿付率增长0.2%，直到增长至每年为6%；（2）在剩余的月份保持6%的条件提前偿付率。

这个基准被称作100% PSA或简称为100 PSA，如图表10—2所示。100 PSA用数学方式表述如下：

如果 $t < 30$，则条件提前偿付率（CPR）$= 6\% \times (t/30)$；

如果 $t \geq 30$，则条件提前偿付率（CPR）$= 6\%$。

t是抵押贷款发放后经历的月份数。

图表10—2　　100PSA 的图示

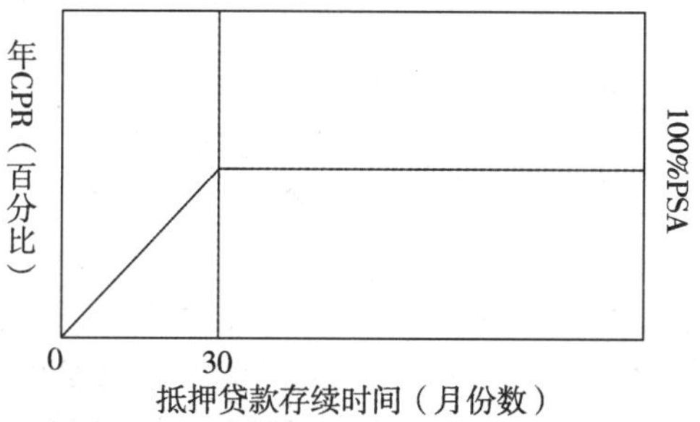

需要强调的是，应用于抵押贷款组合的条件提前偿付率和相应的单月提前偿付率是从抵押贷款创立之日起的月份算起的。比如说，抵押贷款组合是一个30年期（360个月）的抵押贷款，当前加权平均到期期限是357个月，这意味着抵押贷款组合已经过去了3个月。所以，在确定下个月的提前偿付额时，应该使用第4个月的条件提前偿付率和相应的单月提前偿付率。

比基准更慢或更快的提前偿付率可以表示为PSA的某一百分比。比如说，50PSA意味着公共证券协会基准提前偿付率的条件提前偿付率的一半，150 PSA 意味着公共证券协会的基准提前偿付率的条件提前偿付率的 1.5 倍，300 PSA 意味着公共证券协会基准提前偿付率的条件提前偿付率的 3 倍。0 PSA 意味着没有提前偿付。当 PSA 是 0 时，没有提前偿付，只有计划的本金偿付。

在构造每月提前偿付的计划时，条件提前偿付率（年化率）要被转化为每月提前偿付率，使用公式（10—3）。例如，100 PSA 下的第 5 个月、第 20 个月、第 31 个月至第 360 个月的单月提前偿付率计算如下：

第 5 个月：

条件提前偿付率 $=6\% \times (5 \div 30) = 1\% = 0.01$

单月提前偿付率 $=1-(1-0.01)^{1/12}=1-0.99^{0.083333}=0.000837$

第 20 个月：

条件提前偿付率 $=6\% \times (20 \div 30) = 4\% = 0.04$

单月提前偿付率 $=1-(1-0.04)^{1/12}=1-0.96^{0.083333}=0.003396$

第 31 个月至第 360 个月：

条件提前偿付率 $=6\%$

单月提前偿付率 $=1-(1-0.06)^{1/12}=1-0.94^{0.083333}=0.005143$

如果 PSA 是 165 呢？假设在 165 PSA 的情况下，第 5 个月、第 20 个月、第 31 个月至第 360 个月的单月提前偿付率计算如下：

第 5 个月：

条件提前偿付率 $=6\% \times (5 \div 30) = 1\% = 0.01$

165 PSA $=1.65 \times 0.01 = 0.0165$

单月提前偿付率 $=1-(1-0.0165)^{1/12}=1-0.9835^{0.083333}=0.001386$

第 20 个月：

条件提前偿付率 $=6\% \times (20 \div 30) = 4\% = 0.04$

165 PSA $=1.65 \times 0.04 = 0.066$

单月提前偿付率 $=1-(1-0.066)^{1/12}=1-0.934^{0.083333}=0.005674$

第 31 个月至第 360 个月：

条件提前偿付率 $=6\%$

165 PSA $=1.65 \times 0.06 = 0.099$

单月提前偿付率 $=1-(1-0.099)^{1/12}=1-0.901^{0.083333}=0.008650$

注意：165 PSA 时的单月提前偿付率并不是 100 PSA 时的 1.65 倍。1.65 倍指的是实际条件提前偿付率为 100 PSA 条件提前偿付率的倍数。

4. 每月现金流量结构的实例

给定提前偿付率，对假设的转手抵押债券进行估值的第一步是确定其月度的现金流量。为此，假设转手抵押债券的基础抵押贷款是一个固定利率、等额偿付抵押贷款，加权平均票面利率为 8.125%，转手利率为 7.5%，加权平均到期期限为 357 个月。

图表 10—3 显示了在 100 PSA 下的选定月份的现金流量。现金流量被分解成为三个部分：（1）利率（基于转手利率）；（2）计划的本金偿付额（预定的摊销）；（3）基于 100 PSA 的提前偿付额。

图表10—3 100 PSA条件下转手利率为7.5%、加权平均票面利率为8.125%、加权平均到期期限为357个月的4亿美元抵押转手债券的月现金流量

从现在开始的月数	已过月数*	未偿还余额（美元）	单月提前偿付率	抵押贷款偿付额（美元）	净利息（美元）	计划的本金偿付额（美元）	提前偿付额（美元）	全部本金额（美元）	现金流量（美元）
1	4	400 000 000	0.00067	2 975 868	2 500 000	267 535	267 470	535 005	3 035 005
2	5	399 464 995	0.00084	2 973 877	2 496 656	269 166	334 198	603 364	3 100 020
3	6	398 861 631	0.00101	2 971 387	2 492 885	270 762	400 800	671 562	3 164 447
4	7	398 190 069	0.00117	2 968 399	2 488 688	272 321	467 243	739 564	3 228 252
5	8	397 450 505	0.00134	2 964 914	2 484 066	273 843	533 493	807 335	3 291 401
6	9	396 643 170	0.00151	2 960 931	2 479 020	275 327	599 514	874 841	3 353 860
7	10	395 768 329	0.00168	2 956 453	2 473 552	276 772	665 273	942 045	3 415 597
8	11	394 826 284	0.00185	2 951 480	2 467 664	278 177	730 736	1 008 913	3 476 577
9	12	393 817 371	0.00202	2 946 013	2 461 359	279 542	795 869	1 075 410	3 536 769
10	13	392 741 961	0.00219	2 940 056	2 454 637	280 865	860 637	1 141 502	3 596 140
11	14	391 600 459	0.00236	2 933 608	2 447 503	282 147	925 008	1 207 155	3 654 658
27	30	364 808 016	0.00514	2 766 461	2 280 050	296 406	1 874 688	2 171 094	4 451 144
28	31	362 636 921	0.00514	2 752 233	2 266 481	296 879	1 863 519	2 160 398	4 426 879
29	32	360 476 523	0.00514	2 738 078	2 252 978	297 351	1 852 406	2 149 758	4 402 736
30	33	358 326 766	0.00514	2 723 996	2 239 542	297 825	1 841 347	2 139 173	4 378 715
100	103	231 249 776	0.00514	1 898 682	1 445 311	332 928	1 187 608	1 520 537	2 965 848
101	104	229 729 239	0.00514	1 888 917	1 435 808	333 459	1 179 785	1 513 244	2 949 052
102	105	228 215 995	0.00514	1 879 202	1 426 350	333 990	1 172 000	1 505 990	2 932 340
103	106	226 710 004	0.00514	1 869 538	1 416 938	334 522	1 164 252	1 498 774	2 915 712
104	107	225 211 230	0.00514	1 859 923	1 407 570	335 055	1 156 541	1 491 596	2 899 166
105	108	223 719 634	0.00514	1 850 357	1 398 248	335 589	1 148 867	1 484 456	2 882 703
200	203	109 791 339	0.00514	1 133 751	686 196	390 372	562 651	953 023	1 639 219
201	204	108 838 316	0.00514	1 127 920	680 239	390 994	557 746	948 740	1 628 980
202	205	107 889 576	0.00514	1 122 119	674 310	391 617	552 863	944 480	1 618 790
203	206	106 945 096	0.00514	1 116 348	668 407	392 241	548 003	940 243	1 608 650
300	303	32 383 611	0.00514	676 991	202 398	457 727	164 195	621 923	824 320
301	304	31 761 689	0.00514	673 510	198 511	458 457	160 993	619 449	817 960
302	305	31 142 239	0.00514	670 046	194 639	459 187	157 803	616 990	811 629
303	306	30 525 249	0.00514	666 600	190 783	459 918	154 626	614 545	805 328
352	355	3 034 311	0.00514	517 770	18 964	497 226	13 048	510 274	529 238
353	356	2 524 037	0.00514	515 107	15 775	498 018	10 420	508 437	524 213
354	357	2 015 600	0.00514	512 458	12 597	498 811	7 801	506 612	519 209
355	358	1 508 988	0.00514	509 823	9 431	499 606	5 191	504 797	514 228
356	359	1 004 191	0.00514	507 201	6 276	500 401	2 591	502 992	509 269
357	360	501 199	0.00514	504 592	3 132	501 199	0	501 199	504 331

*既然加权平均到期期限是357个月，基础的抵押贷款组合已平均过去了3个月，因此，在100 PSA的情况下，第1个月的条件提前偿付率为0.8%，在第27个月时，条件提前偿付率达到6%。

第一栏：本栏是收到现金流量时距现在的月份数。

第二栏：本栏是已过去的月份数。这笔抵押贷款组合的加权平均到期期限是 357 个月，这就意味着贷款已平均过去 3 个月（360 - 357）。

第三栏：本栏给出了本月初的未偿还抵押贷款余额。它等于上月初的未偿付余额减去截至上月的累计本金偿付总额。

第四栏：本栏显示了贷款已过去的月份数（第二栏的月份数）的单月提前偿付率。比如说，图表 10—3 中所显示的第 1 个月，其实抵押贷款已经发生了 3 个月。也就是说，所使用的条件提前偿付率是对应的第 4 个月的条件提前偿付率。从 PSA 基准得到的条件提前偿付率是 0.8%（4 ×0.2%）。相应的单月提前偿付率是 0.00067。在第一栏中对应的第 27 个月，贷款组合的提前偿付率不再增加，因为此时贷款已过去了 30 个月。当贷款组合的提前偿付率不再增加，100 PSA 时的条件提前偿付率是 6%，而相应的单月提前偿付率是 0.00514。

第五栏：本栏显示每月全部抵押贷款偿付额。每月抵押贷款偿付额在下降，因为随着时间推移，每月提前偿付额减少了未偿付抵押贷款余额，有一个公式可以确定给定提前偿付率时，每月抵押贷款余额的数额①。

第六栏：这一栏反映了净月利息（也就是支付服务费后，能够付给债券持有者的数额）。这个数值由本月初的未偿还抵押贷款余额乘以 7.5% 的转手利率除以 12 后得到。

第七栏：本栏给出了计划的本金偿还（也就是计划分期偿还）。它是每月抵押贷款偿付额（第五栏显示的数额）与本月总票面利息的差额。本月总票面利息由本月初的未偿还抵押贷款余额乘以 8.125%，然后除以 12 得到。

第八栏：本栏反映本月的提前偿付额。提前偿付额运用公式（10—1）得到。比如说，在第 100 个月，期初抵押贷款余额是 231 249 776 美元，计划的本金偿付额是 332 928 美元，100 PSA 时的单月提前偿付率是 0.00514301（空间所限，在图表 10—3 中只显示 0.00514），所以提前偿付额是：

0.00514301 ×（231 249 776 - 332 928）=1 187 608（美元）

第九栏：全部本金偿付，也就是本栏显示的是第七栏和第八栏之和。

第十栏：本转手债券的月现金流量在最后一栏中显示。每月现金流量是偿付的利息（第六栏）和本月总的本金偿付（第九栏）之和。

如果基于一个不同的提前偿付假设，这笔抵押转手债券现金流量也将变化。假设用 165 PSA 来替代 100 PSA，即更快的提前偿付率。图表 10—4 显示了在 165 PSA 时抵押转手债券的现金流量。注意和图表 10—3 相比较，在较早的年份，现金流量比较大，是因为提前偿付数额较大。和 100 PSA 时相比，165 PSA 时后面月份的现金流量较小，是因为较早月份的提前偿付额较高。

① 该公式参见：Chapter 19 of Frank J. Fabozzi, *Fixed Income Mathematics* (Chicago: Irwin Professional Publishing, 1997).

图表 10—4　165 PSA 条件下转手利率为 7.5%、加权平均票面利率为 8.125%、加权平均到期期限为 357 个月的 4 亿美元抵押转手债券的月现金流量

距今月数	已过月数*	未偿还余额（美元）	单月提前偿付率	抵押贷款偿付额（美元）	净利息（美元）	计划的本金偿付额（美元）	提前偿付额（美元）	全部本金额（美元）	现金流量（美元）
1	4	400 000 000	0.00111	2 975 868	2 500 000	267 535	442 389	709 923	3 209 923
2	5	399 290 077	0.00139	2 972 575	2 495 563	269 048	552 847	821 896	3 317 459
3	6	398 468 181	0.00167	2 968 456	2 490 426	270 495	663 065	933 560	3 423 986
4	7	397 534 621	0.00195	2 963 513	2 484 591	271 873	772 949	1 044 822	3 529 413
5	8	396 489 799	0.00223	2 957 747	2 478 061	273 181	882 405	1 155 586	3 633 647
6	9	395 334 213	0.00251	2 951 160	2 470 839	274 418	991 341	1 265 759	3 736 598
7	10	39 4068 454	0.00279	2 943 755	2 462 928	275 583	1 099 664	1 375 246	3 838 174
8	11	392 693 208	0.00308	2 935 534	2 454 333	276 674	1 207 280	1 483 954	3 938 287
9	12	391 209 254	0.00336	2 926 503	2 445 058	277 690	1 314 099	1 591 789	4 036 847
10	13	389 617 464	0.00365	2 916 666	2 435 109	278 631	1 420 029	1 698 659	4 133 769
11	14	387 918 805	0.00393	2 906 028	2 424 493	279 494	1 524 979	1 804 473	4 228 965
27	30	347 334 116	0.00865	2 633 950	2 170 838	282 209	3 001 955	3 284 164	5 455 002
28	31	344 049 952	0.00865	2 611 167	2 150 312	281 662	2 973 553	3 255 215	5 405 527
29	32	340 794 737	0.00865	2 588 581	2 129 967	281 116	2 945 400	3 226 516	5 356 483
30	33	337 568 221	0.00865	2 566 190	2 109 801	280 572	2 917 496	3 198 067	5 307 869
100	103	170 142 350	0.00865	1 396 958	1 063 390	244 953	1 469 591	1 714 544	2 777 933
101	104	168 427 806	0.00865	1 384 875	1 052 674	244 478	1 454 765	1 699 243	2 751 916
102	105	166 728 563	0.00865	1 372 896	1 042 054	244 004	1 440 071	1 684 075	2 726 128
103	106	165 044 489	0.00865	1 361 020	1 031 528	243 531	1 425 508	1 669 039	2 700 567
104	107	163 375 450	0.00865	1 349 248	1 021 097	243 060	1 411 075	1 654 134	2 675 231
105	108	161 721 315	0.00865	1 337 577	1 010 758	242 589	1 396 771	1 639 359	2 650 118
200	203	56 746 664	0.00865	585 990	354 667	201 767	489 106	690 874	1 045 540
201	204	56 055 790	0.00865	580 921	350 349	201 377	483 134	684 510	1 034 859
202	205	55 371 280	0.00865	575 896	346 070	200 986	477 216	678 202	1 024 273
203	206	54 693 077	0.00865	570 915	341 832	200 597	471 353	671 950	1 013 782
300	303	11 758 141	0.00865	245 808	73 488	166 196	100 269	266 465	339 953
301	304	11 491 677	0.00865	243 682	71 823	165 874	97 967	263 841	335 664
302	305	11 227 836	0.00865	241 574	70 174	165 552	95 687	261 240	331 414
303	306	10 966 596	0.00865	239 485	68 541	165 232	93 430	258 662	327 203
352	355	916 910	0.00865	156 460	5 731	150 252	6 631	156 883	162 614
353	356	760 027	0.00865	155 107	4 750	149 961	5 277	155 238	159 988
354	357	604 789	0.00865	153 765	3 780	149 670	3 937	153 607	157 387
355	358	451 182	0.00865	152 435	2 820	149 380	2 611	151 991	154 811
356	359	299 191	0.00865	151 117	1 870	149 091	1 298	150 389	152 259
357	360	148 802	0.00865	149 809	930	148 802	0	148 802	149 732

* 既然加权平均到期期限是 357 个月，基础的抵押贷款组合已平均过去了 3 个月，因此，在 165 PSA 的情况下，第 1 个月的条件提前偿付率为 0.8% ×1.65，在第 27 个月时，条件提前偿付率达到 6% ×1.65。

10.3.5 平均存续期限

在债券市场，关于债券的到期日有其标准惯例。如果一个债券要在5年后到期，它被称为一个5年期债券。典型的债券只在到期日一次偿还本金。具有这种特征的债券被称为一次还本债券。债券的到期日影响它的利率风险。通常来说，在给定的票面利率情况下，到期日越长，则利率风险越大。

对一个抵押贷款支持证券，本金的偿付（计划偿付和提前偿付）贯穿证券的整个存续期。当抵押贷款支持证券有一个规定的到期日时，即以最后一期计划的本金偿付日为到期日，这个规定到期日并不能告诉我们太多关于债券的利率风险的情况。比如说，即使有相同的票面利率，一个30年期的公司债和一个30年规定到期日的抵押贷款支持证券的利率风险也是不一样的。当然，公司债和抵押贷款支持证券的久期都可以算出来（第12章将介绍抵押贷款支持证券的久期是如何计算的）。另外一种衡量方式被市场参与者广泛使用来替代久期，那就是加权平均存续期限（weighted average life），或简称为平均存续期限（average life）。这是基于惯例的收到本金偿付额（计划的本金偿付额和规划的提前偿付额）的平均时间。

平均存续期限用数学方式表达如下：

$$\text{平均存续期限} = \sum_{t=1}^{T} \frac{(t \times t\text{时点收到的规划本金偿付额})}{12 \times \text{总本金}}$$

T是月份数。

抵押转手债券的平均存续期限取决于假设的提前偿付。为了看清这一点，下面显示了不同的提前偿付率时的平均期限，这笔抵押转手债券也被用于图表10—3和图表10—4中用来说明100 PSA和165 PSA时的现金流量。

PSA速度	50	100	165	200	300	400	500	600	700
平均期限（年）	15.11	11.66	8.76	7.68	5.63	4.44	3.68	3.16	2.78

10.3.6 影响提前偿付行为的因素

影响提前偿付行为的因素包括：

（1）当前的抵押贷款利率；

（2）房屋的换手交易；

（3）基础住宅抵押贷款的特征。

当前的抵押贷款利率影响提前偿付。当前的抵押贷款利率和由房主偿付的利率之间的利差范围影响再融资的动机（incentive to refinance）。此外，贷款被发放后，抵押贷款利率的变动路径通过再融资燃尽（refinancing burnout）影响提前偿付。抵押贷款利率之差和变动路径将影响通过再融资来提前偿付。

显然，由于再融资的存在，对提前偿付的影响最大的单个因素是当前抵押贷款利率的水平与借款者的合同利率的差额。当两者之间的差距越大，越有动机去做抵押贷款的再融资。这种再融资要在经济上有意义，节省的利息必须大于再融资所花费的成本。这些成本包括法律费用、初始费用、保险以及获得另一笔抵押贷款的相关的时间价值。这些成本中有些与融资额成比例变化，另外一些则一般是固定的，比如申请费和法律费。

根据历史经验，抵押利率一般要低于合同利率 250 ~ 350 个基点，才使得借款人的再融资是值得的。然而，抵押贷款发起人设计抵押贷款时很有创造性，再融资费用被包含进了借款额中，这种做法改变了那种认为抵押贷款利率必须大幅低于合同利率才能使再融资变得经济的观点。此外，抵押贷款发起人大量地做广告让房屋所有者意识到再融资的经济利益。

提前偿付的历史模式和经济理论显示，不仅仅是抵押利率水平影响提前偿付行为，抵押贷款利率达到当前水平的路径也有影响。为了解释原因，假设一笔抵押贷款的基础合同利率是 11%，并且已经设立了 3 年，当前的抵押贷款利率降到了 8%。考虑一下，有两种可能的路径，使抵押贷款利率达到这个水平。第一种是，第 1 年年底抵押贷款利率降至 8%，第 2 年年底升至 13%，第 3 年年底降至 8%；第二种是，第 1 年年底抵押贷款利率上升至 12%，第 2 年年底继续上升至 13%，第 3 年年底降至 8%。

如果抵押贷款利率遵循第一条路径，当利率在第 1 年降至 8% 时，能够从再融资中获得收益的人将利用这个机会。当第 3 年年底抵押贷款利率再次降至 8% 时，可能出现的情况是不会再出现大量的因为再融资而提前偿付行为；那些想要利用再融资机会获利的人已经在利率第一次下降时实施了再融资。这种提前偿付的行为被称为再融资燃尽（或简称燃尽）。相反，假如是按照第二种路径，预期的提前偿付行为就非常不同。前两年预计的提前偿付率会很低，当抵押贷款利率在第 3 年降至 8% 时，再融资行为和提前偿付会变得踊跃。因此，燃尽现象和抵押贷款利率的路径相关。

当前的抵押贷款利率还通过另外一种方式影响提前偿付，即通过它在住房贷款承担能力和住房换手交易（housing turnover）中的影响。抵押贷款利率的水平在一定程度上影响住房换手，较低的利率增加了住房贷款的承担能力。即使没有较低的抵押贷款利率，也存在着一个自发的住房换手率。这归功于经济增长。它们之间的联系如下：不断增长的经济会导致收入的增长和工人移民的机会，家庭迁移的增长就会产生一个增长的房屋换手率。衰退的经济会导致相反的结果。

影响提前偿付的基础住宅抵押贷款的两个特征是账龄和抵押财产的地理位置。账龄（seasoning）是指抵押贷款的存续时间。经验证据表明，贷款刚创立时提前偿付率较低，随着贷款账龄的增加，贷款的提前偿付率也持续增加一段时间，此后提前偿付率稳定在一定水平上。这就是本章前面讨论的公共证券协会提前偿付基准的基本理论。在美国的某些地区，提前偿付行为比全国平均水平要快一些，而另外一些地区则要慢一些。这是由于地区经济的差别导致房屋换手率不同而造成的。

10.3.7　缩期风险和延期风险

拥有抵押转手债券的投资者不知道现金流量会是怎样的，因为那取决于实际的提前偿付。正如我们前面所提到的那样，这种风险是提前偿付风险。

为了理解提前偿付风险的意义，假设投资者在某一时间买了一笔票面利率为 9% 的抵押转手债券，而这时的抵押贷款利率是 10%。考虑一下，如果抵押贷款利率下降，假设是 6% 时，提前偿付将会是怎样？将会有两种不利的结果：第一，固定收益债券的基本性质是，无期权债券的价格将会上升。但是在抵押转手债券的例子中，价格的上升不会有无期权债券那么多，因为利率的下降给了借款者偿还贷款的动机，并且以较低的利率再融资。这导致了可赎回的债券的持有者所面临的同样的不利后果。在这些契约中，因为提前偿付，抵押转手债券潜在的上限价格就被压缩了（这就是第 7 章中解释的负凸性特征）。第二，现金流量以一个较低的利率再投资。利率的降低引起的较快的提前偿付会导致转手债券的现金流量的时间缩短，也就是导致了平均存续期的缩短。相应的，抵押转手债券中由于利率的降低而导致的两个不利的后果就被称为缩期风险（contraction risk）。

现在让我们看看当抵押利率上升至15%时会发生什么。抵押转手债券的价格，和其他任何债券一样，都会下降，但它下降得会更快。因为更高的利率导致了提前偿付率的下降，投资于票面利率的数量增加了，因为它低于市场利率。当抵押利率高于合同利率10%时，提前偿付会下降，因为房主不会再融资提前偿付抵押贷款。当然，投资者希望提前偿付加速从而将提前偿付现金流量以市场利率去再投资。导致这些不利后果的利率上升与较慢的提前偿付相关，较慢的提前偿付导致了转手的现金流量的时间跨度延长，也就是导致了平均时间的增长。相应的，抵押转手债券中由于利率的上升而导致的两个不利的后果就被称为延期风险（extension risk）。

因此，提前偿付风险包括延期风险和缩期风险。提前偿付风险使得抵押转手债券对于一些金融机构从资产/负债管理的角度持有而没有吸引力。一些机构投资者购买抵押转手债券时，有些是考虑到延期风险，有些是考虑到缩期风险。这种情况甚至适用于资产支持的特别品种的保险合约。有可能选择改变抵押转手债券的现金流量来消除延期风险或缩期风险吗？这是可以做到的，抵押担保债务就能实现这个目的。

10.4 抵押担保债务

像前面所提到的那样，投资抵押转手债券是有提前偿付风险的。有些机构投资者关注延期风险，有些关注缩期风险。这个问题可以通过重新分配抵押贷款相关产品（抵押转手债券和贷款组合）的现金流量至不同的债券级别解决，这些债券级别被称为组别[①]（tranches），这样创造出的债券具有和它们被创立时的抵押贷款相关产品不同的提前偿付风险和不同的风险/回报模式。

当抵押相关产品的现金流量被重新分配到不同的债券级别时产生的债券就被称为抵押担保债务（collateralized mortgage obligations，CMO）。产生的现金流量的抵押贷款相关产品被称为担保品。由于抵押担保债务中最典型使用的抵押贷款相关产品就是抵押转手债券组合，因此，市场参与者有时交替使用担保品和抵押转手债券。抵押担保债务的建立并不能消除提前偿付风险，但是它可以在不同等级的债券持有者中分配这种风险。抵押担保债务的主要金融创新是被创造出来的债券更好地满足了机构投资者资产/负债管理的需求，从而增加了抵押贷款支持产品的吸引力。

抵押担保债务结构有很多种类[②]，下面将介绍一些最主要的。

10.4.1 顺序偿付的组别

第一种被构造出来的抵押担保债务能使每一种债券等级被顺序地付清。这样的结构被称为顺序偿付（sequential - pay）的抵押担保债务。这种组别的本金偿付（计划的本金偿付加

① 组别源自一个意思是“一部分”的古老法语单词。在抵押担保债务中，它是指现金流量的一部分。

② 一个抵押担保债务的发行者要确定，被创造的转手利息和本金偿付的信托不会被当做纳税实体对待。1986年税收改革法的补充解释，即房地产抵押投资管道（REMIC），规定了一些要求，发行人只要满足这些要求，其所创立的法律实体所发行的抵押担保债务就能免税。大部分的抵押担保债务都是按照REMIC建立的。尽管通常都能听到市场参与者将抵押担保债务当做REMIC，但是并不是所有的抵押担保债务都是REMIC。

上提前偿付)，每月分配的规则如下：

- 把所有的本金偿付分配给组别1，直至组别1的本金余额为零。在组别1被偿付完毕后；
- 把所有的本金偿付分配给组别2，直至组别2的本金余额为零。在组别2被偿付完毕后；
- 把所有的本金偿付分配给组别3，直至组别3的本金余额为零。在组别3被偿付完毕后……

以此类推。

图表10—5　　FJF－01——假设的4个顺序偿付的组别结构

组别	面值（美元）	票面利率
A	194 500 000	7.5%
B	36 000 000	
C	96 500 000	
D	73 000 000	
合计	400 000 000	

偿付规则：

1. 每月票面利息偿付：以每月初每个组别的未偿付的本金数额为基础，分配每月票面利息给各个组别。

2. 本金偿付分配：分配本金偿付给组别A，直至组别A被完全偿付。当组别A被完全偿付后，分配本金偿付给组别B，直至组别B被完全偿付。当组别B被完全偿付后，分配本金偿付给组别C，直至组别C被完全偿付。当组别C被完全偿付后，分配本金偿付给组别D，直至组别D被完全偿付。

为了举例说明顺序偿付的抵押担保债务，我们讨论FJF－01——一个假设的结构化交易产品，来说明这种结构化产品的基本特征。这个假设的抵押担保债务的担保品是抵押转手债券，总面值为4亿美元，其余的特征有：(1) 抵押转手债券的票面利率为7.5%；(2) 加权平均票面利率（加权平均利率）为8.125%；(3) 加权平均到期期限（WAM）为357个月。这和10.3节中描述基于某些提前偿付率假设的抵押转手债券现金流量所使用的抵押转手债券是一样的。

这4亿美元的担保品，被划分成了4个等级或者组别。它们的特征在图表10—5进行了总结。4个组别的总面值和担保品的面值（也就是抵押转手债券）① 相等。在这个简单的结构中，每个组别的票面利率是相等的，并且和担保品的票面利率也相等。这不是必需的，事实上，各组别的票面利率通常是不等的。

注意，抵押担保债务是以一套偿付规则为基础，通过重新分配包括本金和利息在内的现金流量给不同的组别而创造出来的。图表10—5下面的偿付规则描述了抵押转手债券（也就是担保品）的现金流量是怎样被重新分配到4个组别中去的。票面利息和本金偿付有独立的规则（本金包括计划的本金偿付和任何提前偿付）。

当本金偿付的分配规则被确定后，每个月确切的本金偿付数额并不知道。这依赖于现金流量和担保品的本金偿付，后者依赖于实际的提前偿付率。一个假设的PSA速度使得现金

① 事实上，抵押担保债务是以转手债券组合为支持的。

流量可以被规划。图表 10—6 显示了假设在 165 PSA 时的现金流量（利息、计划本金偿付、提前偿付）。假设担保品以 165 PSA 的速度被提前偿付，FJF－01 中的所有 4 个组别的现金流量在图表 10—6 中被准确地显示。

为了示范 FJF－01 的偿付规则是如何工作的，图表 10—6 显示了担保品提前偿付率假设是 165 PSA 时，所选择月份的现金流量。对于每一个组别，该表显示了：（1）每个月底的余额；（2）偿付的本金（计划的本金偿付和提前偿付）；（3）利息。在第 1 个月，担保品的现金流量包括 709 923 美元的本金偿付和 2 500 000 美元（0.075×400 000 000÷12）的利息。利息的偿付以未偿付的面值金额为基础，分配给 4 个组别。举例来说，组别 A 收到了 2 500 000美元中的 1 215 625 美元（0.075×194 500 000÷12），本金都被分配给了组别 A。所以，组别 A 第 1 个月的现金流量是 1 925 548 美元，组别 A 第 1 个月末的本金余额为 193 790 077 美元（初始余额 194 500 000 美元减本金偿付 709 923 美元）。本金偿付没有分配给其他组别，因为组别 A 还有未偿还的本金余额。第 2—80 个月也是如此。每个月组别 A 的现金流量由本金栏和利息栏的数额相加得来。所以，对于组别 A，第 8 个月的现金流量是 1 483 954 美元加上 1 169 958 美元，即 2 653 912 美元。在 165 PSA 时，第 82 个月的现金流量是 0。

从第 81 个月以后，组别 A 的本金余额为 0。对于担保品来说，第 81 个月的现金流量是 3 318 522 美元，包括 2 032 197 美元的本金和 1 286 325 美元的利息。第 81 个月初（即第 80 个月末），组别 A 的本金余额是 311 926 美元。本金偿付 2 032 197 美元中的 311 926 美元分配给了组别 A。此后，就不会再给组别 A 而是偿付给其他组别了，因为本金余额已经为 0。担保品中剩余的本金偿付 1 720 271 美元分配给了组别 B。在假设的 165 PSA 速度的提前偿付下，组别 B 从第 81 个月开始接受本金偿付。每个月组别 B 的现金流量由本金栏和利息栏的数额相加得来。第 1—80 个月，现金流量仅仅是利息。第 100 个月以后，组别 B 没有现金流量。

图表 10—6 显示，到第 100 个月，组别 B 被完全偿付，组别 C 开始接受本金偿付。组别 C 直到第 178 个月被完全偿付，这时组别 D 开始接受剩余的本金偿付。对于 4 个组别来说，165 PSA 时的到期日（即本金被完全偿付的时间），组别 A 为第 81 个月，组别 B 为第 100 个月，组别 C 为第 178 个月，组别 D 为第 357 个月。组别 C 和 D 每个月的现金流量由本月的本金偿付和利息相加得来。

一个组别的本金偿付窗口（principal pay down window）或者本金窗口（principal window）是这个组别的本金偿付的开始和结束之间的时间长度。举例来说，在 165 PSA 时，组别 A 的本金偿付窗口为第 1 个月至第 81 个月，组别 B 的本金偿付窗口为第 81 个月至第 100 个月①。在抵押担保债务交易的成交确认书中，本金偿付窗口指从期待收到本金的开始月份至期待收到本金的最后月份。

抵押担保债务被创立的结果如何？前文假设提前偿付率为 165 PSA 时，抵押转手债券的平均期限为 8.76 年，图表 10—7 显示了在假设的不同提前偿付率下，担保品和 4 个组别的平均期限。注意，4 个组别的平均期限有的比担保品长，有的比担保品短，从而可以吸引那些对平均期限的偏好与担保品期限不同的投资者。

还有一个值得注意的问题：平均期限在组别之间有重大的差异。稍后阐述这个问题如何

① 窗口也用来指从用现金偿付本金的开始月份至最后月份之间的时间长度。对于组别 A，窗口也可以说是 81 个月，而组别 B 则是 20 个月。

解决。对于每一个组别有一些保护机制来抵御提前偿付风险。这是因为在这个结构中，优先安排本金分配（即建立本金偿还规则）有效地保护了更短期限的组别 A 来抵御延期风险，这种保护源自于其他 3 个组别。类似的，组别 C 和组别 D 给组别 B 提供了组别 A 和 B 抵御延期风险的保护。同时，组别 C 和 D 也受益了，因为它们从组别 A 和 B 中得到了抵御缩期风险的保护。

图表 10—6 **假设 165 PSA 时，FJF－01 中所选择月份的现金流量** 单位：美元

	A 组别			B 组别		
月份	余额	本金	利息	余额	本金	利息
1	194 500 000	709 923	1 215 625	36 000 000	0	225 000
2	193 790 077	821 896	1 211 188	36 000 000	0	225 000
3	192 968 181	933 560	1 206 051	36 000 000	0	225 000
4	192 034 621	1 044 822	1 200 216	36 000 000	0	225 000
5	190 989 799	1 155 586	1 193 686	36 000 000	0	225 000
6	189 834 213	1 265 759	1 186 464	36 000 000	0	225 000
7	188 568 454	1 375 246	1 178 553	36 000 000	0	225 000
8	187 193 208	1 483 954	1 169 958	36 000 000	0	225 000
9	185 709 254	1 591 789	1 160 683	36 000 000	0	225 000
10	184 117 464	1 698 659	1 150 734	36 000 000	0	225 000
11	182 418 805	1 804 473	1 140 118	36 000 000	0	225 000
12	180 614 332	1 909 139	1 128 840	36 000 000	0	225 000
75	12 893 479	2 143 974	80 584	36 000 000	0	225 000
76	10 749 504	2 124 935	67 184	36 000 000	0	225 000
77	8 624 569	2 106 062	53 904	36 000 000	0	225 000
78	6 518 507	2 087 353	40 741	36 000 000	0	225 000
79	4 431 154	2 068 807	27 695	36 000 000	0	225 000
80	2 362 347	2 050 422	14 765	36 000 000	0	225 000
81	311 926	311 926	1 950	36 000 000	1 720 271	225 000
82	0	0	0	34 279 729	2 014 130	214 248
83	0	0	0	32 265 599	1 996 221	201 660
84	0	0	0	30 269 378	1 978 468	189 184
85	0	0	0	28 290 911	1 960 869	176 818
95	0	0	0	9 449 331	1 793 089	59 058
96	0	0	0	7 656 242	1 777 104	47 852
97	0	0	0	5 879 138	1 761 258	36 745
98	0	0	0	4 117 879	1 745 550	25 737
99	0	0	0	2 372 329	1 729 979	14 827
100	0	0	0	642 350	642 350	4 015
101	0	0	0	0	0	0

续图表

月份	C组别			D组别		
	余额	本金	利息	余额	本金	利息
1	96 500 000	0	603 125	73 000 000	0	456 250
2	96 500 000	0	603 125	73 000 000	0	456 250
3	96 500 000	0	603 125	73 000 000	0	456 250
4	96 500 000	0	603 125	73 000 000	0	456 250
5	96 500 000	0	603 125	73 000 000	0	456 250
6	96 500 000	0	603 125	73 000 000	0	456 250
7	96 500 000	0	603 125	73 000 000	0	456 250
8	96 500 000	0	603 125	73 000 000	0	456 250
9	96 500 000	0	603 125	73 000 000	0	456 250
10	96 500 000	0	603 125	73 000 000	0	456 250
11	96 500 000	0	603 125	73 000 000	0	456 250
12	96 500 000	0	603 125	73 000 000	0	456 250
95	96 500 000	0	603 125	73 000 000	0	456 250
96	96 500 000	0	603 125	73 000 000	0	456 250
97	96 500 000	0	603 125	73 000 000	0	456 250
98	96 500 000	0	603 125	73 000 000	0	456 250
99	96 500 000	0	603 125	73 000 000	0	456 250
100	96 500 000	1 072 194	603 125	73 000 000	0	456 250
101	95 427 806	1 699 243	596 424	73 000 000	0	456 250
102	93 728 563	168 475	585 804	73 000 000	0	456 250
103	92 044 489	1 669 039	575 278	73 000 000	0	456 250
104	90 375 450	1 654 134	564 847	73 000 000	0	456 250
105	88 721 315	11 639 359	554 508	73 000 000	0	456 250
175	3 260 287	869 602	20 377	73 000 000	0	456 250
176	2 390 685	861 673	14 942	73 000 000	0	456 250
177	1 529 013	853 813	9 556	73 000 000	0	456 250
178	675 199	675 199	4 220	73 000 000	170 824	456 250
179	0	0	0	72 829 176	838 300	455 182
180	0	0	0	71 990 867	830 646	449 943
181	0	0	0	71 160 230	823 058	444 751
182	0	0	0	70 337 173	815 536	439 607
183	0	0	0	69 521 637	808 081	434 510
184	0	0	0	68 713 556	800 690	429 460
185	0	0	0	67 912 866	793 365	424 455

续图表

月份	C组别			D组别		
	余额	本金	利息	余额	本金	利息
350	0	0	0	1 235 674	160 220	7 723
351	0	0	0	1 075 454	158 544	6 722
352	0	0	0	916 910	156 883	5 731
353	0	0	0	760 027	155 238	4 750
354	0	0	0	604 789	153 607	3 780
355	0	0	0	451 182	151 991	2 820
356	0	0	0	299 191	150 389	1 870
357	0	0	0	148 802	148 802	930

注意：每个月每个组别的现金流量是本金和利息之和。

10.4.2　应计利息组别

在前面的例子中，利息偿付的规则是每个月所有的组别都收到利息。在许多顺序偿付的抵押担保债务结构中，至少有一个组别没有收到当期的利息。取代的是，那个组别的利息逐步累积，并且被加入本金余额。这样的贷款余额应计利息累积的组别被称为应计利息债券组别（accrual tranche）或是Z债券（Z-bond）。原先应该付给应计利息累积组别的利息被用来偿付前面组别的本金余额。

图表10—7　**FJF－01的担保和4个组别的平均期限**　单位：年

提前偿付率（PSA）	平均期限				
	担保品	A组别	B组别	C组别	D组别
50	15.11	7.48	15.98	21.02	27.24
100	11.66	4.90	10.86	15.78	24.58
165	8.76	3.48	7.49	11.19	20.27
200	7.68	3.05	6.42	9.60	18.11
300	5.63	2.32	4.64	6.81	13.36
400	4.44	1.94	3.70	5.31	10.34
500	3.68	1.69	3.12	4.38	8.35
600	3.16	1.51	2.74	3.75	6.96
700	2.78	1.38	2.47	3.30	5.95

现在以FJF－02为例说明这个过程。假设一个抵押担保债务的结构和前面的例子的担保品是一样的，每一个组别的票面利率都是7.5%。最后一个组别Z，是一个应计利息累积组别。FJF－02的结构在图表10—8中展示。

图表10—9中显示了组别A和B的所选月份的现金流量。将图表10—9中第1个月和图表10—6中第1个月相比，就会发现二者的现金流量都以165 PSA为基础。担保品的本金偿付是709 923美元。在FJF－01中，这就是偿付组别A的本金，在FJF－02中，组别Z的利息456 250美元，没有支付给这个组别，取而代之的是用来作为本金偿付给了组别A。因

此，图表 10—9 中付给组别 A 的本金偿付额是 1 166 173 美元，是担保品的本金偿付额 709 923 美元加上组别 Z 中转移而来的利息 456 250 美元。

组别 A、B、C 的最终到期日都被缩短了，因为存在组别 Z。组别 A 最终的本金偿付期限是 64 个月，而不是 81 个月；组别 B 是 77 个月，而不是 100 个月；组别 C 是 113 个月，而不是 178 个月。

图表 10—8 FJF－02——假设的 4 个组别的顺序偿付，其中一个为应计利息组别的结构

组别	面值（美元）	票面利率（%）
A	194 500 000	7.5
B	36 000 000	
C	96 500 000	
Z（应计利息累积额）	73 000 000	
总计	400 000 000	

偿付规则：

1. 每月票面利息偿付：以每月初的每个组别的未偿付本金为基础，把每月的票面利息分配给组别A、B、C。对于组别Z，根据上月本金加上上一个月应计利息之和来计算应计利息。组别Z 的利息作为本金偿付给前面的组别。

2. 本金偿付分配：分配本金偿付给组别A，直至组别A 被完全偿付。当组别A 被完全偿付后，分配本金偿付给组别B，直至组别B 被完全偿付。当组别B 被完全偿付后，分配本金偿付给组别C，直至组别C 被完全偿付。当组别C 被完全偿付后，分配本金偿付给组别Z，直至初始本金余额和累积的利息被完全偿付。

图表 10—9 假设 165 PSA 时，FJF－02 的组别 A 和组别 B 的每月现金流量 单位：美元

月份	A 组别			B 组别		
	余额	本金	利息	余额	本金	利息
1	194 500 000	1 166 173	1 215 625	36 000 000	0	225 000
2	193 333 827	1 280 997	1 208 336	36 000 000	0	225 000
3	192 052 829	1 395 531	1 200 330	36 000 000	0	225 000
4	190 657 298	1 509 680	1 191 608	36 000 000	0	225 000
5	189 147 619	1 623 350	1 182 173	36 000 000	0	225 000
6	187 524 269	1 736 446	1 172 027	36 000 000	0	225 000
7	185 787 832	1 848 875	1 161 174	36 000 000	0	225 000
8	183 938 947	1 960 543	1 149 618	36 000 000	0	225 000
9	181 978 404	2 071 357	1 137 365	36 000 000	0	225 000
10	179 907 047	2 181 225	1 124 419	36 000 000	0	225 000
11	177 725 822	2 290 054	1 110 786	36 000 000	0	225 000
12	175 435 768	2 397 755	1 096 474	36 000 000	0	225 000
60	15 023 406	3 109 398	93 896	36 000 000	0	225 000
61	11 914 007	3 091 812	74 463	36 000 000	0	225 000

续图表

月份	A 组别			B 组别		
	余额	本金	利息	余额	本金	利息
62	8 822 195	3 074 441	55 139	36 000 000	0	225 000
63	5 747 754	3 057 282	35 923	36 000 000	0	225 000
64	2 690 472	2 690 472	16 815	36 000 000	349 863	225 000
65	0	0	0	35 650 137	3 023 598	222 813
66	0	0	0	32 626 540	3 007 069	203 916
67	0	0	0	29 619 470	2 990 748	185 122
68	0	0	0	26 628 722	2 974 633	166 430
69	0	0	0	23 654 089	2 958 722	147 838
70	0	0	0	20 695 367	2 943 014	129 346
71	0	0	0	17 752 353	2 927 508	110 952
72	0	0	0	14 824 845	2 912 203	92 655
73	0	0	0	11 912 642	2 897 096	74 454
74	0	0	0	9 015 546	2 882 187	56 347
75	0	0	0	6 133 358	2 867 475	38 333
76	0	0	0	3 265 883	2 852 958	20 412
77	0	0	0	412 925	412 925	2 581
78	0	0	0	0	0	0
79	0	0	0	0	0	0
80	0	0	0	0	0	0

在 FJF－02 中，组别 A、B、C 的平均期限和以前没有应计利息累积组别、顺序偿付的组别的例子相比，期限比较短，因为存在应计利息累积组别 Z。例如，在 165 PSA 下，平均期限如下：

结构	组别 A	组别 B	组别 C
FJF－02	2.90	5.86	7.87
FJF－01	3.48	7.49	11.19

比没有累积利息偿付组别的时间缩短的原因是，原本用来偿付应计利息组别的利息被分配给了其他组别。FJF－02 中的 Z 组别比 FJF－01 的 D 组别有一个更长的平均期限，因为组别 Z 的利息偿付被分配给了组别 A、B、C。

与 FJF－01 相比，包括了一个应计利息累积组别的 FJF－02 中，出现了期限更短和更长的组别。应计利息累积组别对那些关注再投资风险的投资者更有吸引力。因为没有收到利息偿付去再投资，再投资风险被消除了，直到其他组别被偿付完毕。

图表 10—10 FJF-03——顺序偿付的且包括浮动利率组别、反向浮动利率组别、应计利息组别的 5 个组别的结构

组别	面值（美元）	票面利率（%）
A	194 500 000	7.5
B	36 000 000	7.5
FL	72 375 000	1 个月 LIBOR +0.5%
IFL	24 125 000	28.5 -3 ×1 个月 LIBOR
Z（应计利息累积额）	73 000 000	7.5
总计	400 000 000	

偿付规则：

1. 每月票面利息偿付：以每月初以未偿付的本金额为基础，向组别A、B、FL、IFL 分配每月票面利息。对于组别Z，根据上月本金加上上一个月应计利息之和来计算应计利息。组别Z 的利息作为本金偿付给前面的组别。FL 的最大票面利率是10%，IFL 的最小票面利率是0。

2. 本金偿付分配：分配本金偿付给组别A，直至组别A 被完全偿付。当组别A 被完全偿付后，分配本金偿付给组别B，直至组别B 被完全偿付。当组别B 被完全偿付后，分配本金偿付给组别FL 和IFL，直至它们被完全偿付。在组别FL 和IFL 中的本金分配，做法如下：75% 给组别FL，25% 给组别IFL。当组别FL 和IFL 被完全偿付后，分配本金偿付给组别Z，直至初始本金余额和累积的利息被完全偿付。

10.4.3 浮动利率组别

前面描述的组别都是固定利率的，但是有时候需要浮动利率的组别。问题是，担保品是固定利率时，创造一个浮动利率的组别是困难的。通过从任意固定利率的组别中创立一个浮动和反向浮动的组合，就能创造出浮动利率组别。下面将要举例说明一个浮动利率组别（floating-rate tranche）和反向浮动利率组别（inverse floating-rate tranche）的创立，使用一个假设的抵押担保债务的构造——包括 1 个应计利息组别、顺序偿付的 4 个组别结构（FJF-02）①。可以选择任何一个组别用来创造一个浮动利率和反向浮动利率的组别。事实上，既可以对 4 个组别中 1 个或多个组别创立这两种债券，也可以只对 1 个组别的一部分。

本例对组别 C 创立了一个浮动利率组别和反向浮动利率组别，它们也可以从任何其他组别中创立，其面值是 9 650 万美元。这里创造了两个组别，其组合面值是 9 650 万美元。FJF-03 展示了这个浮动利率组别和反向浮动利率组别的抵押担保债务的结构。它有 5 个组别，被指定为 A、B、FL、IFL 和 Z。FL 是浮动利率组别，IFL 是反向浮动利率组别。图表 10—10 描述了 FJF-03。创设浮动利率组别和相对应的反向浮动利率组别将用到一些参考利率。用于为 FJF-03 中的 FL 和 IFL 建立票面利率的参考利率是 1 个月 LIBOR。

浮动利率组别的面值金额将成为 9 650 万美元的一部分。9 650 万美元在浮动利率组别和反向浮动利率组别之间有无数的办法来分割，最后的划分将由投资者需求所决定。在 FJF-03结构中，我们创造的浮动利率债券为 72 375 000 美元，或者说 9 650 万美元的 75%。浮动利率债券的利率是 1 个月 LIBOR 加 50 个基点。因此，如果重新设定时的 LIBOR 是 3.75%，浮动利率组别的利率是（3.75% +0.50%），或者说 4.25%。对于浮动利率组别的

① 创造浮动利率债券组别和反向浮动利率债券组别的原理也可以被应用于包括 4 个组别、没有应计利息组别的顺序偿付结构（FJF-01）。

利率，存在一个上限（解释见后）。

不同于公司债券市场的浮动利率债券（存续期内其本金是不变的），由于本金偿还的原因，浮动利率组别的本金余额随着时间而下降。浮动利率组别本金的偿还取决于用来创设浮动利率组别的原始组别的本金偿还。在担保抵押债务结构中，这是组别 C。

浮动利率组别的面值是 9 650 万美元中的 72 375 000 美元，余下的金额是反向浮动利率组别的面值。假设 1 个月 LIBOR 是参考利率，反向浮动利率债券的票面利率公式如下：

K - L × 1 个月 LIBOR

这里 K 和 L 是常数，其含义稍后解释。

在 FJF - 03 结构中，K 被设定为 28.50%，L 为 3。因此，如果 LIBOR 是 3.75%，当月的票面利率如下：

28.50% - 3 × 3.75% = 17.25%

K 是反向浮动利率组别利率上限，也就是说是票面利率的最大值。在 FJF - 03 结构中，反向浮动利率组别的上限为 28.50%。反向浮动利率组别的利率上限的决定，是基于：（1）将被偿付给组别的利息金额，该组别就是创设浮动利率和反向浮动利率债券的组别，在我们假设的交易中是组别 C；（2）当 1 个月 LIBOR 为 0 时，浮动利率组别的票面利率。

下面将通过举例来解释 K 的决定方式。让我们看看浮动利率组别的 28.50% 是如何被决定的。如果不在浮动利率组别和反向浮动利率组别之间进行分割，总的偿付给 C 组别的利息是 9 650 万美元乘以 7.5%，即 7 237 500 美元。如果 1 个月 LIBOR 为 0，反向浮动利率组别的利息最大值就会出现。本例中，浮动利率组别的票面利率为：

1 个月 LIBOR + 0.5% = 0.5%

因为浮动利率组别收到 0.5% 的利率，本金为 72 375 000 美元，所以浮动利率组别的利息为 361 875 美元。来自于 C 组别的 7 237 500 美元的利息的其余部分，流向反向浮动利率组别。反向浮动利率组别的利息为 6 875 625 美元（7 237 500 - 361 875）。因为反向浮动利率债券的本金是 24 125 000 美元，所以反向浮动利率债券的利率上限为：

6 875 625 ÷ 24 125 000 × 100% = 28.50%

一般而言，反向浮动利率债券的利率上限的公式是：

当参考利率为 0 时，K = 反向浮动利率组别的利息 ÷ 反向浮动利率债券的本金

L，或者利率公式里的倍数（以决定反向浮动利率组别的利率），被称为“杠杆”。对于给定的 1 个月 LIBOR 的变化，该杠杆越高，反向浮动利率组别的利率的改变越大。例如，杠杆为 3，意味着 1 个月 LIBOR 的 1 个基点的变化，将改变反向浮动利率组别的票面利率 3 个基点。

与浮动利率组别案例一样，反向浮动利率组别的本金部分还款将是 C 组别依照比例分配的金额。

因为 1 个月 LIBOR 始终是正的，所以偿付给浮动利率组别的利息不可能是负数。如果没有对反向浮动利率组别的利率的限制，该利率有可能变为负数。为防止出现这种情况，必须设定反向浮动利率组别利率的下限。在大多数结构中，这个下限被设定为 0。一旦反向浮动利率组别设定了下限，浮动利率组别就有了上限。

在 FJF - 03 结构中，反向浮动利率组别利率的下限被设定为 0，导致了 10% 的浮动利率组别的上限，或者说最大值。这是按照如下所述决定的：如果反向浮动利率组别的下限为 0，这意味着反向浮动利率组别得不到任何利息。所有偿付给 C 组别的 7 237 500 美元，将被偿付给浮动利率组别。因为浮动利率组别的本金是 72 375 000 美元，所以浮动利率债券的利率上限是 7 237 500/72 375 000，或者说 10%。

一般而言，假设反向浮动利率组别的下限为0，浮动利率组别的利率上限决定如下：

$$浮动利率组别的利率上限 = \frac{担保品组别的利息}{浮动利率组别的本金}$$

对于浮动利率组别和反向浮动利率组别的利率上限，反向浮动利率组别的下限，杠杆和浮动利率组别的利差，都不是单独决定的。必须选择、设定浮动利率组别和反向浮动利率组别利息的上限或者下限，以便于加权平均利率没有超过担保品组别的利率。

10.4.4 结构化只收利息组别

可以创设CMO结构，使得一个组别只收到利息。CMO结构中的只收到利息组别，一般被称为“结构化只收利息组别”（structured IOs），以区别于抵押贷款分离IO（本章随后将进行介绍）。创设结构化IO的基本原理是设置利率低于担保品的利率，以便产生超额利息。超额利息用来创设一个或多个结构化IO。

下面用例子来说明，结构化IO是如何被创设的。迄今为止，本章使用的简单的CMO结构中，其所有组别具有相同的票面利率7.5%，担保品也是同样的7.5%。要在一个CMO结构中创设一个结构化IO，至少有一个组别的利率不同于担保品的利率。图表10—11将对FJF-04进行说明。请注意，该结构中每个组别的利率都是低于担保品的票面利率的。这意味着，这里有差额利息——从担保品来的利息没有全部偿付给各个组别。所有这些没有偿付给组别的超额利息，偿付给了被称为“剩余物”的债券组别。最终，CMO开始分配超额利息给只收利息组别。这就是FJF-04中IO组别。

请注意，对于该结构，IO组别的面值是所显示的52 566 667美元，利率为7.5%。因为是IO组别，所以没有面值。所显示的金额是用于计算利息的，而不是将要偿付给组别持有人的金额。因此，它被称为“名义金额”（notional amount）。这样的IO被称为“名义IO”（notional IO）。

图表10—11　FJF-04——5个顺序偿付的组别，包括1个应计利息组别、1个IO组别和3个普通组别

组别	面值（美元）	利率（%）
A	194 500 000	6.00
B	36 000 000	6.50
C	96 500 000	7.00
Z	73 000 000	7.25
IO	52 566 667（名义金额）	7.50
合计	400 000 000	

偿付规则：

1. 对于月利息偿付：以每个组别开始月份的已发行本金金额为基础，偿付月份的息票利息给A、B、C组别；对于Z组别，根据上月本金余额加上上月累积的利息计算应计利息。Z的利息将作为本金偿付给前面的组别。根据所有组别月初的名义金额所计算的利息金额，定期分配给IO组别。

2. 对于本金偿付：按月偿还本金给A组别，直到其清偿；当A组别被清偿，按月偿还本金给B组别，直到其清偿；当B组别被清偿，按月偿还本金给C组别，直到其清偿；当C组别被清偿，按月偿还本金给Z组别，直到原始的本金余额加上应计利息被完全清偿。

3. 没有本金被偿付给IO组别：IO组别的名义金额随着其他所有组别的本金偿还而下降。

下面说明名义金额是如何被决定的。思考组别 A，面值是 19 450 万美元，利率是 6%。因为担保品的票面利率是 7.5%，所以超额利差是 150 个基点（1.5%）。因此，一个利差为 1.5%、名义金额为 19 450 万美元的 IO 将被从 A 组别中创设出来。这相当于一个名义金额为 3 890 万美元、票面利率为 7.5% 的 IO。数学上，名义金额是如下计算的：

$$7.5\%\text{的 IO 的名义金额}=\frac{\text{原始的组别面值}\times\text{超额利差}}{0.075}$$

这里：

超额利差 = 担保品的利率 - 组别的利率

举例来说，对于 A 组别：

超额利差 = 0.075 - 0.060 = 0.015

组别的面值 = 194 500 000 美元

7.5% 的 IO 的名义金额 = 194 500 000 × 0.015 ÷ 0.075 = 38 900 000（美元）

图表 10—12 **创设一个名义 IO 组别**

组别	面值（美元）	超额利差（%）	7.5% 利率的 IO 名义金额（美元）
A	194 500 000	1.50	38 900 000
B	36 000 000	1.00	4 800 000
C	96 500 000	0.50	6 433 333
Z	73 000 000	0.25	2 433 333
7.5% 的 IO 的名义金额 = 52 566 677 美元			

类似的，从 B 组别分离了名义金额为 3 600 万美元、超额利差为 100 个基点（1%）的 IO 组别，即创造一个超额利差为 1%、名义金额为 3 600 万美元的 IO 组别，这相当于是创设了超额利差为 7.5%、名义金额为 480 万美元的 IO。图表 10—12 显示了所有的组别的情况。

10.4.5 按计划分期偿还的组别

上面所介绍的 CMO 结构吸引了大量的机构投资者，它们以前或者避免投资于抵押贷款支持证券，或者仅仅分配它们的投资组合的很微不足道的资金在抵押贷款支持证券上。当一些传统的公司债券买家调整资金分配投资到 CMO 上时，机构投资者中的大多数仍然不敢大量投资它们所担心的会存在重大提前偿付风险的工具。尽管创新的设计已大大降低了提前偿付风险，但是人们仍然担心这种基于平均有效期限显著变动的风险。

1987 年，市场上出现了几种结构化产品，其共同特征为：如果提前偿付率在整个担保品存续期限保持在一个特定区间内，现金流量模式就可以提前预测。这些债券组别，现在被称为“按计划分期偿还的债券组别”（planned amortization class（PAC）bonds）具有很高的预测性，是因为它必须符合一个本金偿还安排表。在 CMO 结构中，PAC 债券持有人比其他所有组别拥有优先得到从担保品来的现金流量的权利。对于 PAC 债券组别，现金流量更大的确定性来自于非 PAC 债券组别的费用（它们被称为“支持组别”（support tranches）或者“伙伴组别”（companion tranches））。吸收提前偿付风险的是这些组别。因为 PAC 组别已经免遭缩期风险和延期风险，它们被称为提供了“双向提前偿付保护”（two - sided prepayment protection）。

为说明如何创设一个 PAC 债券组别，下面将使用担保品 40 000 万美元，利率 7.5%，加权平均利率 8.125%，加权平均存续期限 357 个月。这个创设需要设定两个 PAC 的提前偿付率：“假设的 PAC 提前偿付率下限”和“假设的 PAC 提前偿付率上限”。本例中，假设的 PAC 提前偿付率下限是 90 PSA，假设的 PAC 提前偿付率上限是 300 PSA。问题是：如何选择假设的 PAC 提前偿付率下限或者是上限？这些由市场状况所决定。这里假设，它们如何决定是不重要的。假设的 PAC 提前偿付率下限或者是上限，被称为“初始 PAC 双限”（initial PAC collar）或者“初始 PAC 带”（initial PAC band）。本例中，初始 PAC 双限是 90 PSA—300PSA。

图表 10—13　40 000 万美元本金、7.5% 的利息的转手债券的月本金偿付

（8.125% 的 WAC 和 357 个月 WAM，提前偿付率为 90 PSA—300 PSA）　单位：美元

月份	90 PSA	300 PSA	给 PAC 投资者的最小本金偿付——PAC 安排
1	508 169	1 075 931	508 169
2	569 843	1 279 412	569 843
3	631 377	1 482 194	631 377
4	692 741	1 683 966	692 741
5	753 909	1 884 414	753 909
6	814 850	2 083 227	814 850
7	875 536	2 280 092	875 536
8	935 940	2 474 700	935 940
9	996 032	2 666 744	996 032
10	1 055 784	2 855 920	1 055 784
11	1 115 170	3 041 927	1 115 170
12	1 174 160	3 224 472	1 174 160
13	1 232 727	3 403 265	1 232 727
14	1 290 844	3 578 023	1 290 844
15	1 348 484	3 748 472	1 348 484
16	1 405 620	3 914 344	1 405 620
17	1 462 225	4 075 381	1 462 225
18	1 518 274	4 231 334	1 518 274
101	1 458 719	1 510 072	1 458 719
102	1 452 725	1 484 126	1 452 725
103	1 446 761	1 458 618	1 446 761
104	1 440 825	1 433 539	1 433 539
105	1 434 919	1 408 883	1 408 883
211	949 482	213 309	213 309
212	946 033	209 409	209 409
213	942 601	205 577	205 577

续图表

月份	90 PSA	300 PSA	给 PAC 投资者的最小本金偿付——PAC 安排
346	618 684	13 269	13 269
347	617 071	12 944	12 944
348	615 468	12 626	12 626
349	613 875	12 314	3 432
350	612 292	12 008	0
351	610 719	11 708	0
352	609 156	11 414	0
353	607 603	11 126	0
354	606 060	10 843	0
355	604 527	10 567	0
356	603 003	10 295	0
357	601 489	10 029	0

图表 10—13 的第 2 列显示了所选月份在提前偿付率是 90 PSA 下的本金偿付（包括计划的本金偿付和提前偿付），第 3 列显示了所选月份在提前偿付率为 300 PSA 下的本金偿付。

图表 10—13 的最后一栏给出了当担保品提前偿付率在 90 PSA 或者 300 PSA 时第 1—349 个月的最小本金偿付（如果提前偿付率介于 90 PSA 和 300 PSA 之间，在第 349 个月后，未归还的本金余额将被清偿）。例如，在开始的第 1 个月，如果担保品的提前偿付率在 90 PSA，则应偿付的本金是 508 169 美元；如果担保品的提前偿付率在 300 PSA，则应偿付的本金是 1 075 931 美元。因此，如图表 10—13 的最后一栏所报告的，最小的本金偿付应是 508 169 美元。在第 103 个月，如果担保品的提前偿付率在 90 PSA，最小的本金偿付为 1 446 761 美元；如果提前偿付率在 300 PSA，最小的本金偿付为 1 433 539 美元。然而在第 104 个月，提前偿付率在 300 PSA，将产生 1 433 539 美元，该金额低于 90 PSA 时的 1 440 825 美元。因此，1 433 539 美元在图表 10—13 的最后一栏报告。从第 104 个月开始，最小本金偿付是假设提前偿付率为 300 PSA 的那个数字。

事实上，如果担保品在其期限内是保持 90 PSA 和 300 PSA 之间的一个提前偿付速度，最小本金偿付将是图表 10—13 的最后一栏所报告的数字。例如，如果假设本金偿付的提前偿付速度是 200 PSA，那么在第 1—103 个月，最小本金偿付是根据 90 PSA 产生的，但是从第 104 月开始，最小本金偿付是根据 300 PSA 产生的。

担保品的特征允许 PAC 组别的创设，在其期限内假设担保品提前偿付是保持 90 PSA 和 300 PSA 之间的一个速度。按照本金偿还表，PAC 组别的债券持有人将在该 CMO 结构的所有其他组别之前得到本金偿付。月本金偿还安排在图表 10—13 的最后一栏，它显示了最小本金偿付。每个月的最小本金偿付是 PAC 组别投资者的本金偿还安排表（也就是按计划摊销安排）。当不能保证抵押贷款在其期限内按照两个速度之间的恒定速度偿还，一个 PAC 组别将被结构化，以确保其可以。

图表10—14 显示了一个 CMO 结构——FJF－05，40 000 万美元，其抵押转手债券利率为7.5%，加权平均利率为8.125%，357 个月的加权平均期限。该结构只有两个组别：一个7.5%票面利率、面值24 380 万美元、假设90 PSA—300 PSA 的 PAC 组别；一个面值15 620 万美元的支持组别。

图表10—14　　FJF－05——包括一个 PAC 组别和一个支持组别的 CMO 结构

组别	面值（美元）	票面利率（%）
PAC	243 800 000	7.5
支持	156 200 000	7.5
合计	400 000 000	

偿付规则：

1. 对于月利息偿付：以每个组别月初未偿付的本金余额为基础，偿付月度的利息给每个组别。

2. 对于本金偿付：根据其本金偿还安排表，分配本金偿付给PAC 组别；PAC 组别优先获得本金偿付，以符合本金偿还表的计划。一些在当月超过必须要偿付给PAC 组别的超额本金偿付被偿付给支持组别。当支持组别被完全清偿，所有的本金偿付将会根据顺序偿付给PAC 组别，而不需要符合本金偿还表的计划。

图表10—15 反映了在假设的不同实际偿付速度下，FJF－05 中 PAC 组别和支持组别的平均期限。请注意：在90 PSA 和300 PSA 之间，PAC 组别的平均期限是稳定的7.26 年。然而，当提前偿付速度更快或者更慢时，计划偿付表就不一样了，平均期限改变，当提前偿付率低于90 PSA 时平均期限延长，当提前偿付率高于300 PSA 时平均期限缩短。这样，支持组别的平均期限有更大的变化性。

图表10—15　　不同提前偿付率下 FJF－05 中 PAC 组别和支持组别的平均期限　　单位：年

提前偿付率（PSA）	PAC 组别（P）	支持组别（S）
0	15.97	27.26
50	9.44	24.00
90	7.26	20.06
100	7.26	18.56
150	7.26	12.57
165	7.26	11.16
200	7.26	8.38
250	7.26	5.37
300	7.26	3.13
350	6.56	2.51
400	5.92	2.17
450	5.38	1.94
500	4.93	1.77
700	3.70	1.37

图表 10—16　　FJF－06——包括 6 个 PAC 组别和 1 个支持组别的 CMO 结构

组别	面值（美元）	利率（%）
P－A	85 000 000	7.5
P－B	8 000 000	7.5
P－C	35 000 000	7.5
P－D	45 000 000	7.5
P－E	40 000 000	7.5
P－F	30 800 000	7.5
S	156 200 000	7.5
合计	400 000 000	

偿付规则：

1. 对于月利息偿付：以每个组别月初未偿付的本金余额为基础，偿付月度的利息给每个组别。

2. 对于本金偿付：根据其本金偿还计划表，分配本金偿付给P－A 到P－F 的组别；P－A 组别优先获得本金偿付，以符合本金偿还表的计划。一些在当月超过必须要偿付给P－A 组别的超额本金偿付，被偿付给支持组别。一旦P－A 组别被清偿，P－B 组别优先，然后P－C 组别优先，等等。当支持组别被完全清偿，所有的本金偿付将会给保留下来的PAC 组别，而不需要符合本金偿还表的计划。

1. 创设一系列 PAC 组别

大多数 CMO PAC 结构有超过一个等级的 PAC 组别。图表 10—16 说明了一个 6 个 PAC 组别的顺序（也就是 PAC 组别清偿按照本金安排表的顺利清偿），被称为 FJF－06。6 个 PAC 组别总的面值为 24 380 万美元，这是 FJF－05 中一个 PAC 组别的金额。图表 10—17 列示了所选月份的每个 PAC 组别的偿还本金安排。

图表 10—17　　FJF－06 在 165 PSA 提前偿付率下，所选择月份的抵押贷款余额　　单位：美元

月份	组别						
	A	B	C	D	E	F	支持组别
1	85 000 000	8 000 000	35 000 000	45 000 000	40 000 000	30 800 000	156 200 000
2	84 491 830	8 000 000	35 000 000	45 000 000	40 000 000	30 800 000	155 998 246
3	83 921 987	8 000 000	35 000 000	45 000 000	40 000 000	30 800 000	155 746 193
4	83 290 609	8 000 000	35 000 000	45 000 000	40 000 000	30 800 000	155 444 011
5	82 597 868	8 000 000	35 000 000	45 000 000	40 000 000	30 800 000	155 091 931
6	81 843 958	8 000 000	35 000 000	45 000 000	40 000 000	30 800 000	154 069 254
7	81 029 108	8 000 000	35 000 000	45 000 000	40 000 000	30 800 000	154 239 345
8	80 153 572	8 000 000	35 000 000	45 000 000	40 000 000	30 800 000	153 739 635
9	79 217 631	8 000 000	35 000 000	45 000 000	40 000 000	30 800 000	153 191 621
10	78 221 599	8 000 000	35 000 000	45 000 000	40 000 000	30 800 000	152 595 864
11	77 165 814	8 000 000	35 000 000	45 000 000	40 000 000	30 800 000	151 952 989
12	76 050 644	8 000 000	35 000 000	45 000 000	40 000 000	30 800 000	151 263 687
13	74 876 484	8 000 000	35 000 000	45 000 000	40 000 000	30 800 000	150 528 708

续图表

月份	组别						
	A	B	C	D	E	F	支持组别
52	5 170 458	8 000 000	35 000 000	45 000 000	40 000 000	30 800 000	109 392 664
53	3 379 318	8 000 000	35 000 000	45 000 000	40 000 000	30 800 000	108 552 721
54	1 595 779	8 000 000	35 000 000	45 000 000	40 000 000	30 800 000	107 728 453
55	0	7 819 804	35 000 000	45 000 000	40 000 000	30 800 000	106 919 692
56	0	6 051 358	35 000 000	45 000 000	40 000 000	30 800 000	106 126 275
57	0	4 290 403	35 000 000	45 000 000	40 000 000	30 800 000	105 348 040
58	0	2 536 904	35 000 000	45 000 000	40 000 000	30 800 000	104 584 824
59	0	790 826	35 000 000	45 000 000	40 000 000	30 800 000	103 836 469
60	0	0	34 052 132	45 000 000	40 000 000	30 800 000	103 102 817
61	0	0	32 320 787	45 000 000	40 000 000	30 800 000	102 383 711
62	0	0	30 596 765	45 000 000	40 000 000	30 800 000	101 678 995
78	0	0	2 373 713	45 000 000	40 000 000	30 800 000	92 239 836
79	0	0	775 460	45 000 000	40 000 000	30 800 000	91 757 440
80	0	0	0	44 183 878	40 000 000	30 800 000	91 268 887
81	0	0	0	42 598 936	40 000 000	30 800 000	90 828 046
82	0	0	0	41 020 901	40 000 000	30 800 000	90 380 792
83	0	0	0	3 758 505	40 000 000	30 800 000	89 944 542
108	0	0	0	1 106 780	40 000 000	30 800 000	82 288 542
109	0	0	0	0	40 000 000	30 800 000	82 030 119
110	0	0	0	0	40 000 000	30 800 000	81 762 929
111	0	0	0	0	39 815 082	30 800 000	81 487 234
112	0	0	0	0	38 545 648	30 800 000	81 203 294
113	0	0	0	0	37 298 104	30 800 000	80 911 362
153	0	0	0	0	1 715 140	30 800 000	65 030 732
154	0	0	0	0	1 107 570	30 800 000	64 575 431
155	0	0	0	0	510 672	30 800 000	64 119 075
156	0	0	0	0	0	30 724 266	63 661 761
157	0	0	0	0	0	30 148 172	63 203 587
158	0	0	0	0	0	29 582 311	62 744 644

续图表

月份	组别						
	A	B	C	D	E	F	支持组别
347	0	0	0	0	0	29 003	1 697 536
348	0	0	0	0	0	16 058	1 545 142
349	0	0	0	0	0	3 432	1 394 152
350	0	0	0	0	0	0	1 235 674
351	0	0	0	0	0	0	1 075 454
352	0	0	0	0	0	0	916 910
353	0	0	0	0	0	0	760 026
354	0	0	0	0	0	0	604 786
355	0	0	0	0	0	0	451 182
356	0	0	0	0	0	0	299 191
357	0	0	0	0	0	0	148 801

图表 10—18 显示了 FJF－06 中 6 个 PAC 组别和支持组别，在不同提前偿付率下的平均期限。对于 FJF－05 中平均期限为 7.26 年的 PAC 债券组别，如果提前偿付率保持在 90 PSA 和 300 PSA 之间，创设 6 个组别，其平均期限最短的是 2.58 年（P－A 组别），最长的是 16.92 年（P－F 组别）。

正如所预料的，如果提前偿付率在 90 PSA 和 300 PSA 之间，平均期限是稳定的。请注意：即使提前偿付率在 90 PSA 和 300 PSA 范围之外，对于几个组别平均期限仍然是稳定的。例如，PAC 的 P－A 组别平均期限是稳定的，即使提前偿付率高达 400 PSA。对于 PAC 的 P－B 组别，当提前偿付在初始双限里时平均期限是不变的，直到提前偿付率超过 350 PSA。为什么 PAC 的期限越短，对于更快提前偿付的保护越大？

图表 10—18　**不同提前偿付率下 FJF－06 中 6 个 PAC 组别的平均期限**　单位：年

提前偿付率（PSA）	PAC 债券组别					
	P－A	P－B	P－C	P－D	P－E	P－F
0	8.46	14.61	14.49	19.41	21.91	23.76
50	3.58	6.82	8.36	11.30	14.50	18.20
90	2.58	4.72	5.78	7.89	10.83	16.92
100	2.58	4.72	5.78	7.89	10.83	16.92
150	2.58	4.72	5.78	7.89	10.83	16.92
165	2.58	4.72	5.78	7.89	10.83	16.92
200	2.58	4.72	5.78	7.89	10.83	16.92
250	2.58	4.72	5.78	7.89	10.83	16.92
300	2.58	4.72	5.78	7.89	10.83	16.92
350	2.58	4.72	5.44	6.95	9.24	14.91
400	2.57	4.37	4.91	6.17	8.33	13.21
450	2.50	3.97	4.44	5.56	7.45	11.81
500	2.40	3.65	4.07	5.06	6.74	10.65
700	2.06	2.82	3.10	3.75	4.88	7.51

为理解该现象，记住这里有 15 620 万美元的支持组别，它保护了 8 500 万美元的 PAC 的 P – A 组别。因此，即使提前偿付快得超过初始双限，这里也有充足的支持组别来确保本金的按计划偿付。事实上，可以从图表 10—18 看出，即使提前偿付率在担保品的期限内达到了 400 PSA，平均期限也没有改变。

现在思考 PAC 的 P – B 组别。支持组别提供了 8 500 万美元的保护给 PAC 的 P – A 组别，9 300 万美元的保护给 PAC 的 P – B 组别。如在图表 10—18 中所看到的，提前偿付率达到 350 PSA，平均期限仍然没有变化。通过图表 10—18 可以看到，PAC 组别平均期限越短，针对延期风险的保护越高。因此，当初始双限是 90 PSA—300 PSA 时，平均期限较短的 PAC 组别的有效双限（effective collar）更宽。

2. PAC 窗口

期望的本金得到偿付的时间长度叫做窗口。对于 PAC 组别，该窗口被称为"PAC 窗口"（PAC window）。一个 PAC 窗口可大可小。一个 PAC 窗口越小，其越是类似于一次还本付息的公司债券。例如，如果 PAC 组别只有一次本金偿付（最窄的窗口）在第 120 个月，以及利息偿付最迟到第 120 个月，这个 PAC 组别就类似于一个 10 年期（120 个月）的公司债券。

尽管一个准确匹配它们债务的窗口对于面对已安排好的债务表的机构投资者来讲更好，但是 PAC 的购买者还是更加倾向于一个较窄的窗口。投资者的需求，引导交易商创设 PAC 窗口。投资者的需求，反过来由投资者债务性质来决定。

3. 有效双限和实际提前偿付

创设一个抵押贷款支持证券，不能让提前偿付风险消失。不管是对抵押转手债券还是 CMO，都是这样的。因此，PAC 所提供给投资者提前偿付风险（缩期风险和延期风险）的减少，必须以其他地方增加风险为代价。

提前偿付保护来自何处？它来自支持组别。如果担保品的提前偿付比较缓慢，正是支持组别减缓了 PAC 组别的本金偿付；支持组别得不到任何本金偿付，直到 PAC 组别得到计划的本金偿付。这减少了 PAC 组别的延期风险。类似的，正是支持组别吸收了一些超出 PAC 组别的计划本金偿付的款项。这减少了 PAC 组别的缩期风险。因此，提供给 PAC 组别的提前偿付保护的关键是未偿付的支持组别的余额。如果由于速度过快超过期望的提前偿付，支持组别很快就被清偿，随后就不再给 PAC 更多的保护。事实上，在 FJF – 06 中，如果支持组别被完全清偿，该结构实际上变更为顺序偿付的 CMO。

支持组别可以被认为是 PAC 债券持有人的贴身保镖。当子弹飞起来（也就是提前偿付发生），它就是那个首先被杀死的贴身保镖。这里贴身保镖是承受子弹的。一旦所有的贴身保镖被杀死（也就是在很快的超过期望的提前偿付率下，支持组别被完全清偿），PAC 组别必须自己闪避：它们暴露在所有的子弹面前。所有支持组别被完全清偿的 PAC 组别，被称为"失败的 PAC"（busted PAC）或者"不良 PAC"（broken PAC）。

记住对于支持组别贴身保镖的暗喻，请思考由 PAC 组别的投资者提出的两个问题：

（1）如果提前偿付率快于初始上限，计划的本金偿还是否能按计划实行？

（2）只要提前偿付率保持在初始双限内，计划的本金偿还是否能按计划实行？

首先看第 1 个问题，实际的提前偿付高于初始上限。FJF – 06 的初始上限是 300 PSA。假设连续 7 个月实际提前偿付是 500 PSA。这是否会使本金偿还计划表改变？答案是：不一定！

问题的回答分为两部分。首先，500 PSA 什么时间发生？其次，在提前偿付率达到500 PSA 前,实际的提前偿付率是多少？例如，假设从现在起的 6 年后提前偿付达到 500 PSA，也假设此前的 6 年实际提前偿付为每月 90 PSA。这意味着，当 PAC 按照初始双限被结构化时，贴身保镖（也就是支持组别）的数量超过期望的数量。在建立本金偿还计划表时，将假设：在 300 PSA 时贴身保镖被杀光（回想一下，300 PSA 是创设 FJF－06 时假设的提前偿付率上限）。但是实际的提前偿付经历，导致只有一部分在 90 PSA 时就被杀光。因此，从现在起的第 6 年，当提前偿付率达到 500 PSA 时，那里有更多的超过期望的贴身保镖。按照顺序，对于 7 个连续月份的 500 PSA，对其符合本金偿还计划表的能力没有影响。

相反，假设实际的提前偿付对于开始的 6 年是 300 PSA（初始双限的上限）。本例中，这里没有额外的贴身保镖。结果，一些提前偿付率超过 300 PSA，比如我们例子中的500 PSA,就有可能危及本金偿还的计划，提高缩期风险。这并不意味着，计划表将失败——当支持组别被完全清偿，CMO 市场中使用的术语。它意味的是，提前偿付保护减少了。

这些例子说明：在为已经创建的 PAC 组别评估提前偿付保护时，初始双限不是非常有用。理解这些是很重要的：CMO 的购买者经常要在不同的 CMO 结构中比较 PAC 组别的提前偿付保护程度，较宽初始双限的组别能提供更大的保护。这种观点是不准确的，因为实际的提前偿付率变化过程决定提前支付的保护等级，同样决定担保品的未来提前偿付行为。

确定保护程度的方法是对于一个已经创建的 PAC 债券组别计算有效双限（effective collar）。对于一个已经创建的 PAC 组别而言，有效双限是能实现本金偿还计划表的 PSA 最高值和最低值。例如，思考两个 CMO 结构中的两个已经创建的 PAC 组别，这两个已经创建的 PAC 组别有相同的平均期限，剩余的担保品（也就是在抵押贷款集合中剩余的抵押贷款）的提前偿付特征是类似的。有关信息如下：

	PAC 组别 X	PAC 组别 Y
初始 PAC 双限	180 PSA—350 PSA	170 PSA—410 PSA
有效 PAC 双限	160 PSA—450 PSA	240 PSA—300 PSA

请注意：在发行时，相比于 PAC 组别 X，PAC 组别 Y 提供了更大的提前偿付保护，因为它有更宽的初始 PAC 双限。然而，对于现在考虑购买这两种 PAC 组别中的哪一种而言，发行时的提前偿付保护是不相关的。虽然 PAC 组别 Y 在发行时相比于 PAC 组别 X 有更大的提前偿付保护，但组别 Y 有效 PAC 双限比组别 X 更窄，即更少的提前偿付保护。

有效双限每个月都在变化。实际的提前偿付率低于初始 PAC 双限的上限的时期，将导致实际 PAC 双限的上限的上升。这是因为将比预期有更多支持组别在提供保护。提前偿付率慢于初始 PAC 的下限，将提高实际 PAC 的下限。因为这将需要更快的提前偿付率来弥补计划的本金偿还的缺口。

接着看第 2 个问题。PAC 组别可能不能按计划偿付，即使实际的提前偿付率从未滑落到初始双限外面。这看起来令人惊讶，因为先前的分析指出，不论提前偿付是否在初始双限内，平均期限都不会改变。然而，回想一下，先前所有的分析对于结构化产品的整个期限都是单一 PSA 速度。

下表显示，对于 FJF－05，如果开始的 24 个月提前偿付率是 300 PSA，而该结构的剩余期限的提前偿付率变化，其有效双限额情况。

从第 2 年开始的 PSA	平均期限（年）
95	6.43
105	6.11
115	6.01
120	6.00
125	6.00
300	6.00
305	6.52

请注意：如果对于后续月份提前偿付率在 115 PSA 和 300 PSA 之间，平均期限为 6 年不变。也就是说，有效双限不再是初始双限。取代的是，下限已经升高。这意味着从第 2 年开始将获得 115 PSA—300 PSA 的保护，这要窄于初始双限（90 PSA—300 PSA），即使之前的提前偿付率没有超过初始上限。

10.4.6 支持组别

支持组别是为 PAC 组别提供提前偿付保护的债券。支持组别把投资者暴露在最高水平的提前偿付风险下。所以，投资者必须十分小心地评价支持组别的现金流量特征，以减少因为提前偿付风险而导致的投资组合不利的可能性。

支持组别通常被分割为不同组别。我们可以创造之前讨论的所有组别，包括顺序偿付支持组别、浮动利率组别和反向浮动利率组别，以及应计利息累计支持组别。

部分支持组别能被创设成带有本金偿还计划表的支持组别。也就是说，支持组别也可以是 PAC 组别。在一个包括 1 个 PAC 组别和 1 个附有本金偿付 PAC 的支持组别的结构中，前者被称为“PAC Ⅰ组别”（PAC I tranche）或者“第一层次组别”（Level I PAC tranche），后者被称为“PAC Ⅱ组别”（PAC II tranche）或者“第二层次组别”（Level II PAC tranche）或者“计划的组别”（scheduled tranche）（在发行计划书中用 SCH 表示）。虽然 PAC Ⅱ组别比不带有本金偿还计划表的支持组别有更大的提前偿付保护，但其提前偿付保护低于 PAC Ⅰ组别。

不带有本金偿还计划表的支持组别能被用于创设任何类型的组别。事实上，一部分非 PAC Ⅱ组别也会有一个本金偿还安排表。这种组别被称为“PAC Ⅲ组别”（PAC III tranche）或者“第三层次组别”（Level III PAC tranche）。它为 PAC Ⅰ组别和 PAC Ⅱ组别提供提前偿付保护，因此有相当大的提前偿付风险。但 PAC Ⅲ组别比没有本金偿还计划表的支持组别有更高的提前偿付保护。

10.4.7 实际的 CMO 结构

为了演示不同类型组别的特征，本章已经展示了一些假设的 CMO 结构。现在来看看一个实际的 CMO 结构，第 12 章将更加深入地研究此例，讨论如何分析 CMO 交易。

下面将讨论的 CMO 结构，是房地美（Freddie Mae）于 1994 年早期发行的房地美 1706 系列。该结构的担保品是房地美 7% 票面利率的转手债券。图表 10—19 显示了交易的概况。

图表10—19 **房地美——多等级抵押参与证书（保证），1706系列**

总发行额：300 000 000美元 原始结算日：1994/3/30

发行日：1994/2/18

组别	初始余额（美元）	利率（%）	平均期限（年）
A（PAC债券）	24 600 000	4.50	1.3
B（PAC债券）	11 100 000	5.00	2.5
C（PAC债券）	25 500 000	5.25	3.5
D（PAC债券）	9 150 000	5.65	4.5
E（PAC债券）	31 650 000	6.00	5.8
G（PAC债券）	30 750 000	6.25	7.9
H（PAC债券）	27 450 000	6.50	10.9
J（PAC债券）	5 220 000	6.50	14.4
K（PAC债券）	7 612 000	7.00	18.4
LA（SCH债券）	26 673 000	7.00	3.5
LB（SCH债券）	36 087 000	7.00	3.5
M（SCH债券）	18 738 000	7.00	11.2
O（TAC债券）	13 348 000	7.00	2.5
OA（TAC债券）	3 600 000	7.00	7.2
IA（IO，PAC债券）	30 246 000	7.00	7.1
PF（FLTR，支持债券）	21 016 000	6.75*	17.5
PS（INF FLTR，支持债券）	7 506 000	7.70*	17.5

*发行时的票面利率。

结构化产品的特征：

现金流量分配：从A级债券的第1个本金偿付日开始，本金（等于发行计划书中的指定金额）将被用于偿付A、B、C、D、E、G、H、J、K、LB、M、O、OA、PF和PS债券。在这些等级债券被偿还后，一些剩余的本金将被用于偿还O、OA、LA、LB、M、A、B、C、D、G、H、J和K级债券。IA等级债券的名义本金将随着PAC债券偿清而逐渐减少。

其他：对于A—K债券，提前偿付率的范围是95 PSA—300 PSA，对于LA、LB和M债券，提前偿付率的范围190 PSA—250 PSA，对于O和OA债券，提前偿付率是225 PSA。

该结构有17个组别：10个PAC组别，3个计划的组别，1个浮动利率支持组别，1个反向浮动利率支持组别①，还有2个“TAC”支持组别。下面将解释TAC组别。

我们已经知道PAC组别是什么。这里有10个PAC组别：A、B、C、D、E、F、G、H、

① 实际上这里有2个其他组别，R和RS，被称为“剩余物”。这些组别不在本章介绍。它们接收在所有的组别支付后剩余的一些超额现金流量。“剩余物”实际上是交易的权益部分。

J、K 和 IA。用于创设 PAC 组别的初始双限是 95 PSA—300 PSA。除了 IA 组别外，其他 PAC 组别是简单地按照顺序清偿的 PAC 组别。IA 组别被结构化，以便于不分配给其他 PAC 组别的担保品的利息，被分配给 IO 组别。这是一个名义 IO 组别，本章前面描述过它是如何创设的。在这个交易中，利息被分离的组别是 PAC 组别。因此，IA 组别被称为“PAC IO”（假设本例中，A 组别和 B 组别已经清偿了所有的本金）。

对于 PAC 组别的提前偿付保护是由支持组别所提供的。本交易中的支持组别是 LA、LB、M、O、OA、PF 和 PS 组别。请注意：支持组别有不同的划分方法。首先，这里有计划的组别（SCH），还有在本章之前所称的 PAC Ⅱ 组别。计划的组别是 LA、LB 和 M。用于创设计划的组别的初始双限是 190 PSA—250 PSA。

这里有两个设计的支持组别，以便于它们能被创设成带有一个针对缩期风险（但是没有针对延期风险）而提供保护的计划表。本章不讨论这些组别。它们被称为“目标分期偿还债券”（target amortization class tranches，TAC）组别。支持组别 O 和 OA 是 TAC 组别。本金偿付计划表只用一个提前偿付率创设。在该结构化产品中，该提前偿付速度是 225 PSA。

最后，不带有计划表的支持组别（该组别必须为计划的债券和 PAC 组别提供支持），被分割为两个组别——一个浮动利率组别（PF 组别）和一个反向浮动利率组别（PS 组别）。在该结构中，浮动利率和反向浮动利率组别的创设来自一个支持组别。

迄今已经介绍了所有的这些组别是什么，下一步是当利率变动时，逐个分析它们的相关价值以及价格易变性特征。这是第 12 章的任务。

10.5 分离的抵押贷款支持证券

在一个 CMO 中有多种债券等级（组别），并有利息和本金的分配规则。有些抵押贷款支持证券只存在两个债券等级，其本息的分配规则很简单：一个债券等级接收所有的本金，另一个债券等级接收所有的利息。这种抵押贷款支持证券被称为“分离的抵押贷款支持证券”（stripped mortgage-backed security）。接受所有本金的债券等级被称为“只收本金组别”（principal-only class）或者 PO 组别（PO class）。接受所有利息的债券等级被称为“只收利息组别”（interest-only class）或者 IO 组别（IO class）。这些债券也被称为“抵押分离”（mortgage strips）。PO 组别被称为“只收本金的抵押分离”（principal-only mortgage strips），IO 组别被称为“只收利息的抵押分离”（interest-only mortgage strips）。

前面已经介绍了只收利息类型的抵押贷款支持证券：结构化的 IO。这是在 CMO 结构中创设的产品。结构化的 IO 是从超额利息（也就是担保品收到的利息和偿付给债券组别的利息之间的差额）中创设的。在 CMO 结构中，没有对应的 PO 组别产品。在一个分离的抵押贷款支持证券中，IO 组别通过将所有利息偿付给该组别的简单专门方法来创设。

10.5.1 只收本金的分离债券

只收本金的分离债券（PO 分离债券），以一个低于面值的折扣价出售。投资者实现的回报，依赖于提前偿付的速度。提前偿付越快，投资者的回报越高。例如，假设 30 年期抵押贷款支持证券组合的面值是 40 000 万美元，该抵押贷款支持证券组合的市场价值也是 40 000万美元。进一步假设，PO 分离债券的市场价值是 17 500 万美元。从该投资品得到的回报是两者的差额：在 40 000 万美元的面值（将被偿还给只收本金的分离债券的投资者）

和投资者支付的17 500万美元之间的差额。因此，投资回报是22 500万美元。

因为没有利息（利息将被偿付给只收利息的分离证券），投资者回报是由他（或者她）收到该22 500万美元的速度唯一决定的。在这个例子中，如果所有基础抵押贷款支持证券组合的住宅业主决定立即提前偿还他们的抵押贷款，PO投资者将立即实现22 500万美元。在另一种极端的情况下，如果所有的住宅业主决定保留他们的贷款30年，没有提前偿还，该22 500万美元将被分割为30年，这将导致PO投资者的回报更低。

接下来看看如何预测PO分离债券价格的改变（正如市场上抵押利率的变化一样）。当抵押利率下降到低于合同利率时，提前偿付将会加速，加速偿付给PO分离债券投资者，因此，PO现金流入量提前（更早收到偿还的本金）。现金流量将被以更低的利率折现，因为市场上的抵押利率已经下降。其结果是，当抵押利率下降时PO分离债券价格将上升。当抵押利率上升到高于合同利率时，提前偿付率将减缓，现金流入量推后（收到偿还的本金需要花费更多的时间）。由于折现率更高，当抵押利率上升时PO价格将下降。

图表10—20显示了当利率变化时只收本金的分离债券的价格，并与创设它们的基础抵押转手债券的比较，以及两者之间的一般关系。

图表10—20　**抵押转手债券、PO组别、IO组别的价格和抵押利率的关系**

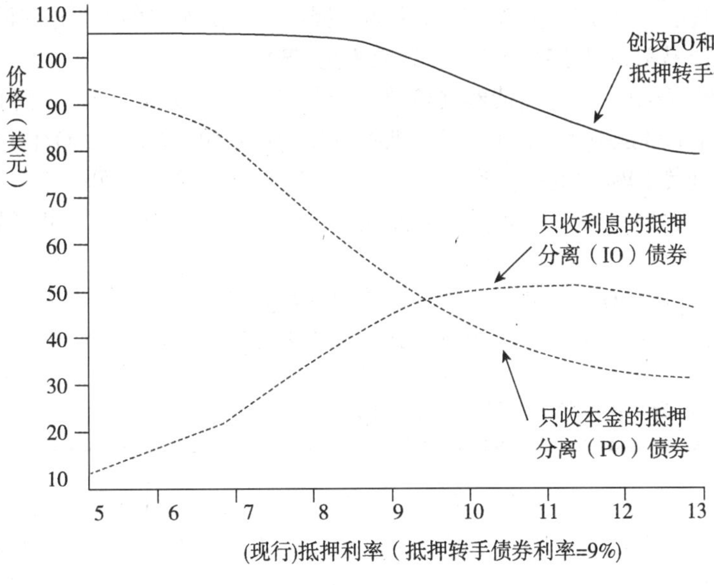

10.5.2 只收利息分离债券

一个只收利息分离债券（IO分离债券）没有面值。与PO投资者相反，IO投资者希望提前偿付变慢。原因是IO投资者收到的利息仅仅是来自于尚未偿还的本金金额。当提前偿付发生时，尚未偿还的本金下降，则收到更少的利息。事实上，如果提前偿付得太快，IO投资者将不能收回已经为IO支付的投资，即使它被持有至到期。

接下来看看对于抵押利率的变化，IO分离债券价格的反应。如果抵押利率下降低于合同利率时，提前偿付加速。这将导致IO分离债券预期现金流量的不利变化。此时现金流量以更低的利率折现，但二者的净效应通常是IO分离债券价格下降。如果抵押利率上升高于合同利率时，预期的现金流量增加，但是现金流量将以更高的利率折现。净效应是IO价格要么上升要么下降。

因此，IO 分离债券有一个有趣的特征：当抵押利率下降至低于合同利率时或者抵押利率高于合同利率的一定范围，它的价格变动与抵押利率的变化同向。当抵押利率变化时，PO 和 IO 展示了更大的价格波动性。PO 和 IO 由抵押转手债券所设立，但是 PO 和 IO 却具有更大的价格波动性，这是因为 PO 和 IO 合并的价格波动性必须等于抵押转手债券的价格波动性的事实。

图表 10—20 显示了当利率变化时 IO 分离债券的价格和与之对应的 PO 分离债券的关系，以及与创设它们的基础抵押转手债券之间的关系。

基于提前偿付假设，PO 分离债券的平均期限能被计算出来。然而 IO 分离债券得不到本金偿付，因此从技术上说平均期限是计算不出来的。替代方案是，使用平均期限公式时，以计划利息偿付来替代本金，计算出 IO 分离债券的现金流量的平均期限（cash flow average life）。

10.5.3 交易和清算流程

分离的抵押贷款支持证券的交易和清算流程，类似于公共证券协会为机构抵押转手债券（10.3 节中所描述的）建立的流程。IO 分离债券和 PO 分离债券是极端的溢价和折价证券，它们对提前偿付非常敏感，而提前偿付又是由基础贷款的特征（加权平均利率、加权平均期限、地域集中程度、平均贷款规模）所决定的。因此，几乎所有的 PO 分离债券和 IO 分离债券的二级市场交易都是基于特定的组合，而不是 TBA。

所有的 PO 分离债券和 IO 分离债券被给予一个信托编号。举例来说，房利美（Fannie Mae）的房利美信托 1 号是一个由房利美 9% 抵押贷款的特定组合支持的 IO/PO 信托。房利美信托 2 号是由房利美 10% 的抵押贷款所支持的。房利美信托 23 号是另一个由房利美 10% 的抵押贷款支持的 IO/PO 信托。因此，一个投资组合经理必须说明他或她将要购买的信托编号。

除了没有应计利息，PO 交易总收益的计算方法与抵押转手债券交易的计算方法完全一致。市场交易的 IO 分离债券基于名义本金。其出售收入包括售价和应计利息。

10.6 非机构住宅抵押贷款支持证券

在前面章节，我们介绍了机构住宅抵押贷款支持证券，其基础抵押贷款是 1 到 4 个单户家庭住宅抵押贷款。抵押贷款支持证券市场还包括其他类型的债券。这些债券被称为“非机构抵押贷款支持证券”（nonagency mortgage-backed securities）（下文称为“非机构债券”（nonagency securities））。

非机构债券的基础抵押贷款可以是针对任何类型的房地产产权的贷款。由 1 到 4 个单户家庭住宅抵押贷款支持的债券，被抵押产权上带有第一留置权（也就是贷款人有第一优先权或者首位求偿权）。此外，还有其他类型的单户家庭住宅贷款支持的非机构债券，包括住宅权益贷款支持债券和预制房屋贷款支持债券。本章讨论的是非机构债券，其基础贷款是带有第一留置权的 1 到 4 个单户家庭住宅抵押贷款。

与机构抵押贷款支持证券一样，服务商的职责是利息和本金的收集。服务商也要处理拖欠还款和取消赎回权的问题。通常由主服务商和分服务商发挥关键作用。事实上，在评估非机构债券的信用风险时，评级公司十分关注服务商的品质。

10.6.1 基础抵押贷款

机构债券的基础贷款是符合机构发行或者保证债券承销标准的贷款。也就是说，只有合规贷款被包含在作为机构抵押贷款支持证券担保品的集合之中。三条主要的承销标准涉及：

（1）贷款/担保品价值最大比率；

（2）偿付额/收入的最大比率；

（3）最大贷款金额。

贷款/价值比率（loan-to-value ratio，LTV）是贷款金额与房地产的市场价值或者评估价值的比值。贷款/价值比率越低，贷款人得到的保护越高。例如，LTV 为0.9，意味着如果贷款人不得不出售房产，必须实现市场价值的90%，以补偿贷款金额。LTV 为0.8，意味着贷款人仅仅按市场价值的80%出售房产，就能补偿贷款金额[①]。住宅抵押贷款的经验研究发现，贷款/价值比率是一个关于借款人是否违约的关键性决定因素：贷款/价值比率越高，违约的可能性越大。

如在本章前面所强调的，不合规抵押贷款是没有遵循一些机构所建立的承销标准的贷款。通常来说，非机构债券的贷款是不符合质量要求的不合规抵押贷款，是由于贷款金额超过了机构所设定的限制。这样的贷款被称为“超额房屋贷款”。超额房屋贷款并不必然比合规贷款有更高的信用风险。

没有满足前两条承销标准的贷款，把贷款人暴露在比合规贷款更大的信用风险之中。有一些专门的贷款人提供抵押贷款给由于信用记录的原因达不到合规贷款要求的个人。这些专门的贷款人通过信用质量来对借款人分类。借款人被分为A类借款人、B类借款人、C类借款人、D类借款人。A类借款人是指经过核实，具有最好信用记录的借款人。这样的借款人被称为“主流借款人”（prime borrowers）。评级低于A类的借款人被称为“次主流借款人”（subprime borrowers）。然而，对于主流和次主流借款人，不存在全行业普遍适用的分类标准。

10.6.2 机构债券和非机构债券的差异

非机构债券可以是抵押转手债券或者CMO。在机构债券市场，CMO是由抵押转手债券的组合创设的。在非机构市场，CMO由非证券化抵押贷款创设。因为没有被证券化为抵押转手债券的抵押贷款被称为“完全贷款”，非机构CMO一般被称为“完全贷款CMO”（whole-loan CMO）。

机构债券和非机构债券的主要差异与保证有关。非机构债券没有明确的或者隐含的关于偿付本息的政府保证，而机构债券存在这样的保证。这意味着非机构债券的投资者面临信用风险。非机构债券由政府认可的统计评级组织来评级。

由于信用风险的存在，所有的非机构债券需要信用增强（credit enhanced）。信用增强意味着必须要得到对违约的额外支持。信用增强所需要的额度由相关的专门评级机构根据期望得到的债券等级决定。一般有两种信用增强类型：外部的和内部的。下一章在介绍资产支持证券内容时将描述这两种类型的信用增强。

---

① 这忽略了收回和出售房地产的成本。

10.7 商业不动产抵押贷款支持证券

商业不动产抵押贷款支持证券（commercial mortgage-backed securities，CMBS）是收益类房地产的商业抵押贷款的集合支持的债券，收益类房地产包括多户家庭住宅（也就是公寓建筑）、写字楼、工业房地产（包括厂房）、购物中心、旅馆和健康护理设施（也就是高级室内护理设施）等。CMBS 交易的基本目的是用来筹集资金进行商业不动产收购，或者是对优先抵押债务再融资。

有两种类型的 CMBS 交易结构对债券投资者利益攸关：(1) 多产权的单独借款人；(2) 多产权管道。管道是商业性贷款机构，它的唯一目的是为证券化提供担保品。

CMBS 已经在美国之外发行。占主导地位的此类发行是在英国（在 2000 年超过 80%），其主要的类型是零售和办公房地产。从 2001 年开始，德国银行发行 CMBS 交易的数量出现了戏剧般的快速增长，交易数量的增加包括多国资产。最早的泛欧洲证券化是 2001 年的泛欧洲工业房地产债券①。

10.7.1 信用风险

与住宅抵押贷款（如果不能得到及时偿付，贷款人对借款人拥有追索权）不同，商业抵押贷款是无追索权的贷款（nonrecourse loans）。这意味着，贷款人只能指望收益类房地产支持贷款的本金和利息偿还。如果存在违约，贷款人只能依靠用房地产销售的收益来偿还，而对未偿还余额没有追索权。贷款人必须按照单独的业务流程来审查每一笔房地产，并使用帮助评估信用风险的衡量方法来评估每一笔房地产。

虽然评估信用风险的基本原理被应用于所有的房地产类型，但运用常规的担保品信用风险评估方法对 CMBS、非机构抵押贷款支持证券和由住宅权益贷款和预制房屋贷款所支持的债券（第 11 章所描述的资产支持证券）是不同的。对于担保品为住宅房地产的抵押贷款支持证券和资产支持证券，通常贷款根据特定的贷款特征划分为不同的一揽子贷款，然后每一揽子贷款假设一个违约率。相反，对于商业性房地产抵押贷款，支持 CMBS 的组合中每个收益类房地产的经济特征具有独特性，需要对每一笔贷款的发行执行信用分析，并且监控此后的偿付情况。

无论商业性房地产是什么类型，两种能发现潜在信用问题的关键指标是偿债保障比率和贷款/价值比率。

偿债保障比率（debt-to-service coverage ratio，DSC）是房地产的净营运收入（NOI）除以债务的比率。NOI 被定义为租金收入减去付现运营费用（已根据重置储备调整）。该指标高于 1，意味着来自房地产的现金流量是足以保障债务的。该比率越高，借款人以房地产的现金流量满足债务偿付的可能性越高。

对于所有的 CMBS 交易，需要计算加权平均 DSC 比率。债券的信用质量的分析也将关注基础贷款的 DSC 比率的标准离差。例如，人们特别关注 DSC 比率低于一个确定数值的交易。

如 10.6 节所解释的，在计算 LTV 时，计算“价值”使用的数字是市场价值或者是评估

---

① 参见：Christopher Flanagan and Edward Reardon, *European Structures Products: 2001 Review and2002 Outlook*, Global Structured Finance Research, J. P. Morgan Securities Inc. (January 11, 2002), pp. 12 - 13.

价值。对于商业性房地产，通常是评估价值。在估计房地产的评估价值时，有不可忽略的波动性。因此，分析师常常怀疑房地产的评估价值和其贷款的LTV。

10.7.2　基本的CMBS结构

与一些结构化金融产品交易一样，评级机构将决定必要的信用增强水平，以达到所希望的评级级别。例如，如果需要特定的DSC和LTV比率，而这些指标不能达到贷款要求的水平，就需要使用“次级产品”。创造次级产品，意味着结构中的某些债券组别，对担保品的现金流量的求偿权次于结构中其他债券组别的求偿权。

评级机构将要求CMBS产品按顺序偿还，带有最高等级债券首先清偿。因此，在分期偿还、提前偿付或者违约等各种情况下得到的本金偿付，将首先偿还最高等级组别。

未偿付本金的利息将被偿付给所有组别。在没有按计划偿付的拖欠偿付事件中，交易服务商将垫付本金和利息的偿付。只要在被认为是有保障的范围内，服务商的垫付将持续。

贷款违约出现的损失将冲减已发行的最低等级CMBS组别的本金余额。从最低等级CMBS组别本金中冲减的总损失将包括先前垫付的金额，以及在贷款的基础房地产的出售中实际发生的损失。

1. 赎回保护

区别住宅抵押贷款支持证券和商业不动产抵押贷款支持证券（CMBS）的一个重要的投资特征，是给予投资者的赎回保护。一个住宅抵押贷款支持证券的投资者面临很大的提前偿付风险，因为在计划的本金偿还日前，借款人有权全部或者部分偿还贷款。通常，借款人不需要为提前偿付承担惩罚。讨论CMO时，我们介绍了特定类型的组别（例如，顺序偿付和PAC组别）如何创设和出售，以减少提前偿付风险。

CMBS投资者得到赎回保护。事实上，这种保护导致在市场上交易的CMBS比住宅抵押贷款支持证券更类似于公司债券。这种赎回保护来自于两种方式：①单一贷款层次的赎回保护；②整个结构层次的赎回保护（稍后探讨）。

（1）单一贷款层次的保护。在商业性贷款层次，赎回保护可能有如下方式：

①提前偿付锁定；

②解除契约的条款；

③提前偿付惩罚点；

④收益维持费用。

提前偿付锁定（prepayment lockout）是在特别的时间段内禁止提前偿付的合同协议，叫“锁定期”。发行的锁定期从2年到5年不等。在锁定期后，赎回保护采取提前偿付惩罚点，或者收益维持费用的形式。提前偿付锁定和解除契约的条款是最强有力的提前偿付保护方式。

当解除契约的条款（defeasance）生效时，贷款没有被提前偿付，而是借款人提供足够资金给服务商以投资于国债的投资组合，该组合能复制出正常偿付的现金流量。不同于将要讨论的其他赎回条款，当解除契约的条款生效时，没有资金分配给债券的持有人。因此，此时在CMBS结构中，没有惩罚，也就没有关于借款人偿付的一些惩罚性费用在债券持有人之间分配的条款。此外，对于借款人的现金流量，国债投资组合的现金流量的复制提高了CMBS交易的信用质量。

提前偿付惩罚点（prepayment penalty points）是如果借款人希望再融资，借款人必须支付预先确定的惩罚（一个点等于未偿还贷款余额的1%）。例如，5—4—4—3—1是普通的提前偿付惩罚点结构。也就是说，如果借款人希望在第1年内偿还，借款人必须偿付5%的罚金，总额为105美元而不是100美元（这是住宅抵押贷款市场的惯例）。以此类推，在第2年是4%的罚金。

当存在提前偿付惩罚点时，就需要有在组别之间分配罚金的规则。后来的CMBS结构中，普遍没有设置提前偿付惩罚点。大多数采取赎回保护的下一种方式，即收益维持费用。

收益维持费用（yield maintenance charge），用最简单的术语描述，就是设计使得贷款人不关心提前偿付安排的时间。收益维持费用，也被称为"凑整收费"（make-whole charge），使得仅仅为获得更低的抵押利率的再融资变得不经济。虽然实践中有数种计算收益维持费用的方法，但主要原理是让贷款人获得完全回报。然而，当一笔商业性不动产抵押贷款作为担保品的一部分被包括在一个CMBS交易中，必须在组别之间分配收益维持费用。实践中有几种方法用来分配收益维持费用，具体分配依赖于交易中指定的方法，不是所有的组别都能获得完全回报。

（2）整个结构的保护。CMBS交易中其他类型的有效赎回保护是保护整个结构的。因为商业不动产抵押贷款支持证券结构是顺序偿付（通过评级），AA等级组别不能得到偿付，直到AAA等级被完全偿付；AA等级债券必须在A等级债券之前清偿等等。然而，由于违约导致的本金损失将影响整个结构的底部的债券。

2. 气球型到期条款

大量支持CMBS交易的贷款是气球型贷款，其要求在贷款期满时偿付全部本金（到期大额偿还，如同气球突然泄气）。如果借款人难以实现到期偿还，借款人就违约了。贷款人可以把贷款展期，这样做可以调整原始贷款期限。在贷款的重新安排期间，要按照更高的利率偿付利息，这被称为"违约利率"。

当借款人不能在气球型贷款偿付日进行再融资的安排，或者不能出售房地产以获得足够资金来清偿气球型贷款余额时，由此导致的借款人不能进行到期偿还的风险，被称为"气球风险"（balloon risk）。由于贷款的偿还期限将被贷款人延展，气球风险是"延期风险"的一类。这与之前描述住宅抵押贷款支持证券时所说的延期风险是一样的。

虽然很多投资者喜欢"类似一次还本付息债券"的气球型期限的偿付方式，但这从结构化的角度来看确实存在困难。也就是说，当交易被结构化为在特定日期完全清偿时，任何拖延都将导致违约事件发生。然而，这样的拖延是如何影响商业不动产抵押贷款支持证券投资者的，依赖于债券类型（溢价型、面值型、折价型），以及在气球型违约后，服务商是否垫付给部分组别。

多个组别交易中CMBS投资者的另一个担忧是所有贷款必须被再融资以清偿最高级的债券持有人。因而，最高级组别（也就是AAA级）的气球风险可以视为等价于最低级组别（也就是B级）的气球风险。

第 11 章 资产支持证券板块

11.1 引言

作为债券发行的替代方案，一个公司能发行以贷款或者应收款支持的债券。以贷款或者应收款担保的债务工具被认为是资产支持证券。创造资产支持证券的交易过程被称为证券化（securitization）。

资产支持证券（ABS）主要的发行人为公司，但是相对于发行市政债券筹资，地方政府更青睐于发行资产支持证券。此外欧洲的一些中央政府也使用这种方式筹资。在美国，最初类型的资产支持证券是住房抵押贷款支持证券。我们在前面的章节中已经讨论了抵押贷款支持的债券。其他资产（如消费者和工商企业的贷款及应收账款）支持的债券已经在全球广为发行。在美国，资产支持证券最大的板块是信用卡应收款、汽车信贷、住宅权益贷款、预制房屋贷款、学生贷款、小企业管理局（SBA）贷款、公司贷款，以及债券（公司债券、并购市场债券和结构化融资产品）等支持的债券。如果以住宅权益贷款、预制房屋贷款以其不动产权益作为债券支持品，它们所支持的证券被称为房地产支持的资产支持证券（real estate-backed asset-backed securities）。其他类型的资产支持证券包括住房改善贷款、健康护理应收款、农业设备贷款、设备租赁款、音乐版税应收款、电影版税应收款、市政停车费应收款所支持的证券。以上产品统称为信用敏感结构化产品（credit-sensitive structured products）。

本章将讨论证券化的过程、证券化交易的基本特征、用于证券化的主要资产类型。在本章的最后，我们关注债务抵押债券问题。一般认为，这个产品是资产支持证券市场的一类品种，看看这种产品的结构是如何不同于传统的证券化的。

本章有两方面的内容没有介绍：一是资产支持证券的估值问题，将在第 12 章阐述；二是评级机构在对资产支持证券交易评级时考虑的因素，这将在第 15 章阐述。在第 15 章，我们也将比较评级机构在对资产支持证券和公司债券评级时考虑因素的差异。

11.2 ABS 证券化的程序和特征

资产支持证券的发行比公司债券的发行更为复杂。本节将用假设的证券化案例描述证券化的程序和参与方。

11.2.1 基本的证券化交易

高质家庭影院公司（QHT）是一家高端家庭影院制造商。该公司生产一套家庭影院的成本为 20 000 ~ 200 000 美元。公司的家庭影院销售采取现金方式，但大多数销售采取分期付款方式。实际上，分期付款是对同意在一定的时间内偿还余款的家庭影院买者的贷款。为简化起见，假设典型的贷款为 4 年。贷款的担保品就是借款人所购买的家庭影院。贷款合同规定了购买人支付的利率。

关于是否继续给予消费者信用额度，由 QHT 公司的信用管理部做出决策。信用管理部将要求消费者提交完整的信用贷款申请表，并基于 QHT 公司的评估标准，将决定是否给予贷款。发放贷款的标准被称为承销标准（underwriting standards）。QHT 公司发放该笔贷款，就意味着 QHT 公司为贷款的原始发放人（originator）。此外，QHT 公司有一个负责贷款服务的部门。服务（servicing）包括收取借款人款项、提醒借款人已经超期；如果借款人在规定的时间内没有偿还贷款的话，必要时收回和处置担保品（也就是本例中的家庭影院）。当然贷款服务机构不必是贷款的原始发放人，本例中假设 QHT 是贷款服务机构。

现在看看这些贷款如何被证券化。假设 QHT 公司有 10 000 万美元的分期付款合约。这些金额在 QHT 的资产负债表上作为资产列示。进一步假设 QHT 公司打算筹资 10 000 万美元。QHT 公司的财务总监决定通过证券化来筹集基金，而不是发行 10 000 万美元的公司债券。为此，QHT 公司将建立一个被称为特别目的实体（special purpose vehicle，SPV）的合法机构。在资产支持证券的演示中，这个合法机构将发挥重要作用；其作用在本例中将变得更加清晰。本例中，所建立的 SPV 被称为家庭视听资产信托（HAT）。QHT 公司随后将把 10 000 万美元的贷款转卖给 HAT。QHT 公司将从 HAT 得到现金 10 000 万美元，这正是 QHT 公司打算筹集的资金量。但是 HAT 从哪里得到这 10 000 万美元？它通过销售以 10 000 万美元贷款为支持的债券的方式得到这笔资金。这些债券就是之前所称的资产支持证券，在本节将更详细地进行探讨。

在这份计划书中，HAT（SPV）被称为“发行人”或者“信托机构”。QHT 公司（卖给 HAT 担保品的卖方）被作为卖方。这份计划书可以这样表述：“本证券代表的仅仅是发行人的义务，不代表高质家庭影院公司或者它的子公司的义务或者利益。”

这笔交易被图示在图表 11—1 的 a 部分；b 部分概括了交易的参与方。

从担保品处得到的现金流量，被分为服务费、其他管理费用、本金和利息支付给债券的持有人。证券化的法律文件（计划书或者私募备忘录）将阐明重要细节，如给服务商、管理人和每一债券等级债券持有人的优先权和支付金额。这个优先权和支付金额一般被称为“瀑布”，是因为在该结构中支付资金的流动如同瀑布一样。

11.2.2 证券化的参与方

迄今，本章已经探讨了证券化的参与三方：担保品的卖方（有时候被称为原始贷款发放人）、特别目的实体（在计划书或者私募备忘录里被称为发行人或者信托机构）以及服务商。证券化中还有其他参与方，包括律师、独立审计机构、托管人、承销人、评级机构和保证人。所有的参与方加上服务商被称为交易的“第三方”。

证券化交易包含有大量的法律文件。律师负责准备法律文件。首先，资产卖方（本例中是 QHT 公司）和 SPV（本例中是 HAT）[①] 达成资产购买协议。该购买协议阐明，卖方关于该类资产所做出的描述和保证。其次，由协议方阐述现金流量如何在债券的各个等级之间

① 这里涉及担保品卖方的债权人（本例中是 QHT 的债权人）和投资于 SPV 发行债券的投资人对该笔资产的关心。特别的，QHT 的债权人关心的是，资产被卖给 SPV 的价格低于公允的市场价格，因而削弱他们的信用地位。资产支持证券的买方关心的是，资产被以低于公允市场价格购买，因而削弱他们的信用地位。由于这些关心的因素，律师将发表意见：资产是以公允的市场价格出售的。

分配（也就是结构的瀑布）。最后，律师起草服务协议，就是被聘于服务资产的机构（本例中 QHT 公司被保留为贷款的服务商）和 SPV 之间的服务协议。

图表 11—1　　QHT 的证券化过程

a. 证券化的流程

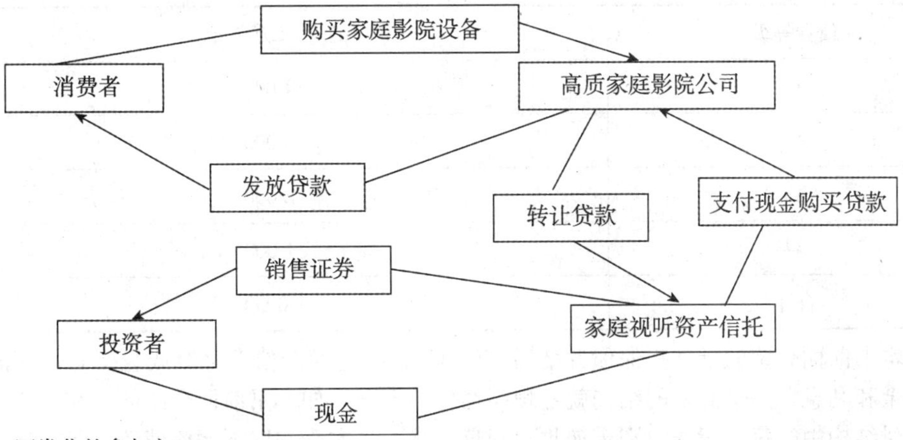

b. 证券化的参与方

参与方	主要功能	本例中的机构
销售方	发放原始贷款，把贷款卖给 SPV	高质家庭影院公司
发行人/信托	从销售方购买贷款的 SPV，并发行 ABS	家庭视听资产信托
服务商	服务于贷款	高质家庭影院公司

不管是计划书还是私募备忘录，独立审计机构将核实所有的数字信息的准确性①。核实之后将发布一封证券化的信心保证书。

托管人（trustee）或者托管人机构（trustee agent）是保证资产被信托后的安全性的机构，接收将支付给债券持有人的款项，并向债券持有人提供定期信息。信息是通过汇款通知的形式，按月、季度，或者是计划书或私募备忘录所同意条款的时间提供。

就像他们在标准的公司债券发行中的角色，承销人和评级机构在证券化中发挥同样的功能。为达到每个债券等级的目标信用等级的信用增强所需要的金额，评级机构做出担保品评估和建议结构。

最后，证券化有一个保证机构，它保证 SPV 发行证券的部分义务。这些机构叫保证人，我们将在以后探讨它们在证券化中的作用。

11.2.3　已发行债券

现在介绍这些已发行债券，为什么称它们为资产支持证券？

本例中，简单的交易只包括面值 10 000 万美元的单一等级债券，我们称之为“A 级债券”。假设 HAT 发行 100 000 份 A 级债券，每份面值为 1 000 美元。在扣除费用和成本后，每份债券的持有人拥有 1/100 000 的担保品偿付额的权利。借款人（也就是家庭影院设备的

① 解决的方法是：将交易支付结构、基础担保品、平均期限和收益的文本提供给会计师进行核实。会计师根据交易的支付规则（也就是瀑布）模拟交易。根据规则和使用相同的可实际产生现金流量的担保品，会计师重新计算收益和平均期限表（被置入募股说明书和私人募集备忘录）。

购买人）的偿付额包括本金和利息。

结构化产品可能变得更复杂。本息的分配规则可以不按比例分配，而是按照约定的规则分配给不同的债券等级。例如，假设 HAT 发行 A1、A2、A3、A4 等级的债券，合计为 10 000万美元。

债券等级	面值（万美元）
A1	4 000
A2	3 000
A3	2 000
A4	1 000
合计	1 0000

如本书前面介绍的抵押担保债务结构（CMO），对这四个债券等级或组别有不同的规则分配本金和利息。一个简单的结构就是顺序偿付的情况。如本书前面介绍的，在一个基础的顺序偿付结构中，每一债券组别定期收到利息。然而，本金按以下顺序偿还：所有从担保品处收到的本金首先支付给 A1，直到 A1 的 4 000 万美元的总额被完全偿还；当 A1 本金被清偿后，所有收到的本金才用于偿还 A2，直到 A2 本金被清偿；所有收到的本金用于偿还 A3，直到 A3 本金被清偿；最后，才是偿还 A4 的本金。

如前面章节所解释的，创造这样的结构的原因是在不同的债券等级中重新分配提前偿付风险。提前偿付风险是指由于提前偿付导致的现金流量的不确定性。这种风险被分为缩期风险（也就是证券的平均期限短于预期的期限）或者延期风险（证券的平均期限长于预期的期限）。这些债券等级的创造被称为“提前偿付组别化”（prepayment tranching）或者“时间组别化”（time tranching）。

接下来看看更常见的交易的结构化产品。稍后将要解释，这样的交易结构不止一种债券组别，这些债券组别在分配债务人违约所导致的损失方面存在差异。有些结构化产品中，债券组别被分类为优先债券级别（senior bond classes）、次级债券级别（subordinate bond classes）。这种结构被称为优先—次级结构（senior-subordinate structure）。在优先债券级别承担损失之前，首先由次级债券级别承担损失。例如，假设 HAT 发行 9 000 万美元价值的 A 级债券（也就是优先债券级别）和 1 000 万美元的 B 级债券（也就是次级债券级别）。其结构如下表所示：

债券等级	面值（万美元）
A（优先）	9 000
B（次级）	1 000
合计	10 000

在这个结构中，只要借款人违约没有超过 1 000 万美元，A 级债券将被足额偿付 9 000 万美元。

这种结构的目的是重新分配与担保品有关的信用风险，这被称为“信用组别化”（credit tranching）。如稍后所解释的，优先—次级结构是交易的信用增强的方式。

为什么只有一种次级债券级别被创设，这不需要理由，仅仅是一个假设的例子而已。也可以假设 HAT 发行如下结构债券：

债券等级	面值（万美元）
A（优先）	9 000
B（次级）	700
C（次级）	300
合计	10 000

在这个结构中，A 级债券是优先级别，B、C 级债券是相对于 A 级债券的次级债券。分配损失的规则如下：在 A 或 B 级债券承担损失之前，所有的担保品出现的损失由 C 级债券承担。如果损失不超过 300 万美元，A 或 B 级债券将不承担任何损失；如果损失超过 300 万美元，B 级债券将承担超过部分的损失，最高为 700 万美元（其自身的价值）。举例来说，如果总的担保品带来的损失为 800 万美元，C 级债券损失其所有的价值（300 万美元），B 级债券承担 500 万美元的损失（在其 700 万美元的价值内）。在这个计划中，A 级债券不承担任何损失。这就更为清晰：A 级债券只承担超过 1 000 万美元以上部分的损失。必须首先承担损失的债券等级被称为“最先损失类”（first loss piece）。在我们假设的结构中，C 级债券就是最先损失类。

现在对这个结构进行变化。通常，在大型交易中，为了重新分配提前偿付风险，优先债券级别将被切割成不同的债券级别。举例来说，HAT 可以发行如下结构债券：

债券等级	面值（万美元）
A1（优先）	3 500
A2（优先）	2 800
A3（优先）	1 500
A4（优先）	1 200
B（次级）	700
C（次级）	300
合计	10 000

在本结构中，优先债券级别的提前偿付组别化（A1、A2、A3、A4 级债券的创设）和信用组别化（优先债券级别和 B、C 组成的次级债券级别的创设）同时存在。

正如前面章节所解释的，证券化中的一个债券级别又被称为一个“组别”。因此，本章中的术语“债券等级”和“组别”等同使用。

11.2.4　常见的担保品和交易结构分类

本章稍后将介绍一些主要的可证券化的资产。一般而言，担保品可以被分类为“分期偿还资产”和“非分期偿还资产”。分期偿还资产（amortizing assets）是指在贷款的期限内，借款人的定期偿付由计划的本金和利息组成的贷款。本金偿还的计划被称为“分期偿还计划表”（amortization schedule）。标准的住宅抵押贷款属于这一类。汽车贷款和某些类型的住宅权益贷款（特别的，封闭式的住宅权益贷款在本章稍后阐述）是分期偿还资产。一些超过本金偿还进度表的支付被称为“提前偿付”（prepayment）。能偿还整个余额或部分的提前偿付被称为“减缩”（curtailment）。

与分期偿还资产相反，非分期偿还资产由于没有计划本金偿还，只需要定期偿付最小偿付额。如果定期偿付额小于未偿还贷款余额的利息，短缺的金额被加到未偿还的贷款余额。如果定期支付额大于未偿还贷款余额的利息，超过部分用于减少未偿还的贷款余额。对非分期偿还资产而言，没有本金偿还计划表（即没有摊销计划表），也就没有提前偿付的概念。信用卡应收款是非分期偿还资产的实例之一。

担保品的分期偿还或者非分期偿还的类型对于交易的结构存在影响。当分期偿还资产被证券化时，在担保品证券化的期间内，担保品的组成不会改变，除非出现违约和全部本金被提前偿还或者被全部分期偿还而导致贷款被从担保品中去掉。例如，如果发行时 ABS 的担保品由3 000 笔4 年期的分期偿还贷款组成，假设没有违约和提前偿付，其后6 个月该3 000 笔贷款将担保 ABS。然而，如果在这6 个月内，贷款中200 笔提前偿付，同时100 笔违约，在6 个月到期时担保品将由2 700 笔（3 000 - 200 - 100）组成。当然，按照计划偿还本金和一些部分的提前偿付，使剩下的2 700 笔贷款的本金下降。来自于担保品的所有本金偿还将被分配给债券持有人。

与之相反，非分期偿还资产支持的 ABS 交易，其担保品的组成是变动的。支付给债券持有人的资金包括偿还的本金和利息。利息被分配给债券持有人。然而偿还的本金要么付给债券持有人，要么再投资于购买其他的贷款。本金偿还的用途依赖于最初的约定。在债券发行后的一段时期内，所有本金偿还被再投资于其他的贷款。本金偿还用于再投资，而不是付给债券持有人的这一段期间，叫做“锁定期”（lockout period）或者“周转期”（revolving period）。在锁定期结束后，本金偿还不再继续投资，而是分配给债券持有人。本金偿还不再投资的期间，叫做“本金分期偿还期”（principal amortization period）。请注意：不同于典型的分期偿还资产支持的交易，非分期偿还资产支持的担保品始终在变化。偿还的本金被再投资于新贷款的结构被称为“周转结构”（revolving structure）。

即使周转结构中的应收款没有被提前偿付，如果约定事件发生，信托基金发行的所有债券可以被提前解散。在锁定期，如果约定事件发生，托管人将被要求用已偿还的本金来赎回这些债券，而不是把本金再投资于新的担保品。最常见的触发提前赎回的事件是担保品业绩差。改变锁定期内本金偿还的用途，以赎回证券的条款，被称为“提早分期偿还条款”（early amortization provision）或“快速分期偿还条款”（rapid amortization provision）。

不是所有的周转结构的交易都是由非分期偿还资产支持的。有一些交易的担保品由分期偿还资产组成，但在锁定期，偿还的本金也被再投资于其他贷款。举例来说，在欧洲市场有由住房抵押贷款组成担保的交易，但是在锁定期，偿还的本金被用于收购额外的住房抵押贷款。

11.2.5 担保品现金流量

规划分期偿还资产的现金流量需要提前偿付的计划。影响提前偿付的因素之一是现行利率水平与贷款的利率水平的相对关系。在提前偿付的计划中，确定这个利率差异幅度很重要，因为现行利率低于贷款利率一定幅度后，借款人可以利用换新贷款的手段降低融资成本。

与非机构抵押贷款支持证券一样，构建担保品的违约模型对于估计资产支持证券的现金流量是很重要的。由于违反贷款的约定，而被要求在分期偿还资产计划的时间之前偿还本金的提前偿付，被称为“非自愿提前偿付”（involuntary prepayment）。对分期偿还资产的提前偿付计划，需要假定违约率和回收率。对于非分期偿还资产，即使提前偿付并不存在，也应当预计违约情况，以估计能回收多少资金和回收时间。

提前偿付的分析，分为组合层分析和单笔贷款分析两种。组合层分析（pool-level analysis）假设所有组成担保品的贷款是完全相同的。对分期偿还贷款，分期偿还计划是基于“总的加权平均票面利率”（gross weighted average coupon，GWAC）和单笔贷款的“加权平均期限”（weighted average maturity，WAM）。在前面已经解释了抵押贷款组合的 WAC 和 WAM，也演示了其计算过程。此处的 WAC 为组合的 WAC。当基础贷款相同时，组合分析是合适的。单笔贷款分析（loan-level analysis）包括分期偿还每一笔贷款（或者同质的一组贷款）。

资产支持证券的“预期的最后到期日”（expected final maturity），是根据交易定价时可以预计的提前偿付确定的到期日。“法律的最后到期日”（legal final maturity）可能在“预期的最后到期日”之后的 2 年或者更长时间。平均期限（average life）或者是加权平均期限（weighted average life）已经在前面章节中解释过。

前文已经解释了组别的“本金窗口”（principal window），指本金被预期偿付给债券持有人的期间。一个本金窗口可宽可窄。当计划偿付给债券持有人的本金只有一期时，债券才被称为有一个“子弹型到期”（bullet maturity）。由于提前偿付，一个“子弹型到期”的资产支持证券，也许不以募股说明书里的指定日期为实际的到期日。因此，这种预期只有一次本金支付的资产支持证券被叫做“软子弹”（soft bullet）结构。

11.2.6 信用增强

所有的资产支持证券都是信用增强的，这意味着结构中的一种或多种债券持有人都将获得这种支持。信用增强的水平由每个评级机构根据发行人某种债券的发行有详细的评级要求决定。特别的，一个投资者投资于“AAA”级债券，希望只有极小（几乎没有）的违约导致本金损失的机会。例如，一个评级机构可以要求信用增强等于减少 4 倍预计的损失，才可以获得“AAA”级；或者信用增强等于减少 3 倍预计的损失，才可以获得“AA”级。信用增强的金额取决于评级机构的要求。

这里有两种常见的信用增强结构：外部信用增强和内部信用增强。下面逐一介绍。

1. 外部信用增强

在一个资产支持证券中，有两个主要参与方：发行人和债券持有人。前面假设的证券化中发行人为 HAT。如果另外的机构被引进到这个结构中，充当一些偿付给债券持有人的款项的担保人，那么它们被称为“第三方”。

证券化中更多的普通第三方是“专门保险公司”（也被称为“专门保险人”）。一个专门保险公司是其业务严格限定于为金融产品（如市政债券和资产支持证券）提供保险的保险公司[①]。当证券化产品有专门保险公司提供的外部信用增强时，该证券被称为“已包装

① 在美国，主要的专职保险公司是资本市场保险公司（CapMAC）、金融证券保险公司（FSA）、金融保险公司（FGIC）和市政债券投资保险公司（MBIA）。

的”。保险工作流程如下：如果发行人难以偿付的话，专门保险公司同意及时地偿付最高至特定金额的本金和利息。不同于担保整个金额的市政债券保险，证券化的担保只有原始的票面金额的一个百分比。例如，一个 10 000 万美元的证券化产品可能只有专门保险公司提供的 500 万美元的担保。

两种相对少见的外部信用增强的方式是银行出具的信用证和资产卖方的担保（也就是出售资产给 SPV 的机构——前例中的 QHT 公司）①。这两种信用增强方式更少采用的原因是评级机构评估证券化时所采用的“弱连接分析法”。根据这个方法，当评估一个提议的结构产品时，证券的信用质量仅仅相当于自身信用增强的最弱连接，而不考虑基础资产的质量。所以，如果发行人企图对该结构中某一级别给予“AAA”评级，而外部信用增强的评级低于“AAA”，最终是不大可能授予“AAA”级别的。因为几乎没有公司和出具信用证的银行自身有证券化要求的评级，所以这两种外部信用增强方式就没有像保险方式一样普遍运用。

当有第三方保险后，还是存在信用风险，因为第三方的降级能导致结构中的债券降级。

2. 内部信用增强

内部信用增强（internal credit enhancements）是比外部信用增强更为复杂的方式。最普通的内部信用增强方式是准备金、超额担保和优先一次级结构。

（1）准备金。准备金来源于两种方式：现金准备金、超额利差账户。

现金准备金（cash reserve funds）是发行产生的现金的直接存款。在这种情况下，来自交易的承销利润的部分被存入一个通常投资于货币市场工具的基金。现金准备金通常和外部信用增强一起使用。

超额利差账户（excess spread accounts）包括将每月扣除服务费、净票面利息、所有其他费用后的超额利差和现金分配进入的单独储备账户。超额利差是结构化产品的设计特征。例如，假设：

①总的加权平均利率（gross WAC）是 8.00%——这是借款人支付的利率；

②服务和其他费用是 0.25%；

③净的加权平均利率（net WAC）是 7.25%——这是支付给该结构所有组别的收益率。

因此，对于这个假设的交易，8.00% 能有效地补偿服务费和其他所有费用，并支付给各组别利息。在这个金额中，0.25% 用于支付服务费和其他费用，7.25% 是支付给各组别的利息。这意味着，只有 7.50% 是必须支付的，这样就剩下 0.50%（8.00% - 7.50%）。这 0.50% 或者说 50 个基点被称为“超额利差”（excess spread）。这个金额被放入储备账户——超额服务账户。它将不断增加，能被用于支付将来可能的损失。

（2）超额担保。一个结构中的超额担保（overcollateralization）是指担保品的价值超过 SPV 的已发行证券面值金额的状况。例如，如果 10 000 万美元面值的证券被发行，发行时的担保品市场价值为 10 500 万美元，则有 500 万美元的超额担保。随着时间的推移，超额担保的金额会发生改变，是因为以下原因：①违约；②分期偿付；③提前偿付。例如，假设发行 2 年后，已发行证券的面值为 9 000 万美元，该时点的担保品价值为 9 300 万美元。结果，超额担保为 300 万美元。

超额担保描述了一种内部信用增强的方式，因为它能用于弥补损失。例如，如果某结构的债务（即所有债券等级的面值）是 10 000 万美元，担保品价值为 10 500 万美元，因而开

① 如之前介绍的，一旦资产被卖给 SPV（其随后发行证券），卖方不再是交易的参与方。因此，如果卖方提供担保，这被视为第三方担保。

始损失的 500 万美元将不影响结构中的任何债券等级。

(3) 优先—次级结构。本章前文在描述能被证券化发行的债券时，解释了优先—次级结构包括优先债券组别和次级债券组别。次级债券组别也被称为垃圾债券组别或者说非优先债券组别。

如同前面介绍的，优先—次级结构的创立是为了进行信用组别化。更为特别的是，优先—次级结构是一种内部信用增强方式，因为次级债券组别提供了信用支持给优先债券组别。假设 HAT 结构有一个次级债券组别，具体如下：

债券组别	面值（万美元）
A（优先）	9 000
B（次级）	1 000
合计	10 000

A 级债券（优先债券组别）被信用增强，因为首先损失的 1 000 万美元被 B 级债券（次级债券组别）所补偿。因此，如果违约不超过 1 000 万美元，优先债券组别将获得完整的 9 000万美元面值。

请注意，一个次级债券组别能提供信用增强给别的次级债券组别。为说明这一点，假设 HAT 结构有两个次级债券组别：

债券组别	面值（万美元）
A（优先）	9 000
B（次级）	700
C（次级）	300
合计	10 000

C 级债券，最先损失类，不仅仅提供信用增强给高级债券组别，而且也提供给次级债券——B 级债券。

在优先—次级结构中的基本问题是，在交易结束时次级债券组别为优先债券组别提供特定水平的信用保护；由于提前偿付的原因，保护水平随着时间的推移而变化。更快的提前偿付能改变期望得到的信用保护。因而，交易结束后的目标是对提前偿付进行分配，使得高级债券组别的信用保护不随着时间的推移而下降。

在与不动产相关的资产支持证券以及非机构抵押贷款支持证券中，“转移利益机制”（shifting interest mechanism）可以解决信用保护的问题。接下来介绍它是如何运作的。次级债券等级的抵押贷款余额/整个交易的抵押贷款余额所计算的百分比，叫做“次级水平”（level of subordination）或“次级利益”（subordinate interest）。百分比越高，对优先债券等级的保护水平越高。由于提前偿付，次级利益在交易封闭后变化。也就是说，次级利益发生变动（因此有“转移利益”的术语）。利益转移机制的意图是分配提前偿付，使得次级利益在可接受的水平以保护优先债券等级。事实上，优先债券等级偿付越快，次级金额越能被保留在期望水平。

发债说明书将提供利益转移的百分比计划，以计算**优先级的提前偿付百分比**（senior

prepayment percentage)，即对优先债券等级的提前偿付/总提前偿付。对于抵押贷款，常见的利益转移百分比安排如下：

发行后年限	优先提前偿付的百分比（%）
1~5	100
6	70
7	60
8	40
9	20
9年后	0

因此，例如，20个月时提前偿付为100万美元，支付给优先债券级别的金额是100万美元，没有提前偿付给次级债券等级。如果提前偿付在90个月时（发行后第7年）是100万美元，优先债券等级被支付60万美元（60%×100)。

利益转移的百分比计划，是发债说明书的一项基本内容。由于担保品的业绩随着时间而变化，利益转移的百分比也随着时间而变化。如果因信用损失减少次级债券等级数量，使得为优先债券等级提供的信用保护下降，原来的利益转移的基础百分比就不能提供足够的保护，需要一个更高的分配提前偿付给优先债券等级的百分比。

担保品的业绩分析由托管人承担，以判断是否改变原来的利益转移计划。业绩分析用术语描述就是“测试”，如果担保品在任何测试中失败，这将触发一项对原来的利益转移计划的改变。

由于利益转移机制的存在，需要衡量优先债券等级的信用风险和缩期风险，理解这一点是很重要的。利益转移机制减少了优先债券等级的信用风险。因而，由于优先债券等级得到了更大的提前偿付的分配，缩期风险上升了。

11.2.7 赎回条款

公司债券、联邦机构债券、市政债券等可能包含赎回条款。该条款给予发行人在已宣布的到期日前赎回债券的权利。发行人设计条款的动机是，从债券发行后的利率下调中受益。资产支持证券通常拥有赎回条款，动机有双重性。与其他债券一样，发行人（SPV）将从利率下调中受益。另外，因为某类债券等级的票面价值很小，为减少管理费用，清偿一个或多个债券等级能节约成本，托管人可以考虑赎回。

对公司债券、联邦机构债券、市政债券等而言，触发赎回条款的事件是约定时间的推移[①]。对于资产支持证券，不允许托管人仅仅因为特定的时间已经过去而执行赎回期权。通常还需要另外的对未偿付债券金额执行赎回期权的触发事件。

存在两种这样的赎回条款，其允许托管人赎回已发行债券的触发事件是基于某一个时点：（1）特定日期或之后赎回；（2）拍卖赎回。特定日期或之后的赎回（on or after specified date)，运作类似于公司债券、联邦机构债券、市政债券等的标准赎回条款；一旦

① 如之前解释的，允许赎回部分证券，以满足一些偿债基金的需要。

一个特定日期来到，托管人有权赎回所有的已发行债券。拍卖赎回（auction call）指在一个约定的日期如果拍卖导致未偿还的担保品以高于其票面价格的价格被卖出，就执行赎回权。从拍卖担保品所获得的超过票面价格的溢价，将被托管人保留并最后分配给资产的出售者。

允许托管人按照未偿付的票面价格赎回某一债券或其某一组别的条款，被称为“可选择的清偿赎回条款”（optional clean-up call provisions）。典型的例子包括：（1）担保品百分比的赎回（percent of collateral call）；（2）债券百分比的赎回。在担保品赎回的百分比中，如果未偿还的担保品余额下降并低于预先设定的担保品原始余额的百分比，已发行债券能按照票面价值赎回。这是对于分期偿还资产最普遍的清偿赎回条款的类型，通常预先设定百分比为10%。例如，假设担保证券的价值是10 000 万美元，担保证券赎回条款的百分比触发条件是10%，则若未赎回的证券面值是1 000 万美元或更低，托管人能赎回所有未偿付证券。在债券百分比的赎回（percent of bond call）的案例中，如果已发行债券的票面价格与债券发行时的原始票面价格相比，下降到低于一个特定的比例，已发行的债券能以票面价格被赎回。

赎回期权的触发条件也可以是基于未偿付的金额或日期。在百分比和特定日期两者中较迟的赎回（latter of percent or date call）中，如果满足下列条件之一，未偿付的债券能被赎回：（1）在特定赎回日期前，担保品的未偿还余额降到预先设定水平；（2）即使担保品的未偿还余额高于预先设定的水平，但赎回日期已临近。

另外，带有允许托管人赎回条款的债券，也可能存在保险人赎回（insurer call）的条款。如果担保品的累计损失达到预先设定的水平，该条款允许保险公司赎回债券。

11.3　住宅权益贷款

住宅权益贷款（home equity loan，HEL）是以住宅产权为支持的贷款。以前，该贷款通常是产权已经被抵押以确保第一留置权的财产的第二留置权。在一些案例中，这样的留置权也可能是第三留置权。近年来，住宅权益贷款的特征有所变化。现在，如果借款人有不良的信用记录，或者他的支出/收入的比例太高而不满足吉利美（Ginnie Mae）、房利美（Fannie Mae）和房地美（Freddie Mae）等的证券化的合规贷款的质量要求，住宅权益贷款经常要求是产权抵押的第一留置权。一般而言，借款人以当前的住房为抵押，使用住宅权益贷款巩固消费信贷，而不是取得资金来购买新的住房。

住宅权益贷款要么是封闭式，要么是开放式。一个封闭式的住宅权益贷款（closed-end HEL），构造的方法与完全分期偿还的住宅抵押贷款一样。这类有固定的到期日和支付金额的贷款被构造成在到期日前完全分期偿还的贷款。对于开放式的住宅权益贷款（open-end HEL），房产所有人获得一个透支最高限额，并能在透支最高限额内签发支票或者使用信用卡。透支最高限额依赖于该借款人在房屋产权中的权益金额。因为住宅权益贷款证券化产品中占主要地位的是封闭式住宅权益贷款，因此本章关注的是由其支持的证券。

有固定利率和变动利率的两种封闭式住宅权益贷款。一般而言，变动利率的封闭式住宅权益贷款有一个6个月 LIBOR 的参考利率，有一个阶段性利率上限和整个贷款期限的利率上限（抵押利率被重新设置时，阶段性利率上限限制了抵押利率变化幅度；整个贷款期限的利率上限设定了抵押利率能达到的最高利率水平）。封闭式住宅权益贷款组合的现金流量正如抵押贷款支持证券一样，由利息、定期计划的本金偿还和提前偿付组成。因此，确定提前偿付模型和违约模型以便预测现金流量是很有必要的。提前偿付速度用术语“条件提前偿付率”（CPR）来衡量。

11.3.1 提前偿付

如前面章节所解释的，在机构抵押贷款支持证券市场里，债券募股说明书中习惯于把公共证券协会（PSA）提前偿付基准作为提前偿付假设的基础依据。这个提前偿付基准假设的“条件提前偿付率”（CPR）是，刚开始的第1个月为0.2%，接下来的30个月直线地上升到6%。从第30个月到预计证券被偿还的最后1个月，CPR被假设保持为6%。在提前偿付速度被假设保持为6%水平的那段时间，证券被称为“成熟的”（seasoned）。对于公共证券协会提前偿付基准，证券被假设为成熟的时间为第30个月。当提前偿付速度用图形来表示时，CPR从第1个月到证券被假设为成熟的月份之间的直线上升，被称为“提前偿付斜坡”（prepayment ramp）。对于公共证券协会提前偿付基准，提前偿付斜坡开始于第1个月，并延伸到第30个月。快于或者慢于假设公共证券协会提前偿付基准的速度，用基准提前偿付速度的倍数来表示。

在住宅权益贷款和机构抵押贷款支持证券的提前偿付行为之间，有一些差异。华尔街的机构（包括承销机构和住宅权益贷款支持债券的做市商）为这些交易开发了提前偿付模型。有些机构发现住宅权益贷款和机构住宅抵押贷款的提前偿付行为之间的关键性差异来自于借款人的信用特征所扮演的重要角色①。

当试图评估一个特定交易的提前偿付时，必须注意借款人特征和账龄（也就是已发放贷款的存续时间长度）。在一个住宅权益贷款的募股说明书中，需要进行基准提前偿付的假设。发行人现在使用其独特的提前偿付基准，而不是使用公共证券协会提前偿付基准作为提前偿付速度的依据。募股说明书中的基准提前偿付速度被称为“募股说明书提前偿付曲线”（prospectus prepayment curve，PPC）。与本章前面类似，快于或者慢于计划书提前偿付速度的速度被表示为PPC的倍数。针对发行人特定的提前偿付速度基准，要比与共同证券协会（PSA）基准类似的普通基准更好。这种改进的抵押贷款组合的提前偿付特征的描述，其缺点是难以比较不同的担保品的（新发行的和已经发行的）提前偿付特征和投资特征。

既然住宅权益贷款交易由固定利率或变动利率贷款支持，每一种类型的贷款将提供独立的PPC。例如，在ContiMortgage房屋权益贷款信托基金1998-2的募股说明书中，对于固定利率抵押的提前偿付的假设是这样的，在第1个月条件提前偿付率（CPR）以4%开始，其后每个月CPR上升1.45455%，一直到第12个月，此时CPR已上升到20%。因此，担保品假定在12个月内成熟。该提前偿付斜坡开始于第1个月，在第12个月结束。如果投资人基于200%的PPC（计划书提前偿付曲线）来分析该笔交易，这意味着参考的是2倍的CPR，担保品成熟用了12个月。对于ContiMortgage交易中的变动利率抵押贷款，以100% PPC假定担保品在18个月后成熟，第1个月CPR以4%开始，其后每个月的CPR上升1.82353%。从第18个月开始，条件提前偿付率为35%。因此，该提前偿付斜坡开始于第1个月，结束于第18个月。请注意，对于该发行人，假设浮动利率抵押的成熟速度慢于固定利率抵押（18个月：12个月），但是当贷款集合成熟时有一个更快的CPR（35%：20%）。

---

① 参见：Dale Westhoff and Mark Feldman, “Prepayment Modeling and Valuation of Home Equity Loan Securities,” Chapter 18 in Frank J. Fabozzi, Chuck Ramsey, and Michael Marz (eds.), The Handbook of Nonagency Mortgage-Backed Securities: Second Edition (New Hope, PA: Frank J. Fabozzi Associates, 2000).

11.3.2 偿付结构

如同前面章节所讨论的非机构抵押贷款支持证券一样，存在转手型（passthrough）和转付型（paythrough）两种住宅权益贷款支持的证券。

一般而言，被证券化的住宅权益贷款支持债券既有封闭式固定利率，又有可调整利率（或者变动利率）的住宅权益贷款。后者所支持的债券被称为“住宅权益贷款浮动利率债券”（HEL foaters）。基础贷款的参考利率一般为6个月期的LIBOR。这些贷款的现金流量受阶段性的或整个存续期内的贷款利率上限所影响。

提供浮动利率的债券往往吸引那些寻找债券以更好地匹配它们的浮动利率资金成本的机构投资者。为提高住宅权益贷款支持债券对这些投资者的吸引力，这些债券经常以1个月的LIBOR为参考利率来创设。对于浮动利率住宅权益贷款债券有一个票面利率的上限，这是因为：（1）基础贷款的参考利率（6个月LIBOR）与浮动型住宅权益贷款的参考利率是不匹配的；（2）某段期间或存续期内基础贷款存在利率上限。不同于典型的浮动利率债券（在整个证券周期内上限是固定的），住宅权益贷款浮动利率债券的有效的某段期间或存续期内上限是变动的。有效的上限（被称为“可获得的资金利率上限”（available funds cap）），将取决于本金的利息减去全部费用后产生的金额。

接下来考察具体案例，Advanta公司的抵押贷款信托1995－2在1995年6月发行。在发行中，该证券大约有12 200万美元的封闭式住宅权益贷款，有1 192笔住宅权益贷款，有727笔固定利率贷款和465笔变动利率贷款，有5个组别（A－1、A－2、A－3、A－4、A－5）和1个剩余组别。5个组别被概括如下表：

等级	票面金额（美元）	转手票面利率（%）
A－1	9 229 000	7.30
A－2	30 330 000	6.60
A－3	16 455 000	6.85
A－4	9 081 000	浮动利率
A－5	56 917 000	浮动利率

担保品被分为Ⅰ组和Ⅱ组。727笔固定利率贷款包含在Ⅰ组，支持A－1、A－2、A－3、A－4类别。465笔变动利率贷款包含在Ⅱ组，支持A－4、A－5类别。

住宅权益贷款交易中的组别被结构化从而给高级组别中的一部分提供比其他高级组别更大的提前偿付保护。这样处理的两种结构的类型为非加速高级组别和按计划分期偿付组别。

1. 非加速高级组别

一个非加速高级组别（non-accelerating senior tranche）简称NAS组别，按照计划表收到本金。计划表不是以金额来表示的。它只是一个本金计划表，用来标明在特定月份必须分配给NAS组别的本金比例。一个典型的NAS组别的本金计划表如下表①：

① 参见：Charles Schorin, Steven Weinreich, and Oliver Hsiang, “Home Equity Loan Transaction Structures”, Chapter 6 in Frank J. Fabozzi, Chuck Ramsey, and Michael Marz, *Handbook of Nonagency Mortgage-Backed Securities: Second Edition* (New Hope, PA: Frank J. Fabozzi Associates, 2000).

月份	分配给 NAS 本金比例
第 1—36 个月	0%
第 37—60 个月	45%
第 61—72 个月	80%
第 73—84 个月	100%
第 84 个月之后	300%

对于大范围的提前偿付，NAS 组别的平均期限是稳定的，因为最初 3 年的所有提前偿付款支付给其他优先组别。这减少了由于快速的提前偿付所导致的 NAS 组别缩期风险（也就是缩短期限）。在第 84 个月之后，其分配 300% 的本金偿付被支付给 NAS 组别，因此减少了其延期风险。

图表 11—2 说明了当存在大量的提前偿付时，平均期限是稳定的。此处分析的交易是 ContiMortgage 家庭权益贷款信托 1997 - 2①。A - 9 等级是 NAS 组别。在发行后很短的时间内，彭博资讯上已经有利用发行 PPC 的分析报告。如图表 11—2 所示，在 75% ~200% 之间的 PPC，平均期限是基本稳定的。事实上，PPC 在 75% ~200% 之间时，平均期限的差异仅仅是 1 年多一点。

图表 11—2　　**NAS 组别（A - 9 等级）和非 NAS 组别（A - 7 等级）的平均期限**

（对于 ContiMortgage 家庭权益贷款信托 1997 - 2 的提前偿付范围）

	% PPC												75% ~200% 平均期限的差异
	0	50	75	100	120	150	200	250	300	350	400	500	
平稳 CPR	0	10	15	20	24	30	40	50	60	70	80	100	
NAS 债券平均期限	11. 71	7. 81	7. 06	6. 58	6. 30	6. 06	5. 97	3. 98	2. 17	1. 73	1. 38	0. 67	1. 09
非 NAS 债券平均期限	21. 93	14. 54	11. 94	8. 82	6. 73	4. 71	2. 59	1. 96	1. 55	1. 25	1. 03	0. 58	9. 35

数据来源：Bloomberg Financial Markets. Reported in Charles Schorin, Steven Weinreich, and Oliver Hsiang, "Home Equity Loan Transaction Structures," Chapter 6 in Frank J. Fabozzi, Chunk Ramsey, and Micheal Marz, *Handbook of Nonagency Mortgage-Backed Securities: Second Edition* (New Hope, PA: Fabozzi Associates, 2000).

相反，图表 11—2 也显示了在相同的提前偿付情况下，在同一交易中非 NAS 的顺序偿付组别——A - 7 的平均期限。请注意，实际的平均期限是变化的。提前偿付率在 75% ~200% PPC 之间变化，NAS 组别的平均期限差异刚好 1 年多一点，而非 NAS 组别的平均期限差异则超过 9 年。当然，同一交易中的非 NAS 组别比标准的顺序偿付的组别的稳定性更差，因为非 NAS 组别得到更多的本金偿付。

2. 按计划分期偿还组别

前面章节讨论了机构发行的抵押担保债务，我们解释了如何创设按计划分期偿还组别。

① 本例来自于：Schorin, Weinreich, and Hsiang, "Home Equity Loan Transaction Structures."

HEL 结构中也可以创设这些组别。不同于固定利率贷款支持的机构抵押担保债务的按计划摊销组别，HEL 的担保品既可以是固定利率的，也可以是变动利率的。

一个在 HEL 支持的结构中的 PAC 组别的例子是 ContiMortgage 1998 -2 中的 A -6 组别。11.3 节介绍了该交易的提前偿付速度。对于固定利率和变动利率的担保品，有不同的 PAC 双限。对于固定利率担保品，PAC 双限是 125% ~175% PPC；对于变动利率担保品，PAC 双限是 95% ~130% PPC。A -6 组别（固定利率担保品支持的组别）的平均期限是 5.1 年。如第 3 章所解释的，更短期限组别的有效双限比募股说明书中规定的上限要大一些。A -6 组别的有效上限实际是 180% PPC（假定可调整利率担保品的提前偿付速度是 100% PPC）①。

对于更短的按计划摊销类别，有效上限更高一些。例如，对同一交易中的 A -3 组别，初始的提前偿付速度双限的 PPC 为 125% ~175%，平均期限为 2.02 年。当然，有效上限是 190%（假定可调整利率担保品的提前偿付速度是 100% PPC）。

由于实际的提前偿付的存在，以及支持组别背离初始的 PAC 双限，PAC 的有效双限随时在变化。例如，如果在 ContiMortgage 1998 -2 发行后的 36 个月里，实际提前偿付速度保持在 150% PPC，有效双限将是 135% ~210% PPC②。也就是说，下限和上限将提高。如果发行后的 10 个月里，实际的 PPC 是 200%，支持组别将完全清偿，将不再有按计划分期偿还类别的担保品。在这种情况下，按计划分期偿还组别被称为“不良 PAC”（broken PAC）。

11.4 预制房屋贷款支持债券

预制房屋贷款支持债券（manufactured housing-backed securities）是预制房屋贷款所支持的。与建造住宅不同，预制房屋首先在工厂制造，然后运输到预制房屋社区或私人土地上并安装。该类贷款要么是（土地和房屋）抵押贷款，或者是消费者零售分期付款的贷款。

预制房屋支持债券由吉利美（Ginnie Mae）和私营机构发行。前者发行的债券由美国政府提供完全信用保证。预制房屋贷款为吉利美发行和担保的证券充当担保品，它也是由联邦住房管理局（FHA）或者退伍军人管理局（VA）担保的贷款。

不是由联邦住房管理局或者退伍军人管理局所担保的贷款，被称为“传统贷款”（conventional loans）。由这些贷款所支持的预制房屋支持债券，被称为“传统的预制房屋支持债券”（conventional manufactured housing-backed securities）。这些证券是私营机构发行的。

典型的预制房屋贷款期限是 15 ~20 年。该类贷款的偿还已经采用全部分期付款分期偿还的结构。因此，与住房抵押贷款和住宅权益贷款支持债券一样，现金流量由净利息、定期支付的本金和提前偿付本金组成。然而，预制房屋支持债券的提前偿付更为稳定，因为它们对于再融资不太敏感。

这种情况出现有若干种原因。首先，贷款余额通常很小，以至于从再融资中可节约的成本不大。其次，在刚开始的前几年，预制房屋的折旧大于贷款偿还的金额。这使得贷款的再融资变得困难。最后，一般而言，借款人信用质量较低，因此得到再融资的资金是很困难的。

与住房抵押贷款和住宅权益贷款支持债券一样，预制房屋贷款支持债券的提前偿付，用

① 对于这些份额更多细节的分析，参见：Schorin，Weinreich，and Hsiang，“Home Equity Loan Transaction Structures.”
② Schorin，Weinreich，and Hsiang，“Home Equity Loan Transaction Structures.”

术语“条件提前偿付率”（CPR）来衡量，每个债券都有一个 PPC。

预制房屋贷款支持债券偿付结构和非机构抵押贷款支持证券以及住宅权益贷款支持债券是一样的。

11.5 美国之外的住房抵押贷款支持证券

全世界证券化资产市场正在发展，最大的市场是住房抵押贷款支持证券市场。本书不可能对每个国家的住房抵押贷款支持证券进行探讨。为了介绍美国以外的住房抵押贷款支持证券市场和类似于美国非机构抵押支持证券市场的情况，本书将探讨英国和澳大利亚的住房抵押贷款支持证券市场。

11.5.1 英国住房抵押贷款支持证券

在欧洲，发行资产支持证券最多的国家是英国[①]。该国市场最大的板块是住房抵押支持证券市场，包括“主流”住房抵押贷款支持证券和“不合规”住房抵押贷款支持证券。在美国抵押贷款市场，“不合规”抵押贷款是指达不到吉利美（Ginnie Mae）、房利美（Fannie Mae）和房地美（Freddie Mae）的担保标准的贷款。然而，这并不意味着这些贷款有很大的信用风险。与之不同的是，在英国抵押贷款市场，“不合规”抵押贷款的借款人经审查认为有更大的信用风险——他们没有信用记录或有不良还款记录。

标准的抵押贷款是变动利率、完全分期偿还的贷款。这类贷款的期限一般是 25 年。如同美国的抵押贷款市场，借款人要获得高贷款/价值比率的贷款，必须获得抵押贷款保险，被称为“抵押赔偿保证”（MIG）。

如同在美国一样，因为没有联邦关联机构或者政府主办的企业担保，该类交易就更类似于非机构债券市场，因此就需要信用增强。

因为基础抵押贷款是浮动利率的，发行的债券也是浮动利率（LIBOR 是参考利率）。现金流量依赖于本金偿付的时间，这类交易通常会建立一个顺序偿付的结构。例如，Granite Mortgage 00 - 02 交易是一个典型的英国结构化产品[②]。该抵押贷款集合由主流抵押贷款组成，有四个债券组别：两个 A 级组别，即 A - 1 等级组别和 A - 2 等级组别，被评定为“AAA”。一个是美元表示的组别，另一个是英镑表示的组别。B 等级债券被评定为“A”，C 等级债券被评定为“BBB”。本金偿付的顺序如下：按比例清偿 A - 1、A - 2 等级，然后清偿 B 等级，然后清偿 C 等级。

在下列情况下，发行人有权赎回已经发行的债券：

（1）支付给债券持有人的利息的代扣税金被征收；

（2）如果抵押贷款组合下跌至原始的组合金额的 10%，或者更低，发行人有权赎回所有未偿付的债券；

（3）在特定的日期（叫做“截止日”）或者未来的某个日期。

---

① 关于英国住房抵押支持证券市场的信息，来源于以下资料：Phil Adams，“UK Residential Mortgage-Backed Securities，” and “UK Non-Conforming Residential Mortgage-Backed Securities，” in *Building Blocks*, Asset-Backed Securities Research, Barclays Capital, January 2001; Christopher Flanagan and Edward Reardon, *European Structured Products: 2001 Review and2002 Outlook*, Global Structured Finance Research, J. P. Morgan Securities Inc., January 11, 2002; and, “UK Mortgages-MBS Products for U. S. Investors，” *Mortgage Strategist*, UBS Warburg, February 27, 2001, pp. 15 - 21.

② 对于该结构化产品更多细节的探讨，参见：Adams，“UK Residential Mortgage-Backed Securities，” pp. 31 - 37.

例如，对于 Granite Mortgage 00－02 交易，“截止日”是2007年9月。发行人很可能赎回已发行债券，因为那时债券的票面利率上升。在本交易中，类似于大多数交易，其超过 LIBOR 的利差翻倍了。

信用增强由超额利差、准备金和次级债券组成。对于 Granite Mortgage 00－2，存在次级债券支持高级债券：C 等级、B 等级组别支持两个 A 等级组别；C 等级支持 B 等级组别。在发行时超额利差被全部用于建立准备金。另外，有一个“本金短缺条款”。该条款要求如果一定时期出现的损失非常大，以至于这段时间的超额准备金不足以弥补损失，当接下来的一段时期超额利差可用时，也可用于弥补损失。此时还存在触发机制，在特定的情况下，可通过调整本金的支付，将提供更多的信用保护给高级债券。当基础抵押组合由不合规抵押贷款组成时，投资者将得到额外保护。

因为提前偿付将缩短交易中高级债券的平均期限，所以一般而言，交易都包括一个条款：如果提前偿付率超过约定，就允许购买替代担保品。例如，在 Granite Mortgage 00－02 交易中，这个约定的速度是每年20%。

11.5.2 澳大利亚的抵押贷款支持证券

在澳大利亚，抵押贷款银行在贷款中占支配地位，最大的抵押贷款银行是 ANZ 银行、澳大利亚联邦银行、澳大利亚国家银行、西太平洋银行和圣乔治银行①。

进入该市场的非抵押贷款银行竞争者，已经使用证券化作为融资手段。大部分住房集中在新南威尔士，尤其是悉尼。评级机构发现，违约风险比在美国和英国低得多。

贷款期限普遍在20～30年。与美国一样，这里抵押贷款利率种类很多，有固定利率、有上限的变动利率、没有上限的变动利率、与基准利率捆绑的利率。

为保护债权人而为贷款提供的抵押保险，被称为“贷款人抵押保险”（LMI）。通常贷款人抵押保险覆盖全部贷款的20%～100%。提供这类保险的公司是私营企业②。当没有贷款人抵押保险的抵押贷款被证券化时，通常发行人会为这些贷款购买保险。

在一个交易结构中，贷款人抵押保险成为信用增强的第一层，因而其对于证券化交易很重要。在评估结构中组别的等级时，评级机构特别强调这一点。评级机构为贷款人抵押保险计算信用增强的金额，依赖于抵押保险公司的评级机构评估。

进行证券化时，这些组别都设计为浮动利率。有一个初始的周转期——这意味着本金先不支付给组别持有人，而是用于再投资新抵押贷款。与英国的 Granite Mortgage 00－02 交易一样，如果支付给债券持有人的利息的代扣税金被征收，或者在特定的日期之后，或者抵押贷款组合下跌至原始的组合金额的10%以下，发行人有权赎回所有未偿付的债券。

澳大利亚抵押贷款支持证券的组别有些以美元标价，有些以欧元标价③。这些全球交易大多数拥有2个或者3个 AAA 等级的高级组别和1个 AA 或者 A 等级的低等级组别。

信用增强的途径包括超额利差（在大多数交易中一般都很小）、次级债券，还有刚才提及的贷款人抵押保险（LMI）。为说明这点，考虑 Interstar Millennium 系列 2000－3E 信

---

① 关于澳大利亚住房抵押支持证券市场的信息，来源于以下资料：Phil Adams，“Australian Residential Mortgage-Backed Securities,” *in Building Blocks*; Karen Weaver, Eugene Xu, Nicholas Bakalar, and Trudy Weibel, “Mortgage-Backed Securities in Australia,” Chapter 41 in *The Handbook of Mortgage-Backed Securities: Fifth Edition* (New York, NY: McGrawHill, 2001); and, “Australian ValueDownUnder,” *Mortgage Strategist*, UBS Warburg, February 6, 2001, pp. 14－22.

② 5家主要的机构是皇家和太阳联盟贷款人抵押保险有限公司、CGU 贷款人抵押保险有限公司、PMI 抵押保险有限公司、GE 贷款人抵押保险财产有限公司、GE 抵押保险公司。

③ 这些交易的汇率风险通常用各种各样的互换来对冲（浮动/固定，固定/浮动，以及外汇互换）。

托——这是一个典型的澳大利亚抵押贷款支持债券交易，有两个组别：一个高级组别（A等级）被评定为AAA级；一个次级组别（B等级）被评定为AA级。提供给高级组别的保护是次级组别、贷款人抵押保险（最高覆盖100%的产权，并由5大抵押保险公司保险）以及超额利差。

11.6 汽车贷款支持债券

汽车贷款支持债券是资产支持证券市场中最古老和我们最熟悉的证券之一。汽车贷款支持债券由下面的机构发行：

（1）汽车制造商的附属金融机构；

（2）商业银行；

（3）专营汽车贷款的独立金融公司和小型金融机构。

历史上，汽车贷款支持债券占资产支持证券市场18%～25%的组别。汽车贷款市场会根据借款人信用质量进行分类。“主流的汽车贷款”具有高信用质量，由汽车制造商的附属金融机构发放。这类贷款是高信用质量贷款之一。首先，借款方式是安全的。其次，这种贷款是通过分期偿还方式偿还的，很快开始偿还本金。再次，它们是短期贷款。最后，大部分的汽车贷款的主要发行人倾向于遵循合理的谨慎贷款标准。

不同于次级抵押贷款行业，在主流和次级汽车贷款不同种类之间更缺乏一致性。穆迪假设的“主流市场”，由普遍累计损失低于3%的发行人所组成；“接近主流”的发行人累计损失在3%～7%；次级的发行人损失将超过7%。

在2002年，汽车贷款市场在欧洲资产支持证券市场中只是很小一部分，大约占证券化市场的5%。这里有两个原因：第一，在欧洲人均汽车拥有量更低。第二，在欧洲有很大的税收和涉及借款人隐私的监管规则差异，因此使得证券化变得困难①。汽车贷款业务已经在意大利、英国、德国、葡萄牙、比利时开展。

11.6.1 现金流量和提前偿付

汽车贷款支持债券的现金流量，由计划的定期月度贷款偿付（利息和计划的本金偿付）和提前偿付款组成。对于汽车贷款支持债券，提前偿付款来自于：（1）要求全额付清贷款的汽车销售或以旧换新；（2）收回汽车及随后再销售；（3）汽车的损失和破坏；（4）用现金清偿贷款，以节约利息成本；（5）以更低的利息成本对贷款进行换新。

收回及随后再销售的提前偿付，对经济周期比较敏感。在经济萧条阶段，提前偿付速度提高。虽然换新可能成为抵押贷款提前偿付的主要原因，但该因素对于汽车贷款的影响很小。而且，一些汽车制造商将低贷款利率作为一种促销手段，汽车贷款的利率远远低于市场利率。

11.6.2 度量提前偿付

对于大多数存在提前偿付的资产支持证券，提前偿付速度用术语“条件提前偿付率”（CPR）来度量。如之前解释的，月度提前偿付用术语“单月提前偿付率”（SMM）来衡量。

① Flanagan and Reardon, *European Structures Products; 2001 Review and 2002 Outlook*, p. 9.

计算和报告汽车贷款支持债券的提前偿付率的公式，与其他的证券不一致。汽车贷款支持债券的提前偿付用术语“绝对提前偿付速度”（absolute prepayment speed）来衡量，以“ABS”表示[①]。“ABS”是月度提前偿付速度，以原始的抵押贷款金额的百分比表示。如先前所解释的，SMM（月度 CPR）表示基于前一个月的贷款余额的提前偿付速度。

在 SMM 和 ABS 之间，有一个数学关系。用 M 表示贷款发生后的月份数，SMM 比率能用下面的公式从 ABS 计算得来：

$$SMM = \frac{ABS}{1-[ABS\cdot(M-1)]}$$

这里 ABS 和 SMM 比率以小数形式表示。

例如，如果在发行后的第 14 个月 ABS 是 1.5%（也就是 0.015），SMM 是 1.86%，计算过程如下：

$$SMM = \frac{0.015}{1-[0.015\times(14-1)]} = 0.0186 = 1.86\%$$

使用如下公式，ABS 比率也能从 SMM 比率计算得出：

$$ABS = \frac{SMM}{1+[SMM\cdot(M-1)]}$$

例如，如果发行后第 9 个月 SMM 比率是 1.3%，ABS 比率为：

$$ABS = \frac{0.013}{1+[0.013\times(9-1)]} = 0.0118 = 1.18\%$$

当使用 SMM 比率来衡量时，随着贷款成熟（seasoning），汽车贷款的 SMM 逐步提高。

11.7　学生贷款支持债券

学生贷款用于支付大学费用（本科、研究生和职业项目，如医学院、法学院）和广大范围的职业和商业学校的学费。学生贷款支持债券，一般被称为“学生贷款资产支持证券”（SLABS），与上文所介绍的其他资产支持证券有类似的结构特征。

被证券化的学生贷款，是在联邦家庭教育贷款项目（FFELP）下的贷款。在该项目下，政府通过私营贷款机构给学生贷款。私营贷款机构不是基于借款人偿还贷款的能力来决定是否发放贷款。如果贷款发生违约，并且贷款的发放程序恰当，政府将保证最高 98% 的本金和应计利息[②]。

不是政府担保项目部分的贷款被称为“选择性贷款”（alternative loans），这些贷款基本上是消费贷款。贷款人基于申请人的还款能力来决定是否发放选择性贷款。选择性贷款也可以被证券化。

11.7.1　发行人

国会为了给抵押贷款市场提供流动性而创立了房利美（Fannie Mae）和房地美（Freddie Mae），允许这些政府主办的企业在二级市场购买抵押贷款。国会还创立了学生贷款销售协

① 此处使用 ABS 而不是 SMM/CPR 的唯一解释是历史原因。汽车贷款支持证券（曾经普遍指的是“CARS”——汽车应收款权证）是市场上开发的第一种非抵押资产（第一种非抵押资产支持证券实际是由计算机租赁应收款支持的）。那时在这个市场里主要的交易商——第一波士顿（现在的瑞士第一波士顿）选择使用 ABS 来衡量提前偿付。你可能觉得奇怪，如何从绝对提前偿付率得到 ABS。再说一次，这是历史原因。起初在市场上，ABS 可能意味着“资产支持证券”，但随着时间的推移，应避免混淆演化为“绝对提前偿付率”。

② 事实上，对于有些原始日期，保证能最高达到 100%。

会（昵称“Sallie Mae”）作为政府主办企业在二级市场购买学生贷款，并将学生贷款组合证券化。自从它在1995年首次发行，现在学生贷款销售协会已经是学生贷款资产支持证券（SLABS）的主要发行人，它发行的证券也被作为基准证券①。其他发行学生贷款资产支持证券的机构是传统的公司实体（例如，货币零售商和PNC银行）和非营利组织（密歇根高等教育贷款局、加州教育设备局）。后者发行的学生贷款资产支持证券通常是免税证券，并可在市政债券市场交易。近年来，一些非营利组织变更了公司章程，申请获得“营利性机构”的资格。

11.7.2 现金流量

首先分析学生贷款自身的现金流量。联邦家庭教育贷款计划下的学生贷款类型很多，包括有贴息和无贴息的斯坦福贷款、为本科生的家长贷款（PLUS）、学生补充贷款（SLS）。根据借款人的偿还情况，这些贷款分为三个阶段——延期阶段（deferment period）、宽限阶段（grace period）、还款阶段。通常，学生贷款运作程序如下：当学生在校时，这是延期阶段，学生不用还贷款。直到离开学校后有一个宽限阶段，通常是6个月内无须偿还贷款。过了这个阶段，借款人应该偿还贷款。

学生贷款是浮动利率贷款，其唯一参考利率是3个月国债利率。因此，一些学生贷款资产支持证券的发行人发行参考利率为3个月国债利率的证券。然而，绝大部分学生贷款资产支持证券以LIBOR的浮动利率作为参考②。

由于违约或者是贷款的合并，提前偿付行为经常发生。当违约发生时，即使投资者没有面对本金损失，投资者仍然面临缩期风险。缩期风险是指投资者必须以更低收益率水平将收回的资金再投资，而如果债券是溢价购买的，损失还将包括溢价。研究显示学生贷款的提前偿付对贷款利率水平不敏感。学生把几年内的贷款组合成单笔贷款时，就是合并贷款。从合并贷款中获得的收益，被首先分配给初始的贷款人，然后分配给债券持有人。

11.8 小企业管理局贷款支持证券

小企业管理局（SBA）是一个美国政府机构，被授权对经政府批准的SBA贷款人向合格借款人发放的贷款提供担保。贷款由政府信用完全保证。大多数SBA贷款是变动利率贷款，参考利率是银行优惠利率。贷款利率按月在月初，或者每季度的首月——1、4、7、10月份第一天调整。小企业管理局相关规则规定了二级市场上被允许的最高利率。新发放贷款的期限一般为5~25年。

《小企业二手市场促进法》是1984年通过的，该法允许SBA贷款进行组合。当SBA贷款被组合时，基础贷款必须有相似的期限和特征。贷款组合的到期时间通常是7、10、15、20和25年。没有利率上限的贷款不能和有利率上限的贷款组合在一起。

多数变动利率SBA贷款的月度偿付，每月偿付额由利息和本金偿还组成。一笔贷款的月度偿付金额按如下方法确定：根据银行优惠利率加上贷款报价价差的利率公式计算，可以

---

① 在1997年，学生贷款销售协会（Sallie Mae）开始其放弃作为政府主办的企业地位的计划；直到这项多年期计划完成，其过去作为政府主办企业所发行的所有债务，将“不受新条例限制”，作为政府主办企业的债务，一直至到期日。

② 这导致了担保品和债券之间的不匹配。发行人可以使用衍生金融工具对付不匹配，比如利率互换（浮动—浮动的互换，第14章所描述的）或者是利率上限（第14章所描述的）来对冲利率风险。

确定每笔贷款利率。根据每笔贷款利率，可以决定分期偿还计划表的月度偿付额。月度偿付额在下个月支付，直到利率调整。

投资于SBA支持证券的投资者月度现金流量由下列项目组成：

- 基于当期的设定票面利率的利息；
- 计划的本金偿付（也就是计划的分期偿还）；
- 提前偿付。

SBA支持债券的提前偿付速度以术语“条件提前偿还率”（CPR）来衡量。借款人自愿提前偿付不会面临任何处罚。SBA贷款组合的提前偿付速度取决于几个因素。一个决定提前偿付的因素是贷款的到期日。SBA贷款和组合的到期日越短，其提前偿付速度就越快①。贷款的用途也影响提前偿付。贷款的用途有营运资金、不动产建设融资，或者是收购融资。经验表明：10年期或者更短期限的、用途为营运资金的SBA贷款组合提前偿付速度最快。相反，有不动产支持的长期贷款提前偿付速度较慢。

11.9　信用卡应收款支持债券

当使用信用卡购买时，信用卡的发行人（贷款人）提供信用给持卡人（借款人）。信用卡由银行（例如，维萨、万事达）、零售商（例如，Sear公司、Target公司），还有旅游和娱乐公司（例如，美国运通公司）等发行。用信用卡购买商品时，持卡人同意偿还借款金额（也就是购买商品的成本）加上一些合适的财务费用。持卡人同意偿付给发卡人的金额，从发卡人角度来看就是应收款。信用卡应收款通常作为资产支持证券发行的担保品。

11.9.1　现金流量

对于信用卡应收款组合，现金流量包括财务手续费、费用和本金。财务手续费代表信用卡借款人在宽限期后的未偿付余额应承担的利息。费用包括延迟偿付的费用和年度会员费。

支付给债券持有人的利息是定期偿付的（例如按月、季，或者半年）。利率可以是固定的或者浮动的——大约一半信用卡贷款是浮动的。浮动利率是没有上限的。

信用卡应收款支持债券是非分期偿还债券。对于锁定期或者周转期，信用卡借款人偿还贷款组合的本金被托管人保留再投资于其他的应收款，以保持组合的规模。锁定期从18个月到10年不等。因此，在锁定期，付给债券持有人的现金流量，来源于财务手续费和费用。锁定期之后，本金不再投资而是支付给投资者，本金分期偿还期和各种各样类型的结构化产品将在下文介绍。

11.9.2　偿付结构

信用卡应收款支持证券有3种不同的分期偿还结构：（1）转手结构；（2）受控的分期偿还结构；（3）一次还本付息偿付结构。后两种更为普遍。有报告表明，80%的交易是一次还本付息偿付结构，其他的是受控的分期偿还结构②。

在转手结构（passthrough structure）中，信用卡账户产生的本金现金流量按照比例支付给债券持有人。在受控的分期偿还结构（controlled-amortization structure）中，需要规定一个

① Donna Faulk, “SBA Loan-Backed Securities,” Chapter 10 in *Asset-Backed Securities.*

② Thompson, “MBNA Tests the Waters.”

计划的本金偿付额，类似于按计划分期偿还债券组别（PAC 债券）的本金窗口。计划的本金偿付要足够低，即使在由于借款人违约或者延迟支付导致现金流量下降而引起的压力条件下也能偿还债务。债券持有人能获得按比例偿付和计划本金偿付中较少的金额。在子弹型偿付结构（bullet-payment structure）中，债券持有人在一次分配中得到整个偿付金额。由于无法保证整个偿付金额能一次付清，对于托管人的程序是：按月把偿付的本金转入一个能产生足够利息用以定期利息支付和积累应偿付本金的账户。在计划的一次性还本付息的那个月之前刚好形成应付的利息和本金。这种结构也叫做"软子弹型偿付结构"（soft bullet），因为到期一次还本付息从技术的角度是不能完全确保的，但是几乎都能满足偿债的要求。积累本金的这段时间，被称为"累积期"（accumulation period）。

11.9.3 应收款组合的业绩

为了掌握应收款组合的特性以及发行人支付债务利息和按照计划偿还本金的能力，必须要理解几个概念。

首先要理解"投资组合毛收益"（gross portfolio yield）。该收益包括财务手续费、费用。"注销"（charge-offs）表示某些账户因为不可收回而被注销。"投资组合净收益"（net portfolio yield）= 投资组合毛收益 - 注销。投资组合净收益是很重要的，因为债券持有人得到的偿付来自于该收益。因此，如果必须支付给该结构中不同种类组别的平均收益率（WAC）是5%，当月的投资组合净收益只有4.5%，存在有些债券持有人得不到偿付的风险。

"拖欠率"（delinquencies）是已过期特定的月份数（通常为30天、60天和90天）的应收款的百分比。它们表明了未来可能的注销。

月偿付率（monthly payment rate，MPR）表示信用卡应收款组合的月度偿付（包括财务手续费、费用和偿还的本金）与前一个月未偿付信用卡债务的百分比。例如，假设一个1月份50 000万美元的信用卡应收款组合，2月份收到了5 000万美元的月度偿付。MPR就是10%（5 000 ÷ 50 000 × 100%）。

MPR为什么重要，有两个原因：首先，如果MPR达到一个很低水平，债券上的本金偿付将存在延期风险的可能性。其次，如果MPR处于很低水平，将存在没有足够现金流量来清偿本金的可能性。这是触发提早分期偿还的导火索之一（下文描述）。

在发行中，募股说明书中提供投资组合收益、注销、拖欠率、MPR等信息。关于投资组合特征的相关信息也可以从彭博社、评级机构、交易商等处得到。

11.9.4 触发提早分期偿付

信用卡应收款支持证券中的条款规定：如果某些事件发生，就要求提早分期偿付本金。这样的条款（本章早些时候提到过）被称为提早分期偿付或者快速分期偿还条款，这是为了保证债券的信用质量。改变本金的现金流量的唯一办法是启动提早分期偿付条款。

一般而言，应收款组合提供的净收益率低于3个月期的基础贷款利率，就要触发提早分期偿付。当提早分期偿付发生时，信用卡贷款支持组别随后被依次清偿（也就是说，首先是AAA等级债券，然后是AA等级债券）。把信用卡借款人支付的本金付给投资者，而不是使用它们去购买更多的应收款。衡量本金偿还的时间长度是月偿付率的主要功能。例如，假设AAA组别占整个交易的82%。如果月支付率是11%，AAA组别被偿还本金需超过7.5个月（82%/11%）。以 18% 的月偿付率偿还本金，则超过 4.5 个月（82%/18%）。

11.10　债务抵押债券

债务抵押债券（collateralized debt obligation，CDO）是由一种或者多种如下类型债务的多样化组合所支持的债券：

- 美国国内的高收益公司债券；
- 结构化融资产品（也就是抵押贷款支持和资产支持证券）；
- 新兴市场债券；
- 银行贷款；
- 特殊情况贷款和危机债务。

当基础的债务担保品组合是债券类型工具（高收益公司债券、结构化融资产品、新兴市场债券）时，债务抵押债券被称为“债券抵押债券”（collateralized bond obligation，CBO）。当基础的债务担保品组合是银行贷款时，债务抵押债券被称为“贷款抵押债券”（collateralized loan obligation，CLO）。

11.10.1　CDO 的结构

在 CDO 结构中，资产经理负责管理债务资产组合。关于资产经理可以做什么和必须满足 CDO 的某些组别的特定测试（以保持发行时的信用评级），以及决定如何和何时偿还组别的本金有强制性规定（也就是限制性契约）。

购买基础抵押资产（也就是债券和贷款）的资金从债券（也就是组别）的发行中获得，包括一个或多个高级组别，一个或者多个中级组别，一个次级/权益组别。除了次级/权益组别，所有组别将被评级。对于高级组别，一般至少“A”级。对于中级组别，一般为“BBB”级，至少不能低于“B”级。如稍后所解释的，因为次级/权益组别得到剩余的现金流量，对于该组别不用评级。

资产经理对 CDO 组别的利息支付能力，以及债务到期时 CDO 组别的清偿能力依赖于基础担保品资产的收益情况。用于支付 CDO 各组别债务（利息和本金偿还）的收益来自于：（1）基础担保品资产的利息支付；（2）基础担保品资产组合中的即将到期资产；（3）基础担保品资产组合中的资产出售。

在一个典型的 CDO 结构中，CDO 组别中的一个或者多个组别是浮动利率债券。资产经理投资于固定利率债券，但也投资于浮动利率的银行贷款支持的交易品。现在的问题是：支付给 CDO 组别投资者的是浮动利率，所投资的资产是固定利率。为解决该问题，资产经理使用衍生工具，能把资产的固定利率现金流量转换为浮动利率现金流量。实践中，利率互换也可以实现该转换。衍生工具允许市场参与者交换固定利率为浮动利率；反之亦然。由于资产经理投资的债务的现金流量性质和一些组别的浮动利率债券之间存在不匹配，资产经理必须使用利率互换。评级机构将要求使用互换，以消除不匹配。

11.10.2　债务抵押债券（CDO）家族

债务抵押债券（CDO）家族被显示在图表 11—3 中。随后将详细介绍图表 11—3 中显示的每个 CDO，这里只提供综述。

CDO 家族最大的两个分支是现金债务抵押债券（Cash CDO）和合成债务抵押债券（synthetic CDO）。现金债务抵押债券是现金债务市场工具的组合所支持的。之前，我们描述了很多这样的债务工具。合成债务抵押债券是指，投资者的债务工具组合存在经济风险敞口，但是该风险敞口是通过信用衍生工具分散的，而不是购买现金债务市场工具的 CDO。稍后我们将介绍合成债务抵押债券的基本要素。

图表 11—3　　**债务抵押债券（CDO）族谱**

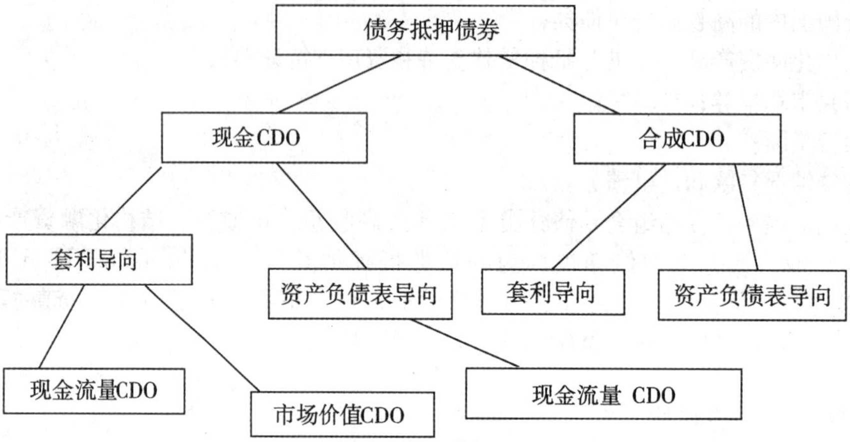

现金债务抵押债券和合成债务抵押债券，都可以按照发起人的动机进一步分类。根据动机不同可以区别为资产负债表债务抵押债券（balance sheet CDO）和套利债务抵押债券（arbitrage CDO）。如稍后解释的，在资产负债表债务抵押债券中，发起人的动机是从自身的资产负债表上去掉该资产。在套利债务抵押债券中，发起人的动机是获得支持债务抵押债券的担保品可能实现的回报和为购买担保品而借入资金的成本（也就是已发行债务的应付利率）之间的利差。

套利交易的现金债务抵押债券可以根据满足组别的偿债要求的基础资产的资金来源进一步分为现金流量债务抵押债券（cash flow CDO）和市场价值债务抵押债券（market value CDO）。在现金流量债务抵押债券中，主要资金来源是指基础资产的利息和到期本金偿付。在市场价值债务抵押债券中，满足债务的资金更多依赖于投资组合总的回报。虽然资产负债表债务抵押债券理论上既可以是现金流量债务抵押债券，也可以是市场价值债务抵押债券，但实践中只可以发行现金流量债务抵押债券。

11.10.3 现金 CDO

本小节进一步考察现金债务抵押债券。在介绍现金流量债务抵押债券和市场价值债务抵押债券之前，先介绍基于发起人动机的现金债务抵押债券的类型：套利和资产负债表交易。如我们在图表 11—3 中所看到的，现金债务抵押债券被分类是基于交易发起人的动机。在套利交易中，发起人的动机是在基础资产组合的债务所提供的收益与向结构中各种组别的偿付之间获得利差。在资产负债表交易中，发起人的动机是从自身的资产负债表上去掉债务工具（主要是贷款）。资产负债表交易的发起人一般是金融机构，如银行由于高的基于风险的资本需求，它们往往通过去掉贷款来缓解自身的资本需求。这里重点介绍套利交易，因为该交易是现金债务抵押债券市场的最大部分。

1. 现金债务抵押债券的套利交易

关于创设一个套利债务抵押债券是否经济的关键是：能否创设一个为次级/权益组别提供有竞争力的回报的结构。

为理解次级/权益组别如何产生现金流量，思考如下的 10 000 万美元债务抵押债券结构，发行时所提供的票面利率如下表显示：

组别	面值（美元）	票面利率
高级	80 000 000	LIBOR + 70 个基点
中级	10 000 000	10 年期国债利率 + 200 个基点
次级/权益	10 000 000	

假设这些担保品由均为 10 年期的债券组成，每张债券的票面利率都是 10 年期国债利率 +400 个基点。资产经理和市场的另外一方达成了名义金额是 8 000 万美元的利率互换协议，并同意如下条款：

- 每年支付等于 10 年期国债利率 + 100 个基点的固定利率利息；
- 按 LIBOR 利率水平收取利息。

该利率协议是一个简单的定期交换利息支付的协议。该支付是以名义本金金额为基准的。名义本金金额不在两方之间交换。相反，它只是用于决定每一方的利息支付。这些利率互换已经足以满足我们理解套利 CDO 交易所涉及的问题的需要。请留意，目的是说明次级/权益组别如何产生期望的回报。

假定，CDO 发行时的 10 年期国债利率是 7%。现在我们能计算出每年的现金流量。首先分析担保品。担保品每年支付（假定没有违约）等于 10 年期国债利率 7% +400 个基点的利息。因此，利息将是：

担保品产生的利息：11% ×100 000 000 =11 000 000（美元）

现在计算必须支付给高级和中级组别的利息。对于高级组别，应付利息是：

支付给高级组别的利息：80 000 000 美元 ×（LIBOR + 70 个基点）

支付给中级组别的票面利率是 7% +200 个基点。因此，票面利率是 9%，利息如下：

支付给中级组别的利息：9% ×10 000 000 =900 000（美元）

最后，让我们考察利率互换。在该协议中，资产经理同意给某个参与方（我们称之为“互换对手”）按照每年 7%（10 年期国债利率）+100 个基点，或者说是 8% 支付利息。但是什么的 8%？如上文所解释的，在利率互换中，支付是基于名义金额。在我们的例子中，名义金额是 8 000 万美元。资产经理之所以选择 8 000 万美元，因为这是接受浮动利率的高级组别的本金金额。因此，资产经理支付给互换对手：

支付给互换对手的利息：8% ×80 000 000 =6 400 000（美元）

从互换对手处收到的利息：80 000 000 美元 × LIBOR

现在我们将以上的分析综合起来。让我们考察 CDO 产生的利息：

担保品利息……………………………100 000 000 美元 ×11%

从互换对手处得到的利息………　80 000 000 美元 × LIBOR

收到的利息合计………………11 000 000 美元 +80 000 000 美元 × LIBOR

支付给高级和中级组别以及互换对手的利息包括：

支付给高级组别的利息……………………80 000 000 美元×（LIBOR+70 个基点）
支付给中级组别的利息………………900 000 美元
支付给互换对手的利息………………6 400 000 美元
支付的利息合计……7 300 000 美元+80 000 000 美元×（LIBOR+70 个基点）
利息收支净额为：
收到的利息合计…………………11 000 000 美元+80 000 000 美元×LIBOR
支付的利息合计……………7 300 000 美元+80 000 000 美元×（LIBOR+70 个基点）
净利息………………………3 700 000 美元-80 000 000 美元×（70 个基点）

由于70 个基点乘以名义金额8 000 万美元是56 万美元，保留的净利息是3 140 000 美元（3 700 000-560 000）。所有费用（包括资产管理费用）必须从这个净额里支付。余额是可用于支付给次级/权益组别的金额。假设这些费用是63.4 万美元。当年，次级/权益组别的现金流量是250 万美元。如果该组别的面值是1 000 万美元，并按照面值被出售，这意味着年度回报是25%。

显而易见，上例做了一些简单的假设。例如，假设这里没有违约。假设资产经理购买的所有债券都是非赎回型的，因此票面利率将不会由于赎回而下降。而且，如下文解释的，在一些时期之后，资产经理必须开始偿还本金给高级组别和中级组别。因此，在设计利率互换时，必须考虑这一点，因为不是所有的高级组别债券的存续期间都等于担保品的存续期限。尽管有这些简单的假设，该例还是清楚地阐述了套利交易、利率互换使用的必要性，以及次级/权益组别如何实现收益等基本问题。

2. 现金流量债务抵押债券的结构

在现金流量债务抵押债券中，资产经理的目标是产生现金流量（主要是利息收入，以及到期、赎回或者分期偿还的债券的收益），以偿还高级组别和中级组别的投资者。因为该结构的现金流量被设计用以使每个组别都能实现偿还目标，因此，资产经理面临一些限制。交易规定了对所持有债券处置所需要的条件，通常是受信用风险所驱动。在形成资产组合的过程中，资产经理必须满足为交易评级的信用评级机构设定的要求。

这里有3 个相关的时期。首先是“加速成立期”。它是在交易结束日之后开始的阶段，这时，资产经理开始把已发行的债券销售的收入用于投资。该阶段通常短于1 年。“再投资期”或者“周转期”是本金收益被再投资的阶段，通常5 年或者更长。最后的阶段，投资组合资产被出售，债券持有人被清偿（下文阐述）。

（1）收益的分配。收入来自于基础资产的利息收入和资本升值。收入按照如下顺序分配：首先支付给托管人和管理人，然后支付给资产经理①。支付完这些费用后，高级组别将被支付利息。在一些其他的支付之前，必须要通过特定的测试。

测试被称为“覆盖测试”，随后将讨论。如果通过覆盖测试，利息被支付给中级组别。中级组别得到支付后，利息被支付给次级/权益组别。

相反，如果覆盖测试没有通过，收入将被用以保障对高级组别的支付。支付费用和高级组别利息的剩余收入被用于偿还高级组别（也就是清偿本金），直到覆盖测试达到标准。如果因为覆盖测试没有达标，高级组别将被完全清偿，剩余收入被用于偿还中级组别。如果还有一些剩余收入，则将被用于偿还次级/权益组别。

① 还有其他的基于业绩的管理费用，但是这些费用支付是在支付给中级组别之后。

（2）本金现金流量的分配。在支付了托管人、管理者和资产经理的费用后，本金现金流量按照如下顺序分配：如果存在支付给高级组别的利息短缺，本金收益首先用于弥补这个短缺。假设覆盖测试是合格的，在“再投资期”，本金被再投资。在“再投资期”后，或者覆盖测试未通过，本金现金流量被用于先支付部分高级组别，直到覆盖测试达标。如果所有的高级组别都已经得到偿付，然后中级组别被清偿，最后次级/权益组别被清偿。

（3）管理的限制。无论是管理现金流量 CDO 的资产经理还是管理市场价值 CDO（下文介绍）的资产经理都会积极地管理投资组合，但是积极管理的程度不同。在现金流量 CDO 中，资产经理在最初结构化产品之后将重新调整投资组合的平衡，以便于资产组合的利息加上回收的本金足以满足结构的债务偿还要求。相反，市场价值 CDO 的资产经理努力从交易中寻求利润，以满足债务各个组别的偿还要求。

两种类型 CDO 的资产经理必须密切关注其担保品，以确保能通过评级机构要求的特定测试。对于现金流量 CDO，有两种类型的测试：质量测试和覆盖测试。

在评价交易时，评级机构关注资产的分散化。存在关于资产分散化的测试，它们被称为“质量测试”（quality tests）。资产经理不可以从事导致违背质量测试指标的交易。质量测试包括：（1）最低资产分散化分值①；（2）最低的加权平均信用等级；（3）到期限制。

有一些用来确保担保品的收益表现足以保证完成对各种组别偿付的测试。这些测试被称为“覆盖测试”（coverage tests）。有两种类型的覆盖测试：面值测试和利息偿付比率。如果覆盖测试未达标，来自担保品的收入将被转向，先偿还部分高级组别。

3. 市场价值 CDO

与现金流量 CDO 一样，在市场价值 CDO 中，有高级、中级债务组别和一个次级/权益组别。然而，因为在市场价值 CDO 中，资产经理必须在基础资产组合中出售资产，以便产生收益用于利息和偿还到期组别，所以必须谨慎监控资产和其价格变动，在资产市场中频繁操作。

因为市场价值 CDO 依赖于资产经理的操作，以产生资本增值和增加回报来满足结构中各组别的偿债要求，相比于现金流量 CDO，资产经理被授予更大的操作空间。例如，在现金流量 CDO 中资本结构是固定的，而市场价值 CDO 在交易结束后，资产经理被允许利用额外的杠杆。

11.10.4　合成 CDO

合成 CDO 如此命名的原因是：因为该类 CDO 实际上并不拥有存在着风险敞口的基础资产。在合成 CDO 中，CDO 债务持有人承担资产组合的经济风险，而不是法律上的产权人。

在合成 CDO 中，存在资产组合的信用风险敞口，叫做“参考资产”（reference asset）。参考资产是或有支付的基础（随后将解释）。参考资产可以是债券市场指数，如高收益债券指数或者抵押债券指数。或者，参考资产也可以是银行持有的公司债券组合。

与参考资产有关的信用风险被划分为两部分：（1）高级部分；（2）次级部分。在一个典型的合成 CDO 结构中，高级部分大约占 90%，次级部分大约占 10%（我们将解释 90% 和 10% 是什么）。次级部分首先承担参考资产的最高可达到名义金额的损失，在所有次级部分

① 评级机构发展了量化投资组合的分散化的方法，这些方法被称为“分散化分值”。

承担损失后，高级部分开始承担损失。

例如，假定参考资产是高收益公司债券指数，需要确定依据市场价值的信用风险敞口的金额，假定为50 000 万美元。该50 000 万美元被看做名义金额。进一步假定该50 000 万美元信用敞口伴随的信用风险被划分为45 000 万美元的高级部分和5 000 万美元的次级部分。45 000 万美元是高级部分的名义金额，5 000 万美元是次级部分的名义金额。由于信用事件（后文解释）而产生的最先的5 000 万美元损失（对于参考资产），由次级部分承担。只有在次级部分首先承担5 000 万美元的损失后，高级部分才将承担损失。

为什么我们称高级和次级"部分"，而不是高级和次级"债券持有人"。原因是，在合成 CDO 结构中，没有发行债券为高级部分筹资。然而，对于次级部分，将发行债务。在上例中，将发行次级债券5 000 万美元。它们通过与现金 CDO 结构一样的途径发行。一般而言，几个次级部分的债券由特殊目的实体（SPV）发行。次级债券中也区分高级组别和次级/权益组别。

从次级债券发行人处得到的收益由资产经理随后投资。然而，投资被限定在高质量债务工具。这包括政府证券、联邦机构债券，以及公司债券、抵押贷款支持证券和"AAA"级别的资产支持证券。

现在我们介绍合成 CDO 的关键——信用衍生工具。投资者用利率衍生工具对付利率风险（之前在阐述套利 CDO 交易时，介绍了一种典型的利率衍生品——利率互换的用法）。信用衍生工具，如这个名字所指明的，被用于保护免遭信用风险。在合成 CDO 中使用的信用衍生品的类型是"信用违约互换"（credit default swap）。这里我们探讨信用违约互换的本质因素，以帮助理解其在合成 CDO 中的作用。

信用违约互换概念类似于保险单，有"信用保障购买人"，面对参考资产上的信用风险，他们购买保护。在合成 CDO 中，信用保障购买人是资产经理。该信用保障购买人（合成 CDO 的资产经理）定期支付费用（类似于保险费）。当影响任何资产（包括参考资产）的信用事件出现时，信用保障提供人将向信用保障购买人支付相应款项作为回报。谁是信用保障提供人？是代表次级债券持有人利益的 SPV。

与利率互换一样，信用违约互换有一个名义金额。名义金额将等于高级部分，在我们的例子中是45 000 万美元。

让我们通过之前的例子来分析本结构中次级债券持有人的回报。次级债券持有人得到两方面来源的支付：

（1）用发行垃圾债务的资金购买的高质量证券的收益；

（2）资产经理支付给 SPV 的保险费（从信用违约互换得到的款项）。

实际上，次级债券持有人将收到由保险费（也就是来自信用违约互换的支付）补充的高质量资产组合的回报。然而，这还没有谈到次级债券持有人对于信用违约互换的义务。如果存在要求次级债券持有人对信用保障购买人的信用事件的偿付（下文阐述），这将减少次级债券持有人的回报。如之前介绍的，次级部分的特定组别所受的影响取决于它的优先级。在多数高级组别和其他优先于次级/权益组别的组别收益受到影响之前，次级/权益组别收益首先受到影响。

因此，对于次级债券持有人的回报，重要的问题是：什么时候必须支付？在信用衍生品中，当出现"信用事件"（credit event）时，信用保障提供人的支付义务发生。信用衍生合同中将界定"信用事件"。对于债务工具，信用事件一般包括破产、到期无法支付、交叉违约/交叉加速、拒绝清偿债务、重组。信用事件适用于参考资产中的一些资产。例如，如果高收益公司债券指数是参考资产，X公司在指数中，一个涉及X公司的信用事件将导致一笔款项支付给信用保障购买人。如果一个银行对企业的贷款的指定组合是参考资产，Y公司的贷款在里面，一个涉及Y公司的信用事件导致一笔款项支付给信用保障购买人。

信用保障提供人（本例的垃圾组别）必须支付多少给信用保障购买人（资产经理）？如果信用事件发生，信用保障购买人将被支付债券的面值与公允价值之间的差额。在信用衍生协议中已经约定如何决定这些支付。

创设合成CDO的动机是什么？存在两种类型：合成资产负债表CDO和合成套利CDO。在合成资产负债表CDO的例子中，通过嵌入一个信用违约互换于CDO结构中，银行能去掉银行贷款组合的信用风险，不用通知借款人它们把贷款出售给另一方，有些国家要求通知。信用违约互换转移贷款的信用风险不需要得到借款人同意。这是最初创立合成资产负债表CDO以适应欧洲银行资产负债表交易的原因。

对于合成套利CDO，相对于现金CDO结构，使用合成CDO结构有几个经济上的优点：首先，不一定必须为高级部分融资，因此CDO交易更容易①。其次，因为组合仅包括高质量资产，不是所有的资产包含在参考资产之中，相对于现金CDO结构，其加速成立期更短。最后，市场上存在有效地利用信用违约互换的机会，以较低的成本获得包含在参考资产中的资产而无需直接购买资产②。由于这三条优点，自2001年以来，合成CDO结构的发行数量上升很快，并且预计相对于现金CDO结构将持续上升。

① 正是这个原因，非合成CDO结构被称为“现金”CDO结构，因为需要筹集现金，以购买所有的担保品资产。

② 对于这些优点更多细节的探讨，以及它如何影响CDO的经济性，参见：Chapter 8 in Laurie S. Goodman and Frank J. Fabozzi, *Collateralized Debt Obligations: Structures and Analysis* (New York, NY: John Wiley & Sons, 2002).

第12章 抵押贷款支持证券和资产支持证券估价

12.1 引言

前面两章介绍了抵押贷款支持证券和资产支持证券，重点阐述了投资于这些证券的风险，它们是如何被创设（产生）的（也就是它们是如何被结构化的），以及为什么创设（产生）。特别是，在机构抵押贷款支持证券的案例中介绍了如何使提前偿付风险被重新分配到不同组别的债券，它们的提前偿付风险不同于基础抵押贷款组合。对于资产支持证券和非机构住房抵押贷款支持证券，前面已经介绍了如何创建不同信用风险等级的证券组别。

在介绍这些证券的时候没有讨论如何对这些证券估价以及如何量化它们的利率风险。比如，我们知道在抵押担保债券（CMO）结构中支持组别要比按计划分期偿还的组别（PAC）面临更高的提前偿付风险。然而，如何确定一个支持组别的价格是否补偿了该债券的较高提前偿付风险呢？本章将阐述并运用数学方法——蒙特卡罗模拟方法（Monte Carlo simulation）对抵押贷款支持证券和资产支持证券进行估价。正如第9章中强调的，估值模型也能帮助我们确定期权调整利差。本章将介绍抵押贷款支持证券和资产支持证券的期权调整利差是如何计算和应用的。通过估值模型，可以计算出任何一个债券的有效久期（duration）和有效凸性。我们将介绍如何运用蒙特卡罗模拟方法来计算有效久期和有效凸性。然而，对于抵押贷款支持证券，实践中可以使用几种不同的度量久期的方法。本书在阐述这些方法的时候将同时介绍它们的优缺点。

本章主要着重于对抵押贷款支持证券以及所有与房地产相关的资产支持证券进行估价。它们是资产支持证券中最难进行估值和量化利率风险的。最后将本章所讨论的这些分析性测量方法形成一个框架，来决定哪种方法适用于资产支持证券的估值。事实上，这些原理可以应用于所有的固定收益产品。

12.2 现金流量收益率分析法

首先介绍住房抵押贷款支持证券和资产支持证券的传统分析方法——**现金流量收益率分析法**（cash flow yield analysis）。正如第6章中所阐述的，一个金融工具的报酬率使期望现金流量的现值等于它的市场价格加上应计利息的贴现率。当它应用于住房抵押贷款支持证券和资产支持证券时，这个报酬率就叫做**现金流量收益率**（cash flow yield）。由于提前偿付的原因，计算住房抵押贷款支持证券和资产支持证券的现金流量收益率的问题就在于现金流量的不确定性。为了决定现金流量收益率，必须对提前偿付率做出一些假设。此外，除了机构住房抵押贷款支持证券外，在所有的情况下都必须对违约率和回收率加以假设。

住房抵押贷款支持证券和资产支持证券的现金流量一般是月度型（每月一次）。通常的做法是计算住房抵押贷款支持证券和资产支持证券的**债券等值收益率**（**bond-equivalent yield**）并与附息国库券的收益率比较。第6章中提到，对于附息债券的债券等值收益率是把到期前的半年期报酬率乘以2而得到的（到期前的半年期报酬率的2倍）。然而，对于住房抵押贷款支持证券和资产支持证券来说，这种方法是不对的。因为投资者有机会通过更频繁的现金流量再投资（例如每月一次）获得更好的投资收益。**资本市场的惯例**（**market convention**）是计算一种报酬率以便于使它和债券等值收益率之间具有可比性。将按月偿付产品的月现金流量收益率年化的计算公式是：

$$债券等值收益率=2\left[(1+i_M)^6-1\right]$$

其中：i_M 是月收益率，它使每月现金流量的现值等于债券的市场价格（加上应计利息）。

例如，假设月收益率为0.6%。也就是说，i_M 为0.006，则债券等值收益率计算如下：

$$债券等值收益率=2(1.006^6-1)=0.0731=7.31\%$$

12.2.1　现金流量收益率的局限性

所有的报酬率估测方法在评定债券的潜在报酬上都存在着局限性。到期收益率作为债券的潜在收益的度量时，有两个主要的缺点。为了实现这一到期收益率，投资者必须：

（1）利息的再投资收益率应等于到期收益率；

（2）持有债券至到期日。

在第6章中提到，利息的再投资是重要的（至关重要的），并且对于长期债券来说最高能够占债券总收益的80%左右。再投资风险是（不得不）以低于预计收益率的利率进行再投资，而利率风险是在到期之前（不得不）以低于购买价格的价格卖出债券。

现金流量收益率分析方法也有同样的缺点：

（1）假设计划现金流量以该现金流量报酬率进行再投资；

（2）基于某些提前偿付假设，持有住房抵抵押贷款支持证券和资产支持证券直至最终清偿。

再投资风险的意义在于，这种现金流量将不得不以低于现金流量收益率的利率而被进行再投资的风险对于许多住房抵押贷款支持证券和资产支持证券来说都是非常重要的，因为每月一次的偿付（利息和本金偿付）都必须进行再投资。此外，还有一个假设就是计划的现金流量都如期实现了。如果提前偿付、违约和偿付情况不同于之前的假设，那么现金流量收益率将不能得到实现。

12.2.2　名义利差

前面已经给出了基于提前偿付、违约和偿付（回收）等假设计算出抵押贷款支持证券及资产支持证券的现金流量收益率和平均期限，第二步就是要用这种报酬率和可比的附息国债的报酬率相比较。“可比”是指这种债券平均期限和附息国债到期期限相同。现金流量收益率和可比国债的报酬率之间的差额叫做**名义利差**（**nominal spread**）。

不幸的是，一些管理者希望用名义利差度量相对价值。但是它掩盖了一个事实，名义利差的一部分是对于接受提前偿付风险的一种补偿。例如，住房抵押担保债券（CMO）中支持组别就存在较大的名义利差。然而，名义利差体现了与支持债券组别相关的实质性提前偿付风险。那些仅仅基于名义利差考虑而购买债券的组合经理不能确定名义利差是否给那些支持债券组别持有者所面临的实质性提前偿付风险提供足够的补偿。

除了名义利差，组合经理需要一种能够揭示根据提前偿付风险调整后的潜在补偿的度量方法，即期权调整利差（option-adjusted spread）。在第9章介绍（含嵌入期权）公司债券和机构债券的估价时讨论过期权调整利差。在讨论这种方法在结构产品中的应用之前，先讨论另一种在结构产品中被普遍应用的价差衡量方法，叫做**无波动利差（zero-volatility spread）**，在第9章中也提到过这种方法。

12.3 无波动利差

在前面我们提到，将债券与美国的附息国债相比较，较为恰当的程序就是用一个与它有相同现金流量的附息国债组合进行比较。那么债券的价值就等于所有现金流量的现值。假设现金流量无违约风险（default-free），债券的价值将等于这一复制的附息国债的组合的现值（复制组合的现值）。这些现金流量是按照附息国债的即期利率进行估值的。

如果住房抵押贷款支持证券和资产支持证券被一直持有至到期，**无波动利差（zero-volatility spread）**衡量的是投资者将会在整个附息国债即期利率曲线之上实现的利差。与附息国债收益率曲线的某个点之间的利差不是无波动利差，而是名义利差。无波动利差也叫**Z利差（Z-spread）**或**静态利差（static spread）**。当债券价格等于附息国债即期利率加上利差贴现以后所得到的现金流量的现值，这个利差就是无波动利差。有一种试误法（trial-and-error procedure）可以用来确定无波动利差，我们在第6章中已经举例说明过了①。

和名义利差不同，结构化产品的到期期限或平均寿命越短，无波动利差和名义利差的差异越小。名义利差和无波动利差之间的这种差异的大小也取决于收益率曲线的形状。收益率曲线越陡峭，差异越大。

这一章讨论的主要目的就是介绍什么时候适合用无波动利差的方法而不是期权调整利差法（OAS）。如果一个结构产品存在期权，当利率下降时买方将倾向于利用这种期权，此时将使用OAS方法。但是如果当利率下降时，买方拥有期权却不想行使期权，此时就使用Z利差方法。

12.4 蒙特卡罗模型（Monte Carlo Simulation Model）和期权调整利差法（OAS）

第9章讨论了一种用来估价可赎回的机构债券和公司债券的模型，叫做二项式模型（binomial model）。这种估价模型适用于在决定是否行使赎回期权时不受利率如何随时间变化影响的债券。也就是说，发行者决定是否赎回（回购）一个债券，取决于再融资（发行新债券取代旧债券）利率与票面利率的相对关系，而不是达到当前利率水平的路径。相反，存在一些固定收益证券和衍生金融工具，其现金流量是“利率路径依赖型”（interest rate path-dependent）的。也就是说，一段时期内得到的现金流量不仅取决于当前利率水平，还取决于到达当前这一利率点的路径。

① 大部分统计软件都提供这种算法。

例如，在转手债券（passthrough）的例子中，提前偿付是利率路径依赖型的，因为从住房抵押贷款发放起，本月的提前偿付率就取决于发行人是否有更好的再融资机会。这种现象叫做“提前偿付燃尽”（prepayment burnout）。转手债券组合作为创建住房抵押担保证券（CMO）的担保品（collateral），因而，CMO 债券的现金流量在两个方面具有路径依赖性：第一，前面提到过的担保品的提前偿付是路径依赖的。第二，当前月份 CMO 中一个组别债券所收到的现金流量取决于该交易中其他组别的未偿付余额。我们需要提前偿付的历史数据来计算这些余额。

概念上，使用蒙特卡罗模拟方法估值机构转手债券是比较简单的。然而事实上，它却非常复杂。这种模拟方法需要一组现金流量集合，而这个现金流量集合是根据模拟未来住房抵押贷款的再融资利率所产生的，这意味着模拟的提前偿付率。

由于发行者把提前偿付风险和利率风险分配到了不同的债券组别当中，因此增加了困难，但是对机构 CMO 债券建立估值模型仍然类似于对转手债券建立估值模型。构成担保品的转手债券对于这两种风险的敏感性不是被平均地分配到每个债券组别。一些债券组别对提前偿付风险和利率风险更敏感，而另一些则相反。

我们的目的在于指出这些担保品的价值是如何在交易中分配到各个债券组别中的。更具体的，（更重要的）是在于找到价值及风险的去向，从而能够找到有较低的风险和较高的价值的债券组别：管理者愿意去购买的债券组别。好消息就是这种风险—收益的组合通常在每个交易中都会出现。坏消息就是每次交易中都会存在低价值和高风险的债券，而这正是管理者不希望购买的。

12.4.1　模拟利率路径和现金流量

为了得到这些随机利率的路径，华尔街的许多公司和交易商使用的典型模型将当前的利率期限结构（term structure of interest rate）和波动性假设作为输入变量（第9章中已经讨论过这些话题了）。利率期限结构是隐含在当前国债中的一种理论上的即期利率曲线。这种模拟方法应该进行调整（使得）零息国债的平均模拟价格等于当前的实际价格。

新发行的国债通常是用来调整这种模拟方法的。一些分析系统的供应商使用伦敦银行同业拆借利率曲线（LIBOR curve）而不是国债收益曲线（Treasury curve）——或者让使用者选择 LIBOR 曲线或是 Treasury 曲线。这是因为投资者关心其赚取的超过融资成本的利差，而对于大多数投资者来说用 LIBOR 作为资本成本的代理变量要好于国债利率（我们会在后面逐一讨论各类投资者）。

在第9章中解释了，每个分析系统中的经销商都会选用一种利率模型，利率模型假设利率在不断变化。大多数分析系统的经销商选用的利率模型都很相似。对于所有的利率模型都有一个输入变量，那就是利率波动假设。不同的经销商之间对这个假设存在差异。本章后面将进行具体说明，它是一个很重要的输入变量。

这个波动假设决定了模拟的未来利率的分散程度。今天，许多经销商不会对所有到期期限的收益率曲线使用单一的一种利率波动。相反，他们会使用短期/长期收益率波动或者收益率波动期限结构。一个短期/长期收益率波动指对低于一定年限的证券使用短期收益率波动假设，而对较长期限的证券使用不同的长期收益率波动假设。通常假设短期收益率波动大于长期收益率波动。收益率波动期限结构是指对每一个期限都假设一个收益率波动。

基于利率模型和波动假设，将可以产生一系列的利率路径。我们将会简略介绍债券是如何基于每一条利率路径估值的，但是并不是说可以保证这个模型产生的价值是无套利（arbitrage free）空间的。回顾一下第9章，那个二项式利率树型结构就是按照无套利空间来构建的。也就是说，对任何一个被用于建立二项式利率树的新发行债券进行估值，该模型将得到一个与它的市场价值相等的价值。到目前为止，我们还没有讨论蒙特卡罗模拟模型是否可以保证做到这一点。

在用蒙特卡罗模拟方法估值抵押贷款支持证券和资产支持证券的例子中，通常使用新发行的国债。所要确定的就是在运用蒙特卡罗模拟方法估值国债的时候是否也能产生无套利价值？也就是说，要确定的是模型产生的估值是否等于市场价值。模型的建立者必须对利率路径进行“调整”以便模型产生正确的国债价值。不过这种调整过程的讨论不是很重要。事实上，也很少有公开出版的资料去介绍调整的过程。关键是如果用二项式模型去估值包含嵌入期权（embedded options）的公司债券及机构债券时，这样的调整是没有必要的，因为树型结构是以无套利目标建立的。而在蒙特卡罗模拟模型中，使用者就不得不对利率路径进行套利调整使模型达到无套利空间。

蒙特卡罗模拟模型运用许多假定的未来利率路径来实现估值目标。一个未经调整的利率路径必须经过“调整”，使得模型在任何基准利率的情况下——一般是新发行国债，都能产生出无套利空间的估值。*所以，在本章后面的讨论中，当我们再提到利率路径的时候，意思就是指它是“已经被调整过的”利率路径，以至于模型产生出的都是无套利的估值。*

对于某种场景（例如路径）中的每个月，要生成月利率和再融资利率。月利率用来折现现金流量。再融资利率被用来确定现金流量，因为它代表了借款者（例如抵押者）当时的机会成本。

如果再融资的利率高于借款者相关的最初票面利率（例如，借款者获得贷款的利息），那么借款者将有较小的动机去再融资，或者甚至是尽量避免再融资（例如，房屋业主会避免搬家以免需要再融资）。如果再融资的利率低于相关的借款人最初票面利率，那么他就有动力去再融资。

把再融资利率和贷款特征放入提前偿付模型就可以估计出提前偿付的情况。给定估计的提前偿付的情况，就可以确定现金流量和利率路径。

为了解释得更具体些，考虑一个新发行的抵押转手债券，期限为360个月。图表12—1中列出了N个“已调整过的”模拟利率路径，即已经调整为无套利。每个场景都由360个假设的未来月利率组成（这些数值的产生都是来源于众所周知的模拟原理，在这不具体讨论）。所以，对图表12—1做的第一个假设就是利率波动性。

图表12—2列出了图表12—1中场景的模拟再融资利率路径。从图表12—1到图表12—2，必须对国债利率和再融资利率的关系进行假设。这个假设就是，借款者用来决定是否再融资的利率和图表12—1中所列出的月利率之间存在一个固定利差。例如，对于一个30年的抵押贷款，模型建立者可以用10年期国债利率作为再融资利率的替代变量。

给定再融资利率，就可以得到每一个利率路径上相应的现金流量。对于机构抵押贷款支持证券来说，它需要提前偿付模型。对于资产支持证券和非机构抵押贷款支持证券来说，它不但需要提前偿付模型，而且需要违约以及回收模型。所以，我们下一个假设就是这些模型（提前偿付模型、违约模型以及恢复模型）的输出是正确的。现金流量的结果在图表12—3中列出了。

图表 12—1 **“已调整过的”无套利未来月利率的模拟路径***

	利率路径						
月份	1	2	3	…	n	…	N
1	f_1（1）	f_1（2）	f_1（3）	…	f_1（n）	…	f_1（N）
2	f_2（1）	f_2（2）	f_2（3）	…	f_2（n）	…	f_2（N）
3	f_3（1）	f_3（2）	f_3（3）	…	f_3（n）	…	f_3（N）
⋮	⋮	⋮	⋮	⋮	⋮	⋮	⋮
t	f_t（1）	f_t（2）	f_t（3）	⋮	f_t（n）	…	f_t（N）
⋮	⋮	⋮	⋮	⋮	⋮	⋮	⋮
358	f_{358}（1）	f_{358}（2）	f_{358}（3）	…	f_{358}（n）	…	f_{358}（N）
359	f_{359}（1）	f_{359}（2）	f_{359}（3）	…	f_{359}（n）	…	f_{359}（N）
360	f_{360}（1）	f_{360}（2）	f_{360}（3）	…	f_{360}（n）	…	f_{360}（N）

注：f_t（n）= 在路径 n 上的第 t 月的未来月利率

N = 利率路径总数

*前面也讲过了，一个未经调整的利率路径必须经过“调整”，使得模型在任何基准利率的情况下——一般是新发行国债，都能产生出无套利空间的估值。本表中列示的利率是经调整后的无套利利率。

图表 12—2 **抵押再融资利率的模拟路径**

	利率路径						
月份	1	2	3	…	n	…	N
1	r_1（1）	r_1（2）	r_1（3）	…	r_1（n）	…	r_1（N）
2	r_2（1）	r_2（2）	r_2（3）	…	r_2（n）	…	r_2（N）
3	r_3（1）	r_3（2）	r_3（3）	…	r_3（n）	…	r_3（N）
⋮	⋮	⋮	⋮	⋮	⋮	⋮	⋮
t	r_t（1）	r_t（2）	r_t（3）	…	r_t（n）	…	r_t（N）
⋮	⋮	⋮	⋮	⋮	⋮	⋮	⋮
358	r_{358}（1）	r_{358}（2）	r_{358}（3）	…	r_{358}（n）	…	r_{358}（N）
359	r_{359}（1）	r_{359}（2）	r_{359}（3）	…	r_{359}（n）	…	r_{359}（N）
360	r_{360}（1）	r_{360}（2）	r_{360}（3）	…	r_{360}（n）	…	r_{360}（N）

注：r_t（n）= 在路径 n 上的第 t 月的抵押再融资的利率

N = 利率路径总数

图表 12—3 **每个利率路径的模拟现金流量**

	利率路径						
月份	1	2	3	…	n	…	N
1	C_1（1）	C_1（2）	C_1（3）	…	C_1（n）	…	C_1（N）
2	C_2（1）	C_2（2）	C_2（3）	…	C_2（n）	…	C_2（N）
3	C_3（1）	C_3（2）	C_3（3）	…	C_3（n）	…	C_3（N）
⋮	⋮	⋮	⋮	⋮	⋮	⋮	⋮
t	C_t（1）	C_t（2）	C_t（3）	…	C_t（n）	…	C_t（N）
⋮	⋮	⋮	⋮	⋮	⋮	⋮	⋮
358	C_{358}（1）	C_{358}（2）	C_{358}（3）	…	C_{358}（n）	…	C_{358}（N）
359	C_{359}（1）	C_{359}（2）	C_{359}（3）	…	C_{359}（n）	…	C_{359}（N）
360	C_{360}（1）	C_{360}（2）	C_{360}（3）	…	C_{360}（n）	…	C_{360}（N）

注：C_t（n） = 在路径 n 上的第 t 月的现金流量

N = 利率路径总数

12.4.2 计算利率路径的现值

当已知一条利率路径上的现金流量时，可以确定这条路径的现值。确定现值的折现率是在利率路径上每个月的模拟即期利率加上一个适当利差。这个利率路径上的模拟即期利率是根据模拟未来月利率而确定的。在路径 n 上的第 T 月模拟即期利率和模拟未来月利率之间的关系是：

$$z_T(n) = \{[1+f_1(n)][1+f_2(n)]\cdots[1+f_T(n)]\}^{\frac{1}{T}} - 1$$

其中：

z_T（n） = 在 n 路径上的第 T 月模拟即期利率

f_1（n） = 在 n 路径上的第 T 月模拟未来月利率

第 6 章中已经解释了即期利率和远期利率（forward rate）的关系。

因此，由模拟未来月利率的利率路径可以转化为图表 12—4 中列出的模拟即期月利率的利率路径。于是，在利率路径 n 上的第 T 月的现金流量用第 T 月的模拟即期利率加上利差作为折现率计算的现值就是：

$$PV[C_T(n)] = \frac{C_T(n)}{[1+z_T(n)+K]^T}$$

其中：

PV［C_T（n）］ = n 路径上的第 T 月的现金流量现值

C_T（n） = n 路径上的第 T 月的现金流量

z_T（n） = n 路径上的第 T 月的即期利率

K = 利差

利差 K 反映的是投资者认为的与实现现金流量相关联的风险。

路径 n 上的现值是路径 n 上每个月的现金流量现值的总和，它表示为：

$$PV[Path(n)] = PV[C_1(n)] + PV[C_2(n)] + \cdots + PV[C_{360}(n)]$$

其中：PV［Path（n）］表示路径 n 上的利率现值。

图表12—4 **调整后无套利月即期利率的模拟路径**

	利率路径						
月份	1	2	3	…	n	…	N
1	z_1 (1)	z_1 (2)	z_1 (3)	…	z_1 (n)	…	z_1 (N)
2	z_2 (1)	z_2 (2)	z_2 (3)	…	z_2 (n)	…	z_2 (N)
3	z_3 (1)	z_3 (2)	z_3 (3)	…	z_3 (n)	…	z_3 (N)
⋮	⋮	⋮	⋮	⋮	⋮	⋮	⋮
t	z_t (1)	z_t (2)	z_t (3)	…	z_t (n)	…	z_t (N)
⋮	⋮	⋮	⋮	⋮	⋮	⋮	⋮
358	z_{358} (1)	z_{358} (2)	z_{358} (3)	…	z_{358} (n)	…	z_{358} (N)
359	z_{359} (1)	z_{359} (2)	z_{359} (3)	…	z_{359} (n)	…	z_{359} (N)
360	z_{360} (1)	z_{360} (2)	z_{360} (3)	…	z_{360} (n)	…	z_{360} (N)

注：z_T (n) = 路径n上的第T月的即期利率

N =利率路径总数

12.4.3 确定理论价值

对于一个给定的利率路径来说，如果它的现金流量实现了，那么它的现值可以认为是转手债券的理论价值。转手债券的理论价值可以通过所有利率路径上的理论价值的平均值得到：

$$理论价值=\frac{PV[Path(1)]+PV[Path(2)]+\cdots+PV[Path(N)]}{N}$$

其中：N是利率路径总数。上面等式算出的理论价值是在某个利差K上得到的。它遵循将现金流量以即期利率加上一个利差进行贴现计算现值的常见方法—— 在这个例子中，这个利差是K。

这种对转手债券的估价程序也适用于CMO债券组别。每个利率路径上的每一个月的现金流量都是根据本金偿付和利息分配原则得到的。

12.4.4 选择利率路径数量

现在让我们讨论用于对债券进行估价的假设利率路径数量N的问题。它决定了这次估价的准确性，这个与实际无关，但是与使用的模型相关。路径数量越多，所得出的平均价值就越趋集中。这是一个简单的统计取样问题。

大多数模型都通过方差缩减的形式来减少必需的路径样本数量来得到一个好的统计样本①。有些厂商开发了可以降低路径数量但又可以保证提供像完全蒙特卡罗模拟分析那样准确的计算程序。这种程序使用统计技术降低利率路径数量，形成一个近似路径集合。这些路径叫做**代表性路径（representative paths）**。举个例子，假设有2 000个样本路径。用某种统计方法，这2 000个样本可以被缩减成（比如说）16个代表性路径。然后这个债券就基于这16个代表性路径中的每一个路径进行估值。这个理论估值就是这16个代表性路径的加权

① 方差缩减技术在关于管理科学和蒙特卡罗模拟的书中有介绍。

平均值。每个路径的权重就是这个代表性路径相对于总体样本的百分比。厂商通常会给投资者或投资组合经理提供选择，是使用“完全蒙特卡罗模拟方法”还是指定代表性路径数量。

12.4.5 期权调整利差

第9章已经解释了期权调整利差（OAS）：（1）如何计算一个含有嵌入期权的公司债券和机构债券的OAS。（2）如何解释和应用OAS进行相关分析。下面我们会用同样的计算OAS的方法计算抵押贷款支持证券。

1. 计算OAS

在蒙特卡罗模型中，OAS是一种利差，当它加入到各个利率路径上所有即期利率的时候，使得各个路径的平均现值等于可观察到的市场价格（加上应计利息）。用数学方法表示，OAS是满足下面等式的K（利差）的值：

$$\frac{PV[Path(1)]+PV[Path(2)]+\cdots+PV[Path(N)]}{N}=\text{市场价格}$$

其中：N是利率路径总数。等式左边与理论价值的计算等式看起来是完全一样的。区别就在于这个等式目的是决定利差K是多少时，它将使模型产生的理论价值等于市场价格。

确定OAS的程序是简单易懂的，和无波动利差具有相同的运算方法。接下来的第二个问题就是，如何解释OAS。本质上，OAS是用来协调价值和市场价格的。前面提到的等式中，**右边**是对市场的描述：结构化产品的价格。在等式的**左边**，所有路径的现值的平均值是模型的输出值，我们叫做理论价值。

2. OAS的解释和相对价值的应用

投资者或者投资组合经理希望能够买到一种价值高于价格的抵押贷款支持证券。使用如蒙特卡罗模型这样的方法，投资组合经理就可以估计出债券的价值，并在某一时点上决定是否购买。也就是说，投资组合经理可以判断出这个债券是在时点1较划算还是时点2较划算等等。模型还可以将价格和价值的差异转变为某种类型的利差，因为大多数市场参与者发现考虑利差比起考虑价格差异更方便。

OAS已经发展成由价格和价值的差异转变为的一种利差。在第9章中我们也看到，在二项式模型中，所度量的利差与用于产生利率树进而产生无套利的利率树的基准利率相关联。在蒙特卡罗模拟模型中也是这样。通常，在抵押贷款支持证券中，基准利率是新发行的国债利率。OAS衡量的是相对于国债即期利率曲线的平均利差，而不是相对于第9章中所说的国债收益率得到的平均利差。OAS是一种平均利差，这是因为OAS是通过计算相对于可能的国债即期利率曲线的利率路径的平均值得到的。当然，如果使用LIBOR曲线，OAS就是相对于LIBOR曲线的利差。

OAS优于没有识别提前偿付风险的名义利差。在第9章中提到，OAS是一种“期权调整”，这是因为这种利率路径现金流量是根据债务人提前偿付期权调整过的。虽然我们已经知道了如何计算OAS并且知道为什么应用OAS是比较合适的而不是名义利差或Z-利差，但问题是OAS代表了什么？在第9章中已经阐述了对于嵌入期权的公司债券及机构债券OAS所反映的补偿，它补偿了信用风险和流动性风险。补偿取决于分析中使用的基准利率，例如，国债利率和更具体的国债即期利率曲线的运用，它们是抵押贷款支持证券的OAS计算中的基准利率。如果用国债利率作为基准计算OAS，那么OAS补偿是什么呢？

首先考虑吉利美（Ginnie Mae）的抵押转手债券。如第3章所说的，吉利美是美国政府的一部分。它发行的债券以美国政府的绝对信任和信用为支持。更确切地说，吉利美抵押贷款支持证券是一种含有提前偿付风险的国债。而 OAS 去掉了这种风险（例如期权风险）。此外，如果这个基准是国债利率，那么 OAS 就不包括信用风险补偿，这就只剩下了流动性风险补偿。吉利美抵押转手债券似乎并不像新发行的国债那样具有流动性，其流动性取决于报价询价价差。OAS 的一部分应该是对流动性风险的补偿。其实还有一种风险第 9 章中没有提到，即模型风险。在我们解释蒙特卡罗模型时有一些重要的假设和参数要求。如果那些假设被证明是错误的或者那些参数是被错估的，那么这个提前偿付模型将不会计算出风险真实水平。所以，对吉利美抵押转手债券补偿的很大部分是这个模型风险的补偿。

如果我们考虑吉利美发行的 CMO 型债券而不是抵押转手债券，那么 OAS 将反映与特定债券组别有关的复杂性。例如，计划分期偿还债券（PAC）组别就比同一 CMO 结构下的支持债券组别面临的模型风险要更小一些。因此，在同一结构下支持债券组别对于模型风险要求的补偿大于 PAC 债券组别。此外，PAC 债券组别比支持债券组别流动性大，所以相对于后者，前者要求的补偿要小。

从吉利美发行的抵押贷款产品，到房地美和房利美发行的抵押贷款产品，我们介绍了信用风险的概念。在第 3 章中介绍了房地美和房利美是政府主办的企业（GSE）。美国政府不对 GSE 企业承担全部信用保证。GSE 被评为 AAA 等级。因此，除了模型风险和流动性风险，OAS 的一部分还反映了相对于国债的信用风险。

再来看对于非机构抵押贷款支持证券和房地产资产支持证券来说，OAS 补偿了：（1）信用风险（其变化取决于纳入考虑范围的债券组别的信用评级）；（2）流动性风险（高于吉利美、房地美和房利美发行的住房抵押贷款产品）；（3）模型风险。

12.4.6　期权成本

抵押贷款支持证券或者资产支持证券的嵌入期权的隐含成本可以通过计算假设的利率波动下期权调整利差与无波动利差的差额得出，也就是：

期权成本 = 无波动利差 - 期权调整利差

期权成本是指在债券中嵌入的提前偿付（或者期权）成本。值得注意的是，期权成本是期权调整利差分析的副产品，没有某些期权定价模型估价明确。

12.4.7　举例说明

我们将用两个例子来体现如何使用之前讨论过的蒙特卡罗模型/OAS 程序来分析 CMO 债券 —— 简单结构和 PAC/支持组别结构[①]。

1. 简单结构

分析的简单结构是 1915 年房地美（Freddie Mac）（FHLMC），这是一种简单的按顺序偿付的 CMO 债券结构。这种结构包含 8 类债券组别——A、B、C、D、E、F、G 和 S。我们着重分析 A 类、B 类和 C 类债券。这三类债券都是以溢价的方式定价的。

图表 12—5 的最上面列出了在担保品及在 CMO 结构下这三类债券组别的 OAS、期权成本和有效久期[②]。其中，A 类债券的有效久期值最小，C 类的有效久期值最大。担保品的

① 这些例子来自：Frank J. Fabozzi, Scott F. Richard, and David S. Horowitz, "Valuation of CMOs," Chapter 6 in Frank J. Fabozzi (ed.), *Advances in the Valuation and Management of Mortgage-Backed Securities* (New Hope, PA: Frank J. Fabozzi Associate, 1998).

② 12.5 节中解释如何使用蒙特卡罗方法计算有效久期。

OAS 是 51 个基点。由于期权成本是 67 个基点，于是无波动利差就是 118 个基点（51 个基点加上 67 个基点）。

我们分析 1998 年 3 月 10 日这一时点，国债收益率曲线不是很陡峭。前面也解释过了，当收益曲线相对平缓时，无波动利差与名义利差将不会有太大的差别。所以，图表 12—5 中列出的三类债券组别，A 类的无波动利差是 83 个基点，B 类是 115 个基点，C 类是 116 个基点。

注意这几类债券组别的 OAS 并不相等。对于期权成本也是一样。有效久期增加，相应的 Z 利差和期权成本也增加。这些债券组别是否对投资者具有很强的吸引力？这需要和市场中其他具有相同有效久期的债券组别比较。虽然没有在这里展示，这三类债券组别的 OAS 与市场中具有相同有效久期的其他顺序偿付债券组别是很类似的。通过比较分析（例如，与交易中的其他债券组别进行比较），唯一看起来物美价廉的债券就是 C 组别。一个投资组合经理会看到，C 债券组别比起 B 债券组别有较高的 OAS 且如果按照期权成本来衡量，它面临较小的风险（也就是较低的期权成本）。投资组合经理所面临的问题就是，他们不可能投资像 C 债券组别那么长的收益曲线，这是因为他们债务的有效久期、期限和平均期限寿命方面存在限制。

现在让我们看看模型风险。检验提前偿付和利率波动变化时债券组别的灵敏度可以帮助我们理解结构中的债券组别的相互作用和哪一类债券组别面临风险。在不同的场景中如何进行交易应该与估值相一致（例如，因为某种原因，债券可能会看上去“便宜”）。

先从提前偿付入手。特别的，此处使用与在基本案例（图表 12—5 最上方的图表）中用于计算期权调整利差相同的利率路径，但将每个利率路径的提前偿付率降低到计划的 80%。如图表 12—5 中第二个图表所示，降低提前偿付率将增加担保品的 OAS 和价格。图表 12—5 揭示了两个敏感性分析的结果：第一，它列明了 OAS 的变化；第二，它指出了保持 OAS 不变的情况下价格的变化。

图表 12—5　　**对 FHLMC 1915 中 A、B、C 类债券的 OAS 分析**（3/10/1998）

在进行分析时，这三类债券都是以溢价方式交易的。

基本案例（假设 13% 的利率波动）

	OAS（以基点表示）	期权成本（以基点表示）	Z 利差（以基点表示）	有效久期（以年表示）
担保品	51	67	118	1.2
债券组别				
A	32	51	83	0.9
B	33	82	115	2.9
C	46	70	116	6.7

提前偿付率为 80% 和 120% 的提前偿付模型（假设 13% 的利率波动）

	新 OAS（以基点表示）		每 100 美元面值的债券价格的变动（OAS 不变）（美元）	
	80%	120%	80%	120%
担保品	63	40	0.45	-0.32
债券组别				
A	40	23	0.17	-0.13
B	43	22	0.54	-0.43
C	58	36	0.97	-0.63

9%和17%的利率波动　　续图表

	新OAS（以基点表示）		每100美元面值的债券价格的变动（OAS不变）（美元）	
	9%	17%	9%	17%
担保品	79	21	1.03	-0.94
债券组别				
A	52	10	0.37	-0.37
B	66	-3	1.63	-1.50
C	77	15	2.44	-2.08

以债券组别A为例，来看看投资组合经理如何使用图表12—5的信息。在提前偿付率为80%时，这个债券的OAS从32个基点增加到了40个基点。如果OAS保持不变，债券组别A的购买者会从每100美元的票面价格的债券上获得0.17美元的收益。

可以注意到在图表12—5中记录的所有债券组别在放缓提前偿付速度时都会获得收益。这是因为所有这些顺序偿付组别都是溢价交易的（投资于溢价组别的投资者将受益于放缓偿付速度，这是因为投资者在更长的时期内收到了比较高的利息，并且减少了来自提前偿付的资金损失）。也要注意，对于不同的债券组别，OAS的变化基本相等，而价格的变化差异很大。这是因为越短期的债券，久期越小，改变OAS而产生的价格变动不像平均期限较长的债券那么大。如果有一个投资组合经理倾向于期限比较长的收益率曲线，比如债券组别C，他会发现从放缓提前偿付中可以取得最大的利益。

图表12—5也反映了提前偿付敏感性的第二个部分：提前偿付率被假设成为基础案例中的120%。由于它是溢价交易，所以在这个假设中担保品会有损失，反映为担保品的OAS值从51个基点下降到了40个基点。现在看看这三类债券组别。它们都出现了损失，这是因为它们都是溢价交易，并且提前偿付速度对债券产生反向影响。

在讨论图表12—5中利率波动对OAS的影响之前，先回忆一下预期利率波动和抵押贷款支持证券价值之间的关系。一个抵押贷款支持证券的投资者卖了一个期权给房屋贷款人，于是，这个投资者就是卖空期权。在第14章中将会介绍，一个期权的价值取决于预期利率波动。当期望利率波动降低的时候，抵押贷款支持证券中所包含的期权的价值也会降低，而抵押贷款支持证券的价值会增加；反之亦然，当预期利率波动升高，嵌入的期权的价值会升高且抵押贷款支持证券的价值会降低。

现在让我们看利率波动假设，基础案例中假设为13%。现在进行两个试验：把波动假设降低到9%和上升到17%，结果被列示在图表12—5中。

波动性降低到9%会使担保品的价格升高1.30美元而OAS值从51个基点上升到79个基点。但是，增加的这1.30美元的担保品价格并没有平均地分配到三类债券组别当中。担保品价格增加值的大部分都分配给较长期限的债券组别。对于每一个债券OAS变化的获利取决于它们的有效久期。因为久期越长风险越大，当波动率降低时，对于可接受的风险来说获利就变大。对于17%的高利率波动率而言，担保品价格受的影响很大。久期越长，损失越大。这些利率波动增加和减少产生的结果与我们之前讲的是一致的。

使用蒙特卡罗模拟方法/OAS分析，可以对这个简单结构下一个客观的结论：见即所得。这个简单结构中唯一令人惊讶的就是债券组别 C 的期权成本较低。然而通常情况下，愿意扩大久期的投资组合经理将获得这个结构中的风险补偿。

2. PAC/支持组别结构

现在让我们看看如何在更复杂的 CMO 结构（FHLMC 1760）下应用该方法。这个结构的担保品（例如转手债券集合）是 Freddie Mac 7s（7%的票面利率）。图表 12—6 中提供了这个交易的部分概况。也就是说，在图表 12—6 中我们只列出了想在这一章中讨论的债券组别①。

这种交易看上去比较复杂，不过对于许多已发行债券的交易来说算是相对简单的了。然而，它可以把应用 OAS 分析的所有关键点都展示出来。具体地说，大多数交易都包括定价偏低债券、定价偏高债券和合理定价的债券。OAS 分析可以帮助确定一个债券组别是如何被合理分类的。一个更为合理的分析方法是把每一个债券组别的 OAS 与市场中含有相似久期的债券组别进行比较。

图表 12—6 中的所有债券组别在第 10 章中都已经讨论过了。发行时，该结构有 10 个 PAC 债券组别，3 个计划的支持组别，1 个浮动利率支持组别，以及 1 个反向浮动利率支持组别。回顾一下，“计划的支持组别”是已经计划好本金偿付的支持组别，在第 10 章中称为“PACII 组别”。

交易中的 2 个 PAC 组别 A 和 B，在我们分析时已经完全清偿了。PAC 中的其他债券组别仍然是可交易的。支持组别提供了 PAC 组别的提前偿付保护。这个交易中的支持组别在图表 12—6 中被表示为 LA、LB 和 M。还有一些其他的支持组别在图表 12—6 中没有列出。LA 是平均期限最短的支持组别（计划的支持债券组别（SCH））。

图表 12—6　**联邦政府住房抵押贷款概况 ——多类抵押贷款参与权证（已保证）**

总发行量：300 000 000 美元　　　　发行时间：2/18/1994

				原始发行价格（假设 225% PSA）	
债券	原始余额（美元）	票面利率（%）	规定到期日	平均期限（年）	期望到期日
PAC 类债券组别					
C（PAC）	25 500 000	5.25	4/15/2014	3.5	6/15/1998
D（PAC）	9 150 000	5.65	8/15/2015	4.5	1/15/1999
E（PAC）	31 650 000	6.00	1/15/2019	5.8	1/15/2001
G（PAC）	30 750 000	6.25	8/15/2021	7.9	5/15/2003
H（PAC）	27 450 000	6.50	6/15/2023	10.9	10/15/2007
J（PAC）	5 220 000	6.50	10/15/2023	14.4	9/15/2009
K（PAC）	7 612 000	7.00	3/15/2024	18.8	5/15/2019
支持债券组别					
LA（SCH）	26 673 000	7.00	11/15/2021	3.5	3/15/2002
LB（SCH）	36 087 000	7.00	6/15/2023	3.5	9/15/2002
M（SCH）	18 738 000	7.00	3/15/2024	11.2	10/15/2008

① 这个交易在第 10 章中讨论过了。

这个交易的担保品是以溢价方式交易的。也就是说，在分析时，房主（借款人）支付了高于市场的抵押贷款利率。这意味着，如果提前偿付速度放缓，担保品的价值会升高，相反，加速提前偿付，担保品价值会降低。很重要的一点就是，即使担保品是以溢价定价的，债券组别也能够以折价、平价或溢价交易。举例来说，分析中 PAC 中的债券组别 C 有较低的票面利率，是以折价交易的。所以说，随着提前偿付的加速，以溢价方式出售的担保品价值受损，如果提前偿付加速，一个折价债券组别（比如 C）价值增加（回顾前面所讲的简单模型分析，担保品和所有的债券组别都是以溢价交易的）。

图表 12—7 中最上边的图表列出了图表 12—6 中担保品和债券组别的 OAS、期权成本以及有效久期。担保品的 OAS 是 60 个基点，期权成本是 44 个基点。相对于国债即期利率曲线，担保品的 Z 利差是 104 个基点。

之前的简单模型分析中，60 个基点的 OAS 并没有均衡地分配到每一类债券组别中。带本金偿付计划的支持组别 LB，并没有分配到较多的 OAS，只有 29 个基点，并且有非常高的期权成本。考虑到关于这类债券的不确定提前偿付，它的 OAS 预期会更高。OAS 低的原因是债券这样定价将使它的现金流量收益率较高。把 Z 利差视为名义利差的替代值（也就是相对于国债收益率曲线的利差），103 个基点的利差对于具有较短平均期限的债券组别 LB 来说是较高的。结果，如果使用收益率代替 OAS，“收益率购买者”（也就是倾向于高名义收益率而可能不会被提前偿付风险补偿吸引的投资者）可能会对这类债券报出具有攻击性的价格，从而压低 OAS，出手获利。然而，从总的回报来看，LB 类债券组别是不应该买入的，它是一种定价偏高的债券组别。另一类支持组别 M 在进行分析的时点上有 72 个基点的 OAS，与市场上具有可比久期值的债券相类似。

图表 12—7　　FHLMC 1706 OAS 分析（3/10/1998）

基础案例（假设 13% 的利率波动）

	OAS （以基点表示）	期权成本 （以基点表示）	Z 利差 （以基点表示）	有效久期 （以年表示）
担保品	60	44	104	2.6
PAC 债券组别				
C（PAC）	15	0	15	0.2
D（PAC）	16	4	20	0.6
E（PAC）	26	4	30	1.7
G（PAC）	42	8	50	3.3
H（PAC）	50	12	62	4.9
J（PAC）	56	14	70	6.8
K（PAC）	57	11	68	8.6
支持债券组别				
LA（SCH）	39	12	51	1.4
LB（SCH）	29	74	103	1.2
M（SCH）	72	53	125	4.9

提前偿付为80%和120%的提前偿付模型（假设13%的利率波动） 续图表

	基础案例中的 OAS	新 OAS（以基点表示）		每100美元面值的债券价格的变动（保持 OAS 不变）（美元）	
		80%	120%	80%	120%
担保品	60	63	57	0.17	-0.11
PAC 债券组别					
C（PAC）	15	15	15	0.00	0.00
D（PAC）	16	16	16	0.00	0.00
E（PAC）	26	27	26	0.01	-0.01
G（PAC）	42	44	40	0.08	-0.08
H（PAC）	50	55	44	0.29	-0.27
J（PAC）	56	63	50	0.50	-0.47
K（PAC）	57	65	49	0.77	-0.76
支持组别					
LA（SCH）	39	31	39	-0.12	0.00
LB（SCH）	29	39	18	0.38	-0.19
M（SCH）	72	71	76	-0.07	0.18

9%和17%的利率波动

	基础案例中的 OAS	新 OAS（以基点表示）		每100美元面值的债券价格变动（保持 OAS 不变）（美元）	
		9%	17%	9%	17%
担保品	60	81	35	0.96	-0.94
PAC 债券组别					
C（PAC）	15	15	15	0.00	0.00
D（PAC）	16	16	16	0.00	0.00
E（PAC）	26	27	24	0.02	-0.04
G（PAC）	42	48	34	0.21	-0.27
H（PAC）	50	58	35	0.48	-0.72
J（PAC）	56	66	41	0.70	-1.05
K（PAC）	57	66	44	0.82	-1.19
支持组别					
LA（SCH）	39	47	24	0.09	-0.18
LB（SCH）	29	58	-4	0.80	-0.82
M（SCH）	72	100	41	1.80	-1.72

对于图表12—7中最上面的图表分析帮助我们确定了交易中哪个债券定价偏低。交易中平均期限和有效久期长的债券组别是PAC类组别中的组别G、H、J、K。这些组别比起其他组别有较高的OAS和较低的期权成本。它们是交易中定价偏低的组别。这些组别有得到很好的保护的现金流量并且表现为正凸性（具体地说，这些债券在不利的情况下的损失小于它们在有利情况下的获利)。

图表12—7中下两个图表显示了OAS和价格（保持基础案例中的OAS不变）对提前偿付速度（基础案例中提前偿付速度为80%和120%）和利率波动变化（9%和17%）的敏感性。这个分析显示了提前偿付速度的改变并不会显著影响担保品价格，而对每个债券组别的OAS（保持价格不变）和价格（保持OAS不变）的改变有显著影响。

在进行分析时，短平均期限组别C和D是折价定价的。这两个债券组别的OAS和价格不受提前偿付速度的放缓和增快影响。中等平均期限的债券组别H在进行分析时是以溢价定价的。由于债券组别H是被溢价交易的，它可以从提前偿付速度放缓中获利，因为债券持有者将会在较长的时间里按票面利率收到利息。加快提前偿付速度是不利的情况。PAC是被保护得非常好的组别。较长平均期限的PAC类债券组别将会从降低提前偿付率中获益，因为它们会在较长的时间里获得较高的票面利息。所以，基于OAS原理，前面的结论——较长的PAC类债券组别可以分配到交易价值中的主要部分，在压力测试（例如改变提前偿付率）中是成立的。

图表12—7的第三个图表中列出了担保品对波动性变化的敏感性。较低的波动性增加了担保品的价值，然而较高的波动性减少了价值（这与12.4节的期权成本等式是一致的)。不管波动性是高还是低，长平均期限的PAC类债券组别仍得到了相当好的保护。在两种波动性的情况下它们仍然有较好的基于相对价值的OAS，虽然如果波动性较高，OAS没有基础案例中的OAS那么高（但是在这种情况下，OAS看上去仍然是一个合理的价值)。这进一步验证了之前的关于交易中长平均期限的PAC类债券组别的投资价值的结论。然而要注意的是，PAC债券组别中的组别H、J、K对于波动性假设比组别C、D、E和G更敏感，所以与组别C、D、E、G相比，组别H、J、K的投资者承受着比较大的波动性风险（也就是波动性改变的风险)。

12.5 测量利率风险

在第9章中讨论过，久期和凸性可以被用来估计当平行移动收益曲线时的利率风险（也就是测量水平风险)。在这一部分中，我们将会讨论抵押贷款支持证券的久期。实际中被应用的久期度量方法有好几种。有两个研究者——Lakhbir Hayre和Hubert Chang扩展了久期度量方法，他们得出结论：“对于抵押贷款支持证券来说没有一个久期测量是普遍适用的。”① 对于这个结论，应该补充的是有一些度量方法是完全无效的。

久期是一种价格对利率改变的敏感性的度量。我们已经知道了利率上下波动时如何计算债券久期以及如何决定债券价格的变动。久期按照下面的方法计算：

$$久期=\frac{V_{-}-V_{+}}{2V_0(\Delta y)}$$

① Lakhbir Hayre and Hubert Chang, “Effective and Empirical Duration of Mortgage Securities,” *The Journal of Fixed Income* (March 1997), pp. 17 – 33.

其中：

Δy = 用于计算新价值的利率的改变（例如，利率变动）

V_+ = 当收益增加Δy时的估计价值

V_- = 当收益减少Δy时的估计价值

V_0 = 初始价格（每100美元的票面价值）

对于含有嵌入期权的债券，比如抵押贷款支持证券，适当的度量是有效久期。为了获得含有嵌入期权的债券的负凸性，应该计算有效凸性。我们将讨论如何使用蒙特卡罗模拟方法来计算抵押贷款支持证券的有效久期，还会介绍模型的假设如何影响久期的估计。交易商使用的其他久期度量方法在后面也会提到。

1. 有效久期

为了计算有效久期，必须估计当利率以一个特定基点数上下波动时的债券价值。根据蒙特卡罗模型，收益率曲线（国债收益曲线或者 LIBOR 曲线）上下波动，新曲线产生的估值会用于有效久期和有效凸性的公式。这类似于第9章中使用二项式模型计算有效久期和有效凸性的程序。

在利率上下波动时进行估价存在一种假设——确定初始价格的关系在利率上下波动时不变。特别的，对于给出的波动生成新的利率路径（也就是新的图表12—1），假设收益波动不变，根据新的图表12—1生成新的图表12—2时，假设住房抵押贷款利率和10年期国债利率之间的利差不变，OAS恒定。OAS恒定不变是因为当折现新的现金流量（也就是新的图表12—3的现金流量）时，当前计算的OAS被假定相同并且被加入到新的图表12—1中新的利率中。

我们用 Lakhbir Hayre 和 Hubert Chang 的例子说明计算住房抵押贷款的有效久期，1996年5月1日的一个转手债券 FNMA 7.5% TBA（FNMA 7.5% TBA 的转手债券）[①]。在那一天，基础抵押贷款利率为7.64%。发行价格为98.781（也就是98 -25）。OAS为65个基点。如果波动幅度为25个基点，保持OAS为65个基点不变，估计价格为：

V_- = 99.949，当收益曲线减少25个基点时；

V_+ = 97.542，当收益曲线增加25个基点时。

Δy = 0.0025 时的有效久期是：

$$\frac{99.949-97.542}{2\times 98.781\times 0.0025}=4.87$$

对于一个抵押贷款支持证券，不同分析系统的设计商报告的有效久期是存在差异的。一些实践者已经解释和具体说明了为什么设计商估计的这些有效久期存在差异。差异结果来自：[②]

（1）使用的利率波动的幅度不同；

（2）提前偿付模型不同；

（3）期权调整利差不同；

（4）短期利率和再融资利率之间的关系不同。

之前，我们已经讨论过第一个原因。利率波动是利率增加和减少的量，从而得到代入有效久期等式中的两个值。如果改变太大，会存在问题——凸性影响准确性。

不同设计商之间使用的提前偿付模型不同。一些交易模型和其他模型相比常常预测较慢

① Hayre and Chang, "Effective and Empirical Duration of Mortgage Securities."

② Sam Choi, " Effective Durations for Mortgage - Backed Securities: Recipes for Improvement," *The Journal of Fixed Income* (March 1996), pp. 24 -30; and, Hayre, Chang, "Effective and Empirical Duration of Mortgage Securities."

的提前偿付速度，而其他交易模型则相反。

有效久期依赖于 OAS 的计算。蒙特卡罗模型的一个副产品是 OAS 的计算。所以，计算出的 OAS 值基于蒙特卡罗模型的所有前提假设。具体地说，它依赖于假设的收益波动和使用的提前偿付模型。交易商进行了很多关于收益波动的假设和使用合适的提前偿付模型。这些都可以得出不同的 OAS。用 OAS 加上新的模拟短期利率计算出新的 V_- 和 V_+ 值，不同 OAS 值会得出不同的有效久期。

最后，我们曾经在解释蒙特卡罗模拟模型时说过，从图表 12—1（模拟短期利率）到图表 12—2（再融资利率），必须作一个关于短期利率和一个 10 年期国债利率（作为再融资的替代）之间关系的假设。不同模型中这些利率间的利差的大小影响抵押贷款支持证券的价值，从而影响假设利率波动时产生的用于计算有效久期的价值。

2. 其他久期度量

还有其他几个度量用于估计抵押贷款支持证券的久期。这些度量包括**现金流量久期**（**cash flow duration**）、**息票曲线久期**（**coupon curve duration**）和**经验久期**（**empirical duration**）。前两个度量是有效久期的形式，因为它们认为久期等式中使用的价值应该考虑到当利率变化时，由于提前偿付变化，现金流量可能如何变化。相反，经验久期是使用可观察的市场价格进行统计计算的久期。下面我们将讨论每一个久期度量方法如何计算久期，以及它们的优点和局限性。

（1）现金流量久期。一般久期等式中有两个值是一定要被代入等式的——利率降低时的值（V_-）和利率增加时的值（V_+）。关于有效久期，这两个值考虑利率变化影响提前偿付从而改变现金流量。在蒙特卡罗模型中利率路径上的现金流量已经反映了这种改变。

对于**现金流量久期**，存在对现金流量可能改变的识别，但是对于现金流量的分析将运用静态方法。具体地说，现金流量久期是这样计算的：

第一步　在提前偿付假设的基础上计算现金流量。

第二步　根据第一步得出的现金流量和市场价格（V_0），计算现金流量收益率。

第三步　将现金流量收益率增加 Δy 并根据较高现金流量收益率运用提前偿付模型确定新的提前偿付率。具体地说，因为较高的收益水平，提前偿付率会低于第一步。

第四步　使用第三步中较低的提前偿付率决定现金流量然后把较高的现金流量收益率作为折价率估计这个现金流量的价值。这就得到了价值（V_+）。

第五步　将现金流量收益率减少 Δy 并根据较低现金流量收益率运用提前偿付模型确定新的提前偿付率。具体地说，因为较低的收益率水平，提前偿付率会高于第一步。

第六步　使用第五步中较高的提前偿付率决定现金流量然后把较低的现金流量收益率作为折价率估计这个现金流量的价值。这就得到了价值（V_-）。

通过改变基点（Δy），在第四步和第六步中得出的 V_+ 和 V_- 值，还有初始价格（V_0），可以算出久期。

我们可以使用第 10 章中假设的 CMO 结构的例子来展示如何计算现金流量久期。具体地说，在 FJF－2 中，有四个债券组别 A、B、C 和 Z，我们着重考察债券组别 C。假设这个债券组别的价格是 100.2813，那么这个现金流量久期可按如下方法计算：

第一步　假设该债券组别的提前偿付率为 165 PSA。

第二步 基于债券组别的提前偿付率为165 PSA和价格为100.2813的假设，得出现金流量收益率为7%。

第三步 假设现金流量收益率增加（也就是波动）25个基点（从7%到7.25%），同时假设此时提前偿付率为150 PSA（注意，这是一个比收益率为7%时更低的提前偿付率）。

第四步 基于150 PSA，能够得到一个新的现金流量。现金流量以7.25%折现（新现金流量收益率）。基于这些假设可得到债券价值为98.3438。这个值为V_+。

第五步 假设现金流量收益率减少（也就是波动）25个基点（从7%到6.75%），同时假设此时提前偿付率为200 PSA（注意，这是一个比收益率为7%时更高的提前偿付率）。

第六步 基于200 PSA，能够产生一个新的现金流量。现金流量以6.75%折现（新现金流量收益）。基于这些假设可得到债券价值为101.9063。这个值为V_-。

现在我们有以下信息：

$V_0 = 100.2813$

$V_+ = 98.3438$

$V_- = 101.9063$

$\Delta y = 0.0025$

然后使用一般久期等式，我们得到：

$$久期 = \frac{101.9063 - 98.3438}{2 \times 100.2813 \times 0.0025} = 7.11$$

现金流量久期是什么样的久期度量——有效久期或者修正久期？从技术上说，它是一种有效久期，这是因为，在第三步和第五步中，当提前偿付率改变时，现金流量也改变。然而，用于得到新值代入久期等式中的估值模型是很关键的。现金流量久期的估值模型基于一个幼稚假设，对于任意给定的利率波动来说在抵押贷款支持证券的整个期限中有一个单一的提前偿付率。这与更好地分析了当利率改变时现金流量如何改变的蒙特卡罗模型产生的价值形成对照。

如果它是一个有效久期的初级形式，为什么还要占用篇幅讨论现金流量久期呢？原因是，它是一个被普遍引用的久期度量，并且实践者应该明白它是如何计算的。同样道理，我们也详细讨论了各种收益率的计算，尽管它们存在局限性。

一个有趣的问题就是如何用这种久期形式与修正久期相比较。从第7章和第9章中知道，修正久期假设当利率波动时现金流量不改变。也就是说，在上面讨论的得到现金流量久期的过程中，在第三步和第五步中假设提前偿付率与第一步中的一样。

例如，我们将再一次考察FJF－2中的组别C。在第三步中，尽管实际上应该假设提前偿付率变快了，但假设提前偿付率仍然为165 PSA。也就是说，假设现金流量不改变。基于现金流量收益率为7.25%，提前偿付率为165 PSA，这个债券的价值将会下降到98.4063。当假设现金流量收益率下降到6.75%，提前偿付率仍然是165 PSA时，债券价值将为102.1875。由此我们计算出修正久期如下：

$V_0 = 100.2813$

$V_+ = 98.4063$

$V_- = 102.1875$

$\Delta y = 0.0025$

这个修正久期是：

$$久期 = \frac{102.1875 - 98.4063}{2 \times 100.2813 \times 0.0025} = 7.54$$

所以，这个修正久期大于这个债券的现金流量久期。

需要再次重申的是，修正久期不如现金流量久期，因为修正久期不去关注当利率发生变化时对提前偿付率以及现金流量可能带来的改变。而现金流量久期普遍用于实践中，它是一种有效久期的形式，关注了当利率改变时对提前偿付率以及带来的现金流量的变化，不过它是基于一个关于提前偿付率可能会如何改变的幼稚假设。用蒙特卡罗模型计算出的有效久期要优于现金流量久期。

（2）**息票曲线久期。息票曲线久期（coupon curve duration）**通过使用市场价格估计抵押贷款支持证券的久期。这个首先由 Douglas Breeden[①] 提出的理论，从类似抵押贷款债券的息票—价格曲线开始。这种息票曲线代表了特定发行者的不同票面利率的普通转手债券。通过沿息票—价格曲线上升和下降得到久期。出于这种估计久期方式，这种方法被 Breeden 命名为“卷上、卷下方法”（rol-up，roll-down approach）。这些由卷上和卷下的息票—价格曲线而得到的价格，被代入久期等式。

举个例子来说明这个方法，假设一个转手债券几个月的息票—价格曲线如下：

票面利率	价格
6%	85.19
7%	92.06
8%	98.38
9%	103.34
10%	107.28
11%	111.19

假设我们要求票面利率为 8% 的息票曲线久期。如果收益率下降 100 个基点，那么票面利率为 8% 的转手债券价格将会增加到票面利率为 9% 的当前价格。所以，价格从 98.38 上升到 103.34。相类似的，如果收益率增加了 100 个基点，那么票面利率为 8% 的转手债券价格将会下降到票面利率为 7% 的当前价格（92.06）。使用久期公式，相应的值为：

$V_0 = 98.38$

$V_+ = 92.06$

$V_- = 103.34$

$\Delta y = 0.01$

于是，这个基于息票曲线估计的久期为：

$$久期 = \frac{103.34 - 92.06}{2 \times 98.38 \times 0.01} = 5.73$$

Breeden 检验了息票曲线久期并且发现它在估计普通转手债券的利率风险时相对准确[②]。Bennett Golub 也发表了类似的结论[③]。

虽然息票曲线久期的优点在于它的计算相对简单，并且当前价格反映了市场期望，但仍

① Douglas Breeden, “Risk, Return, and Hedging of Fixed-Rate Mortgages,” *The Journal of Fixed Income* (September 1991), pp. 85 – 107.

② Breeden, “Risk, Return, and Hedging of Fixed-Rate Mortgages.”

③ 参见：Bennett W. Golub, “Towards a New Approach to Measuring Mortgage Duration,” Chapter 32 in Frank J. Faozzi (ed.), *The Handbook of Mortgage-Backed Securities* (Chicago: Probus Publishing, 1995), p. 673.

有一些缺点。这种方法局限于普通抵押贷款支持证券，很难运用于住房抵押贷款的衍生产品，如 CMO。

（3）经验久期。当计算有效久期和现金流量久期时，被代入久期公式的值都是基于一些估值模型得到的。对于息票曲线久期，可观察到的市场价格被代入久期等式。相对的，**经验久期**（**empirical duration**）是根据统计历史市场价格和市场收益率被估计出来的①。回归分析被用来估计这种关系。一些公司比如 Paine Webber 就使用经验久期，也叫做**隐含久期**（**implied duration**），作为它们对 MBS 的久期的主要度量方法。

经验久期有三个优点②：第一，久期估计不依赖于任何一个理论公式和分析假设。第二，所要求的参数估计可以使用回归方法很容易计算得出。第三，唯一需要的输入就是可靠的价格序列和国债收益率序列。

它也有一些缺点③：第一，要得到抵押证券可靠的连续价格可能不现实。例如，对于一些交易量小的抵押贷款的衍生证券来说，可能没有价格序列或者价格可能被矩阵式定价（也就是由发行服务商基于相类似特点进行定价），或者是通过模型定价而不是实际交易价格。第二，经验关系没有单独显示出含有期权的抵押贷款支持证券的价格—收益率关系，这会扭曲经验久期。最后，相对于国债收益率的利差波动会扭曲抵押贷款支持证券的价格如何对收益率的改变作出反应。

12.6 资产支持证券的估值

从蒙特卡罗模型的讨论可以看出，估值的程序是复杂的。投资组合经理一般使用分析系统第三方供应商的模型或者经纪商对抵押贷款支持证券估值的模型，而不是自建估值模型。但是，抵押贷款支持证券只是结构产品的一种。资产支持证券也是一种结构产品，是否有必要对所有的资产支持证券都使用蒙特卡罗模型呢？下面我们将会解释什么情况下必须使用蒙特卡罗模型和什么时候适合使用 Z 利差。

这个模型用于资产支持证券（ABS）的估值依赖于支持交易的贷款或应收款的特点。一个 ABS 可能有下列特点之一：

特点 1：ABS 不存在提前偿付期权。

特点 2：ABS 存在提前偿付期权，但是当再融资率下降到贷款利率以下时，借款人不表现出提前偿付的倾向。

特点 3：ABS 存在提前偿付期权，但是当再融资率下降到贷款利率以下时，借款人表现出提前偿付的倾向。

关于 ABS 特点 1 的例子是信用卡应收款支持的债券。特点 2 的例子是汽车贷款支持的债券。借款者为高质量借款者（例如一流的借款者）的封闭式住宅权益贷款支持的债券是特点 3 的例子。在第 11 章中我们讨论了一些房地产支持的 ABS，对于借款者利用再融资的

---

① 这个方法参见：Scott M. Pinkus and Marie A. Chandoha，"The Relative Price Volatility of Mortgage Securities，" *Journal of Portfolio Management*（Summer 1986），pp. 9 – 22 and then in 1990 by Paul DePossa，Laurie Goodman，Mike Zazzsarino，"Duration Estimates on Mortgage-Backed Securities，" *Journal of Portfolio Management*（Winter 1993），pp. 32 – 37，and more recently in Laurie S. Goodman and Jeffrey Ho，"Mortgage Hedte Ratios：Which One Works Best?" *The Journal of Fixed Income*（December 1997），pp. 23 – 33，and Laurie S. Goodmanand Jeffrey Ho，"An Integrated Approach to Hedging and Relative Value Analysis"，Chapter 15 in Frank J. Fabozzi（ed.），*Advances in the Valuation and Management of Mortgage-Backed Securities*（New Hope，PA：Frank J. Fabozzi Associates，1999）.

② Golub，"Towards a New Approach to Measuring Mortgage Duration，" p. 672.

③ Golub，"Towards a New Approach to Measuring Mortgage Duration."

机会的程度仍然没有定论。特别是，这些债券包括预制房屋贷款和封闭式的面向低质量借款者的住宅权益贷款支持的债券。

对于 ABS 估值，有两种可能的方法：

（1）无波动利差（Z 利差）方法；

（2）期权调整利差（OAS）方法。

对于 Z 利差方法，用来折现现金流量的利率为即期利率加上无波动利差。这个 ABS 的价值就是基于这些折现率的现金流量现值。Z 利差方法不考虑提前偿付期权，因此，Z 利差方法应该用于估计带有特点 1 的 ABS 价值（根据本章前面讨论的 Z 利差、OAS 和期权成本之间的关系，这也就意味着，期权的价值为 0，而 Z 利差等于 OAS）。由于 Z 利差等于 OAS，可以使用 Z 利差估值的方法。

Z 利差方法同样可以用于特点 2 的 ABS，因为即使借款者有提前偿付期权，这个期权也没有被执行。所以，和特点 1 一样，Z 利差等于 OAS。

OAS 方法——比 Z 利差方法考虑更多的计算性——当存在嵌入期权，并且期权会使借款者感觉更加经济从而希望执行期权时，OAS 方法被用来估计债券价值。所以，OAS 方法用于特点 3 的 ABS。接下来的选择就是使用二项式模型（或者类似的模型）还是蒙特卡罗模型。由于典型的含有提前偿付期权的 ABS 现金流量是依赖于利率路径的——就像抵押贷款支持证券，所以要使用蒙特卡罗模型。

12.7　估值任意债券

现在总结本章前面讨论的两种用来估值任何固定收益债券的方法——Z 利差方法和 OAS 方法。

下面将估值方法与不同债券进行匹配：

（1）对于*无期权债券（option-free bond）*，正确的估值方法是 Z 利差方法。

（2）对于*在现金流量不是利率路径依赖的情况下含有期权的债券*（例如可赎回的公司债券、机构债券或可回售债券），正确的方法是 OAS 方法。既然对这种债券使用逆向归纳法，那么估值应该使用二项式模型和它的等价模型。

（3）对于在现金流量是利率路径依赖的情况下含有期权的债券（例如抵押贷款支持证券或者房地产支持的 ABS），正确的方法是 OAS 方法。然而，因为现金流量的利率路径依赖性，所以应该使用蒙特卡罗模型。

第 13 章 利率衍生工具

13.1 引言

本章将重点探讨金融合约，通常是指**利率衍生工具**（**interest rate derivative instruments**），因为该合约的价值衍生于现货市场工具或参考利率，这些工具包括期货、远期、期权、互换、上限和下限。本章将先介绍这些工具的基本特征，然后再讨论它们的定价。

为什么投资组合经理会倾向于运用利率衍生工具，而不是相应的现货市场工具？当存在一个成熟的基于某现货市场工具而产生的利率衍生工具的市场时，经理如此选择的原因主要有三个：首先，为了改变一个投资组合的利率风险，在利率衍生工具市场上执行交易或战略的成本通常低于在相应现货市场上进行调整的成本。其次，在利率衍生工具市场上调整投资组合通常比在相应现货市场上迅速。最后，与对现货市场工具（价格）的影响比较而言，利率衍生工具可以吸收更多的交易资金而不对该衍生工具（的价格）产生任何不利影响，也就是说，利率衍生工具的流动性可能强于现货市场工具。可见，运用利率衍生工具有三个潜在的优势：成本、速度和流动性。

13.2 利率期货

期货合约（**futures contract**）是指一个协议，要求协议的一方，在约定的时间，以约定的价格买卖某标的物。期货合约是交易所创造的产品。以金融工具或金融指数为基础的期货合约称为**金融期货**（**financial futures**）。金融期货可分为：（1）股指期货；（2）利率期货；（3）货币期货。本章主要讨论利率期货。

13.2.1 期货交易机制

期货合约是指买方（卖方）与交易所或其清算机构之间的协议，在该协议中，买方（卖方）同意在约定的时间内以约定的价格提回（交付）某物（**标的物**（**underlying**））。在期货交易中，各方所认同的价格称为期货价格（futures price）。各方必须进行交易的约定日期称为清算日（settlement date）或交割日（delivery date）。

1. 清算头寸

大部分金融期货的清算日期是在 3 月、6 月、9 月和 12 月。这意味着，该合约在合约清算月内的约定时间进行清算，其价格由该清算合约的交易所决定。**邻近期货合约**（**nearby futures contract**）是指具有最接近清算日期的合约。下一个期货合约就是紧接着邻近期货合约之后清算的合约。**最远程期货合约**（**most distant futures contract**）是指离清算时间最远的合约。

期货合约的一方进行头寸清算有两种选择：一种是，该头寸能够在清算日之前结算。为此，该方必须在同一合约中运用一个抵销头寸。对期货合约的买方而言，这意味着要卖出等额的相同期货合约；对期货合约的卖方而言，这意味着买入等额的相同期货合约。

另一种是一直等到清算日期。此时，买入期货合约的一方以协议价格接受标的物交割；卖出期货合约的一方通过以协议价格交割标的物来清算头寸。某些利率期货合约只能进行现金清算，该合约称为**现金清算合约**（cash settlement contracts）。

2. 清算机构的作用

清算机构与每宗期货交易都相关，它有若干职能，其中之一就是保证参与交易的双方都能履行合约。

当一位投资者在期货市场进行交易时，清算机构就进行相反的交易并且同意满足合约中载明的条件。由于清算机构的存在，投资者无需顾虑合约他方的财务实力和诚信。一旦期货交易达成，合约双方间的关系终结，清算机构取代其中一方与另一方发生交易。每次卖出时清算机构就充当买方，每次买入时它就充当卖方。因此，投资者可以自由地清算他们的头寸，不会涉及原始合约中的他方，也不用担心他方违约。这就是为何我们将期货合约定义为一方与一交易所对应的清算机构之间的协议的原因。除了它的保证职能，清算机构使得期货合约的各方更易于在清算日期前处置他们的头寸。

3. 保证金（要求）

首次进行期货合约建仓时，投资者必须按照交易所规定，就每笔合约存入最小额的资金。这笔金额就称为**初始保证金**（initial margin），这是该合约所要求的保证金。初始保证金可能是附息债券的形式，比如短期国债。期货合约价格波动时，其保证金的价值也随之变化。盯市是指有效地运用当前清算价格替换初始价格。因此，该合约就拥有一个新的清算价格。在每一交易日结束时，交易所决定期货合约的当前清算价格。该价格是用于对投资者的头寸进行盯市的，这样源于该头寸的任何盈亏都能反映在保证金账户上。①

维持保证金（maintenance margin）是指，在投资者被要求存入额外保证金之前，由于不利的价格变动，保证金账户允许降到的最低水平（由交易所规定）。如果低于这一水平，将追加保证金，追加的额外保证金称为**价格变动保证金**（variation margin），它是一笔能使保证金账户满足其初始保证水平的必要款项。该款项取决于对头寸进行盯市的过程。不同于初始保证金，价格变动保证金必须是现金，不能是附息金融工具。投资者可以提取其账户中超额的保证金。如果期货合约的一方没能在 24 小时内按要求存入价格变动保证金，其期货头寸就会被强制平仓。

虽然采用保证金方式购买证券时也有初始和维持保证金要求，但是证券和期货对保证金的定义不同。当采用保证金方式购买证券时，证券价格和初始保证金之间的差额是向证券经纪人借的。可将该购入的证券当成贷款的担保品，并且该投资者还要付息。对期货合约而言，其初始保证金实际上可看成“信用良好”的资金，是一种表明该投资者会履行合约义务的象征。

13.2.2 远期合约

远期合约（forward contract），如同期货合约，是一个当约定的时段结束时，以约定的

---

① 若要更深入地了解保证金要求和保证金账户如何随期货价格的变化而变，请参考：Don M. Chance, *Analysis of Derivatives for the CFA Program* (Charlottesville, VA: Association for Investment Management and Research, 2003), pp. 86 - 91.

价格交割某物的协议。期货合约是标准协议，规定了交割日（或月）和交割物的质量，并且在正规的交易所交易。而远期合约通常是非标准的（即合约的每项条款都可由买卖双方私自协商决定），没有清算机构，通常没有二级市场，即使有其交易也相当少。不同于期货合约，远期合约不是场内交易的产品，而是场外交易工具。

每当交易日结束时，期货合约都要盯市。当出现不利价格变动时要提交额外保证金，当出现有利价格变动时又可提取现金。因此，期货合约有中期现金流量的影响。远期合约可以盯市也可以不用盯市，这取决于合约双方的意愿。对于不需盯市的远期合约，由于不要求额外保证金，所以它没有中期现金流量的影响。

最后，远期合约的各方都要承担信用风险，因为各方都可能违约。这种风险称为**交易对手风险**（counterparty risk）。这种风险在期货合约中是很小的，因为与其交易所对应的清算机构保证了交易的另一方。在远期合约交易中，双方都将面临对手风险。因此，这就产生了**双边交易对手风险**（bilateral counterparty risk）。

除了这些差异外，在大多数情况下，远期合约的运用与期货合约相同。

13.2.3 期货合约的风险和收益特征

当投资者通过购买期货合约在市场持有头寸时，就称该投资者**多头头寸**（long position）或者**期货多头**（long futures）。期货合约的买方也称为“多方”。相反，如果投资者的合约建仓是卖出期货合约，就称该投资者**空头头寸**（short position）或**期货空头**（short futures）。期货合约的卖方也称为“空方”。如果期货价格上涨，期货合约的买方就会获利；如果期货价格下跌，期货合约的卖方就将获利。

当持有一个期货合约的头寸时，买方不需要支付该投资的全部金额，而只需支付初始保证金。因此，投资者可以利用期货来有效地创造杠杆头寸。首先，在期货市场上可获得的杠杆意味着该市场只有那些投机于价格波动的人从中受益。这种观点是错的。我们可以看到，期货市场可用于控制利率风险。在期货交易中，如果没有有效的杠杆，对很多市场参与者而言，通过运用期货降低价格风险的成本可能过高。

13.2.4 场内交易利率期货合约

利率期货合约可以按其标的证券的到期日进行归类。短期利率期货合约包含的标的证券的到期日在1年以内。例如，标的为3月期的短期国债和3月期欧洲美元存款单的期货合约。长期期货合约的标的证券的到期日超过1年。例如，标的为附息国债、10年期机构债券和市政债券指数的期货合约。我们关注的将是标的为附息国债（长期国债或中期国债）的期货合约。这是债券投资组合经理运用最广泛的合约，我们首先讨论长期国债期货合约的具体事项，然后探讨机构债券期货合约。

有些基于非美国的政府债券的期货合约在世界范围内交易。它们大多数都以美国国债期货合约为蓝本，因此，下文讨论的概念也适用于这些期货合约。

1. 长期国债期货

长期国债期货合约是在芝加哥商品期货交易所（CBOT）进行交易的。长期国债期货合约的标的工具是假定的20年期、面值100 000美元的附息国债。该假定债券的票面利率称为**名义利率**（notional coupon）。

期货价格以面值100为基准报价。报价以1%的1/32表示，因此一个长期国债期货合约的报价标为 97 - 16 就意味着 97 又 16/32 或者 97.50。所以，如果买方和卖方就一个 97 - 16 的期货价格达成协议，就表明该买方同意接受以支付面值的 97.50% 的金额买入该假定的标的长期国债，该卖方同意接受面值的 97.50%。由于面值为 100 000 美元，所以就该假定的长期国债而言，买卖双方同意的期货价格为 97 500 美元。

长期国债期货合约的最小价格波动是 1% 的 1/32，称为"一个 1/32"。面值为 100 000 美元（标的长期国债的面值）的一个 1/32 的美元价值为 31.25 美元，因此，该合约的最小价格波动为 31.25 美元。

图表 13—1 **可交割美国长期国债和转换系数**

交割有效期从 2002 年 5 月 29 日起

证券		转换系数									
		2005.3	2005.6	2005.9	2005.12	2006.3	2006.6	2006.9	2006.12	2007.3	2007.6
5 1/4	11/15/28	0.9062	0.9065	0.9071	0.9075	0.9081	0.9084	0.9090	0.9095	0.9101	0.9105
5 1/4	02/15/29	0.9056	0.9062	0.9065	0.9071	0.9075	0.9081	0.9084	0.9090	0.9095	0.9101
5 3/8	02/15/31	0.9185	0.9189	0.9191	0.9196	0.9198	0.9203	0.9206	0.9210	0.9213	0.9218
5	08/15/28	0.9376	0.9381	0.9383	0.9387	0.9389	0.9394	0.9396	0.9400	0.9403	0.9407
6	02/15/26	0.9999	1.0000	0.9999	1.0000	0.9999	1.0000	0.9999	1.0000	0.9999	1.0000
6 1/8	11/15/27	1.0153	1.0151	1.0152	1.0150	1.0150	1.0148	1.0148	1.0146	1.0146	1.0144
6 1/8	08/15/29	1.0158	1.0158	1.0156	1.0156	1.0154	1.0155	1.0153	1.0153	1.0151	1.0152
6 1/4	08/15/23	1.0274	1.0273	1.0270	1.0269	1.0265	1.0264	1.0261	1.0260	1.0256	1.0255
6 1/4	05/15/30	1.0322	1.0319	1.0319	1.0316	1.0316	1.0313	1.0313	1.0310	1.0310	1.0307
6 3/8	08/15/27	1.0456	1.0455	1.0451	1.0450	1.0446	1.0444	1.0441	1.0439	1.0435	1.0433
6	11/15/26	1.0600	1.0595	1.0593	1.0588	1.0585	1.0580	1.0578	1.0573	1.0570	1.0565
6 5/8	02/15/27	1.0752	1.0749	1.0744	1.0741	1.0735	1.0732	1.0726	1.0722	1.0716	1.0713
6 3/4	08/15/26	1.0893	1.0889	1.0882	1.0878	1.0871	1.0867	1.0860	1.0855	1.0848	1.0843
6 7/8	08/15/25	1.1017	1.1011	1.1003	1.0998	1.0990	1.0984	1.0976	1.0970	1.0961	1.0955
7 1/8	02/15/23	1.1217	1.1209	1.1197	1.1189	1.1177	1.1168	1.1156	1.1147	1.1135	1.1125
7 1/4	08/15/22	1.1331	1.1321	1.1308	1.1298	1.1285	1.1274	1.1261	1.1250	1.1236	1.1225
7	11/15/24	1.1711	1.1697	1.1687	1.1673	1.1663	1.1649	1.1637	1.1623	1.1612	1.1597
7 5/8	11/15/22	1.1746	1.1730	1.1717	1.1701	1.1687	1.1671	1.1657	1.1640	1.1625	1.1607
7 5/8	02/15/25	1.1864	1.1853	1.1839	1.1828	1.1813	1.1801	1.1786	1.1774	1.1759	1.1746
7 7/8	02/15/21	1.1892	1.1875	1.1855	1.1838	—	—	—	—	—	—
8	11/15/21	1.2077	1.2056	1.2039	1.2018	1.2000	1.1979	1.1960	—	—	—
8 1/8	05/15/21	1.2166	1.2144	1.2125	1.2102	1.2083	—	—	—	—	—
8 1/8	08/15/21	1.2185	1.2166	1.2144	1.2125	1.2102	1.2083	—	—	—	—
8 3/4	05/15/20	1.2695	—	—	—	—	—	—	—	—	—
8 3/4	08/15/20	1.2721	1.2695	—	—	—	—	—	—	—	—
合格证券数		25	24	23	23	22	21	20	19	19	19

资料来源：芝加哥商品期货交易所。

我们已将标的物指定为一假定的长期国债。长期国债期货合约的卖方，因为其决定进行交割而不是通过在清算日前购买合约来清算头寸，所以必须要交割某长期国债。但是，交割什么长期国债呢？CBOT 允许卖方交割若干其指定可交割的长期国债中的一个。可供卖方交割的特定债券范围是由 CBOT 参考结算日为所有合约所发布的。CBOT 将从交割日起至少还有15年到期的已发行长期国债确认为可交割长期国债。

图表13—1显示的是，2002年5月29日，在CBOT长期国债期货合约中，卖方可能选取交割给买方的长期国债。如果美国财政部发行了任何能够符合CBOT可交割标准的长期国债，那么这些债券将被记入CBOT允许交割的清单中。注意2005年3月结算的（即到期的）长期国债期货合约，其中有25份合格债券。而2005年3月之后清算的合约，它们的合格债券数少于25份，这是因为之前的部分合格债券的到期日缩短了，使得其到期日少于15年。

尽管这份合约的标的长期国债是假定的债券，其本身不能交付于期货合约，但该合约不是一份现金清算合约。平仓长期国债期货合约的唯一办法是，引进一个对冲期货头寸或者交割一份符合上述标准的长期国债。

（1）**转换系数**。长期国债期货合约交割过程很有意思。在清算日，期货合约的卖方（空头）要交付给买方（多头）一份6%、20年期、面值100 000美元的长期国债。由于没有这样的债券，卖方必须从CBOT指定的可交割长期国债中选择一份。假定卖方决定以交割5%、20年期、面值100 000美元的长期国债来清算该期货合约，这份债券的价值要低于6%、20年期的债券。如果该卖方交付5%、20年期债券，那么对于订约接受6%、20年期、100 000美元的期货合约的买方就不公平。相应的，假定卖方交付一份7%、20年期、100 000美元的长期国债，7%、20年期长期国债的价值要高于6%、20年期债券，所以这对卖方是不利的。

如何解决这个问题呢？为了使交割对双方都公平，CBOT引入了转换系数，借以调整每份用于履行长期国债期货合约而进行交割的国债的价格。转换系数是由CBOT在一份有特定清算日的合约开始交易前所决定的。[①] 调整价格是转换系数和期货价格的乘积。该调整价格称为**转换价格**（converted price）。

图表13—1显示了2002年5月29日的转换系数。转换系数按合约的清算日列示。注意转换系数不仅取决于交割的债券，还取决于合约的清算日。例如，图表13—1中的第一个债券是到期日为2028年11月15日、5.25%的附息债券。对于在2005年3月清算（即到期）的长期国债期货合约，其转换系数为0.9062。对于在2005年12月清算的合约，其转换系数为0.9075。

在交割长期国债时，买方必须支付给卖方的价格称为**交割应付价格**（invoice price）。交割应付价格是期货清算价格与应计利息之和。然而，就像之前所说的，卖方可以交付若干可接受的国债其中之一，并且使得该交割对双方都公平，该交割应付价格以实际交割的国债为基础进行调整。调整该交割应付价格的工具就是转换系数。该交割应付价格为：

交割应付价格 = 合约规模 × 期货清算价格 × 转换系数 + 应计利息

假定2006年3月的国债以105－16进行清算，且该交割的债券为2021年11月15日到期、8%的国债。该期货合约清算价格105－16是指面值的105.5%或面值的1.055倍。如图表13—1所示，对该2006年3月的合约而言，其转换系数为1.2000。由于该合约价格为100 000美元，买方支付给卖方的交割应付价格为：

100 000美元 × 1.055 × 1.2000 + 应计利息 = 126 600美元 + 应计利息

（2）**最经济可交割债券**。正如在图表13—1中所见，不止一份债券可以用来交割以履行期货合约。事实上，对2005年3月的合约而言，就有25份可交割或合格的债券。如果决

① 转换系数是以收益率为6%的条件下可交割债券在交割月月初的出售价格为基础确定的。

定进行交割，拥有选择哪份可交割债券进行交割的选择权的一方是空头。[①] 空头并非任意地决定选择哪份债券进行交割。空头会进行经济分析以确定最优的交割债券。事实上，我们将看到，经济分析中包含的所有要素，对市场中的参与者都是一样的，不论他是正在选择交割的还是正在参与交割合格债券之一的。在这部分，我们将讨论如何决定（可交割的）最优债券。

经济分析并不复杂。假定一个投资者同时参与以下两项交易：

①现在用借款购买其中的一份可交割债券；

②卖出一份期货合约。

这两份头寸（即买入的可交割债券的多头头寸和期货合约中的空头头寸）将一直持有至交割日。在交割日，买入的债券将用于履行空头交付合格债券的义务。上文所说的同时发生的交易，以及交割用于履行期货合约中空头头寸而买入的合格债券称为买现卖期交易。下一章将更为详尽地讨论这个问题，在下一章中，我们将说明选择用于交割的最优债券对于期货合约定价的重要性。

现在我们来看该买现卖期交易的经济后果。投资者（由于卖出一份期货合约，他就是空头）合成创立了一个短期投资工具。原因是，投资者购买了一份债券（可交割债券其中的一种），在交割日交付该债券并且收取期货价格的金额。所以，该投资者知道购买该债券的成本和从该投资中能得到的收益。收到的金额是交割日前的票面利息、从再投资票面利息中得到的再投资收益和交割日时的期货价格金额（记住，在交割日，给定可交割债券的期货价格就是它的转换价格）。因此，投资者能够计算出该投资的收益率。在期货市场中，这个收益率称为**隐含回购利率**（**implied repo rate**）。

每份可交割债券的隐含回购利率都可以计算得出。例如，假设有 N 份可交割债券能够用于交割以履行债券期货合约。想知道用于交割的最经济债券或什么债券最有可能用于交割，市场参与者可以计算求得所有这 N 份合格债券的隐含回购利率。哪种会是空头用于交割的最经济债券呢？由于隐含回购利率是一个投资收益率，最经济债券就是拥有最高隐含回购利率（即最高收益率）的那一份。拥有最高隐含回购利率的债券称为**最经济可交割债券**（**cheapest-to-deliver issue**）。

在介绍如何决定用于交割的最优债券（即最经济可交割债券）的原理的基础上，我们再进一步看看如何计算每份可交割债券的隐含回购利率。对一份给定的可交割债券，其利率是按以下信息计算得出的：

①购买国债的价格加上应计利息；

②用来交割以履行空头期货头寸的长期国债的转换价格加上应计利息；

③从现在到交割债券履行期货合约的日期之间取得的利息；

④利息的再投资收益是将利息在收到中期利息的日期和交割债券履行长期国债期货合约的日期之间进行再投资实现的收益。

前三个要素已知。最后一个要素将取决于可获得的再投资率。尽管再投资率是未知的，但是，很明显，它只是构成收益率的一小部分，在对隐含回购利率进行预计时，其导致的误差很小。

隐含回购利率的一般公式如下：

① 记住空头总是可以通过在清算日前购买相同期货合约的方式对冲其头寸。

隐含回购利率 = 收益金额/投资成本 × 360 ÷ 天数$_1$

其中：天数$_1$为期货合约清算日之前的天数。下面我们将解释隐含回购利率公式的其他项。

我们从**收益金额**（dollar return）开始。债券的**收益金额**是**获得的收入**（proceeds received）与**投资成本**（cost of the investment）的差额。获得的收入等于在期货合约清算日获得的收入、所有中期利息支付及其再投资所获得的利息三者之和。在清算日获得的收入包括转换价格（即期货清算价格乘以该债券的转换系数）和交割该债券所获得的应计利息，即：

获得的收入 = 转换价格 + 获得的应计利息 + 中期利息支付 +中期利息支付再投资的利息

如前所述，除了中期利息支付再投资的利息未知外，所有要素都是已知的。通过假定利息支付能够以定期回购利率进行再投资，就能预测该数值。接下来，我们将讨论回购市场和定期回购利率。定期回购利率（term repo rate）不单是指希望在回购市场借款的投资者所承担的借款率，也指投资者投资获取的短期收益率。中期利息支付再投资能进行多长时间呢？应该是从获得中期利息支付日起至实际交割日履行期货合约之间的若干天。再投资收益的计算如下：

中期利息支付再投资的利息 = 中期利息 × 定期回购利率 ×（天数$_2$ ÷360）

其中：天数$_2$为获得中期利息支付日起至实际交割日履行期货合约之间的天数。

将天数$_2$除以 360 的原因是该比例代表再投资中期利息的天数占货币市场的 1 年总天数的百分数。

投资成本为购买债券所付的金额。该成本等于购买价格加上所付的应计利息，即：

投资成本 = 购买价格 + 支付的应计利息

因此，隐含回购利率公式中的分子项收益金额为：

收益金额 = 获得的收入 - 投资成本

接着用收益金额除以投资成本。①

现在我们已知道如何计算隐含回购利率公式中的分子和分母。隐含回购利率公式中的第二个比例只涉及利用现货市场中约定的天数将收益年度化（记住：按现货市场的惯例，1 年是 360 天）。由于基于买现卖期交易的投资是一种合成的现货市场工具，因此要采用 360 天计算。

我们来计算一个可能用于交割以履行假定的长期国债期货合约的假定的债券的隐含回购利率。对该可交割债券和期货合约作出如下假设：

期货合约：

期货价格 = 96

距离期货交割日的天数（天数$_1$） = 82 天

可交割债券：

债券价格 = 107

支付的应计利息 = 3.8904

票面利率 = 10%

支付中期利息前的剩余天数 = 40 天

中期利息支付 = 5

获得中期利息支付日至期货合约实际交割日之间的天数（天数$_2$） = 42 天

---

① 实际上，投资成本应该进行调整，因为，如果有中期利息支付，要相应减少投资者用于投资的金额。在此我们将忽略这项调整。

转换系数 = 1.1111

期货清算日获得的应计利息 = 1.1507

其他信息:

42 天的定期回购利率 = 3.8%

我们从获得的收入开始。首先需要计算转换价格和来自于再投资中期利息支付的利息。转换价格为:

转换价格 = 期货价格 ×转换系数

= 96 × 1.1111 = 106.6656

源于再投资中期利息支付的利息取决于定期回购利率。定期回购利率假定为 3.8%，那么:

源于再投资中期利息支付的利息 =5 × 0.038 × (42 ÷360)

= 0.0222

结果如下:

转换价格	=106.6656
期货清算日　获得的应计利息	=1.1507
中期利息支付	=5.0000
源于再投资中期利息支付的利息	=0.0222
获得的收入	=112.8385

投资成本是该证券的购买价格加上支付的应计利息:

投资成本 = 107 + 3.8904 = 110.8904

隐含回购利率为:

隐含回购利率 = (112.8385 - 110.8904) ÷110.8904 × 360 ÷82 = 0.0771 =7.71%

一旦算出每份可交割证券的隐含回购利率，最经济交割证券将是其中具有最高隐含回购利率的那一份(即在买现卖期交易中能够带来最大收益的证券)。如以下章节解释的一样，该证券在长期国债期货合约的定价中起到关键作用。

在今天某份合格债券可能是最经济交割的，但是一些因素的变化使得在未来其他的某合格债券变为最经济交割债券。可以进行敏感性分析以确定收益的变化如何影响最经济交割。

(3) 其他交割期权(选择权)。除了选择哪种合格国债进行交割外——有时是指**质量期权**(quality option) 或**互换期权** (swap option) ——按 CBOT 交割准则规定，空头至少还有两种选择。空头能够决定在交割月的哪一天实际交割。这叫**择时期权** (timing option) 。另外一个期权是，空头在期货结算价格被确定之日交易所下班时间(芝加哥时间下午 3:15)之后直至芝加哥时间下午 8:00 拥有发出交割意图通知的权利，该期权称为**万能牌期权** (wild card option) 。质量期权、择时期权和**万能牌**期权统称为交割期权 (delivery options)，意味着多头头寸可能永远不确定将交割哪份长期国债或者何时交割。图表 13—2 对这三种交割期权进行了总结。

图表 13—2　**CBOT 长期国债期货合约空头的交割期权**

交割期权	描述
质量或互换期权	决定用哪种合格国债进行交割的选择权
择时期权	决定在交割月的什么时间进行交割的选择权
万能牌期权	在期货合约的收盘价格确定后进行交割的选择权

(4) **交割程序**。对于想交割的空头，交割手续需要 3 天。第一天是**头寸日**

(position day) 。在这天，空头要通知 CBOT 其交割意图。空头要在中部标准时间下午 8：00 之前完成。第二天是**通知日** (notice day) 。在这天，空头指定将要交割哪种特定债券。空头要在中部标准时间下午 2：00 前作出**通知**(在交割月内可能的最晚公布日，空头要在下午 3：00 前通知)。然后，CBOT 将选择交付于哪位多头。该多头头寸应当是建仓时间最长的。然后，在下午 4：00 前，通知该多头将要进行交割。第三天是**交割日** (delivery day) 。这天的上午 10：00 前，空头的账户中必须有通知日所指定的国债，并且在下午 1：00 前必须将该债券交付于由 CBOT 选定的接受交割的多头。收到债券后，多头支付空头该交割应付价格。

2. 国债期货

三种国债期货合约分别为 10 年期、5 年期和 2 年期的国债期货合约。三份合约都是按照长期国债期货合约的模式订立的，并且在 CBOT 进行交易。

10 年期国债期货合约的标的债券为假定的面值 100 000 美元、10 年期、6% 名义利率的国债。空头可能交付若干可接受的国债。如果一份债券的到期日，距离其交割月的第一天，大于等于 6.5 年且小于等于 10 年，该债券就是可接受的债券。空头头寸享有交割期权。

对 5 年期国债期货合约，其标的为面值 100 000 美元、6% 名义利率的美国国债，且满足以下条件：①原始到期期限不得多于 5 年零 3 个月；②剩余的到期期限不得多于 5 年零 3 个月；③剩余的到期期限不得少于 4 年零 2 个月。

2 年期国债期货合约的标的为面值 200 000 美元、6% 名义利率的国债，且其剩余到期期限不多于 2 年且不少于 1 年零 9 个月。另外，为履行 2 年期期货合约而交割的债券的原始到期期限不能超过 5 年零 3 个月。

3. 机构债券期货合约

在 2000 年，CBOT 和芝加哥商品交易所 (CME) 开始进行标的为房利美 (Fannie Mae) 或房地美 (Freddie Mac) 机构债券的期货合约 (机构债券在第 3 章中介绍过)。CBOT 10 年期机构债券期货合约的标的为房利美基准债券，或面值 100 000 美元、6% 名义利率的房地美参考债券。芝加哥商品交易所的 10 年期机构债券期货合约与 CBOT 的相似，但是其名义利率为 6.5% 而不是 6% 。

如同国债期货合约，不论 CBOT 还是 CME 机构债券期货合约，其都有不止一份可交割债券。合约的交割月为 3 月、6 月、9 月和 12 月。就像国债期货合约，依照每份合约清算日，用转换系数对每份合格债券计算转换价格。由于很多债券都可以交割，有一份将是最经济可交割债券。确定该债券的方法与国债期货合约完全一样。

13.3 利率期权

期权 (option) 就是一份合约，在该合约中，该期权的立权人授予期权买方一种权利而非义务，即在指定的时期内 (或在指定日期)，以指定价格从立权人处购买或是卖给立权人某物的权利。该立权人 (writer) 也称为**卖方** (seller) ，在交易所内，通过卖出该项权利，获得一定的金额，称为**期权价格** (option price) 或**期权费用** (option premium) 。合约标的物的买卖价格称为**执行价格** (exercise price) 或者**敲定价格** (strike price) 。期权在某日期之后失效，该日期称为**到期日** (expiration date) 。我们讨论的是以利率工具或利率为标的物的期权。

当一份期权授予买方自立权人（卖方）处购买指定金融工具的权利时，就称该期权为**认购期权（看涨期权）（call option）**，或**认购权（买入期权）（call）**。当期权的买方拥有将指定金融工具卖给立权人的权利时，该期权称为**认沽期权（看跌期权）（put option）**，或**认沽权（卖出期权）（put）**。

期权也可以按照期权的买方执行期权的时间进行分类。有的期权可以选择在到期日前的任何时间或到期日当天执行。这种期权称为**美式期权（American option）**。有些期权只能在到期日当天执行。具有这种特征的期权称为**欧式期权（European option）**。那种可以在到期日前，但是仅能在指定日期执行的期权称为**修正美式（modified American）**、**百慕大（Bermuda）**或**大西洋期权（Atlantic option）**。

13.3.1　期权的风险与收益特点

期权买方的最大亏损金额为期权价格。期权立权人可实现的最大利润为卖出时的期权价格。期权买方拥有巨大的收益上涨潜能，而期权立权人承担巨大的下跌风险。

本章假定读者已经知晓利用期权可以创造出的基本头寸。这些头寸包括：

（1）多头看涨头寸（购买一份认购期权）；

（2）空头看涨头寸（卖出一份认购期权）；

（3）多头看跌头寸（购买一份认沽期权）；

（4）空头看跌头寸（卖出一份认沽期权）。

图表13—3表明了这四种头寸的支付概况，*假定所有期权都持有至到期日（没有提前行权）*。

13.3.2　期权与期货合约的区别

不同于期货合约，期权合约的一方没有进行交易的义务。具体来说，期权买方只享有进行交易的权利，并不承担进行交易的义务。但期权立权人却要承担执行义务。在期货合约中，买卖双方均承担执行义务。当然，期货的买方不用支付卖方价款使其履行义务，而期权的买方则需支付卖方期权价格。

因此，这两种合约的风险/报酬特点也不同。在期货合约中，当期货合约的价格上涨时，合约的买方实现利润；当期货合约价格下跌时，承担亏损。期货合约的卖方的情况与之相反。期权没有这种对称的风险/报酬关系。期权的买方能承担的最大损失就是期权价格，而享有所有潜在的利益，扣除期权价格就是利润。期权立权人可实现的最大利润为期权价格，这是其承担巨大下跌风险的补偿。

期货合约的双方都要交付保证金。一旦交付了全额期权价格，就不要求期权买方交付保证金。因为投资者可能损失的最大金额就是期权价格，所以不管标的物的价格如何不利变动，都没有交付保证金的必要。因为期权的立权人同意承担标的物头寸的所有风险（但没有相应的报酬），立权人通常要求提高期权价格以达到提高保证金的效果。另外，如果发生了对立权人头寸不利的价格变化，由于其头寸是盯市的，立权人要交付额外保证金（也有例外）。

图表 13—3　　持有至到期日的基本期权头寸的回报

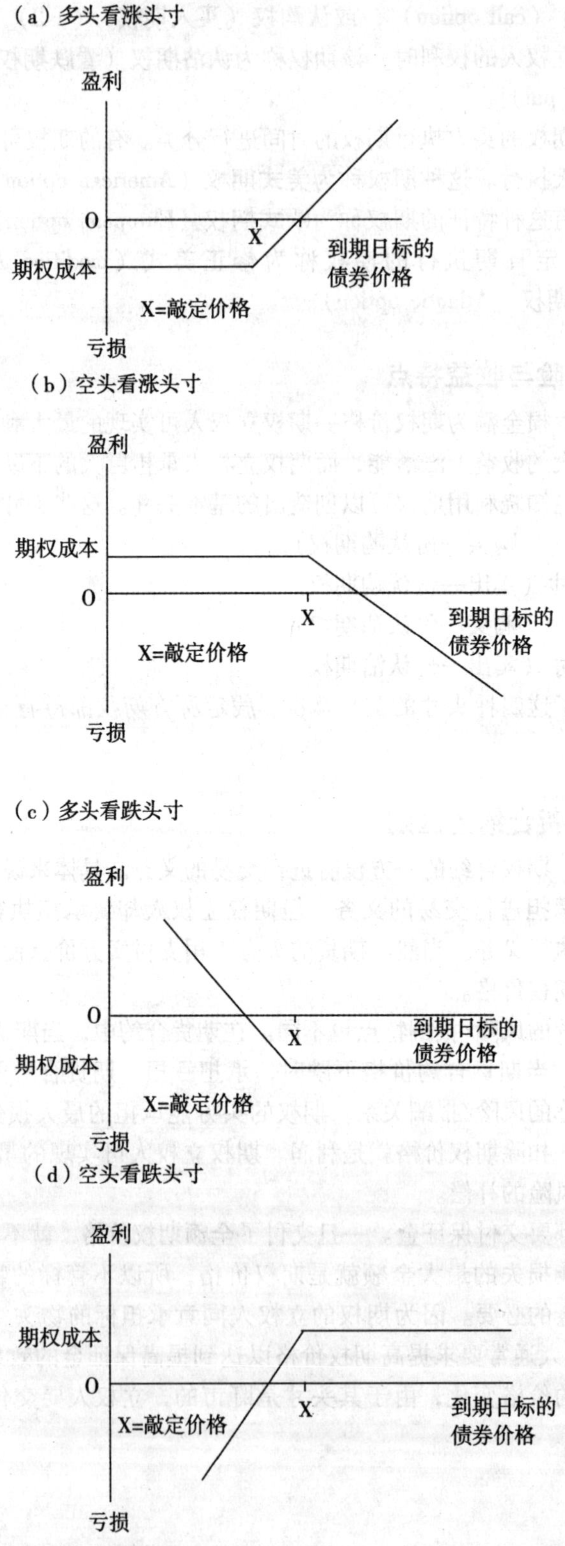

13.3.3　场内交易期权 vs 场外交易期权

期权，像其他金融工具一样，可以在有组织的交易所交易，也可以在场外（OTC）市场交易。一个交易所若想制定一份期权合约，必须得到管理当局的同意。场内交易期权有三个优点：第一，合约的执行价格和到期日是标准化的。[①] 第二，如同在期货合约中，由于场内交易期权的可交换性，买卖方之间的关系由于交易所取代其中一方而终止。期权市场中清算机构同样履行在期货市场中的保证职责。第三，场内交易期权的交易成本低于OTC期权。

由于需要基于具体情况定制期权，所以OTC期权的成本较高，如机构投资者需要一份量身定做的期权，因为标准化的场内交易期权不符合它的投资目的。在OTC期权市场中，投资银行和商业银行既是委托人又是经纪人。由于OTC期权没有场内交易期权的流动性强，这并不是机构投资者投资的重点——大多数的机构投资者将OTC期权当成其资产/负债战略的一部分，且计划持有至到期。

场内交易利率期权可以基于固定收入债券或利率期货合约设立。前者称为实物期权。基于利率期货的期权比实物期权更受欢迎，原因以后再说明。然而，投资组合经理们已经越来越多地运用OTC期权。

1. 场内交易期货合约

前文所提到的所有利率期货合约都可以用于设立期货期权。基于期货合约的期权，通常称为**期货期权（futures option）**，授予买方一种权利，即有权以执行价格，在期权有效期内的任何时间，从立权人处购买指定的期货合约或是将指定的期货合约卖给立权人。如果期货期权是看涨期权（认购权），买方就有权以执行价格购买指定期货。也就是说，该买方有权获得标的期货合约中的多头头寸。如果买方执行看涨期权（认购权），立权人将获得相同期货合约中的相应的空头头寸。

基于期货合约的看跌期权（认沽权）授予买方以执行价格将指定期货合约卖给立权人的权利。也就是说，期权的买方有权获得指定期货合约中的空头头寸。如果执行看跌期权（认沽权），立权人获得指定期货合约中相应的多头头寸。

当执行期权时，期货期权的某一方将获得期货合约中的头寸，那就会产生疑问：期货的价格将是多少？多头要为该期货合约支付多少价格，而空头要以多少期货价格卖出期货合约？

行权时，期货合约的期货价格将设定为与其执行价格相等。接着，双方的头寸立即就以当时的公开期货价格开始盯市。因此，双方的期货头寸随时将会根据期货价格进行调整。也就是说，期权买方将可能从期权卖方那里获得源于履约的经济利益。在看涨（认购）期货期权中，期权立权人必须支付期权买方当前期货价格与执行价格之间的差价。在看跌（认沽）期货期权中，期权立权人必须支付期权买方执行价格与当前期货价格之间的差价。

例如，假设一位投资者购买了一份基于某期货合约的看涨期权（认购权），且其执行价格为85。同时假设期货价格为95，该买方执行其看涨期权（认购权）。实践中，该看涨期权（认购权）买方在定价为85的期货合约中处于多头地位，看涨期权（认购权）立权人在定价为85的期货合约中处于空头地位。买方和立权人的期货头寸立即就通过交易所进行盯市。因为目前的期货价格为95，而其执行价格为85，多头期货头寸（看涨期权（认购权）

---

① 交易所已经开发出由其清算公司发行的认沽和认购（看涨和看跌）期权，它们可由客户指定其到期日、执行方式和敲定价格。这些期权被称为弹性交易所期权，其昵称为“Flex”期权。

买方的头寸）实现的利润为10，而空头期货头寸（看涨期权（认购权）卖方的头寸）实现的亏损为10。看涨期权（认购权）立权人支付交易所10，而看涨期权（认购权）买方从交易所获得10。现有价格为95的多头头寸的看涨期权（认购权）买方，可以以95清算其期货头寸，也可以持有多头期货头寸。如果选择前者，该看涨期权（认购权）买方以目前期货价格95卖出他的期货合约。仅仅是清算该头寸的过程不赚也不赔。总之，该看涨期权买方实现利润为10（减去期权购买价格）。如果其选择持有该多头期货头寸，将会面临持有该头寸同时带来的风险与报酬。但是，如果通过执行该看涨期权，就实现了10的利润。

假设执行价格为85的期货期权是看跌期权（认沽权）而不是看涨期权（认购权），且当前期货价格为60而不是95。于是，如果看跌期权（认沽权）的买方履行该期权，该买方可能获得定价85的期货合约中的空头头寸；期权的立权人可能获得定价85的期货合约中的多头头寸。接着，交易所以当时公认的期货价格60使得该头寸进行盯市，使得看跌期权（认沽权）买方获得25的利润，认沽权立权人遭受25的损失。现在，看跌期权（认沽权）买方拥有定价60的空头期货头寸，且可以通过以60的现行期货价格卖出期货清算空头期货头寸，或者持有该空头期货头寸。不管如何，如果现在执行认沽（看跌）期权，看跌期权（认沽权）的买方都实现了25的利润（减去该期权的购买价格）。

一旦全额支付了期权价格，期货期权的买方就不需要交付保证金了。因为，不管标的工具的价格变动如何不利，买方的最大亏损额就是期权价格，所以没有必要设立保证金。因为期货期权的立权人（卖方）同意承受标的工具头寸的所有风险（且没有相应报酬），立权人（卖方）不仅需要交付利率期货合约头寸的保证金，还要（也有例外）交付源于订立期权收到的期权价格。

一份期货期权的报价为1%面值的n/64。例如，24的价格表明1%面值的24/64。由于长期国债期货合约的面值为100 000美元，24的期权价格意味着：［（24÷64）÷100］×100 000美元 = 375美元。一般而言，报价为Q的期货期权价格等于：

期权价格 = ［（Q÷64）÷100］×100 000美元

利用场内交易期权的机构投资者在选择期权工具时，大多数选择期货期权而不是固定收益证券期权的原因有三个：第一，不同于固定收益证券期权，附息国债期货期权不要求支付应计利息。所以，当执行一份期货期权时，认购权（看涨期权）买方和认沽权（看跌期权）立权人（看跌期权卖方）不需要偿付另一方应计利息。第二，一般认为期货期权是更“干净的”工具，因为其减少了逼仓的可能性。那些必须进行交割的市场参与者担心在交割指定的工具时，该工具可能供应不足，导致该工具的购买价格上涨。对当前交易的期货期权而言，可交割期货合约是无限供应的，没有必要担心逼仓。第三，为了给期权定价，绝对有必要了解所有时间的标的工具价格。较期货合约的价格信息，债券市场中的当前价格信息比较不容易获得。原因是在OTC市场交易的债券，没有关于现价信息的统一价格信息系统。所以，想购买长期国债期权的投资者可能需要咨询若干经销商以获得价格信息。然而，期货合约是在交易所进行交易的，所以有公开报告的价格信息。

2. 场外交易期权

想购买特定国债期权或吉利美（Ginnie Mae）转手债券期权的机构投资者可以按场外交易进行。政府债券和抵押贷款支持证券的经销商建立了特定债券期权市场。OTC期权，也称为**交易商期权（dealer options）**，通常由机构投资者购买，以对冲特定债券的相关风险。例如，节俭者可能偏好利用特定抵押转手债券对冲其头寸。通常，期权的到期日与其期权买方的对冲期限一致，这样买方就不用担心期权的流动性。

由于没有清算机构，场外交易合约的各方都要承担交易对手风险。[①] 在远期合约中，双方均有履约的义务，双方均承受交易对手风险。然而，在期权中，一旦期权买方支付了期权价格，它就完成了它的义务。如果执行了期权，只有卖方必须履约。因此，期权买方承受交易对手风险——期权卖方不履约的风险。

OTC 期权可按机构投资者想要的任何方式进行制定。基本上，如果交易商能够合理地对冲期权对手风险，就能制定出符合客户期望的期权。OTC 期权不限于欧式或美式。交易商也制定修正美式（百慕大或大西洋）期权。

13.4 利率互换

利率互换中，双方同意定期交换利息支付。交换的利息支付的金额是以某约定的美元本金为基准的，该本金称为**名义本金（notional principal）**或**名义额（notional amount）**。交易方交付给他方的金额等于约定的定期利息乘以名义本金。交易双方间唯一交换的是利息支付，不是名义本金。在最普遍的互换种类中，一方同意在合约有效期内的指定日支付另一方固定利息。该方称为**固定利率付款人（fixed-rate payer）**。固定利率付款人须支付的固定利率称为**互换利率（swap rate）**。另一方同意按照随参考利率浮动的利率支付利息，该方称为**固定利率收款人（fixed-rate receiver）**。

利率互换中，用作其浮动利率的参考利率来自于多种货币市场工具：国债、伦敦银行同业拆借利率、商业票据、银行承兑汇票、存单、联邦基金利率和基本利率。其中最普遍的是伦敦银行同业拆借利率（LIBOR）。LIBOR 是指，在给定到期日内，主银行愿意支付给对方主银行的欧洲美元存单的利率。基本上，它就是银行国际融资的成本。它并非指一个单独利率，针对不同的到期日有不同的利率。例如，有 1 个月期 LIBOR、3 个月期 LIBOR、6 个月期 LIBOR 等。

为了说明利率互换，假设在接下来的 5 年，X 方同意每年支付 Y 方 6%（互换利率），Y 方同意支付 X 方 6 个月期 LIBOR（参考利率）。X 方为固定利率付款人，Y 方为固定利率收款人。假设该名义本金为 5 000 万美元，且在接下来的 5 年中，每 6 个月交换一次利息支付。这就意味着每 6 个月，X 方（固定利率付款人）将支付 Y 方 150 万美元（6% 乘以 5 000 万美元除以 2）。[②] Y 方（固定利率收款人）将要支付给 X 方的金额等于 6 个月期 LIBOR 乘以 5 000 万美元除以 2。如果在 6 个月期初，6 个月期 LIBOR 为 5%，Y 方将支付 X 方 125 万美元（5% 乘以 5 000 万美元除以 2）。同理，浮动利率在某时期初决定并且在期末支付。这两种支付的结果就是 X 方将支付 Y 方 25 万美元。注意：我们除以 2 是因为只支付半年的利息。图表 13—4 演示了该过程。

互换利率报价遵循一种惯例，即经销商设定浮动利率等于参考利率，然后报出固定利率。固定利率是互换利率，并且用与该互换到期日相同的国债收益曲线上的“利差”表示，这个利差称为**互换利差（swap spread）**。

① 现在已经有了缓解交易对手风险的完善的机构方案，不仅针对 OTC 期权，还有本章提及的其他 OTC 衍生工具（互换、上限和下限）。这些方案包括限制对特定交易对手的风险，盯市市场头寸，对交易进行抵押担保，还有净额结算协议。关于这些方案的讨论，参见：Chance，*Analysis of Derivatives for the CFA Program*，pp. 595 – 598.

② 在下一章计算互换支付时，我们将考虑天数计算惯例，以完善我们的计算。

图表 13—4 **利率变动时交易各方的互换价值**

a. 初始头寸

互换利率 =6%　　清算期 = 半年

参考利率 =6 个月期 LIBOR　　互换期限 =5 年

名义额 =5 000 万美元　　固定利率付款人支付额 =150 万美元

每 6 个月

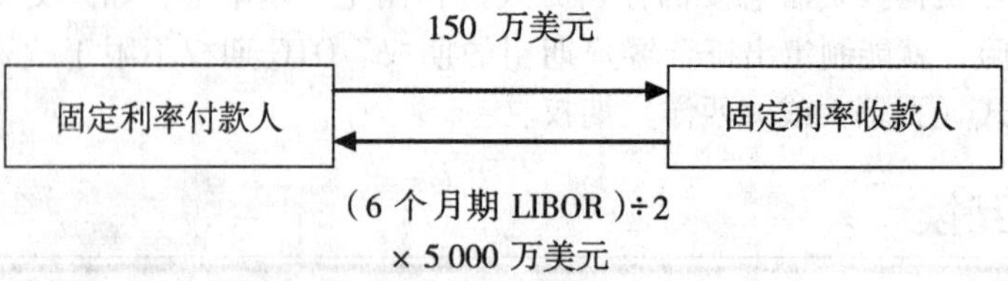

b. 利率上升，新互换的互换利率为 7%

固定利率付款人支付 6% 的互换利率以获得 6 个月期 LIBOR 利息收入

固定利率付款人的优势：仅支付 6% 而不是 7% 以获得 6 个月期 LIBOR 利息收入

固定利率收款人支付 6 个月期 LIBOR

固定利率收款人的劣势：支付 6 个月期 LIBOR 利息仅收到 6% 而不是 7% 的利息收入

利率上升的结果：

互换方	互换价值
固定利率付款人	上升
固定利率收款人	下降

c. 利率下降，新互换的互换利率为 5%

固定利率付款人支付 6% 的互换利率以获得 6 个月期 LIBOR 利息收入

固定利率付款人的劣势：必须支付 6% 而不是 5% 利息以获得 6 个月期 LIBOR 利息收入

固定利率收款人支付 6 个月期 LIBOR

固定利率收款人的优势：支付 6 个月期 LIBOR 利息收到 6% 而不是利率下降后的 5% 的利息收入

利率下降的结果：

互换方	互换价值
固定利率付款人	下降
固定利率收款人	上升

13.4.1 参与互换和交易对手风险

利率互换是 OTC 工具。这意味着它们不在交易所进行交易。机构投资者可以通过证券公司或有互换交易业务的商业银行参与互换交易。[①] 这些机构可以进行以下活动之一：第一，它们可以安排或代理有意向双方之间的互换。在这种情况下，证券公司或商业银行行使的是经纪职能。经纪人不是互换的任何一方。

证券公司或商业银行能够使机构投资者加入互换头寸的第二种方法是，它们自己成为互换的另一方。这就是说，证券公司或商业银行在该交易中是自营商而不是经纪人。作为自营商，证券公司或商业银行必须按照其对冲所持其他证券头寸的方式，对冲其互换头寸。这还

① 不要对商业银行的角色产生疑惑。银行可以利用互换进行它的资产/负责管理。或者，银行可以与客户进行互换交易以获得费用收入。这里，我们所讨论的商业银行在互换市场中的角色为后面一种情况。

意味着该自营商（我们称为**互换自营商**（**swap dealer**））是该交易的交易对手。如果一个机构投资者与互换自营商达成了互换，机构投资者将希望该互换自营商履行互换的义务；同样，该互换自营商希望该机构投资者履行其在互换中的义务。

参与互换后，双方承担的风险就是他方不履行其在互换协议中的义务。也就是说，双方都面临违约风险，因此存在双边交易对手风险。

13.4.2 利率互换的风险/报酬特征

利率互换的价值随市场利率波动。当利率上升时，固定利率付款人获得6个月期LIBOR（在我们的例子中）。对于新互换，他可能需要支付更多。我们来看一个假设的互换。假定X方和Y方加入互换后，利率立刻发生变化。图表13—4的a部分说明了该交易概况。首先，思考如果市场要求在任何5年期互换中，固定利率付款人必须支付7%以取得6个月期LIBOR，将会怎样？如果X方（固定利率付款人）想将其头寸卖给A方，则A方将获利，因为他只需支付6%（协定的原互换利率）而不是7%（当前互换利率）就能获得6个月期LIBOR。X方将要求该获利的补偿。因此，X方头寸的价值上涨了。所以，如果利率上升，固定利率付款人将获利而固定利率收款人将蒙受损失。图表13—4中的b部分总结了利率上升的结果。

接着，思考如果利率下降到比如5%将会发生什么。5年期互换可能要求新的固定利率付款人支付5%而不是6%以取得6个月期LIBOR。如果X方想将其头寸售予B方，后者可能要求补偿金以接手该头寸。换句话说，如果利率下降，固定利率付款人将蒙受损失，而固定利率收款人将获利。图表13—4中的c部分总结了利率下降的结果。

虽然我们知道了利率变动时交易对手的互换价值变动方向，但是该互换价值变动幅度仍然是个问题。下一章将说明如何计算互换价值的变动。

13.4.3 解释互换头寸

有两种方法解释互换头寸：①一揽子远期（期货）合约；②一揽子买卖现货市场工具产生的现金流量。

1. 一揽子远期（期货）合约

比较上文总结的利率互换中交易对手的头寸和多头与空头利率期货（远期）合约的头寸。如果利率下降，多头期权头寸获利，如果利率上升，其头寸亏损——这与浮动利率付款者的风险/报酬投资组合相似。固定利率付款人的风险/报酬投资组合与空头期权头寸类似：如果利率上升就获利，如果利率下降就亏损。更深入地观察利率互换，我们就能够明白为何其风险/报酬关系相类似。

重新考虑我们之前互换例子中的X方的头寸。X方同意支付6%并取得6个月期LIBOR。具体来说，假定名义本金为5 000万美元，X同意以150万美元购买名为“6个月期LIBOR”的商品。这实际上是一份6个月期远期合约，合约中X同意支付150万美元以换取6个月期LIBOR的交割。如果利率上升至7%，该商品（6个月期LIBOR）的价格变高，使得固定利率付款人获利，该付款人实际上是买入一份基于6个月期LIBOR的半年后的远期合约。浮动利率付款人实际上是卖空基于6个月期LIBOR的半年后的远期合约。因此，对应每个交易日都有一份内含的远期合约。

现在，我们知道了为何利率互换和远期合约的风险/报酬关系如此相似。如果利率上升至例如7%，该商品（6个月期LIBOR）的价格升至175万美元（7%乘以5 000万美元除以2）。多头远期头寸（固定利率付款人）获利，空头远期头寸（浮动利率付款人）亏损。如果利率下降至例如5%，该商品（6个月期LIBOR）的价格降至125万美元（5%乘以5 000万美元除以2）。空头远期头寸（浮动利率付款人）获利，多头远期头寸（固定利率付款人）亏损。

因此，利率互换可看成一揽子更为基本的利率衍生工具，如远期。[①] 利率互换的定价则取决于一揽子远期合约的价格，这些远期合约拥有相同的清算日，且远期合约的标的物是相同的参考利率。下章将运用这个原理解释如何给互换定价。

尽管利率互换与一揽子远期合约差不多，但是它并非多余的。首先，远期或期货合约的到期日没有利率互换的长。利率互换的期限可以达到15年或更长。其次，利率互换的交易效率更高。也就是说，一宗交易中，某机构能有效地针对一揽子远期合约制定一个等价支付条款。远期合约每份都需要协商。最后，自1981年引入利率互换起，利率互换市场的流动性越来越强。现在，利率互换的流动性强于远期合约，特别是强于长期远期合约。

2. 一揽子现货市场工具

为了理解为何互换也可以看成一揽子现货市场工具，考察以下参与该交易的投资者：

- 购买面值5 000万美元的5年期浮动利率债券，且每半年按照6个月期LIBOR支付一次利息。
- 筹集购买资金：借入5 000万美元，期限为5年，年利率为6%，且每6个月付息一次。

该交易的结果是，该投资者：

- 接下来的5年，每6个月获得一个浮动利率。
- 接下来的5年，每6个月支付一个固定利率。

图表13—5展示了该交易的现金流量。第二栏表示购买5年期浮动利率债券的现金流量。5 000万美元的现金流出，10项现金流入。现金流入额不确定，因为它们取决于未来的LIBOR水平。第三栏表明按固定利率借入5 000万美元所产生的现金流量。最后一栏表明整个交易的净现金流量。如图表所示，没有初始现金流量（没有现金流入或现金流出）。在所有的10个6个月期间，净头寸形成LIBOR的现金流入和150万美元的现金流出。然而，该净头寸等于固定利率付款人/浮动利率收款人的头寸。

从图表13—5中的净现金流量可以看出，固定利率付款人持有的现货市场头寸等于浮动利率债券下的多头头寸和固定利率债券下的空头头寸——空头头寸等价于通过发行固定利率债券获得的借款。

浮动利率付款人的头寸如何呢？很容易证明，浮动利率付款人的头寸等价于购买固定利率债券和以浮动利率筹集购买款，该浮动利率等于互换的参考利率。也就是说，浮动利率付款人的头寸等价于固定利率债券的多头头寸和浮动利率债券的空头头寸。

13.4.4 描述互换协议的交易对手

用于描述互换市场中一方头寸的术语结合了现货市场术语和期货市场术语，即互换头寸

---

① 更具体地说，利率互换等同于一揽子**远期利率协议**（**forward rate agreements**）。远期利率协议（FRA）是基于短期利率的场内交易期货合约的场外交易等价物。通常，该短期利率是LIBOR。远期利率协议的组成要素为合约利率、参考利率、清算利率、名义金额和清算日。

是一揽子现货市场工具或一揽子期货/远期头寸下的头寸。如同我们所介绍的，利率互换的交易对手不是固定利率付款人就是浮动利率付款人。

图表 13—6 列示出了关于利率互换协议的交易对手的解释方式。① 想要知道为何将固定利率付款人看成“做空头债券市场”，将浮动利率付款人看成“做多头债券市场”，就要明白当利率变动时发生了什么变化。如果利率上升，以固定利率借款的人将获利，因为他们锁定在较低的利率。但是，当利率上涨时，持有空头债券头寸的人也将获利。因此，固定利率付款人可视为做空头债券市场。如果利率下降，浮动利率付款人将获利。利率下降，债券的多头头寸也将获利，所以将浮动利率付款人描述为做多头债券市场是没有疑问的。从我们将互换的交易对手看成一揽子现货市场工具的讨论来看，可以很自然地根据多头和空头现货头寸的敏感性来描述互换。②

图表 13—5 **利用固定利率借款购买 5 年期浮动利率债券的现金流量**

交易：

- 购买 5 000 万美元的 5 年期浮动利率债券：浮动利率 = LIBOR，半年付息
- 借 5 000 万美元，期限 5 年：固定利率 = 6%，半年付息

6 个月期	现金流量（百万美元）源于		
	浮动利率债券*	以 5% 利率借款	净值 = 互换
0	−50	+50.0	0
1	+ $(LIBOR_1/2)$ ×50	−1.5	+ $(LIBOR_1/2)$ ×50 −1.5
2	+ $(LIBOR_2/2)$ ×50	−1.5	+ $(LIBOR_2/2)$ ×50 −1.5
3	+ $(LIBOR_3/2)$ ×50	−1.5	+ $(LIBOR_3/2)$ ×50 −1.5
4	+ $(LIBOR_4/2)$ ×50	−1.5	+ $(LIBOR_4/2)$ ×50 −1.5
5	+ $(LIBOR_5/2)$ ×50	−1.5	+ $(LIBOR_5/2)$ ×50 −1.5
6	+ $(LIBOR_6/2)$ ×50	−1.5	+ $(LIBOR_6/2)$ ×50 −1.5
7	+ $(LIBOR_7/2)$ ×50	−1.5	+ $(LIBOR_7/2)$ ×50 −1.5
8	+ $(LIBOR_8/2)$ ×50	−1.5	+ $(LIBOR_8/2)$ ×50 −1.5
9	+ $(LIBOR_9/2)$ ×50	−1.5	+ $(LIBOR_9/2)$ ×50 −1.5
10	+ $(LIBOR_{10}/2)$ ×50 +50	−51.5	+ $(LIBOR_{10}/2)$ ×50 −1.5

* LIBOR 的下标代表浮动利率债券第 t 次的 6 个月期 LIBOR。

图表 13—6 **描述互换协议的参与方**

固定利率付款人	固定利率收款人
• 互换中支付固定利率	• 互换中支付浮动利率
• 互换中获得浮动利率	• 互换中获得固定利率
• 债券市场空头	• 债券市场多头
• 购买互换	• 卖出互换
• 互换多头	• 互换空头
• 确定长期负债和浮动利率资产的价格敏感性	• 确定长期资产和浮动利率负债的价格敏感性

① Robert F. Kopprasch, John Macfarlane, Daniel R. Ross, and Janet Showers, “The Interest Rate Swap Market: YieldMathematics, Terminology, and Conventions,” Chapter 58 in Frank J. Fabozzi and Irving M. Pollack (eds.), *The Handbook of Fixed Income Securities* (Homewood, IL: Dow Jones-Irwin, 1987).

② 通常，市场参与者称互换的一部分为“借款部分”，另一部分为“资产部分”。该术语是基于将互换看成资产的杠杆头寸而产生的。浮动利率的支付称为“借款部分”，而固定利率的支付称为“资产部分”。

13.5 利率上限与下限

双方达成利率协议约定，如果参考利率不同于预先确定的水平，获取预付费用的一方同意在指定时期补偿他方。如果参考利率超过预先确定水平时一方同意支付他方，该协议被称为**利率上限**（interest rate cap）或**上限**（ceiling）。如果参考利率低于预先确定的水平时一方同意支付他方，该协议被称为**利率下限**（interest rate floor）。该预先确定的利率水平被称为**执行利率**（strike rate）。上限的执行利率被称为**上限利率**（cap rate）；下限的执行利率被称为**下限利率**（floor rate）。

上限和下限协议的条款包括：

（1）参考利率；

（2）上限或下限的执行利率（上限利率或下限利率）；

（3）协议的期限；

（4）结算的频率；

（5）名义本金。

例如，假定C从D那里购买了一份利率上限，条款如下：

（1）参考利率是3个月期LIBOR；

（2）执行利率是6%；

（3）该协议期限为4年；

（4）每3个月结算一次；

（5）名义本金为2 000万美元。

在该协议中，接下来的4年内每3个月，只要在结算日时3个月期LIBOR超过6%，D就要支付款项给C。支付款等于3个月期LIBOR与6%的差额除以4乘以名义本金的美元值。例如，从现在起3个月，清算日时3个月期LIBOR为8%，则D要支付C 2%（8%减去6%）乘以2 000万美元除以4，即100 000美元。如果3个月期LIBOR不超过6%，D就不用支付款项给C。

利率下限中，假定其条款与上例中的上限一样。如果3个月期LIBOR为8%，D不予支付C任何金额，但是如果3个月期LIBOR低于6%，D要补偿C该差额。例如，如果3个月期LIBOR为5%，D将支付C 50 000美元（6%减去5%再乘以2 000万美元除以4）。①

13.5.1 风险/收益特征

一份利率协议中，买方要支付一项预付费用，该费用代表买方可能损失的最大额和卖方（立权人）可能获利的最大额。需要履约的一方只有该利率协议的卖方。当参考利率上升到执行利率以上时，利率上限的买方获利，因为卖方必须补偿买方。当参考利率下降到执行利率以下时，利率下限的买方获利，因为卖方必须补偿买方。

一旦买方支付其费用，利率上限或下限的卖方就不承担交易对手风险。但是，买方承担交易对手风险。因此，和期权一样，利率上限或下限中没有双边交易对手风险。

① 利率上限和下限可以结合起来形成利率双限，具体是通过买入一份利率上限且卖出一份利率下限。上限的购买锁定了一个最大利率；下限的卖出锁定了一个最小利率。最大和最小利率间的幅度称为双限。

13.5.2 上限和下限头寸的解释

利率上限和下限中，买方支付一项预付费用，该费用代表买方可能损失的最大额和协议的卖方可能获利的最大额。需要履约的一方只有该利率合约的卖方。当参考利率上升到执行利率以上时，利率上限的买方获利，因为卖方必须补偿买方。当参考利率下降到执行利率以下时，利率下限的买方获利，因为卖方必须补偿买方。

如何更好地理解利率上限和利率下限？实质上，这些合约等价于不同时期的一揽子利率期权。和互换一样，一份复杂的合约可以看成一揽子基本合约——基于上限和下限的期权。组成一份上限的一组利率期权称为**利率上限组合**（caplets）；类似的，组成一份下限的一组利率期权称为**利率下限组合**（floorlets）。

问题是什么类型的一揽子认沽和认购（看涨和看跌）期权才是上限和下限。请特别关注以下内容！它取决于其标的物是利率还是固定收益工具。如果其标的物为固定收益工具，它的价值与利率反向变化。因此：

- 基于固定收益工具的认购（看涨）期权：

(1）利率上升→固定收益工具价格下降→认购期权价值下降；

(2）利率下降→固定收益工具价格下降→认购期权价值上升。

- 基于固定收益工具的认沽（看跌）期权：

(1）利率上升→固定收益工具价格下降→认沽期权价值上升；

(2）利率下降→固定收益工具价格下降→认沽期权价值下降。

基于固定收益工具的认购和认沽（看涨和看跌）期权的总结：

	利率	
价值	上升	下降
买入看涨期权	下降	上升
卖出看涨期权	上升	下降
买入看跌期权	上升	下降
卖出看跌期权	下降	上升

对于上限和下限，其情况如下：

	利率	
价值	上升	下降
卖出上限	下降	上升
买入上限	上升	下降
卖出下限	上升	下降
买入下限	下降	上升

因此，购买一份上限（做多上限）等价于购买一揽子基于固定收益工具的认沽权，购买一份下限（做多下限）等价于购买一揽子基于固定收益工具的认购权。

上限和下限也可以看成一揽子利率期权。场外交易市场中，可以购买到一份基于利率的期权。从它们的支付来看，这些期权是这样运作的：存在一个执行价格。对基于一个利率的看涨期权而言，如果参考利率大于执行价格，就收到支付。这意味着，当利率上升，认购期权价值上涨，而当利率下降，认购期权价值下跌。从以上总结的关于上限和下限的支付来看，这是买入（多头）上限的支付。因此，上限等价于一揽子基于利率的认购期权。对基于一个利率的认沽（看跌）期权而言，如果参考利率小于执行价格，就获得支付。当利率上升，基于一个利率的认沽期权价值下跌，就像买入下限头寸的价值一样（参见上文总结）；当利率下降，基于一个利率的认沽权价值上涨，就像买入下限头寸价值一样（仍参见上文总结）。因此，下限等价于一揽子基于利率的认沽期权。

当市场参与者将认沽和认购（看涨和看跌）期权当成上限和下限的等价物进行谈论时，他们必须指明其标的物。例如，买入（多头）上限等价于一揽子利率认购期权，或者一揽子固定收益工具认沽期权。

13.5.3 制定利率双限

借款人可以通过结合利率上限和下限制定一份**利率双限**（**interest rate collar**），具体是通过买入一份利率上限且卖出一份利率下限。上限的购买锁定了一个最大利率，即参考利率上升时，该借款人可能要支付的最高利率。下限的卖出锁定了一个最小利率，即参考利率下降时，该借款人可能会节约的利率。因此，当参考利率变动时，该借款人需要支付款项的利率之间就有一个范围。制定了双限的借款人所需支付的净费用就是购买上限支出的费用与卖出下限所获费用之间的差价。

例如，考虑以下某借款人制定的双限：以7%执行利率买入的上限和以4%执行利率卖出的下限。如果该参考利率大于7%，该借款人获得支付；如果该参考利率小于4%，该借款人支付款项。因此，该借款人的成本将在4%到7%之间的范围内。注意，该借款人的有效利率成本要按照其所需支付的净费用进行调整。

第 14 章 利率衍生工具估价

14.1 引言

第 13 章对期货、远期、期权、互换、上限和下限等利率衍生工具的概念与特征进行了阐述。本章将着重阐述这些工具的估价，然后讨论投资经理们如何使用这些工具来控制利率风险。

14.2 利率期货合约

本节将使用图表来说明如何对期货合约进行估价。假设有一份 20 年、面值 100 美元、票面利率为 8% 的债券正在按面值出售，下一次利息支付时间为 6 个月之后。同时假设该债券为 3 个月后清算的期货合约的可交割债券。如果当前 3 个月的资金借贷利率为每年 4%，那么此期货合约的价格应当是多少?

假设期货合约的价格是 105 美元，考虑如下策略：

将 3 个月后以 105 美元的价格清算的期货合约出售。

以 4% 的年利率贷款 100 美元，期限 3 个月。

用贷款购买期货合约的标的债券。

此策略如图表 14—1 所示。

注意：如果忽略初始保证金和其他交易成本，此策略不涉及其他现金费用支出，因为贷款用于购买债券，3 个月之后必须作如下处理：

交割购买的债券用于期货合约的清算。

偿还贷款。

在 3 个月后交割债券来清算期货合约时，所得金额为 105 美元的期货价格加上应计利息。由于交割的债券的票面利率为 8%，且该债券被持有了 3 个月，应计利息为 2 美元（(8% × 100) ÷4）。这样，所得金额为 107 美元（105 +2）。偿还贷款必须支付的金额为本金 100 美元加利息。贷款的利率为每年 4%，贷款期限为 3 个月，因此利息为 1 美元。这样，偿还的总金额为 101 美元（100 +1）[①]。汇总下来，3 个月末的现金流量为：

债券交割时的现金流入	=	107 美元
偿还贷款时的现金流出	=	-101 美元
盈利	=	6 美元

此策略可以保证 6 美元的盈利。此外，获得盈利是没有任何初始现金流出的，因为用于购买债券的资金是借来的。无论清算日的期货价格是多少，都能实现该盈利。很显然，在正

① 注意：无需考虑中期票面利息支付的潜在再投资收入，因为我们假设下一次票面利息支付为实施此策略的 6 个月之后。

常运行的市场中，买入债券卖出期货的套利人，将使期货合约价格下降，债券价格上升，盈利消失。

采用借得的资金购买债券的同时卖出期货合约的策略被称为**买现卖期交易**（cash and carry trade）。

图表 14—1 **买现卖期交易**

现在	3个月后
• 将3个月后以105美元的价格清算的期货合约出售	• 以107美元交割标的债券（105美元加上2美元应计利息）
• 以年利率4%贷款100美元	• 偿还贷款和利息总计101美元（本金100美元加上利息1美元）
• 用借得的100美元购买标的债券	套购盈利 = 107 － 101 = 6（美元）

反之，假设期货价格为96美元而非105美元。考虑如下策略，如图表14—2所示。

图表 14—2 **反向买现卖期交易**

现在	3个月后
• 买入3个月后以96美元的价格清算的期货合约	• 以98美元买入标的债券（96美元加上2美元应计利息）
• 以100美元的价格卖出期货合约的标的债券	• 收到贷款和利息总计101美元（本金100美元加上利息1美元）
• 借出卖空所得100美元，为期3个月	套购盈利 = 101 － 98 = 3（美元）

买入3个月后以96美元的价格清算的期货合约。

以100美元的价格卖出期货合约的标的债券。

以4%的年利率投资（借出）卖空所得100美元，为期3个月。

同样，如果忽略期货合约的初始保证金和其他交易成本，此策略不涉及任何现金费用。3个月后当期货合约必须清算时，作如下处理：

买入标的债券用于期货合约的清算。

获得贷款收益。

在3个月之后交割债券对期货合约进行清算时，支付的期货价格为96美元加上2美元的应计利息，也就是98美元。3个月的投资（借款）收益金额为101美元，亦即本金100美元加上利息1美元[①]。汇总下来，3个月末的现金流量为：

投资（借款）的现金流入	=	101美元
购买债券时的现金流出	=	－98美元
盈利	=	3美元

此策略可以实现3美元的盈利。该盈利为套利利润，因为获得盈利无需任何初始费用，且无论清算日的期货价格是多少，都能实现该盈利。

因为此策略包括一开始就卖出标的债券，所以它被称为**反向买现卖期交易**（reverse cash and carry trade）。

---

① 注意：卖空方必须向借出债券的一方做出利息支付。在本例中，我们假设下一次利息支付时间为6个月之后，因此无利息支付。但是，卖空方必须为所有应计利息支付代价。在本例中，卖空方标的债券的买入价为96美元加上应计利息。当交割债券来冲销空头头寸时，债券包括应计利息。因此，在本例中无需因为考虑应计利息对套利盈利进行任何调整。

存在一个消除套利利润的期货价格。如果期货价格为 99 美元，将没有套利利润。让我们看看如果期货价格为 99 美元时分别采用上述两种策略会获得什么样的结果。首先考虑买现卖期交易：

以 99 美元的价格出售 3 个月后清算的期货合约。

以 4% 的年利率贷款 100 美元，为期 3 个月。

用贷款购买期货合约的标的债券。

在 3 个月后交割债券来清算期货合约时，所得金额为 99 美元的期货价格加上应计利息 2 美元，亦即 101 美元。偿还贷款须支付的金额为本金 100 美元加利息 1 美元。这样，支付的总金额为 101 美元。汇总下来，3 个月末的现金流量为：

债券交割时的现金流入	=	101 美元
偿还贷款时的现金流出	=	-101 美元
盈利	=	0 美元

因此，当期货价格为 99 美元时，没有套利利润。

然后，考虑反向买现卖期交易。在此交易中，今天需要完成：

以 99 美元的价格买入 3 个月后清算的期货合约。

以 100 美元卖出期货合约的标的债券。

以 4% 的年利率投资（借出）卖空所得 100 美元。

在 3 个月后期货合约必须清算时，所支付的金额为 99 美元的期货价格加上应计利息 2 美元，亦即 101 美元。3 个月的贷款所获得的金额为 101 美元，即本金 100 加利息 1 美元。3 个月末的现金流量为：

投资（借出）的现金流入	=	101 美元
购买债券的现金流出	=	-101 美元
盈利	=	0 美元

因此，两种策略都不会带来盈利或损失。99 美元的期货价格为均衡价格或理论价格，因为任何超过或低于此价格的期货价格都会带来套利利润。

14.2.1　基于套利模型的理论期货价格

基于前面所阐述的（基于买现卖期交易）套利观点，可根据下列信息定义理论期货价格：

（1）现货市场的标的债券价格（例中的债券价格为 100 美元）。

（2）债券的票面利率（例中的票面利率为每年 8%）。

（3）到清算日止的借贷利率。借贷利率被称为**融资利率**（**financing rate**）（例中的融资利率为每年 4%）。

有关符号定义如下：

r = 融资利率（以小数表示）；

c = 当前收益率，或年度利息金额除以现货市场价格（小数表示）；

P = 现货市场价格；

F = 期货价格；

t = 时间，以年表示，到期货交割日为止。

假设没有中期现金流量也没有交易成本，下面的公式能给出在买现卖期交易或逆向买现卖期交易模式下产生零盈利（亦即没有套利利润）的理论期货价格。

$$F = P + Pt(r - c) \quad (14—1)$$

将公式（14—1）应用于前面的例子中：

$r = 0.04 \quad c = 0.08 \quad P = 100 \quad t = 0.25$

则理论期货价格为：

$F = 100 + 100 \times 0.25 \times (0.04 - 0.08) = 100 - 1 = 99$

这个数值与我们之前推算的理论期货价格一致。

应当注意，在公式中，c 为当前收益，是将支付票面利息除以现货市场价格所得。在上面的例子中，由于债券的现货市场价格为 100，票面利率等于当前收益率。如果现货市场价格不是票面价值，那么票面利率不等于当前收益率。

根据（$r-c$）所得的值，理论期货价格可能高于现货市场价格或低于现货市场价格。($r-c$)被称为**净融资成本**（net financing cost），因为它用所获得的票面利率对融资利率进行调整。净融资成本通常被称为**置存成本**（cost of carry 或 carry）。**正置存成本**（positive carry）表示所获得的当前收益率大于融资成本；**负置存成本**（negative carry）表示融资成本超过当前收益率。其间的关系可以用下表表示：

置存成本	期货价格
正（$c > r$）	小于现货价格（$F < P$）
负（$c < r$）	大于现货价格（$F > P$）
零（$c = r$）	等于现货价格（$F = P$）

在利率期货中，**置存成本**取决于收益曲线的形状。当收益曲线向上倾斜时，短期融资利率低于债券的当前收益率，产生**正置存成本**。此时以低于债券现货价格的价格卖出期货合约。当收益曲线向下倾斜时，相反的情况成立。

前面说明了如何将买现卖期交易或反向买现卖期交易用于获得错误定价的期货合约的利益。我们总结一下基于理论期货价格与实际期货价格的比较实施各种交易方式的时机。在上述例子中，当理论期货价格为 99 而实际期货价格为 105 时，可以采用买现卖期交易方式获得期货价格定价过高的套利利润。另外，当现货市场价格假定为 96 时，可以采用反向买现卖期交易方式获得期货价格定价过低的套利利润。总结如下：

理论期货价格与现货市场价格之间的关系	获得套利利润的交易方式
理论期货价格 > 现货市场价格	买现卖期交易
理论期货价格 < 现货市场价格	反向买现卖期交易

14.2.2 理论期货价格详解

为了用套利观点计算出理论期货价格，我们做了几个假设。下面来看看这些假设的含义。

1. 中期现金流量

这个模型假设，没有因价格变动保证金或票面利息支付而产生的中期现金流量。但是，这两个因素都能导致中期现金流量的产生。由于我们假设没有初始保证金或价格变动保证金，因此得到的价格是没有盯市的远期合约的理论价格。要把中期利息支付纳入到定价模式中考虑并不难。但是，清算日的利息支付的价值将由其再投资的利率决定。期货合约的到期日越早，票面利率越低，再投资收入对期货价格的决定性也越弱。

2. 短期利率（融资利率）

在运用公式（14—1）计算理论期货价格时，假设借贷利率相等。但是，贷款（借入）利率通常高于借款（借出）利率。定义如下：

r_B = 贷款（借入）利率

r_L = 借款（借出）利率

仍然假设没有中期现金流量，没有交易成本，那么不会产生买现卖期交易套利利润的期货价格为：

$$F = P + Pt(r_B - c) \quad (14—2)$$

不会产生反向买现卖期交易套利利润的期货价格为：

$$F = P + Pt(r_L - c) \quad (14—3)$$

公式（14—2）和（14—3）共同给出了理论期货价格的边界。公式（14—2）给出了上边界，而公式（14—3）给出了下边界。例如，假设贷款（借入）利率为每年4%，借款利率（借出）为每年3.2%，那么，应用公式（14—2）和前面的例子，可得出上边界为：

F（上边界）= 100 + 100 × 0.25 ×（0.04 - 0.08）=99

应用公式（14—3），可得出下边界为：

F（下边界）= 100 + 100 × 0.25 ×（0.032 - 0.08）=98.8

在计算上、下边界时，我们假设获取头寸不会产生任何交易成本。在实际操作中，必须考虑达成和结束现金头寸以及整个交易的交易成本，因为交易成本会对期货合约的边界产生影响。

3. 可交割债券未知

公式（14—1）中采用的套利观点假设只可交割一种金融工具，但是，如前面的章节中所述，国债的期货合约允许空方从一系列可交割债券中选择一种进行交割（质量期权或互换期权①）。由于可能不止有一种可交割债券，市场参与者可以跟踪每种可交割债券的价格然后决定交割最经济的债券。这时，期货价格与用于交割的最经济的债券有关。

当取得期货合约的头寸时某一个债券可能是用于交割的最经济债券，但之后该债券并不一定是可交割的最经济债券，这种风险是存在的。可交割的最经济债券的改变将对期货价格产生巨大的影响。质量期权（互换期权）对期货价格有什么意义呢？由于互换期权是由多头赋予空头的期权，多头希望其支付的期货合约低于公式（14—1）中显示的数值。因此，作为品质选择权的结果，公式（14—1）给出的理论期货价格必须作如下调整：

$$F = P + Pt(r - c) - \text{质量期权价值} \quad (14—4)$$

市场参与者运用了理论模型来计算质量期权的公允价值。对这些模型的介绍超出了本章的范围。

4. 交割日期未知

在基于套利观点的定价模型中，假设交割日期是已知的。对于国债和国库券的期货合约而言，空头拥有择时期权和王牌期权，因此多头不知道何时交割证券。择时期权和王牌期权②对于理论期货价格的影响与品质选择权相同。这些交割选择权会生成一个理论期货价格，该价格低于公式（14—1）中建议的价格，如下所示：

① 如前面的章节所述，这是赋予期货合约的空头从合格的证券中自由选择一种进行交割的选择权。

② 如前面的章节所述，择时期权是赋予空头在交割月中自由选择交割日期的选择权。王牌期权是赋予空头在期货清算价格已经确定时的当日交易结束后发出交割意向通知的选择权。

$$F = P + P(r - c) - 质量期权价值 - 择时期权价值 - 王牌期权价值 \tag{14—5}$$

或者：

$$F = P + P(r - c) - 交割期权 \tag{14—6}$$

市场参与者试图给交割选择权定价从而适用公式（14—6）。有关这些模型的讨论为专门主题。

5. 所有情况一同出现（总结）

概括而言，没有哪种理论期货价格可以避免套利利润，但是可以确定一个基于借贷利率的理论期货价格范围。期货价格在这个范围内波动，使得没有套利利润产生。一旦期货合约中赋予空头的交割期权被识别，理论期货价格将降低，特别是理论期货价格会被交割期权的价值冲减。这意味着理论期货价格的下边界向下移动，移动幅度等于交割期权的价值，其上边界也等额向下移动。

14.3 利率互换

在利率互换中，双方同意定期交换利息支付。交换的利息支付金额是基于名义本金的。在最普遍的互换形式中，有一个固定利率付款人和一个固定利率收款人。互换利率报价的惯例是互换交易者设定与参考利率（也就是用于决定互换中浮动利率的利率）相等的浮动利率然后报出将适用的固定利率。

14.3.1 计算互换的支付

在前面有关利率衍生工具的章节中，我们已经采用粗略的支付计算过程对利率互换的基本特征进行了说明，并解释了当利率发生变化时互换交易方如何因此受益或受损。然而，就估价而言，我们需要做更详细的讨论。为了对互换进行估价，必须判定固定利率支付款项的现值以及浮动利率支付款项的现值。这两个现值之间的差额就是互换的价值。在下文中会说明，该值为正数（即资产）还是负数（即负债）取决于交易方是固定利率付款人还是固定利率收款人。

互换利率在互换初期是如何决定的呢？在互换初期，互换的条款为浮动利率支付的现值等于固定利率支付的现值。初始的互换价值等于零。这是决定互换利率（亦即固定利率支付人支付的固定利率）的基本原则。

下面是整个有关过程的介绍。首先看看如何计算浮动利率支付款项。我们会看到如何决定未来的参考利率从而获得浮动利率，以及如何根据未来的参考利率和支付期间的天数计算浮动利率支付。接下来将看到如何在给定互换利率后计算固定利率支付款项。在讨论如何计算互换价值之前，我们将看到如何计算互换利率。这要求对利率互换中任何现金流量的现值是如何计算的进行说明。在给出浮动利率支付和浮动利率支付的现值的基础上，互换利率可通过下列原则判定：互换利率是使固定利率支付的现值与浮动利率支付的现值相等的固定利率。最后，我们将阐述互换开始之后如何判定互换价值。

1. 计算浮动利率支付

对于首次浮动利率支付而言，支付金额是已知的，因为即使该金额是在期末支付（亦即支付是应付未付的），期初的浮动利率也是已知的。对于所有后续支付而言，浮动利率支付取决于决定浮动利率的参考利率的值。为了说明与计算浮动利率支付相关的问题，我们假设：

- 互换始于今天，第1年1月1日；
- 浮动利率支付按照“实际/360”的标准每季度进行（“实际”指该季度的实际天数）；
- 参考利率为3个月LIBOR（伦敦银行同业拆借利率）；
- 互换的名义金额为1亿美元；
- 互换期限为3年。

季度浮动利率支付基于“实际/360”的惯例计算。该惯例表示我们假设一年有360天，在计算该季度的利率时，使用该季度的实际天数。浮动利率支付在季度初即设定，但是在季度末进行支付，也就是说浮动利率支付是应付未付的。

假设今天3个月LIBOR是4.05%。我们来看看到第1年的3月31日也就是第一次季度互换支付当天固定利率付款人会得到什么。此时的浮动利率支付的不确定性不存在。总而言之，浮动利率支付由下面的公式决定：

$$名义金额\times（3个月的LIBOR）\times\frac{当期天数}{360}$$

我们假设平年中第1年1月1日到第1年3月31日（第一季度）的总天数为90天。如果3个月LIBOR是4.05%，那么固定利率付款人在第1年3月31日将收到的浮动利率支付款等于：

$$100\ 000\ 000\times 0.0405\times\frac{90}{360}=1\ 012\ 500（美元）$$

接下来的难题是判定第一次季度支付之后的浮动利率支付。虽然第一次季度支付是已知的，但其余11次仍未知。但是，可以通过采用期货合约对后面的11次浮动利率支付进行套期保值。与互换中参考利率是3个月LIBOR的未来浮动利率支付相等的期货合约是欧洲美元存单期货合约。实际上，剩余的互换支付等于一揽子期货合约。下面将讨论该合约。

（1）欧洲美元存单期货合约

在前面的章节中已经说过，互换头寸可以解释为一揽子远期合约/期货合约或购买和出售现货市场工具的一揽子现金流量。前一个解释用作互换定价的基础。

欧洲美元存单（CD）以美元标价，但是代表美国之外的银行的负债。这些合约在芝加哥商品交易所的国际货币市场和伦敦国际金融期货交易所进行交易。欧洲美元存单支付的利率为LIBOR。

3个月欧洲美元存单是欧洲美元存单期货合约的基础工具。合约的面值为100万美元，在指数价格基础上进行交易。指数价格基础等于100减去年化LIBOR期货利率与100的乘积。例如，一份94.00的欧洲美元存单期货价格表示3个月LIBOR期货利率为6%，即100－(0.06×100)。

欧洲美元存单期货合约为现金结算合约。也就是说，交易方在结算日根据LIBOR用现金方式结算欧洲美元存单的价值。

欧洲美元存单期货合约允许合约买方以今天的3个月LIBOR锁定未来3个月的利率。例如，假设在第1年2月1日投资者购买第1年3月结算的欧洲美元存单期货合约，该合约的LIBOR期货利率是5%。这意味着投资者同意投资一份3个月的支付5%利息的欧洲美元存单期货合约。特别注意，投资者锁定了自第1年3月开始3个月的利率为5%。如果在第1年2月1日该投资者购买一份于第2年9月结算的合约，LIBOR期货利率为5.4%，投资者已经锁定自第2年9月开始的3个月投资的利率。

欧洲美元存单期货合约的卖方同意以LIBOR期货利率在未来某个日期借出资金3个月。例如，假设在第1年2月1日银行卖出在第1年3月结算的欧洲美元存单期货合约，LIBOR期货利率为5%。银行锁定自第1年3月开始的3个月的借款利率为5%。如果结算日期是第2年9月，LIBOR期货利率为5.4%，那么银行将自第2年9月开始的3个月借款利率锁定为5.4%。

此处的关键点是欧洲美元存单期货合约允许金融市场的参与者锁定3个月投资的利率或3个月借款利率。这3个月的周期自合约结算月开始。

（2）决定未来浮动利率支付

接下来看看如何确定未来浮动利率支付。这些支付可采用欧洲美元存单期货合约在互换期限内锁定。稍后会展示浮动利率支付是如何采用合约进行计算的。

我们从下一季度支付开始——从第1年4月1日到第1年6月30日的这个季度。这个季度共有91天。浮动利率支付由第1年4月1日的3个月LIBOR决定并在第1年6月30日支付。有一份3个月欧洲美元存单期货合约在第1年3月31日结算。该期货合约的价格会在第1年4月1日影响3个月LIBOR的市场预期。例如，如果在第1年3月31日结算的3个月欧洲美元存单期货合约的期货价格是95.85，那么如上文所述，3个月欧洲美元期货利率为4.15%。我们将这个3个月LIBOR利率称为“远期利率”[①]。因此，如果固定利率支付者在第1年1月1日（互换开始）购买100份第1年3月31日结算的3个月欧洲美元存单期货合约，那么在这个季度（第1年4月1日到第1年6月30日）将被锁定的支付是：

$$100\,000\,000 \times 0.0415 \times \frac{91}{360} = 1\,049\,028 \text{（美元）}$$

注意每份合约为100万美元，因此100份合约的本金为1亿美元。同样，欧洲美元存单期货合约可用于锁定未来10个季度的浮动利率支付。要再次强调的是，周期t开始时的参考利率决定了该周期应支付的浮动利率。但是，浮动利率支付直到周期t结束才会进行。

图表14—3展示了3年期互换的浮动利率支付。第（1）栏是季度开始日期，第（2）栏是季度结束日期。在第一季度末（第1年3月31日）将收到1 012 500美元的支付。这就是前文提到的浮动利率支付。这是已知的唯一支付。用于计算第一次支付的信息在第（4）栏中，显示当前的3个月LIBOR（4.05%）。支付金额位于最后一栏——第（8）栏。

注意，第（7）栏将季度从1到12编号。看看第（7）栏的表头，它按照季度末时间标明每个季度。这一点十分重要，因为最终将支付（现金流量）贴现。我们必须了解何时需要交换支付以便适当地贴现。因此，第一笔支付1 012 500美元将在第一季度末收到。当我们提到支付的周期时，指的是季度末支付。例如，第五笔支付1 225 000美元是第五个周期的支付，而第五个周期表示将在第五季度末进行交换。

2. 计算固定利率支付

互换具体约定了固定利率支付结算的频率。该频率无需与浮动利率支付相同。例如，在用来说明浮动利率支付计算的3年期互换中，互换频率为每季度一次，而固定利率支付的频率可能为每半年一次。

---

① 前面的章节中已经讨论过远期利率。我们使用“远期利率”而不是“3个月欧洲美元期货利率”的原因是我们将建立的通用公式可以在不考虑互换的参考利率的情况下使用。本章后面将要介绍的公式是就“当期远期利率”和“期间远期利率”而言的。

图表 14—3 **基于初始 LIBOR 和欧洲美元存单期货的浮动利率支付** 金额单位：美元

(1)	(2)	(3)	(4)	(5)	(6)	(7)	(8)
季度开始	季度结束	季度中的天数	当前3个月LIBOR	3个月欧洲美元存单期货价格	远期利率*	期数＝季度结束	季度末浮动利率支付
第1年1/1	第1年3/31	90	4.05%		—	1	1 012 500
第1年4/1	第1年6/30	91		95.85	4.15%	2	1 049 028
第1年7/1	第1年9/30	92		95.45	4.55%	3	1 162 778
第1年10/1	第1年12/31	92		95.28	4.72%	4	1 206 222
第2年1/1	第2年3/31	90		95.10	4.90%	5	1 225 000
第2年4/1	第2年6/30	91		94.97	5.03%	6	1 271 472
第2年7/1	第2年9/30	92		94.85	5.15%	7	1 316 111
第2年10/1	第2年12/31	92		94.75	5.25%	8	1 341 667
第3年1/1	第3年3/31	90		94.60	5.40%	9	1 350 000
第3年4/1	第3年6/30	91		94.50	5.50%	10	1 390 278
第3年7/1	第3年9/30	92		94.35	5.65%	11	1 443 889
第3年10/1	第3年12/31	92		94.24	5.76%	12	1 472 000

*远期利率为3个月欧洲美元期货利率。

在本例中我们假设固定利率支付的结算频率为每季度一次，与浮动利率支付相同。计算天数的惯例也与浮动利率支付相同，即“实际/360”。计算当期固定利率支付金额的公式是：

$$名义本金 \times 互换利率 \times \frac{周期的天数}{360}$$

这个公式与计算浮动利率支付的公式相同，除了一点，那就是使用的是互换利率而非参考利率（例子中为3个月 LIBOR）。

例如，假设互换利率为4.98%，且该季度有90天，那么，该季度的固定利率支付是：

$$100\ 000\ 000 \times 0.0498 \times \frac{90}{360} = 1\ 245\ 000\text{（美元）}$$

如果该季度有92天，那么这个季度的固定利率支付是：

$$100\ 000\ 000 \times 0.0498 \times \frac{92}{360} = 1\ 272\ 667\text{（美元）}$$

注意：每个季度的利率是固定的，支付的金额取决于该季度的天数。

图表14—4展示了假设互换利率为4.9875%时的固定利率支付（稍后我们会讨论如何确定互换利率）。图表中的前面三栏提供的信息与图表14—3相同——季度开始日和结束日以及季度中的天数。第（4）栏只是简单地使用了该季度的标记。也就是说，周期1表示第一季度末，周期2表示第二季度末，以此类推。第（5）栏给出了互换利率为4.9875%时每个周期的固定利率支付值。

图表 14—4　**假设互换利率为 4.9875% 时的固定利率支付**　金额单位：美元

(1)	(2)	(3)	(4)	(5)
季度开始	季度结束	季度中的天数	期数 = 季度结束	假设互换利率为 4.9875% 时的固定利率支付
第 1 年 1/1	第 1 年 3/31	90	1	1 246 875
第 1 年 4/1	第 1 年 6/30	91	2	1 260 729
第 1 年 7/1	第 1 年 9/30	92	3	1 274 583
第 1 年 10/1	第 1 年 12/31	92	4	1 274 583
第 2 年 1/1	第 2 年 3/31	90	5	1 246 875
第 2 年 4/1	第 2 年 6/30	91	6	1 260 729
第 2 年 7/1	第 2 年 9/30	92	7	1 274 583
第 2 年 10/1	第 2 年 12/31	92	8	1 274 583
第 3 年 1/1	第 3 年 3/31	90	9	1 246 875
第 3 年 4/1	第 3 年 6/30	91	10	1 260 729
第 3 年 7/1	第 3 年 9/30	92	11	1 274 583
第 3 年 10/1	第 3 年 12/31	92	12	1 274 583

14.3.2 计算互换利率

我们已经知道在给定如下条件时，如何计算参考利率是 3 个月 LIBOR 的互换中固定利率和浮动利率方的支付：(1) 当前的 3 个月 LIBOR；(2) 欧洲美元存单期货合约中未来的 3 个月 LIBOR；(3) 假设的互换利率。下面解释如何计算互换利率。

在利率互换开始时，交易各方同意互换未来的支付。任何一方都没有提前支付。这意味着互换的条件必须是交易各方支付的现值至少等于将收到的支付的现值。事实上为了避免套利机会，一方支付的现值会等于这一方将收到的支付的现值。*支付现值的相等（或无套利）是计算互换利率的关键原则。*

下面说明如何计算支付的现值。

1. 计算浮动利率支付的现值

前面已经提到，在计算支付的现值时必须特别小心，尤其应该注明：(1) 支付的时点；(2) 用来贴现支付的利率。第一点已作说明。在构建支付表时，我们指出支付在季度末进行。因此，支付的时点是季度末。

下面我们来看看用于贴现的利率。之前我们强调了两点：

首先，每一笔现金流量都应当采用以相应的即期利率决定的自身的贴现率进行贴现。因此，如果我们用即期利率将周期 t 的 1 美元现金流量贴现，现值为：

$$\text{周期 t 将收到的 1 美元现值} = \frac{1\text{ 美元}}{(1+\text{周期 t 的即期利率})^{t}}$$

其次，远期利率是由即期利率衍生的，如果我们用远期利率而不是即期利率将现金流量贴现，我们会得到相同的值。也就是说，周期 t 将收到的 1 美元的现值可表示为：

$$\text{周期 t 将收到的 1 美元现值} = \frac{1\text{ 美元}}{(1+\text{周期 1 的远期利率})(1+\text{周期 2 的远期利率})\cdots(1+\text{周期 t 的远期利率})}$$

周期 t 将收到的 1 美元的现值被称为**远期贴现系数**（forward discount factor）。在有关互换的计算中，我们采用远期利率计算一个周期的远期贴现系数。这个利率与计算在欧洲美元存单期货合约中得到的浮动利率支付的远期利率相同。我们必须作另外一个调整，用与计算支付相同的调整方法来调整公式中使用的远期利率来对应支付周期中的天数（也就是例子中的季度）。一个周期的远期利率，我们称为**期间远期利率**（period forward rate），是采用下面的公式计算的：

$$期间远期利率 = 年度远期利率 \times \frac{周期天数}{360}$$

例如，我们来看看图表 14—3。周期 4 的年度远期利率是 4.72%。周期 4 的期间远期利率是：

$$期间远期利率 = 4.72\% \times \frac{92}{360} = 1.2062\%$$

图表 14—5 的第（5）栏列示了 12 个周期中每个周期的年度远期利率（由图表 14—3 得到），第（6）栏展示了 12 个周期中每个周期的期间远期利率。注意，周期 1 的期间远期利率是 90/360 ×4.05%，也就是已知的 3 个月 LIBOR 的 90/360。

图表 14—5　　**计算远期贴现系数**

(1)	(2)	(3)	(4)	(5)	(6)	(7)
季度开始	季度结束	季度中的天数	期数 = 季度结束	远期利率	期间远期利率	远期贴现系数
第 1 年 1/1	第 1 年 3/31	90	1	4.05%	1.0125%	0.98997649
第 1 年 4/1	第 1 年 6/30	91	2	4.15%	1.0490%	0.97969917
第 1 年 7/1	第 1 年 9/30	92	3	4.55%	1.1628%	0.96843839
第 1 年 10/1	第 1 年 12/31	92	4	4.72%	1.2062%	0.95689609
第 2 年 1/1	第 2 年 3/31	90	5	4.90%	1.2250%	0.94531597
第 2 年 4/1	第 2 年 6/30	91	6	5.03%	1.2715%	0.93344745
第 2 年 7/1	第 2 年 9/30	92	7	5.15%	1.3161%	0.92132183
第 2 年 10/1	第 2 年 12/31	92	8	5.25%	1.3417%	0.90912441
第 3 年 1/1	第 3 年 3/31	90	9	5.40%	1.3500%	0.89701471
第 3 年 4/1	第 3 年 6/30	91	10	5.50%	1.3903%	0.88471472
第 3 年 7/1	第 3 年 9/30	92	11	5.65%	1.4439%	0.87212224
第 3 年 10/1	第 3 年 12/31	92	12	5.76%	1.4720%	0.85947083

图表 14—5 给出了 12 个周期中每个周期的远期贴现系数。这些值列示在最后一栏。我们来看看周期 1、2 和 3 的远期贴现系数是如何计算的。对于周期 1 而言，远期贴现系数是：

$$远期贴现系数 = \frac{1}{1 + 期间远期利率_1}$$

$$= \frac{1}{1.010125} = 0.98997649$$

对于周期 2：

$$远期贴现系数 = \frac{1}{1.010125 \times 1.010490} = 0.97969917$$

对于周期 3：

$$远期贴现系数 = \frac{1}{1.010125 \times 1.010490 \times 1.011628} = 0.96843839$$

给出一个周期的浮动利率支付以及该周期的远期贴现系数后就能计算支付的现值。例如，在图表 14—3 中我们可以看到，周期 4 的浮动利率支付是 1 206 222 美元，从图表 14—5 中我们得到周期 4 的远期贴现系数是 0.95689609，那么，支付的现值是：

周期 4 支付的现值 = 1 206 222 × 0.95689609 = 1 154 229（美元）

图表 14—6 展示了每笔支付的现值。12 次浮动利率支付的总现值是 14 052 917 美元。那么，固定利率支付者收到的支付现值是 14 052 917 美元，固定利率接受者支付的支付现值是 14 052 917 美元。

图表 14—6　　浮动利率支付的现值　　金额单位：美元

(1) 季度开始	(2) 季度结束	(3) 期数 = 季度结束	(4) 远期贴现系数	(5) 季度末浮动利率支付	(6) 浮动利率支付的现值
第 1 年 1/1	第 1 年 3/31	1	0.98997649	1 012 500	1 002 351
第 1 年 4/1	第 1 年 6/30	2	0.97969917	1 049 028	1 027 732
第 1 年 7/1	第 1 年 9/30	3	0.96843839	1 162 778	1 126 079
第 1 年 10/1	第 1 年 12/31	4	0.95689609	1 206 222	1 154 229
第 2 年 1/1	第 2 年 3/31	5	0.94531597	1 225 000	1 158 012
第 2 年 4/1	第 2 年 6/30	6	0.93344745	1 271 472	1 186 852
第 2 年 7/1	第 2 年 9/30	7	0.92132183	1 316 111	1 212 562
第 2 年 10/1	第 2 年 12/31	8	0.90912441	1 341 667	1 219 742
第 3 年 1/1	第 3 年 3/31	9	0.89701471	1 350 000	1 210 970
第 3 年 4/1	第 3 年 6/30	10	0.88471472	1 390 278	1 229 999
第 3 年 7/1	第 3 年 9/30	11	0.87212224	1 443 889	1 259 248
第 3 年 10/1	第 3 年 12/31	12	0.85947083	1 472 000	1 265 141
				合计	14 052 917

2. 确定互换利率

固定利率支付的现值是基于互换利率计算的，固定利率支付者会要求该现值不能超过可收到的 14 052 917 美元浮动利率支付现值。而固定利率接受者会要求固定利率支付现值不少于应付的 14 052 917 美元。这就意味着双方所要求的固定利率支付现值为 14 052 917 美元。在这种情况下，固定利率支付的现值等于浮动利率支付的现值。因此，在互换开始阶段，双方互换的价值等于 0。计算固定利率支付的现值中使用的利率也是用于浮动利率支付贴现的利率。

从无套利情况下的最基本关系开始：

浮动利率支付的 PV = 固定利率支付的 PV（PV 为现值）

我们可以得到计算互换利率的公式①：

$$SR = \frac{\text{浮动利率 PV}}{\sum_{t=1}^{N} \text{名义额} \times \frac{Days_t}{360} \times FDF_t}$$

其中：

SR = 互换利率

$Days_t$ = 周期 t 的天数

FDF_t = 周期 t 的远期贴现系数

注意计算互换利率所需要的所有变量值都是已知的。

图表 14—7　**计算互换利率公式的分母**　金额单位：美元

(1)	(2)	(3)	(4)	(5)	(6)	(7)
季度开始	季度结束	季度中的天数	期数 = 季度结束	远期贴现系数	天数/360	远期贴现系数 × 天数/360 × 名义本金
第 1 年 1/1	第 1 年 3/31	90	1	0. 98997649	0. 250000	24 749 412
第 1 年 4/1	第 1 年 6/30	91	2	0. 98969917	0. 252778	24 764 618
第 1 年 7/1	第 1 年 9/30	92	3	0. 96843839	0. 255556	24 748 981
第 1 年 10/1	第 1 年 12/31	92	4	0. 95689609	0. 255556	24 454 011
第 2 年 1/1	第 2 年 3/31	90	5	0. 94531587	0. 250000	23 632 899
第 2 年 4/1	第 2 年 6/30	91	6	0. 93344745	0. 252778	23 595 477
第 2 年 7/1	第 2 年 9/30	92	7	0. 92132183	0. 255556	23 544 891
第 2 年 10/1	第 2 年 12/31	92	8	0. 90912441	0. 255556	23 233 179
第 3 年 1/1	第 3 年 3/31	90	9	0. 89701471	0. 250000	22 425 368
第 3 年 4/1	第 3 年 6/30	91	10	0. 88471472	0. 252778	22 363 622
第 3 年 7/1	第 3 年 9/30	92	11	0. 87212224	0. 255556	22 287 568
第 3 年 10/1	第 3 年 12/31	92	12	0. 85947083	0. 255556	21 964 255
					合计	281 762 281

① 下面是计算 SR 公式的推导：
周期 t 的固定利率支付等于：

$$\text{名义额} \times SR \times \frac{Days_t}{360}$$

将上述表达式与周期 t 的远期贴现系数（FDF_t）相乘可得到周期 t 的固定利率支付的现值。也就是说，周期 t 的固定利率支付的现值等于：

$$\text{名义额} \times SR \times \frac{Days_t}{360} \times FDF_t$$

将各个周期的固定利率支付的现值相加便得到了总的固定利率支付的现值。用 N 表示互换的周期数目，那么固定利率支付的现值可以表示如下：

$$SR \times \sum_{t=1}^{N} \text{名义额} \times \frac{Days_t}{360} \times FDF_t$$

如上文所述，在无套利情况下，固定利率支付的现值等于浮动利率支付的现值，即：

$$SR \times \sum_{t=1}^{N} \text{名义额} \times \frac{Days_t}{360} \times FDF_t = \text{浮动利率支付的现值}$$

从上式中可以解出文中公式给出的互换利率。

让我们运用上述公式计算3年期互换中的互换利率，图表14—7展示了公式中分母的计算，第（5）栏列出的是每一周期的远期贴现系数，这些数据是从图表14—6第（4）栏的数据中得到的，图表14—7最后一栏的“合计”列出互换利率公式的分母为281 764 281美元。我们从图表14—6中可知浮动利率支付的现值是14 052 917美元，因此，该互换利率为：

$$SR=\frac{14\ 052\ 917}{281\ 764\ 281}=0.049875=4.9875\%$$

在给定互换利率的情况下，可以确定互换利差（swap spread）。例如，由于这是一个3年期的互换，传统方法是用3年期新发行国库券利率作为基准。如果该债券的收益率为4.5875%，则互换利差为40个基点（4.9875% -4.5875%）。

对所有互换的互换利率的计算均按照这样的规则进行：令固定利率支付的现值等于其浮动利率支付的现值。

14.3.3 互换估价

一旦互换交易完成了，市场利率的改变将改变互换的浮动利率一方的支付。利率互换的价值是交换双方支付现值的差额。在欧洲美元存单期货合约中，伦敦银行同业拆借利率用来：(1）计算浮动利率支付；(2）确定用于计算支付现值的贴现系数。

为了说明这一点，不妨继续用那个演示如何计算互换利率的3年期互换交易作为例子。假设1年之后，利率发生了如图表14—8第（4）栏和第（6）栏所示的改变，第（4）栏表示的是当前3个月LIBOR，第（5）栏表示的是各期的欧洲美元存单期货的价格。这些利率用来计算出第（6）栏中的远期利率。注意到图表14—8中的利率比图表14—3中的高，表示利率在1年后提高了。如同图表14—3，当前3个月LIBOR和远期利率是用来计算浮动利率支付的，这些支付如图表14—8第（8）栏所示。

图表14—8　**在利率提高的情况下1年后的利率和浮动利率支付**　金额单位：美元

(1)	(2)	(3)	(4)	(5)	(6)	(7)	(8)
季度开始	季度结束	季度中的天数	本期三个月LIBOR	本期三个月欧洲美元存单期货价格	远期利率	期值=季度结束	在季度末浮动利率支付
第2年1/1	第2年3/31	90	5.25%			1	1 312 300
第2年4/1	第2年6/30	91		94.27	5.73%	2	1 448 417
第2年7/1	第2年9/30	92		94.22	5.78%	3	1 477 111
第2年10/1	第2年12/31	92		94.00	6.00%	4	1 533 333
第3年1/1	第3年3/31	90		93.85	6.15%	5	1 537 300
第3年4/1	第3年6/30	91		93.75	6.25%	6	1 579 861
第3年7/1	第3年9/30	92		93.54	6.46%	7	1 650 889
第3年10/1	第3年12/31	92		93.25	6.75%	8	1 725 000

* 远期利率是3个月欧洲美元存单期货利率。

图表 14—9　　在利率提高的情况下 1 年后的期间远期利率以及远期贴现系数

(1) 季度开始	(2) 季度结束	(3) 季度中的天数	(4) 期数 = 季度结束	(5) 远期利率	(6) 期间远期利率	(7) 远期贴现系数
第 2 年 1/1	第 2 年 3/31	90	1	5.25%	1.31%	0.98704503
第 2 年 4/1	第 2 年 6/30	91	2	5.73%	1.45%	0.97295263
第 2 年 7/1	第 2 年 9/30	92	3	5.78%	1.48%	0.95879023
第 2 年 10/1	第 2 年 12/31	92	4	6.00%	1.53%	0.9443108
第 3 年 1/1	第 3 年 3/31	90	5	6.15%	1.54%	0.93001186
第 3 年 4/1	第 3 年 6/30	91	6	6.25%	1.58%	0.91554749
第 3 年 7/1	第 3 年 9/30	92	7	6.46%	1.65%	0.90067829
第 3 年 10/1	第 3 年 12/31	92	8	6.75%	1.73%	0.88540505

在图表 14—9 中，我们计算出了各个周期的远期贴现系数，与图表 14—5 中的计算方法一样。远期贴现系数如图表 14—9 的最后一栏所示。

图表 14—10 表示的是远期贴现系数（见图表 14—9）和浮动利率支付（见图表 14—8），图表 14—4 中第（5）栏所示的固定利率支付不需要重新计算，这些固定利率支付的互换利率为 4.9875%，并且它们在图表 14—10 中再次出现。现在这两个支付现金流量必须使用新的远期贴现系数来贴现。如图表 14—10 的下面部分所示，这两个现值如下：

浮动利率支付现值　11 459 496 美元

固定利率支付现值　9 473 390 美元

可以看出，这两个现值是不相等的。因此，互换双方中一方的互换价值增加，另一方的互换价值降低。让我们来看一下哪方会获利，哪方会损失。

图表 14—10　　在利率提高情况下 1 年后的互换估价　　金额单位：美元

(1) 季度开始	(2) 季度结束	(3) 远期贴现系数	(4) 季度末浮动现金流量	(5) 浮动现金流量的 PV	(6) 季度末固定现金流量	(7) 固定现金流量的 PV
第 2 年 1/1	第 2 年 3/31	0.98704503	1 312 500	1 295 497	1 246 875	1 230 722
第 2 年 4/1	第 2 年 6/30	0.97295263	1 448 417	1 409 241	1 260 729	1 226 630
第 2 年 7/1	第 2 年 9/30	0.95879023	1 477 111	1 416 240	1 274 583	1 222 058
第 2 年 10/1	第 2 年 12/31	0.9443108	1 533 333	1 447 943	1 274 583	1 203 603
第 3 年 1/1	第 3 年 3/31	0.93001186	1 537 500	1 429 893	1 246 875	1 159 257
第 3 年 4/1	第 3 年 6/30	0.91554749	1 579 861	1 446 438	1 260 729	1 154 257
第 3 年 7/1	第 3 年 9/30	0.90067829	1 650 889	1 486 920	1 274 583	1 147 990
第 3 年 10/1	第 3 年 12/31	0.88540505	1 725 000	1 527 324	1 274 583	1 128 523

总结	固定利率支付者	固定利率收入者
收入支付的 PV	11 459 496	9 473 390
付出支付的 PV	9 473 390	11 459 496
互换价值	1 986 106	-1 986 104

固定利率支付者会得到浮动利率的支付，该支付的现值为11 459 496美元。固定利率支付者支付的现值则为9 473 390美元。这样的话，互换价值为一个正值，因为固定利率支付者的互换价值等于两种支付现值（收入和付出）的差值，即1 986 106美元。那么，与前一章中介绍的一致，当提高利率的时候（如前例分析的那样），固定利率支付者获利，因为互换价值增加了。

与之相反，固定利率收入者需要支付11 459 496美元的现值，但是只收到折合现值为9 473 390美元的固定利率支付。所以，固定利率支付者的互换价值为－1 986 106美元。同样，如我们在前一章中叙述的那样，当利率增加时，固定利率收入者将面临损失（因为结果使互换的价值下降了）。

更为复杂的互换运用的是同样的估价原则，例如，有这样一些互换，它们的名义金额在整个互换过程中以一种预先决定的方式进行变化，这些包括递减型利率互换、递增型利率互换，以及过山车型利率互换。一旦支付被确定，像我们上面描述的那样，只要为名义金额的改变而简单地调整支付金额，即可计算出现值——方法不变①。

14.4 期权

期权给予了期权购买者未来一定时期内买卖的权利，但不是义务；期权合约中的买方能够在未来一段时间内（或未来某一特定日期）以事先规定好的特定价格（敲定价格）向卖方购买或出售一定数量的资产（标的资产）。期权买方为获得期权向卖方支付的一定数量的权利金称为**期权价格**（**option price**）（期权价格有时也称为**期权费用**（**option premium**））。看涨期权提供给买方从期权卖方那里购买标的资产的权利；看跌期权为买方提供了向卖方出售标的资产的权利。美式期权允许期权持有者在合约到期日及其之前任何一天行使购买或出售标的资产的权利。欧式期权只在合约到期日才被允许行使购买或出售标的资产的权利。

期权持有者最高可能损失的金额为期权价格。期权出售者最高可盈利金额同样为期权价格。期权持有者拥有大幅上升的潜在收益，而对于期权出售者则有大幅下跌风险。

14.4.1 期权价格的组成

期权价格可以分为两部分：内在价值和时间价值。下面我们分别介绍这两部分。

1. 内在价值

期权的价值是其内在价值和时间价值的反映。当一个期权被马上行使时，其**内在价值**（**intrinsic value**）就是它的经济价值。如果当一个期权立刻行使时没有正的经济价值，那么它的内在价值就为零。

对于一个看涨期权来说，如果本期标的证券的市场价格高于行权价格，它的内在价值就是正的。它的内在价值就是本期标的证券的市场价格与行权价格的差额。如果一个看涨期权的行权价格高于或等于本期证券的市场价格，那么它的内在价值就为零。例如，如果看涨期权的行权价格为100美元，本期证券的市场价格为105美元，它的内在价值就是5美元。也就是说，一个期权购买者行使期权并同时卖出标的证券的话，他将会在卖出过程中获得105美元，其中期权让与人的买入价为100美元，因此就获得了5美元的净收益。

---

① 这些包括递减型利率互换（互换的名义额随时间逐渐减少）、递增型利率互换（互换的名义额随时间逐渐增加）。

当一个期权拥有内在价值时，我们就称它为**实值期权**（in the money）。当一个看涨期权的行权价格超过本期证券价格的，我们称它为**虚值期权**（out of the money），它没有内在价值。当一个期权的行权价格等于本期证券价格，我们称它为**平价期权**（at the money）。平价期权和虚值期权的内在价值都为零，因为它们在行权时都不会获利。

对于一个看跌期权，它的内在价值等于行权价格和本期证券价格的差额。例如，如果看跌期权的行权价格为 100 美元，本期证券价格为 92 美元，那么它的内在价值就是 8 美元。看跌期权的拥有者买入标的证券同时行使看跌期权的话，即使在市场上证券的买入价格是 92 美元，也可以通过期权以 100 美元的价格卖出，从而获得 8 美元的利润。如果行权价格低于或等于本期市场价格，期权的内在价值则为零。

看跌期权和行权价格 100 美元的关系是：（1）当证券价格低于 100 美元时，为实值期权；（2）当证券价格超过 100 美元时，为虚值期权；（3）当证券价格等于 100 美元时，为平价期权。

图表 14—11 是以上关系的总结。

图表 14—11　　**证券价格、行权价格和内在价值之间的关系**

如果证券价格大于执行价格	看涨期权	看跌期权
内在价值	证券价格 - 执行价格	零
术语	实值	虚值
如果证券价格小于执行价格	看涨期权	看跌期权
内在价值	零	执行价格 - 证券价格
术语	虚值	实值
如果证券价格等于执行价格	看涨期权	看跌期权
内在价值	零	零
术语	平价	平价

2. 时间价值

一个期权的时间价值（time value）可以通过期权的价格超过它的内在价值的数额来衡量。期权购买者希望在到期日之前的某个时刻，标的证券的市场价格的变化将会增加期权代表的权利的价值。出于这个愿望，期权购买者很愿意支付高于内在价值的溢价。

图表 14—12　　**对美式固定收益工具期权影响因素的总结**

	表内因素增加对下列价格的总体影响	
因素	看涨期权价格	看跌期权价格
标的证券价格	涨	跌
执行价格	跌	涨
到期时间	涨	涨
预期利率的波动	涨	涨
短期无风险利率	涨	跌
利息支付	跌	涨

例如，如果行权价格是 100 美元的看涨期权的价格是 9 美元，当本期证券价格是 105 美元时，这时它的时间价值就是 4 美元（9 美元减去它的内在价值 5 美元）。如果本期证券价

格是 90 美元而不是 105 美元，那么它的时间价值就是 9 美元，因为这时它没有内在价值。

14.4.2 影响固定收益工具的期权价值的因素

当标的证券为固定收益工具时，有六个因素对期权价值产生影响：

（1）标的证券的本期市场价格；

（2）期权行权价格；

（3）期权到期时间；

（4）期权有效期内预期利率的波动；

（5）期权有效期内的短期无风险利率；

（6）期权有效期内的票面利息偿付。

上述因素的影响取决于：（1）期权是看涨期权还是看跌期权；（2）期权是美式期权还是欧式期权。在图表 14—12 中对各因素对美式看跌期权和看涨期权的影响作了小结。

1. 标的证券的价格

期权的价格随着标的证券价格的改变而变化。对于一个看涨期权，当标的证券的价格上涨（保持其他所有因素不变），期权的价格也上涨，这是因为当标的证券的价格上涨时看涨期权的内在价值也上涨。相反，对于一个看跌期权，当标的证券的价格上涨时，看跌期权的价格则会下降。这是因为当标的证券的价格上涨时看跌期权的内在价值会下跌。

2. 行权价格

其他因素不变，行权价格越低，看涨期权的价格越高。对于看跌期权，行权价格越高，期权价格就越高。

3. 期权到期时间

期权是一个“消耗性资产”，这就是说，当到期日过了以后期权将没有任何价值。保持其他因素不变，离到期日越久，期权的价格就越高。当越临近到期日时，留给标的证券价格上升或下降以补偿期权购买者已支付时间价值的时间就越短，所以有利的价格变动的可能性将变小。因此，对于美式期权来说，随着到期日的临近，期权价格就越接近于它的内在价值。

4. 期权有效期内预期利率的波动

其他所有因素不变，预期利率的波动或收益率波动越大，投资者愿意为期权支付的费用越高，同时期权出售人要求的费用越高。这是因为波动越大，标的证券的价格在期权到期日之前向有利的方向移动的可能性就越大。利率波动估计程序在第 8 章中已经作了介绍。

5. 期权有效期内的短期无风险利率

买入标的证券会套住投资者的钱。买入标的证券的期权将使投资有可能获得证券价格和期权价格的差额的无风险利率水平的投资回报。其他因素都不变，短期无风险利率越高，买入标的证券并持有至看涨期权到期日的成本就越高。因此，短期无风险利率越高，相对于直接购买标的证券，购买看涨期权的吸引力就越大。这样的结果是，短期无风险利率越高，看涨期权的价格就越高。若是看跌期权，购买看跌期权相当于卖空证券。当证券被卖空时，收入可以以短期无风险利率进行投资。当短期无风险利率升高，将会使卖空证券相对于购买看跌期权更有吸引力。因此，短期无风险利率增加，看跌期权的价值将会下降。

6. 期权有效期内的票面利息偿付

对标的证券的票面利息偿付将会降低看涨期权的价格，因为它使持有标的证券比持有期权更具有吸引力。也就是说，证券的拥有者得到票面利息支付，但是购买看涨期权的人却没有，拥有证券的人得到的票面利息支付越高，拥有证券就比拥有期权更有吸引力。所以，票面利息支付越高，看涨期权的价值就越低。

对于看跌期权则相反。对标的证券的票面利息偿付将会增加看跌期权的价格。期权的购买者将对买入看跌期权同时持有证券和直接出售证券进行比较。如果直接出售证券，对于证券的出售方来说将损失票面利息。所以，票面利息支付越高，出售证券的积极性越小，而去购买看跌期权的吸引力就越大。其结论就是，票面利息支付越高，看跌期权的价值就越高。

14.4.3 影响期货期权价值的因素

有以下五个因素对标的为期货合约的期权产生影响：

(1) 当前期货价格；

(2) 期权的行权价格；

(3) 期权到期时间；

(4) 期权有效期内预期利率的波动；

(5) 期权有效期内的短期无风险利率。

这些因素同样影响关于固定收益工具的期权的价值。注意，当标的是一个期货合约时，票面利息支付就不是其中一个影响因素了。

14.4.4 期权和期货期权的定价模型

在任何时候，我们都可以确定期权的内在价值，但问题在于，期权的时间价值大约为多少？为了解决这一问题，人们提出了期权定价模型。衡量固定收益工具期权价值的两个模型分别为布莱克—斯科尔斯模型和无套利的二项式模型。对于期货期权，最普遍使用的是布莱克模型，它是布莱克—斯科尔斯模型的一种变型。在讨论固定收益工具期货期权的布莱克模型之前，我们将先讨论固定收益工具期权的这两个普通模型。

1. 布莱克—斯科尔斯模型

最普遍使用的期权定价模型就是布莱克—斯科尔斯期权定价模型。虽然这个模型是针对股票期权而提出的，但它同样适用于债券期权，这种应用却伴随着一些问题。我们将先讨论这个模型在股票中的运用，再讨论将这个模型运用于债券中的局限性。

这个模型的提出是为了衡量欧式无分红普通股看涨期权的价值[①]。为了衍生出基于套利观点的期权定价模型，这里加入了一些假设，由此出现了一系列（放松假设后）对布莱克

---

① 布莱克—斯科尔斯价格公式：

$$C = SN(d_1) - Xe^{-rt}N(d_2)$$

其中：

$$d_1 = \frac{\ln(S/X) + (r + 0.5t^2)t}{S\sqrt{t}}$$

$$d_2 = d_1 - s\sqrt{t}$$

ln = 自然对数

C = 看涨期权价格

S = 当前股票价格

X = 行权价格

r = 短期无风险利率

e = 2.718（1 的自然反对数）

t = 离到期日所剩时间（用占 1 年时间比例表示）

s = 股票收益的标准差

（N.）= 累计概率密度

（N.）的值是由正态分布函数得到的。

—斯科尔斯期权定价模型的延伸扩展。虽然这个模型是为普通股提出的，但是已经用在固定收益工具期权定价中。除了利息支付，在布莱克—斯科尔斯公式中包含了我们之前阐释的决定一个固定收益工具期权的价值的所有因素。正如将要看到的，由于引入了假设条件，布莱克—斯科尔斯期权定价模型不一定对债券期权得出一个合理的价值。

从布莱克—斯科尔斯期权定价模型中得出的期权价格是“公允”的，因为如果还存在其他价格，这将可能在标的股票中通过持有标的股票的对冲头寸而赚取无风险套利利润。如果市场中看涨期权的价格高于由布莱克—斯科尔斯期权定价模型所得出的价格，投资者将卖出看涨期权，转而买入一定量的普通股。如果事实与之相反，也就是看涨期权的市场价格低于这个由模型得到的“公允”的价格，投资者将买入看涨期权，而在标的股票中售出全部普通股。这种通过在标的股票中持有头寸的套期保值方式将使投资者获得无风险套利利润，用于套期保值头寸的股票数量应随着影响期权价格的因素的改变而改变。因此，套期保值的头寸必须不停地改变。

为了理解这个模型对于债券运用的局限性，我们来看一下两个例子中所得出的价值。众所周知，债券有附息债券和零息债券两种。在我们的讨论中将采用零息债券，原因是原始的布莱克—斯科尔斯模型针对的是不支付股利的普通股，同样，零息债券也是这种类型。具体来说，我们将看到怎样运用布莱克—斯科尔斯期权定价模型来估计一个3年期的零息债券的价值，假设如下：

行权价格 = 88 美元

离到期时间 = 2 年

本期债券价格 = 83.96 美元

预期收益率波动 = 标准差 = 10%

无风险利率 = 6%

运用布莱克—斯科尔斯公式得出的价值为8.116（美元）[①]，我们没有理由去怀疑这个估价是错误的。然而，让我们将这个问题稍微变得复杂点，我们将行权价格从88美元提高到100.25美元[②]，由布莱克—斯科尔斯期权定价模型得出的公允价值是2.79美元。有什么理由让我相信它是错误的吗？答案是，当然有。我们知道，这是一个零息债券期权，它的价值永远不可能高于它的到期价值100美元，所以，一个行权价格为100.25美元的看涨期权的价值必须是零。然而，运用布莱克—斯科尔斯期权定价模型得出的结果竟然是它的价值为2.79美元！事实上，如果我们假设更高的波动，这个模型将得出更高的看涨期权的价值。

---

① 价值的推导如下，83.96美元的当前价格是以6%进行贴现的到期日价值100美元的现值（假设收益曲线是平坦的）。我们知道：

$S = 83.96 \quad X = 88.00 \quad t = 2 \quad s = 0.10 \quad r = 0.06$

将这些值代入前一个注释的公式中：

$$d_1 = \frac{\ln(83.96 \div 88) + (0.06 + 0.5 \times 0.10^2) \times 2}{0.10\sqrt{2}} = 0.5869$$

$$d_2 = 0.5869 - 0.10\sqrt{2} = 0.4455$$

参考正态分布表我们可知 N（0.5869）=0.7214，N（0.4455）=0.6720，所以：

$$C = 83.96(0.7214) - 88[e^{-(0.06)(2)}(0.6720)] = 8.116 \text{（美元）}$$

② 代入新的行权价格，可得：

$$d_1 = \frac{\ln(83.96 \div 100.25) + (0.06 + 0.5 \times 0.10^2) \times 2}{0.10\sqrt{2}} = -0.3346$$

$$d_2 = -0.3346 - 0.10\sqrt{2} = -0.4761$$

参考正态分布表可知 N（−0.3346）=0.3689，N（−0.4761）=0.3170，所以：

$$C = 83.96(0.3689) - 100.25[e^{-(0.06)(2)}(0.3170)] = 2.79 \text{（美元）}$$

为什么布莱克—斯科尔斯模型会在我们的阐释中相差甚远？答案是在布莱克—斯科尔斯模型中有三个限制其在固定收益工具期权定价中使用的假设。

第一个假设是，在布莱克—斯科尔斯模型中关于标的证券价格的概率分布假设，无论标的证券的价格有多低，价格都可能为正。在零息债券中，价格不可能比 100 美元更高，但对于一个支付票面利息的债券来说，价格不能超过支付的票面利息与到期价值之和。例如，对于一个 5 年期的 10% 的票面利率的债券，其到期价值为 100 美元，它的价格不可能高于 150 美元（5 次 10 美元的票面利息加上到期价值 100 美元）。因此，与股票价格不同的是，债券价格有一个最大值。唯一可以使债券价格超过最大价值的方式就是允许负利率的存在。虽然有证据表示在美国以外有过负利率的出现，使用期权估价模型的人假设这是不可能发生的结果。因此，布莱克—斯科尔斯模型中对于价格有任何可能的假设允许债券价格高于最高债券价值，这将会产生出无意义的期权价格，但布莱克—斯科尔斯模型的确允许债券价格超过最高债券价值（或者，换句话说，假设利率可以为负）。

布莱克—斯科尔斯模型的第二个假设是短期利率在期权的有效期内是不变的。然而利率期权的价格会随着利率的改变而改变。短期利率的改变将改变收益率曲线，因此，对于利率期权来说，假设短期利率不变是不合适的。第三个假设是在期权的有效期内收益的方差是不变的。随着债券临近到期日，它的价格波动将会减小，所以它的收益波动也会减小（这在第 5 章中讨论过了，并且展示了债券的趋向面值的特征）。因此，假设在期权的有效期内收益的方差不变是不合适的①。

布莱克—斯科尔斯模型对债券期权定价的局限性总结如下：

	假设条件	债券特征
1.	标的工具价格可能为任何价格	债券价格有一个最大值，高于这个最大值意味着有负利率存在
2.	短期利率不变	短期利率变化的出现将会导致债券价格的变化
3.	期权的有效期内收益的方差不变	当债券临近到期时，债券收益波动将随之降低

2. 无套利的二项式模型

通过无套利的二项式模型的收益曲线来对债券期权估价是一种合理的方式，这个模型能够将收益曲线上不同的波动假设考虑进来。最普遍被交易商使用的模型是布莱克—德曼—托伊模型②。

我们已经在第 9 章债券嵌入期权估价中介绍了引入这个模型的基本原则，前面已经介绍了怎样建立一个无套利的二项式利率树，并利用这个利率树来对债券（无期权债券和嵌入期权债券）进行估价，它同样能被用来对基于债券的期权进行估价。

为了说明这个过程，假设一个 4 年期国债的 2 年期欧式看涨期权，它的票面利率是 6.5%，行权价格是 100.25 美元，如果看涨期权在其到期日时行权，期权购买者有权按照 100.25 美元购买一个票面利率 6.5% 的国债，它还有 2 年到期。假设 4 年内国债面值到期收益率曲线如下：

---

① 虽然我们阐述了使用布莱克—斯科尔斯模型为利率期权定价会存在问题，但基于标的债券价格分布的二项式期权定价模型也存在同样的问题。

② Fischer Black, Emanuel Derman, and William Toy, "A One-Factor Model of Interest Rates and Its Application to Treasury Bond Options," *Financial Analysts Journal* (January-February 1990), pp. 24 – 32.

到期日	到期收益率	市场价格（美元）
1年	3.50%	100
2年	4.20%	100
3年	4.70%	100
4年	5.20%	100

为了演示例子，将再次使用第9章的例子中提到过的按年付息债券。

下一步就是建立一个无套利的二项式利率树，我们已经在第9章中介绍了建立这个利率树的主要原则。如图表14—13（a）所示，在二项式利率树中假设利率波动为10%[①]。正如我们前面讨论的关于期权价值的影响因素，对波动的假设至关重要。

图表14—13（b）使用图表14—13（a）的利率树来对期权进行估价：一个票面利率为6.5%的4年期国债。第9章中已经介绍了利用利率树的各节点和逆向归纳法来估价，利用二项式利率树的逆向归纳法对四年期的国债进行估计如下：从第4年（到期日）开始，我们知道，不论采取何种利率路径，在第4年时，我们的4年期国债的价值达到100美元，并且可以得到6.5美元的票面利息。这就是为什么第4年的每个框中的值都是100美元和6.5美元，回过头来看第3年，回顾第9章我们知道，在它右边（第4年）的每个节点中的现金流量都是按照第3年框内的利率进行贴现求得现值的，并且对现值取平均值，因为我们假设两个现金流量出现的可能性均等。例如，我们看图表中的N_{HHH}，这个节点结构很简单，它右边的两个节点（N_{HHHH}和N_{HHHL}）都有一个106.50美元的现金流量。以N_{HHH}框内显示的9.1987%的利率进行贴现，得到在N_{HHH}框内显示的现值97.529美元。

让我们再做进一步计算来演示逆向归纳法的步骤。我们看N_{HH}，它右边的两个节点分别是N_{HHH}和N_{HHL}，N_{HH}中显示的价值是：（1）按折现率为7.0053%计算（97.529美元+6.5美元）的现值；（2）按折现率为7.0053%计算（99.041美元+6.5美元）的现值；（3）将这两个现值取平均值，结果是97.925美元，这就是N_{HH}中所示的值。

将逆向归纳法用于图表14—13中求得的“现在”的价值为104.643美元，这就是4年期利率为6.5%的国债的无套利价值。

我们的目的不是说明怎样对一个无套利债券进行估价，这在第9章中已经介绍过了，我们的目的是介绍怎样来对一个票面利率为6.5%的4年期国债的2年期欧式看涨期权进行估价，为了达到这个目的，我们选用图表14—13（b）中的一部分，在图表14—14中显示了假定的国债（不包括票面利息）第2年末的各个节点中的价值。

在对国债期权的估价中采用与债券估价同样的逆向归纳步骤，首先我们从树的最后开始，即期权的第2年。由于我们的期权是一个2年期的欧式期权，所以这就是这棵树的末端，我们只能在第2年末行权，因此我们不必关注第3年和第4年。在一个节点中决定债券期权价值的判断标准取决于期权的价值是否是实值（这个行权结果只适用于期权到期日当天，因为我们估价的是欧式期权）。也就是说，如果债券在到期日时某个节点中的价格高于行权价格，看涨期权将会在这个节点上被行权（看涨期权是实值期权）。换成看跌期权，如果债券在到期日时某个节点中的价格低于行权价格，看跌期权将会在这个节点上被行权（看跌期权是实值期权）。

① 注意到图表14—13（a）中所示的二项式利率树与第9章的图表9—5是相同的，第9章中的收益率曲线是发行人的收益率曲线。在本章中提到的收益率曲线为国库券的收益率曲线。

从树的最后开始，即第 2 年（期权到期日）。在图表 14—14 中列出了三个价值：97.925、100.418 和 102.534。在知道这三个价值后，每个节点处行权价格为 100.25 的看涨期权的价值就能够得以确定。例如，如果在第 2 年中国债的价格是 97.925，由于行权价格是 100.25，看涨期权的价值将会为零。在其他两种情形中，由于第 2 年中的价格高于行权价格，看涨期权的价值就等于节点中的债券价格和 100.25 的差值。

图表 14—13　　采用二项式利率树对票面利率为 6.5% 的 4 年期国债估价

（a）对 4 年期国债估价的二项式利率树（假设利率波动为 10%）

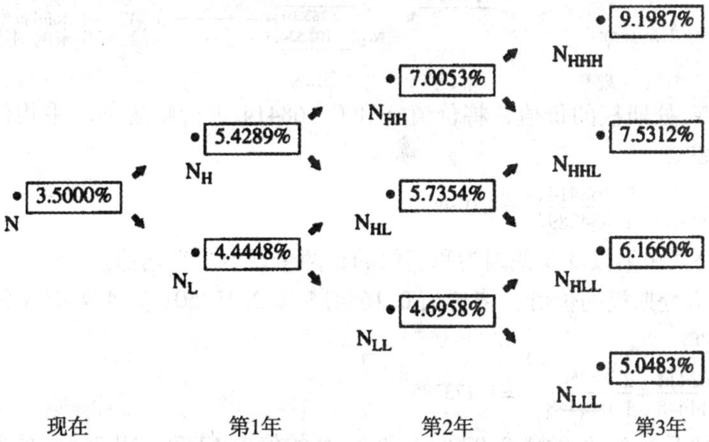

（b）对票面利率为 6.5% 的 4 年期国债估价

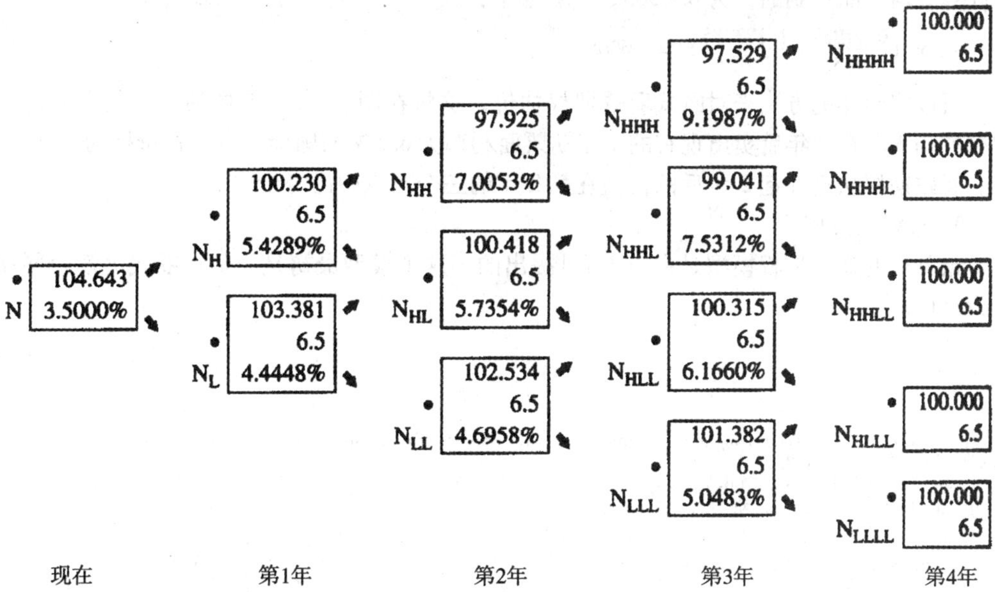

图表 14—14 中三个节点显示了看涨期权从现在开始 2 年后（期权到期日）的价值。知道这三个值之后，就可以在二项式利率树上采用逆向归纳法来计算本期看涨期权的价值，其中贴现率就是二项式利率树中每个节点的第二个值，第 1 年中每个节点的第一个值代表平均现值，它是将它右边的两个节点中的值用本节点显示的贴现率进行贴现，从而得到这个平均值（因为我们假设每一个现值出现的可能性均等，所以这是一个平均值）。现在我们再往前 1 年到“今天（现在）”，期权的价值是第一个值，也就是树根处的那个值——0.6056 美元。

下面我们就来介绍一下怎样计算出这个值。

图表 14—14　　　　**用无套利二项式方法对欧式看涨期权估价**

到期：2 年；执行价格：100.25；票面利率：6.5%；当前价格：104.643；利率波动：10%

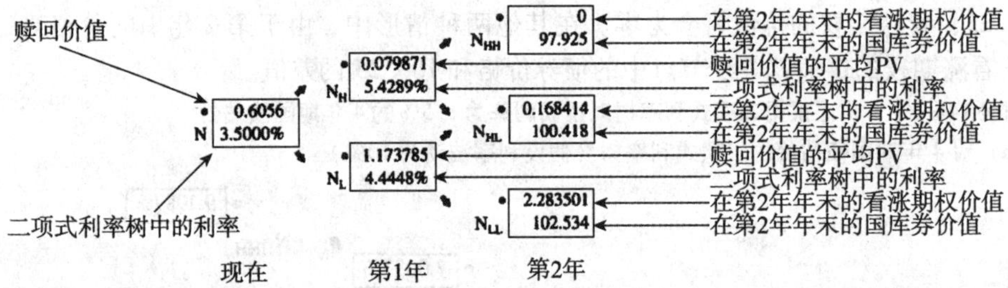

为了得到 N_H 处期权的价值，将价值 0 和 0.168414 进行贴现并求平均值。贴现率就是 N_H 所示的 5.4289%。

$$0.5\times\left(\frac{0}{1.054289}+\frac{0.168414}{1.054289}\right)=0.079871$$

在上面的公式中乘以 0.5 是因为我们取的是两个现值的平均值。

为了得到 N_L 处期权的价值，将价值 0.168414 和 2.283501 以 4.4448% 的贴现率进行贴现再计算平均值：

$$0.5\times\left(\frac{0.168414}{1.044448}+\frac{2.283501}{1.044448}\right)=1.173785$$

根处 N 的值是在 N_H 处的值 0.079871 和 N_L 处的值 1.173785 以 3.5% 的贴现率进行贴现再计算平均值而得到的，为 0.6065，计算如下：

$$0.5\times\left(\frac{0.07987}{1.035}+\frac{1.173785}{1.035}\right)=0.6065$$

可以用同样的方法来对欧式看跌期权估价，这将在图表 14—15 中演示。假设允许看跌期权的购买者在 2 年后卖出现有的 4 年期票面利率为 6.5% 的国债，且行权价格为 100.25 美元。看跌期权从现在起 2 年后的价值在第 2 年的三个节点中已经给出。

3. 布莱克模型

最常用的期货期权模型是由布莱克[①]提出的，这个模型最初是为估价欧式远期合同期权而设计的。

---

① Fischer Black, "The Pricing of Commodity Contracts," *Journal of Financial Economics* (March 1976), pp. 161 – 179. 基于布莱克模型的赎回价值为：

$C=e^{-rt}\left[FN(d_1)-XN(d_2)\right]$

$P=e^{-rt}\left[XN(-d_2)-FN(-d_1)\right]$

其中：

$d_1=\frac{\ln(F/X)+0.5s^2t}{S\hat{}t}$

$d_2=d_1-s\hat{}t$

ln = 自然对数

C = 看涨期权价格

P = 看跌期权价格

F = 期货价格

X = 行权价格

r = 短期无风险利率

e = 2.718（1 的反自然对数）

t = 离到期日所剩的时间（用与 1 年时间所占比例表示）

s = 股票收益率的标准差

N（.）= 累计概率密度

N（.）的值是由正态分布函数得到的。

图表 14—15　　用无套利二项式方法对欧式看跌期权估价

期限：2 年；执行价格：100.25；票面利率：6.5%；当前价格：104.643；利率波动：10%

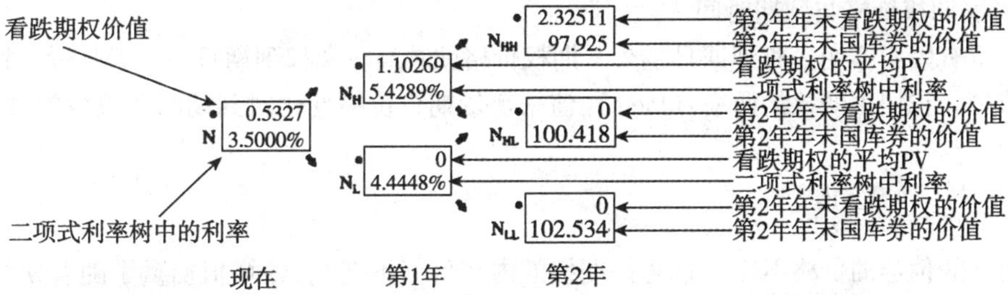

这个模型存在两个问题：第一，布莱克模型仍然没有解决之前在布莱克—斯科尔斯模型中所提到的问题。不能识别收益率曲线，这就意味着对国库券期货的定价和对国库券期货期权的定价是不一致的。第二，布莱克模型是为欧式期货合约期权定价而提出的，然而，国债期货期权是美式期权。尽管存在局限性，布莱克模型仍然是对短期国债期货期权定价最常用的工具。

14.4.5　期权价格对因素变动的敏感性

在投资战略中使用期权时，资金管理者希望知道在所有影响价格的因素中，期权价格对每个因素的敏感程度。这些方法通常被称为“Greeks”。下面介绍一个看涨期权价格对标的债券的价格、离到期日的时间和预期利率波动变化的敏感度。这种方法也适用于以国债期货合约为标的的期权。

1. 看涨期权价格与标的债券价格

期权的价格对标的债券价格变化的敏感程度被称为期权的德尔塔（delta）：

$$\text{delta} = \frac{\text{期权价格的变化}}{\text{标的债券价格的变化}}$$

对于看涨期权，正如我们前面提到的，它的德尔塔值为正，标的债券的价格越高，期权的价格就越高。对于看跌期权，它的德尔塔值为负，因为标的债券的价格越高，期权的价格越低。

我们先解释一下德尔塔。假设一个看涨期权的德尔塔是 0.4，这意味着如果标的债券的价格上涨 1 美元，看涨期权的价格将上涨大概 0.40 美元。假设一个看跌期权的德尔塔是 -0.2，这意味着如果标的债券的价格上涨 1 美元，看涨期权的价格将下跌大概 0.20 美元。期权的德尔塔值随着标的债券价格接近或远离行权价格而改变。

对于一个内在价值为零且标的市场价格与行权价格差距很大的期权来说（这种期权被称为深度虚值），它的德尔塔值几乎趋近于 0。例如，一个 1 年期看涨期权的行权价格为 100 美元，假设当前标的债券的价格是 45 美元，当标的债券的价格上涨 1 美元时（从 45 美元涨到 46 美元），看涨期权的价值几乎不改变。

对于一个深度实值的期权，看涨期权的德尔塔值几乎趋近于 1，而看跌期权的德尔塔值几乎趋近于 -1，这是因为期权价格的变化将很敏感地反映标的债券价格的变化。

德尔塔值在近似计算期权价格对标的债券价格改变的敏感性和久期在近似计算债券价格对利率变化的敏感性的过程中起相同的作用。在这两种情况下，变化都是近似值，对于债券，这种近似可以用凸性计量来加以改进。对于一个期权，这种近似可以用计算期权的伽马（gamma）值来加以改进，期权的伽马值为：

$$\text{gamma}=\frac{\text{delta 的变化}}{\text{标的债券价格的变化}}$$

2. 看涨期权价格与到期时间

其他所有因素不变，离到期日越久，期权价格就越高。期权到期日一天天临近，到期时间逐渐减少，我们用期权的西塔（theta）值来衡量期权价格变化对到期时间减少的敏感度，西塔值为：

$$\text{theta}=\frac{\text{期权价格变化}}{\text{到期时间的减少}}$$

假设标的债券的价格不变（意思是期权的内在价值不变），西塔值衡量了随着期权到期时间的减少，期权的时间价值以多快的速度降低。

期权购买者更喜欢西塔值低的期权，因为这样的期权的价格不会随着到期时间的减少而迅速降低很多，而对于出售期权的人来说，将受益于西塔值高的期权，这是因为一个高的西塔值就表示随着期权接近到期日期，期权价格的下跌速度比西塔值较小的期权的下跌速度要快。期权出售者希望随着期权到期日的临近期权价格迅速下降，因为这样能在此之后以一个更低的价格将期权购买回来。

3. 看涨期权价格与预期利率波动

其他所有因素都不变，预期利率波动的变化将改变期权的价格。期权的卡帕（kappa）值用来衡量当预期利率波动改变1%时期权价格的变化量（期权的卡帕值也可以称为它的维伽（vega）值），卡帕值值为：

$$\text{kappa}=\frac{\text{期权价格变化}}{\text{预期利率波动 1\%}}$$

期权的卡帕值为正，正如前面所介绍的，因为当预期利率波动增大时，期权价格将会上涨。

14.5 上限与下限

在将逆向归纳法用于对上限和下限估价时，一个节点是否行权的决策取决于这个上限或下限是否为实值。请记住，上限和下限相当于一揽子或者一系列期权。更确切地说，它们是一系列欧式利率期权，因此，为了对上限估价，把每个时期的上限称为**利率上限单元**（caplet），然后将这些利率上限单元的价值加总到一起就得到上限的价值，对于下限可以采用同样的方法。

为了说明这是怎样操作的，我们将借用图表 14—13（a）所给出的二项式树，首先忽略支付上限和下限时间差异来简单分析一下，具体来说，就是对上限和下限的支付都是应付未付的，考虑支付上限和下限时间差异将需要更复杂的描述和修正二项式树[①]。假设第一个5.2%的3年期利率上限的名义本金金额是1 000万美元，参考利率为二项式树中1年期利率，上限按年支付。

图表 14—16（a）、(b）和（c）说明了怎样通过估价三个利率上限单元来对上限进行估价。每一年（例如×年）的利率上限单元的计算方法如下：首先，在每个节点处计算×

① 波士顿大学的 Donald Smith 教授提出了一种修正方案的构架。一个使用该构架的论述参见：Chapter 28 of Frank J. Fabozzi, *BondMarkets, Analysis, and Strategies* (Upper Saddle River, NJ: Pearson Prentice Hall, 2006).

年需要支付的金额①：

（1）零，如果此节点的1年期利率低于或者等于5.2%；

（2）如果节点处的1年期利率高于5.2%，则用名义本金乘以1年期利率与5.2%的差值。

然后，用逆向归纳法来确定×年利率上限单元的价值。

例如，考虑第3年的利率上限单元，在图表16（c）中，第3年的最高节点的1年期利率是9.1987%，由于节点处的1年期利率高于5.2%，因此第3年的支付额为：

10 000 000 ×（0.091987－0.052）＝399 870（美元）

我们来看一下怎样确定节点N_{HH}、N_H和树根节点N的价值。对于节点N_{HH}，我们看一下它右边两个节点N_{HHH}和N_{HHL}的上限价值，利用逆向归纳法将这些节点的价值399 870美元和233 120美元按照节点N_{HH}处的7.0053%进行贴现，并计算平均现值为：

N_{HH}的价值＝（399 870÷1.070053＋233 120÷1.070053）÷2＝295 775（美元）

这就是节点N_{HH}所给出的价值。

现在来看一下节点N_H处的价值是怎样确定的。利用逆向归纳法，先将节点N_{HH}和节点N_{HL}处的价值用二项式树中节点N_H处的5.4289%进行贴现，再计算平均现值，即：

N_H的价值＝（295 775÷1.054289＋155 918÷1.054289）÷2＝214 217（美元）

这就是节点N_H所给出的价值。

最后，确定根结点N的价值，其价值由N_H点和N_L点的价值以3.5%（N点的利率）贴现，然后对这两个现值取平均而得到，即：

N的价值＝（214 217÷1.035＋96 726÷1.035）÷2＝150 214（美元）

这就是节点N所给出的价值。

继续同样的步骤，得到第2年利率上限单元的价值为66 009美元，第1年利率上限单元的价值为11 058美元，因此利率上限的价值为三个利率上限单元价值之和，即：

利率上限价值＝第1年利率上限单元价值
＋第2年利率上限单元价值
＋第3年利率上限单元价值

因此，由11 058美元、66 009美元和150 214美元相加得到上限价值为227 281美元。

同样，利率下限价值也可以做出估计。图表14—17说明了名义本金为1 000万美元、3年期、4.8%的利率下限估价过程。参考利率为二项式树中的1年期利率，对下限的支付按年进行。每一年的利率下限价值被称为利率下限单元（floorlet），其确定方法如下。

第一，在每个节点处计算×年需要支付的金额②：

（1）零，如果此节点的1年期利率高于或者等于4.8%；

（2）如果节点处的1年期利率低于4.8%，则用名义本金乘以4.8%与1年期利率的差值。

我们看一下怎样利用逆向归纳法来确定第2年利率下限单元的价值。具体而言，我们将看到怎样计算节点N_{LL}、N_L和N（树根和第2年利率下限单元）的价值，首先我们看N_{LL}，由于利率为4.6958%，它低于下限利率4.8%，因此支付额等于：

10 000 000×（0.048－0.046958）＝10 420（美元）

---

① 数学上，每个节点上的决策被表示为：10 000 000美元×Maximum［（节点上的利率－5.2%），0］

② 在某个节点执行决策的数学表达式为：10 000 000×Maximum［（4.8%－节点的利率），0］

图表 14—16　　对 3 年期、5.2% 的利率上限进行估价（假设利率波动为 10%）

假设：

上限利率：5.2%

名义本金：10 000 000 美元

支付频率：1 年一次

（a）第 1 年利率上限单元的值

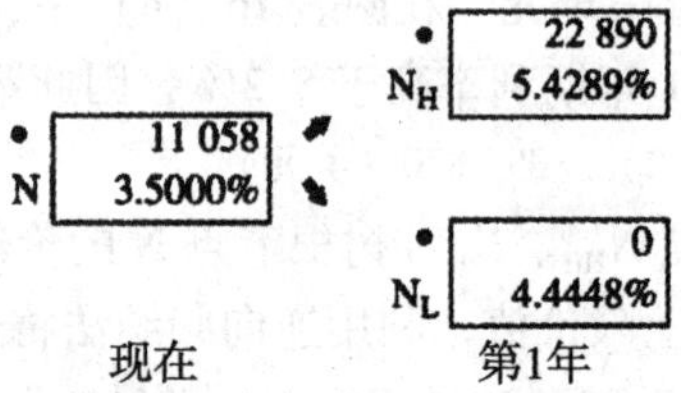

第 1 年的利率上限单元 = 11 058 美元

（b）第 2 年利率上限单元的值

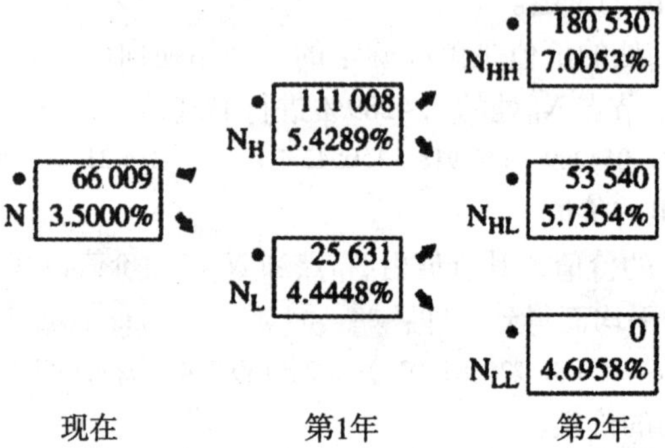

第 2 年的利率上限单元 = 66 009 美元

（c）第 3 年利率上限单元的值

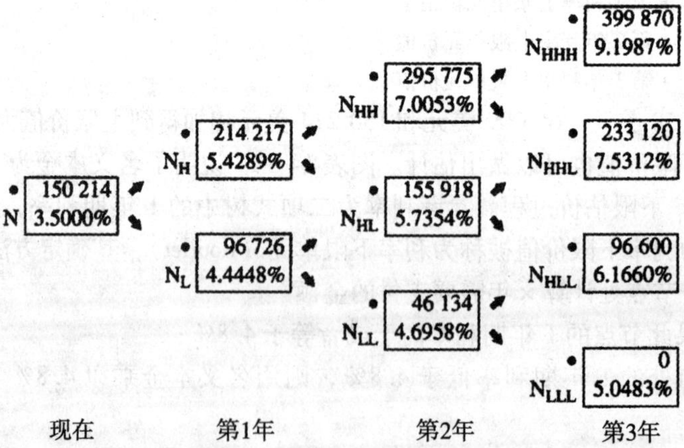

第 3 年的利率上限单元 = 150 214 美元

总结：3 年期利率上限的估价 = 11 058 + 66 009 + 150 214 = 227 281（美元）

计算时注意：在每个图表最后的框中支付的金额为：

10 000 000 美元 × Maximum［（5.2% − 节点的利率），0］

图表14—17　**对3年期4.8%的利率下限进行估价（假设利率波动为10%）**

假设：

下限利率：4.8%

名义本金：10 000 000美元

支付频率：1年一次

（a）第1年利率下限单元的值

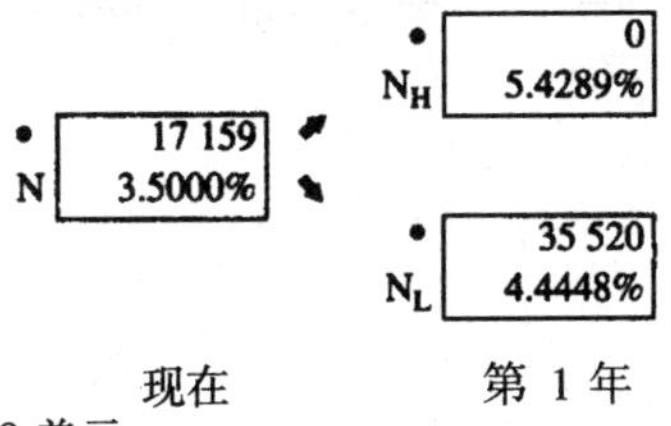

第1年的利率下限单元＝17 159美元

（b）第2年利率下限单元的值

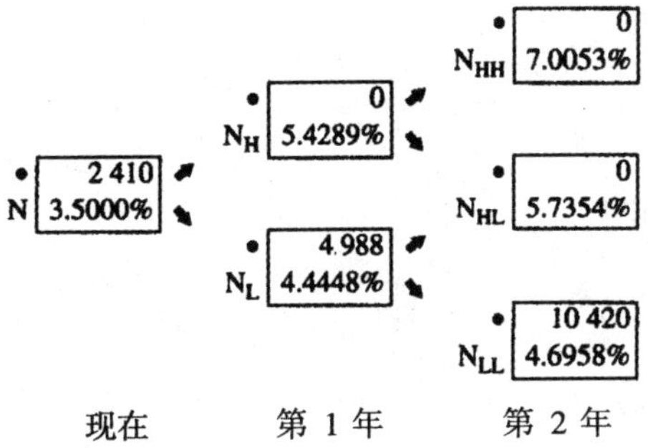

第2年的利率下限单元＝2 410美元

（c）第3年利率下限单元的值

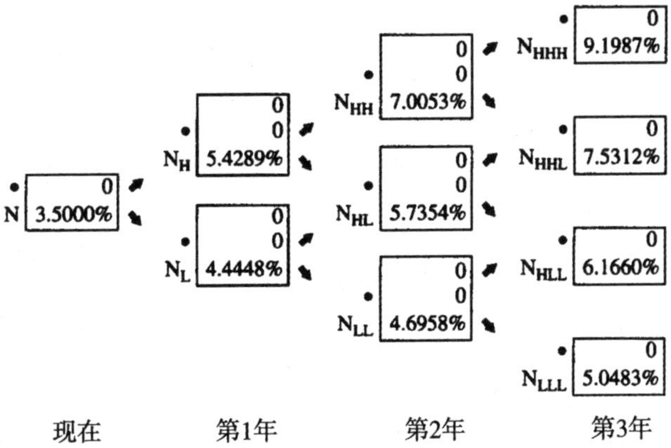

第3年的利率下限单元＝0

总结：3年期利率下限的估价＝17 159＋2 410＋0＝19 569（美元）

计算时注意：在每个图表最后的框中支付的金额为：

10 000 000美元×Maximum［（4.8%－节点的利率），0］

这就是节点N_{LL}所给出的价值。现在利用逆向归纳法来计算节点N_L处的价值，我们利用N_{LL}和N_{HL}处的价值来得到N_L处的价值，这两个值用4.4448%（节点N_L的利率）来进行贴现再计算平均值，即：

节点N_L的价值＝（0÷1.04448＋10 420＋1.04448）÷2＝4 988（美元）

这就是节点 N_L 所给出的价值。

最后，我们通过将 N_H 处的价值和 N_L 处的价值以 3.5% 进行贴现然后平均来计算第 2 年利率下限单元的价值：

N 点的价值 =（0 ÷ 1.0350 + 4 988 ÷ 1.035） ÷ 2 = 2 410（美元）

这个处于树根位置的结果就是第 2 年利率下限单元的价值。

将第 1 年、第 2 年和第 3 年利率下限单元的价值加起来，如图表 14—17 所示，得到 3 年下限价值为：

17 159 + 2 410 + 0 = 19 569（美元）

第 15 章 信用分析的一般原则

15.1 引言

债券的信用风险包括：

1. 发行人违约的风险；

2. 由于以下原因导致该债券价值下跌或该债券价格表现比投资者可比的其他债券差的风险：(1) 市场觉察到发行人违约风险上升，因而要求更高的利差；(2) 债券评级公司将降低对该债券的评级。

第一种风险称为**违约风险**（default risk）。第二种风险是基于表现较差或降级的原因而被命名。该风险可归因于利差增加，或者更准确地说，信用利差增加的风险，被称为**信用利差风险**（credit spread risk）；信用评级下降（即降级）的风险，被称为**降级风险**（downgrade risk）①。

对一个公司、地方政府、主权国家等任何实体的信用分析，涉及对其过去、现在、将来的定性和定量的多个因素的分析。估计信用风险有四种基本方法：

- 信用评级；
- 传统信用分析；
- 信用评分模型；
- 信用风险模型。

本章将讨论每种方法，重点是对公司债券的信用分析。

15.2 信用评级

信用评级（credit rating）是专业公司对投资于一种发行的债券所面临的违约风险所提供的正式意见。提供评级意见的特定公司被称为"评级机构"。美国三大评级结构是穆迪投资者服务（Moody's Investor Service）、标准普尔公司（Standard &Poor's Corporation）和惠誉评级公司（Fitch Ratings）。在第 2 章提供了这些评级机构使用的标志和每一个评级的简介。

15.2.1 评级程序，监控和检查

当一个评级机构接到一个拟发行债券的实体的正式债券评级申请时，评级程序开始。请求评级的实体支付与信用评级有关的费用。之所以要申请评级是因为，没有评级，该实体很难发行债券。评级是对发行的债券而言，而非针对申请评级的该实体。评级机构也可以对一个没有发行公开债券的公司提供评级（即发行人信用评级）。这种情况发生在金融衍生产品

① 这些类型的信用风险以前已经详细讨论过。

交易的交易各方中，如互换交易，市场参与者可以评估对手风险①。

一旦一只公司债券被赋予一种信用级别，评级机构将对发行人的信用质量进行监控，并可以重新赋予其债券一个不同的评级。当发行信用质量提高时，债券被升级；当发行信用质量下降时，债券被降级。如前所述，降级风险就是指债券被降级的风险。

通常来说，在一只债券评级变化之前，评级机构将提前声明该债券的升级或降级的潜力。这种情况下，该债券被称为处在评级观察或信用观察阶段。在声明中，评级机构将说明评级变化的方向——升级或降级。通常三个月内做出决定。

此外，评级机构将发行评级展望。**评级展望（rating outlook）**是对一个债券在长期（从6个月到2年）可能被升级、降级或保持目前水平的评级。评级机构的评级展望可能是正面的（即可能升级）、负面的（即可能降级），也可能保持稳定（即可能评级不变）。

15.2.2 度量违约风险和降级风险

投资者可以从评级机构获得关于信用风险的以下信息：(1) 评级；(2) 评级观察或信用观察；(3) 评级展望。此外，评级机构的定期研究可以提供给投资者关于信用风险的信息。下面我们介绍评级机构的信息怎样用来估计两种信用风险：违约风险和降级风险。

对长期债务，一个**信用评级（credit rating）**是对其 (1) 违约的可能性；(2) 违约发生时的损失大小的一种前瞻性的评估。对短期债务（即初始到期限日1年内的债务），一个信用评级是对其违约可能性的一种前瞻性评估。因此，信用评级是评级机构对一只发行的债券违约风险的评估。

评级机构的定期研究提供了违约风险的两个方面——违约率和违约损失率。首先，评级机构研究并提供给投资者，期初被评定为一定等级的债券在期末时发生违约的百分比。这个百分比被称为**违约率（default rate）**②。例如，评级机构会报告BB级的债券一年违约率是1.8%。研究证实信用等级越低，违约率越高。评级机构的研究也展示了各评级的违约损失率和债券的其他特征（如优先级和产业）。**违约损失率（default loss rate）**衡量当一个违约事件发生时潜在损失的程度。③

穆迪的一份研究发现，对一只公司债券而言，其评级加上评级观察和评级展望比单纯使用评级可以提供更好的违约风险评估。④ 研究报告的作者对优先无担保等级的债券从1996年到2003年的一年和三年违约率进行了观察，并且对于每一评级债券，同时观察其评级观察（观察升级或降级）和评级展望（正面、稳定和负面）的状态。三种被观察的债券等级一年内的违约率如下：

评级	观察升级	正面	稳定	负面	观察降级
BBB3	NA	0.20%	0.60%	1.25%	2.26%
B1	NA	0.98%	2.53%	5.07%	12.03%
Caa1	3.7%	3.82%	8.43%	14.93%	42.21%

① 对手风险是指金融交易中，一方不履行义务的风险。
② 违约率可以用几种方法来衡量，第3章已经介绍。
③ 违约损失率在第3章已经介绍。
④ David T. Hamilton and Richard Cantor, *Rating Transitions and Defaults Conditional on Watchlist, Outlook and Rating History*, Moody's Investors Service, February 2004.

注意在上表中，对于一个特定的信用评级，当从左向右移动时，违约率在升高。请看 Caa1 等级。对在期初处于可能升级的评级观察阶段的债券，一年内违约率为 3.7%。但在期初处于可能降级的评级观察阶段的债券，一年内违约率是 42.21%。这说明评级观察在估计违约风险方面包含了有用的信息。请看 Caa1 的评级展望状态，在年初，负面评级展望的债券在一年内的违约率是正面评级展望债券的 4 倍。

穆迪对分析师如何综合利用评级观察和展望信息，调整优先无担保公司债券级别做出了如下建议：

对债券：	**建议：**
降级观察	对目前评级降低 2 个级差①
升级观察	对目前评级提高 2 个级差
负面展望	对目前评级降低 1 个级差
稳定展望	保持目前评级不变
正面展望	对目前评级提高 1 个级差

当然，投资组合的经理可以根据穆迪的研究，建立自己的对当前债券评级进行调整的一套系统方法。关键是，使用信用评级来衡量违约风险时，投资组合经理人也应当考虑评级观察和评级展望的状况。

虽然上述讨论集中在违约风险，但评级机构的研究也提供了其他方面的信息。在第 2 章，我们解释了评级机构定期出版的评级转换矩阵表。评级转换矩阵表显示了期初每一评级在期末被升级或降级的比例。相应的，通过观察一个特定评级的降级比例，人们可以得到降级可能性的估计，这样就可以用于衡量降级风险。②

15.3　传统信用分析

在传统信用分析中，分析师考虑信用的 4C：

- 能力（capacity）；
- 担保（collateral）；
- 条款（covenants）；
- 特征（character）。

能力是指发行人还款的能力。**担保**不只是传统意义上的作为债务保证的资产抵押，也包括发行人控制的没有用于抵押的资产的质量和价值。这两种意义上的担保都能够对债务和债券持有人提供额外的支持。无论什么时候，资产都是对债务偿还提供现金流的基础。**条款**是指借款合同的条款和借款条件。它们是对管理层运营公司和处理财务事务的附加限制。条款可以限制管理层的随意性。违背或不遵守条款，是一种有用的早期预警信号，投资人可以在情况进一步变糟之前采取积极、纠偏的行动。条款在减少债权人风险方面扮演了重要角色，具有自身的价值。它能阻止利益从债权人转移到股东。管理层的**特征**是高品质信用的基础。它包括了道德声誉、业务资质和董事会、管理层、负责使用以及归还借贷资金的负责人的运营记录。

---

① 评级级差是指修正评级后得到的评级级别（穆迪评级以 1、2、3 作为修正）。例如，Baa2 评级，降低 1 个级差得到 Baa3，降低 2 个级差得到 Ba1。

② 第 2 章举例说明了评级转换矩阵和如何计算其降级的可能性。

15.3.1 还款能力分析

公司依靠现金流偿付债务。现金流从运营收入中产生，因为运营成本而减少。因此，在评估发行人的支付能力时，需要对后面提到的财务报表进行分析。除了管理质量，穆迪的分析师们评估的要素有：①

1. 产业趋势
2. 监管环境
3. 基本业务和竞争地位
4. 财务状况和流动性来源
5. 公司结构（包括次级和优先级的求偿结构）
6. 母公司的支持协议
7. 特殊事件风险

在考虑产业趋势时，分析师会观察公司受经济周期、进入壁垒、公司面临技术变化风险等因素负面影响的程度。对于被管制行业的公司，必须分析正在提交的监管规定的变化对未来现金流的影响。在公司层面，必须评估其产品线的分散程度和成本结构，以评估该公司的基本经营状况。

除了在本章后面描述的，评估一个公司以前3年到5年的财务状况的指标外，分析师必须观察一个公司获得额外融资和备用信用便利的能力。有多种备用信用便利的方式，最强的备用信用便利是那些具有契约约束力的、不含允许贷款人拒绝提供资金的条款的合同约定。这种条款的一个例子是当一家银行觉得借款人的财务状况和运营状况显著恶化的时候，其可以拒绝借款人的贷款（这种条款被称为**重大不利变动条款**（**material adverse change clause**））。非契约性的信用便利（如信用上限）可以使银行很容易地拒绝贷款，分析师应该注意这种情况。分析师也应该评估提供备用信用便利的银行的质量。

分析师还应当评估公司是否可以通过证券化进行融资以产生流动性。资产证券化包括将多笔贷款或应收账款作为证券的担保品。决定使用资产证券化借款还是依靠传统来源借款主要是基于成本考虑。但是，如果当公司面临流动性危机，传统借款来源枯竭时，证券化可以提供需要的流动性。分析师应当调查管理层在多大程度上会考虑利用资产证券化作为融资来源。

公司流动性的其他来源是第三方担保，最常见的方式是和其母公司的合同约定。当存在这样的一个财务担保时，分析师必须对母公司进行信用分析。

当分析一个发行人的还款能力时，分析师应当分析发行人的财务报表（利润表、资产负债表和现金流量表）；在一定假设基础上预计公司将来的财务报表，计算不同的指标。这些指标包括传统比率指标和现金流指标。下面我们来阐述这些指标，解释为什么现金流指标比传统比率指标提供了更好的潜在财务困境的早期预警信号。

1. 传统比率

衡量发行人履约能力的传统比率包括：

- 盈利性比率；
- 债务和保障比率。

---

① "Industrial Company Rating Methodology," Moody's Investors Services: Global Credit Research (July 1998), p. 3.

a. 盈利性比率　权益分析师关注公司的收益，特别是每股收益。虽然一个企业的债权人没有机会分享企业经济增长的好处，但也并不意味着分析师可以忽略企业的盈利性分析。毕竟，是收入支持企业持续成长，并得以产生现金流以偿还债务。

盈利性比率可以用于挖掘公司盈利变化的内在原因，它们展示了流动性、资产和负债管理的综合效果对公司盈利性的影响。为了评估企业的内在盈利性，这些比率将每股收益分解为基本的决定要素。它们可以帮助衡量过去利润是否充足，并通过对其内在原因的分析，来预测企业未来的盈利性。

根据要分析的公司的经营特点和一般的运营条件，一个特定比率的标准会不同；这些比率的标准不是固定和一成不变的。在计算下面讨论的比率之前，我们假设分析师已经进行了所有必要的调整，以反映公司的真实、可比的盈利能力。重点强调的是，比率只是用来为进一步分析提出重要问题，而不是提供现成答案。

权益分析师们常常用杜邦模型（在权益分析的教科书上有解释）来评估一个公司每股收益的决定因素。评估每股收益的盈利性比率有：

- 净资产收益率；
- 总资产收益率；
- 销售利润率；
- 资产周转率。

在财务报表分析和权益分析教科书上，对上述的每种指标和其限制条件都有解释，这里不再赘述。

b. 债务和利息保障分析　信用分析师用三组比率，作为衡量一个企业履行义务的指标：

- 短期偿债能力比率；
- 资本（或财务杠杆）比率；
- 保障比率。

i. 短期偿债能力比率

短期偿债能力比率用来判断当短期债务到期时，用于偿还的短期流动性资产的充足性。对流动性资产满足到期流动性债务程度和管理层使用流动资金的效率的完整分析，需要彻底分析公司的现金流并要预测其未来的资金流动，这部分将在下一节讨论。这些比率对流动资金的评估提供了粗略但有意义的信息。下边的两个指标是计算流动资金的充足性的：

- 流动比率；
- 速动比率。

流动比率是用流动资产除以流动负债：

流动比率＝流动资产÷流动负债

流动比率反映了流动资产保障流动负债的程度。例如，如果这个比率是2:1，那么公司流动资产变现时，只需变现资产负债表上流动资产一半的价值就可以支付所有的流动负债。

给这个比率一个通用的标准（如2:1）是**没有**用处的。这种标准不能揭示，一个适当的流动比率是一个关于公司业务性质的函数，它会随着不同业务的经营周期而变化。一个公司的**经营周期**（operating cycle）是指从现金投资购买商品或服务开始，到这种投资产生现金回收之间的时期。[①]

流动资产（current asset）是指在一个正常的营运周期中预期可以转变为现金的资产。因此，存货是一种流动资产。在一个烟草或酒类生产企业里，存货可以达到流动资产的80%～90%。但是，在酒类企业，存货在达到可销售资产状态之前，可能需要四年甚至更长的时间。这样的公司通常需要比一般企业高得多的流动比率，以满足一年内到期的流动负债所需要的足够的流动性。对一个公用设施公司来讲，没有存货和应收账款回收的问题，流动比率在1.1或1.2已经足够了。像邓百氏公司和罗伯特莫里斯协会等组织会发布不同行业的平均水平。当然，行业平均水平也有自身的问题，因为它倾向于一般的标准，而没有确认不同类别的公司经营上的不同。

作为一项分析工具，流动比率有一个主要缺陷。它忽略了流动资产的构成，这一点与流动资产和流动负债的关系一样重要。因此，必须有其他的营运资本比率来对流动比率做补充分析。

鉴于用于履行流动负债的存货变现速度较慢，甚至根本不能变现，人们提出了**速动比率**（quick ratio）（也称为**酸性测试比率**（acid-test ratio））。这是流动资产减去存货后与流动负债的比率，即：

酸性测试比率＝（流动资产－存货）/流动负债

这个比率并不是假设应收账款是优良资产，在下一年内一定可以变现。

ii. 资本比率

信用分析师也计算**资本比率**（capitalization ratios），以衡量公司使用财务杠杆的程度。这些比率，也被称为**财务杠杆比率**（financial leverage ratios），只能在行业、公司盈利水平和现金流比较稳定的背景下去阐释。假设的前提是，行业、公司盈利水平和现金流越稳定，公司接受与财务杠杆有关的风险能力就越强，允许债务占整个资本（资产负债表上的所有长期的资金来源金额）的比率就越高。

在行业内计算资本比率的公式很多。这里举两个例子：

长期资本负债率＝长期债务/（长期债务＋含少数股东权益的所有者权益）

总资本负债率＝（流动负债＋长期债务）/（长期债务＋流动负债＋含少数股东权益的所有者权益）

这里所有者权益包括优先股。

这两个比率越高，财务杠杆就越大。在两种比率计算中，债务价值的衡量，用账面价值。在计算所有者权益时，使用账面价值和使用市场价值会很有用。按市场价值计算普通股可能得出与按账面价值计算普通股不同的杠杆比率。

商业评级公司和绝大多数华尔街的分析师们很大程度上倚重长期资本负债率，在送给客户的研究报告中也经常提供这个比率。这个指标很有用，但需要注意的是，这些年来，由于利率环境的不确定，很多公司正在采用短期贷款为其大量的业务进行融资。实际上，一个对货币市场活动有敏锐洞察力的出色的财务经理，只是简单地在正确的时间，把贷款从长期调为短期，或相反操作，就可以和工厂经理赚取一样多的利润。

在使用长期资本负债率时，另外一个需要考虑的因素是租赁资产。很多公司通过长期租赁合同租赁建筑物和设备。租赁费的支付是合同义务，与债权利息及本金偿还是一样的。但

① 例如，一个生产和销售产品的公司经营周期包括四个阶段：1）购买原材料，生产产品，存货占用资金；2）销售产品，产生收入，可能收到现金，也可能没有收到；3）扩展信用期限，产生应收账款；4）收回应收账款，产生现金。这四个阶段构成了现金使用和产生的周期。服务业的公司经营周期与生产型企业有所不同，但概念是一样的——经营周期就是从现金投入到产生现金所花费的时间。

是，通过租赁（即通过经营性租赁）取得的资产在资产负债表上不列示。因此，两个有同样的固定资产、在利息支付和租金支付之前有同样利润的公司，其中大量租赁生产设备的公司，财务杠杆比例明显较低。

iii. 保障比率

保障比率（**Coverage ratios**）用于衡量通过盈利产生的现金流对偿还负债和履行租赁义务的充足性。有四种常用的保障比率：

- 息税前利润（EBIT）利息保障比率；
- 折旧、摊销、息税前利润（EBITDA）利息保障比率；
- 源自经营活动的资金/总负债比率；
- 自由现金流/总负债比率。

EBIT 表示支付利息、所得税前的利润。**EBIT 利息保障比率**（**EBIT interest coverage ratio**），可以简单地用 EBIT 除以年度利息费用得到。（利息费用包含资本化利息，即计入资本化资产的实际利息费用，其中最重要的部分是租入资产）利息费用是税前扣除的，因此，所有的税前盈利都可以支付这种费用。而且，在决定可以用来偿还年度利息费用的金额时，利息费用应当加回去。

EBITDA 表示折旧、摊销加上息税前利润（扣除利息、所得税、折旧、摊销之前的收益）。**EBITDA 利息保障比率**（**EBITDA interest coverage ratio**），可以简单地用 EBITDA 除以年度利息费用得到。

这两个比率揭示了从经营中获取的资金数量与总债务数量的关系。从经营中获取的资金包括净利润加上折旧、摊销、递延所得税和其他非现金项目。不同的评级机构对自由现金流的定义不同。下一节将讨论自由现金流的一个拓展。

根据对这些比率数年违约事件的经验和实证研究，可以获得建议的保障比率标准。对高度周期性行业而言，需要有与稳定性行业不同的标准。在本章后附的案例研究中，给出了评级机构对上述的保障比率和资本比率的比较基准（用比率的中位数来衡量）。

2. 现金流分析

刚才描述的比率能够帮助分析师识别将会遇到财务困境的公司吗？考虑一下 Largay 和 Stickney 的研究，他们分析了 1975 年破产清算的 W. T. Grant 公司 1966—1974 年的财务报表。[①] 他们注意到，像盈利性比率、资产周转率、流动性比率这类财务指标显示了公司向下的趋势，但并没有给逐渐面临破产的公司提供任何确切的线索。相反，对公司经营活动现金流的分析却揭示了公司的经营活动，正面临着日益增长的现金压力[②]。这需要增加外部融资，而与之相关的利息支出耗尽了公司的现金来源。在这个案例中，现金流分析显然是一个有用的工具，因为 W. T. Grant 公司已经连续数年经营活动的现金流为负值。但上面讨论的传统比率没有考虑到经营活动的现金流。

标准普尔强调需要观察现金流：

现金流分析是所有信用评级的最重要的一方面。它对投机级别的发行人更为重要。投资级别评级的公司通常都有外部资金渠道去填充暂时发生的短缺，而垃圾级债券发行人则缺乏

---

① J. A. Largay III and C. P. Stickney, "Cash Flows, Ratio Analysis and the W. T. Grant Company Bankruptcy," *Financial Analysts Journal* (July-August 1980), pp. 51 - 54.

② 1988 年之前需要编制财务状况变动表（在营运资本基础上编制）。

这种灵活性，除了依靠内部产生现金还债之外，几乎没有其他选择。[①]

标准普尔也认为："讨论现金流的时候经常面临缺乏统一定义的术语的困境"[②]。下面介绍标准普尔对四种现金流概念的术语：经营活动现金流、自由经营活动现金流、酌量性现金流和融资前现金流。另外，我们还要讨论用这些现金流衡量的不同比率（衡量这些现金流的不同比率）。

a. 现金流指标 在 1987 年采用现金流量表之前，关于一个公司现金流的信息是十分有限的。现金流量表（statement of cash flows）是对一个企业在一个时期内经营、投资和融资活动现金流的总结。企业的现金流量表分别列示了它的：

- 从经营活动产生的现金流；
- 从投资活动产生的现金流；
- 从融资活动产生的现金流。

通常对应的现金流称为[③]：

- 经营活动现金流；
- 投资活动现金流；
- 融资活动现金流。

经营活动产生的现金流也称为营运现金流。通过分析现金流量表的这些不同的项目，债权人可以看到业务的以下方面：

- 业务经营的融资来源，是通过内部产生的资金还是外部融资；
- 公司履行债务的能力（利息和本金偿付）；
- 公司通过经营活动产生的现金流为公司扩展提供资金的能力；
- 公司支付股东股息的能力；
- 在为其经营活动融资时，业务的灵活性。

一个仅仅通过出售资产（从投资活动取得现金流）或发行更多证券（从融资活动取得现金流）的企业不能这样长期持续下去。从长远的观点和偿还债务的能力看，企业必须要能从它的经营活动中产生现金流。

分析师们通过重新编排企业的利润表和现金流量表的信息，更好地对企业活动进行了描述。标准普尔从它称为源自经营活动的资金开始。**源自经营活动的资金**定义为根据折旧和其他非现金的借项和贷项调整后的净利润。然后，从源自经营活动的资金开始，计算以下的现金流量指标：[④]

源自经营活动的资金（funds from operations）
非现金流动资产减少（增加）
<u>非现金流动负债增加（减少）</u>
经营活动现金流（operating cash flow）
<u>用于资本性支出而减少</u>
自由现金流（free operating cash flow）
<u>现金股利支出</u>

① Standard & Poor's, Corporate Ratings Criteria, undated, p. 26.
② *Corporate Ratings Criteria*, p. 27.
③ 有些公司使用不同的说法。比如，微软公司将这些现金流称为，经营的净现金、融资的净现金和投资的净现金。
④ *Corporate Ratings Criteria*, p27.

酌量性现金流（自主支配现金流）（discretionary cash flow）
用于收购而减少
通过资产处置而增加
其他现金来源（使用）
融资前现金流（prefinancing cash flow）

因此，**经营活动现金流**是从源自经营活动的资金中，减去营运资本（流动资产减流动负债）投资的变化。减去资本性支出得到的是标准普尔定义的**自由现金流**。它是可以用于支付股利和进行收购的现金流指标[①]。自由现金流再减去现金股利得到**酌量性现金流**。通过管理层自主决策收购其他公司、处置资产（如产品线或子公司）和其他现金来源，调整酌量性现金流得到**融资前现金流**。正如标准普尔所述，融资前现金流“代表了公司从内部产生的现金流满足所有内部的需求的程度[②]”。

b. 现金流量比率　除了使用前面介绍的保障比率外，标准普尔在分析一个公司时，还使用了下面的现金流比率（基于它上面的现金流定义）：

$$\frac{\text{源自经营活动的资金}}{\text{总债务（根据资产负债表外调整）}}$$

$$\frac{\text{自由现金流}+\text{利息}}{\text{利息}}$$

$$\frac{\text{自由现金流}+\text{利息}}{\text{利息}+\text{每年本金偿付义务}}$$

（以上比率称为债务履行保障比率）

$$\frac{\text{总债务}}{\text{酌量性现金流}}$$

（以上比率称为债务偿还期）

$$\frac{\text{源自经营活动的资金}}{\text{资本性支出要求}}$$

标准普尔根据要分析的公司的类别关注特定的现金流比率。根据标准普尔：

如果长期的生存可以保证（即评级较高），就可以将重点更多放在源自经营活动的资金及其与整个债务负担的联系上。这些指标在长期内清楚区分了不同的保护水平。在分析弱小的公司时，关键要集中在偿债保障比率和自由经营现金流上。投机级别的发行人常常面临近期的风险，这些风险最好用自由经营现金流比率衡量。[③]

15.3.2　担保品分析

公司负债义务可以被担保，也可以不被担保。在讨论债权人在破产中的权利时，我们解释说，当清算发生时，从破产程序中取得的收益应当按照绝对优先权的原则分配给债权人。但是，在发生重组时，绝对优先权原则很少使用。也就是说，无担保的债权人可能得到他要求金额的全部，普通股股东可能也得到了一些东西，而有担保的债权人反而只得到他要求的一部分。这里的原因是，重组需要所有方面的批准。结果是，有担保的债权人为使重组协议

① 在权益分析中最广泛使用的现金流指标之一就是“自由现金流”。这种自由现金流的定义是“在扣除了支付的所有经营费用（包括税收）、进行了在流动资金（如存货）和固定资本（如设备）上所有必要的投资后，可以提供给公司资本供应方的现金流量”（参见 John D. Stowe, Thomas R. Robinson, Jerald E. Pinto, and Dennis W. McLeavey, *Analysis of Equity Investments: Valuation* (Charlottesville, VA: Association for Investment Management and Research, 2002), p. 115.）。分析师们会根据可以获得的会计信息，对现金流量表进行不同的调整，得到自由现金流量。如何根据净利润或现金流量表计算自由现金流的过程参见 Stowe, Robinson, Pinto, and Mc Leavey, *Analysis of Equity Investments: Valuation*, pp. 119 – 124.

② *Corporate Ratings Criteria*, p. 27 .

③ *Corporate Ratings Criteria*, p. 27 .

得到批准，愿意与无担保的债权人和普通股股东进行协商。

问题是，如果在发生重组时，绝对优先权原则没有在重组中实现，这对债权人的有担保的债权地位意义何在呢？根据协商程序，有担保的债权人的求偿权地位是很重要的。可是，因为绝对优先权没有行使，而且，重组最终的分配取决于各方的议价能力，因此，与前面讨论的其他因素和后面讨论的条款相比，一些分析师们并不太关注担保品。

我们讨论了用于公司债务担保的担保品的各种类型，以及分析师们在关注投资者的有担保的地位时应该知道的特征。我们下面要讨论的条款，将涵盖其他重要特征。

15.3.3 条款分析

条款用于处理对借款人行为的限制和约束。一些条款规定对所有债务人都是一样的，如：

- 定期支付利息、本金和可能的费用；
- 支付到期的税收和其他请求，除非是在善意地交涉；
- 保持在借款人的业务中使用的和有用的所有财产处于完好状态，正常工作；
- 定期向信托人提交证明，说明债务人是否履行借款协议。

这些条款被称为**积极条款**（affirmative covenants），因为它们要求债务人对做某些事情进行承诺。

消极条款（negative covenants）要求借款人不能做某些事情。根据债务类型、行业的经济特征、业务的性质和出借人的意愿，对借款人可以有多种多样的限制。一些经常使用的限制条款包括对公司举债能力进行多种限制，因为无限制的借款会导致公司破产和债权人受损。因此，债务限制包括债务总金额限制、比率测试等，如债务可能要限制在总资本的60%之内或不能超过有形净资产的一定比例。

有可能要进行利息或固定支出保障比率测试。通常使用的两种测试是：

- **维持测试**（maintenance test）：要求在一定期限内的每一个要求的报告日（如每季度或每年度），借款人可用于利息或其他固定支出的盈利比率至少保持在某个最低的数字；
- **债务发生测试**（debt incurrence test）：仅仅当公司要举新债的时候起作用。要借新债，在融资前要求的期间内，要求加上新债务后，利息或其他固定支出的保障比率至少保持在某个最低的水平。一般认为，债务发生测试没有维持规定要求严格。

也可能还需要**现金流测试**（cash flow tests）（或**现金流要求**（cash flow requirements））及**营运资本维持规定**（working capital maintenance provisions）等。

有些债务禁止子公司从除了母公司外的其他公司借款。这种举债限制将子公司分为受限和非受限两种。**受限子公司**（restricted subsidiaries）是指为财务测试目的需要合并报表的子公司。**非受限子公司**（unrestricted subsidiaries）是指那些从母公司约束的条款中除外的子公司（那些不受限于仅从母公司借款的条款的子公司）。子公司常常被界定为非受限公司，以使其能够独立从外部取得自身需要的资金来源。

债务中可能还包括对股利支付和股票回购的限制。在一个特定的日期之后（常常在债务产生之日，称为挂钩日），现金股息常常被限制在净利润的某个比例内再加上某一固定金额。股息计算公式有时候可能允许将在挂钩日之后的股票销售收入包括在计算内。而另一些情况，股息限制描述为如果有形资产净值（或其他指标，如合并的速动比率等）低于一定的水平，那么公司不得宣布和支付现金股息。

15.3.4 公司特征

特征分析涉及对管理质量的分析。穆迪在讨论授予信用评级需要考虑的因素时，对管理质量方面评估的论述如下：①

虽然管理质量的量化很困难，但它无疑是支持发行人信用强度的最重要的因素之一。当意外的事情发生时，正是管理层显示其能力的时候，他们能使公司正确应对，并保持公司的正常运营。

举个例子，穆迪的分析师们在评估管理质量时，尽量去了解业务战略和管理层形成的政策。以下是考虑的因素：1）战略方向；2）财务理念；3）谨慎性；4）历史记录（track record）；5）后续计划；6）控制系统。

近年来，关注的重点放在了公司治理和董事会的角色上。

1. 公司治理

章程是公司治理的规则。章程定义了经理层、董事会成员、股东的权利和义务。在绝大多数的大公司中，不可能每一个股东都直接参与监督管理层的日常运作。因此，公司的股东选举了董事会，代表他们进行重要的业务决策和监督公司管理层的行为。相应的，董事会负责委派和监督公司的经理层。具有所在公司雇员身份的董事被称为**内部董事（inside directors）**。那些在所在公司没有职务的董事被称为**外部董事（outside directors）**或**独立董事（independent directors）**。

董事会决定是否雇用、留用或解雇 CEO，为高层管理人员建立薪酬体系，保证管理层在适当的控制体系内运行。一般来说，人们相信，外部董事比例越大，董事会相对于公司管理层的独立性就越强。在不同公司的董事会中，外部董事的比例往往相差很大。

最近几年，发生了许多关于报告股东和市场的财务信息方面的丑闻和指控。一些公司在利润表和资产负债表中报告的财务结果，远远好于公司的实际运营结果和财务状况②。随着这些财务报告问题的发生，审计师的独立性和财务分析师的角色引起了人们的关注。

经理们企图向股东和市场提供对自己有利的结果，是丑闻的主要动因。通过损坏股东利益的个人隧道行为可以解释一些丑闻发生的原因。不管动机如何，首席执行官（CEO）、财务总监（CFO）和董事会成员直接对财务披露负责。例如，2002 年，美国证券交易委员会要求保证财务报表的准确性。结果是，一些公司在对财务报表做出保证的最后期限前重新修改了财务报表。

会计丑闻的发生唤醒了大家关注公司治理的重要性、公共会计师审计功能独立的重要性、财务分析师的角色、CEO 和 CFO 的责任。

2. 代理问题

公司财务理论帮助我们理解权力滥用怎样损害股东价值，以及如何能够减少这种滥用。在上市公司中，通常公司的经理人并不是公司的主要股东，但经理人在为股东做决定。因此，经理人是作为代理人存在的。一个**代理人（agent）**是指，代表他人行动并对其利益施加权力影响的人。被代理人代表的人称为**委托人（principal）**。代理和委托人之间的关系称

---

① "Industrial Company Rating Methodology," p. 6.

② 这些例子包括施乐公司，因为虚增税前利润 14 亿美元，不得不对近几年的利润进行重述；安然公司，因虚增利润和隐藏大量债务而被起诉；世通公司，没有明确 38 亿美元的费用被用于何处。

为**代理关系**（**agency relationship**）。在公司的股东和经理人之间存在着代理关系。[1] 在代理关系中，代理人的责任应该是为委托人的利益进行活动。但可能的结果是，代理人的行为可能并不是为委托人的最大利益，而是为他自己的利益服务。这是因为代理人有他自己利益最大化的目标。例如，在一个大公司中，经理人可能享受很多额外的福利，比如：高尔夫会员资格、可以乘坐私人飞机、公司轿车等。这些福利（也称为待遇，perks）在开展业务或吸引、留用管理层人员时可能是有用的，但它们有可能被滥用。福利的滥用最终加大了企业（也就是企业所有人）的负担。另一种可能就是，经理人会觉得目前的位子很安全，对工作没有尽自己最大的努力。最后，还有一种可能是，当利益发生冲突时，经理人会按照自己的利益，而不是股东的利益去行动。举个例子，当企业要被其他企业收购时，即使被收购符合股东利益，经理人也会坚决反对。这是因为，在绝大多数的收购中，被收购公司的管理层一般都会失去工作。结果是，即使在收购中收购方对股东的股票提出了一个有吸引力的价钱，由于个人利益导向，经理人的利益往往被放在股东利益的前面。

在努力减少潜在的委托人和代理人利益冲突时，需要付出一些代价。这些代价被称为**代理成本**（**agency costs**），主要分为三种：监督成本、保证成本和剩余损失。

监督成本（**monitoring costs**）是指委托人发生的，用以监督或限制代理人行为的成本。在一个公司里，股东会要求经理人定期向他们报送经过审计的会计报告。会计师的费用和管理层准备报告所花的时间就是一种监督成本。另外的例子就是，当股东限制经理层决策权时发生的隐性成本。因为这样做会使股东丧失潜在盈利的投资机会，这种利润损失也是一种监督成本。

公司董事会成员对股东具有受托责任，即在做决定（或监督做决定）时，要以股东利益最大化为准。规定这种责任的一个方面就是要确保经理层的决策也是以股东利益最大化为导向的。因此，至少雇用董事们的一部分成本是监督成本。

保证成本（**bonding costs**）是代理人发生的，向委托人保证其将按照委托人最大利益行事的成本。这个名字来源于代理人的承诺或某些行为约束。一个经理人可能签订了即使在被其他公司收购以后，仍然要求其留在公司工作的合同，这样，放弃其他工作机会的经理人就产生了一个隐性成本。即使运用了监督和保证机制，在委托人和代理人利益之间还可能存在着一些分歧。这些即使发生了监督和保证成本，仍然不能使委托人和代理人的利益完全一致的隐性成本称为**剩余损失**（**residual loss**）。

3. 利益相关方和公司治理

当经理人评估一个新产品潜在的投资时，他们会评估其风险和潜在的成本、收益。类似的，经理人为同样的目的评估现有的投资；如果收益不能持续超过成本，他们就会停止在这个产品上的投资，并把他们的投资投在其他地方。这和股东财富最大化的目标以及市场经济的配置效率是一致的。

停止在一个不再盈利的业务上的投资，可能意味着关掉工厂、解雇工人，还可能损害依赖这个行业产生收入的整个城镇。因此，投资或撤资的决定会影响很多人。大中型公司与在某种程度上依赖这种业务的众多人群存在联系。这些人群包括供应商、客户、社区和有关的业务，还有雇员和股东们。依赖于一个企业的不同的人群被称为它的**利益相关方**（**stakeholders**）；他们在公司的产出中都存在利益。例如，如果波音公司解雇工人或增加产

---

① 在公司财务领域研究委托—代理人关系的是 Michael Jensen 和 William Meckling 的经典学术论文，“Theory and the Firm: Managerial Behavior, Agency Costs and Ownership Structure,” *Journal of Financial Economics* (October 1976), pp. 305–360.

出，西雅图和周边的社区将会受其影响。

一个企业可以同时做到股东利益和利益相关方利益最大化吗？可能。如果一个企业投资生产产品或提供服务能够满足用户的需求，收益大于成本，企业就会将资源有效地分配在这个社区，按最高效率使用资产。如果后来，企业必须撤资或者关掉工厂，它有责任对受影响的雇员和社区提供帮助。如果不这样做，企业就会失去声誉、损害它在新投资中吸引新利益相关方群体的机会，最终会对股东利益造成损害。

一个企业行为对他人的影响被称为**外部性**（externalities）。污染是一个重要的例子。假设生产某个产品会污染空气。如果污染企业采取行动降低污染，这将产生成本，或者需要产品提价，或者会降低公司的盈利和股票的市场价值。如果竞争对手采取类似措施降低污染、发生成本，这家企业就会处于不利的地位，由于竞争的压力，企业可能会被逐出这个行业。

这家企业会尽力利用其在污染控制方面的努力，增强其声誉，希望这样会使其销售增长，从而弥补它在降低污染方面的成本。这是一个市场化的解决方法：市场对污染控制附加了价值并奖赏了这家企业。如果社会真的认为污染不好、控制污染好，股东和社会的利益将一致。

但是，更加可能的是，污染控制成本被视为降低了股东财富。因此，必须通过法律和政府规定迫使企业降低污染。但是这些法律和规定同样具有成本问题——执行成本。同样，如果强制实施污染控制的收益超过了政府行为的成本，社会就会受益。在这种情况下，如果政府要求所有的企业降低污染，那么污染控制的成本就会变成股东利益最大化决策的约束条件之一了。

4. 减少代理成本

公司治理最佳实践的标准和规范　我们来关注一下股东和代理人的问题，因为它和股东利益相联系。股东可以采取三种方法降低管理层按照自己利益行事的可能性。第一，将经理人的薪酬和企业的价值表现挂钩；第二，经理人会被授予公司一部分的股权利益。但在实践中，绝大多数 CEO 们和董事会只拥有他们所在企业的非常小的一部分股权。举个例子，对美国最大的 1 000 家公司研究发现，CEO 们持股的中位数不足企业在外流通股票的 0.2%。[①]

第三，企业的内部控制系统对有效监控管理层的业绩和决策行为提供了一种有效的方法。董事会对他们认为不能按照股东利益最大化行事的 CEO 进行不时地撤换就是这套公司内部控制系统起作用的一个例证。一般来说，在一个公司内部控制系统中，有一些关键要素对有效监控管理层是十分必要的。公司内部控制体系的破坏将导致公司陷入困境，并损害股东利益。

正因为赋予了董事会成员如此重要的角色，所以董事会的结构和组成对有效的公司治理是十分关键的。提升董事会的地位关键是要在董事会中清除 CEO 的影响，可以通过以下几种方法做到：第一，虽然董事会没有最优规模的说法，但是董事会成员越多，受 CEO 的影响就越小。因为有更多的成员，可以组成更多的委员会来处理企业的重要事项，至少，应该有一个审计委员会、提名委员会（为董事会成员提名）、薪酬委员会。第二，委员会的组成应当以独立董事为主，而且一些委员会只能以独立董事组成。第三，在选择潜在董事和保留现有董事方面，提名委员会应当形成一套完善的标准。提名委员会应当使用招聘机构的服务以确定潜在的独立董事，而不能仅仅依靠 CEO 或管理层提出的候选人名单。第四，董事会唯一的董事长不应该是 CEO。这种实践允许 CEO 对董事会成员和董事会议题施加过多的影响。一个折中的办法是由 CEO 和一个独立董事共同担任董事长。

有效公司治理最佳实践的标准和规范在不断演进。和设定规则以影响公司治理的证券法

① Michael Jensen, "The Modern Industrial Revolution, Exist, and the Failure of Internal Control Systems," in Donald H. Chew, Jr. (ed.), *The New Corporate Finance: Second Edition* (New York, NY: McGraw-Hill, 1999).

及管制规范（比如上市交易要求）不同，最佳实践的标准和规范超越了所在国家证券法的要求，由公司自愿选择执行。期望的结果是，通过选择公司治理的最佳实践，向投资者传递关于公司管理层品质的信息。经济合作发展组织（OECD）1999年制定的规范已经被广泛接受，并作为基准的最佳实践标准。OECD公司治理原则涵盖：

- 股东的基本权利；
- 平等对待股东；
- 利益相关者的角色；
- 披露和透明度；
- 董事会的角色。

其他为公司治理建立标准和规范的机构有：英联邦公司治理协会，国际公司治理网络和美国顶级首席执行官们的行业机构——商业圆桌会议。很多国家根据OECD的原则建立了自己的规范和标准。①

2002年4到5月由麦肯锡公司进行的针对超过200家机构投资者的一项调查发现，“投资者在评估投资决策时，将公司治理和财务指标作为同等重要的因素来考虑”②。被调查的投资者表明，他们愿意为其感到显示出更高水平公司治理标准的公司支付股票溢价。

5. 公司治理和债券评级

目前已经有几项研究调查了公司治理对股东回报的影响。③ 本章的兴趣点在于公司治理和债券评级（因而债券收益率）之间的关系。Bhojraj 和 Sengupta 的一项研究用1991—1996年中的1 001只工业债券的大样本，调查了这种关联度。④

他们注意到，一个企业的违约可能性可以分解为两种风险，信息风险和代理风险。**信息风险（information risk）**是指在评估违约风险时得到的信息不可靠。有两个研究支持了公司治理机制会降低信息风险的观点。Bhojraj 发现，董事会的外部成员占的比例越高，财务报表做假的可能性就越低⑤。Sengupta 发现，公司披露的质量越高，债券评级就越好⑥。**代理风险（agency risk）**是指管理层按照他们自己的利益做出决策，因而降低了公司价值。关于不同类型的公司治理机制如何影响股权收益的经验研究的证据并不一致。

Bhojraj 和 Sengupta 提出，如果公司治理机制降低了信息风险和代理风险，结果就是强有力的公司治理与更高级别的债券评级将导致更低的债券收益率。他们发现有更多的机构投资者和外部控制更强的公司都受益于更低的债券收益率，它们在发行新的债券时具有更高的评级。Bhojraj 和 Sengupta 得出结论说，他们的发现，与“机构投资者和外部董事在降低管理层的机会主义倾向和促进公司价值上扮演了积极角色”的观点是一致的。

他们也调查了治理机制对评级较低的公司债券的影响。Bhojraj 和 Sengupta 提出，因为本章前面介绍的评估违约风险的传统指标（盈利性比率、债务和保障比率、现金流指标）不能提供足够的信息对公司未来履行还款义务进行预测，所以在债券评级时，治理机制的监管角色更重要。他

---

① 世界银行在它的网站 www.worldbank.org/html/fpd/privatesector/cg/codes.htm 上对各国在公司治理方面的进展进行了更新。

② *McKinsey & Company's Global Investor Opinion Survey*, *May* 2002.

③ 不同公司治理机制对股东回报的影响，以及加利福尼亚州公共雇员退休基金的经验和展望，见 Mark J. P. Anson, *Handbook of Alternative Assets* (Hoboken, NJ: John Wiley & Sons, 2002)．第22章。

④ Sanjeev Bhojraj and Partha Sengupta, "Effect of Corporate Governance on Bond Ratings and Yields: The Role of Institutional Investors and Outside Directors," *Journal of Business*, Vol. 76, No. 3 (2003), pp. 455-476.

⑤ M. Beasley, "An Empirical Analysis of the Relation Between the Board of Director Composition and Financial Statement Fraud," *Accounting Review* (October 1996), pp. 443-465.

⑥ Partha Sengupta, "Corporate Disclosure Quality and the Cost of Debt," *Accounting Review* (October 1998), pp. 459-474.

们的结论和公司治理机制在公司发行低评级公司债券时，有助于降低违约风险的结论是一致的。

6. 公司治理评级

有几个公司已经开展了评估公司治理的服务。一类服务是提供一个企业公司治理实践相对强度的秘密评估。需要这类服务的客户，要针对其目前的实践，寻找外部评估的公司。第二种服务是对公司的治理机制评级（或打分）。一般来说，要对外公布其评级的公司需要这样的评估。提供这类服务的公司之一——国际管理评级机构（GMI）这样描述其开发这样一种公司治理评级的动机：

*为什么要做这样有挑战的事情？我们的假设很简单：经过时间的考验后，关注公司治理和透明度的公司，会产生超额的回报和经济表现，并降低它的资金成本。反过来也是对的，公司治理和透明度较弱的公司，代表了投资风险的增加和更高的资金成本。我们希望，通过GMI的研究和评级，帮助勤勉的投资者和公司持续关注公司治理，鉴别出需要改进的公司和项目，并且，同样重要的是，认可那些评级较好，明确地要尽力成为典范的公司。*①

为公司提供公司治理评级的企业有两种。第一种是那些只在一个国家提供评级的企业。企业已经进行或计划开展公司治理评级业务的国家有：澳大利亚、巴西、希腊、印度、马来西亚、菲律宾、俄罗斯、韩国和泰国②。第二种是提供跨国评级服务业务的企业。这类企业的例子有：标准普尔、国际管理评级机构（GMI）、企业图书馆公司（The Corporate Library）和戴米诺公司。我们下面依次讨论。

按照公司的意愿，标准普尔给公司治理评分的结果可以对公众公布。这种打分或评级的基础是：公司的公开信息、与高级管理人员和董事们的访谈、其在为这家公司债券评级时可能掌握的保密信息。

标准普尔相信，它给公司治理评分的结果可以在以下方面为公司提供帮助：

- 将它们目前的治理做法与全球最佳实践进行对比；
- 将它们公司治理的实质和形式与投资者、保险人、债权人、客户、监管者、员工，以及其他利益相关方进行沟通；
- 当作为向潜在和目前的投资者强调治理有效性的程序的一部分时，它能提升投资者关系程序，从而将公司与其竞争对手区分开来。③

标准普尔根据以下四个关键因素对公司打分：④

1. *所有权结构和外部影响力*
- 所有权结构的透明度；
- 所有权和外部利益相关方的集中度和影响力。

2. *股东权利和利益相关方关系*
- 股东大会和投票程序；
- 所有者权利和收购壁垒；
- 利益相关方关系。

3. *透明度、披露和审计*
- 向公众披露的内容；

① Howard Sherman, "Corporate Governance Ratings," Corporate Governance (January 2004), p. 6.
② Sherman, "Corporate Governance Ratings," p. 5.
③ Standard & Poor's, Corporate Governance Evaluations & Scores, undated, p. 2.
④ *Corporate Governance Evaluations & Scores*, p. 2.

• 向公众披露的时间和渠道；

• 审计程序。

4. *董事会构成和效率*

• 董事会构成和独立性；

• 董事会的角色和效率；

• 董事和高级管理人员的薪酬。

基于标准普尔对上面列示的四个关键因素的分析，它对于公司治理的实践和政策，以及这些政策对股东和利益相关方作用方面的评估，反映在其公司治理评分中。分数范围从最低的1分到最高的10分。

国际管理评级机构（GMI）提供两种评级。第一种是基础评级，这种评级依据的是公开信息（强制要求提供的文件、公司网站、新闻服务），公司收到这种基础评级无须支付费用。第二种是需要付费的全面评级，它来源于与外部董事和高级管理人员的访谈。GMI分析的七个类别是：股东权利、薪酬政策、董事会的受托责任、财务披露、控制权市场、股东基础、公司声誉。在产生评级时需要用到超过600个衡量指标。GMI的打分模型计算出最低的1分到最高的10分。这些分数和GMI广泛研究的其他公司的状况相联系。其提供的评级报告包括全球评级（与所有的公司比较）、本国市场评级（与本国或本地区的所有公司比较），以及GMI分析的七个方面的单独的评级。

企业图书馆公司（TCL）有一个称为“董事会有效性评级”的评级服务。与开发公司治理指标时使用最佳实践和规范的做法不同，它的评级是基于这家企业相信的“已经证明与股东和投资者利益相关的动态指标”[①]。这些指标包括薪酬、外部董事持股、董事会结构和组成、会计和审计监督、董事会的决策制定。这些指标的重点在于关注哪一个董事会更可能维护和增强股东价值，哪一个董事会实际上增加了投资者的风险[②]。评级的结果用最高效率的A级到最低效率的F级来表示。企业图书馆公司并不主张在独立基础上使用其评级结果，而更倾向于改进投资者使用的现有研究方法。

最后，戴米诺（Deminor）公司集中于对西欧企业公司治理的评级。这种评级基于被评级公司提供的公开和非公开信息，以及由此产生的300个公司治理的指标，还有与公司董事会成员和执行委员会的访谈。评级按照被广泛接受的标准，如OECD公司治理准则来进行。分析的四个类别是：1）股东的权利和义务；2）对股东价值的受托责任；3）对公司治理的披露；4）董事会的构成和作用。评级范围从最低的1分到最高的10分。有一个总评级和四个类别的子评级。

15.3.5 对高收益公司债券的特殊考察

目前为止的讨论集中于对任何发行人的信用分析，不管其信用评级如何。在分析高收入债券时要考虑一些独特的因素。我们下面将讨论：

• 负债结构分析；

• 公司结构分析；

• 条款分析。

除此之外，我们还要讨论为什么要对高收入债券发行人使用股权分析法。

---

① http://www.thecorporatelibrary.net/products/ratings2003.html.

② TCL没有考虑最佳实践推荐的指标，如董事长和CEO的角色分离，或者独立董事作为召集人等，因为企业不相信他们能够显著提高董事会的效率。

1. 债务结构分析

在1990年1月，投资管理和研究协会举办了一个关于高收入债券的会议。在会议上，有一个发言者是威廉·科内什（William Cornish），他当时是达夫 & 菲尔普斯评级公司（Duff&Phelps）的总经理①。在他的发言中，他提出了高收入债券信用分析中一个独特的因素——构成高收入债券发行人的债务结构的债务类型的特点。②

威廉·科内什解释了为什么分析师需要检查一个高收入债券发行人的负债结构。在他发言的那个时期，像延迟付息债券等新类型的债券被引进了高收入债券市场。他注意到一个高收入债券发行人通常的负债结构包括：

- 银行债务；
- 经纪人贷款或过桥贷款；
- 重设票据；
- 优先债；
- 优先次级债；
- 次级债。

威廉·科内什接下来解释了充分了解包含在一个典型的高收益负债结构中的不同债务责任特点的重要性。

我们先考虑一下银行债。投资级发行人在他们的资本结构中也有银行债务，但高收益的发行人因为缺乏替代的融资来源，要更大程度上依赖这种债务形式。银行贷款有三个特点：首先，贷款银行对公司资产相对于其他债权人而言具有优先权；其次，银行债通常期限较短（常常不超过两年）；最后，银行债的利率随着利率水平的变化而波动。

在分析高收益发行人信用价值时，银行债务的这些特点有三个启示。

第一，因为这种债务融资来源的成本会受到短期利率变化的影响，所以分析师必须在预测现金流时，将利率变化的不同情况考虑进去。对一个靠大量银行贷款融资的发行人来说，短期利率上升可能对其现金流产生严重的问题。

第二，因为债务是短期的，所以必须在近期进行偿还。分析师面临的问题是，当银行债务到期时，还款来源从哪里来。有三种可用的来源：

①用经营活动现金流来还款

②再融资

③变卖资产

通常，高收益发行人会联合使用上面的三种来源。应用上，分析师必须仔细检查银行贷款的到期金额和时间，并要考虑还款来源。

如果还款是从经营活动中来，经营活动现金流预测，与能够依靠像商业票据等更为广泛的融资来源的高级别发行人相比，就变得更加重要。当再融资作为贷款还款来源时，像上面讨论的问题一样，分析师在预测时，必须将未来金融市场的环境因素考虑在内，以评估未来的资金成本。

如果还款来源是变卖资产，分析师应考虑要变卖哪些资产，这些资产的出售会对未来经营活动产生什么样的影响。如果必须出售主要资产以偿还到期银行债务，管理层将损害未来营运现金流偿还其他债务的能力。在杠杆收购中，新的管理层需要制订一个处理某些资产的

---

① Duff&Phelps 被 Fitch 收购。

② William A. Cornish, "Unique Factors in the Credit Analysis of High-Yield Bonds," in Frank K. Reilly (ed.), *High-Yield Bonds: Analysis and Risk Assessment* (Charlottesville, VA: Association for Investment Management and Research, 1990).

明确方案，以归还银行贷款、其他负债及相关支付。信用分析师 Jane Tripp Howe 建议在资产出售时，分析师应当询问以下问题：①

如果资产出售推迟，公司能否满足其现金支付责任？

计划出售的资产流动性如何？

这些资产的评估价值准确吗？

如果没有足够的资产保证，银行在企业遇到流动性问题时是不愿意发放贷款的。如果需要短期和中期资金，高收益发行人将转向经纪人贷款（过桥贷款）或重设票据。第1章谈到过重设票据。重设票据是一种利息可以定期重设的有价证券，它可以在面值之上按照一定的溢价交易。在负债结构中出现重设票据，对分析师来说需要特别关注，有两个原因：第一，需要分析未来利率和利差对评估更高的借贷成本的影响。第二，当市场利率上升或市场对该发行人要求的利差提高，从而利率升高时，为避免更高的重设利率，发行人可能寻求处置资产。同样，出售的资产可能会对将来经营活动的现金流产生负面影响。

在高收入债券发行人的债务结构中，常常有一种称为优先级债券的长期债券，在存在银行贷款的情况下，优先级的说法有些误导。另外，还存在递延付息债券。这种债券的一种就是零息债券。递延付息债券允许发行人将利息支付在未来几年延期支付。结果，这些利息负担被放在今后为履行债务的现金流中。由于这种负担的存在，延期息票债券会削弱发行人未来提高信用品质的能力。此外，如果优先级债券中存在递延付息债券，当优先级债券金额相对于次级债的金额增加时，次级债债券也会受到负面影响。例如，曾经普遍发行的一种递延付息债券是实物支付债券（PIK）。在这种债券结构下，高收益发行人到期具有用现金支付利息，或用具有同样利息水平的另一个债券支付同等金额的利息的选择权。如果发行人没有能力用现金支付利息，用另一种债券进行支付将增加其将来的利息费用，并且，由此会对其未来的现金流产生负面影响。如果实物支付债券（PIK）是优先级债券，那么，由于更多的优先级债券加入到资本结构中，增加了将来的利息费用，次级债也将受到负面影响。

2. 公司结构分析

高收益发行人常常很关注控股公司的结构。控股公司支付债权人的资金来源于其经营的子公司。Cornish 解释了为什么对一个高收益发行人来说，分析其公司结构十分关键。特别是，分析师必须理解公司结构，以评估现金怎样在子公司与母公司，及子公司之间流动。公司结构可能过于复杂，以至于支付的结构变得非常费解。

Cornish 举例说明了这一点。在他报告的时候（1990 年 1 月），Farley 公司的负债结构如下：优先次级债、次级票据、低级次级债。Cornish 提出的问题是，Farley 公司将从何处获得现金流支付给债权人。一种可能性就是从经营子公司中取得。当时，Farley 公司有三家运营子公司，Loom 水果、Acme 造船、Pepperell 西点公司。对 Loom 水果（Farley 占有 20% 的股份）的负债结构分析发现，它具有银行负债，而且不允许进行公司间借款，另外，它对股利支付也有限制。对 Acme 造船（Farley 占有 100% 的股份）的负债结构分析发现，它有银行贷款，对公司之间借贷有限制，但不禁止，Farley 实际上将现金放在这家经营公司。最后，Pepperell 西点公司（Farley 占有 95% 的股份）有过桥贷款，限制资产出售和股利支付。另外，所有从 Pepperell 西点公司到 Farley 公司的支付，不能违反过桥贷款要求的财务比率限制。这个例子的关键点是，分析师在评价 Farley 公司履行对债权人义务的能力的时候，必

① Jane Tripp Howe, "Credit Considerations in Evaluating High-Yield Bonds," Chapter 21 in Frank J. Fabozzi (ed.), *Handbook of Fixed Income Securities* (Burr Ridge, IL: Irwin Professional Publishing, 1997), p. 408.

须非常仔细地研究这三家运营子公司。只看整个控股公司结构的财务比率是不合适的。在当时的情况下，这三家运营子公司不可能有能力帮助母公司偿付债权人。

3. 条款分析

分析师在评估债券发行（无论是投资级还是高收益）时，当然要关注条款，对分析高收益发行人方面，这一点显得尤为重要。高收益投资组合经理，Robert Levine 将理解条款的重要性总结如下：①

条款提供了深入了解公司战略的信息。作为信用程序的一部分，人们必须在公司战略的背景下阅读条款。只找一个律师看一看条款是不够的，因为律师可能会遗漏做出适当的决策的关键因素。而且，条款中的漏洞也为理解管理层团队的意图提供了线索。

4. 权益分析方法

从历史上看，高收入债券的收益率比高评级公司债券高，但低于公司普通股。其风险（用收益标准差来衡量）高于高评级公司债券，但低于公司普通股。并且，与投资级债券相比，高收入债券的收益率与股权收益率的相关性更高。举个例子，这就是为什么对高收入债券组合进行套期保值的经理们发现，与单纯用国债远期合约相比，综合使用股票指数期货合约和国债远期合约，能提供更好的套期保值选择。②

因此，一些投资组合经理们高度赞同，高收入债券分析应当从权益分析师的角度观察问题。像 Stephen Esser 指出的：③

用权益分析方法，或者至少考虑高收入债券的混合性质，能够验证或推翻传统信用分析的结果，促使分析师做深入挖掘。

他进一步指出：④

对在高收入债券方面工作的人来说，无论这些债券是上市公司还是非上市公司发行的，动态、权益导向的分析都极具价值。如果分析师考虑到他们是否愿意购买特定高收益公司的股票，以及将来这家公司的股权价值会发生什么样的变化，他们就会使用有用的方法。因为如果股权价值提高，在公司债下的权益保证也会增强。在其他条件不变的情况下，其债券评级会变好，相对于其他竞争性的债券投资，其价值也会上升。

此处不去讨论权益分析框架。但是，在投资圈形成了一种共识，就是在分析高收入债券时，与传统的信用分析方法相比，权益分析方法提供了一个更好的框架。

15.3.6 非公司债券的信用分析

本节要阐述在评估下列非公司债券信用时需要分析的关键要素：

- 资产支持证券和非机构抵押贷款支持证券；
- 市政债券；
- 主权债券。

1. 资产支持证券和非机构抵押贷款支持证券

资产支持证券和非机构抵押贷款支持证券使投资者面临信用风险。三大国家级评级机构

---

① Robert Levine, "Unique Factors in Managing High-Yield Bond Portfolios," *in High-Yield Bonds*, p. 35.

② Kenneth S. Choie, "How to Hedge a High-Yield Bond Portfolio," Chapter 13 in Frank J. Fabozzi (ed.), *The New High-Yield Debt Market* (New York, NY: HarperBusiness, 1990).

③ Stephen F. Esser, "High-Yield Bond Analysis: The Equity Perspective," in Ashwinpaul C. Sondhi (ed.), *Credit Analysis of Nontraditional Debt Securities* (Charlottesville, VA: Association for Investment Management and Research, 1995), p. 47.

④ Esser, "High-Yield Bond Analysis: The Equity Perspective," p. 54.

都对资产支持证券提供评级。我们先从评级机构评估资产支持证券时考虑的主要因素开始，然后我们讨论评级机构在对资产支持证券评级时与公司债券有何不同。

a. 评级机构考虑的因素 在分析信用风险时，评级公司重点关注：1）担保品的信用品质；2）出售方/服务商的品质；3）现金流压力和支付结构；4）法律框架①。我们下面依次讨论。

i. 担保品的信用品质

担保品的信用品质分析取决于资产类型。评估公司会观察潜在借款人的付款能力和其资产上的权益。后者是考虑一个潜在借款人是否将会违约或出售此资产以偿还贷款的关键决定因素。评级公司还会考察潜在借款发起人的经历，并评估这笔潜在交易的贷款与发行人报告的经历是否具有同样特征。

贷款集中度也要检查。资产证券化的潜在原则是，贷款集合中的借款人数量多，将有利于通过分散化投资降低信用风险。如果贷款集合中，有几个借款人占有整个贷款集合的余额的重要规模，这种分散化投资的好处就会丧失，导致高水平的违约风险，这种风险被称为**集中度风险（concentration risk）**。在这样的例子中，评级公司将对任何单个借款人应收款的金额和比例的集中度设置限制标准。如果超过发行的集中度限制标准，那么与没有超过该标准相比，债券就会得到一个较低的评级。如果发行后，集中度标准被超过，债券就会被降级。

根据对担保品和下面讨论的其他因素的分析，评级公司将决定为一个债券得到一个特定的评级需要进行的信用增强金额。信用增强水平由相对于一个债券希望达到的特定评级水平决定，可以来自内部，也可以来自外部。外部信用增强可以是保险、公司担保、信用证或现金担保准备金。内部信用增强包括准备金、提供额外的担保品、优先级/次级债结构。

ii. 出售方（服务商）的品质

所有的贷款都应该得到服务。服务包括从借款人那里收取付款，通知可能会延期的借款人，以及如果借款人不能在规定时间内支付贷款，必要时对担保品进行处置和变卖。这些责任是资产支持证券中一个称为服务商（servicer）的第三方来完成的。服务商可能是作为担保品的贷款发放人。

除了刚才所述的管理贷款组合的责任外，服务商也负责根据还款的优先级将从借款人那里收到的资金支付给不同的债券持有人。在交易是浮动利率债券的情况下，服务商要决定期间的利率。当还款出现迟延（未来很可能收回的情况下），当必须偿还债券持有人的资金暂时出现短缺时，服务商可能还需要预先垫款。

在资产证券化交易中，服务商的角色很关键。因此，评级机构在授予交易中的债券评级时，要考察服务商履行职责的能力。例如，在评价服务商时，要评估以下因素：服务历史、经验、贷款发起的承销标准、服务能力、人力资源、财务状况、增长/竞争/业务环境。

像在资产支持证券一节中解释的那样，发行人是一个特殊目的公司或信托机构，它没有员工，只有贷款和应收账款。因此服务商在保证向债券持有人付款方面扮演了重要角色。很快我们就会看到与对一个公司债券发行评级相比，服务商的特征是如何影响根据信用品质对资产支持证券和非机构抵押贷款支持证券进行评估的。

iii. 现金流压力和偿还结构

像在资产支持证券一章中解释的那样，瀑布描述了从担保品那里产生的现金流（即利息和本金偿还）是如何分配为信托费用、服务费用、其他管理费用，以及给这个结构中债

① Suzanne Michaud, "A Rating Agency Perspective on Asset-Backed Securities," Chapter 16 in Anand K. Bhattacharya and Frank J. Fabozzi (eds.), *Asset-Backed Securities* (New Hope, PA: Frank J. Fabozzi Associates, 1997).

券持有人的利息和本金的。在决定一个债券的级别时，首先，评级机构将建立基于不同的经济状况和不同假设下的损失、迟延的情况，开始分析从担保品中产生的现金流状况（即评级机构要进行不同状况的情景分析）。然后，分析在每一种情景下，现金流是如何按照这种结构的瀑布要求，在所有债券等级中进行分配的。一旦确定了在这个结构中，不同债券发生损失的情况，就可以得出一个评级。

iv. 法律结构

使用结构化融资的公司寻求的是高于其自身公司债券评级的债券发行评级。如果不是这样的话，公司简单直接发行公司债券就可以融资了。

像第 11 章在讨论资产证券化中解释的那样，需要融资的公司将担保品出售给一个特殊目的公司（SPV）。出售担保品给 SPV 的公司被称为出售方。由于是 SPV 发行债券，因此它被称为发行人。使用 SPV 是为了使担保品不再作为出售公司的资产，因而出售方的债权人不能获得担保品。证券化的关键是，出售方公司债权人在公司破产，对此担保品可能重新处置时，如何保护 SPV 发行的资产支持证券的买方利益。相应的，评级机构将检查法律结构和相关的法律文件，以确保在公司破产时，这种情况不会发生。①

b. 公司债券与资产支持证券的信用分析 让我们看看一个资产支持证券评级和一个公司债券评级有什么不同。为了理解这些差别，重要的是考察评估公司债券和创造资产支持证券的证券化交易，其现金流产生方式之间的不同。

在公司债券发行中，管理层必须通过自己的经营，进行必要的活动，创造出收入和现金。在制造产品和提供服务的过程中，管理层要产生成本。这些成本包括管理层的薪酬、员工工资、原材料成本、财务费用等。相应的，在评估一只公司债券时，分析师必须检查本章上面讨论的关于公司还款能力和公司特征的那些因素。

相反，在一个资产证券化交易中，将资产（贷款或应收账款）进行回收并分配给债券持有人（即资产支持证券的投资者），无需考虑像竞争环境、控制体系等经营或业务风险以评估现金流。重要的是借以产生支付利息和本金的现金流的担保品的品质。对现金流的保证是基于不同情景下评级机构评估的违约和迟延情况。评级机构会考虑不同情景下，违约和迟延的发生情况以及现金流的可能状况。由于没有经营风险，与公司债券不同，在资产证券化的交易中，用以支付每一个债券发行等级的现金流具有更强的可预测性。资产支持证券交易与公司债券的主要区别正是其现金流具有更强的可预测性。

在一个“真正”的证券化交易中，服务商的角色只是简单地回收现金流。不像管理层必须进行经营，以获取现金流偿还债券持有人，这里不需要对担保品进行任何积极的管理。标准普尔对一个“真正的证券化”是这样定义的：

*在一个真正证券化中，还款不需要服务商补充新担保品或进行超过日常管理功能之外的活动。*②

有一些证券化交易，服务商的角色超过了单纯的管理职能。这种情况下，标准普尔把这种交易称为**混合交易（hybrid transactions）**。这是因为，这种交易同时具有资产支持证券交易和履行服务的公司的双重因素。根据标准普尔：

在一个混合交易中，服务商的角色就像一个业务经理。它不仅提供真正证券化交易中的

---

① 在资产支持证券这一章中，介绍了在一个交易中律师的角色。
② Standard & Poor's, "Rating Hybrid Securitizations," *Structured Finance* (October 1999), p. 2.

管理职能，而且还提供为偿还债务所需要现金流的（其他）服务。[①]

标准普尔更进一步指出：

与服务商是一个可替代的实体，其替代对交易几乎没有任何影响的一个真正证券化交易不同，混合交易中债券持有人依赖混合服务商的专业知识得到偿还，而这些恰恰与构成对混合服务商公司进行评级基础的因素性质一样。这也解释了证券化和其混合服务商评级之间的关系。[②]

标准普尔举例说明了一个真正的资产支持证券化交易与需要服务商扮演更积极角色的交易之间的差别[③]。考虑一个车厢公司，它具有几百宗租赁业务，租赁方是一群分散化具有很高评级的公司。假设每一个租赁租期都是 10 年，并且，对于租赁的车厢，是客户而不是车厢公司承担需要的维护责任。如果存在一个由这些租赁支持的资产支持证券交易，而且其期限是 10 年，那么需要服务商扮演的角色极小。因为租期是 10 年，发行的债券也是 10 年，所以服务商只是收回租赁款并分配给债券持有人。在这样一个交易中，作为一个真正的资产支持证券交易，本次发行可能会获得一个很高的投资级评级。

假如我们将假设做如下变更。发行的债券是 25 年，不是 10 年。另外，假设是这家车厢公司，而不是客户负责服务。现在，服务商的角色变化了。当 10 年后，最初的租赁合同到期，服务商要负责找到新的公司租赁这些车厢。这是因为，最初的租赁合同只能对债券持有人进行 10 年的支付，而发行债券的到期时间是 25 年。这就需要再租赁剩下的 15 年。这些新的假设下，服务商还要负责租出车厢的维护。因此，服务商必须具备维护车厢的能力，或者与一家或数家具备车厢维护能力的公司进行持续维护的安排。

评级机构如何评估混合交易？这些交易将同时按照资产支持证券交易评级的标准方法和"准公司评级方法"（标准普尔的说法）对服务商进行评级。对这样的一只资产支持证券交易，评级相应的权重，取决于服务商的参与程度。服务商的角色越重要，这种准公司评级分析的权重就越高。

2. 市政债券

早期，我们讨论过美国的市政债券——税收支持债券和收入债券。在其他国家，市政府更多地用类似结构的债券去融资。下面，我们讨论在评估这种债券信用风险时需要考虑的因素。

a. 税收支持债券 在评估税收支持债券信用风险时，要考虑四类基本因素。第一类包括发行人的债务结构信息，以确定其全部债务负担[④]。第二类涉及发行方保持良好预算政策的能力和政治纪律。这里关注的焦点常常在于发行人一般的运作资金，以及其是否至少保持了 3~5 年的预算平衡。第三类涉及确定对发行人可以获得的本地税收和政府之间转移的收入，还要得到税收征收率（这一点在考察财产税时特别重要）以及当地预算对特定收入来源的依赖程度的历史信息。第四类涉及在信用分析时，需要的信息是对发行人的整个经济社会环境的评估。在必须进行确定的各种经济指标中，还包括本地就业分布和结构发展趋势、人口增长、不动产估值、个人收入等。

b. 收入债券 发行收入债券要么是为了一个项目或企业融资，这里债券发行人用要融资项目的收入作为对债券持有人的担保；要么是为了一般公共目的进行融资，发行人用原来

① "Rating Hybrid Securitizations," p. 3.
② "Rating Hybrid Securitizations," p. 3.
③ "Rating Hybrid Securitizations," p. 3.
④ 对市政府来说，债务负担通常由人均负债、债务占不动产价值和个人收入的百分比构成。

作为普通基金的一部分——税收和财政收入来源对债券持有人进行担保。

虽然收入债券有很多证券的结构，但评估发行人信用价值的基本原则还是需要融资的项目产生足够的现金流，来履行对债券持有人的支付义务。因此，对收入债券的分析类似于公司债券。

在分析收入债券的信用风险时，信托合约和法律意见书应该解决下列债券安全领域的法律问题：1）基本安全的限制；2）资金流结构；3）费率或使用费条款；4）收入优先求偿权；5）额外债券测试；6）其他相关条款。

i. *基本安全的限制*　信托合约和法律意见书应该解释债券收入的本质，以及其在现实中受到联邦、州、地方法律和程序的限制程度。其重要性在于，虽然绝大多数的收入债券都被结构化并受可辨认的收入流支持，但这些收入有时会直接受到其他层级的政府的负面影响。

ii. *收入债券的资金流结构*　对一只收入债券而言，该企业产生的收入保证了发行债务的偿付。在信托合约中明确规定了该企业收到的收入如何支付的细节。一般来说，收入债券的资金流如下：首先，该企业的所有收入都被放入一个**收入基金**（revenue fund）账户。从收入基金中，费用被分配支付到下列的基金中：**运营和维持基金**（operation and maintenance fund）、**偿债基金**（sinking fund）、**偿债储备基金**（debt service reserve fund）、**更新换代基金**（renewal and replacement fund）、**储备维护基金**（reserve maintenance fund）**和盈余基金**（surplus fund）。

在一些融资结构中，法律上允许在支付上述基金之前，其他人可以获得该企业的收入。比如，收入债券可以设计成这样的结构，收入在支付债权人之前，首先要履行发行债券的政府的一般公共义务。

企业运作需要的资金对履行债券义务具有优先权，运行和维持该企业需要的现金要从收入基金中转入运营和维持基金。保证给债券持有人的收入是净收入，即扣除运营费用之后的偿付债务需要的现金存入偿债基金，按照信托合约规定支付给债券持有人。剩余的现金分配到储备基金。

设立偿债储备基金的目的是，积累部分现金预备将来填补收入不能偿付债务的缺口。在信托合约上规定了必须储存的特定金额。更新换代基金的作用是为例行的大修和设备更新换代积累资金。储备维护基金的作用是为可能发生的超常的维护和更换支出积累资金。最后，如果在支付了上述基金后，仍然有剩余，这些资金就存放在盈余基金中。发行债券的实体可以按照自己认为合适的任何方式使用这个基金中的资金。

iii. *费率或使用费条款*　为保护债券持有人的利益，收入债券信托合约中存在着各种限制性条款。**费率条款**（rate covenant）（**或使用费条款**（user charge covenant））规定了该企业销售的产品或服务应该如何收费。条款中可以明确最低收费，以满足企业费用和偿债需要，也可以要求一个较高的费率以提供一定数量的储备。

iv. *收入优先求偿权*　官方陈述总结的法律意见书应当清楚地指出，在收入开始进入发行人的资金流结构之前，其他人是否可以分流收入一部分。

v. *额外债券测试*　**额外债券测试条款**（additional-bonds test covenant）说明是否允许发行更多具有同样留置权（即对财产的请求权）的债券。如果允许发行更多具有同样留置权的债券，必须规定首先要满足的条件。其他条款明确了设施不能出售、保持一定的保险金额、保持账务记录的要求、独立会计师事务所对企业财务报表审计的要求，以及保持设施完好的要求。

vi. *其他相关条款* 为保护债券持有人的利益，信托合约和法律意见书还规定了其他相关条款。它们通常包括，债券发行人对项目保险的抵押、外部注册会计师每年对发行人的会计记录的审计报告、外部工程师对设施状况的年度检查，以及使设施在债券的生命周期保持良好运转。

c. 公司债券和市政债券的信用分析 市政债券信用分析和公司债券信用分析涉及类似的因素和数量指标。对税收支持债券，对政府官员品质的分析与对发行债券的管理层品质分析一样。在分析税收支持债券的还款能力时，要观察发行人征收税费的能力。就像公司分析师要观察公司产品线收入和利润构成一样，市政债券分析师要观察产生税费的就业、产业和不动产价值趋势。

市政收入债券信用分析和公司债券分析是一样的。发行市政收入债券的企业必须能够从经营中产生现金流以履行债券偿还义务。比如，下面是几个市政债券分析师在评估收费公路、桥梁、隧洞收入债券时，可能会问到的几个类型的问题。当你读到这些问题时，你会发现它们和公司债券分析师在评估公司债券发行人在发行收费公路、桥梁、隧洞债券时可能问到的问题类型一样①。

①交通的历史状况如何，需求对收费的敏感度如何？同样，收费公路、桥梁、隧洞是否提供了重要的交通链接？它是否面临来自州际公路、免费桥梁、公共交通的竞争？

②设施维护程度如何？发行人是否建立了一套合理水平的维护储备基金以满足像道路修整和桥梁粉刷之类的维修要求？

③员工—管理层的历史关系如何？公共雇员罢工是否能够显著降低费用？

市政收入债券特有的并对信用分析师产生影响的条款是费率条款和收入优先级条款。前者规定了应当怎样处置使用费履行债券义务。并且，就像管制企业发行债券的情况一样，必须认识到定价管制因素。在一只市政收入债券中，分析师必须确定使用收费变化是否需要州长或州立法机构等其他政府机构的审批。收入优先级条款规定了第三方能否在收入支付债券持有人之前合法取得企业的收入。

3. 主权债券

国际认可的评级机构对其他国家政府发行的债务进行评级。这些评级被称为**主权评级（sovereign ratings）**。标准普尔和穆迪对主权债务进行评级。我们首先看一看评级机构在进行主权评级时考虑的主要因素，然后考察一个熟悉公司信用分析的分析师在评估主权信用时可能用到的一种结构化的方法。

图表15—1列举了标准普尔在进行评级时使用的分类。一般分为两类：经济风险和政治风险。第一类代表了标准普尔对一个政府履行义务的能力的评估。在评估经济风险时会用到定性和定量的分析。政治风险是指对一个政府履行其义务的意愿进行的评估。政府可能有能力支付，但不愿意支付。政治风险是基于对影响一个政府经济政策的经济和政治因素，所进行的定性分析和评估。

每一个国家的政府都有两种评级。一种是**本币债务评级（local currency debt rating）**，另外一种是**外币债务评级（foreign currency debt rating）**。区分这两种类型债务的原因是，

① Sylvan G. Feldstein and Frank J. Fabozzi, *The Dow Jones-Irwin Guide toMunicipal Bonds* (Homewood, IL: Dow Jones-Irwin, 1987), p. 72.

在历史上，不同币种的债务违约率不同。特别是，外币债务的违约率较高。①

本币债务和外币债务违约率不同的原因在于，如果政府愿意提高税收和控制国内金融系统，它可以得到履行本币债务义务所需的足够的本币。但对外币债务就不同了。一个国家为满足外币债务要求，必须购买外汇，因此对其汇率控制力就会下降。所以，本币对标明债务义务的外币的显著贬值将会削弱一个国家政府偿付外币债务的能力。

图表15—1 **标准普尔主权评级方法**

政治风险	***公共债务负担***
• 政府形式和政治制度的适应性	• 政府金融资产总额
• 公众的参与程度	• 公共债务和利息负担
• 领导人更替的秩序	• 公共债务的货币构成和结构
• 经济政策目标认同程度	• 养老金负债
• 全球贸易与金融系统的融合	• 或有负债
• 内部和外部安全风险	***价格稳定性***
收入和经济结构	• 价格通货膨胀趋势
• 生活标准、收入和财富分配	• 货币和信贷增长率
• 市场、非市场经济	• 外汇政策
• 资源禀赋和多样化程度	• 中央银行的自主程度
经济增长前景	***支出平衡的灵活性***
经济规模、储备构成和投资	• 财政和货币政策对国际收支账户的影响
经济增长率和增长类型	• 经常项目的结构
财政灵活性	• 资本流动的组成
• 政府运作和总预算平衡	***外债和流动性***
• 税收竞争力和税收增加弹性	• 公共外债的规模和货币构成
• 支出压力	• 对于主权级的或有负债，银行和其他公共及私人机构的重要程度
	• 到期结构和债务偿还负担
	• 债务偿还历史记录
	• 其他公共外部资产的构成和水平

资料来源：David T. Beers and Marie Cavanaugh, "Sovereign Ratings: A Primer," Chapter 6 in Frank J. Fabozzi and Alberto Franco (eds.), *Handbook of Emerging Fixed Income & Currency Markets* (New Hope, PA: Frank J. Fabozzi Associates, 1997), p. 67.

标准普尔在评估一个国家的政府本币债务和外币债务的信用价值时，分析的因素在某些程度上有所不同。例如，在评估本币债务信用品质的时候，标准普尔重点在于评价促进或阻碍按期偿付债务的国内政府政策。标准普尔考察的关键因素是：

- 政治制度的稳定性和公众参与政治过程的程度；
- 收入和经济结构；
- 财政政策和预算的灵活性；
- 货币政策和通货膨胀压力；
- 公共债务负担和债务偿付的历史记录。②

对外币债务来讲，标准普尔的信用分析集中在本国和国外政府政策的交互作用上。标准

① David T. Beers and Marie Cavanaugh, "Sovereign Ratings: A Primer," Chapter 6 in Frank J. Fabozzi and Alberto Franco (eds.), *Handbook of Emerging Fixed Income & Currency Markets* (New Hope, PA: Frank J. Fabozzi Associates, 1997).

② Beers and Cavanaugh, "Sovereign Credit Ratings: A Primer," p. 68.

普尔将分析一个国家的国际收支及其对外债权和债务平衡表的结构。针对其对外债权和债务平衡表的结构分析的领域包括净公共债务、净外部债务总额等。

15.4 信用评分模型

上一节描述了信用分析师在评估违约风险时用到的传统比率和其他指标。一些研究人员应用这些指标作为使用**多项鉴别分析（MDA）**统计技术评估发行人违约风险的输入因子。这项统计技术最初是作为对不同对象群体进行分类，以确定包含这些对象的群体特征的一项有用的分类技术。MDA 的主要优点之一就是它允许对一大批特征进行模拟分析，并且不限制调查者对每一单个性质进行依次评估。比如，MDA 允许一个研究公司债券评级的信用分析师在同一时间检查多项财务比率、财务指标和定性因素对评级总的联合的影响。因此，分析师就从孤立地观察每一个特征这种繁琐并且可能存在误导性的任务中解放出来。MDA 寻求将内在相似但又彼此不同的因素组合起来。

从以上 MDA 的介绍可以看出，为什么它可以用于解决诸如债券为何得到这样的评级以及什么变量对债券评级最重要这类问题。更进一步，MDA 也被用来预测破产的可能性。MDA 用于预测债券评级和公司破产所涉及的问题是一个专业话题，此处将介绍用 MDA 来预测公司破产的最初发明者 Edward Altman 的研究成果①。Altman 的模型和这个领域的其他模型定期得到更新。此处只是粗略展示一个 MDA 模型。

在被称为 Z 值模型的 Altman 早期的一个模型中，他发现下面的 MDA 可以用来预测公司破产：②

$$Z = 1.2X_1 + 1.4X_2 + 3.3X_3 + 0.6X_4 + 1.0X_5$$

其中：

X_1 = 营运资本/总资产（用小数表示）

X_2 = 留存收益/总资产（用小数表示）

X_3 = 息税前利润/总资产（用小数表示）

X_4 = 股权的市场价值/总负债（用小数表示）

X_5 = 销售（收入）/总资产（倍数）

Z = Z 值

用一个给定企业五个变量的价值，可以计算出其 Z 值。Z 值被应用于对企业是否存在可能导致其破产的潜在严重的信用问题的鉴别。特别的，Altman 发现，Z 值低于 1.81 会显示一个企业存在严重的信用问题，而 Z 值高于 3 通常表示企业是健康的。

随后，Altman 和他的同事们基于更近的数据对 Z 值模型进行了修订。其结果称为 Zeta 模型，该模型发现在预测公司破产方面，下列七个变量比较重要，而且它们和公司债券评级高度相关：③

① 参见 Edward I. Altman, *Corporate Financial Distress and Bankruptcy: A Complete Guide to Predicting and Avoiding Distress and Profiting from Bankruptcy* (Hoboken, NJ: John Wiley & Sons, 1993)，第8、第9章。对 MDA 在市政债券评级预测中的应用，参见 Michael G. Ferri and Frank J. Fabozzi, "Statistical Techniques for Predicting the Credit Worthiness of Municipal Bonds," 和 Frank J. Fabozzi, Sylvan G. Feldstein, Irving M. Pollack, and Frank G. Zarb (eds.), *The Municipal Bond Handbook: Volume I* (Homewood, IL: Dow-Jones Irwin 1983) 第44章。

② Edward I. Altman, "Financial Bankruptcies, Discriminant Analysis and the Prediction of Corporate Bankruptcy," *Journal of Finance* (September 1968), pp. 589-699.

③ Edward I. Altman, Robert G. Haldeman, and Paul Narayann, "Zeta Analysis: A New Model to Identify Bankruptcy Risk of Corporations," *Journal of Banking and Finance* (June 1977), pp. 29-54.

- 息税前利润（EBIT）/总资产；
- 近10年的估计的EBIT标准误差/总资产（标准化）；
- EBIT/利息费用；
- 留存收益/总资产；
- 流动资产/流动负债；
- 股权的五年平均市场价值/总资本；
- 正常的总有形资产。

虽然信用分值模型对分析师和债券投资组合经理有帮助，但要替代信用分析中人的判断也还有其局限性。比如，Marty Fridson，对使用MDA模型提出了具有哲理性的建议：

*数量化模型倾向于区分出陷入信用麻烦的公司，这不仅包括了绝大多数最终破产的公司，而且还包括了很多没有违约的公司。常常发生的事情是，陷入财务困境的公司会引进新的管理层，并且在没有影响债务支付的情况下得到重生。如果面临在一个财务上令人沮丧的公司债券的巨额损失，机构投资者可能会希望评估反转的可能性——对数量化工具来讲这存在着固有的困难——而不是仅仅基于违约模型的结论而卖掉。*①

Fridson接着进一步解释了（信用分析师必须牢记在心）“公司可能会因为报告的财务数据的模型不能发现的原因而违约”，他还提供了几个因为这些原因而破产的真实公司的例证。

15.5 信用风险模型

历史上，信用风险模型重点关注信用评级、违约率和传统信用分析。近年来，学者们还引入了利用信用风险从而对公司债券进行估值的一些模型。这些模型可以分为两类：结构化模型和递减形式的模型。本节我们简要描述这些模型。

15.5.1 结构化模型

结构化模型（Structural models）是基于Fisher Black 、Mryon Scholes② 和Robert Meton③ 的期权定价理论发展起来的信用风险模型。和所有结构化模型一样，其基本理念是如果公司资产价值低于一个特定的违约点，公司就会债务违约。因为这个原因，这些模型也被认为是“公司估值模型”④。在这些模型中，违约事件被当成债券持有人授予股东的一个期权，结果是，分析师可以使用期权定价中同样的原则对风险型公司证券进行估值。⑤

Black-Scholes-Merton（BSM）提出的期权定价理论的使用对于传统的违约风险债券估值方法有了很大的改进。继BSM的成果之后，在理论和实践上出现了很多进一步的相关研究。一些信用分析软件和咨询公司应用了BSM框架，包括穆迪的KMV和JP摩根的信用矩阵

① Martin S. Fridson, *Financial Statement Analysis: A Practitioner's Guide, Second Edition* (Hoboken, NJ: John Wiley & Sons, 1995), p. 195.

② Fischer Black and Myron Scholes, "The Pricing of Options and Corporate Liabilities," *Journal of Political Economy* (May-June 1973), pp. 637 - 654.

③ Robert Merton, "Theory of Rational Option Pricing," *Bell Journal of Economics and Management* (Spring 1973), pp. 141 - 183, and "On the Pricing of Corporate Debt: The Risk Structure of Interest Rates," *Journal of Finance*, Vol. 29, No. 2 (1974), pp. 449 - 470.

④ 对这些模型的更详细的讨论，参见 Mark J. P. Anson, Frank J. Fabozzi, Moorad Choudhry, and Ren Raw Chen, *Credit Derivatives: Instruments, Applications, and Pricing* (Hoboken, NJ: John Wiley & Sons, 2004)，第8章。

⑤ 对基础理论和例证，参见 Don M. Chance, *Analysis of Derivatives for the CFA Program* (Charlottesville, VA: Association for Investment Management and Research, 2003), pp. 588 - 591.

（与路透社共同开发）。两个系统都使用 BSM 方法对违约事件进行建模，得到相应的违约可能性（穆迪的 KMV 称这种可能性为“期望的违约频率”）。为了能够使用 BSM 模型，模型的开发者将股票价格低于一个特定的界线时定义为违约事件发生。这种简化是因为股权价格比公司资产价值更容易获得。

15.5.2 递减形式模型

在结构化模型中，公司的违约过程来源于其资产价值。因为任何期权的价值取决于其标的资产的波动性（在结构化模型中是资产价值的波动性），违约可能性就明显地和公司资产价值的预期波动性联系起来。因此，在结构化模型中，违约过程和破产发生时的回收率取决于其公司的结构特征。

反过来，**递减形式模型（reduced form models）**并不从“内部看企业”，相反，它直接对违约或降级可能性进行建模[①]。也就是说，违约过程和回收过程：1）独立于公司结构特征建模；2）相互之间是独立的。

两个最普遍使用的递减形式模型是 Jarrow 和 Turnbull 模型[②]，以及 Duffie 和 Singleton 模型[③]。对违约过程和回收过程进行建模的统计工具是一个专业的话题了。[④]

附录：案例研究：Bergen Brunswig 公司

本案例的目的是说明基于本章中讨论的传统比率方法的财务报表分析是如何被用来识别一个可能被降级的公司发行人的。在例子中使用的公司是 Bergen Brunswig 公司。

I. 背景信息

Bergen Brunswig 公司是一家提供医药、医用外科材料和特殊产品的供应渠道管理公司。公司同时提供信息管理解决方案和外包服务，以及提供疾病特殊护理治疗方案和经济医疗创意以降低健康护理费用。

公司债券最初的评级是 BBB +。在 1999 年 12 月 17 日，标准普尔将其债券降低到 BBB -，并指出“公司最近收购的两个业务，PharMerica 和 Statlander 的成果令人失望。”PharMerica 是一家公共机构药店，在降低医院病人床位率和高利润药品使用的医疗保险补偿政策变革中受到冲击。

在 2000 年 2 月 2 日，标准普尔决定将这家公司的信用评级降低到 BB。标准普尔的理由是“公司的核心药品分销业务下降，并且在 1999 年收购的特殊药品分销商——Statlander 公司持续亏损”。

---

① Darrell Duffie 首先命名了“递减形式”以区别于 Black-Scholes-Merton 之类的结构化模型。

② Robert Jarrow and Stuart Turnbull, "Pricing Derivatives on Financial Securities Subject to Default Risk," *Journal of Finance*, Vol. 50, No. 1 (1995), pp. 53 - 86.

③ Darrell Duffie and Kenneth Singleton, "Modeling Term Structures of Defaultable Bonds," *Review of Financial Studies*, Vol. 12 (1999), pp. 687 - 720.

④ 对递减形式模型的进一步讨论，参见 Anson, Fabozzi, Choudhry, and Chen, Credit Derivatives: *Instruments, Applications, and Pricing* 第 9 章，Darrell Duffie and Kenneth J. Singleton, Credit Risk: *PricingMeasurement, and Management* (Princeton, NJ: Princeton University Press, 2003)，或 Srichander Ramaswamy, *Managing Credit Risk in Corporate Bond Portfolios* (Hoboken, NJ: John Wiley & Sons, 2003).

图表 A1　　Bergen Brunswig 公司 1996—1999 财年财务数据及比率

			1999	1998	1997	1996
1	销售收入	1	$ 17 244 905	$ 13 720 017	$ 11 659 127	
	销售成本	1	($ 16 145 378)	($ 12 969 752)	($ 11 004 696)	
	销售、管理、财务费用		($ 837 700)	($ 534 119)	($ 479 399)	
	息税前利润（EBIT）		$ 261 827	$ 216 146	$ 175 032	
	利息费用	2	$ 74 143	$ 39 996	$ 30 793	
	息税前利息保障倍数		3.53	5.4	5.68	
2	息税前利润（EBIT）		$ 261 827	$ 216 146	$ 175 032	
	折旧和摊销		$ 66 031	$ 37 465	$ 4 056	
	折旧摊销息税前利润（EBITDA）		$ 327 858	$ 253 611	$ 215 788	
	利息费用		$ 74 143	$ 39 996	$ 30 793	
	EBITDA 利息保障倍数		4.42	6.34	7.01	
3	净利润		$ 70 573	$ 3 102	$ 81 679	
	折旧和摊销		$ 66 031	$ 37 465	$ 40 756	
	短期递延所得税		$ 1 084	$ 41 955	$ 10 577	
	其他非现金项目					
	递延薪酬		$ 2 552	$ 2 809	$ 2 266	
	坏账准备		$ 85 881	$ 11 934	$ 11 899	
	商誉减值			$ 87 271		
	资产处置			$ 5 307		
	源自经营活动的资金		$ 235 877	$ 189 843	$ 147 177	
	长期负债		$ 1 041 983	$ 464 778	$ 437 956	$ 419 275
	租赁债务		$ 82	$ 53	$ 59	$ 43
	长期负债*		$ 1 042 065	$ 464 831	$ 438 015	$ 419 318
	本年到期的长期负债		$ 545 923	$ 6 029	$ 1 021	$ 1 125
	总债务		$ 1 587 988	$ 470 860	$ 439 036	$ 420 443
	源自经营活动的资金/总债务		14.85%	40.32%	33.52%	
4	源自经营活动的资金		$ 235 877	$ 189 843	$ 147 177	
	资本性支出		($ 305 535)	($ 52 361)	($ 23 806)	
	营运资本		$ 1 199 527	$ 518 443	$ 474 910	$ 643 607
	营运资本的变化		($ 681 084)	($ 43 533)	$ 168 697	
	自由现金流	3	($ 750 742)	$ 93 949	$ 292 068	

续图表

	总债务		$ 1 587 988	$ 470 860	$ 439 036	
	自由现金流/总债务		-47.28%	19.95%	66.5	
5	息税前利润（EBIT）		$ 261 827	$ 216 146	$ 175 032	
	总债务		$ 1 587 988	$ 470 860	$ 439 036	$ 420 443
	权益		$ 1 495 490	$ 629 064	$ 644 861	$ 666 877
	长期递延税收				$ 1 791	
	总资本		$ 3 083 478	$ 1 099 924	$ 1 085 688	$ 1 087 320
	平均资本		$ 2 091 701.10	$ 1 092 806.15	$ 1 086 503.89	
	税前资本回报率		12.52%	19.78%	16.11%	
6	营业利润		$ 261 827	$ 216 146	$ 175 032	
	销售		$ 17 244 905	$ 13 720 017	$ 11 659 127	
	营业利润/销售		1.52%	1.58%	1.50%	
7	长期负债*		$ 1 042 065	$ 464 831	$ 438 015	
	长期负债		$ 1 041 983	$ 464 778	$ 437 956	
	所有者权益		$ 1 495 490	$ 629 064	$ 644 861	
	长期资本		$ 2 537 473	$ 1 093 842	$ 1 082 817	
	长期负债/长期资本		41.07%	42.50%	40.45%	
8	总负债		$ 1 587 988	$ 470 860	$ 439 036	
	所有者权益		$ 1 495 490	$ 629 064	$ 644 861	
	总资本		$ 3 083 478	$ 1 099 924	$ 1 083 897	
	总负债/总资本		51.50%	42.81%	40.51%	

* Bergen Brunswig 的财务年度在 9 月 30 日结束。

1. 收入和销售成本不包括发送到客户仓库的寄售商品。公司只是一个中间商，材料成本对公司运营利润无影响。

2. a）不包括公司优先证券税前分配。

b）虽然标准普尔公式中用“总利息费用”，但文件中找不到相应数字，因此使用净利息费用。

3. 自由现金流 = 源自经营活动的资金 + 资本性支出 + 营运资本的变动

注意上述公式中的自由现金流：

a）图表 A1 中资本性支出是负值，所以要加上去（这和图表 A2 公式 4 中，标准普尔计算自由现金流的公式一致）。

b）1998—1999 年营运资本增加显示为负值，和图表 A2 公式 4 一样，需加入自由现金流。

II. 分析

图表 A1 显示了从 1996—1999 财务年度的财务数据及比率。公司的财务年度在 9 月 30 日结束。因为每一个评级机构在计算比率的时候输入的数据略有不同，我们用图表 A2 中标准普尔使用的比率定义。

图表 A3 提供了所有比率的小结，显示了 Bergen Brunswig 公司财务状况下滑的趋势。图表中这八个比率强烈暗示了 Bergen Brunswig 公司正在丧失其财务优势，可能会成为降级对象。为显示其恶化程度，图表 A3 也列示了 BBB 和 BB 评级的这八个比率的中值。

图表 A4 强调了两个关键比率的趋势——EBIT 利息保障倍数和源自经营活动的资金/总债务比率——与 BBB 基准的对比。在 1999 年，EBIT 利息保障倍数降低到 BBB 级公司的中位数——4 倍以下，经营活动的资金/总债务比率降低到 BB 级公司的中位数以下。

III. 结论

对 Bergen Brunswig 公司的关键比率分析清楚表明，在 1999 年年底，它已成为降级对象。像刚才指出的，在 1999 年 12 月 17 日，标准普尔将其债券信用评级从 BBB + 降低到 BBB -，接着在 2000 年 2 月 2 日，进一步将其的信用评级降低到 BB。标准普尔指出，这些降级原因之一就是它认为在 2000 财务年度里，预计公司的 EBITDA 利息保障倍数降低到 4 倍以下。

图表 A2　　**标准普尔关键比率的计算公式**

1. EBIT 利息保障倍数 = 持续经营获得的息税前利润**/在剔除资本化利息和利息收入前的总利息费用

2. EBITDA 利息保障倍数 = 持续经营获得的折旧、摊销和息税前利润**/在剔除资本化利息和利息收入前的总利息费用

3. 源自经营活动的资金/总负债 = （持续经营获得的净利润 + 折旧摊销 + 递延所得税 + 其他非现金项目）/（长期负债* + 一年内到期负债 + 商业票据 + 其他短期借款）

4. 自由现金流/总负债 = （经营活动现金流 - 资本性支出 - （ + ）除现金外的流动资金的增加（减少））/（长期负债* + 一年内到期负债 + 商业票据 + 其他短期借款）

5. 税前资本回报率 = EBIT/（年初和年末平均的资本，包括短期负债、一年内到期债务、长期负债*、长期递延税款和权益）

6. 营业利润/销售 = （销售收入 - 折旧摊销前的销售成本 - 销售、管理、研发费用）/销售

7. 长期负债/长期资本 = 长期债务*/（长期债务 + 含优先股的所有者权益 + 少数股东权益）

8. 总负债/长期资本 = （长期负债* + 一年内到期负债 + 商业票据 + 其他短期借款）/(长期负债* + 一年内到期负债 + 商业票据 + 其他短期借款 + 含优先股的所有者权益 + 少数股东权益）

*包括经营租赁的债务。

**包括利息收入和股权收益，不含非经常项目。

图表 A3　　**显示恶化趋势的主要比率和标准普尔 BBB 和 BB 评级的中位数**

	1999	1998	1997	BBB 中位数	BB 中位数
EBIT 利息保障倍数	3.53	5.4	5.68	4.1	2.5
EBITDA 利息保障倍数	4.42	6.34	7.01	6.3	3.9
源自经营活动的资金/总债务	14.85%	40.32%	33.52%	32.30%	20.10%
自由现金流/总债务	-47.28%	19.95%	66.52%	6.30%	1%

续图表

	1999	1998	1997	BBB 中位数	BB 中位数
税前资本回报率	12.52%	19.78%	16.11%	15.40%	12.60%
营业利润/销售	1.52%	1.58%	1.50%	15.80%	14.40%
长期负债/长期资本	41.07%	42.50%	40.45%	40.80%	55.30%
总负债/总资本	51.50%	42.81%	40.51%	46.40%	58.50%

图表 A4　**与 BBB 和 BB 相比，EBIT 利息保障倍数和源自经营活动的资金/总债务比率的变化趋势**

EBIT利息保障倍数

源自经营活动的资金/总债务比率

经营活动产生资金/总债务比率

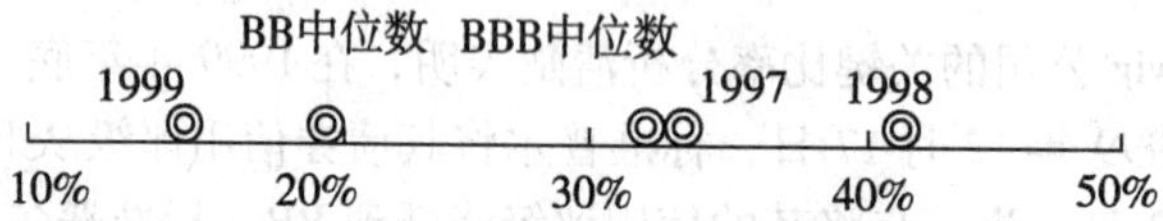

虽然我们展示了传统的分析方法可以识别一个潜在的降级对象，但并没有说明为进行分析和得出结论而需要信息的及时性。特别是，标准普尔第一次对 Bergen Brunswig 公司的降级时间是 1999 年 12 月 17 日，而公司在 1999 年 12 月 29 日才递交了向证监会提供的年报。虽然在这个案例中我们使用了向证监会提供的年报的数字（因为它们更为准确），但分析师很可能根据向证监会递交的季报来估计这些比率。

图表 A5 显示了最先的两个比率（EBIT 利息保障倍数和 EBITDA 利息保障倍数）是如何完成的。分析师为估计年度比率和显示趋势，将 1999 年的前 9 个月的结果加上了 1998 年第四季度的数字。

就像我们在图表 A5 中看到的，年化的 EBITDA 利息保障倍数（5.65）远远低于 1998 年的数字。如果我们深入分析一下，1999 年前 9 个月的倍数更低。这强烈暗示了一个恶化的趋势。Bergen Brunswig 公司在 1999 年 8 月 17 日递交了 1999 年三季度报告，所以分析师可以在 1999 年 12 月得到相关信息。

图表 A5　**使用 Bergen Brunswig 季度财务数据计算 EBIT 和 EBITDA 利息保障倍数**

	1999 年前 9 个月	1998 年第四季度	年度预计
收入	$ 12 716 939	$ 3 666 166	$ 16 383 105
销售成本	($ 11 938 185)	($ 3 466 355)	($ 15 404 540)
销售/管理/财务费用	($ 559 142)	($ 144 725)	($ 703 867)
EBIT	$ 219 612	$ 55 086	$ 274 698
利息费用	$ 47 906	$ 9 657	$ 57 563
EBIT 利息保障倍数	4.58	5.70	4.77
EBIT	$ 219 612	$ 55 086	$ 274 698
折旧摊销	$ 40 497	$ 9 847	$ 50 344
EBITDA	$ 260 109	$ 64 933	$ 325 042
利息费用	$ 47 906	$ 9 657	$ 57 563
EBITDA 利息保障倍数	5.43	6.72	5.65

在得到第一季度的结果后，我们相信标准普尔会进一步降低 Bergen Brunswig 公司的评级。同样，标准普尔的行动（2 月 2 日）比公司递交证监会的时间（2 月 17 日）要略微早一些。但基于 1999 年全年的比率甚至比前 9 个月还要差的这个事实，Bergen Brunswig 公司财务状况恶化的趋势是很明显的。

第 16 章 债券投资组合管理概述

16.1 引言

前面章节已经介绍了固定收益市场的投资品种、与固定收益债券投资相关的风险，估价基本原理和利率风险衡量，同时也对嵌入期权的固定收益债券估价、结构化金融产品（住房抵押贷款支持证券和资产支持证券）的特征和信用分析原则进行了深入分析。本章将综合应用这些知识去说明如何构建投资组合，提高实现投资目标的可能性。

本章将阐明投资管理过程的框架。不管是管理何种资产（例如股票、债券、房地产），投资管理过程都将遵从相同的彼此关联的行为。John Maginn 和 Donald Tuttle 认为这些行为包括：

1. 确定一个投资者的目标、偏好、约束，以便形成清晰的投资策略；
2. 通过对市场环境中的金融资产和实物资产优化组合的选择，形成和实施投资策略；
3. 监控市场状况、相关资产价值以及投资者的情况；
4. 根据部分或全部相关变量的显著变化，进而对债券投资组合做出调整①。

本章将用 Maginn - Tuttle 框架去描述固定收益债券组合的投资管理过程。我们把在投资管理过程中的 4 种行为称为：

1. 设定投资目标；
2. 形成并实施一种债券组合投资策略；
3. 监控投资组合；
4. 调整投资组合。

关于投资管理过程的探讨将使我们发现本书后续一些章节的重要性。当然，本书关注的焦点是固定收益债券投资组合的管理。

16.2 固定收益投资者的投资目标设定

固定收益投资者经常从回报和风险的角度考虑投资目标的选定。投资目标应该根据某种基准进行量化。不同投资者的基准不同。

总的来说，我们可以根据基准特征将固定收益投资者分为两大类。第一大类固定收益投资者是根据投资者的负债结构设置基准，投资目标是从固定收益债券投资组合中产生现金流，最低限度应该能满足负债结构。第二大类固定收益投资者将基准设定为一种特定的债券市场指数，投资目标可能是除去管理费之后与市场指数的表现相当，或者除去管理费之后至少比指数

① John L. Maginn and Donald L. Tuttle, "The Portfolio Management Process and Its Dynamics." Chapter 1 in John L. Maginn and Donald L. Tuttle (editors). *Managing Investment Portfolios*: A Dynamic Process (New York: Warren, Gorham & Lamont, sponsored by the Institute of Chartered Financial Analysts, Second Edition, 1990), pp. 1—3and 1—5.

高出预先确定的几个基点。下面我们将根据这两类投资者的投资目标进一步分别讨论。

16.2.1　收益目标

一个投资者将他的投资基准告诉给债券组合投资经理人。该投资经理人可能是投资者雇用的也可能是一个公共投资经理人。一旦根据投资基准设定投资目标，投资经理人的业绩必须根据基准进行评价。值得注意的是，即使取得了超过基准的收益，客户也可能没有实现投资目标。如果客户没有从风险、收益，以及现金流的角度准确地反映他投资需要的基准，这种事情就很可能发生。例如，定额给付养老金计划根据特定的债券市场指数设定投资目标，而实际上，更合适的基准是基金的负债结构。如果投资经理人的业绩超过基准，那他就是成功的。但是，如果没有形成充裕的现金流定额支付养老金负债，那么这种情况下的失败不应该归咎于投资经理人，而是客户没能恰当地设定适合的基准。

1. 作为投资目标的负债

总的来说，基于其负债结构确定其投资基准的投资者可以分为两类。第一类主要是借入资金然后投资的投资者，他们的目标是收益要大于筹资所付出的成本，收益与借款成本的差被称为**利差**（spread），这种类型的投资者被称为**融资性投资者**（funded investors）。

存款机构（银行、储贷协会、信用合作社）很明显是融资性投资者。保险公司的产品范围很广泛，对某些产品而言，保险公司也是一个融资性投资者。例如，一个保险公司发行一种有保证的投资型保单（也就是保险公司保证投保人在一个确定的时间内享有一个固定的利息率），保险公司从投保人那里筹资，也就形成负债。另一个融资性投资者的例子是对冲基金。对冲基金借入短期资金的典型手法是采用回购协议，因而具有高杠杆率（在第 18 章里将解释一个投资经理人是如何用购买的债券作为抵押物通过回购协议筹资）。投资目标就是通过回购协议融通的资金的投资收益要大于借款所付出的成本（即回购利率）。

第二类投资者是机构投资者，它们必须满足负债结构，但不必因筹资产生负债结构。一个例子就是养老金发起人，它面临基于定额给付的负债结构。第二个例子就是州的彩票机构，其彩票资金的投资收益必须满足州给予中奖者相应的奖金的债务要求。

前面关注的焦点是固定收益产品。现在我们来考虑债券组合的投资管理，因此必须明白负债结构是如何影响债券投资组合策略的选择的。本节将进一步探讨负债的本质。

（1）负债的定义

负债是指为履行一项义务的契约条款，导致将来的潜在现金流出。机构投资者必须同时关注负债的数量（amount of the liability）和偿还负债的时间（timing of the liability），因为其资产必须产生足够的现金流来满足未来还款的需求。

（2）负债的分类

根据负债数量和偿还时间的不确定性程度，在图表 16—1 中对负债进行了分类。图表 16—1 中假定债权人不会要求在任何实际或者预定到期日之前提前还款。

现金支出按照“确定”或“不确定”进行分类是合适的。当我们说一笔现金支出不确定时，并不是说不能对其进行预测。对某些负债而言，“大数法则”能较容易预测现金支付的数量和时间，这项任务通常由精算师完成。下面我们将说明各种类别的负债。

Ⅰ型负债是指负债的数量和偿还时间是确定的负债。比方说一个机构很明确地知道它必须在 6 个月后支付 800 万美元，就属于Ⅰ型负债。假设储户没有在定期到期日之前提款，储蓄机构也应该知道该支付定期存款储户到期时的本息金额。Ⅰ型负债不仅仅局限于储蓄机构，人寿保险公司发行的有保证投资型保单也是一个这种负债类型的例子。

Ⅱ型负债的负债数量是确定的，但偿还时间是不确定的。Ⅱ型负债最明显的例子就是标准的人寿保险单。人寿保险单有许多种，但最基本的保单是投保人每年缴纳一定的保险费，当投保人去世后，人寿保险公司就会付给保险受益人一笔确定的赔偿金。当然，投保人何时去世是不确定的。

图表16—1　**机构投资者的负债分类**

负债类型	支付数量	支付时间	例子
Ⅰ型	确定	确定	储蓄机构发行的固定利率存单
Ⅱ型	确定	不确定	标准人寿保险公司保单
Ⅲ型	不确定	确定	储蓄机构发行的浮动利率存单
Ⅳ型	不确定	不确定	财产和灾害保险公司的保单

Ⅲ型负债的负债偿还时间是确定的，但负债的数量是不确定的。一个典型的例子就是，存储机构发行的两年期浮动利率存单，浮动利率随着特定市场利率的变化按季度进行调整。

Ⅳ型负债的负债偿还时间不确定，且负债的数量也是不确定的。许多保险产品和养老金债务就属于这类负债，但可能最明显的例子还是财产和灾害保险公司发行的汽车和家居保险单。什么时间赔付和是否赔付给保单持有人都是不确定的。一旦投保资产受到损坏，赔付的金额多少也是不确定的。

养老金计划的负债也属于Ⅳ型负债。对固定收益退休金计划而言，退休后的福利取决于退休前特定年限的收入，以及总的工作年限，这些都会影响负债支出的数量。至于负债偿还的时间取决于员工退休前是否继续缴纳养老金，以及员工何时退休。此外，负债偿还的数量和时间还取决于员工选择是在自己退休后，还是在和配偶一起退休后得到给付。

2. 将债券市场指数作为投资目标

当没有负债需要偿付时，投资目标经常是达到或超过指定的债券市场指数。值得注意的是，许多有负债结构的客户也选择让投资经理人以债券市场指数为目标，养老金发起人尤其这样。他们希望所选择的债券市场指数业绩能产生足够的现金流去满足负债结构的要求。

客户在选择一个基准时，为了使基准成为一个衡量组合债券投资经理人的有效工具，通常有许多特征是应该考虑的。根据 Baily、Richards 以及 Tierney 的研究，这些有效的基准的基本特征有：①

- 确定性：有价债券的名称和权重在基准中应该有明确的规定；
- 可供投资性：客户有买入并持有基准指数债券的选择权，而不必对基金实施积极性管理；
- 可测性：基准的回报可由投资经理人、客户或第三方按照合理的频率来计算；
- 恰当性：基准与投资经理人的投资风格相一致；
- 反映了当前投资理念：投资经理人具有关于包括在基准中的债券的和如何对它们进行分类的投资理财知识；②

---

① Jeffrey V. Bailey, Thomas M. Richards and David E. Tierney, "Benchmark Portfolios and the Manager/Plan Sponsor Relationship," in Frank J. Fabozzi (ed), *Current Topics in Investment Management* (New York, NY: Harper & Row Publishers, 1990), p. 70.

② 例如，对股票基准而言，分类可能会根据价值、增长、资本规模分类。对债券基准而言，它可能是债券指数的主要板块。

● 事先确定性：基准在对经理人进行评估之前就已经设定好了。

基准的可投资特征是非常关键的。基准代表被动投资策略的回报。基准的建立意味着可以衡量投资组合经理人做出的积极的管理决策带来的业绩。例如，Baily，Richards 以及 Tierney 注意到，投资顾问和计划发起人通常用一组投资组合经理人管理相同资产的中值业绩作为基准，这种基准是不具有可投资性的。

投资经理人必须明白债券市场指数的组成和风险概况。现在我们回顾一下不同债券市场指数的组成情况。目前债券市场指数主要分三类：宽基美国债券市场指数、特别债券市场指数、全球和国际债券市场指数。在第 17 章中，我们将解释债券市场指数的风险，因为投资组合相对于基准债券市场指数的风险决定了组合的相对市场表现。

（1）宽基美国债券市场指数

机构投资者使用最多的三种宽基美国债券市场指数，有雷曼兄弟（Lehman Brothers）美国综合债券指数、所罗门美邦（Salomon Smith Barney（SSB））投资级债券指数（BIG）、美林（Merrill Lynch）国内债券指数。在每种指数中都有超过 5 500 种债券。有研究表明，各种宽基美国债券市场指数的年收益相关性大约是 98%[①]。

三种宽基美国债券市场指数每天都要通过市场价值加权法重新计算。债券在所罗门美邦（SSB）投资级债券指数（BIG）中是交易商定价，在其他的两种指数中是交易商定价或模型定价。每种指数对必须用不同的方式进行再投资的月内现金流进行调整。对所罗门美邦（SSB）投资级债券指数（BIG）而言，这些现金流可被用作以一月短期国库券收益率进行再投资，但对美林国内债券指数而言，这些现金流可被用作对特定的债券进行再投资。雷曼兄弟美国综合债券指数则不需要在月内对现金流进行再投资。

每种指数可以划分成许多小的板块。例如，雷曼兄弟指数可以划分成以下 6 个板块：1）国债板块；2）机构债券板块；3）抵押转手债券板块；4）商业不动产抵押贷款支持证券板块；5）资产支持证券板块；6）信用债券板块。图表 16—2 列示了 2003 年 9 月 8 日债券指数的百分比构成。

图表 16—2　　**雷曼兄弟综合债券指数 2003 年 9 月 8 日构成百分比**

板块	市场价值百分比
（1）国债	21.93%
（2）机构债券	11.69%
（3）抵押转手债券	34.40%
（4）商业不动产抵押贷款支持证券	2.55%
（5）资产担保债券	1.89%
（6）信贷	27.27%
总和	100.00%

资料来源：《全球相对价值》，雷曼兄弟，《固定收益研究》，2003 年 9 月 8 日。

① Frank K. Reilly and David J. Wright，" Bond Indexes，" Chapter 7 in Frank J. Fabozzi （ed），*The Handbook of Fixed Income Securities*（New York：McGraw-Hill，2000）.

机构债券板块包括机构信用债券，但不包括联邦机构发行的抵押贷款支持证券和资产支持证券。抵押转手债券板块包括吉利美、房利美、房地美发行的转手债券。其中，吉利美发行的抵押转手债券被当作机构转手债券（agency passthroughs），而房利美、房地美发行的转手债券被称为传统转手债券（conventional passthroughs）。但是，我们把这 3 种指数的抵押转手债券仅仅看作机构转手债券。机构担保抵押负债和机构剥离抵押贷款支持证券不包括在这种债券指数中。这些抵押衍生金融产品不包括在内，是因为它们本来就来自机构转手债券，如果涵盖进去可能就意味着重复计算。

在构造抵押贷款支持证券板块指数时，雷曼兄弟指数将超过 800 000 种固定利息抵押债券的组合纳入了一般综合指数（generic aggregates）。一般综合指数根据机构（也就是吉利美、房利美、房地美），方案类型（也就是 30 年期、15 年期、气球式抵押贷款等），转手债券的票面利率和转手债券的起始时间（也就是年份）来定义。任何一只债券，被选进指数的前提是它必须有至少 1 亿美元的规模并且加权后平均的到期时间至少一年以上。可调整利率抵押贷款支持的机构转手债券不包括在这种抵押贷款支持证券指数中（我们将在下一章中介绍这个板块的组成）。

雷曼兄弟指数中的信用债券板块包括公司债券。在其他的两种美式宽基债券指数中，这个板块被称为公司债券板块。

（2）特别债券市场指数

特别美式债券市场指数主要关注债券市场的一个板块或子板块。市场上各个板块的指数，由提出宽基美国债券市场指数的三家公司发布。非经纪公司创立了某些特定板块的市场指数。例如，Ryan Labs 的国债指数。因为没有一种宽基美国债券指数包括非投资级别或高收益债券，这部分指数由提供宽基美国债券指数的三家公司以及瑞士信贷第一波士顿、唐纳德森、帝杰银行创立。不同的高收益债券指数包括的债券数目不同，包括的债券（可转换性、浮动利率以及实物补偿等）也不一样，指数创建者对待债券期中收益和违约债券也不一样。

（3）全球和国际债券市场指数

非美国债券市场投资的增长，导致了国际债券市场指数的快速发展，常见的包括非美国债券指数主要有三种类型。第一种指数包括美国和非美国债券，这种指数被称作全球债券市场指数（global bond indexes）或者世界债券指数（world bond indexes）。第二种类型指数仅仅包括非美国债券，并且通常被当作国际债券指数（international bond indexes）或者美国以外债券指数（ex - U. S. bond indexes）。最后，也有针对特殊的非美国债券板块的特定债券指数。这种指数可按对冲的货币基点报告，也可按非对冲的货币基点报告。

全球债券指数有两种类型，第一种类型将每个国家债券板块严格限制为政府债券。例如，美林政府债券指数包括以下国家的政府债券板块：

欧洲经济与货币联盟：澳大利亚，比利时，芬兰，法国，德国，爱尔兰，意大利，荷兰，葡萄牙，西班牙。

欧洲非经济与货币联盟：丹麦，瑞典，瑞士，英国。

北美：加拿大，美国。

日本和亚洲/太平洋：澳大利亚，日本和新西兰。

其他类似的指数还有所罗门世界政府债券指数和 JP 摩根全球债券指数。

一个包括政府和非政府板块的全球债券指数的例子就是雷曼兄弟全球指数（雷曼指数也称它为“核心 + +”债券投资组合）。该指数被分成美元板块和非美元板块。美元板块包括雷曼兄弟美国综合债券指数的所有板块，以及高收益债券和以美元标价的新兴市场债券。非美元板块包括如下国家：法国、德国、意大利、西班牙、瑞典、英国。对于投资美元和非美元债券市场的投资经理人，类似于雷曼兄弟全球指数的指数就是他们合适的基准选择。

只投资非美国债券的投资经理人，国际债券指数就是他们合适的基准选择。非美国债券指数有两种，第一种指数包括政府板块和非政府板块，另一种指数是只包括政府板块的国际债券指数。例如，所罗门美邦非美国政府债券指数是所罗门世界政府债券指数的一个副产品。

第三种类型的非美国债券指数是一种特定的债券指数。两家投资银行公司发布的这种指数的一些例子如下：

雷曼兄弟	美林债券
欧洲美元指数	泛欧洲宽基市场指数
新兴市场指数	EMU 宽基市场指数
泛欧洲综合指数	欧洲货币高收益指数
泛欧洲高收益指数	欧洲新兴市场指数
欧洲综合指数	

16.2.2　风险

没能达到投资目标叫做**业绩风险**（performance risk）。让我们考察一下两种投资策略的风险，一种策略是机构投资者按照债券市场指数管理基金，另一种是根据负债结构管理基金。详细的业绩风险量化将在第 17 章讨论。

1. 根据债券市场指数管理的风险

在前面我们已经讨论了投资单独的债券的风险，在下一章中我们将回顾这些风险，同时也将其拓展到投资组合和基准指数的讨论上。如果把债券市场指数当作基准指数，投资经理人明白基准指数的风险概况是有必要的。投资组合的相对业绩是由基准指数的风险与投资组合的风险的差异决定的。

有必要介绍一下投资组合和基准指数的风险概况，并量化这种风险。在下一章我们将看到许多种量化投资组合风险的方法，其中一种容许投资经理人包括投资组合相对于基准指数的所有主要风险的方法就是**追踪误差**（tracking error）（我们推迟到下一章讨论这一重要的问题）。现在，重要的是在构建一个投资组合的时候，能够预测组合的业绩对基准指数的业绩追踪得有多好。追踪误差越大，投资组合的业绩和基准指数的表现不一致的可能性就越大。

2. 针对负债结构进行管理的风险

有些机构投资者需要他们的投资经理人构建投资组合以满足他们的负债结构。负债结构可能是单一的未来负债或者多重负债结构。当基准是负债时，管理组合的风险就是投资组合不能产生足够的现金流以满足负债结构的需要。管理负债结构通常被称作**资产负债管理**（asset-liability management）（我们这里关注的重点是管理资产使之满足负债结构，而不是管理负债）。

和资产案例一样，负债风险也有许多。这儿有 3 个例子让读者了解这类风险，我们将在其他章节看到更多、更详细的例子。

（1）债券的赎回风险

债权人可以选择提前终止合同。最简单的情况就是存单，存款人可以在到期日之前提取现金，但是得为此付出一定的代价。如果由于利率上调，一个或更多的存款者提前终止合同，届时存款机构就只能以更高的利率吸收存款（或者从金融市场借入资金）。但是，如果存款机构当前投资资产的固定收益利率低于新的借款利率，存款机构就会有负的利差。在这个例子中风险非常像赎回风险，不过存款机构只在利率上涨时担心提前赎回而不是利率下跌时。

（2）利率上限风险

融资性投资者可能投资浮动利率债券。典型的就是，浮动利率债券有一个利率上限（也就是最高利率）。为投资浮动利率债券，投资者可能会借入短期资金，而借款利率没有上限。因此，如果利率上涨而高于浮动利率债券的利率上限，且负债利率没有上限，某一利率融资成本将超过投资浮动利率债券的收益。这种风险就称为利率上限风险。

（3）利率风险

我们把一个机构的利率风险看作一个整体。一个实体的经济净值（economic surplus）是资产的市场价格与负债的市场价格之差。也就是：

经济净值 = 资产的市场价格 - 负债的市场价格

有人也许会问：什么是负债的市场价值？这个价值通俗地说就是负债按恰当的利率贴现的现值。利率的上涨将降低负债的现值或者债券的市场价值，利率的下跌将提高负债的现值或者债券的市场价值。因此，经济净值也可如下表示：

经济净值 = 资产的市场价格 - 负债的现值

例如，我们考虑一个投资组合仅由债券和负债构成的投资机构，让我们来分析当利率上升时经济净值将怎样变化。这将导致债券价值的贬低，但是也将导致负债价值的降低。由于资产和负债都下降，经济净值可能增加，也可能减少，也可能保持不变，净效应由资产和负债的相对利率敏感性决定。

我们把负债的久期定义为负债的价值在利率变动 100 个基点时的变动。当利率变动 100 个基点时，我们以 100 美元的现值变动定义资产和负债的美元久期。如果资产久期少于负债久期，在利率下降的情况下经济净值将减少。例如，假设当前资产投资组合的市场价值等价于 10 000 万美元，且负债的现值是 9 000 万美元，此时经济净值就是 1 000 万美元。假设资产的久期是 3，而负债的久期是 5。这意味着，利率每变化 100 个基点，100 美元资产的市场价值的久期就是 3，100 美元的现值的负债的久期就是 5。

考虑如下两种情况。第一种情况，利率降低 100 个基点。因为资产的久期是 3，资产的市场价值将增加大约 300 万美元，变成 10 300 万美元。负债的现值也将增加。由于负债的久期是 5，负债的现值也将增加 450 万美元，即 9 450 万美元。因此利率的降低，导致经济净值从 1 000 万美元减少到 850 万美元。

在第二种情况中，假设利率增加 100 个基点。由于资产的久期是 3，资产的市场价值将减少大约 300 万美元至 9 700 万美元。负债的价值也将减少。由于负债的久期是 5，负债的现值也减少 450 万美元至 8 550 万美元。因此利率的增加，导致经济净值从 1 000 万美元增加到 1 150 万美元。

注意，如果我们只关心这个机构的债券组合的利率风险，我们看到的就是当利率下降时资产价值的增加，因为资产的利率风险源于可能的利率上涨。但是，当我们分析利率变化时，如果同时考虑到资产与负债，将发现利率的降低正是该机构的利率风险之源，因为它减少了经济净值。

对企业养老金管理者这种情况尤其重要，因为财务会计规则要求资产与负债必须按市值计算（盯市）（美国财务会计准则委员会87）。而且会计准则要求，如果经济净值变成负值，则赤字必须作为负债在企业养老金管理者的资产负债表中报告。

虽然我们一直关注的是资产的久期，但应该记住久期只是资产或负债对利率变化敏感性的一阶近似。在分析资产相对于负债的利率敏感性时，二者的凸性也应该同时考虑。我们知道资产也可以有负的凸性，这也就是说，尽管资产和负债的久期相匹配，当利率下降时，如果资产的组合有负的凸性，则资产价值没有负债增加得多，这将导致经济净值减少。所以考察对经济净值的真正影响，必须同时考虑资产和负债的凸性。

16.2.3　约束条件

客户可以对投资经理人施加约束条件。一个客户可能对投资经理人施加约束的例子有，对特定发行人或产业投资资金的上限，设定购买债券的最低的信用等级、设定投资组合的最大和最小久期，比如是否允许利用资金杠杆、是否容许卖空，以及是否限制金融衍生工具（即期货、期权、互换协议、利率上限协议和利率下限协议等）的使用。

约束条件的提出应该符合现实，并且与投资目标保持一致。例如，假设一家保险公司发行一种5年期有保证的投资型保单，保证未来5年内投资收益超过收益率为6%的5年期新发行国债200个基点，此时投资目标是8%再加上保险公司的风险溢价。但是，如果限制投资经理人只能投资“AAA”级债券、投资期限也不能超过5年，此时对投资经理人来说，如果不能充分地交易投资组合来获得短期收益，要达到投资目标就相当困难。

除了客户提出的约束条件，国家监管机构的监管者，例如保险公司（人寿、财产、意外保险公司）的监管者可能根据资产的具体特征限制对某些主要资产类型的投资资金数量，甚至对一种主要资产类型内部的投资数量也有所限制。养老金管理者必须遵守《雇员退休收入保障法》（ERISA）。就投资公司来说，在招股说明中应明确阐明约束投资种类，而且只能在基金管理委员会的董事同意后才能修改。

税赋也是投资必须考虑的。例如，因为人寿保险公司享有某些纳税优惠，所以投资免税的市政债券就没什么吸引力。因为养老金基金同样免税，所以免税的市政债券就没什么吸引力了。

16.3　开发和实施投资组合策略

投资管理的第二阶段任务就是开发和实施投资组合策略。投资策略必须符合投资目标和约束条件，这个过程可以分解成如下任务：

- 列出一个投资政策；
- 选择投资策略的类型；
- 确定投资组合的买入证券；
- 设立投资组合。

我们将在下面逐项讨论这些任务。

16.3.1　列出投资政策

投资政策是联系投资者的投资目标和投资策略类型的文件。所雇用的投资经理人（内部的和外部的）应遵循投资政策去实现投资目标。投资政策应该明确设定容许的风险和风险的衡量方法。

一般而言，投资政策是经投资者与投资顾问商讨后形成的。如果设定了投资政策，投资者雇用的投资经理人提出的投资方针也就确定了。例如，如果投资目标是收益率高于综合债券指数，那么不同的指数板块可能要雇用不同的投资经理人。投资者的投资目标是收益率高于综合债券指数，而各个被雇用的投资经理人的投资目标却是收益率高于债券指数的特定板块。

为投资经理人设立的投资方针是通过综合投资者、投资者的顾问以及投资经理人自己的意见而形成的。投资方针必须与投资政策和投资经理人的投资理念相一致。投资方针明确了考核投资经理人绩效的标准。

16.3.2 选择投资策略的类型

从广义上说，投资组合策略可以分为积极策略（active strategies）或消极策略（Passive strategies）（详细的分类将在第18章介绍）。所有积极债券投资组合策略的关键都是确定影响某类资产业绩的所有因素的预期。曾经影响过债券投资组合策略的风险因素必须重新考虑，这方面细节性的问题将在下一章中介绍。就积极债券管理来说，这可能涉及多个方面的预测，包括利率、利率期限结构的变化、利率的波动以及收益率利差等。积极的投资组合策略如果涉及非本国货币债券，除了本国市场利率外还要求预测汇率。

消极投资策略要求最小的期望投入。消极策略一个典型的例子就是指数化方法（indexing），它的目标就是复制一个指定的债券市场指数的收益。指数化方法广泛地应用于股票的组合投资，而在债券投资组合方面的应用是一个比较新的应用。第18章将更多地讨论指数化方法。

一些债券投资组合策略常被分类为结构化投资组合策略（structured portfolio strategies），并得到了广泛应用。一个结构化投资组合策略就是要设定一个达到指定基准的业绩的投资组合。这种投资策略通常在满足负债的投资策略中使用。免疫法就是不管将来利率如何变化，都能产生足够的资金去偿还单一负债的方法。不管利率如何变化，指定的基准涉及偿还多重负债时，免疫法和现金流匹配法经常配合使用，这种策略将在第19章继续讨论。

1. 策略的选择与风险

策略选择始于对基准指数风险状况的广泛分析。正因如此，第17章不仅讨论基准指数的风险构成及其特征，而且还阐述对这些风险因素如何进行量化。一旦我们理解了基准指数的风险特征，我们就能区分两种基本的投资类型——消极和积极投资管理。

消极投资策略最通常的形式就是债券指数化。在债券指数化策略中，投资组合可以反映基准指数的风险概况。通常很难以最小的代价去精确复制基准指数，第18章将解释原因，因此，指数化投资组合的追踪误差应该很小。

在积极投资策略中，投资经理人的投资组合与基准指数有不同的风险特征。这些不同的类别决定了积极投资组合管理与基准指数风险特征的差异。投资经理人基于自己的期望，并与基准对比，然后确定他能接受的风险。此时追踪误差可能大于指数化策略。

从偏离基准指数风险程度来看，积极管理策略也有所不同。许多投资经理人用与基准指数风险“少许偏离”的策略来形成投资组合。这种管理策略通常被称作“增强型指数化”，问题是“少许偏离”很难量化。因此增强型指数化和积极型管理的界限是主观的（第18章将介绍增强型指数化)。

2. 投资策略中的衍生金融工具的作用

无论是选择积极还是消极投资策略，投资经理人都必须决定在实施其投资策略过程中是否运用衍生金融产品。衍生金融产品包括期货、远期合同、互换、期权、利率上限以及利率下限。当然，衍生工具的使用和限制通常是由客户和/或监管者设定的。

衍生金融工具可被用来控制投资组合的利率风险。应用衍生金融工具而不采用现货市场工具的优点将在第22章介绍。应用衍生金融工具控制利率风险的债券投资组合策略也将在第22章解释。

16.3.3　确定投资组合的买入证券

在积极投资组合策略中，确定投资组合的买入证券可分为两项任务。第一项任务是投资经理人预测买入证券对债券和投资组合业绩预期的影响。许多投资策略中这一步都涉及预测利率变化、利率波动变化、信用利差变化以及对国际债券投资组合来说的汇率变化。关于预测模型的讨论已超出本书的范围。

第二项任务就是根据市场数据去推测市场预期。注意，投资经理人的观点通常是和市场根据什么定价相关的，我们在介绍远期利率时已做了阐述。为了说明这一关键点，我们举一个简单的例子，假设一个投资经理人有1年的投资期，在如下两种选择之间进行决策：

买1年期国库券；

买6个月期国库券，当6个月到期后，再买6个月期国库券。

投资经理人的选择并非仅仅基于对6个月后6个月期国库券利率的预测，而是基于6月期利率的预测来确定1年期国库券利率。例如，假设6月期国债的利率是3.0%（基于债券等值的基础)，1年期国债的利率是3.3%（基于债券等值的基础)①。根据前面的知识，使投资者对两种方式的投资结果没什么偏好的从现在开始6个月后的6月期利率是3.6%②。这个3.6%的利率有时被当作均衡利率或者更通俗地被叫作远期利率。也就是说如果投资经理人预测从现在开始6个月后的6月期利率是3.6%，则两种投资选择将没什么区别。如果投资经理人预测从现在开始6个月后的6月期利率小于3.6%，则他就会选择1年期国债。如果投资经理人预测从现在开始6个月后的6月期利率大于3.6%，则他会选择6月期国债。

正如远期利率中讨论的，人们通常将远期利率当作未来利率的市场期望。然而，从投资经理人的观点看来，这与利率是不是市场的一致的期望值无关。投资经理人仅仅关心未来利率相对于今天定价过程中的利率的关系。从而，远期利率可被看成可套期保值的利率。也就是，如果一个投资经理人买入1年期国债，他就对从现在开始的6个月后的6月期利率实行了套期保值。因为这样做的话，投资经理人就锁定了从现在开始6个月后的6月期利率为3.6%。

远期利率只是投资组合经理人应用市场信息的方法的一个例子，我们将在后面的章节中看到更多的这方面的例子。

---

①　这是在前面已经用过的例子，债券等值基准是通过将半年收益率乘以2得到的。

②　为了说明这一点，假设两种选择各投资100 000美元，对1年期国债而言，投资经理人在两个6个月的投资期间(也就是一年）赚得1.65%的利率（一年期利率3.3%的一半)。1年后总的美元将是：$100\,000\times(1.0165)^2=103\,327$(美元)。

对6月期的国债而言，投资经理人在6个月内以1.5%（年利率的一半）的利率投资100 000美元，6个月后又以1.8%的利率（利率3.6%的一半）再投资6个月。1年后总的美元将是：$100\,000\times(1.015)\times(1.018)=103\,327$(美元)。此时，两种方案的终值相等。

16.3.4 设立投资组合

有了投资经理人的预测和源于市场的信息，投资经理人此时就可以将许多特定证券纳入投资组合中。在积极债券投资组合管理中，资产选择包括识别能获得高于基准回报的机会。这样做的话，投资经理人须确定将要买入的候选债券和投资组合中将要卖出的候选债券的相对价值。

根据 Jack Malvey 的理论，在债券市场，“相对价值（relative value）”就是“根据板块、结构、发行机构等标准，按照将来的某个时段债券的期望收益对固定收益证券投资的分级”①。相对价值的不同分析方法将在第 18 章和第 20 章解释。

16.4 监控投资组合

一旦投资组合设定，就需要对它进行监控。监控涉及两种活动。首先就是根据市场变化，对组合进行评估，以确定是否有入选的主要证券不能按预期实现其收益；其次就是监控投资组合的市场表现。

监控投资组合的表现涉及两个方面：第一是业绩衡量（performance measurement）。这涉及衡量投资经理人在一个特定的时间段内（评价期间）的业绩完成情况。如果已经获得在某个评价期间的业绩衡量情况，那么第二个任务就是**业绩评价（performance evaluation）**。业绩评价需解决两个问题：第一个问题是看投资经理人是否超过基准业绩实现了价值增值。第二个问题是看投资经理人是如何实现目标收益的。对业绩结果的分解解释了为什么能够实现目标收益，这就是**收益归因分析（return attribution analysis）**。业绩评价将在第 18 章中讲到。

16.5 调整投资组合

投资管理是一个持续的过程。对投资组合的监控活动表明是否需要调整投资组合。根据对资本市场的监控，投资经理人可以决定是否需要调整投资组合中的入选债券。基于新入选债券，一个投资经理人就构建了一个新的投资组合。在构造新的投资组合过程中，当前投资组合中的债券交易成本必须计算在内。这些成本包括交易费用和不利的税收或监管后果。

业绩衡量表明投资经理人投资目标的完成情况，投资业绩通常也是客户决定投资经理人去留的重要依据。但是，客户必须明白评判投资经理人的策略和业绩应该有足够长的时限。例如，如果新雇用的积极管理型投资经理人在第一个季度距基准收益还差 30 个基点，由于时间还不够长，就无法给予该投资经理人公正的评价。相反，假设雇用一个新的投资经理人用指数化债券投资策略进行投资，如果同样还差 30 个基点达到目标，一个季度可能足够去评判该投资经理人的指数化投资能力。事实上，即使一个指数投资组合经理人的收益率超过基准收益率 30 个基点，这也足够质疑该投资经理人的管理能力。对于一个新投资经理人来说，一个指数化的投资策略也不应该超过或低于基准 30 个基点。

① 本书第 20 章。

第 17 章 如何度量投资组合的风险

17.1 引言

在前面几章里，我们描述了与各种债券相关的风险，这些风险包括：

- 利率风险；
- 赎回及提前偿付风险；
- 收益率曲线风险；
- 再投资风险；
- 信用风险；
- 流动性风险；
- 汇率风险；
- 波动性风险；
- 通货膨胀或购买力风险；
- 事件风险。

本章假设读者已熟知这些风险。

本章将阐述如何度量投资组合的风险。因为我们关注的是债券投资组合策略，阐述的重点将放在相对于债券市场指数的业绩上。这里将债券市场指数作为基准指数。因此，与基准指数相关的资金管理过程需要管理者全面了解投资组合相对于基准指数的风险。投资组合与基准指数的不同风险导致了二者业绩的差异。构建与控制一个与基准指数相关的投资组合风险的最好办法是量化所有重要的风险。必须明白，一项交易在减少一种风险的同时也增加了另一种风险。

17.2 标准差和下行风险度量

与一项投资有关的风险可以用统计概念来定义。方差，或者其等价概念标准差（方差的平方根）都是大家所熟识的。哈里·马科维茨教授最先研究了当单个资产风险相关时如何度量投资组合的风险，并给出了如何运用这些信息建造有效投资组合的方法[①]。哈里·马科维茨提出的这些概念发展成了现代投资组合理论，我们将在其他地方详细介绍[②]它。现代投资组合理论得到了广泛的应用。以下重点讲述在债券投资组合管理中这些概念的运用和局限。

---

① Harry M. Markowitz, "Portfolio Selection," *Journal of Finance* (March 1952), pp. 71 - 91.

② 相关概念参见 Richard A. DeFusco, Dennis W. McLeavey, Jerald E. Pinto, and David E. Runkle, *Quantitative Methods for Investment Analysis* (Charlottesville, VA: Association for Investment Management and Research, 2001)。

17.2.1 标准差

在投资组合管理中，我们感兴趣的是一个投资组合收益的变异性。标准差和方差都是对收益变异性的度量。标准差或方差越大，收益率的变异性越大。要计算这些变异性必须先计算历史收益。每一时期的收益都是一个观测值或数据点。平均收益从历史收益中计算得出。计算收益的**方差（variance）**，首先是用每个数据点的收益减去平均收益得到相应的离差，再将此离差平方。所有离差的平方和除以数据点数 -1 就得到收益的方差。

利用方差作为分散度的度量的问题之一是方差考虑的是观测值的平方和。因此，方差的平方根，即标准差（standard deviation），就被用来作为一个更易被理解的度量分散程度的方法。

在用标准差作为风险度量指标时，有一些重要的限制应引起注意。在许多概率论的应用中，假设潜在的概率分布是正态分布（normal distribution）。图表 17—1 中 a 部分显示了正态分布的曲线图。平均价值也被称为期望值（expected value）。正态分布有以下特性：

1. 分布关于期望值对称，即获得价值低于期望值的可能性是 50%，获得价值高于期望值的可能性也是 50%；

2. 实际结果在低于期望值一个标准差到高于期望值一个标准差的范围之内的可能性是 68.3%；

3. 实际结果在低于期望值两个标准差到高于期望值两个标准差的范围之内的可能性是 99.5%；

4. 实际结果在低于期望值三个标准差到高于期望值三个标准差的范围之内的可能性是 99.7%。

对于正态分布，期望值和标准差都是表述实现某种收益的可能性所需要的信息。为了应用正态分布理论来评述收益率的概率，需要评判历史分布是否服从正态分布。

例如，正态分布的一个特性是分布是关于期望价值对称的。但是，一个已知的概率分布是形如图表 17—1 中 b 部分和 c 部分的。这些分布被称作偏态分布（skewed distributions）。除了偏态之外，历史分布还有可能比正态分布预测更多的离散值（例如在“尾巴”里的观测值）。有这些特征的分布通常被称作是“厚尾（fat tails）”，图表 17—1 中 d 部分描绘了厚尾的图形。注意到，如果一个分布确实有“厚尾”，但被假定为正态分布，则实际值在“尾巴”中的概率假定低于真实概率①。

为了判定一个历史分布是否具有正态分布的特征，必须考虑以下两个问题：

1. 数据是否符合正态分布的预测值?

2. 观测到的当期收益是否与前期收益相独立?

大多数统计学的入门课程说明了如何检验历史数据能否以一个正态分布来描述以及历史收益是否序列相关。这些检验超出了本章讨论的范围②。

---

① 关于偏态分布的进一步讨论参见 DeFusco，McLeavey，Pinto，and Runkle，*Quantitative Methods for Investment Analysis*，第 3 章，pp. 138 - 144。

② 序列相关的检验参见 DeFusco，McLeavey，Pinto，and Runkle，*Quantitative Methods for Investment Analysis*，第 9 章，pp. 138 - 144。

图表 17—1　　**概率分布图**

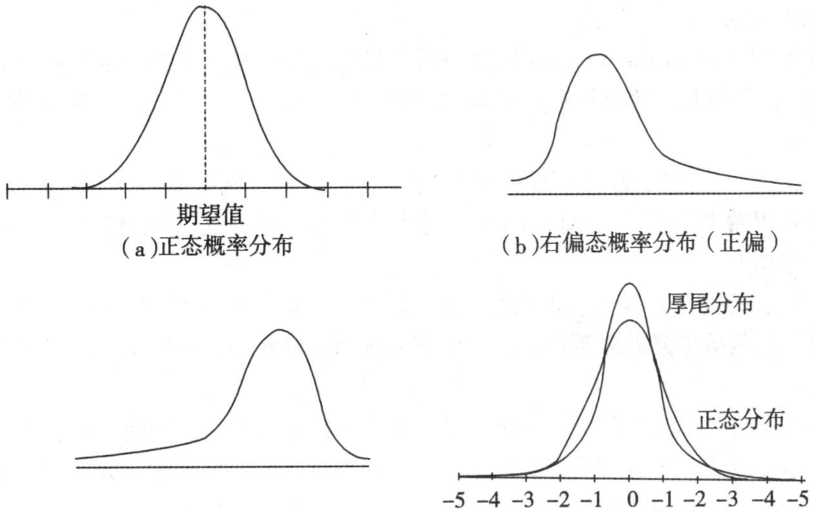

(a)正态概率分布　(b)右偏态概率分布（正偏）

(c)左偏态概率分布（负偏）　(d)厚尾

让我们来看债券收益的波动范围。对于债券，其损失有一个下限。对于国库券，该限制取决于利率上升至多高。因为国库券利率从未超出 15%，使得持有债券的负收益有一个下限，收益也有一个最大值。假设负利率不可能存在的情况下，一种债券的最高价格就是无需贴现的未来现金流量（例如，支付的利息以及到期价值之和）。反之，这又决定了最大化收益。为了保持平衡，政府债券收益分布是负偏态的。JP 摩根风险度量系统的研究认为政府债券是负偏态的，并且，政府债券收益表现出“厚尾”特征①。

另一个运用正态分布的问题是观测值的独立性问题。考虑收益率这方面的问题，重要的是要知道今天实现的收益是否会受前期受益的影响。序列相关通常被用来描述在不同时期的收益的相关性。JP 摩根风险度量系统的研究认为政府债券收益有轻微的正序列相关性②。

17.2.2　下行风险度量

前面已经介绍了为什么标准差可被用来度量风险，也介绍了当分布是非正态的或者不是对称分布时运用标准差来度量风险的局限。

其他的风险度量方法就只集中在投资收益低于设定水平时的收益分布上。这些风险度量方法被称作下行风险度量方法（downside risk measures）。为测量下行风险，投资组合经理须确定目标收益（target return），低于目标收益的回报就表示不利的结果。在运用标准差的情形中，目标收益是期望价值。但在实际情况中，并不必如此。例如，在基于基准指数的资金管理中，目标收益可能是在基准指数收益基础上再加 X 个基点。如果收益比（基准指数收益 + X 基点）少就表示有下行风险。在基于负债的资金管理中，目标收益是承诺的负债利率再加上 S 基点的利差。少于目标收益则代表有下行风险。

三种常用的下行风险度量方法是：

- 目标半方差；
- 缺口风险；

① RiskMetics™—*Technical Document*, JP Morgan, May 26, 1995, New York p. 48.
② RiskMetics™—*Technical Document*, p. 48.

- 风险价值。

1. 目标半方差

目标半方差（target semivariance）是对低于目标收益的收益率的分散程度的度量。当目标收益是期望价值时，将出现目标半方差的特殊情况，其度量结果被称为半方差（semivariance）。

虽然理论上，作为风险度量手段，半方差要优于方差（标准差），但在债券投资组合管理中并没有获得普遍应用。Ronald Kahn 针对为什么不用半方差（他将其定义为下行风险）给出了如下理由[①]：

第一，半方差的定义不像标准差或方差那样清晰，也没有众所周知的统计特征。因此，它并不是统一的风险定义的理想选择。我们需要投资组合经理、计划发起人以及受益人都能运用的定义。

第二，对于大规模的投资组合构建问题，半方差在计算上存在挑战。事实上，我们可以将个别债券标准差合计来得到投资组合标准差，而对于其他的风险度量法，我们则必须更多地依赖于投资组合收益模式的历史外推法。

第三，如果投资收益是合理的对称分布，大多数下行风险与标准差或方差成比例关系，所以没有新的额外信息。如果投资收益不对称，运用方差进行下行风险预测就会有问题。收益不对称有时会不稳定，所以非常难预测。已知的下行风险并不能很好预测未来的下行风险。而且，我们仅以一半的数据估算下行风险，失去了统计上的准确性。

17.2 节将介绍单个债券收益标准差是如何决定债券投资组合标准差的。此外，我还将说明对单个债券使用历史收益模型存在的问题。

2. 缺口风险

缺口风险（shortfall risk）是指收益率所具有的价值小于目标收益的概率[②]。根据收益的历史分布，缺口风险是低于目标收益的观测数据占所有观测数据的比例。这种风险度量的一个问题是低于目标收益的幅度被忽略了。

当目标收益为零时，缺口风险通常被称为损失风险。用观测的历史数据中收益小于零的次数除以观测数据总数就得到损失风险（risk of loss）。

Ronald Kahn 发现使用缺口风险会遇到和使用目标半方差测量风险时同样的问题，即前面所述的“不明确，统计上难以理解，难以预测”[③]。

3. 风险价值

为了计算缺口风险，投资组合经理须设定一个目标收益，并计算观测到的小于目标收益的次数的百分比。一个相关的测量风险的方法需要投资组合经理设定一个目标置信度；在资产持有时间内，投资收益不低于由目标置信度决定的对应价值。

例如，假设投资组合经理设定的目标概率为95%，投资组合经理然后确定收益分布左尾区域的概率为5%，由该5%的概率（译者加）所计算出的对应的目标收益就是风险价值（value at risk，VaR）[④]。

---

① Frank J. Fabozzi（ed），*Managing Fixed Income Portfolios*（New Hope，PA：Frank J. Fabozzi Associates，1997），第1章 Ronald N. Kahn，“Fixed Income Risk，” pp2－3.

② 关于缺口风险的进一步讨论，参见 DeFusco，McLeavey，Pinto and Runkle，*Quantitative Methods for Investment Analysis*，pp. 253－256.

③ Kahn，“Fixed Income Risk，” p. 3.

④ 进一步讨论请参考 Don M. Chance，*Analysis of Derivatives for the CFA Program*（Charlottesville，VA：Association for Investment Management and Research，2003），第9章，pp. 576－578.

17.2.3 投资组合的方差

利用标准差或方差测量风险的好处之一是其能够通过投资组合中的各个债券算出投资组合风险。投资组合的期望价值即组合中单个债券的期望价值的加权平均。显然，分配给每一种债券的权重即该债券的市场价值占投资组合市场价值的百分比。然而，投资组合的方差并不仅仅是构成投资组合的债券的方差的简单加权平均。现代投资组合理论的一个基本原理就是投资组合的方差不仅取决于单个资产的方差，还取决于它们的协方差或相关系数①。

如果用标准差来测量风险，为了能算出投资组合的标准差，就要估计单一债券的方差和它们的协方差。我们来看看和该方法有关的两个重要问题。在讨论这两个问题后，就将知道如何计算投资组合的标准差。

第一个问题是当投资组合中债券数量或者被考虑的债券数量增加时，需要计算的参数量将剧烈增加。例如，一个投资组合经理如果试图建立一个有 5 000 个备选债券的投资组合，（如果觉得该数字听起来太大，就请想想宽基债券市场指数，其构成债券远远多于 5 000 个）他需要计算的方差和协方差数量将达到 12 502 500 个②。

第二个问题是，无论是 10 只债券构成的投资组合对应 55 个方差和协方差，还是 5 000 只债券构成的投资组合对应 12 502 500 个方差和协方差，这些参数必须被全部估计出来。问题是投资组合经理到哪去得到这些数据呢？答案是他们必须根据历史数据进行估计。尽管股票投资组合经理可以有很长的股票收益的时序数据，但是债券投资组合经理通常就没有这么好的历史数据了。此外，即使某只债券有收益的时序数据，投资组合经理也必须质疑这些收益的含义，因为债券的特征是随时间经常变化的。

例如，一只 8 年前发行的 10 年期国债的季收益率已经可以算出。第一季度的季收益率即 10 年期国债的收益率。但是，第二季度的季收益率为 9.75 年期国债的收益率，第三季度的季收益率为 9.5 年期的国债收益率，依次类推。如果初始的 10 年期国债包括在当前的投资组合中，投资组合经理想测算该债券的标准差，其历史标准差就没有意义了。因为该国债是在 8 年前购买的，现在是 2 年期国债而且不具备之前到期日的收益率变化特征。不仅到期时间变化会影响收益率的历史数据，而且还限制了其使用。由于赎回/提前偿付条款，有些债券的特征变化很大。例如，我们讨论过的抵押贷款支持证券。CMO 支持债券由于赎回平均寿命变化巨大，从而影响了历史收益模式。

现在，如果我们把需要估计大量数据的问题和缺乏相关数据的问题结合起来，我们又发现另外一个重要问题。考虑一项由 100 个债券组成的投资组合，就有 5 050 个需要估计出来的数据，假设因为缺乏历史数据或有效数据，其中有 10% 被估计错，就有 505 个估计错误的数据。这些数据会给投资组合标准差的估计带来实质性的影响。

17.3 追踪误差

在第 17.2 节里描述的量化风险的方法有的是根据收益相对于均值的变化，有的是根据相对于目标收益的下行风险。所以，这些方法用于投资组合管理比用于负债或目标收益管理更有效。

当一个管理者的基准指标是债券市场指数时，相对于该基准指标的市场表现就很重要。

① 请参考 DeFusco，McLeavey，Pinto，and Runkle，*Quantitative Methods for Investment Analysis*. 第 11 章。
② 确定方差和协方差数目的计算公式通常是：［债券数目 ×（债券数目 +1）］÷2。

当基准指数收益减少3%时，年收益率仅减少1%的投资组合经理表现更好。因此，投资组合经理理解相对于基准指数风险的投资组合风险是很重要的。用于该目的的风险测度方法就是追踪误差（tracking error）。

17.3.1 追踪误差度量

追踪误差度量了投资组合收益和基准指数收益之间的偏差。对于一个选定了基准指数的投资组合，其历史观测数据常被用来计算其未来的追踪误差。用于计算追踪误差的观测数据实际是积极收益（active return），其定义如下：

积极收益 = 投资组合收益 - 基准指数收益

图表17—2 **一个假设的投资组合的追踪误差计算**

观测期间 = 2001年1月—2001年12月

基准指数 = 雷曼综合债券指数

2001年月份	投资组合收益（%）	基准指数收益（%）	积极收益（%）	与均值的离差	离差平方
1月	2.10	1.64	0.46	0.26	0.0689
2月	1.75	0.87	0.88	0.68	0.4658
3月	0.88	0.50	0.38	0.18	0.0333
4月	-0.73	-0.42	-0.31	-0.51	0.2576
5月	0.30	0.60	-0.30	-0.50	0.2475
6月	0.43	0.38	0.05	-0.15	0.0218
7月	2.91	2.24	0.67	0.47	0.2233
8月	1.40	1.15	0.25	0.05	0.0028
9月	1.62	1.17	0.45	0.25	0.0638
10月	2.16	2.09	0.07	-0.13	0.0163
11月	-2.10	-1.38	-0.72	-0.92	0.8418
12月	-0.15	-0.64	0.49	0.29	0.0856
总额			2.37	0	2.3282
均值			0.1975		
方差					0.2117
标准差 = 追踪误差					0.4601
追踪误差（用基点表示）					46.01

备注：

积极收益 = 投资组合收益 - 基准指数收益

方差 = （离差平方和）/11

追踪误差 = 标准差 = 方差的平方根

追踪误差是投资组合的积极收益的标准差。

图表17—2显示了观测期为12个月的假设债券投资组合的追踪误差的计算。基准指数是雷曼综合债券指数。追踪误差在图表的底部。关于计算标准差需要的中间计算的细节在这里没有说明①。

试图匹配基准指数的投资组合经理一般是获得几乎为零的超额收益，从而会看到一个较小的追踪误差。在理论上，如果管理者能完美地匹配投资组合业绩，追踪误差可以为零。一个被积极管理的投资组合和基准指数的组合完全不同（亦即有不同的风险），可能获得较大超额收益，包括正的收益和负的收益，所以会有较大的追踪误差。

① DeFusco, McLeavey, Pinto, and Runkle, *Quantitative Methods for Investment Analysis*, p. 133. 例题3至例题8。

我们将用图表 17—3 中的投资组合解释追踪误差和本章中讨论的其他风险度量方法。该投资组合包括 45 个债券，在本章和下一章中，我们称之为“45—债券投资组合”。45—债券投资组合设立日为 2001 年 11 月 5 日，基于 2001 年 10 月 31 日的价格①。该投资组合的市场价值（包括应计利息）是 1 001 648 000 美元。基准指数是雷曼综合债券指数，它是一种在前几章中描述过的宽基债券市场指数。该指数的市场价值（包括应计利息）是 6 999 201 792 000 美元。

图表 17—3　　**45—债券投资组合**

美国统一证券辨认委员会编号	发行人名称	息票率	到期日	债券评级		板块	调整的久期	票面面值（单位：千美元）	投资组合市值百分比
				穆迪	标准普尔				
057224AF	BAKER HUGHES	8.000	05/15/2004	A2	A	IND	2.26	9 400	1.06
059165BU	BALTIMORE GAS + ELEC	6.500	02/15/2003	A1	AA−	UTL	1.23	28 000	2.94
064057AN	BANK OF NEW YORK	6.500	12/01/2003	A1	A	FIN	1.92	28 000	3.03
097023AL	BOEING CO	6.350	06/15/2003	A1	AA−	IND	1.52	18 600	1.98
191219AY	COCA-COLA ENTERPRISES I	6.950	11/15/2026	A2	A	IND	12.05	93 200	10.20
23383FAK	DAIMLER-BENZ NORTH AMER	6.670	02/15/2002	A3	A+	IND	0.28	37 300	3.84
532457AP	ELI LILLY CO	6.770	01/01/2036	AA3	AA	IND	13.63	9 400	1.03
293561BS	ENRON CORP	6.625	11/15/2005	BAA1	BBB+	UTL	3.36	9 400	0.72
31359CAT	FEDERAL NATL MTG ASSN-GLO	7.400	07/01/2004	AAA+	AAA+	USA	2.41	14 800	1.67
FGG06096	FHLM Gold 7-Years Balloon	6.000	04/01/2026	AAA+	AAA+	FHg	0.38	37 300	3.87
FGD06494	FHLM Gold Guar Single F.	6.500	08/01/2008	AAA+	AAA+	FHd	1.71	43 100	4.55
FGB07098	FHLM Gold Guar Single F.	7.000	05/01/2027	AAA+	AAA+	FHb	0.89	59 800	6.26
FGB06498	FHLN Gold Guar Single F.	6.500	08/01/2027	AAA+	AAA+	FHb	1.81	35 400	3.67
319279BP	FIRST BANK SYSTEM	6.875	09/15/2007	A2	A−	fin	4.92	7 400	0.82
FNA08092	FNMA Conventional Long T.	8.000	01/01/2021	AAA+	AAA+	FNa	-0.24	61 800	6.68
345397GS	FORD MOTOR CREDIT	7.500	01/15/2003	A2	BBB+	FIN	1.14	7 400	0.78
347471AR	FORT JAMES CORP	6.875	09/15/2007	BAA3	BBB−	IND	4.85	7 400	0.73
GNA09490	GNMA I Single Family	9.500	08/01/2019	AAA+	AAA+	GNa	1.65	24 400	2.73
GNA07493	GNMA I Single Family	7.500	04/01/2022	AAA+	AAA+	GNa	0.73	55 900	5.97
GNA06498	GNMA I Single Family	6.500	12/01/2027	AAA+	AAA+	GNa	2.42	9 400	0.98
458182CB	INTER AMERICAN DEV BANK-G	6.375	10/22/2007	AAA	AAA	SUP	5.08	11 300	1.24
524909AS	LEHMAN BROTHERS INC	7.125	07/15/2002	A3	A	FIN	0.68	7 400	0.77
563469CZ	MANITOBA PROV CANADA	8.875	09/15/2021	AA3	AA−	FLA	10.87	7 400	1.00
58013MDE	MCDONALDS CORP	5.950	01/15/2008	AA3	AA	IND	5.19	7 400	0.78
590188 HZ	MERRILL LYNCH & CO. - GLO	6.000	01/12/2003	AA3	AA−	FIN	1.23	9 400	0.98
654106AA	NIKE INC	6.375	12/01/2003	A2	A	IND	1.92	5 500	0.59
655844AJ	NORFOLK SOUTHERN CORP	7.800	05/15/2027	BAA1	BBB	IND	11.48	7 400	0.84
669383CN	NORWEST FINANCIAL INC.	6.125	08/01/2003	AA2	A+	FIN	1.65	7 400	0.78
683234HG	ONTARIO PROV CANADA-GLOBA	7.375	01/27/2003	AA3	AA	FLA	1.18	7 400	0.80

① 感谢 Vadim Konstantinovsky，CFA and Lev Dynkin 著的 *the Quantitative Portfolio Strategy Group in Fixed Income Research at Lehman Brothers*，该书不仅介绍了投资组合的例子和投资组合的特征，还有对投资组合的深入分析。

续图表

美国统一证券辨认委员会编号	发行人名称	息票率	到期日	债券评级		板块	调整的久期	票面面值（单位：千美元）	投资组合市值百分比
				穆迪	标准普尔				
744567DN	PUB SVC ELECTRIC + GAS	6.125	08/01/2002	A3	A–	UTL	0.73	5 500	0.57
755111AF	RAYTHEON CO	7.200	08/15/2027	BAA3	BBB–	IND	11.81	4 800	1.53
761157AA	RESOLUTION FUNDING CORP	8.125	10/15/2019	AAA+	AAA+	USA	10.81	81 900	4.24
88731EAF	TIME WARNER ENT	8.375	03/15/2023	BAA1	BBB+	IND	10.75	9 400	1.08
904000AA	ULTRAMAR DIAMOND SHAMROCK	7.200	10/15/2017	BAA2	BBB	IND	9.66	7 400	0.73
912810 DB	US TREASURY BONDS	10.375	11/15/2012	AAA+	AAA+	UST	5.11	18 600	2.58
912810DS	US TREASURY BONDS	10.625	08/15/2015	AAA+	AAA+	UST	8.72	26 100	4.19
912810EQ	US TREASURY BONDS	6.250	08/15/2023	AAA+	AAA+	UST	12.71	55 900	6.50
912827D2	US TREASURY NOTES	7.500	11/15/2001	AAA+	AAA+	UST	0.04	18 600	1.92
9128272P	US TREASURY NOTES	6.625	03/31/2002	AAA+	AAA+	UST	0.41	11 300	1.16
9128273G	US TREASURY NOTES	6.250	08/31/2002	AAA+	AAA+	UST	0.81	18 600	1.94
912827L8	US TREASURY NOTES	5.750	08/15/2003	AAA+	AAA+	UST	1.69	2 000	0.21
912827T8	US TREASURY NOTES	6.500	05/15/2005	AAA+	AAA+	UST	3.13	2 000	0.23
9128273E	US TREASURY NOTES	6.125	08/15/2007	AAA+	AAA+	UST	4.93	2 000	0.23
949740BZ	WELLS FARGO + CO	6.875	04/01/2006	AA3	A	FIN	3.86	9 400	1.03
961214AD	WESTPAC BANKING CORP	7.875	10/15/2002	A1	A+	FIN	0.93	5 500	0.57

雷曼兄弟公司有关于债券超额收益的历史信息，利用这些信息，雷曼兄弟公司计算出45—债券投资组合相对于雷曼综合债券指数的追踪误差是每年62个基点。假设追踪误差服从正态分布，那么下一年该组合收益在基准指数收益基础上±62个基点范围内的可能性是68%。

在第17.9节我们将看到62个基点的追踪误差是如何分解为导致该追踪误差的风险因子的。

17.3.2 实际的追踪误差与预测的追踪误差

在图表17—2中，追踪误差的计算是以实现的积极收益为基础的。但是，图表17—2中显示的业绩是投资组合经理在12个月中做出决策的结果，这些决策考虑了投资组合的久期、板块配置、信用结构等情况。因此，我们称根据积极收益计算出的追踪误差为向后看的追踪误差（backward-looking tracking error），或者事后追踪误差（ex post tracking error）和实际追踪误差（actual tracking error）。在本章和下一章将使用实际追踪误差这一术语。

使用实际追踪误差的一个问题是它没有反映投资组合经理当前决策对于未来积极收益和未来可能的追踪误差的影响。例如，如果投资组合经理现在大大改变了投资组合的有效久期或者板块配置，那么运用前期数据计算的实际追踪误差将不能真实反映当前的投资组合风险。也就是说，实际追踪误差将失去预测价值，甚至还会对判断投资组合风险造成误导。

投资组合经理需要对追踪误差进行前瞻性的估计以准确反映未来的投资组合风险。实际操作中，这可以通过拥有风险模型的交易商的服务来实现。该模型被称作多因素风险模型，它识别并定义了与基准指数相关的风险。这个模型将在 17.8 节中描述。对基准指数中的债券的历史收益数据进行的统计分析被用来获取风险因子并量化风险（包括运用方差和相关性/协方差）。针对投资组合经理当前持有的投资组合，可以计算组合目前对不同风险因子的敞口，然后与基准的风险因子敞口进行比较。根据不同的因子敞口和因子风险，可以计算出投资组合的前瞻性追踪误差（forward looking tracking error）。这种追踪误差也被称为事前追踪误差（ex ante tracking error）或预测的追踪误差（predicted tracking error）。在本章和下一章我们将使用预测追踪误差这一术语。

年初的预测追踪误差不一定等于在年末计算出的实际追踪误差。这有两个原因：第一，投资组合经过一年的调整和变化，预测追踪误差将反映新风险敞口。第二，预测追踪误差的准确性取决于分析中所用的方差和相关性/协方差的稳定性。尽管存在这些问题，在一年中不同时期获得的预测追踪误差的平均值将合理地接近年末观测到的实际追踪误差。

追踪误差的两种计算都有它的用途。预测追踪误差可被用于风险控制和投资组合设立。对于任何投资组合的变动，投资组合经理都会马上看到其对追踪误差的可能影响。因此，投资组合经理可以对不同的投资组合策略做一个“如果—那么”的分析，从而去掉那些可能导致追踪误差超过其风险承受能力的决策。实际追踪误差可用来进行业绩评估。这将在下一章讨论。

报告实际追踪误差时，也常常提供以下附加信息：平均收益的偏差（即积极收益平均值）、最大的积极收益偏差（即最高的积极收益），以及最小的积极收益偏差（即最低的积极收益）。需要注意的是，一些市场参与者也把给定观测期内的积极收益称作追踪误差①。

17.4　投资组合的利率风险度量

投资组合久期用来度量因利率水平变化（假设收益率曲线平行移动）引起的投资组合风险敞口。对于一个投资组合，假设收益率曲线平行移动，其久期就是在利率变动 100 个基点时，该组合市场价值变化的近似百分比。因此，如果投资组合的久期为 4，那么利率每变动 100 个基点，投资组合市场价值将大约变动 4%。此前，我们解释过如何计算单个证券的久期。

当收益率曲线平行移动时，债券或投资组合的风险可以用三种不同的久期来进行度量。即修正久期、麦考利久期和有效久期。如前所述，修正久期（modified duration）假定，当利率变化时，现金流不变。如果想度量嵌入期权债券（例如，可赎回债券、抵押贷款支持证券和一些资产支持证券）的风险，修正的久期将受到限制。麦考利久期（Macaulay duration）和修正的久期相关。当利率变化时，如果同时考虑现金流的变化，麦考利久期也会失效。相反，有效久期（effective duration）考虑了现金流的变化，用它度量嵌入期权债券的风险是合适的。有效久期也被称作期权调整久期（option-adjusted duration）。

要计算投资组合的久期，首先要计算组成投资组合的单个债券的久期。这种计算需要使

① 这是作者使用的术语，也可见于 DeFusco，McLeavey，Pinto，and Runkle，*Quantitative Methods for Investment Analysis*，p. 236 和该书的术语表，p. 657.

用一个估值模型。久期是在利率变动和对债券新价值的计算中得到的。*那么，久期度量的准确性取决于估值模型。*我们说明过如何用二项式模型计算嵌入期权债券的有效久期，以及如何计算抵押贷款支持证券和资产支持证券的有效久期。

对于45—债券投资组合，其每一只债券的久期列在“调整的久期”栏内。雷曼兄弟公司用术语“调整的久期”代替“有效久期或期权调整的久期”。雷曼兄弟公司的度量方法考虑了利率变化对证券现金流的影响，理解这一点很重要。

17.4.1 投资组合的久期

投资组合的久期即该组合中各个债券的久期的加权平均。单个债券的权数就是该债券的市场价值在投资组合的市场价值中所占的比重。投资组合久期的数学计算如下：

$$w_1D_1 + w_2D_2 + w_3D_3 + \cdots + w_kD_k$$

其中：W_i = 债券 i 的市场价值/投资组合的市场价值

D_i = 债券 i 的久期

K = 投资组合中债券的数量

现举例说明计算过程。考察由如下三种债券构成的投资组合，所有债券都没有期权，而且是半年付息。

债券		持有的面值总额（百万美元）	市场价值（美元）
10%	5 年期	4	4 000 000
8%	15 年期	5	4 231 375
14%	30 年期	1	1 378 586

在这个例子中，假设每种债券的下一次利息支付都正好发生在六个月以后。该投资组合的市场价值是 9 609 961 美元。每种债券每百元面值的市场价格以及它们的收益率、久期在下面列出：

债券	价格（美元）	收益率（%）	久期
10%　　5 年	100.0000	10	3.861
8%　　15 年	84.6275	10	8.047
14%　　30 年	137.8586	10	9.168

这里，k 等于 3，且有：

W_1 = 4 000 000 美元 ÷ 9 609 961 美元 = 0.416　　$D_1 = 3.861$

W_2 = 4 231 375 美元 ÷ 9 609 961 美元 = 0.440　　$D_2 = 8.047$

W_3 = 1 378 586 美元 ÷ 9 609 961 美元 = 0.144　　$D_3 = 9.168$

资产组合的久期为：

$$0.416 \times (3.861) + 0.440 \times (8.047) + 0.144 \times (9.168) = 6.47$$

投资组合久期为 6.47 意味着，三个债券中每一债券收益率变化 100 个基点，投资组合市场价值大约变动 6.47%。但必须记住，三个债券中每一债券的收益率必须变动 100 个基点，久期才能使用。这是一个至关重要的假设，其重要性怎么强调也不过分。

计算投资组合的久期还可用另一种方法。首先计算每一债券收益率改变一定基点数时各债券的价格变动金额，然后把所有的价格变动加总。用得到的总价格变化金额除以投资组合的初始市场价值，即可得出价格变化的百分比，该百分比经过调整就得到投资组合的久期。

我们还是用上面三种债券的投资组合来说明如何使用这种方法。假设我们用每种债券的久期算出收益率变化 50 个基点时它们各自的价格变动，于是有：

债券		市场价值（美元）	久期	收益率变化 50 个基点时的价值变动额（美元）
10%	5 年	4 000 000	3. 861	77 220
8%	15 年	4 231 375	8. 047	170 249
14%	30 年	1 378 586	9. 168	63 194
			总计	310 663

因此，每种债券收益率变动 50 个基点使该投资组合的市场价值变动 310 663 美元。投资组合的市场价值为 9 609 961 美元，那么 50 个基点的收益率变动将导致组合价值变动 3. 23%（用 310 663 美元除以 9 609 961 美元）。因为久期是每 100 个基点变动所对应的组合价格的近似百分比变动，那么该投资组合的久期应为 6. 64（3. 23 的两倍），这个值和前面得出的结果相同。

如果将上述公式用于 45—债券投资组合，可以算出其久期为 4. 59。此外，投资组合的久期还可以根据各板块的久期计算。例如，每板块的久期和占投资组合价值的百分比如下：

板块	占投资组合的百分比（%）	调整的久期	投资组合百分比（%）×调整的久期
国债	18. 96	7. 21	1. 37
机构债券	5. 96	8. 43	0. 50
金融	8. 20	2. 16	0. 18
工业	20. 55	9. 61	1. 97
公用事业	4. 23	1. 53	0. 06
非美元信贷	7. 45	2. 65	0. 20
商业抵押贷款支持证券	34. 70	0. 90	0. 31
资产支持证券	0. 00	0. 00	0. 00
CMBS	0. 00	0. 00	0. 00
总计	100. 00		4. 59

45—债券投资组合的久期为 4. 59。

17. 4. 2　债券市场指数的久期

因为债券市场指数也是一个投资组合，所以债券市场指数的有效久期可以用和计算投资组合久期同样的方法来计算。在第 16 章，我们回顾了三种宽基债券市场指数，这里我们只看其中的雷曼综合债券指数。

该债券市场指数包含多个板块。在第 16 章中已经作了详细介绍。各板块指数在 2001 年 10 月 31 日的详细情况及其有效久期（用雷曼兄弟公司的术语是“调整的久期”）如下表所示：

板块	占投资组合的百分比（%）	调整的久期	占投资组合百分比（%）×调整的久期
国债	22.65	6.22	1.41
机构债券	11.55	4.49	0.52
金融	7.74	4.61	0.36
工业	10.20	6.45	0.66
公用事业	2.29	5.68	0.13
非美元信贷	6.46	5.41	0.35
商业抵押贷款支持证券	35.36	1.46	0.52
资产支持证券	1.71	3.29	0.06
CMBS	2.05	5.10	0.10
总计	100.00		4.10

将各板块的权重乘以各板块的调整久期，然后将所得结果相加就得到指数的久期。上表最后一列就是各板块的权重与久期的乘积。最后一列的总和是4.1，所以该指数的久期就是4.1。

注意，如果45—债券投资组合的基准指数是雷曼综合债券指数，那么该投资组合将比基准指数对于利率的平行变动更为敏感（4.59与4.10比较）。

17.4.3 对投资组合久期和基准指数久期的贡献

某投资组合或者基准指数中某一债券或者板块的市场价值所占的百分比常被一些投资组合经理简单地当作该投资组合或者基准指数对相应债券或者板块的风险敞口。然而，使用对投资组合久期的贡献（contribution to portfolio duration）和对基准指数久期的贡献（contribution to benchmark index duration）来度量单个债券或板块的风险敞口会更好。它等于单个债券或板块的市场价值在投资组合市场价值中的百分比乘以单个债券或板块的久期。即：

对投资组合久期的贡献 = 投资组合中债券或板块的权重 × 债券或板块的久期

对基准指数久期的贡献 = 基准指数中债券或板块的权重 × 债券或板块的久期

图表17—4表明了各板块在45—债券投资组合和基准指数中的详细情况，也说明了各板块对投资组合久期和基准指数久期的贡献情况。

如果投资组合经理想要明确某个板块对投资组合久期贡献相对于这个板块对宽基市场指数久期贡献的差异，可以通过计算二者的差异来比较。某个板块对投资组合久期和对基准指数久期贡献的差异比该板块在二者中所占的百分比的差异要更有意义。

17.4.4 凸性

我们讨论过使用久期的局限性。其中之一就是当利率变化比较大时久期不能很好地估计债券、投资组合或者基准指数的价值变化。而凸性可以改进久期的估计结果。凸性能估计出利率变化时久期无法解释的部分价值变动。

图表 17—4　　板块对投资组合和基准指数久期的贡献

板块	投资组合			基准指数			差异	
	占投资组合的百分比（%）	调整的久期	对调整的久期的贡献	占投资组合的百分比(%)	调整的久期	对调整的久期的贡献	占投资组合的百分比(%)	对调整的久期的贡献
国债	18.96	7.21	1.37	22.65	6.22	1.41	-3.69	-0.04
机构债券	5.90	8.43	0.50	11.55	4.49	0.52	-5.65	-0.02
金融	8.20	2.16	0.18	7.74	4.61	0.36	0.46	-0.18
工业	20.55	9.61	1.97	10.20	6.45	0.66	10.35	1.31
公用事业	4.23	1.53	0.06	2.29	5.68	0.13	1.94	-0.07
非美元信贷	7.45	2.65	0.20	6.46	5.41	0.35	0.99	-0.15
商业抵押贷款支持证券	34.70	0.90	0.31	35.36	1.46	0.52	-0.66	-0.21
资产支持证券	0.00	0.00	0.00	1.71	3.29	0.06	-1.71	-0.06
CMBS	0.00	0.00	0.00	2.05	5.10	0.10	-2.05	-0.10
总计	100.00		4.59	100.00		4.10	0.00	0.49

45—债券投资组合的凸性是 +0.13，雷曼综合债券指数的凸性是 -0.26。这两个值表示什么呢？更深入的讨论发现凸性为什么是难于解释的，因为它可以用不同的方式表示。重要的是发现当基准指数呈现负的凸性时，投资组合却有正凸性。这说明管理者希望，在利率大幅下跌时，投资组合业绩能胜过基准指数。下一章进行情景分析时将证实这个结论。

17.5　收益率曲线风险度量

久期提供了度量投资组合或基准指数在利率水平变动时的风险敞口的方法。但是，久期没有表明当收益率曲线形状发生变化时投资组合或基准指数的风险敞口。我们之前讨论了各种形式的收益率曲线变动（即移动）。因此，管理者必须理解由收益率曲线变动导致的投资组合和基准指数的风险敞口。

一个了解由收益率曲线变动导致的风险敞口的途径是分析投资组合和基准指数现金流的现值的分布①。图表 17—5 显示了 45—债券投资组合和雷曼综合债券指数的现金流现值的分布情况。图表 17—5 表明相对于基准指数，该投资组合有更多的现金流（按现值表示）来源于到期期限处于长、短两端的债券，因此，它是杠铃型的。

另一个了解由收益率曲线变动导致的风险敞口的方法是计算投资组合和基准指数的关键利率久期。关键利率久期在前面已经介绍过，它是投资组合价值对于特定关键即期利率变动的敏感性。不同交易商选取即期利率曲线上的特定到期日利率（关键利率久期根据它来计

① 现金流是这样得到的：对于投资组合和基准指数中不含期权的债券，现金流一直持续到到期日。对于投资组合和基准指数中的可赎回债券，调整久期的现金流被计算出。这是一个到期日现金流和赎回日现金流的加权混合。权重的选择应使混合现金流的久期等于期权调整的久期。对于投资组合和基准指数中的 MBS（抵押贷款支持证券），根据收益率曲线和雷曼兄弟提前赎回模型，可以得到利率的单一路径，由此可得具有零波动率的现金流，这种现金流被称作“最糟现金流”。计算单个债券的任何现金流现值都要用到它的收益率。

算）也不同。图表 17—6 报告了雷曼兄弟公司计算的 6 个关键利率久期①。投资组合 5 年期的关键利率久期为 0.504，其含义是：保持其他利率不变，5 年期利率每变动 100 个基点，投资组合价值变动大约 0.5%。

图表 17—6 中报告的关键利率久期支持对现金流现值的分析的结论：到期日处于长端和短端的板块对利率变化有很大的风险敞口，而在到期日处于中间的对利率变化引起的风险敞口很小（注意计算的关键利率久期是基于修正的久期而不是有效久期。在进行分析的时点，雷曼兄弟模型不是基于有效久期来计算关键利率久期）。

图表 17—5 **现金流结构的现值**

年限	组合现金流（%）	基准现金流（%）	差异（%）
0.00	3.939	2.277	1.662
0.25	8.873	5.814	3.059
0.50	5.684	4.688	0.996
0.75	5.876	3.705	2.170
1.00	7.404	6.031	1.373
1.50	10.422	8.707	1.715
2.00	6.622	7.105	-0.483
2.50	4.916	6.094	-1.178
3.00	2.970	5.339	-2.368
3.50	2.393	4.805	-2.412
4.00	3.998	7.093	-3.095
5.00	4.088	7.148	-3.060
6.00	6.453	4.993	1.460
7.00	4.477	8.890	-4.412
10.00	6.754	8.635	-1.881
15.00	6.550	4.295	2.255
20.00	4.694	2.519	2.175
25.00	3.632	1.323	2.309
30.00	0.197	0.525	-0.328
40.00	0.056	0.026	0.030

① 从理论上讲，对每个到期日都有一个利率久期。而实践中，利率久期以某些关键的到期日来计算，这些久期被称为关键利率久期。

图表17—6 关键利率久期（基于修正久期）

年限	组合	基准	差异
0.50	0.212	0.165	0.047
2.00	0.428	0.590	-0.162
5.00	0.504	1.047	-0.543
10.00	0.624	1.025	-0.401
20.00	2.001	0.861	1.139
30.00	0.862	0.504	0.358
总计	4.631	4.192	0.439

17.6 利差风险

对非国债类债券而言，其收益率等于国债收益率加上与国债收益率曲线的利差。非国债债券被当作利差产品。利差风险（spread risk）就是由利差的变化引起的债券价格变化的风险。度量由于市场变化引起的利差导致利差产品的价格变化的方法就叫利差久期（spread duration）。

17.6.1 利差久期度量的种类

介绍利差久期时的问题在于，识别假设将变化的利差。正如前面所解释的，对固定利率债券有三种利差：名义利差、零波动利差和期权调整利差。

名义利差（nominal spread）是一种传统的利差测度。也就是利差产品的收益率与对应期限的国债收益率的差。因此，定义利差为名义利差，如果保持国债收益率不变，利差久期就代表名义利差变化100个基点时利差产品价格变化的近似百分比。需引起注意的是，对任何利差产品，如果用名义利差，利差久期与久期是相同的。例如，假定某公司债券的久期是5，那么利率变化100个基点时，无论利率变化是由利率水平（也就是国债利率的变化）的变化引起的还是由名义利差的变化引起的，该公司债券的价值变化都接近5%。

零波动利差（zero-volatility spread）或静态利差（static spread）是这样一种利差，当国债即期利率曲线加上这种利差后，利差产品现金流的现值（以即期利率加利差进行贴现）等于债券的价格加上应计利息。它是对超过国债即期收益率曲线的利差的度量。因此，假设利差为零波动利差，如果保持国债收益率不变，利差久期就代表零波动利差变化100个基点时利差产品价格变化的近似百分比。

期权调整利差（option-adjusted spread，OAS）是另一种利差的测度①。如果保持国债收益率不变，此时，利差久期就代表期权调整利差变化100个基点时利差产品价格变化的近似百分比。例如，如果一种公司债券的利差久期为3，OAS变动20个基点，那么该公司债券的价格将变动大约0.6%（0.03×0.002×100）。

① OAS的计算方法在前面有介绍。

你怎么知道固定利率债券的利差久期是以名义利差、零波动利差还是以期权调整利差（OAS）为基础呢？你不会知道，除非询问你的分析系统的经纪人/交易商或者卖主。

17.6.2 投资组合或基准指数的利差久期

投资组合或基准指数的利差久期是根据每个板块的市值为权重的加权平均利差久期。在图表 17—7 中列出了 45—债券投资组合和雷曼综合债券指数的利差久期。注意，除了国债板块，其他所有板块的利差久期与之前所用的调整后的久期是相同的。国债板块的利差久期理所当然是零。

45—债券投资组合的利差久期是 3.22，而基准指数的利益久期是 2.69。这说明，45—债券投资组合的利差风险大于基准指数。如果国债板块权重较低，利差板块（尤其是工业板块）的调整久期较长，则利差久期越大。而且，利差久期就是每个板块对久期贡献的简单加总。

17.7 信用风险

投资组合的客观信用风险或者相对于基准指数的投资组合的信用风险，可以通过分配给每个信用等级的信用风险来估计。但是，如前所述，各信用等级的久期贡献是一个更好的度量。图表 17—8 根据信用质量对 45—债券投资组合和基准指数进行了比较。基于信用质量的久期贡献的相关信息如下所示：

图表 17—7　　**基于板块的 45—债券投资组合和基准指数的利差久期**

板块	投资组合			基准		
	占投资组合百分比（%）	利差久期	对利差久期的贡献	占投资组合百分比（%）	利差久期	对利差久期的贡献
国债	18.96	0.00	0.00	22.65	0.00	0.00
机构债券	5.90	8.43	0.50	11.55	4.49	0.52
金融	8.20	2.16	0.18	7.74	4.61	0.36
工业	20.55	9.61	1.97	10.20	6.45	0.66
公用事业	4.23	1.53	0.06	2.29	5.68	0.13
非美元信贷	7.45	2.65	0.20	6.46	5.41	0.35
抵押贷款支持证券	34.70	0.90	0.31	35.36	1.46	0.52
资产支持证券	0.00	0.00	0.00	1.71	3.29	0.06
CMBS	0.00	0.00	0.00	2.05	5.10	0.10
总计	100.00		3.22	100.01		2.70

图表 17—8 质量分析

质量	投资组合			基准			差异	
	占投资组合百分比（%）	调整久期	对调整久期的贡献	占投资组合百分比（%）	调整久期	对调整久期的贡献	占投资组合百分比（%）	对调整久期的贡献
AAA +	24.86	7.50	1.86	34.09	5.63	1.92	-9.23	-0.06
MBS	34.70	0.90	0.31	35.36	1.46	0.52	-0.66	-0.21
AAA	1.24	5.08	0.06	5.53	4.21	0.23	-4.29	-0.17
AA	6.40	5.68	0.36	4.97	5.01	0.25	1.43	0.11
A	27.16	5.39	1.46	10.91	5.73	0.63	16.25	0.84
BAA	5.64	9.29	0.52	9.13	6.07	0.55	-3.49	-0.03
总计	100.00		4.57	99.99		4.10	0	0.49

17.8 非抵押贷款支持证券（NON-MBS）的期权风险

一些公司债券和机构债券含有嵌入式期权——赎回和回售期权。这些期权影响了投资组合和基准指数的收益。由嵌入式期权导致的对其收益的负面影响就是期权风险（optionality risk）。债券的期权风险之所以产生是因为利率变化改变了嵌入期权的价值，它反过来又改变了债券的价值。在投资组合和基准指数中也同样如此。

期权风险可以用通常的期权定价方法来量化。在期权定价理论中，期权的 delta 值是关于期权价值对标的金融工具价格变动的敏感性的估计①。对于债券，可以计算每个含有嵌入期权的债券的 delta 值，再将各债券的 delta 值加总作为投资组合和基准指数 delta 值的估计值。

图表 17—9 是关于 45—债券投资组合和基准指数的 delta 值及二者的差。占投资组合的百分比代表除了抵押贷款支持证券板块的其他所有债券的百分比（因此，投资组合 65.30% 的值就是 100% 减去 34.7% 的抵押贷款支持证券）。注意，这里是按是否含有嵌入期权和债券如何交易来进行分类的。子弹式债券没有嵌入期权，所以这类债券的期权 delta 值就是 0。嵌入赎回期权的债券按在赎回日或到期日交易来分类，这取决于它的市场价格。在这里，“在某日交易”表明了债券的价格是市场依据其要么将被赎回要么不被赎回而确定的债券价格。嵌入回售期权债券亦同——按它们在回售日交易还是在到期日交易来分类。

① 期权 delta 值的概念参见 Chance，*Analysis of Derivatives for the CFA Program* 的有关章节。

图表 17—9 期权 delta 值分析

期权 delta 值	投资组合			基准指数			差异	
	占投资组合百分比（%）	delta 值	对 delta 值的贡献	占投资组合百分比（%）	delta 值	对 delta 值的贡献	占投资组合百分比（%）	对 delta 值的贡献
子弹式债券	57.08	0.0000	0.0000	48.38	0.0000	0.0000	8.70	0.0000
到期日交易的可赎回债券	5.64	0.0000	0.0000	8.69	0.0245	0.0021	-3.05	-0.0021
赎回日交易的可赎回债券	2.58	0.3677	0.0095	3.16	0.6046	0.0191	-0.58	-0.0096
到期日交易的可回售债券	0.00	0.0000	0.0000	0.25	0.0792	0.0002	-0.25	-0.0002
回售日交易的可回售债券	0.00	0.0000	0.0000	0.39	0.5104	0.0020	-0.39	-0.0020
总计	65.30		0.0095	60.888		0.0234	4.42	-0.0140

17.9 投资抵押贷款支持证券的风险

前面已经详细介绍了抵押贷款支持证券，第 16 章介绍了抵押贷款支持证券（MBS）板块是如何包括在宽基债券市场指数内的。抵押贷款支持证券（MBS）板块是宽基债券市场指数中最大的板块。在分析时，雷曼综合债券指数的 MBS 板块占 35%，但仅包括机构抵押转手债券①。因此，对基准是宽基债券市场指数的投资组合经理而言，理解与该板块相关的风险很重要。

投资 MBS 有三种主要风险：

- 板块风险；
- 提前偿付风险；
- 凸性风险。

以下将依次分析。

17.9.1 MBS 板块的板块风险

按票面利率可以将 MBS 板块分成许多子板块。这样分类主要是因为票面利率相对于现行抵押贷款利率的关系对提前偿付有影响，因此也影响 MBS 相对于国债的利差。其次，提前偿付还受标的抵押贷款债券的发行在外时间长短的影响。这一特性称作潜在抵押贷款债券池的成熟度。成熟度可分为未成熟（unseasoned）、适度成熟（moderately seasoned）、已成熟（seasoned）三类。

图表 17—10 表明了 45—债券投资组合和基准指数的 MBS 市场的不同子板块的利差风险。可以用对调整久期的贡献来度量这些风险。注意，投资组合中未成熟抵押贷款支持证券

① 前面已经讲述了这些证券。

的权重明显偏低，适度成熟（Moderately seasoned）和已成熟（Seasoned）抵押贷款支持证券所占权重明显偏高。

17.9.2　提前偿付风险

提前偿付风险是由于预期的提前偿付的变化引起不利的价格变动的风险。被用作提前偿付的基准是公共证券业协会（PSA）的提前偿付基准①。对提前偿付风险，可用提前偿付敏感性（prepayment sensitivity）来度量。提前偿付敏感性是当提前偿付率增加 1% 时某种 MBS 价格变化的基点数。

例如，假设提前偿付速度为 500 PSA，某 MBS 产品价格是 110.08 美元，若 PSA 提前偿付速度增加 1%，即从 500 PSA 变至 505 PSA。再假设对于 505 PSA，用估值模型重新计算的 MBS 产品价格是 110.00 美元，那么，其价格降低了 0.08 美元，也就是 -8 个基点，因此提前偿付的敏感性就是 -8。

当提前偿付增加时，有些 MBS 产品价值增加，还有些 MBS 产品价值却减少。前者的例子就是折价交易的转手债券（即转手债券的票面利率低于当前的抵押贷款利率）和只收本金的抵押贷款分离债券，这些债券有正的提前偿付敏感性。当提前偿付增加时价值减少的 MBS 产品有按溢价交易的转手债券（也就是转手债券的票面利率高于当前的抵押贷款利率）和只收利息的抵押贷款分离债券，这些债券有负的提前偿付敏感性。

图表 17—11 根据提前偿付敏感性列示了 45—债券投资组合和基准指数的风险敞口。列示风险敞口的板块和图表 17—10 中 MBS 板块风险分析中使用的附息子板块相同。此外，子板块进一步细分为传统债券（即房利美（联邦全国抵押协会）和房地美（联邦住宅贷款抵押公司）转手债券）、30 年期吉利美（政府国民抵押协会）债券、15 年期 MBS、气球型抵押贷款支持证券②。图表 17—10 中的最后几行是投资组合相对于基准的风险敞口的总结。投资组合对 30 年期吉利美（GNMA）债券和气球型证券的投资比例高于基准指数，对 15 年期 MBS 板块投资少于基准指数。然而，投资组合经理并不是对不同板块投资的百分比的差异感兴趣，而是更感兴趣各板块对提前偿付敏感性的贡献。正如在图表中所看到的，提前偿付敏感性的不同主要是由于 30 年期吉利美（GNMA）债券板块有更多的风险敞口（-0.26）。

图表 17—10　　**MBS 板块分析**

抵押贷款支持证券期间	投资组合			基准			差异	
	投资组合百分比	调整的久期	对久期的贡献	投资组合百分比	调整的久期	对久期的贡献	投资组合百分比	对久期的贡献
债券率 <6%								
未成熟	0.00	0.00	0.00	0.78	2.91	0.02	-0.78	-0.02
适度成熟	0.00	0.00	0.00	0.03	2.18	0.00	-0.03	0.00
已成熟	0.00	0.00	0.00	0.00	0.00	0.00	0.00	0.00
6% ≤债券率 <7%								
未成熟	8.52	1.23	0.10	16.66	2.17	0.36	-8.15	-0.26

① 公共证券协会也就是现在的债券市场协会。
② 在前面已经介绍过了这些类型的抵押转手债券。

续图表

抵押贷款支持证券期间	投资组合			基准			差异	
	投资组合百分比	调整的久期	对久期的贡献	投资组合百分比	调整的久期	对久期的贡献	投资组合百分比	对久期的贡献
适度成熟	4.55	1.71	0.08	1.79	1.87	0.03	2.77	0.04
已成熟	0.00	0.00	0.00	0.00	0.00	0.00	0.00	0.00
7%≤债券率<8%								
未成熟	6.26	0.89	0.06	10.25	0.67	0.07	-4.00	-0.01
适度成熟	5.97	0.73	0.04	2.79	0.76	0.02	3.17	0.02
已成熟	0.00	0.00	0.00	0.02	1.34	0.00	-0.02	0.00
8%≤债券率<9%								
未成熟	0.00	0.00	0.00	1.80	0.13	0.00	-1.80	0.00
适度成熟	6.68	-0.24	-0.02	0.64	0.16	0.00	6.04	-0.02
已成熟	0.00	0.00	0.00	0.21	0.78	0.00	-0.21	0.00
9%≤债券率<10%								
未成熟	0.00	0.00	0.00	0.05	0.51	0.00	-0.05	0.00
适度成熟	0.00	0.00	0.00	0.03	0.24	0.00	-0.03	0.00
已成熟	2.73	1.65	0.05	0.26	0.83	0.00	2.48	0.04
债券率≥10%								
未成熟	0.00	0.00	0.00	0.00	0.00	0.00	0.00	0.00
适度成熟	0.00	0.00	0.00	0.00	0.00	0.00	0.00	0.00
已成熟	0.00	0.00	0.00	0.05	1.42	0.00	-0.05	0.00
小计								
未成熟	14.77		0.16	29.55		0.46	-14.78	-0.03
适度成熟	17.19		0.11	5.28		0.06	11.91	0.05
已成熟	2.73		0.05	0.53		0.00	2.20	0.04
总计	34.70		0.37	35.36		0.52	-0.66	-0.21

注：未成熟（unseasoned）：起始日期在1996年1月1日及以后。

适度成熟（moderately seasoned）：起始日期在1992年1月1日与1995年12月31日之间。

已成熟（seasoned）：起始日期在1991年12月31日及之前。

17.9.3 凸性风险

MBS板块中具有负凸性倾向的是抵押转手债券板块。所以，投资组合经理应该评估投资组合相较于基准指数的债券凸性。一个投资组合经理对MBS板块的资金配置可能与有相同的有效久期的基准指数在该板块的资金配置一样，而如果投资组合有不同的债券凸性，组合业绩可能与指数有很大的不同，这就叫做凸性风险（convexity risk）。

MBS板块的凸性风险敞口通过投资组合的凸性和基准指数的凸性的差来计算（合适的凸性度量方法是先前解释过的有效凸性（effective convexity）），45—债券投资组合的MBS板块凸性是-0.55，而基准指数的MBS板块凸性是-0.67。因此，45—债券投资组合比基准指数有绝对值更小的负凸性。图表17—11按MBS板块的子板块对凸性风险进行了分解并列示了各子板块对凸性的贡献。

图表17—11 MBS PSA 敏感性分析

抵押贷款支持证券板块	投资组合			基准			差异	
	投资组合百分比	PSA敏感性	对PSA敏感性的贡献	投资组合百分比	PSA敏感性	对PSA敏感性的贡献	投资组合百分比	对PSA敏感性的贡献
债券率<6%								
传统债券	0.00	0.00	0.00	0.10	0.01	0.00	-0.10	-0.00
30年期吉利美债券	0.00	0.00	0.00	0.02	0.44	0.00	-0.02	-0.00
15年期MBS	0.00	0.00	0.00	0.63	-0.74	-0.00	-0.63	0.00
气球型证券	0.00	0.00	0.00	0.05	-1.21	-0.00	-0.05	0.00
6%≤债券率<7%								
传统债券	3.67	-2.33	-0.09	11.66	-1.93	-0.22	-7.99	0.14
30年期吉利美债券	0.98	-1.98	-0.02	2.65	-1.71	-0.05	-1.67	0.03
15年期MBS	4.55	-1.69	-0.08	3.97	-1.82	-0.07	0.58	-0.00
气球型证券	3.87	-0.87	-0.03	0.18	-1.92	-0.00	3.70	-0.03
7%≤债券率<8%								
传统债券	6.26	-3.70	-0.23	8.32	-4.24	-0.35	-2.06	0.12
30年期吉利美债券	5.97	-4.47	-0.27	3.48	-3.75	-0.13	2.49	-0.14
15年期MBS	0.00	0.00	0.00	1.22	-3.24	-0.04	-1.22	0.04
气球型证券	0.00	0.00	0.00	0.05	-3.31	-0.00	-0.05	0.00
8%≤债券率<9%								
传统债券	6.68	-6.45	-0.43	1.48	-6.48	-0.10	5.19	-0.33
30年期吉利美债券	0.00	0.00	0.00	1.05	-5.56	-0.06	-1.05	0.06
15年期MBS	0.00	0.00	0.00	0.12	-4.11	-0.00	-0.12	0.00
气球型证券	0.00	0.00	0.00	0.00	0.00	0.00	0.00	0.00
9%≤债券率<10%								
传统债券	0.00	0.00	0.00	0.14	-9.05	-0.01	-0.14	0.01
30年期吉利美债券	2.73	-8.27	-0.23	0.20	-6.54	-0.01	2.54	-0.21
15年期MBS	0.00	0.00	0.00	0.00	0.00	0.00	0.00	0.00
气球型证券	0.00	0.00	0.00	0.00	0.00	0.00	0.00	0.00
债券率≥10%								
传统债券	0.00	0.00	0.00	0.01	-11.01	-0.00	-0.01	0.00
30年期吉利美债券	0.00	0.00	0.00	0.04	-7.88	-0.00	-0.04	0.00
15年期MBS	0.00	0.00	0.00	0.00	0.00	0.00	0.00	0.00
气球型证券	0.00	0.00	0.00	0.00	0.00	0.00	0.00	0.00
小计								
传统债券	16.60		-0.75	21.71		-0.69	-5.11	-0.06
30年期吉利美债券	6.98		-0.51	7.44		-0.25	2.24	-0.26
15年期MBS	4.55		-0.08	5.94		-0.12	-1.39	0.04
气球型证券	3.87		-0.03	0.28		-0.01	3.59	-0.03
总计	34.70		-1.37	35.36		-1.06	-0.66	-0.31

注：PSA敏感性指PSA增加1%引起的价格变化（以价格基点为单位）。

17.10 多因子风险模型

多因子风险模型（有时被简单地称作"因子模型"）可被投资组合经理用于量化投资组合或基准指数的风险。接下来将介绍在债券投资组合管理中，如何根据前面的章节中介绍的风险因子来量化投资组合或者基准指数的风险，并且将这些风险因子和追踪误差风险联系起来①。下一章将介绍如何使用多因子模型去建立投资组合和调整投资组合重新达到平衡。

在固定收益领域，许多模型制造商和交易商都开发了多因子风险模型。我们将用雷曼兄弟指数多因子风险模型②为例来说明。该模型包括大多数在雷曼兄弟国内固定利率债券指数（综合指数、高收益指数、欧洲债券指数）中以美元标价的债券。我们将只用针对雷曼综合债券指数的模型。雷曼兄弟公司对估计模型所需的历史数据每月更新。我们将要分析的投资组合就是本章的45—债券投资组合。

图表 17—12　　　　MBS 债券凸性分析

抵押贷款支持证券板块	投资组合			基准			差异	
	投资组合百分比	凸性	对凸性的贡献	投资组合百分比	凸性	对凸性的贡献	投资组合百分比	对凸性的贡献
债券率 < 6%								
传统债券	0.00	0.00	0.00	0.10	-1.56	0.00	-0.10	-0.00
30 年期吉利美债券	0.00	0.00	0.00	0.02	-1.22	0.00	-0.22	-0.00
15 年期 MBS	0.00	0.00	0.00	0.63	-1.36	-0.01	-0.63	0.01
气球型证券	0.00	0.00	0.00	0.05	-1.35	-0.00	-0.05	0.00
6% ≤ 债券率 < 7%								
传统债券	3.67	-2.30	-0.08	11.66	-2.41	-0.28	-7.99	0.20
30 年期吉利美债券	0.98	-2.99	-0.03	2.65	-2.95	-0.08	-1.67	0.05
15 年期 MBS	4.55	-2.81	-0.04	3.97	-1.53	-0.06	0.58	-0.02
气球型证券	3.87	-0.75	0.03	0.18	-1.45	-0.00	3.70	-0.03
7% ≤ 债券率 < 8%								
传统债券	6.26	-1.76	-0.11	8.32	-1.47	-0.12	-2.06	0.01
30 年期吉利美债券	5.97	-1.96	-0.12	3.48	-2.29	-0.08	2.49	-0.04
15 年期 MBS	0.00	0.00	0.00	1.22	-1.02	-0.01	-1.22	0.01
气球型证券	0.00	0.00	0.00	0.05	-0.78	-0.00	-0.05	0.00
8% ≤ 债券率 < 9%								
传统债券	6.68	-1.99	-0.13	1.48	-0.08	-0.01	5.19	-0.12

① 要想进一步了解因子模型，可参考 DeFusco, McLeavey, Pinto, and Runkle, *Quantitative Methods for Investment Analysis*, 第 11 章, pp. 598-618.

② LevDynkin, Jay Hyman, and WeiWu, "Multi-Factor risk Models and Their Applications," in Frank J. Fabozzi (ed), *Professional Perspectives on Fixed Income Portfolio Management: Volume* 2 (New Hope, PA: Frank J. Fabozzi Associates, 2001).

续图表

	投资组合			基准			差异	
抵押贷款支持证券板块	投资组合百分比	凸性	对凸性的贡献	投资组合百分比	凸性	对凸性的贡献	投资组合百分比	对凸性的贡献
30 年期吉利美债券	0.00	0.00	0.00	1.05	-0.85	-0.01	-1.05	0.01
15 年期 MBS	0.00	0.00	0.00	0.12	-0.55	-0.00	-0.12	0.00
气球型证券	0.00	0.00	0.00	0.00	0.00	0.00	0.00	0.00
9% ≤债券率 <10%								
传统债券	0.00	0.00	0.00	0.14	-0.81	-0.00	-0.14	0.00
30 年期吉利美债券	2.73	-0.24	-0.01	0.20	-0.60	-0.00	2.54	-0.01
15 年期 MBS	0.00	0.00	0.00	0.00	0.00	0.00	0.00	0.00
气球型证券	0.00	0.00	0.00	0.00	0.00	0.00	0.00	0.00
债券率≥10%								
传统债券	0.00	0.00	0.00	0.01	-0.54	-0.00	-0.01	0.00
30 年期吉利美债券	0.00	0.00	0.00	0.04	-0.24	-0.00	-0.04	0.00
15 年期 MBS	0.00	0.00	0.00	0.00	0.00	0.00	0.00	0.00
气球型证券	0.00	0.00	0.00	0.00	0.00	0.00	0.00	0.00
小计								
传统债券	16.60		-0.33	21.71		-0.42	5.11	0.09
30 年期吉利美债券	9.68		-0.15	7.44		-0.17	2.24	0.02
15 年期 MBS	4.55		-0.04	5.94		-0.08	-1.39	0.05
气球型证券	3.87		-0.03	0.28		-0.00	3.59	-0.03
总计	34.70		-0.55	35.36		-0.67	-0.66	0.13

和其他商业性的或交易商专属的多因子风险模型类似，雷曼兄弟模型也关注预测追踪误差。特别地，追踪误差被定义为 45—债券投资组合与基准指数的年化收益率的一个标准差单位的差异。45—债券投资组合的预测追踪误差是每年 62 个基点。

17.10.1　系统性风险和非系统性风险

多因子风险模型试图识别导致预测的追踪误差的某些特定风险。所有风险都是从预测的追踪误差的角度度量的。这种分析将风险划分为两类——*系统性风险和非系统性风险*。后者是剔除系统性风险后依然存在的风险，也可以叫作残余风险。对 45—债券投资组合，可以确定：

由系统性风险引起的预测的追踪误差 =54.8 个基点

由非系统性风险引起的预测的追踪误差 =28.4 个基点

如果你把二者相加，你会发现预测的追踪误差大于 62 个基点，什么地方出错了呢？事实上没有出错。回忆一下，预测的追踪误差是标准差。我们知道，当计算投资组合的风险时，将个别标准差简单相加是错误的。在计算投资组合的预测追踪误差时，将两个预测追踪误差的平方相加就得到投资组合的预测追踪误差平方。两个预测追踪误差的平方和的平方根等于投资组合的预测追踪误差。对45—债券投资组合就有：

$[54.8^2+28.4^2]^{0.5}=62$ 个基点

这样将两个平方相加求方差必须假设风险因子间是零相关的（即统计上是独立的）。不然，在计算预测追踪误差时必须考虑风险因子间的相关性。

17.10.2 系统性风险的组成

系统性风险可以分解成多种风险。第一种分解法就是将系统性风险分解成期限结构因子风险和非期限结构因子风险。

1. 期限结构风险

如前所述，一个投资组合对一般利率水平变化的风险，是从（1）收益率曲线的平移和（2）收益率曲线的非平行移动两个方面来度量的。将它们一并考虑，该风险敞口被称作*期限结构风险*。

从我们17.4节的讨论可以知道，45—债券投资组合的久期高于基准指数的久期（4.59比4.10高），图表17—5和图表17—6基于现金流的现值和关键利率久期的分布，列示了投资组合与基准之间的收益率曲线风险的差别。

该模型显示由期限结构风险引起的预测追踪误差是49.8个基点。

2. 非期限结构风险因子

不是由期限结构变化风险导致的其他系统性风险都叫做非期限结构风险因子。包括：

- 板块风险；
- 质量风险；
- 期权风险；
- 票面利率风险；
- MBS风险。

MBS风险由与投资抵押贷款支持证券相关的风险组成。正如17.9节解释的，MBS风险可以划分成板块风险、提前偿付风险以及凸性风险。

对45—债券投资组合而言，雷曼模型表明由非期限结构风险引起的预测追踪误差是25.5个基点。我们现在知道由系统性风险引起的预测追踪误差是54.8个基点，分别是：

由期限结构风险引起的预测追踪误差 = 49.8个基点

由非期限结构风险引起的预测追踪误差 = 25.5个基点

这里再一次表明，由系统性风险引起的预测追踪误差不等于两种构成因素的追踪误差之和。如果期限结构因子和非期限结构因子在统计上是独立的，那么所有的系统性因子引起的总的预测追踪误差就是55.9个基点（$=[(49.8)^2+(25.5)^2]^2$）。为什么得到了55.9个基点的系统性风险与54.8个基点的系统性风险两个不同的结果呢？正是由于两种系统性风险的相关性（此处没有给出）不是零。当考虑了不同系统性风险的相关性时，由系统性风险引起的预测追踪误差就是54.8个基点。

雷曼模型计算由每个非期限结构风险因子引起的预测追踪误差时，考虑了风险因子之间的相关性。其对45—债券投资组合的分析结果如下：

追踪误差原因	预测追踪误差（基点）
板块风险	22.7
质量风险	10.7
期权风险	1.3
息票风险	1.4
MBS 板块风险	9.3
MBS 波动风险	8.3
MBS 提前偿付风险	8.8

17.10.3　非系统性风险

非系统性风险分为具体发行者的个别风险和具体债券的特别风险。这种风险是基于这样一个事实：对具体的债券和具体的发行者，投资组合比基准指数有更大的风险。为了理解这些非系统性风险，请看图表 17—3 的最后一列。

图表 17—3 的最后一列列出了每只债券市场价值在 45—债券投资组合市场价值中的百分比。由于投资组合中只有 45 种债券，每种债券在投资组合中并不是微不足道的。特别地，请看两家公司债券发行者的风险，可口可乐公司和北美戴姆勒—奔驰公司，前者代表 45—债券投资组合价值的大约 10%，后者将近 4%。如果两家公司投资等级都下降，将导致 45—债券投资组合较大的损失，但两家公司投资等级下降不会对有 7 000 种债券的基准指数产生大的影响。所以，对具体公司而言，发行人的风险敞口过大表示投资组合与基准指数风险之间非常不匹配，这在评估投资组合相对基准指数的风险时是必须考虑的。

举一个非系统性风险的例子。假设在 2001 年 12 月一个包括安然公司（Enron）的债券投资组合。在那个月，安然公司债券的价格跌了 3/4。它在美林高收益指数中的权重是 0.2%。如果安然公司债券在投资组合中占 1.6%，这将导致组合收益低于指数 100 个基点，而同期的周期性消费板块、媒体传播、电信以及科技板块的收益高于指数 200 个基点①。

① Phil Galdi, Mark Anderson, and Arjun Kondamani, *U. S. High Grade Bond Index*, Merrill Lynch (December 5, 2001)

第 18 章 对照债券市场指数管理基金

18.1 引言

对于基金经理人而言，其基准可能是债券市场指数也可能是其债务。本章将简要介绍依据债券市场指数管理基金的策略，本章的讨论局限于国内债券市场，尤其是美国债券市场。第 20 章中将阐述全球债券市场投资。第 19 章将以一种或多种债务为基准介绍基金管理策略。

18.2 积极管理的程度

本书前面章节阐述了与债券组合及债券市场指数有关的风险因子。我们可以依据投资组合经理构建的风险组合与基准指数风险的不同程度来对债券组合策略进行分类。Vanguard 集团的 Kenneth Volpert 据此将其分为以下几类[①]：

1. 纯债券指数匹配；
2. 增强指数化/匹配风险因子；
3. 增强指数化/较小风险因子失配；
4. 积极管理/较大风险因子失配；
5. 不受限积极管理。

下面对这几种类型的策略进行讨论。

18.2.1 纯债券指数策略

就风险和回报而言，业绩低于指数业绩的风险最小的策略是纯债券指数匹配策略。

1. 使用指数的原因：下面是支持债券指数策略的几个理由。第一，依据实证研究，历史上积极管理的债券经理人的整体表现较差，显然这是一个将一直持续下去的备受争议的话题。第二，相较于积极管理咨询费（15～50 个基点）而言，指数化组合管理的咨询费（1～20 个基点，其上限是增强指数型管理费）较低。一些养老金计划发起人选择通过采用指数化策略管理部分或全部资金来避免发生咨询费。此外，其他费用较低，诸如托管费，是该策略流行的第三个原因。

但是，一些积极管理经理人将其投资组合部分，有时全部指数化。在以下两种情况下经理人可能会将其组合中特定的某部分指数化：①他缺乏获取比某个债券市场指数表现更好的

---

① Kenneth E. Volpert, "Managing Indexed and Enhanced Indexed Bond Portfolios," Chapter 3 in Frank J. Fabozzi (ed.), *Fixed Income Readings for the Chartered Financial Analyst Program: First Edition* (New Hope, PA: Frank J. Fabozzi Associates, 2000). 作者 Kenneth E. Volpert. Volpert 使用术语"积极管理/成熟的积极管理（full-blown active）"而不是"不受限制的积极管理"。本书根据花旗资产管理公司的注册金融分析师 David Zahn 的建议对分类进行了调整。

业绩所必需的技巧；②某细分债券市场是有效的，因此不需要突出运作。请看以下两个例子。

第一个例子，假设经理人的基准是雷曼兄弟综合债券指数，且经理人的专长是信用分析。另外，经理人确信可以通过结构化投资组合中的信用债券和资产支持证券获得比这些债券市场的基准指数更好的业绩，但是其本人不具备操作抵押贷款支持证券（MBS）的技巧，同时也确信没有机会提高在国库券和机构债券这两个板块中的回报率，那么他就可以将抵押贷款支持证券、国库券和机构债券这几个板块指数化，因此，虽然投资组合整体上可能是积极管理的，但是这三个板块是指数化管理的。

第二个例子，假设经理人不仅确信自己具备选择债券以获得超过信用债券和资产支持证券市场业绩的技巧，而且还可以有效地预计信用利差的变化，那么他就可以在对抵押贷款支持证券、国库券和机构债券板块进行指数化时，在信用债券和资产支持证券市场继续采取积极的策略，同时依据自己对信用利差的预计调整各板块之间的比例。

现在我们来分析一下为什么一个积极管理的经理人可能会定期采用指数化策略呢？当我们讨论积极策略时经理人往往会考虑一些风险因子并对其组合进行相应的建仓。假设某经理人对风险因子没有认真考虑，那么在基准指数方面他即是寻求中立，也就是说会临时性地将其组合指数化。

另一种情况是经理人临时采用指数化策略。假设某积极经理人接管另一名被客户终止合同的积极管理经理人手中的投资组合，在按照其观点重新平衡该组合前可能只能临时性地对组合进行指数化。

2. 指数化策略的逻辑问题：单纯指数化策略要求创造一个投资组合，复制基准指数包括的债券，这就意味着指数化组合可以照搬基准指数组合。但是这种做法的经理人会遇到几个逻辑问题：①颁布基准指数的机构所采用的每个债券的价格对于该经理人来说不是可行的执行价格。实际上这些价格可能和交易商给出的价格相去甚远。②报告指数价值的机构采用的价格是基于买价的，但是经理人在构建或重新平衡组合时所给出的价格是交易商的卖价。因此，在基准指数和指数化组合之间的差值，相当于买价和卖价之间的价差。

此外，债券市场上的某些板块也存在其独特的逻辑问题。首先考虑到的是企业债券板块，在宽基债券市场指数的企业债券板块中大约有超过4 000只债券。因为大多数债券是非流动性的，价格不仅不可靠而且有些根本不适用。然后考虑抵押债券板块，大约共有8 000多只机构抵押转手债券。正如第16章中解释的那样，公布指数的机构将这些债券组合为几百只普通债券。经理人就面临这样一个困难，如何从中寻找与假定的普通债券具备同样风险回报特征的转手债券。

最后，正如第18.4节中解释的那样，整体回报率取决于月尾前收到的中期现金流的再投资率。假设公布基准指数的机构经常高估再投资率，那么指数化组合的业绩可能会差于基准指数。

3. 重新平衡指数化组合：指数化组合一旦构建，则该组合必须按照目标指数变化的构成和特征进行重新平衡。例如，随着时间推移，某指数及指数化组合的久期会变化，所以要进行必要的重新平衡以便使投资组合的久期与指数的久期一致。但重新平衡投资组合会发生交易费用，所以投资组合经理寻求使交易成本最小的再平衡策略。本章后面描述的多因子风险模型可以用最低成本重新平衡指数化组合。

18.2.2 增强指数化/匹配风险因子

增强指数策略可以用来构建与主要风险因子匹配的组合而不需要去投资指数中的每一个债券。该策略广泛应用于资金较少且很难投资指数中的每一个债券的情况。一般而言用于复制基准指数的债券的数量越少，交易费用越低，但与风险因子匹配的难度也越大。相反地，购买的用于复制基准指数的债券越多，交易费越高，但指数化组合和基准指数之间不匹配的风险就越低。

依据 Volpert 的定义，这种策略被称为“增强策略”，虽然也有些投资者将其简单地称为“指数策略”。以下是复制指数构建组合中常用的两种技巧：

(1) 单元匹配/分层抽样；

(2) 采用多因子风险模型最小化追踪误差。

这两种技巧都是假设单个债券的表现依赖于许多影响到所有债券表现的系统因素及单个债券或发行者特有的非系统因素。

1. 单元匹配：使用**单元匹配技巧**（cell matching technique）（也叫**分层抽样技巧**（stratified sampling technique）），指数被分解成代表不同风险因子的单元，目的是为了从单元中选择一个或多个债券来代表整个单元。从每个单元中购买债券的美元总额基于这样的标准，即单元所代表的指数的整个市值的百分比。比如，指数市值的 W% 是由 AA 级公司债券组成的，那么指数化投资组合的市值 W% 就应由 AA 级公司债券组成。还有一种更好的方法就是前面章节中提到过的方法：久期。

指数策略者采用的单元的个数取决于被指数化的组合的美元总额。例如，对一个低于 5 000 万美元的组合进行指数化，大量的单元需要零散抽签式地购买债券。这样就增加了购买代表单元的债券的费用，因此也增加了业绩不如基准指数的可能性。由于指数化投资组合的风险很可能大大不同于指数的风险，因此如果通过减少单元数量来克服这一问题又会增大预测的跟踪误差。

2. 采用多因子风险模型最小化追踪误差：前文曾讨论过多因子风险模型。我们的重点是通过采用该模型对投资组合或基准指数的风险进行量化，并对模型中的风险因子进行描述。本文采用雷曼模型。多因子风险模型同样可以在投资组合经理采用匹配风险因子的增强型指数策略时，被用于构建一个能够被该经理接受的组合的预期跟踪误差。

18.2.3 增强指数化/较小风险因子失配

另一个增强策略是构建一个较小的偏离影响指数表现的风险因子的投资组合。例如，在采用本策略构建组合时，可稍稍侧重一下相对价值大的债券或板块。该策略将组合久期与基准指数的久期匹配，因此这种策略没有久期失配风险，而纯粹指数匹配策略和匹配风险因子增强指数策略都有久期失配风险。

18.2.4 积极管理/较大风险因子失配

积极债券策略通过构建一个比增强指数化策略更高的与指数失配的组合来获得超出市场的业绩。是否采用该策略或是否建议客户指示经理人采取这一策略取决于是否相信高成本的努力一定能够取得相应回报。确保获利的前提是市场定价没有效率。这种特定的策略基于市场存在无效率定价的债券。

Volpert 确定了两种类型的积极管理策略。其中较保守的一种就是就风险因子，在这种情况下，经理人创造了相对基准指数而言较大的失配组合，但是久期失配较小。一般来说对于久期失配有个限度，例如，经理人可能会被限制在指数久期的 ±1 之间操作①。因此，假设指数久期为4，那么经理人可以构建一个久期在 3 ~5 之间的组合。为了利用预计的收益率曲线变动，经理人可以构建一个与基准指数的现金流量分配存在巨大差异的组合。例如经理人相信在公司债券板块 A 级债券的表现好于 AA 级债券时，则可以增持 A 级债券而减持 AA 级债券。

经理人可以选择在债券市场指数之外的一个或多个板块投资部分资金。例如，可选择在非机构抵押贷款支持证券板块投入小部分资金。若指数仅仅包括投资级产品，则经理人可以在投资准则允许的条件下将部分资金配置在非投资级产品中。

绝大多数积极管理的经理人选择本类积极管理而不是下文中将要提到的不受限积极管理。

18.2.5 不受限积极管理

在不受限积极管理模式下，经理人被允许不受限制地进行造成久期严重失配的投资。组合的久期可以为0（全部投资于现金）或者利用杠杆，投资组合的久期可能几倍于基准指数久期。经理人可以选择不在宽基债券市场指数中的一个或多个主要板块中投资，可以在没有包含在指数中的板块中投入大笔资金。

下文将对债券组合积极管理的不同策略进行阐述。

18.3 策略

积极组合策略寻求风险调整后的额外收益，这种额外收益一般被称为 alpha，这些策略一般被称为**增值策略**（Value added strategies），被分为战略性策略和战术性策略两种。

战略性策略（Strategic strategies）有时被称为**由下而上增值策略**（top down value added strategies），包括以下内容：

（1）利率预期策略；

（2）收益率曲线策略；

（3）板块内和跨板块配置策略。

战术性策略（Tactical strategies）有时被称为**相对价值策略**（relative value strategies），属于短期交易策略，包括：

（1）基于价格偏高/偏低的策略；

（2）收益率曲线交易策略；

（3）采用期货和期权的收益增强策略。

下面讨论的策略中不涉及有关期货和期权的策略。上述策略涉及确定定价错误的期权和期货，在现货市场和期货或期权市场上建立仓位，以便抓住错误定价的机会。关于期货和期权的定价问题在前面几章中已经介绍过。

我们将采用雷曼兄弟在2001 年8 月27 日出版的《全球相对值》一书中推荐给客户的投

① 实际上，有人也许会说管理者被限制在指数久期 ±1 年的久期范围内。但是，正如之前强调的，应该避免用时间术语表示久期。

资组合来解释战略性策略。图表 18—1 列示的该投资组合，可以为以雷曼美国综合债券指数为基准指数的经理人提供参考。正如第 16 章所述，本图表中信用债券板块主要就是指公司债券板块。

图表 18—1　　推荐的美国核心投资组合（2001 年 8 月 24 日）

	不同久期范围的市值百分比												收益					
	0~2		2~4		4~7		7~9		9+		合计		对 OAD*的贡献			对利差久期的贡献		
	指数	推荐指数	指数	推荐指数	指数	推荐指数	指数	推荐指数	指数	推荐指数	指数	推荐指数	指数	推荐指数	差值	指数	推荐指数	差值
国库券	5.53	2.01	5.12	3.64	4.80	0.00	0.78	3.22	7.20	4.19	23.44	13.05	1.40	0.99	-0.41	0.00	0.00	0.00
机构债券	3.09	0.00	3.53	5.74	2.56	3.44	0.65	1.61	1.42	0.92	11.25	11.71	0.50	0.55	0.05	0.50	0.56	0.06
抵押转手债券	6.81	5.54	19.79	22.78	8.22	8.49	0.00	0.00	0.00	0.00	34.82	36.81	1.04	1.22	0.18	1.16	1.32	0.16
商业房地产抵押贷款支持证券	0.03	0.00	0.37	0.27	1.53	1.87	0.03	0.00	0.00	0.00	1.95	2.14	0.10	0.12	0.02	0.10	0.12	0.02
资产支持证券	0.53	3.19	0.69	2.33	0.48	0.00	0.06	0.00	0.00	0.00	1.75	5.51	0.06	0.12	0.07	0.06	0.12	0.07
信用债券	3.01	3.17	7.77	10.35	9.37	9.98	2.28	3.16	4.35	4.11	26.78	30.78	1.46	1.62	0.16	1.46	1.61	0.15
合计	19.00	13.91	37.27	45.11	26.96	23.78	3.81	7.99	12.97	9.22	100.00	100.00	4.56	4.63	0.07	3.28	3.73	0.45

OAD*：期权调整久期。

资料来源：Global Relative Value, Lehman Brothers, Fixed Income Research, August 27, 2001, p. 2.

18.3.1 利率预期策略

相信自己能够准确地预计利率水平的经理人可以根据其预计来改变投资组合的久期。鉴于久期是反映利率敏感性的一个风向标，因此如果预计降息则需要增加投资组合的久期，反之则应减少投资组合的久期。对于以债券市场指数为基准的经理人，这就意味着如果预计加息则必须使有关的投资组合的久期小于基准指数久期，反之则应使有关的投资组合的久期大于基准指数久期。投资组合久期被允许偏离基准指数久期的程度由客户进行限制。利率预期策略一般被称为久期策略。

现货市场中可以通过将投资组合中的债券互换为可以获得目标投资组合久期的新债券的方式改变投资组合的久期。或者，如果经理人预计会加息则可以将债券出售投资货币市场工具。一个更有效的方法是利用利率期货合约改变债券投资组合久期。正如第 22 章所述，购买期货将会增加投资组合久期，而出售期货则会减少投资组合久期。

这种积极管理的关键在于预计利率升降的能力。学术研究的成果并不能帮助投资组合经理准确预测利率而稳赚不赔。对未来利率进行预测就总是可以获得超值收益的观点是站不住脚的。

即使经理人没有采用严格按照未来利率变动为基础的积极策略，一些特殊情况也将诱使经理人对利率进行“赌博”来弥补与基准指数相比的业绩差距。例如，假设经理人代表客户采取一种积极管理策略（本章后文论述）。假设该经理人的业绩根据一年期投资的业绩进行评估，但在离该投资期限结束前的三个月其表现被认为低于客户规定的基准指数，如果经理人认为由于表现不佳可能会失去账户的管理权，该经理人就存在对利率变动打赌的冲动。如果赌对了，则账户管理权会被保留。如果赌错了业绩将会更糟，但在这种情况下，不管业绩有多差，也只是取消他的账户管理权而已。客户可以通过限制投资组合久期偏离指数久期的程度来防止出现这种赌博现象。同时，在投资管理过程中的业绩评估阶段（后文将进行描述），将组合收益分解到产生收益的风险因子中将凸显利率水平变化对组合收益的影响程度。

图表18—1显示的是雷曼兄弟综合指数和推荐组合的期权调整久期。在这种情况下雷曼兄弟使用“期权调整久期”而不是有效久期，在其他的报告中也使用“调整久期”。图表18—1中推荐的美国综合组合久期为4.63，而指数久期为4.56。也就是说推荐的投资组合久期是指数久期的102%，因此投资组合遭受利率变动的风险更高一些。

18.3.2 收益率曲线策略

美国国库券的收益率曲线显示了到期时间和收益率之间的关系，曲线的形状也会随时间发生变化。曲线的移动指的是每个国库券的到期收益率变化。收益率曲线的平行移动指的是所有到期收益率的变化均相同。曲线的非平行移动意味着每个到期收益率变化的基点数量并不相同。

由上而下收益率曲线策略涉及对组合进行建仓以便利用国库券收益率曲线形状的预期变化获利。共有三种收益率曲线策略：1）子弹策略；2）杠铃策略；3）阶梯策略。在子弹策略中，投资组合被构建成组合中的债券，到期日集中在收益率曲线上的某一点。杠铃策略中组合的债券到期日集中在两个极点。实践中如果经理人采用了杠铃策略，实际上就是采用了与子弹策略相对的手段。例如，子弹策略可以创造一个到期时间集中在10年左右的组合，而相应的杠铃策略可以创造到期日为5年和20年的组合。在阶梯策略中，组合不同，到期日的投资金额基本相当。比如，组合中到期时间分别为1年、2年的债券的投资金额可能相等。

当收益率曲线变化时，每种策略的业绩不同。实际业绩取决于移动的类型和幅度。因此没有办法对最佳收益率曲线策略进行总结，有关结论具体见本章第18.4节。

当以宽基债券市场指数为基准指数的经理人采用收益率曲线策略时，某些债券板块会出现相对于基准指数的到期日失配。有些经理人采用久期桶（duration buckets）而不是到期日作为对失配的衡量。例如，图表18—1中将指数和推荐组合分为5种久期范围：0~2、2~4、4~7、7~9、9+。注意，推荐组合中减少了投资于0~2及9+的久期范围的权重。也就是说相对于基准指数，收益率曲线的长短两端的投资权重下降了。

18.3.3 板块内和跨板块配置策略

经理人可以按照与基准指数不同的方式在主要债券板块间配置资金，这种方式就叫做**跨板块配置策略**（**inter-sector allocation strategy**）。例如从图表18—1中我们可以看到雷曼美国综合债券指数分布及雷曼推荐资产的配置情况。

板块	指数配置	推荐组合配置	比重
国库券	23.44%	13.05%	偏低
机构债券	11.25	11.71	偏高
抵押转手债券	34.82	36.81	偏高
商业房地产抵押贷款支持证券	1.95	2.14	偏高
资产支持证券	1.75	5.51	偏高
信用债券	26.78	30.78	偏高

该配置策略是为了从使投资者面临抵押债券（及部分资产支持证券）信用风险及提前偿付风险的利差产品中获益。该推荐的组合包括较少的国库券但是利差产品较多。所有的利差产品配置权重均偏高。

前面章节已经介绍，利差久期可以测量组合遭受利差变化的风险程度。图表18—1中就给出了利差风险具体的数据。首先是基准指数的利差久期3.28与推荐组合的利差久期3.73之间的利差久期差异。由于与基准指数相比，推荐组合中的利差产品权重偏高，实际上已经预示了这种差异。利差久期量化了利差产品权重偏高的程度。其次是指数中每个板块与推荐组合中对应板块的利差久期贡献的差异。

在**板块内配置策略**（**intra-sector allocation strategy**）中，经理人在同一板块中的资金配置不同于指数。图表18—1给出的是每个板块中资金配置占整个市场资金配置的百分比。图表18—2显示了雷曼兄弟2001年8月24日根据每种信用质量等级和板块**对利差久期的贡献**（**contribution to spread duration**）推荐的信用债券板块内资金配置策略。信用债券板块相当于公司债券板块，可细分为工业债券、金融债券、公用事业债券及非公司债券等板块①。

图表18—3中显示的是同一时间对抵押贷款支持证券板块的推荐配置。该推荐配置是依照市值及利差久期通过方案和价格来展示的。抵押贷款支持证券板块包括抵押转手债券、商业抵押贷款支持证券。首先来介绍抵押转手债券。

相关信息根据不同债券——吉利美（GNMA）、房利美（Fannie Mae）、房地美（Freddie Mac）发行债券的原始到期期限（30年和15年转手债券）来分类。相关信息也根据价格分类。为什么有这么详细的信息？其中也包括了按价格进行配置的差异，目的是为了强调基准指数和推荐组合之间的提前偿付风险差异。

图表18—2　**依据对利差久期贡献的公司债券板块推荐配置（2001年8月24日）**

	Aaa - Aa			A			Baa			总计		
	指数	推荐指数	差值	指数	推荐指数	差值	指数	推荐指数	差值	指数	推荐指数	差值
利差久期												
0—3	0.04	0.05	0.01	0.05	0.06	0.01	0.03	0.07	0.05	0.12	0.18	0.07
3—5	0.10	0.02	-0.08	0.12	0.16	0.04	0.08	0.11	0.03	0.30	0.29	-0.01
5—7	0.08	0.06	-0.02	0.17	0.27	0.10	0.15	0.13	-0.02	0.40	0.46	0.06
7—10	0.05	0.09	0.05	0.10	0.19	0.09	0.10	0.11	0.01	0.26	0.40	0.14
10 +	0.06	0.05	-0.01	0.19	0.23	0.04	0.14	0.00	-0.14	0.40	0.28	-0.12
合计	0.33	0.27	-0.06	0.62	0.91	0.29	0.50	0.43	-0.08	1.46	1.61	0.15
板块												
工业	0.09	0.15	0.05	0.33	0.70	0.37	0.33	0.08	-0.25	0.75	0.92	0.17
金融	0.12	0.11	-0.02	0.22	0.21	-0.01	0.04	0.00	-0.04	0.38	0.32	-0.06
公用事业	0.01	0.00	-0.01	0.04	0.00	-0.04	0.09	0.22	0.13	0.13	0.22	0.08
非企业	0.09	0.02	-0.07	0.05	0.00	-0.05	0.06	0.13	0.07	0.20	0.15	-0.05
合计	0.31	0.27	-0.04	0.63	0.91	0.28	0.51	0.43	-0.09	1.46	1.61	0.15

资料来源：*Global Relative Value*, Lehman Brothers, Fixed Income Research, August 27, 2001, p. 2.

① 非公司债券是雷曼兄弟关于非美国公司债券的术语。

图表 18—3　**依据对利差久期贡献的抵押贷款支持证券板块推荐配置**（2001 年 8 月 24 日）

方案及价格	指数		推荐		差异	
	% 市值	利差久期	% 市值	利差久期	% 市值	利差久期
吉利美 GNMA						
30 年期　<98	0.02	0.00	0.00	0.00	-0.02	0.00
98 ~ <102	2.56	0.11	1.90	0.08	-0.66	-0.04
102 ~ <106	4.65	0.15	3.06	0.11	-1.59	-0.05
106 +	0.40	0.01	1.95	0.06	1.55	0.05
15 年期　<98	0.00	0.00	0.00	0.00	0.00	0.00
98 ~ <102	0.08	0.00	0.00	0.00	-0.08	0.00
102 ~ <106	0.17	0.00	0.00	0.00	-0.17	0.00
106 +	0.00	0.00	0.00	0.00	0.00	0.00
GNMA 总计	7.89	0.29	6.92	0.25	-0.97	-0.04
房利美及房地美						
传统的 30 年期　<98	0.79	0.04	2.30	0.12	1.51	0.08
98 ~ <102	12.47	0.46	11.70	0.49	-0.77	0.03
102 ~ <106	7.79	0.21	5.88	0.16	-1.91	-0.05
106 +	0.26	0.01	1.60	0.05	1.34	0.04
传统的 15 年期　<98	0.02	0.00	0.00	0.00	-0.02	0.00
98 ~ <102	2.99	0.10	7.04	0.22	4.05	0.13
102 ~ <106	2.34	0.06	1.38	0.04	-0.96	-0.02
106 +	0.00	0.00	0.00	0.00	0.00	0.00
传统总计	26.66	0.87	29.90	1.07	3.24	0.21
气球型	0.26	0.01	0.00	0.00	-0.26	-0.01
总转手债券	34.81	1.16	36.81	1.32	2.00	0.16
商业房地产抵押贷款支持证券	1.95	0.10	2.14	0.12	0.18	0.02
总计	36.77	1.26	38.95	1.44	2.18	0.18

资料来源：*Global Relative Value*, *Lehman Brothers*, Fixed Income Research, August 27, 2001, p. 3.

例如，在 30 年期的方案中我们发现了一个溢价产品权重偏低，即高于面值交易的转手债券。抵押转手板块中的配置表明可能会出现加速提前偿付的情况，这就会导致溢价产品，即溢价抵押产品收益不如折价抵押产品和面值抵押产品。这是溢价产品负凸性的结果。

1. 信用风险导致的利差：板块内和跨板块配置暗示经理人已经预计到会发生某种利差变化。利差反映的是信用风险、赎回风险（提前偿付风险）和流动性风险的不同。在特定板块或子板块中的利差预计会下降或变小，则经理人可能会决定增加该板块或子板块的配置，反之，经理人将减少该板块或子板块的配置。

信用或质量利差会因经济前景的变化而变化。经济下滑或萎缩时国库券和非国库券信用利差加大，经济景气时缩小。从经济原理上分析就是在经济萎缩时期各公司盈利和现金流下滑，这使得公司债券发行人难以按照合同履行债务义务。为了吸引投资者持有非国库券债券，与国库券有关的收益利差必须扩大。反之，由于经济景气，各公司盈利和现金流增加，这使得公司债券发行人按照合同履行债务义务的可能性增加。与国库券和政府主办企业债券之间的有关收益利差取决于投资者对政府给予潜在担保的期望。

因此，经理人可运用经济预测来预测信用利差。同样的，部分经理人以历史信用利差为依据进行预测。基本原则就是存在一种"正常"的信用利差。如果目前的信用利差与"正常"值相去甚远，则经理人应对其组合重新建仓以便从向正常信用利差回归的过程中获益。其假设是正常信用利差是某种平均值，会出现均值回归。事实上，在市场出现结构性变化的情况下，如果正常利差变化，则不会出现回归。

投资经理也可以分析技术因素来评估相对价值。例如，经理可以根据某板块或发行人的新债券的预期供应和需求差异，来决定是增加资金配置还是减少资金配置。这种普遍使用的战术策略被称为**主要市场分析法（primary market analysis）**。技术因素将在第 20 章讨论。

2. 提前赎回和提前偿付风险利差：现在来考察由于提前赎回风险或提前偿付风险导致的利差。对于利差如何变化的预计将影响到如何在国库券（除少量未到期可赎回国库券外全部是不可赎回债券）和存在提前赎回风险的利差产品之间进行跨板块配置。公司债券和机构债券均包括可赎回及不可赎回债券。所有的抵押贷款支持证券都是可提前偿付的。资产支持证券也包括可提前偿付的产品，即使债务人不太可能行使期权。因此，对于具备不同提前赎回风险程度的板块，预计利差如何变化也会影响到板块内配置，具体影响为：（1）公司债券板块内可赎回及不可赎回债券之间的配置；（2）溢价、面值、折价的机构债券、公司债券、抵押债券及资产支持证券之间的配置。

提前赎回风险的利差将随着利率变化方向和利率波动的变化而变化。由于利率下降，发行人会行使期权的可能性增加，所以利率下降的预期会扩大可赎回债券和不可赎回债券的利差。如果利率预期会增加，那么利差会缩小。利率波动的增加使得嵌入的赎回期权价值增加，从而增加了可赎回债券和不可赎回债券间的利差及溢价债券和折价债券间的利差。经理期望通过债券或债券板块内的嵌入期权来提高业绩的交易被称为**结构交易（structure trades）**。第 20 章将对这种交易予以探讨。

18.3.4 债券选择策略

一旦经理将资金分配到某一板块或者子板块，他同时也必须选择具体债券。通常经理不会投资一个板块或子板块里的所有债券，而是根据投资组合的大小选择一些有代表性的债券。

在这个阶段，经理会针对具体债券做板块内配置。经理可能认为板块内有些债券被错误定价，所以在同一时间范围内其绩效会超过同一板块的其他债券。经理们会采取几个不同的积极策略来鉴别错误定价的债券。识别债券价值被低估的最普通的策略是：（1）债券的收益高于同等级的债券；（2）其必要收益率预期下降（因此价格上涨），因为经理的信用分析使他相信债券在信用监视/评级监视前会被评级机构提升信用等级，或被评级机构认定有较好的提升信用等级前景。

一旦投资组合成立，经理可能将某一债券和票面利率，到期日和信用质量相似的但收益率更高的其他债券进行互换。这个就是**替代互换（substitution swap）**，它依赖于资本市场的无效率而存在。这种情况有时候存在是因为暂时的市场不平衡和非国库券市场在本质上是割裂的。经理做替代互换时面临的风险是所购买的债券和互换的债券不完全相同。此外，债券通常有类似的，但是不完全相同的期限和票面利率，这就造成了凸性上的不同。

抵押贷款支持证券市场采用的积极策略是基于一个假定的提前偿付率，识别错误定价的转手债券，抵押担保债券或是分离的抵押贷款支持证券。对于抵押担保债券或分离的抵押贷款支持证券，该策略包括对非指数产品，即基准指数中没有包括的产品的投资。

在对任何潜在互换进行评价时，要评估互换对投资组合风险的影响。我们将在讨论多因子风险模型的第18.5节中看看应当如何评估债券互换。同样，也会了解经理如何在债券选择策略用多因子风险模型来构建投资组合。

18.4 潜在绩效评估的情景分析

（一个积极的）经理需要采用一定的工具来评估以下潜在绩效：

（1）交易策略；

（2）投资组合；

（3）与基准指数相关的投资组合。

在本节中，我们将解释如何采用情景分析来进行未来绩效评估。

18.4.1 评估交易

交易是依据其潜在的绩效来评价的。当对可能的交易，或当前头寸的债券交易进行比较时，必须对替代品的相对业绩加以评估，业绩指（在投资期限内的）**预期总收益（expected total return）**。总收益由以下三个来源组成：

（1）利息支付；

（2）债券价值的变化；

（3）再投资利息支付的收入以及从接受债券的时间到投资期限结束的本金偿还额（如分期偿还债券）。

例如，假设投资者花90美元购买了一份债券，预计在1年的投资期限内从这三个来源中获得的回报等于6美元。那么，预期总收益为6.7%（=6美元/90美元）。

当一个交易涉及借款时，利息成本将从这三个来源的资金收益中扣除。（第18.7节中将讨论如何通过回购协议在债券市场上进行资金借贷）。根据财务成本进行调整的收益金额与投资金额有关。举例来说，假设投资者购买债券的90美元的构成是借入80美元，个人资金投资10美元（即投资人的权益）。同样假设所借资金的利息成本是5%，或4美元。那么，根据财务成本进行调整后的资金收益是2美元（6美元 -4美元）。总收益率是20%（2美元收益除以投资人的资本10美元）。

1. 计算总收益

总收益包括投资人在投资期限内所有三个潜在来源的资金收益。该收益率使投资额（即价格加上应计利息）增加到投资期限内预计的总收益数[①]。总收益的计算需要投资者确定：

- 投资期限；
- 再投资收益率；
- 投资期限结束时的债券价格。

图表 18—4 给出了计算总收益的图形说明。计算总收益的步骤如下：

第 1 步：总利息支付和根据预期再投资率计算再投资收益。如果利息支付是半年一次，再投资收益率为投资者预计可以在利息支付再投资上获得的年利率的一半[②]。

图表 18—4 **计算总收益的图形说明**

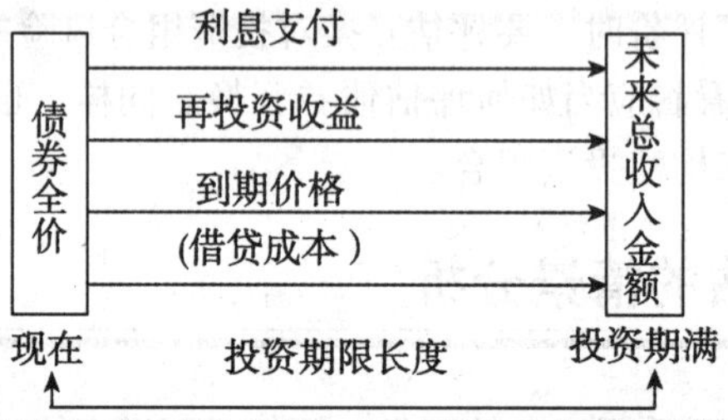

第 2 步：确定投资期满债券的预计价格，也被称为投资**到期价格**（horizon price）。我们解释了在给定无违约风险利率的期限结构（即国库券即期利率曲线）和信用利差期限结构的情况下债券价格是如何计算的。此外，对于含嵌入期权的债券，其价格取决于期权调整利差（OAS）。所以，要确定到期价格必须在期限日期内使用预测的国库即期利率曲线、信用利差期限结构，以及期权调整利差。显然，这些预测值反映了利率和利差从当前日期到投资期满的变化。我们应将这些利率当作**投资期限内的利率结构**（structure of rates at the horizon date）。

然而，在下面的讨论中，我们将简单地假设投资期限内只存在唯一的收益率。该收益率反映了国债利率加利差，被称为**期限收益率**（horizon yield）。

第 3 步：将步骤 1 和 2 的值相加，再减去基于预计的再投资收益率和投资期内收益率结构（或后面说明的期限收益率）进行投资获得的未来总收入金额的借贷成本。

第 4 步：计算出半年期的总收益率如下：

$$\left(\frac{\text{未来总收入金额}}{\text{债券全价}}\right)^{(1/h)}-1$$

其中，全价是价格加上应计利息，h 是投资期限的周期数。对于每半年支付利息的债券，h 是以半年为周期的数量。

第 5 步：对于每半年支付的债券，将第 4 步中的利率乘以 2，其结果是基于债券等值的总收益率。此外，总收益率可以在实际利率的基础上采用下列公式计算：

$$(1+\text{半年的总收益率})^{2}-1$$

总收益率是以债券等值为原则计算还是以实际利率为原则计算视情况而定的。如果将总

---

① 总收益率也被称为投资期限收益率。
② 投资者可以假设投资期限内债券的现金流存在多重再投资收益率。

收益率和以债券等值为原则计算的基准指数进行比较，那么，总收益应以同样的方式计算。但是，如果债券是用来满足以实际利率计算的负债，那么，总收益率应以实际利率为基础计算。

为了说明总收益的计算，假设投资期限为一年的投资者正在考虑购买一个20年期票面利率6%的企业债券。债券以7.3%的收益率和86.4365美元的价格发售，并且该债券以自有现金购买（即没有借来的资金）。假设收益率曲线平坦并且20年期国债的预计收益率是6.5%。这意味着收益利差超过预计国库券80个基点。投资者预期：

（1）他可以按6%的收益率再投资息票；

（2）国库券收益率曲线将下跌25个基点，并在一年末保持平稳，因此，19年期国债的收益是6.25%（6.5%减去25个基点）；

（3）相对于19年期国债的收益利差仍然是80个基点，所以期限收益率是7.05%（6.25%加80个基点）。

计算步骤如下。

第1步：计算总利息支付加年再投资收益率6%或半年再投资收益率3%的再投资收入。半年利息支付为3美元。年金的终值公式可用于这一计算，或由于投资期限只有一年，终值可计算如下：

第一次利息支付再投资6个月	= 3美元×1.03 = 3.09美元
第二次利息支付	= 3美元
总数	= 6.09美元

第2步：到期价格的计算如下。当以7.05%的收益率折现时，该债券的价格是89.0992美元。

第3步：将步骤1和2的结果相加得出未来总收入金额为95.1892美元。

第4步：计算如下（在我们的例子中h等于2）：

$$\left(\frac{95.1892}{86.4365}\right)^{(1/2)} - 1 = 4.94\%$$

第5步：以债券等值原则和实际利率原则分别计算的总收益率如下：

$2 \times 4.94\% = 9.88\%$（债券等值原则）

$(1 + 0.0494)^2 - 1 = 10.13\%$（实际利率原则）

（1）期权调整利差－总收益率

可以采用把期权调整利差（OAS）纳入到期价格计算的估值模型中。经理必须说明在投资期限内他预期的期权调整利差变化。到期价格可以根据估值模型计算，只要假设所需的变量。这种方法也可用于总收益率计算框架。

对投资期限内期权调整利差的假设反映了投资组合经理的预期。通常假设投资期满时期权调整利差和购买时的期权调整利差是一样的。在这个假设下计算的总收益率，就是**稳定期权调整利差的总收益率（constant-OAS total return）**。另外，经理建仓也反映了其对期权调整利差变化的态度。总收益率计算框架可以用来评估期权调整利差变化时含嵌入期权债券的业绩敏感性。

（2）抵押贷款支持证券和资产支持证券的总收益率

抵押贷款支持证券和资产支持证券的总收益率的计算中，未来总收入金额由以下两点决定：

ⅰ.预计本金偿还额（计划的本金偿付加上预计提前偿付款）

ⅱ. 预计利息支付和本金偿付的再投资所获得的利息

为计算未来总收入金额，必须预计投资期限的提前偿付率。

每月还款的抵押贷款支持证券和资产支持证券的每月总收益率计算如下：

$$每月总收益率 = \left(\frac{未来总收金额}{全价}\right)^{(1/期限的月份数)} - 1$$

每月总收益率可以按债券等值收益原则年化处理如下：

$$债券等值年收益率 = 2 \times [(1 + 每月总收益率)^6 - 1]$$

在之前计算按月支付的债券等值收益率的讨论中，首先计算6个月的实际收益率，然后将它翻倍。这就是上面所述的债券等值年收益率公式。

例如，如果每月支付抵押贷款支持证券或资产支持证券的月度总收益率是0.7%，债券等值年收益率为：

$$2 \times [(1 + 0.007)^6 - 1] = 0.0855 = 8.55\%$$

或者，实际年度收益率可计算如下：

$$实际年度收益率 = (1 + 每月总收益率)^{12} - 1$$

实际年度收益率的计算方法对是每月收益率进行复利。对于前面的例子，实际年度收益率是：

$$(1 + 0.007)^{12} - 1 = 0.0873 = 8.73\%$$

(3) 情景分析

总收益率的计算是基于投资期限的预期利率、利差和投资期内再投资率假设的。经理不是靠一组假设做出投资决策。相反，经理总是根据很多组不同的假设计算总收益率。一套假设被称为一种**情景**（**scenario**）。评价一个策略在几种情景下的收益，就是**情景分析**（**scenario analysis**）。监管者还要求某些机构基于法规规定的假设进行情景分析①。

图表18—5和图表18—6对情景分析进行了说明。说明中所用的债券是利率为6%的20年企业债券，销售价格为86.4365美元，收益率为7.3%。这两个图表中，在情景分析时假设收益率曲线平坦，并且收益率曲线都是平行变动。在图表18—5，我们假定只有国库券收益率曲线有变化。在图表18—6中，我们假定收益利差有变化，并且这种变化取决于国库券收益率曲线变化。

图表18—5　　**假设只有国债收益率曲线变化的情景分析（1年投资期限）**

情景	1	2	3	4	5	6	7	8	9
交易日									
国库券利率	6.50%	6.50%	6.50%	6.50%	6.50%	6.50%	6.50%	6.50%	6.50%
利差（基点）	80	80	80	80	80	80	80	80	80
初始收益率	7.30%	7.30%	7.30%	7.30%	7.30%	7.30%	7.30%	7.30%	7.30%
票面利率	6.00%	6.00%	6.00%	6.00%	6.00%	6.00%	6.00%	6.00%	6.00%
到期期限	20.0	20.0	20.0	20.0	20.0	20.0	20.0	20.0	20.0
初始价格	86.4365	86.4365	86.4365	86.4365	86.4365	86.4365	86.4365	86.4365	86.4365

① 分析系统的经纪人、经销商或卖方以及监管人将情景分析视为“模拟分析”，即使这两种方法并不是相等的。模拟分析是一个更强大的工具，它可以考虑因素间动态的相互作用。有关应用于普通股票投资组合管理的蒙特·卡罗模拟的讨论，请参见 Richard A. DeFusco, DennisW. McLeavey, Jerald E. Pinto, and David E. Runkle, *Quantitative Methods for Investment Analysis* (Charlottesville, VA: Association for Investment Management and Research, 2001), pp. 261-266.

续图表

情景	1	2	3	4	5	6	7	8	9
投资到期日									
国库券利率变化（基点）	-150	-100	-50	-25	0	25	50	100	150
利差变化（基点）	40	25	20	10	0	-10	-20	-25	-40
期限收益率	5.80%	6.30%	6.80%	7.05%	7.30%	7.55%	7.80%	8.30%	8.80%
票面利率	6.00%	6.00%	6.00%	6.00%	6.00%	6.00%	6.00%	6.00%	6.00%
剩余到期期限	19.0	19.0	19.0	19.0	19.0	19.0	19.0	19.0	19.0
到期价格	102.28	96.704	91.538	89.099	86.752	84.492	82.316	78.199	74.377
再投资收益率	6.00%	6.00%	6.00%	6.00%	6.00%	6.00%	6.00%	6.00%	6.00%
利息加再投资收益	6.09	6.09	6.09	6.09	6.09	6.09	6.09	6.09	6.09
未来总收入金额	108.37	102.79	97.628	95.189	92.842	90.582	88.406	84.289	80.467
总收益率（SA）	11.97%	9.05%	6.28%	4.94%	3.64%	2.37%	1.13%	-1.25%	-3.51%
总收益率（BEY）	23.95%	18.10%	12.55%	9.88%	7.28%	4.74%	2.27%	-2.50%	-7.03%
总收益率（实际利率）	25.38%	18.92%	12.95%	10.13%	7.41%	4.80%	2.28%	-2.48%	-6.91%

图表18—6 假定国库券收益率曲线偏移和收益利差变化的情景分析（1年投资期限）

情景	1	2	3	4	5	6	7	8	9
交易日									
国库券利率	6.50%	6.50%	6.50%	6.50%	6.50%	6.50%	6.50%	6.50%	6.50%
利差（基点）	80	80	80	80	80	80	80	80	80
要求收益率	7.30%	7.30%	7.30%	7.30%	7.30%	7.30%	7.30%	7.30%	7.30%
票面利率	6.00%	6.00%	6.00%	6.00%	6.00%	6.00%	6.00%	6.00%	6.00%
到期期限	20.0	20.0	20.0	20.0	20.0	20.0	20.0	20.0	20.0
到期价格	86.4365	86.4365	86.4365	86.4365	86.4365	86.4365	86.4365	86.4365	86.4365
投资到期日									
国库券利率变化（基点）	-150	-100	-50	-25	0	25	50	100	150
利差变化（基点）	40	25	20	10	0	-10	-20	-25	-40
期限收益率	6.20%	6.55%	7.00%	7.15%	7.30%	7.45%	7.60%	8.05%	8.40%
票面利率	6.00%	6.00%	6.00%	6.00%	6.00%	6.00%	6.00%	6.00%	6.00%
剩余到期期限	19.0	19.0	19.0	19.0	19.0	19.0	19.0	19.0	19.0
到期价格	97.7853	94.0708	89.5795	88.1496	86.752	85.3858	84.0501	80.2191	77.4121
再投资率	6.00%	6.00%	6.00%	6.00%	6.00%	6.00%	6.00%	6.00%	6.00%
利息加再投资收入	6.09	6.09	6.09	6.09	6.09	6.09	6.09	6.09	6.09
未来总收入金额	103.8753	100.1608	95.6695	94.2396	92.842	91.4758	90.1401	86.3091	83.5021
总收益率（SA）	9.62%	7.65%	5.21%	4.42%	3.64%	2.87%	2.12%	-0.07%	-1.71%
总收益率（BEY）	19.25%	15.29%	10.41%	8.83%	7.28%	5.75%	4.24%	-0.15%	-3.42%
总收益率（有效利率）	20.18%	15.88%	10.68%	9.03%	7.41%	5.83%	4.28%	-0.15%	-3.39%

2. 控制交易中利率风险

当对策略进行评估时，关键是比较具有相同美元久期的头寸，除非交易的目的是改变久期。要理解为什么这样做，可以考虑 X 和 Y 两种债券。假设债券 X 的价格是 80 美元，久期是 5，而债券 Y 的价格是 90 美元，久期是 4。债券 X 的收益率 100 个基点的变化将改变其价格约 5%，或每 80 美元的市场价值将改变 4 美元。因此，收益率 100 个基点变化的美元久期就是每 80 美元市场价值 4 美元。同样，对于债券 Y，收益率 100 个基点变化的美元久期就是每 90 美元市场价值 3.6 美元。因此，如果债券 X 和 Y 被视为可选择的投资方案，该策略下投资于不同债券的金额应该使得它们具有相同的美元久期。

为了说明这一点，假设一个投资组合经理拥有 1 000 万美元面值的债券 X，其市场价值为 800 万美元。收益率每 100 个基点的变化，债券 X 的美元久期是 40 万美元。进一步假设投资组合经理正考虑将其拥有的债券 X 转换为债券 Y。如果投资组合经理希望债券 Y 和他目前拥有的债券 X 具有相同的利率风险（即美元久期），他将购买具有相同美元久期的债券 Y。如果该经理购买了 1 000 万美元面值的债券 Y，其市场价值为 900 万美元，收益率每 100 个基点的改变，其美元价格改变只有 36 万美元。如果，该经理购买市场价值 1 000 万美元的债券 Y，收益率每 100 个基点的改变，其美元久期为 40 万美元。由于债券 Y 的交易价是 90 美元，为了保证债券 Y 和债券 X 的美元久期相同，就必须购买 1 111 万美元面值的债券 Y。

在数学计算上，为了具有和债券 X 相同的美元久期（每 100 个基点的利率变化），债券 Y 的市场价值应为：

$$\text{债券 Y 的市场价值} = \frac{\text{债券 X 的金额久期}}{\text{债券 Y 的久期}/100}$$

为维持与债券 X 相同的美元久期，必须购买的债券 Y 的面值是：

$$\text{债券 Y 的面值} = \frac{\text{债券 Y 的市场价值}}{\text{每 1 美元面值债券 Y 的价格}}$$

用前面的例子演示如何使用这些公式：

债券 X 的美元久期 = 400 000 美元

债券 Y 的久期　　 = 4

债券 Y 的市场价值 = 400 000 美元 ÷（4 ÷ 100） = 10 000 000（美元）

这就意味着市场价值为 1 000 万美元债券 Y 与市场价值为 800 万美元的债券 X 有相同的美元久期。如果其价格为 90 美元，或每 1 美元票面价值的价格为 0.90 美元，则必须购买的债券 Y 的面值是：

债券 Y 的面值 = 1 000 万美元 ÷ 0.90 = 11 110 000（美元）

如果未能根据收益利差的预期变化对交易进行调整，保持美元久期不变，将导致交易的结果受到收益利差的预期改变和收益水平变化的影响。因此，经理应对收益利差以及可能的利率水平的不利变化有清醒的认识。

同样要注意到，两个头寸的美元久期相等只表示由于债券的凸性，它们将在利率微小变化下相等。

3. 评估投资组合

债券经销商公司或热门新闻中常常提议各种交易策略。投资管理公司也开发了专有的交易策略。所有这些策略是基于投资期限内对债券市场的一系列预期而形成的。此外，这些策略具有风险。交易策略可能涉及国债回购市场的借贷或抛空债券。有些经理和交易员错误地使用“套利”一词来表示那些他们推荐给客户的交易策略。事实上，尽管这些策略的建议者感觉面临的风险较小，但风险仍然是存在的。

任何交易策略的未来绩效可用总收益率分析来量化。更具体地说，情景分析是用来确定投资期限内可能的不同假设下的总收益率的。情景分析确定了各种可能的结果，并因此给经理提供了一种交易风险的感觉。

这里使用一个基本的例子来说明如何对交易进行评估。由三大国债——A，B 和 C 开始。这三个证券的信息都在图表 18—7 中有说明。债券 A 是一个短期国债，债券 B 是一个长期国债，债券 C 是一个中期国债。每个债券按面值发行，并且假定下一次利息支付是从现在开始的 6 个月之后。图表中计算了每个债券的久期和凸性。由于三个债券按面值发行，各自的久期和凸性等于美元久期和每 100 美元面值的美元凸性。

图表 18—7 **三种假定的国债**

三种国债的信息：

国债	票面利率（%）	价 格	到期收益率（%）	期限（年）
A	6.5	100	6.5	5
B	8	100	8	20
C	7.5	100	7.5	10

久期和凸性的计算（变动为 10 个基点）：

国债	如果利率按下列变化的价值			
	+10 基点	-10 基点	久期	凸性
A	99.5799	100.4222	4.21122	10.67912
B	99.0177	100.997	9.89681	73.63737
C	99.3083	100.6979	6.94821	31.09724

假设两个国债投资组合已建立。第一组合完全由 10 年期的债券 C 构成，被称为**子弹型投资组合**（**bullet portfolio**），因为本金是在 10 年到期时一次性返回。第二个组合将本金的 51.86% 投资于债券 A，本金的 48.14% 投资于债券 B。这个组合称为**杠铃型投资组合**（**barbell portfolio**），因为债券 A 的到期日短于子弹型投资组合的到期日，而债券 B 则相反。

如图表 18—7 所示，子弹型投资组合的久期是 6.94821。杠铃型投资组合的久期是投资组合债券久期市值的加权平均，计算如下：

$$0.5186 \times 4.21122 + 0.4814 \times 9.89681 = 6.94826$$

杠铃型投资组合的久期等于子弹型投资组合的久期。事实上，杠铃型投资组合旨在产生这一结果。

久期是利率改变引起的市场价值改变的一个大概值。如前面的说明，凸性是对给久期估计的改进。子弹型和杠铃型投资组合的凸性不相等。本书前面讨论过进行凸性计算的相关问题，所以不在此重复。理解图表 18—7 中关于凸性的重要观念，是两个投资组合凸性的相对大小。子弹型投资组合的凸性是 31.09724。杠铃型投资组合的凸性是投资组合中债券凸性市值的加权平均。这就是：

$$0.5186 \times 10.67912 + 0.4814 \times 73.63737 = 40.98722$$

因此，子弹型投资组合的凸性小于杠铃型投资组合。下面是对两个投资组合的久期和凸性衡量的总结：

参数	国债投资组合	
	子弹式	杠铃型
美元久期	6.94821	6.94826
美元凸性	31.09724	40.98722

假设经理考虑到以下交易：买入一个投资组合并卖出另一个。在这种情况下，卖出投资组合意味着经理抛空（**sells short or shorts**）这个投资组合的债券。当投资者抛空债券时，投资者必须向债券所有人支付其应得的票面利息。同样假定经理是将交易建立在6个月的投资期限基础上。

由于这两个投资组合有相同的久期，并且在每个投资组合有相同的投资金额，那么投资组合就有相同的美元久期，但是不同的凸性。假设经理认为在未来6个月会有显著的利率波动。也正是在这种情况下，高凸性的投资组合就会表现出更好的业绩。因此，假设经理决定购买杠铃型投资组合，因为它具有较高的凸性，并卖空子弹型投资组合。

让我们为经理对这个交易进行评估。首先，请注意关于预期出现“巨大”改变这个表述是含糊的。经理人是否更精确地知道为了从相对于子弹型投资组合具有较好凸性的杠铃型投资组合中获利，利率必须变化多少吗？此外，在投资期限内有没有一个隐含的关于收益率曲线的形状变化的假设？这是可以使用总收益率分析和情景分析进行量化的。

图表18—8的最后一栏显示了这个交易策略6个月期的总收益率，假设收益率曲线平行移动。由于经理拥有杠铃型投资组合，并且抛空子弹型投资组合，那么（5）、（6）栏的总收益差异就是这个交易策略的总收益率。举例来说，如果收益率曲线下跌150个基点，杠铃型投资组合将获得的6个月的总收益率为29.26%。如果经理拥有子弹型投资组合，对于150个基点的收益下跌其总收益率将会是28.99%。但是，经理要抛空子弹型投资组合，所以他必须失去28.99%的收益。因此，杠铃型投资组合获得29.26%的收益率，但经理将以失去28.99%的收益率为代价，这一交易策略造成6个月的总收益率为27个基点。

图表18—8　**假设收益率曲线平行移动，6个月期交易策略的业绩情景分析**

收益变化（基点）	价格加上利息（美元）			总收益率（%）		
	A	B	C	杠铃型	子弹式	交易策略*
-300	115.6407	141.0955	126.7343	55.79	53.47	2.32
-250	113.4528	133.6753	122.4736	46.38	44.95	1.43
-200	111.3157	126.8082	118.3960	37.55	36.79	0.76
-150	109.2281	120.4477	114.4928	29.26	28.99	0.27
-100	107.1888	114.5512	110.7559	21.47	21.51	-0.05
-50	105.1965	109.0804	107.1775	14.13	14.35	-0.22
-25	104.2176	106.4935	105.4453	10.63	10.89	-0.26
0	103.2500	104.0000	103.7500	7.22	7.50	-0.28
25	102.2935	101.5961	102.0907	3.92	4.18	-0.27
50	101.3481	99.2780	100.4665	0.70	0.93	-0.23
100	99.4896	94.8852	97.3203	-5.45	-5.36	-0.09
150	94.6735	90.7949	94.3050	-11.28	-11.39	0.11
200	95.8987	86.9830	91.4146	-16.79	-17.17	0.38
250	94.1640	83.4271	88.6433	-22.01	-22.71	0.70
300	92.4686	80.1070	85.9857	-26.96	-28.03	1.06

*负号表示子弹型投资组合的收益好于杠铃型投资组合，正号表示杠铃型投资组合的收益好于子弹型投资组合。

在最后一栏中显示了各种情况下的总收益率使得经理可以量化要实现正收益，收益率曲线需要变化的大小。为了从凸性较好的杠铃型投资组合中获利，收益率曲线必须平行移动超过 100 个基点（精确的数值并没有在图表 18—8 中给出）。因此，经理不仅仅要考虑一个“巨大”的利率变化这一事实，更具体而言，他还要考虑利率改变超过 100 个基点的情况。

图表 18—9 给出了收益率曲线非平行移动变化的策略的收益。在计算图表 18—9 给出的策略的总收益时，我们假设收益率曲线变陡峭。有很多种情况使收益率曲线陡峭。图表 18—9 中情景分析假定，相对于第一栏显示的债券 C 的收益率变化，债券 A 的收益率变化幅度将比债券 C 的收益率变化少 30 个基点，而债券 B 的收益率的变化幅度将比债券 C 的收益率变化多 30 个基点。最后一栏表明，在所有情景下，除非改变 300 个基点，否则该交易是亏损的。

因此，总收益率分析和情景分析可以提高我们评估一个交易策略的技能。

图表 18—9　　**假设收益率曲线变陡峭，6 个月期交易策略的业绩情景分析**

C 的收益变化（基点）	价格加上利息（美元）			总收益率（%）		
	A	B	C	杠铃	子弹	交易策略*
-300	116.9785	136.5743	126.7343	52.82	53.47	-0.65
-250	114.7594	129.4918	122.4736	43.70	44.95	-1.24
-200	112.5919	122.9339	118.3960	35.14	36.79	-1.65
-150	110.4748	116.8567	114.4928	27.09	28.99	-1.89
-100	108.4067	111.2200	110.7559	19.52	21.51	-1.99
-50	106.3863	105.9874	107.1775	12.39	14.35	-1.97
-25	105.3937	103.5122	105.4453	8.98	10.89	-1.91
0	104.4125	101.1257	103.7500	5.66	7.50	-1.84
25	103.4426	98.8243	102.0907	2.44	4.18	-1.74
50	102.4839	96.6046	100.4665	-0.69	0.93	-1.63
100	100.5995	92.3963	97.3203	-6.70	-5.36	-1.34
150	98.7582	88.4758	94.3050	-12.38	-11.39	-0.99
200	96.9587	84.8200	91.4146	-17.77	-17.17	-0.60
250	95.2000	81.4080	88.6433	-22.88	-22.71	-0.17
300	93.4812	78.2204	85.9857	-27.73	-28.03	0.30

假设：

A 的收益率变化 = C 的收益率变化减 30 个基点。

B 的收益率变化 = C 的收益率变化加 30 个基点。

* 负号表示子弹型投资组合的收益好于杠铃型投资组合，正号表示杠铃型投资组合的收益好于子弹型投资组合。

18.4.2　评估与基准指数有关的策略

评估经理投资策略的一个方法是检查在不同情况下投资组合业绩与基准指数有何不同。在此，情景分析很有帮助，并且业绩是以总收益率来衡量的。

为了对上述评估进行说明，我们再次考虑在前一章所述 45 种债券投资组合，以显示投资组合与基准指数的风险和风险因子（见第 17 章图表 17—3 的投资组合）。该项分析在 2001 年 11 月 5 日完成，基于 2001 年 10 月 31 日的价格。该基准是雷曼综合债券指数。

45 种债券投资组合和基准指数的久期和凸性是：

	久期	凸性
投资组合	4.59	0.13
基准指数	4.1	-0.26

45 种债券投资组合的价值比基准指数对利率平行变动更加敏感。45 种债券投资组合展示正的凸性，而基准指数展示负的凸性。因此，经理人应该预期，对于一个较大的利率下降，45 债券投资组合的收益率超过基准指数的数量将大于久期能表示的投资组合的收益率超过基准指数的程度。

现在让我们做一些简单的情景分析，来评估 45 种债券投资组合与基准指数的绩效。该情景分析假设 1 年期投资期限和利率平行变动。评估结果在图表 18—10 中给出，它报告了在收益率曲线平行变动 0 个基点，±50 个基点，±100 个基点，±150 个基点，±200 个基点，±250 个基点，±300 个基点时投资组合和基准指数 1 年期的总收益率。可以看到，给定久期和凸性，总收益率与预期的相同。由于投资组合的久期大于基准指数的久期，当利率下降时投资组合的业绩优于基准指数，当利率上升时投资组合的业绩就不如基准指数。此外，投资组合的正凸性和基准指数的负凸性意味着，如果利率大幅下降，投资组合的业绩将进一步优于基准指数。

图表 18—10　**利率平行变动，投资组合和基准指数的业绩（总收益率）的比较分析**

基点变化	45 种债券投资组合	基准指数	以基点表示的差异
300	-12.354	-12.081	-27.30
250	-10.374	-10.054	-32.00
200	-8.283	-7.947	-33.60
150	-6.121	-5.822	-29.90
100	-3.898	-3.700	-19.80
50	-1.606	-1.575	-3.10
0	0.744	0.523	22.10
-50	3.157	2.589	56.80
-100	5.672	4.659	101.30
-150	8.335	6.791	154.40
-200	11.181	9.006	217.50
-250	14.237	11.284	295.30
-300	17.592	13.779	381.30

图表 18—10 中的情景分析框架可以帮助投资组合经理理解基准指数业绩和投资组合业绩的关系。然而，这项分析只考虑了一个风险：利率风险。此外，利率风险分析局限于收益率曲线的平行变动，因此非平行变动不在考虑之内。当然，投资组合经理可以根据不同的收益率曲线变化，评估对投资组合和基准指数业绩的影响。事实上，一些投资组合经理希望识别“实际的收益率曲线变化”，并基于这些变化对投资组合进行分析。图表 18—10 的简单

情景分析同时也忽略了利差产品的利差变化。你可以尝试假设不同的利差变化来评估绩效。前面章节中讨论了一种能更加深入量化投资组合的相对于基准指数的风险的方法——多因子风险模型。

18.5　采用多因子风险模型构建投资组合

上一章解释了如何用多因子风险模型来量化投资组合的风险。多因子风险模型也是一个非常有价值的构建投资组合的工具，“构建投资组合”是指投资组合的初始构建或重新平衡。

采用多因子风险模型构建投资组合时，需要用到优化程序。使用优化程序的目的是要获取受限制的目标函数的最佳值。优化程序需要数理规划的知识，但用于解决数理规划问题的知识和算法讨论不在本章范围之内。如果投资组合经理明确了一个目标，优化程序或数理规划模型就能计算出最优解，明白这点很重要。下面将举两个例子来说明。在我们的例子中将用 45 种债券投资组合，并继续使用美国雷曼综合债券指数作为基准指数。

18.5.1　用重新平衡来构建一个更消极的投资组合

在上一章中，我们已知 45 种债券投资组合的预测跟踪误差是每年 62 个基点。假设投资组合经理希望显著地减少这个预测跟踪误差。也就是，经理要重新平衡投资组合，使得其风险更加接近基准指数的风险。经理从积极管理投资组合转变到更接近于类似增强指数的方法是根据预测跟踪误差减少的程度来决定的。其目标是考虑成本效益的原则重新平衡投资组合，这就需要优化程序。

优化程序可用于识别符合成本效益原则的减少跟踪误差的交易。具体来说，为优化程序指定的目标是尽量减少跟踪误差，其约束条件是使投资组合的换手率最低。优化程序从可接受的债券的市场价格开始。可接受的债券是指投资手册允许的债券。优化程序的设计目的是选择一种交易，以最大幅度降低每一债券购买单位的跟踪误差来确定 1 对 1 的债券互换。

当优化程序被应用到 45 种债券投资组合时，可以确定以下债券互换：

债券互换 #1：

卖出：61 567 000 美元可口可乐企业 I 债券	6.950%	2026 年 11 月 15 日
买入：66 392 000 美元 Federal Natl Mtg Assn-Global 债券	4.375%	2026 年 10 月 15 日

交易以面值标示，但交易双方的现金价值近乎相等。如果这种债券互换实现，投资组合的预测跟踪误差将可由原来的 62 个基点降至 43 个基点。

其他由优化程序确定的 8 个债券互换，以及每次交易的预测跟踪误差将在下面给出。各项交易对预测跟踪误差的影响将累积起来。即使每次的交易成本没有给出，投资组合经理也可能将预测跟踪误差减少量与交易成本进行比较。

债券互换 #2 ：

卖出：18 600 000 美元的美国国库券	7.500%	2011 年 11 月 15 日
买入：43 876 000 美元通用汽车公司债券	0.000%	2012 年 12 月 1 日
债券互换后新投资组合的预测跟踪误差：		38 个基点

债券互换 #3：

卖出：26 906 000 美元可口可乐企业 I 债券	6.950%	2026 年 11 月 15 日

买入：29 567 000 美元的 FMNA 常规长期 T 债券	5.500%	2031 年 2 月 1 日
债券互换后新投资组合的预测跟踪误差：		34 个基点
债券互换 #4：		
卖出：14 407 000 美元的戴姆勒—奔驰北美公司债券	6.670%	2002 年 2 月 15 日
买入：16 324 000 美元的太平洋贝尔公司债券	6.652%	2034 年 10 月 15 日
债券互换后新投资组合的预测跟踪误差：		31 个基点
债券互换 #5：		
卖出：19 331 000 美元美国国债	6.250%	2023 年 8 月 15 日
买入：20 974 000 美元的田纳西河流域管理局全球债券	5.375%	2008 年 11 月 13 日
债券互换后新投资组合的预测跟踪误差：		28 个基点
债券互换 #6：		
卖出：10 318 000 美元的戴姆勒—奔驰北美公司债券	6.670%	2002 年 2 月 15 日
买入：8 844 000 美元的田纳西河流域管理局全球债券	7.125%	2030 年 5 月 1 日
债券互换后新投资组合的预测跟踪误差：		26 个基点
债券互换 #7：		
卖出：12 569 000 美元的美国国债	6.250%	2023 年 8 月 15 日
买入：13 659 000 美元的加拿大政府—全球债券		2008 年 11 月 5 日
债券互换后新投资组合的预测跟踪误差：		24 个基点
债券互换 #8：		
卖出：6 554 000 美元的戴姆勒—奔驰北美公司债券	6.670%	2002 年 2 月 15 日
买入：5 618 000 美元的田纳西河流域管理局全球债券	7.125%	2030 年 5 月 1 日
债券互换后新投资组合的预测跟踪误差：		23 个基点
债券互换 #9：		
卖出：12 788 000 美元的雷锡昂公司公司债券	7.200%	2027 年 8 月 15 日
买入：12 878 000 美元的 IBM 公司债券	5.375%	2009 年 2 月 1 日
债券互换后新投资组合的预测跟踪误差：		22 个基点

经上述 9 次债券互换，该组合的预测跟踪误差将从 62 个基点减至 22 个基点。这些互换的总交易成本为 1 00 万美元。

上述优化方法也可以用来平衡指数变化时的指数化组合。

18.5.2 运用积极管理策略

为减少预测跟踪误差，前面已展示了如何利用多因子风险模型和优化程序来平衡投资组合。优化程序也可以被用来构建一个组合，该组合考虑了（对行业或对期限结构）市场观点或对单个债券或发行商的看法。为了展示这是怎样实现的，假设一位经理采用了自上而下的方法来选择板块。因此，经理寻求板块风险暴露，而与此同时，他会设法尽量减少其他风险因子的暴露，如期限结构风险和非板块非期限结构的系统风险。这是如何做到的呢？

优化程序可以按照一定方法来重新平衡当前投资组合，维持板块风险当前的预测跟踪误差，但降低了其他系统风险的预测跟踪误差。优化程序的设立使得减少板块风险暴露就会有实质的惩罚。

举例来说，考虑 45 种债券投资组合，该投资组合的预测跟踪误差是 62 个基点，并且板块风险带来的预测跟踪误差是 22.7 个基点。优化程序开始运行使得板块风险带来的预测跟踪误差尽可能接近 22.7 个基点，同时减少因其他风险因子带来的预测跟踪误差。以下 9 个债券互换由优化程序确定：

债券互换 #1：

卖出：569 800 美元的美国国债	6.250%	2023 年 8 月 15 日
买入：755 000 美元的美国电话电报公司全球债券	6.500%	2029 年 3 月 15 日
债券互换后新投资组合的预测跟踪误差：		61.4 个基点

债券互换 #2：

卖出：580 400 美元的时代华纳公司债券	8.375%	2023 年 3 月 15 日
买入：634 400 美元的田纳西河谷管理局债券	5.880%	2036 年 4 月 1 日
债券互换后新投资组合的预测跟踪误差：		59.3 个基点

债券互换 #3：

卖出：382 100 美元的美国国债	6.250%	2023 年 8 月 15 日
买入：440 200 美元的伯灵顿能源公司债券	7.200 %	2031 年 8 月 15 日
债券互换后新投资组合的预测跟踪误差：		59.3 个基点

债券互换 #4：

卖出：561 500 美元可口可乐企业 I 债券	6.950%	2026 年 11 月 15 日
买入：565 000 美元 Italy, Republic of-Global 债券	6.000%	2011 年 2 月 22 日
债券互换后新投资组合的预测跟踪误差：		57.0 个基点

债券互换 #5：

卖出：490 000 美元美国国债	6.500%	2023 年 8 月 15 日
买入：559 500 美元的摩托罗拉公司债券	8.000%	2011 年 11 月 1 日
债券互换后新投资组合的预测跟踪误差：		56.2 个基点

债券互换 #6：

卖出：490 000 美元的美国电报电话公司全球债券债券	6.500%	2029 年 3 月 15 日
买入：408 700 美元的 Tennessee Valley Auth 债券	5.880%	2036 年 4 月 1 日
债券互换后新投资组合的预测跟踪误差：		55.2 个基点

债券互换 #7：

卖出：548 400 美元的美国国债	6.250%	2023 年 8 月 15 日
买入：651 600 美元的美国电报电话公司全球债券	6.000%	2029 年 3 月 15 日
债券互换后新投资组合的预测跟踪误差：		54.2 个基点

债券互换 #8：

卖出：177 600 美元的诺福克南方铁路公司债券	7.800%	2027 年 5 月 15 日
买入：178 900 美元的美国国库券	6.500%	2006 年 10 月 15 日
债券互换后新投资组合的预测跟踪误差：		53.7 个基点

债券互换 #9：

卖出：265 000 美元的美国电报电话公司全球债券	6.500%	2029 年 3 月 15 日
买入：222 600 美元的百时美施贵宝	5.750%	2011 年 10 月 1 日
债券互换后新投资组合的预测跟踪误差：		53.4 个基点

经过这些债券互换，该投资组合的预测跟踪误差将从 62 个基点降至 53 个基点。对于原

45 种债券投资组合和对新组合的预测跟踪误差风险的分析见图表 18—11。首先注意，由于板块风险导致的预测跟踪误差实际上基本保持稳定（仅增加 0.1 个基点）。主要被排除的风险是期限结构风险。这个原因导致的预测跟踪误差降低了 11 个基点。所以，虽然板块风险导致的预测跟踪误差没有变化，由于期限结构风险的有效减少，投资组合的预测跟踪误差由原来的 62 个基点减至 53 个基点。

图表 18—11 **保持板块风险导致的追踪误差不变的 9 个债券互换前后的预测跟踪误差**

预测跟踪误差归因	预测跟踪误差（基点）		预测跟踪误差的变化（基点）
	初始值	债券互换后	
系统类风险			
期限结构风险	49.8	38.4	-11.4
行业风险	22.7	22.8	0.1
质量风险	10.7	10.4	-0.3
选择风险	1.3	2.5	1.2
息票风险	1.4	1.3	-0.1
MBS 行业风险	9.3	9.3	0
MBS 波动性风险	8.3	8.3	0
MBS 提前偿付风险	8.8	8.8	0
非系统性风险	28.4	26.9	
总风险	62	53.4	

18.6 业绩评估

至此本章已分析过各种投资组合策略。本节把注意力转移到度量和评估债券投资组合经理的业绩上。业绩的度量需要计算在指定的时间期限，即**评估期**（**evaluation period**）内实现的收益。

业绩评估与两个问题有关。其一是经理的业绩是否优于指定的基准指数而使其增加价值。其二是经理如何获得已实现的收益。通过分解业绩成果来弄清如何获得成果被称为**业绩归因分析**（**performance attribution analysis**）。

债券业绩及归因分析应满足三个基本要求①：

第一，这一过程应该是准确的。例如，有几种方法可以衡量投资组合的收益。所采用的方法必须确认每个现金流的时间，从而更为准确地衡量实际投资组合业绩。

第二，该过程必须有信息价值。它应该衡量债券投资组合管理运用的管理技术。为提供有用的信息，该过程必须有效说明关键管理技术，并确定这些技术对已实现的业绩的影响。举例来说，整个过程应确定业绩归因于利率水平变化、收益率曲线形状变化、利差变化和个别证券选择的程度。交易成本对业绩的影响也应被确认。

第三，该过程应简单。该过程的输出必须能为经理和客户，或其他关心组合业绩的人员

① Frank J. Fabozzi and Gifford Fong, *Advanced Fixed Income Portfolio Management* (Chicago, IL: Probus Publishing, 1994), p. 281.

所理解。

这一过程必须提供准确的信息，这并不意味着分析必须准确到小数点后几位。相反，它应该给客户提供一个关于主要领域，大小顺序，以及高绩效和低绩效的准确图形。客户聘请经理至少有一部分是因为经理声称可能采取的战略能达到满意的收益。关于经理的业绩是否和之前的声称一致的信息，在决定保留或解雇经理时是很重要的。

18.6.1 业绩度量

评估业绩的起点是收益率度量。基本上度量过程开始于对评估期内子周期的总收益率的计算。举例来说，如果评估期是一年，子周期可能是一个月，所以将有12个子周期的收益率。有三种方法可以用来计算平均子周期收益率，从而计算出评估期的收益率。

（1）算术平均收益率；

（2）时间加权收益率（也称为几何收益率）；

（3）金额加权收益率。

这些方法及它们的局限性，不在此处讨论[①]。

因为收益率受客户在定期抽走和注入资金方面的决策的影响，所以收益率的衡量应反映经理无须受客户决定注入或抽走资金的影响的绩效。正确解决这个问题的方法，就是时间加权收益率。CFA投资业绩报告标准协会要求采用时间加权收益率来调整现金流量（即资金注入和抽走）的影响。2005年1月1日及以后必须根据每日加权现金流量调整计算时间加权收益率。

18.6.2 单指数业绩评价方法

在20世纪60年代，多个单指数方法被用来评估投资组合经理的相对业绩。这三个方法是特雷诺方法，夏普方法和詹森方法。三种方法都假定在投资组合收益和基准指数收益间有一个线性的关系[②]。这些方法没有说明如何或为何投资组合经理的业绩优于或劣于基准指数。

在早期的投资组合经理业绩的研究中，这些方法主要是用来评估股票共同基金经理的业绩。然而，因为业绩归因模式后来的发展（这一点我们将在下文讨论），现在这些方法已经不常用了。

18.6.3 业绩归因分析

单指数业绩评估方法没有解释经理如何获得特定的收益率。客户必须得到这个问题的答案的原因是，经理可能会告诉客户他计划采取一个积极管理的策略，这会使客户期望经理从这一积极管理的策略中获得更多的收益。但客户如何能确定呢？

例如，假设经理恳求客户投资，声称他可以通过选择估价过低的债券实现卓越的业绩。同时假设这位经理取得了一个比客户指定的债券指数更优越的收益。客户只有在由经理实现的收益被分解成产生收益的因子才可能对业绩满意。客户可能会发现优越的业绩得益于该经

---

① 金额加权收益率和时间加权收益率的解释和说明，参见 DeFusco, McLeavey, Pinto, and Runkle, *Quantitative Methods for Investment Analysis*, pp. 81 -90.

② 这些方法的介绍参见 Frank K. Reilly and Keith C. Brown, *Investment Analysis and Portfolio Management* (South-Western College Publishing, 2002), pp. 1109 -1117.

理对于市场的时间选择（即在预计到利率变动时改变投资组合久期），而不是由于选择了估价过低的债券。在这种情况下，经理的业绩超过了基准指数，但不是因为遵循了经理声称的他会采取的策略而获得的。

业绩归因分析的目的是确定和量化对投资组合做出贡献的积极管理决策。投资组合的业绩可以按照第 17 章中谈到的风险因子进行分解。

几个供应商为业绩归因分析开发了一些模型。这种分析与基准指数有关。我们将采用由全球先进技术（G. A. T.）开发的系统来说明业绩归因模型①。这个模型将投资组合的总收益分成以下几个因素：

（1）静态收益；

（2）利率敏感收益；

（3）利差变化收益；

（4）交易收益。

总收益和来自这 4 个因素的收益总和之间的差异就是**残差**（residual）（**误差**（error））。每个收益因素可以进一步分解如下。

静态收益（static return）是投资组合总收益的一部分，是由“收益率曲线的滚动下跌”产生的。也就是说，静态收益是在假设静态（即零波动）的世界所赚得的总收益的一部分，在这个世界中收益率曲线将按它隐含的远期曲线发展。静态收益可以进一步分解成以下两个部分：（1）**无风险收益**（risk-free return）和（2）**应计 OAS 收益**（accrual of OAS return）。无风险收益假设投资组合中只有国债分离证券，它是在收益率曲线滚动下跌的基础上计算的。应计 OAS 收益也是在收益率曲线滚动下跌的基础上计算的，但不同于无风险收益的是，它是基于对利差产品的投资。

利率敏感收益（interest sensitive return）是由收益率曲线的水平、倾斜度和形状的改变而导致的那部分投资组合收益。这个收益可以分解成以下两个部分：（1）有效久期收益和（2）凸性收益。关键利率久期可用来衡量对收益率曲线的形状变化的敏感性。**有效久期收益**（effective duration return）是归因于关键利率久期的收益的总和。凸性收益则是在评估期内因投资组合的久期变化而获得的收益。

利差变化收益（spread change return）是由于债券板块的利差以及个别债券的价格偏高/偏低同时变化所引起的那部分投资组合收益。由板块的期权调整利差变化所带来的那部分利差收益被称为**德尔塔期权调整利差收益**（delta OAS return），由个别债券的利差扩大或缩小所带来的那部分利差收益被称**德尔塔价格偏高/偏低收益**（delta rich/cheap return）。

投资组合的组成部分的变化所带来的那部分总收益，被称为**交易收益**（trading return）。交易收益可以识别经理从投资组合组成部分变化所获得的价值增加，而不是简单的购买持有策略。

本例中，业绩归因分析被用于由公司债券组成的投资组合中。我们称这个组合为组合 A。评价期是 1996 年 9 月，一个收益率曲线向下变化的月份。这个变化近似平行变动。组合 A 的有效久期是 7.09。基准指数，即美林公司债券的指数的有效久期是 5.76。因此，组合 A 的久期高于基准指数。

图表 18—12 给出了单个板块和投资组合的业绩归因分析结果。第二栏给出了经理关于

① 该例子由 Guardian Life 的 Frank Jones 和 Leonard Peltzman 提供。

板块的观点（例如减持或增持）。第三栏显示了每一个板块的配置如何取得收益。

由于收益率曲线以几乎平行的方式向下变动，组合 A 的业绩有望超过市场基准指数，因为投资组合的久期较大。这在图表 18—12 的第五栏的利率敏感收益中有所体现。这表明，假设所有其他因素不变，组合 A 的业绩有望超过市场基准指数 37.9 个基点。组合 A 没有超出那么多是因为利差变化收益是 -18.5 个基点。静态收益和交易收益微乎其微。

图表 18—13 给出了这个分析的概要。组合 A 的收益率是 2.187%，基准指数的收益率是 1.954%，在 1996 年 9 月组合 A 的业绩超过基准指数 23 个基点。

图表 18—12 **业绩归因分析示例**

投资组合 A：有效久期为 7.09 的 3 000 万美元公司债券投资组合

美林公司债券指数：久期为 5.76 的基准指数

	投资组合百分比（%）	总收益	静态收益	利率敏感收益	利差变化收益	交易收益	残差
投资组合总数							
组合 A	100.0000	2.187	0.453	1.813	-0.087	-0.003	0.011
美林公司债券指数	100.0000	1.954	0.452	1.433	0.098	0.000	-0.029
差异	0.000	0.233	0.001	0.380	-0.185	-0.003	0.040
板块分析*							
机构							
组合 A	0.000	0.000	0.000	0.000	0.000	0.000	0.000
美林公司债券指数	12.044	2.083	0.476	1.918	-0.118	0.000	-0.193
差异	-12.044	-2.083	-0.476	-1.918	0.118	0.000	0.193
工业							
组合 A	31.480	2.325	0.459	1.924	-0.026	-0.059	0.027
美林公司债券指数	26.769	2.121	0.460	1.606	0.108	0.000	-0.053
差异	4.711	0.204	-0.001	0.318	-0.134	-0.059	0.080
金融							
组合 A	15.580	2.023	0.439	1.560	0.077	-0.057	0.004
美林公司债券指数	37.363	1.707	0.444	1.120	0.060	0.000	-0.007
差异	-21.783	0.316	-0.005	0.350	0.017	-0.057	0.011
公用事业							
组合 A	15.900	0.310	0.528	-0.090	0.540	0.042	-0.710
美林公司债券指数	7.385	2.167	0.469	1.564	0.185	0.000	-0.051
差异	8.515	-1.857	0.059	-1.654	0.355	0.042	-0.659
电信							
组合 A	17.08	2.439	0.439	1.843	0.027	0.144	-0.014
美林公司债券指数	4.440	2.331	0.447	1.723	0.201	0.000	-0.040
差异	12.64	0.108	-0.008	0.120	-0.174	0.144	0.026

续图表

	投资组合百分比（%）	总收益	静态收益	利率敏感收益	利差变化收益	交易收益	残差
石油							
组合 A	4.940	0.562	0.467	2.035	−1.939	0.000	0.001
美林公司债券指数	1.670	2.123	0.462	1.513	0.194	0.000	−0.046
差异	3.270	−1.561	0.005	0.522	−2.133	0.000	0.045
国际							
组合 A	14.18	2.264	0.443	1.891	−0.079	0.021	−0.012
美林公司债券指数	10.022	2.118	0.446	1.597	0.095	0.000	−0.020
差异	4.158	0.146	−0.003	0.294	−0.174	0.021	0.008
其他							
组合 A	0.000	0.000	0.000	0.000	0.000	0.000	0.000
美林公司债券指数	0.308	0.796	0.384	0.384	−0.025	0.000	0.021
差异	−0.308	−0.796	−0.384	−0.384	0.025	0.000	−0.021

* 在板块分析中，我们将同一板块的投资组合 A 的组成债券与组成基准指数的债券进行比较。例如，组合 A 的工业债券将与美林公司债券指数的工业债券指数进行比较。

资料来源：G. A. T. Integrative Bond System.

图表 18—13 **业绩归因分析概要**

风险因素	组合 A 收益（基点）	美林公司债券指数收益（基点）	差异	占总收益差异的百分比
静态收益	45.3	45.2	0.1	0.40%
利率敏感收益	181.3	143.3	38	163.10%
利差变化收益	−8.7	9.8	−18.5	−79.40%
交易收益	−0.3	0	−0.3	−1.30%
残差	1.1	−2.9	4	17.20%
总计	218.7	195.4	23.3	100%

18.7 杠杆策略

经理可能被允许使用杠杆作为交易或交易策略的一部分。杠杆的意思是，策略中涉及的债券的部分购买资金是借来的。

因此，本节将从介绍杠杆的优缺点开始。然后，讨论如何将回购协议作为借贷资金来源。之后可以采用 18.4 节讨论过的情景分析来对采用杠杆的交易或投资组合策略进行评估。

18.7.1 杠杆原理

杠杆（**Leveraging**）是通过借贷，期望收益超过资金成本的一种投资的方式。杠杆的优点在于，在给定证券的价格变动时它能扩大从该证券的投资中所实现的收益。它的缺点是，杠杆也会扩大损失。

为了说明这一点，我们设想投资者计划购买 30 年期美国国债，预计从现在开始的 6 个月后利率会下降。投资者有 100 万美元可以投资，这是**投资者的权益**（**investor's equity**）。假设国库券的票面利率为 8%，下次利息支付是从现在开始的 6 个月后，并且该债券可以按票面价值购买，那么投资者能够用其可用权益购买 100 万美元面值的国库债券。

图表 18—14 显示了国债从现在起 6 个月后将实现的不同假定收益率。美元收益金额由从现在起 6 个月的利息支付加上国债价值的变化组成。此处没有再投资收入。在 6 个月结束时，30 年期国债变成 29.5 年期国债。为得到收益率，首先将美元收益金额除以投资者的资产 100 万美元，然后乘以 2 作为年化收益率，所以收益率是在债券等值基础上计算的。年化收益率的范围是从 -29.8% 到 63.0%。

在我们的例子中，投资者没有借用任何资金，因此这一策略是**无杠杆策略**（**unleveraged strategy**）。现在再假设投资者借入 100 万美元额外购买 100 万美元面值的国债。进一步假设贷款协议的具体规定如下：

1. 贷款到期日为 6 个月；
2. 年贷款利率为 9%；
3. 面值 100 万美元的 30 年 8% 票面利率国债用来作为贷款抵押。

因此，该贷款是一种抵押贷款。

图表 18—14　**100 万美元的 30 年期 8% 票面利率国债投资（持有 6 个月）的年收益率**

现在起 6 个月后假定收益率（%）	每 100 美元面值债券的价格（美元）*	每 100 万美元面值债券的市场价值（美元）*	每半年的利息支付（美元）	收益金额（美元）	年化收益率（%）**
10.00	81.12	811 200	40 000	-148 800	-29.8
9.50	85.23	852 300	40 000	-107 700	-21.5
9.00	89.72	897 200	40 000	-62 800	-12.6
8.50	94.62	946 200	40 000	-13 800	-2.8
8.00	100.00	1 000 000	40 000	40 000	8.0
7.50	105.91	1 059 100	40 000	99 100	19.8
7.00	112.41	1 124 100	40 000	164 100	32.8
6.50	119.58	1 195 800	40 000	235 800	47.2
6.00	127.51	1 275 100	40 000	315 100	63.0

*这是 6 个月后的价格和市场价值，四舍五入至最接近的 100 美元。

** 年化收益率是半年收益率的两倍。

表 18—15　**200 万美元 30 年期 8% 票面利率国债投资（持有 6 个月）的年收益率**

现在起 6 个月后假定收益率（%）	每 100 美元面值债券的价格（美元）*	每 200 万美元面值债券的市场价值（美元）*	每半年的利息支付（美元）	权益美元收益金额**	年化收益率（%）**
10.00	81.12	1 622 400	80 000	-342 600	-68.5
9.50	85.23	1 704 600	80 000	-260 400	-52.1
9.00	89.72	1 794 400	80 000	-170 600	-34.1
8.50	94.62	1 892 400	80 000	-72 600	-14.5
8.00	100.00	2 000 000	80 000	35 000	7.0
7.50	105.91	2 118 200	80 000	153 200	30.6
7.00	112.41	2 248 200	80 000	283 200	56.6
6.50	119.58	2 391 600	80 000	426 600	85.3
6.00	127.51	2 550 200	80 000	585 200	117.0

*这是 6 个月后的价格和市场价值，四舍五入至最接近的 100 美元。

** 减去 45 000 美元的利息（1 000 000 × 9%/2）。

** 年化收益率是半年收益率的两倍。

现在投资额是200万美元，其中包括投资者的权益100万美元以及借贷的100万美元。在这个策略中投资者使用了杠杆。由于投资者可以使用200万美元而实际拥有100万美元，这就被称为“2比1杠杆”。(意味着用1美元资产作2美元投资)。

图表18—15显示了与图表18—14有相同的必要收益率下这个杠杆策略的年收益率。收益率是相对投资者的100万美元资产来衡量的，而非200万美元。图表18—5中的美元收益金额根据借贷成本进行了调整。

因为使用了借贷资金，年化收益率的范围（-68.5%到117.0%）就比无杠杆时（-29.8%到63.0%）更大。本例清楚地表明，杠杆是一把双刃剑——它放大收益和亏损。注意，如果6个月结束时的市场收益率没有改变，那么无杠杆策略产生8%的年度收益率。也就是说，对于投资的100万美元，6个月的票面利息是4万美元。由于债券的市场价值没有改变，这将产生一个每半年4%，或全年（即债券等值基础）8%的收益率。相反，想想如果投资200万美元在2比1杠杆策略上会发生什么。由于投资了200万美元，6个月的票面利息是8万美元。但是，100万美元的6个月贷款利息成本是45 000美元（100万美元×9%÷2）。这样，扣除财务成本后的美元收益金额是35 000美元（80 000美元 - 45 000美元）。因此，投资者的100万美元资产6个月的美元收益是3.5%（35 000美元÷1 000 000美元），年化收益是7%。如果市场收益率不变，无杠杆策略下投资者可获得8%收益，但在同样的情景下，用2比1杠杆策略只有7%的收益。

假设，投资者不是借款100万美元，而是可以借1 100万美元，为期6个月，年利率为9%。投资者现在可以利用100万美元的净资产和1 100万美元的贷款来购买1 200万美元的国债。贷款人要求用1 100万美元的国债来作为这笔贷款的抵押。由于有1 200万美元的投资，其中100万美元为投资者的权益，该策略称为“12比1杠杆”。

图表18—16显示了假设有和图表18—14以及图表18—15中相同的必要收益率时的年化收益率。注意，相对于2比1的杠杆策略或无杠杆策略，12比1杠杆策略具有更宽的年化收益率范围。当收益率维持在8%时，12比1策略产生-3%的年化收益率。这一结果的产生是因为6个月1 200万美元投资所得的票面利息为48万美元（1 200万美元×8%÷2），而利息开支是49.5万美元（借来的1 100万美元×9%÷2）。对投资者而言，6个月期的美元收益为 -15 000美元或 -1.5%（-15 000美元÷100万美元）。将-1.5%的半年收益翻倍就得到了-3%的年化收益率。

图表18—17显示了不同程度的杠杆作用的结果范围。杠杆作用越大，潜在结果的范围就越宽。

图表18—16　1 200万美元的30年期8%票面利率国债（持有6个月）的年收益率，其中贷款1 100万美元

从现在起6个月后假定收益（%）	每100美元面值的价格（美元）*	每200万美元面值的市场价值（美元）*	每半年的利息支付（美元）	权益美元收益金额**	年化收益率（%）***
10.00	81.12	9 734 900	480 000	-2 280 100	-456.0
9.50	85.23	10 227 900	480 000	-1 787 100	-357.4
9.00	89.72	10 766 000	480 000	-1 249 000	-249.8
8.50	94.62	11 354 700	480 000	-660 300	-132.1
8.00	100.00	12 000 000	480 000	-15 000	-3.0

续图表

从现在起 6 个月后假定收益（%）	每 100 美元面值的价格（美元）*	每 200 万美元面值的市场价值（美元）*	每半年的利息支付（美元）	权益美元收益金额**	年化收益率（%）***
7.50	105.91	12 708 800	480 000	693 800	138.8
7.00	112.41	13 489 100	480 000	1 474 100	294.8
6.50	119.58	14 349 600	480 000	2 334 600	466.9
6.00	127.51	15 300 700	480 000	3 285 700	657.1

* 这是 6 个月后的价格和市场价值，四舍五入至最接近的 100 美元。

** 减去 495 000 美元的利息（11 000 000 × 9% ÷2）。

*** 年化收益率是半年收益率的两倍。

图表 18—17　**不同程度杠杆的年收益率**

从现在起 6 个月后假定收益（%）	100 万美元权益和借入不同金额美元（百万）债务的年化收益（%）					
	0	1	2	3	5	11
10.00	-29.8	-68.5	-107.3	-146.0	-223.6	-456.0
9.50	-21.5	-52.1	-82.6	-113.2	-174.2	-357.4
9.00	-12.6	-34.1	-55.7	-77.2	-120.4	-249.8
8.50	-2.8	-14.5	-26.3	-38.0	-61.6	-132.1
8.00	8.0	7.0	6.0	5.0	3.0	-3.0
7.50	19.8	30.6	41.5	52.3	73.9	138.8
7.00	32.8	56.6	80.5	104.3	151.9	294.8
6.50	47.2	85.3	123.5	161.6	238.0	466.9
6.00	63.0	117.0	171.1	225.1	333.1	657.1

18.7.2　通过回购协议借贷资金

回购协议（repurchase agreement）是一种证券买卖业务，卖方承诺在指定日期按照约定的价格将该证券如数买回。卖方必须随后重新买回该证券的价格叫做**回购价格**（repurchase price），证券必须回购的日期叫做**回购日期**（repurchase date）。本质上，回购协议是一种**担保品贷款**（collateralized loan），而抵押品就是卖出并随后买回的证券①。下面的例子很好地说明了这个协定。

假设政府债券经销商已经购买了 1 000 万美元的特别国债。该经销商可以用自有资金或从银行贷款的方式来融资。然而，通常情况下经销商会利用回购协议，或"回购"市场来融资。在回购市场，经销商用这 1 000 万美元的国债作为贷款的抵押，并且规定了经销商同意的贷款期限和利率。这个利率被称为**回购利率**（repo rate）。如果贷款期限是一天，它被称为**隔夜回购**（overnight repo）（或 RP）；贷款期限超过一天的被称为**定期回购**（term repo）（或定期 RP）。购买（回购）的价格和销售价格的差异就是贷款的利息成本。

① 一种用于抵押贷款支持证券市场的特殊类型回购协议，被称为"资金滚动"。有关资金滚动的描述，见 Frank J. Fabozzi and David Yuen, *Managing MBS Portfolios*（Hoboken, NJ: John Wiley & Sons, 1998）的第 9 章。

假设现在经销商的客户有1 000万美元。经销商同意交付（“卖”）1 000万美元的国债给客户以换取1 000万美元并同时同意第二天以1 000万美元加上利息买回（即“回购”）该国债。

利息金额数是由回购利率，借贷天数（即贷款期限），以及所借金额（借款条款）决定的。利息计算公式是：

利息金额 = 借款金额 × 回购利率 × 回购期限 ÷ 360

注意利息金额是以实际天数除以360天为基础计算的。

在我们的例子中，如果回购率是5%，那么我们可以得到：

借贷金额 = 10 000 000美元

回购利率 = 0.05

回购期限 = 1天

因此，利息金额是：

利息金额 = 10 000 000美元 × 0.05 × 1 ÷ 360 = 1 388.89美元

因此，经销商将国债以1 000万美元卖给客户，并同意第二天以10 001 388.89美元（10 000 000美元 + 1 388.89美元）回购。

回购市场上短期借贷的优点，是回购利率低于银行融资成本。（其原因稍后解释）。从客户的角度来看，回购市场提供了一个基于具有高度流动性的短期有保证交易的有吸引力的收益。

上例说明如何使用回购市场为经销商提供多头寸融资，经销商也可以用回购市场来补仓。例如，假定在两个星期前，政府经销商卖空1 000万美元的国债，现在必须补仓，就是交割债券。经销商可以采取**反向回购（reverse repo）**（先同意购买证券，然后再卖回给他们）。当然，经销商最终不得不在市场中购买这些债券来填补空仓。在这种情况下，经销商其实向客户发放了抵押担保贷款。客户（或其他经销商）利用抵押贷款得来的资金来创造杠杆。

1. 行业术语

回购交易有许多行业术语。为了了解这些术语，记住其中一方借出资金并接受一种证券作为贷款抵押，另一方借入资金，并以证券的形式提供抵押。

下面我们讨论如下术语：

(1)“回购”和“反向回购”；

(2)“转出证券”和“转入证券”；

(3)“卖出担保品”和“买入担保品”。

首先，如果一方转出一种证券来贷款并收取现金，那么从这方的角度来看，交易被称为“回购”。如果一方借出现金，并收取证券作为抵押，那么从这方的角度来看，这是一个“反向回购”交易。

其次，当有人借出证券（即用债券作为担保）以获得现金（即借钱），那方就是所谓的“转出证券”。根据证券担保借出现金的一方，被称为“转入证券”。

最后，“卖出担保品”和“买入担保品”是用来描述交易一方通过回购协议为证券融资，另一方基于担保品借出资金。

总结一下，下列词语用于交易：

资金借入方	资金借出方
回购	反向回购
转出证券	转入证券
卖出担保品	买入担保品

除了使用行业术语，投资手册应当清楚说明经理被允许做些什么。举例来说，客户对其投资组合经理利用回购作为短期投资可能没有任何异议，也就是说，投资组合经理可短期借出资金。投资手册将提出贷款安排如何结构化以防范信用风险。我们将在下面予以讨论。但是，如果客户不想要资金经理利用回购协议作为借款工具（从而创造杠杆），那么投资手册中就应该做此声明。

2. 保证金和盯市

尽管回购交易基于高质量担保品，交易双方仍暴露于信用风险之下。为什么回购交易中存在信用风险？考虑我们先前使用的例子：经销商用1 000 万美元的政府债券作为抵押获得贷款。如果经销商不能回购政府债券，客户持有担保品；如果回购交易后利率增加，政府债券的市场价值下跌，那么客户拥有的债券市值就低于贷款金额。相反，如果债券的市场价值上涨，经销商会关心担保品的收益，这时担保品的市场价值高于贷款金额。

回购应该谨慎操作以减少信用风险。贷出金额应低于作为抵押的债券的市场价值，从而在债券的市场价值减少的情况下为贷款方提供缓冲垫子。作为担保品的债券的市场价值超过贷款价值的金额，被称为**回购保证金（repo margin）**或**保证金（margin）**。保证金，也被称为“估值折扣”。回购保证金一般是1%到3%，但当流动性低或价格更敏感的证券被用作抵押时，或者对于信用较低的借款人，回购保证金也可达到或超过10%。

例如，经销商需要借入1 000 万美元为购买国库券融资。假设回购保证金是2%。那么对于市值1 000 万美元的债券，只有98%的金额亦即980 万美元将被借出。这就是说，经销商会同意以980 万美元交割（卖出）1 000 万美元的国库券给客户，并同意第二天以980 万美元再加上利息回购这1 000 万美元的国库券。假设回购利率是5%，这个隔夜回购的利息就是：

$$\text{利息金额} = 9\ 800\ 000\text{美元} \times 0.05 \times 1/360 = 1\ 361.11\text{美元}$$

注意该利息是基于980 万美元（客户实际借出资金额），而不是我们先前的例子中的1 000万美元。

另一种用来控制信用风险的方法是定期盯市担保品。对头寸盯市意味着按照对应的市场价值记录其价值。当市场价值变化一定百分比时，回购仓位应相应调整。市场价值降低到规定数额以下将会引起**保证金赤字（margin deficit）**。在这种情况下，资金借款人通常可选择给贷款方提供额外现金或移交额外的可接受的债券，来解决保证金赤字。当市场价值上升到高于所需的数额，将会导致**超额保证金（excess margin）**。发生这种情况时，资金贷款方可选择付给借款人等同于超额保证金的现金，或向其移交购买的债券。

3. 交割和信用风险

回购交易各方都关心给贷款方担保品的交割。最显而易见的程序是将借款人提供的担保品交割给贷款方或其清算机构。在这种情况下，被称为“交割出”。回购期限结束时，贷款方将担保品还给借款人，以换取本金和利息。交割担保品的成本导致这一过程可能很昂贵，尤其是对短期回购而言。该交割成本是回购利率的一个因素。对贷款方而言，不持有担保品可能面临的风险有：借款人可能会出售证券、破产导致贷款方无法清算，或将作为担保品的同一证券用于与第三方的回购。

作为交割担保品的另一个选择，贷款方可能同意让借款人以一个独立客户账户持有该证券。当然，在这种安排下，贷款方仍然面临风险，即借款人可能会欺骗性地利用担保品，将它作为担保品用于另一回购交易。如果借款人持有担保品，该交易被称为“**托管账户持有回购（hold-in-custody repo）**”（HIC 回购）。尽管 HIC 回购仍具有信用风险，但它有时仍被用在担保品难以交割，或交易金额小并且贷款方对借款人的声誉很满意的交易。

另一种安排是借款人向贷款方在借款人的结算银行的保管账户交割担保品。然后保管人代表贷款方持有担保品。这种做法降低了交割成本，因为它仅需要在借款人的结算银行进行转移。例如，如果经销商与客户 A 达成隔夜回购交易，担保品在第二天将会转回给经销商。经销商此时可与客户 B 进行一个譬如说期限为 5 天的回购，而无须重新交割担保品。结算银行简单地为客户 B 建立了一个保管账户，并在该账户持有这些担保品。这类专门的安排被称为**三方回购（tri-party repo）**。三方回购约占回购安排的一半。

第三方银行负责担保品的盯市并每天向交易双方报告市场价值。此外，如果借款人希望替换担保品（即更换抵押贷款的具体证券），第三方机构将对担保品是否满足先前在回购协议提出的要求进行验证。

4. 回购利率的决定因素

回购利率根据交易不同而有所不同，这取决于各种因素，包括：

- 担保品质量；
- 回购期限；
- 交割要求；
- 担保品的可获得性；
- 当时的联邦基金利率。

信用质量和担保品的流动性越高，回购利率越低。该回购利率随回购协议的期限而改变。它基本上是收益率曲线的短期端的利率。作为回购协议担保品的债券的到期日不影响回购利率。如果需要将担保品交割给贷款方，回购利率会较低。

获得担保品越困难，回购利率越低。为了理解为什么是这样，记住借款人（或担保品的出售者）持有现金贷款方想要的债券。这种担保品被称为**受欢迎担保品（hot collateral）**或**特殊担保品（special collateral）**。没有这一特点的担保品被称作**一般担保品（general collateral）**。需要担保品的一方愿意以较低的利率借款以获得担保品。

这些因素决定了特定的交易的回购利率，而联邦基金利率决定美国回购利率的一般水平。银行通过联邦基金市场相互借贷资金。这种借款收取的利率被称为**联邦基金利率**或**联邦基金（federal funds rate）**。回购利率通常低于联邦基金利率，因为回购也是另一种形式的抵押借贷，而联邦基金交易是无担保借贷。

18.7.3 计算杠杆投资组合的久期

当经理用借贷资金进行杠杆投资时，应采用下列程序来计算投资组合的久期。此时投资组合由资产和负债组成。包括借入资金的投资组合价值的变化等于：

利率变化时所有债券的价格变动金额
-利率变化时所有负债的价格变动金额
=利率变化时投资组合价值总的变化

投资组合价值总的变化除以投资组合的初始值，再根据利率基点变动进行调整就得到了投资组合的久期。如果负债是短期的，那么负债久期就低。

为了说明上述计算，考虑以下包括三种债券的组合，它们的久期和在50个基点变化下价值的改变如下表所示：

债券	市场价值（美元）	久期	收益率改变50基点的价值变化（美元）
10% 5年	4 000 000	3.861	77 220
8% 15年	4 231 375	8.047	170 249
14% 30年	1 378 586	9.168	63 194
投资组合	9 609 961	6.470	310 663

注意，这是在第17章中为说明一个没有杠杆的组合的久期计算所采用的那个投资组合。假设在这个组合中，有200万美元是借来购买证券的，因此客户投入的资金（即权益）是7 609 961美元。客户关心利率变化如何影响权益投资。进一步假设借来的资金是通过3个月的回购协议获得，因此该负债的久期接近于零，并且负债价值的美元变化在利率变动50个基点时接近于零。那么，在利率变动50个基点时，该投资组合的价值改变计算如下：

债券的价格变动金额 =310 663美元
-负债的价格变动金额 = 0
投资组合价值总的变化 =310 663美元

于是，在利率变动50个基点时，投资组合的价值变化为4.08%（310 663美元除以7 609 961美元），因此投资组合的久期是8.16。由200万美元短期反向回购借款（8.16相对6.47）导致的较高的久期，就是由于投资组合的杠杆作用产生的。

第 19 章 投资组合利率变动风险和现金流匹配

19.1 引言

本章主要介绍管理债券投资组合满足预定债务要求的策略。我们要讨论的两种策略分别是利率变动风险防范和现金流匹配策略。**利率变动风险防范**（Immunization）是一种同时含有积极和消极策略因素的混合策略，它用于最小化某一特定投资期限上的再投资风险。利率变动风险防范可以用来构建一个投资组合以偿付某单一负债或多重负债的资金需求。**现金流匹配**（Cash flow matching）可以用来构建这样一个投资组合，其现金流可以满足某一系列负债的资金需求，且在最后一笔负债偿还后该组合的价值也减至零。

19.2 单一负债的利率变动风险防范

经典的利率变动风险防范（Classical immunization）可以被定义为一个为了在某一特定时间范围内无论利率如何变化均能获得确定收益而创建债券投资组合的过程①。利率变动风险防范的基本原则就是构建一个投资组合，该投资组合可以通过投资组合现金流（利息和本金）再投资的收益来平衡投资期限结束时投资组合的价值变化。也即，利率变动风险防范可以抵消利率风险和再投资风险。利率变动风险防范的一般原理如图表 19—1 所示。

实现这一平衡需要对投资组合的久期进行控制。通过设置投资组合的久期，使之等于预期的投资组合期限，正向和负向的增量收益来源将彼此相互抵销。这是投资组合利率变动风险有效防范的一个必要条件。

图表 19—1　　**经典利率变动风险防范的一般原理**

目标：锁定一个最低目标收益率并设定一个目标累计值，无论投资期限内利率如何变化

利率变化所带来的风险：

　再投资风险

　利率或价格风险

假设：收益率曲线平行移动（即所有收益率一致地上升或下降）

原理：

　情景1：利率上升

　含义：

---

① 利率变动风险防范策略的经典理论由下列学者提出：F. M. Reddington，“Review of the Principles of Life Insurance Valuations,” *Journal of the Institute of Actuaries*, 1952; and Lawrence Fisher and Roman Weil，“Coping with Risk of Interest Rate Fluctuations: Returns to Bondholders from Naive and Optimal Strategies,” *Journal of Business*（October 1971），pp. 408 –431。

续图表

1. 再投资收入增长

　　2. 到期期限长于投资期限的债券投资组合价值下降

结果：再投资收入的增加≥组合价值的损失

情景2　：利率下降

含义：

　　1. 再投资收入下降

　　2. 到期期限长于投资期限的债券投资组合价值增加

结果：再投资收入的损失≤组合价值的增加

19.2.1　例示

为了演示利率变动风险防范的原理，现考察人寿保险公司在出售有保证的投资合约（Guaranteed investment contract，GIC）时所面临的情况。该保单规定人寿保险公司保证在未来某一特定日期里，将特定的金额支付给投保人。或换言之，人寿保险公司保证其在付息日获得一个特定的收益率（被称为“信贷利率”，“crediting rate”）。

例如，假设人寿保险公司出售一种 5 年期的有保证的投资合约（GIC），它保证，基于其债券等值基础的年收益率为 7.5%（或者，相当于在未来的 10 个半年期中，每个半年期的利率为 3.75%）。假设投保人花了 9 642 899 美元来购买这个 GIC 保险，那么该人寿保险公司保证 5 年后投保人获得的价值为 13 934 413 美元。人寿保险公司在投资这 9 642 899 美元时，5 年后其目标累计值即为 13 934 413 美元，这和债券等值收益基础上 7.5% 的目标收益率是一样的。

假设人寿保险公司购买了 9 642 899 美元按面值出售的 5 年期债券，且债券的到期收益率为 7.5%。人寿保险公司并不能保证实现最低目标收益率为 7.5% 的总收益率，因为要实现 7.5% 的总收益率，利息收入必须以每半年最低 3.75% 的收益率进行再投资。也就是说，累计值将取决于再投资收益率。

为了说明这一点，假定在投资了 9 642 899 美元，票面利率为 7.5% 的 5 年期债券后，市场收益率立即发生了变化，并且在剩下的 5 年里都维持在改变后的新水平上。图表 19—2 说明了 5 年后的情形。第一列给出的是新的收益率水平。第二列给出的是总的利息收入。第三列给出了当利息收入以第一列给出的新收益率水平再投资时 5 年后的再投资收入。第四列给出的是 5 年结束时的债券价格，也就是面值。第五列是利息收入、再投资收入和债券价格等三项来源的累计值。总收益率在最后一列给出①。

如果收益率不变，那么利息收入可以按 7.5%（每六个月 3.75%）的收益率再投资，人寿保险公司将实现目标累计值。如果市场收益率上升，累计值（总收益率）将高于目标累计值（目标收益率）。这是因为相比最初的到期收益率，利息收入可以更高的利率再投资。相反，收益率下降时，与此形成对比的是，累计值（总收益率）将低于目标累计值（目标收益率）。因此，投资一个到期收益率等于目标收益率，到期日等于投资期限的附息债券，并不保证能够实现目标累计值。

---

①　该列的值按以下公式计算：$2\times\left[\left(\frac{\text{累计价值}}{9\ 642\ 899}\right)^{\frac{1}{10}}-1\right]$。

图表 19—2 **以收益率 7.5% 定价的 5 年期票面利率为 7.5% 的债券 5 年后的总累计值和总收益率**

投资期限：5 年　　价格：100.00 美元
票面利率：7.50%　　购买的债券面值：9 642 899 美元
到期期限：5 年　　购买价格：9 642 899 美元
到期收益率：7.50%　　目标累计值：13 934 413 美元

新收益率（%）	利息收入（美元）	再投资收入（美元）	债券价格（美元）	累计值（美元）	总收益率（%）
11.00	3 616 087	1 039 753	9 642 899	14 298 739	8.04
10.50	3 616 087	985 615	9 642 899	14 244 601	7.96
10.00	3 616 087	932 188	9 642 899	14 191 175	7.88
9.50	3 616 087	879 465	9 642 899	14 138 451	7.80
9.00	3 616 087	827 436	9 642 899	14 086 423	7.73
8.50	3 616 087	776 093	9 642 899	14 035 079	7.65
8.00	3 616 087	725 426	9 642 899	13 984 412	7.57
7.50	3 616 087	675 427	9 642 899	13 934 413	7.50
7.00	3 616 087	626 087	9 642 899	13 885 073	7.43
6.50	3 616 087	57 398	9 642 899	13 836 384	7.35
6.00	3 616 087	529 352	9 642 899	13 788 388	7.28
5.50	3 616 087	481 939	9 642 899	13 740 925	7.21
5.00	3 616 087	435 153	9 642 899	13 694 139	7.14
4.50	3 616 087	388 985	9 642 899	13 647 971	7.07
4.00	3 616 087	343 427	9 642 899	13 602 414	7.00

假定该保险公司投资的不是 5 年期的债券，而是投资一个票面利率为 7.5%，以面值出售、收益率为 7.5% 的 12 年期债券。图表 19—3 给出了如果市场收益率在债券购买后立即改变，并且保持在这一新的收益水平时，该债券的 5 年累计价值和总收益率。第四列是到期收益率为 7.5% 的 7 年期债券（因为那时投资期限已经过了 5 年）的市场价格。如果市场收益率增加，那么该投资组合将无法实现目标累计值；如果市场收益率下降，累计值（总收益率）将超过目标累计值（目标收益率）。

图表 19—3 **以收益率 7.5% 定价的 12 年期票面利率为 7.5% 的债券 5 年后的总累计值和总收益率**

投资期限：5 年　　价格：100.00 美元
票面利率：7.50%　　购买的债券面值：9 642 899 美元
到期期限：12 年　　购买价格：9 642 899 美元
到期收益率：7.50%　　目标累计值：13 934 413 美元

新收益率（%）	利息收入（美元）	再投资收入（美元）	债券价格（美元）	累计值（美元）	总收益率（%）
11.00	3 616 087	1 039 753	8 024 639	12 680 479	5.50
10.50	3 616 087	985 615	8 233 739	12 835 440	5.80
10.00	3 616 087	932 188	8 449 754	12 998 030	6.06
9.50	3 616 087	879 465	8 672 941	13 168 494	6.33
9.00	3 616 087	827 436	8 903 566	13 347 090	6.61

续图表

新收益率（%）	利息收入（美元）	再投资收入（美元）	债券价格（美元）	累计价值（美元）	总收益率（%）
8.50	3 616 087	776 093	9 141 907	13 534 087	6.90
8.00	3 616 087	725 426	9 388 251	13 729 764	7.19
7.50	3 616 087	675 427	9 642 899	13 934 413	7.50
7.00	3 616 087	626 087	9 906 163	14 148 337	7.82
6.50	3 616 087	57 398	10 178 367	14 371 852	8.14
6.00	3 616 087	529 352	10 459 851	14 605 289	8.48
5.50	3 616 087	481 939	10 750 965	14 848 992	8.82
5.00	3 616 087	435 153	11 052 078	15 103 318	9.18
4.50	3 616 087	388 985	11 363 569	15 368 642	9.54
4.00	3 616 087	343 427	11 685 837	15 645 352	9.92

图表 19—4　以收益率 7.5% 定价的 12 年期票面利率为 7.5% 的债券因利率变化引起的 5 年内再投资收入和价格的变化

新收益率（%）	再投资收入变化（美元）	价格变化（美元）	累计价值的总变化（美元）
11.0	364 326	(1 618 260)	(1 253 934)
10.5	310 188	(1 409 160)	(1 098 972)
10.0	256 762	(1 193 145)	(936 383)
9.5	204 039	(969 958)	(765 919)
9.0	152 010	(739 333)	(587 323)
8.5	100 666	(500 992)	(400 326)
8.0	49 999	(254 648)	(204 649)
7.5	—	—	—
7.0	(49 340)	263 264	213 924
6.5	(98 029)	535 468	437 439
6.0	(146 075)	816 952	670 877
5.5	(193 487)	1 108 066	914 579
5.0	(240 273)	1 409 179	1 168 905
4.5	(286 441)	1 720 670	1 434 229
4.0	(331 999)	2 042 938	1 710 939

其原因可以从图表 19—4 中看出。图表 19—4 概括了由市场收益率变化造成的再投资收入和价格变化。例如，如果市场收益率瞬间上升 200 个基点，由 7.5% 到 9.5%，再投资的收入将会增加 204 039 美元，然而，债券的市场价格将减少 969 958 美元。净效应就是累计值将比目标累计值少 765 919 美元。相反，如果市场收益率下降，债券价格的变动将大于再投资收入的下降，导致累计价值超过目标累计值。现在我们可以看到累计价值有什么变化。利率（或价格）风险和再投资风险之间存在一种此消彼长的关系。对于该 12 年期债券，只有当市场收益率没有增加时，目标累计值才能实现。

图表 19—5 以收益率 7.5% 定价的 6 个月期票面利率为 7.5% 的债券 5 年后的总累计值和总收益率

投资期限：5 年　　价格：100.00 美元
票面利率：7.50%　　购买债券面值：9 642 899 美元
到期期限：0.5 年　　购买价格：9 642 899 美元
到期收益率：7.50%　　目标累计值：13 934 413 美元

新收益率（%）	一期后（美元）	累计价值（美元）	总收益率（%）
11.00	10 004 508	16 198 241	10.65
10.50	10 004 508	15 856 037	10.20
10.00	10 004 508	15 520 275	9.75
9.50	10 004 508	15 190 848	9.30
9.00	10 004 508	14 867 650	8.85
8.50	10 004 508	14 550 580	8.40
8.00	10 004 508	14 239 534	7.95
7.50	10 004 508	13 934 415	7.50
7.00	10 004 508	13 635 117	7.05
6.50	10 004 508	13 341 549	6.60
6.00	10 004 508	13 053 613	6.15
5.50	10 004 508	12 771 214	5.70
5.00	10 004 508	12 494 259	5.25
4.50	10 004 508	12 222 656	4.80
4.00	10 004 508	11 956 313	4.35

具有同样期限的附息债券和具有更长到期期限的债券都不能实现目标累计值，到期期限少于 5 年的债券反而可能实现目标累计值。假如某还有 6 个月到期的票面利率为 7.5% 的债券按面值出售。图表 19—5 给出了其 5 年投资期限的累计值和总收益率。第二列给出了 6 个月后的累计值。第三列给出了将 6 个月后的累计值以第一列给出的收益率再投资，5 年后的累计值①。

通过投资该 6 个月期的债券，尽管有再投资风险，但是投资组合经理不用再承担价格风险。只要市场收益率维持在 7.5% 或以上，目标累计值就能实现。再次强调的是，人寿保险公司并不能保证可以实现目标累计值。

如果我们假设市场收益率发生一次性的瞬间变化，那么是否有一种附息债券可供该人寿保险公司购买并用以实现目标累计值，而不用考虑市场收益率是升还是跌？人寿保险公司应寻求这样一种附息债券，使得不管市场收益率怎么变化，其再投资收入的变化可以抵销价格的变化。

考虑某收益率为 7.5%，以 96.42899 美元售出的 6 年期票面利率为 6.75% 的债券。假设以 9 642 899 美元的价格购买了 1 000 万美元面值的此债券。图表 19—6 针对该债券给出了与图表 19—2、图表 19—3 和图表 19—5 内容相同的信息。从最后两列中我们可以看到累

① 这个值的计算如下：10 004 508 美元 × $\left(1+\frac{\text{新收益率}}{2}\right)^9$。

计值和总收益率从来没有低于目标累计值和目标收益率①。因此，无论市场收益率发生什么情况，目标累计值都能得以保证。

图表19—6　**以收益率7.50%定价的6年期票面利率为6.75%的债券5年后的总累计值和总收益率**

投资期限：5年　　价格：100.00美元

票面利率：6.75%　　购买债券面值：10 000 000美元

到期期限：6年　　购买价格：9 642 899美元

到期收益率：7.50%　　目标累计值：13 934 413美元

新收益率（%）	利息收入（美元）	再投资收入（美元）	债券价格（美元）	累计值（美元）	总收益率（%）
11.00	3 375 000	970 432	9 607 657	13 953 089	7.53
10.50	3 375 000	919 903	9 652 592	13 947 495	7.52
10.00	3 375 000	870 039	9 697 846	13 942 885	7.51
9.50	3 375 000	820 831	9 743 423	13 939 253	7.51
9.00	3 375 000	772 271	9 789 325	13 936 596	7.50
8.50	3 375 000	724 350	9 835 556	13 934 906	7.50
8.00	3 375 000	677 061	9 882 119	13 934 180	7.50
7.50	3 375 000	630 395	9 929 017	13 934 413	7.50
7.00	3 375 000	584 345	9 976 254	13 935 599	7.50
6.50	3 375 000	538 902	10 023 832	13 937 734	7.50
6.00	3 375 000	494 059	10 071 755	13 940 814	7.51
5.50	3 375 000	449 808	10 120 027	13 944 835	7.52
5.00	3 375 000	406 141	10 168 650	13 949 791	7.52
4.50	3 375 000	363 051	10 217 628	13 955 679	7.53
4.00	3 375 000	320 531	10 266 965	13 962 495	7.54

图表19—7对此进行了解释。当市场收益率提高时，再投资收入的提高大于债券价格的下降。当市场收益率下降时，价格的增加会超过再投资收入的下降。那么该债券的什么特性保证了不论市场收益率如何变化，目标累计值都一定能实现呢？图表19—8中给出了以上四种债券的久期。

该笔债务的久期是4.82②。请注意无论市场收益率如何变化都能使目标累计值的6年期年利率为6.75%的债券的久期等于债务的久期，即4.82。这是问题的关键。为了使投资组合的目标累计值（目标收益率）对市场收益率变化具有利率变动风险防范的效果，人寿保险公司必须投资于这样一个债券（或债券投资组合）使得该投资组合的久期等于此笔债务的久期，及该债券（或债券投资组合）的现金流初始现值等于未来债务的现值。

久期比负债久期要短的那两种债券会使得该投资组合遭受再投资风险，而久期大于投资期限的那种债券会使得投资组合遭受价格风险。

当某一利率变动风险防范组合中含有包括嵌入期权的债券时，那么此时衡量久期的恰当指标是有效久期。债务的有效久期与债务的修正久期是一样的。因此，利率变动风险防范的

① 关于这一点可以用数学证明。在这里我们不给出该证明。如图表19—6和图表19—7，在市场利率为8%时，累计值稍低于目标值（13 934 180美元比13 934 413美元稍小）。这种差异是由四舍五入产生的。

② 零息债务的久期等于债务到期的年数除以1加上收益率的一半。在本例中，它就是5除以（1+0.075÷2）。

要求可以用更一般性的术语重新表述如下：(1) 投资组合的有效久期等于债务的有效久期；(2) 该债券（或债券投资组合）的预期现金流初始现值等于未来债务的现值。

图表 19—7 以收益率 7.50% 定价的 6 年期票面利率为 6.75% 的债券 5 年后的由利率变化引起的再投资收入和价格的变化

新收益率（%）	再投资收入的变化（美元）	价格变化（美元）	累计值的总变化（美元）
11.0	340 036	(321 360)	18 676
10.5	289 507	(276 426)	13 081
10.0	239 643	(231 171)	8 472
9.5	190 435	(185 595)	4 840
9.0	141 875	(139 692)	2 183
8.5	93 955	(93 461)	494
8.0	46 666	(46 898)	-232
7.5	—	—	—
7.0	(46 050)	47 237	1 187
6.5	(91 493)	94 815	3 322
6.0	(136 336)	142 738	6 402
5.5	(180 587)	191 009	10 422
5.0	(224 254)	239 632	15 378
4.5	(267 344)	288 611	21 267
4.0	(309 865)	337 947	28 082

图表 19—8 作为利率变动风险防范潜在备选对象的四种债券的久期

债券	久期	风险
5 年期，7.5% 票面利率，面值出售	4.11	再投资
12 年期，7.5% 票面利率，面值出售	7.83	价格
6 月期，7.5% 票面利率，面值出售	0.48	再投资
6 年期，6.75% 票面利率，出售价格 96.42899 美元	4.82	

19.2.2 利率变动风险防范投资组合的再平衡

我们对利率变动风险防范原理的例示存在一个假设前提，那就是市场收益率的变化是一次性的和瞬时变化的。在实践中，市场收益率在投资期间内会上下波动。因此，该投资组合的久期将随着市场收益率的变化而变化。此外，久期也会纯粹地随着时间的推移而改变。在任何不是平坦期限结构的利率环境中，投资组合久期的变化速度不同于时间推移的速度。

只要定期对投资组合进行再平衡以使得其久期重新调整为债务的久期，即使在市场收益率不断变化的情形下投资组合也可以得到利率变动风险防范。例如，如果投资期限最初是 5 年，收益率是 7.5%，那么初始投资组合的久期应该是 4.82。6 个月后，投资期限为 4.5 年，而债务的久期为 4.34（=4.5÷1.0375）。然而，该组合的久期可能不同于 4.34。因此，我们必须对投资组合进行再平衡，以使得它的久期等于 4.34。6 个月后，投资组合必须再次进行平衡，以使得其久期等于 4 年期的负债久期。

那么投资组合该以什么频率进行再平衡以调整它的久期呢？一方面，太高的调整频率将增加交易成本，从而减少了实现目标收益率的可能性。另一方面，太低的调整频率将导致投资组合的久期偏离目标久期（即债务久期），这同样也将减少实现目标收益率的可能性。因此，投资组合经理面临一种权衡：一方面投资组合经理必须承受部分交易成本以防止投资组合的久期与目标久期偏离太远；另一方面投资组合久期一定程度的偏离是应该得到容忍的，否则交易成本将高得令人望而却步。

19.2.3　应用考虑因素

在构建利率变动风险防范组合的实际过程中，投资债券的选择是非常重要的。所考虑债券的信用质量越低，潜在的风险和回报就越高。利率变动风险防范理论假定不存在任何违约情况，并且债券只对总体利率变动有反应。信用质量越低，违反这些假设的可能性就越大。此外，在债券含有嵌入期权时（如赎回特征或抵押贷款支持证券提前偿付条款），精确预测现金流（进而久期）会变得复杂甚至是无法进行，这就会导致利率变动风险防范的基本条件无法满足。最后，流动性也是构建利率变动风险防范投资组合需要考虑的一个因素。如上所述，因为随着时间的推移我们必须对投资组合进行再平衡，并且在目标投资期限到期变现本金以偿付债务。

我们还可以通过优化程序来建构利率变动风险防范投资组合。通常，利率变动风险防范的形式是，在投资期限到期日拥有足够的现金以偿付债务这一约束条件下最小化初始债券投资组合的成本。进一步要考虑的因素包括，平均信用质量、最小及最大集中度限制，还可能包括发行人限制。在这一过程中最为关键的一环是构建出合乎实际的投资准则和目标。此外，由于优化程序对所考虑债券的定价非常敏感，因此准确的定价并获得某一交易高手的指导非常重要。因为优化程序存在众多的变量输入且常常会出现各种变化，所以该程序应采取迭代的方式进行，最后的解决方案是大量试验的结果。

交易成本是利率变动风险防范投资组合实现目标收益率的一个重要因素。不仅在初始利率变动风险防范时（利率变动风险防范投资组合首次创建时）必须考虑交易成本，而且在为避免久期偏离而进行的定期再平衡过程中也必须考虑它。投资组合经理不希望出现的情形是，投资组合进行了大量的交易，但从风险最小化中只得到了少量的收益。所幸的是，交易成本可以包括在优化框架内，这样就可以对交易成本和风险最小化之间的权衡进行评估。

19.2.4　经典利率变动风险防范理论的扩展

经典利率变动风险防范的充分条件是，投资组合的久期和负债久期是匹配的。经典理论基于以下的假设：

*假设*1. 任何收益率曲线的变化都是平行变化（即对所有的到期期限，利率向上或向下变动的数额都相同的）。

*假设*2. 投资组合的估值是在某一固定的期限日进行的，在该时间期限内，除利息收入和再投资收入外，没有其他现金流入或流出。

*假设*3. 如果利率结构不改变（即远期利率没有改变），投资的目标价值就是投资组合在期限日的价值。

也许经典利率变动风险防范技术最关键的假设是假设1——预期利率的变动类型。经典利率变动风险防范投资组合的一个特征是，如果利率发生了平行变化，投资的目标价值是该组合在期限日的价值下限①。看起来这是一个不切实际的假设，因为就算曾经在现实中发生过，毕竟这种利率变化是很罕见的。根据该理论，如果收益率曲线利率不是平行变动，那么组合久期和债务久期的匹配也不再保证利率变动风险防范能够实现②。

对利率平行变化这一假定进行修订的技术是利率变动风险防范理论的一项自然延伸。第一种方法是制定一项能应对任意利率变动的策略，这样就没有必要规定一个备选久期度量指标了。这一方法由 Gifford Fong 和 Oldrich Vasicek 提出，它通过建立一项**利率变动风险防范策略的风险**（immunization risk）度量指标来应对任意利率变动③。然后在组合久期等于投资期限这一约束下最小化该利率变动风险防范策略的风险度量指标，这样可以使得组合在任意利率变动情况下都能获得最小的风险暴露。

图表 19—9 展示了利率变动风险防范策略的风险最小化的一种方法。图表 19—9 中的竖直线段代表投资组合实际的现金流量。较高的线段表示由本金支付所产生的现金流量，而较低的线段代表利息支付。投资组合 A 和 B 由两种债券组成，其加权久期都等于投资期限。实际上，组合 A 是一个“杠铃型”组合——一个包含短期和长期到期期限及期中有利息支付的投资组合。组合 B 中，两个债券到期时间非常接近投资期限，并且投资期限内的利息支付是名义利息支付。当某一投资组合具有组合 B 的特点时，该组合就是所谓的子弹型投资组合。

不难看出为什么杠铃型投资组合比子弹型投资组合应该有更大的利率变动风险防范策略的风险。假设两个投资组合的久期都等于负债久期，那么这两个投资组合对平行利率变化都是利率变动风险防范的。投资期限内所获支付款项再投资收益率发生变化会给组合带来影响，投资期限结束时仍未偿付的组合部分的资本价值发生变化也会受到影响，通过平衡这两种影响可以获得组合的利率变动风险防范。然而，当利率以任意一个非平行的方式变化时，其对两个投资组合的影响就有很大差异。例如，假设短期利率下降，而长期利率上升。在投资期限结束时，两个投资组合的价值都会低于目标累计值，因为除了再投资收益率更低，它们还遭受了资本损失。然而，基于以下两个原因，杠铃型投资组合价值下降幅度要大得多。第一，在更短的到期期限下，杠铃型投资组合债券的再投资收益率比子弹型投资组合更低，因此再投资风险就大很多。第二，在投资期限的后期，杠铃型投资组合中具有较长到期期限的债券相较子弹型投资组合中具有较长到期期限的债券而言其到期期限要长很多，这意味着同样的利率增长导致了更多的资本损失。所以，相对于杠铃型投资组合，子弹型投资组合的利率期限结构变动风险暴露更小。

图表 19—9　　　　**利率变动风险防范策略的风险度量示例**

组合 A：高风险利率变动风险防范投资组合：

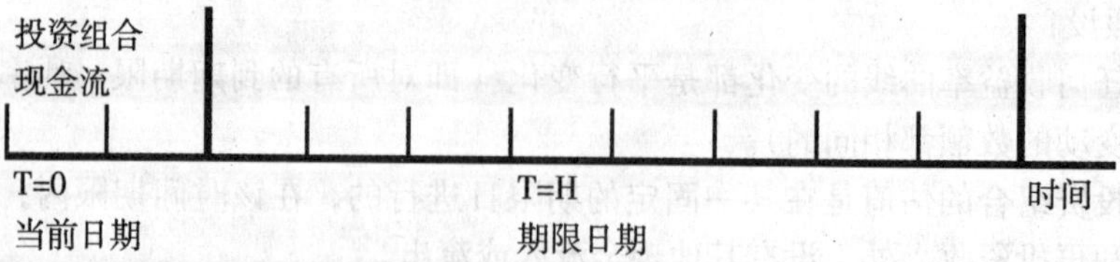

注意：组合久期与期限长度匹配，组合的现金流比较分散。

---

① Fisher and Weil, “Coping with Risk of Interest Rate Fluctuations: Returns to Bondholders from Naïve and Optimal Strategies.”

② 这些问题的完整讨论请参见 John C. Cox, Jonathan E. Ingersoll Jr., and Stephen A. Ross, “Duration and the Measurement of Basis Risk,” *Journal of Business* (January 1979), pp. 51 - 61。

③ H. Gifford Fong and Oldrich A Vasicek, “A Risk Minimizing Strategy for Portfolio Immunization,” *Journal of Finance* (December 1984), pp. 1541 - 1546.

组合 B：低风险利率变动风险防范投资组合：

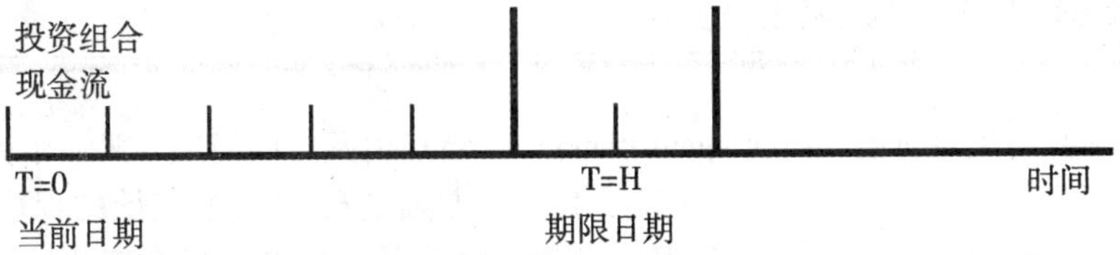

注意：组合久期与期限长度匹配，组合的现金流集中在期限日附近。

从前述讨论中应该清楚——利率变动风险防范策略的风险就是再投资风险。再投资风险最小的组合其利率变动风险防范策略的风险最小。当期限结束日周围有一个高度分散的现金流时，就像在杠铃型投资组合里那样，投资组合就会暴露在较高的再投资风险下。相反地，当现金流量的范围集中在期限日附近时，就像在子弹型投资组合中那样，投资组合承受的再投资风险最低。

由在投资期限结束日到期的零息债券组成的投资组合就是一个零利率变动风险防范策略的风险投资组合的例子，这是因为该组合没有再投资风险。在从投资这些债券向投资附息债券的变换过程中，投资组合经理遇到的问题是，如何选择为利率变动风险防范策略的风险提供最佳保护的附息债券。前述讨论表明，投资组合经理应该选择大部分现金流支付发生在投资期限结束日附近的债券。因此，如果投资组合经理构建的投资组合可以复制某一在投资期限到期的无息债券，那么该投资组合将是利率变动风险防范策略的风险最低的投资组合。

现在我们正式给出利率变动风险防范策略的风险的测度方法。前面已解释过，如果各种到期期限的收益率发生同一数额的改变，那么利率变动风险防范投资组合的目标累计价值就是该组合在投资期限结束日的最终价值的下限。如果各种到期期限的收益率改变的数额不同，那么目标累计价值就不一定是投资组合价值的下限。Fong 和 Vasicek 表明，如果收益率曲线以任意的方式变化，组合价值的相对改变取决于两项之积①。第一项只取决于投资组合的结构，而第二项是一个只与利率变化相关的函数。第二项反映出了收益率曲线变化的本质。由于这种变化可以是任意的，所以这一项是一个不定量，因此在投资组合经理的控制以外。然而，第一项是在经理的控制之下的，因为它只取决于投资组合的组成。因此，第一项就是投资组合利率变动风险防范策略的风险的一个度量指标，定义如下：

$$\text{免疫风险度量} = \frac{PVCF_1\ (1-H)^2 + PVCF_2\ (2-H)^2 + ... + PVCF_n\ (n-H)^2}{\text{初始投资价值}}$$

其中：$PVCF_t$ = t 期现金流在当前收益率下折现后的现值

H = 投资期限的长度

n = 收到最后一份投资组合现金流的时间

利率变动风险防范策略的风险的度量与前面讨论的风险的直观解释是一致的。对于图表19—9中的投资组合 A，即杠铃型投资组合，该组合的支付款项在时间上广泛分布，利率变动风险防范策略的风险度量值将会很高。对于图表 19—9 中的组合 B，即子弹型投资组合，支付款项出现在投资期限附近，所以利率变动风险防范策略的风险度量值低。

在利率变动风险防范策略的风险测度指标最小化，投资组合久期与负债久期相等以及任何其他合适的投资约束条件下，使用优化模型可以找到最优利率变动风险防范投资组合②。

① Fonagn d Vasicek，“A Risk Minimizing Strategy for Portfolio Immunization.”

② 具体而言，可以利用线性规划方法，其理由是在投资组合支付中风险测度是线性的。

19.3 或有利率变动风险防范

或有利率变动风险防范（**Contingent immunization**）由两方面组成，第一个方面是确定一个可行的利率变动风险防范目标收益率；第二个方面是确定一个较低的**保底净收益水平**（**safety net level return**），这一较低的保底净收益水平是客户最低限度满意的收益率或者是所需的最低收益率①。组合经理可持续采取某一积极管理策略，除非某次不利的投资经历使得当时可获得的潜在收益——包括过去的实际经历获得的积极管理收益和对未来采取利率变动风险防范获得的利率变动风险防范收益——下降到了保底净收益水平以下。在这个时候，组合经理将被迫对投资组合进行完全利率变动风险防范并锁定该保底净收益水平。只要不低于这一保底净收益水平，投资组合经理可以继续对该投资组合进行积极管理。一旦因为无法实现保底净收益水平而激活了该利率变动风险防范模式，投资组合经理就再也不能返回到积极管理模式了，除非该或有利率变动风险防范计划得到取消。

19.3.1 关键因素

或有利率变动风险防范实施的关键因素包括：

（1）建立明确的、能在整个投资期限内可获得的利率变动风险防范目标收益率。

（2）确定一个合适的且可行的利率变动风险防范的保底净收益水平。

（3）实施有效的监管程序以确保组合收益率不低于该保底净收益水平。

19.3.2 例示

为阐明或有利率变动风险防范的基本原则，假定在可能的利率变动风险防范收益率为7.5%的时候，某一养老金计划投资者愿意在一个5年的投资期限上接受6%的收益率。这个6%的收益率称为保底净（或最低目标或下限）收益率。7.5%的可能利率变动风险防范收益率和保底净收益之间的差值被称为**缓冲利差**（**cushion spread**）或者**可超额实现的收益率**（**excess achievable return**）。在这个例子中正是这150个基点的缓冲利差为组合经理提供了追求积极管理策略的空间。缓冲利差越大，投资组合经理就有越大的空间实施积极管理政策。

假设有一个1亿美元的初始投资组合，当保底净收益率为6%时所需的最终资产价值是1.3439亿美元。按半年期进行复利前提下计算所需最终价值的通用公式是：

所需最终价值 = $I\ (1+s/2)^{2H}$

其中：I = 初始投资组合价值

s = 保底净收益率

H = 投资期限的年数

在我们的例子中，最初组合价值是1亿美元，s为6%，H是5年。所以，所需最终价值是：

1亿美元 × $(1.03)^{10}$ = 1.3439亿美元

由于假定当前可获得的收益率为7.5%，那么为了产生所需1.3439亿美元的最终价值，在该养老金计划开始运作时所需资产为9 300万美元。在半年复利假定下其计算如下。在任

① Martin L. Leibowitz and Alfred Weinberger, "Contingent Immunization-Part I: Risk Control Procedures," *Financial Analysts Journal* (November-December 1982), pp. 17–31.

意时点t，获得所需最终价值需要的资产额为：

$$在t时间的所需资产 = \frac{所需最终价值}{(1+i_t)^{2(H-t)}}$$

其中，i_t = t时刻可获得的半年期利率变动风险防范收益率

其他的变量之前已经定义了。

由于在我们的案例里面所需的最终价值是1.3439亿美元，利率变动风险防范模式激活后，可实现的市场收益率为7.5%，因此所需的资产是：

$$\frac{1.3439亿美元}{(1.0375)^{10}} = 9\ 300万美元$$

150个基点的安全缓冲转化成了一个700万美元（1亿美元 - 9 300万美元）的初始安全边际美元金额。

现在假定，该投资组合经理将初始的1亿美元投资于票面利率7.5%、期限30年以面值出售的债券投资组合。让我们看看如果在购买这些债券后，收益率水平马上改变将会导致什么结果。

首先假定收益率水平从7.5%下降到5.6%。30年债券投资组合的价值将上升到1.2746亿美元，然而，如果该投资组合以5.6%收益率进行利率变动风险防范，需要来实现最终所需价值的资产是1.02亿美元，这是使用前面的公式得到的。所需的最终价值是1.3439亿美元，用于利率变动风险防范的市场收益率（收益率变化之后）是5.6%，那么：

$$\frac{1.3439亿美元}{(1.028)^{10}} = 1.0196亿美元$$

本例中，1.2746亿美元超过所需资产价值（即美元安全边际）的部分是2 550万美元（1.2646亿美元 - 1.0196亿美元）。这部分比700万美元的初始美元安全边际多了1 846万美元，所以，这使得投资组合经理有更多追求积极管理策略的自由空间。

假定，收益率水平不是下降，而是上升到8.6%。在这个新的收益率水平下，此30年期限的债券投资组合价值将会下降到8 823万美元。为实现1.3439亿美元的最终价值所需的资产价值是8 821万美元。所以，收益率即刻上升110个基点至8.6%将使安全边际美元金额减少到零。在这个收益率水平下，8.6%的利率变动风险防范目标收益率会触发利率变动风险防范模式，以保证最终价值的实现。如果不这样，进一步的利率的不利变动会危及所需的投资组合的最终价值1.3439亿美元。激活利率变动风险防范模式的收益率水平称为**触发点**（**trigger point**）。

19.3.3 控制和监管利率变动风险防范

基于监管或有利率变动风险防范计划的目的，通过潜在回报重新确定安全边际美元金额是有用的。**利率变动风险防范下可获得的回报**（**return achievable with an immunization strategy**）用于度量如果在任意给定的时间点，投资组合的当前价值都以当前市场收益率得到利率变动风险防范可实现的收益率。

由于可以用久期来近似反映组合价格对市场收益率变动的敏感度，所以我们可以为不同久期的组合计算触发收益率，以使得投资组合经理知道在风险头寸给定时市场收益率的不利变动给其留下了多大的操作空间；这就是说，在必须激活利率变动风险防范模式之前，可以容忍多大程度的市场收益率不利变动。然而，在使用久期来计算触发点时，记住久期的局限性是非常重要的——它假定收益率曲线是小幅度平行移动的。在实践中，对具体利率变动必

须加以监测，因为任何具体变动的偏斜都可能改变投资组合的触发点。

或有利率变动风险防范计划的关键是对投资组合长期表现进行监控的能力，以便于投资组合经理知道他有多少空间来积极管理该投资组合，以及为了获得最小目标回报什么时候应该对投资组合进行利率变动风险防范。

精确的利率变动风险防范目标不仅在确定初始问题设定的基础时（例如，保底净收益率通常表示为特定投资期限上与目标收益率的一定的基点差）至关重要，而且在确定投资期限内可以获得何种利率变动风险防范水平时也至关重要。保底净收益率太接近初始目标收益率会极有可能触发利率变动风险防范过程，然而保底净收益太低又会使得利率变动风险防范过程变得毫无意义，因为非常低的最小满意收益率可能永远都不会触发利率变动风险防范。最后，没有足够的监管程序，该策略的好处将不复存在，因为这样就无法知道何时采取利率变动风险防范才是合适的。

尽管有良好的控制和监测程序，由于存在超出投资组合经理控制范围的因素，最小目标收益率也可能不会实现①。这其中有两个原因。第一，存在这样的可能性，市场收益率发生了急剧的不利变动，投资组合经理没有足够的时间来将积极管理转换到获得最小目标收益率所需的利率变动风险防范。市场收益率以几百个基点的幅度频繁变化会阻碍或有利率变动风险防范的有效实行。最小目标收益不能完成的第二个原因是，如果执行了利率变动风险防范，即使投资组合进行了重组也不能保证利率变动风险防范收益率一定能够实现。

19.4 多重债务的利率变动风险防范

单一投资期限的利率变动风险防范适用于以下情形，即投资的目标是为了保全投资期限结束日价值。例如这样两种情形：约定的某单一负债需要在期限结束日支付，或者在该时点需要实现某一目标投资价值。然而更为常见的是，投资基金需要偿付许多笔债务，且没有任何一个单一的投资期限与这一系列债务相对应（即多重债务）。这种债务的例子有：养老基金支付，保单年金支付，以及法律案件中结构式支付方式下的债务偿还。

有两种策略可以用来满足这些债务。第一个是之前讨论的单期利率变动风险防范的延伸。第二个是现金流量匹配策略。我们先讨论利率变动风险防范。

如果在债务到期时，甚至是在利率平行移动时，组合都有足够的资金来支付所有的债务，那么我们就说该投资组合对于给定的债务流是利率变动风险防范的。然而，组合久期与负债久期的匹配还不是多重债务利率变动风险防范的充分条件②。

19.4.1 多重债务利率变动风险防范的条件

在平行利率移动的情形下，多重债务利率变动风险防范的充要条件如下③：

- 第一个条件：资产现值必须与债务现值相等；
- 第二个条件：（复合）投资组合久期必须与（复合）债务久期相等；

① Martin L. Leibowia and Alfred Weinberger, "Contingent Immunization-Part 11: Problem Areas," *Financial Analysts Journal* (January-February 1983).

② G. O. Bienvag, George G. Kaufman, and Alden Tows, "Immunization for Multiple Planning Periods," unpublished paper, Center for Capital Market Research, University of Oregon, October 1979.

③ H. Gifford Fong and Oldrich A Vasicek, "A Risk Minimizing Strategy for Portfolio Immunization," *Journal of Finance* (December 1984), pp. 1541 - 1546.

复合债务久期是一项加权平均值，计算公式如下所示：

$$\frac{(1)\ PVL_1 + (2)\ PVL_2 + \cdots + (m)\ PVL_m}{\text{债务现值的总和}}$$

其中：PVLt = t时刻的债务现值

m = 最后一次债务的偿还时间

- 第三个条件：投资组合中单个资产的久期分布必须比债务的分布范围更广。

第二个条件还有一层隐含意义：如果有超过30年的债务，那么就没必要为该组合构建一个30年的久期来对整个债务流进行利率变动风险防范。该条件需要投资组合经理构建这样一个投资组合：该投资组合的久期与债务久期的加权平均值匹配。这一点十分重要，因为在任何合理的利率环境下，构建一个久期超过15年的投资级附息债券投资组合是不可能的。但是，在公司养老基金情形下，债务流的金额通常是不断减少的，也就是说，早期的债务最高，越接近30年的末期债务通常越低。通过对债务久期进行加权平均，投资组合经理通常可以构建出一个更易管理的组合久期，如8或9。

第三个条件所要求的是，在选择组合中加入债券时，投资组合经理不仅要留意资产以及债务久期的匹配，而且必须跟踪组合资产的具体分布。

多重债务利率变动风险防范的三个条件仅保证了对平行利率移动的利率变动风险防范。Reitano在其系列文章中已经探索出了利率平行移动假设的一些局限性①，并且他还开发出了一些模型，这些模型可以将多重债务利率变动风险防范推广到任意收益率曲线移动的情形中。他的研究表明，经典的多期利率变动风险防范方法掩盖了与收益率曲线非平行变动相关的风险，且用于防范某一类型收益率曲线移动的模型可能会给其他利率移动类型带来再投资和价格风险。

19.4.2　可接受的债券范围和利率变动风险防范成本

我们在讨论单期利率变动风险防范构造的实际过程时，需要对影响组合回报的若干因素进行评估。实际上，投资组合经理愿意承担的信用风险越大，在单一债务利率变动风险防范的情况下可以锁定的潜在收益就越高。相同地，潜在的收益越高，单期债务的利率变动风险防范成本就越低（即债务现值越低）。

对于多重债务利率变动风险防范而言情形也一样。然而，基于多重债务的原因，投资组合经理并不会从单一“收益率”的角度考虑问题，该单一收益率可以通过利率变动风险防范锁定。相反，投资组合经理考虑问题的角度是初始利率变动风险防范组合的创建成本。投资组合经理或者客户愿意承担的信用风险越大，利率变动风险防范组合的创建成本就越低。事实上，并不只有承担信用风险使投资组合经理可以获得额外潜在收益。例如，如果一个投资组合经理或者客户愿意承担赎回风险或提前偿付风险，那么其就有可能创建一个成本更低的利率变动风险防范组合。

19.4.3　固定收益债务的利率变动风险防范

固定收益养老金计划的发起人是多重债务利率变动风险防范的主要潜在用户②。如前所

① Robert R. Reitano, "A Multivariate Approach to Immunization Theory," *Actuarial Research Clearing House*, Vol. 2 (1990), and "Multivariate Immunization Theory," *Transactions of the Society of Actuaries*, Vol. XLIII, 1991. 关于潜在的收益率曲线变动以及利率变动风险防范之间关系的详细讨论，参见Robert R. Reitano, "Non-Parallel Yield Curve Shifts and Immunization," *Journal of Portfolio Management* (Spring 1992), pp. 36–43.

② 在一个固定收益养老金计划中，由精算师估计的规划收益支付是计划发起人的法定债务。

述，计划发起人和投资组合经理共同决定利率变动风险防范组合中允许投资的债券范围。反过来，这也取决于计划发起人可以接受的风险程度。

多重债务利率变动风险防范的一种特殊情况是，固定收益计划的发起人希望能够对固定收益计划的节余进行利率变动风险防范，以防范不利的利率波动。回想一下，该节余指的是固定收益计划的资产现值与债务现值之差。当利率变化时，它将影响到养老金固定收益计划的资产和债务的价值。为了确定固定收益计划的债务价值，我们需要借助某一合适的利率。下面让我们来看看这一债务估值问题。

首先应该澄清的是，债务不应以单一利率来计算贴现值。基于同一理由，资产的现金流入以单一利率来计算贴现值也是不恰当的。每笔债务在未来偿付的时间都是不同的，从这个角度而言它们都是唯一的，因此每笔债务都需要属于自身的利率——即期利率。在金融学里，用即期利率来计算债务的贴现值是没有争议的，有争议的是应该运用何种即期利率。

历史上，由于某种原因，在确定债务的价值时，精算师会计算出养老金计划发起人从计划资产上能够以多大的单一收益率盈利。该单一收益率然后被用于确定养老金计划债务的现值。用单一收益率来计算债务价值不仅是错误的，而且收益率的确定也是主观的（即利率不是由市场确定的）。这种确定养老金计划债务价值的方法是不能被接受的。

有两种收益率曲线被提议用来估算基于市场收益率和多重利率的债务：（1）国库券即期利率曲线；（2）国库券收益率曲线加利差。在美国，这个问题直到 2003 年年底也未解决。用国库券即期利率曲线这种方法来对债务估值的拥护者认为，债务应当以财务报表为目的进行报告，其基础应是该养老金计划发起人如果现在通过购买零息国债组合偿还这些债务需要支出的成本[①]。也就是说，如果某一固定收益养老金计划的发起人破产了，但又必须偿清债务，该债务估值即为无任何偿还风险时偿清这些债务的成本。

国库券收益率曲线利差方法（该方法得到了美国财政部的支持）的拥护者认为，从长远来看，有理由预期通过养老金计划的资产获得的回报比国库券提供的回报要高。具体来说，应该将某一投资级评级的公司债券指数收益率曲线用作贴现债务的恰当利率。但这种方法至少存在三个问题。第一，这些收益率是附息工具的收益率，因此就不是即期利率。第二，使用公司债券指数收益率曲线意味着随着市场上公司债券信用利差的扩大（假设国库券收益没有下降从而抵销了这一结果），养老金计划的债务价值将下降。这没有任何经济意义。第三，由于信用风险的存在，因此也不能保证债务一定能够得到清偿[②]。

19.5 多重债务的现金流匹配

现金流匹配法（Cash flow matching）是另一种对投资组合进行利率变动风险防范以实现债务匹配的方法。它是一种直观且吸引人的策略，因为投资组合经理只需选择出与债务匹配的债券。

现金流量匹配法可以直观地描述如下。选择一种到期期限和最后一笔债务相匹配的债券，且该债券的投资额满足如下条件——即本金加上最后一次的利息支付额等于最后一笔债

① Ronald Ryan and Frank J. Fabozzi, "Rethinking Pension Liabilities and Asset Allocation," *Journal of Portfolio Management* (Summer 2002), pp. 7 - 15.

② 2003 年年底，公司债券指数收益率曲线并不适合作为公司债券市场收益率的代理变量。关于这个问题的深入讨论，请参见 Ronald Ryan and Frank J. Fabozzi, "Pension Fund Crisis Revealed," *Journal of Investing* (Fa11 2003), pp. 43 -48.

务额。然后将负债现金流的其余各期的债务偿还额减去该债券的除最后一笔之外的利息支出。接下来选择一种到期期限和倒数第二笔债务相匹配的债券，其本金加最后一次的利息支付等于倒数第二笔债务金额。从后往前不断重复这个过程，直到所有的债务已经被投资组合选择的债券现金流支付匹配。图表19—10展示了一个5年债务流简单的现金流匹配过程。我们可以使用线性规划技术构建一个与由可接受债券组成的投资组合相匹配的成本最低的现金流。

19.5.1　现金流匹配VS多重债务利率变动风险防范

在特定情况下，所有的债务流完全和投资组合的资产流相匹配，这使得投资组合没有再投资风险，因此，也就没有利率变动风险防范或者现金流匹配风险。然而，对于特定的典型债务计划和可用于现金流匹配的债券来说，完全匹配是不可能的。在这种情况下，最小利率变动风险防范策略的风险法将会至少不会比现金流匹配策略差，甚至可能更好，因为利率变动风险防范只需要更少的成本，其原因有二。

首先，对于现金流匹配策略，在整个养老金计划周期中都会对短期资金收益率进行相对保守的假设，这种短期资金收益率偶尔也是相当高的，然而已做了利率变动风险防范的投资组合实际上在剩余投资期限里是完全投资的。其次，在债务到期日，甚至之前（由于完全匹配的困难性），必须从现金流匹配的投资组合中获得足够的资金偿付债务。而一个利率变动风险防范的投资组合只需要在到期日获得足够偿付债务的资金，因为重新平衡投资组合可以实现融资。因为超额资金的再投资假设是针对未来很多年的，所以再投资收益率的保守假设是恰当的。

因此，即使在现金流匹配策略里使用先进的线性规划技术，在多数情况下，它所需的成本还是比利率变动风险防范要大，但是，现金流匹配要比多重债务利率变动风险防范要容易理解，所以有时会选择它作为满足债务的策略（**称为专用的组合策略**（dedicated portfolio strategies））。

19.5.2　基本现金流匹配法的扩展

在上面描述的基本现金流匹配技术里，只有发生在债务日期之前的资产现金流可以被用以偿付债务。对它进行扩展就可以使得现金流无论发生在债务日期之前还是之后都可以用来偿付债务。

多重债务利率变动风险防范和负债现金流匹配法的一个常见的变化是将两种策略联合所得到的一种策略，称为**联合匹配策略**（combination matching）或者**投资期限匹配策略**（horizon matching）。这种策略创建了一种久期匹配的投资组合，同时还带有一个附加条件——在最初的几年里（通常是5年）现金流匹配。联合匹配策略的优势是在最初的现金流匹配的期间内提供了必要的现金流动性。大部分收益率曲线变陡或变平缓的现象出现在最初的几年里。使现金流和最初几年的负债现金流匹配可以降低与收益率曲线非平行变动的相关的风险，相对于多重债务利率变动风险防范而言，联合匹配策略的缺点是成本较高。

图表 19—10 **现金流匹配过程的例示**

假设：5 年期的债务流

来自债券的资金流是每年一次的。

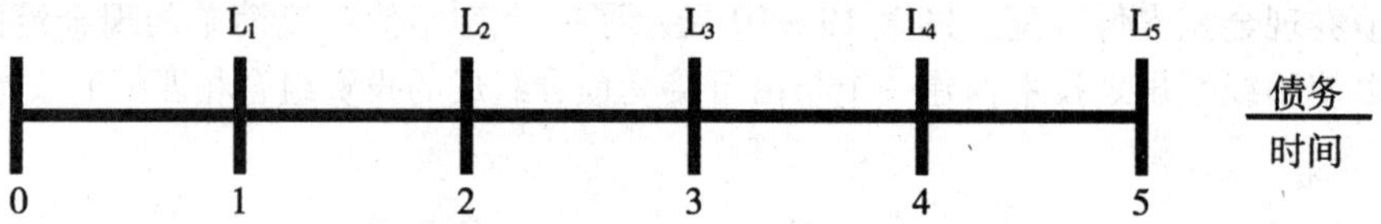

第 1 步：

选择其到期现金流可偿还债务 L_5 的债券 A

利息 = A_c；本金 = A_p，且 $A_c + A_p = L_5$

剩余的未匹配债务流：

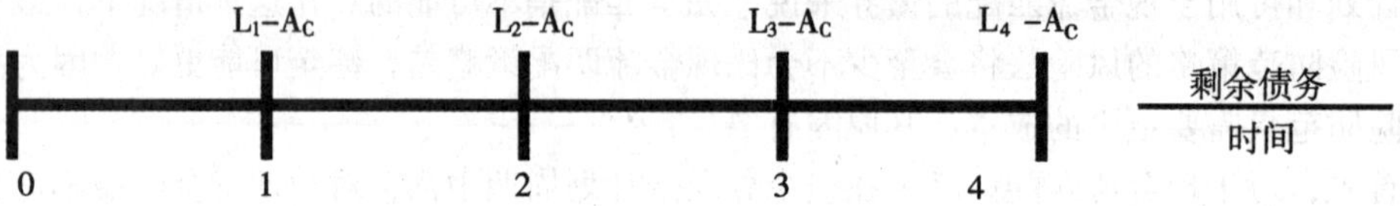

第 2 步：

选择其到期现金流可偿还债务 L_4 的债券 B

未匹配的债务 = $L_4 - A_c$

利息 = B_c；本金 = B_p，且 $B_c + B_p = L_4 - A_c$

剩余的未匹配的债务流：

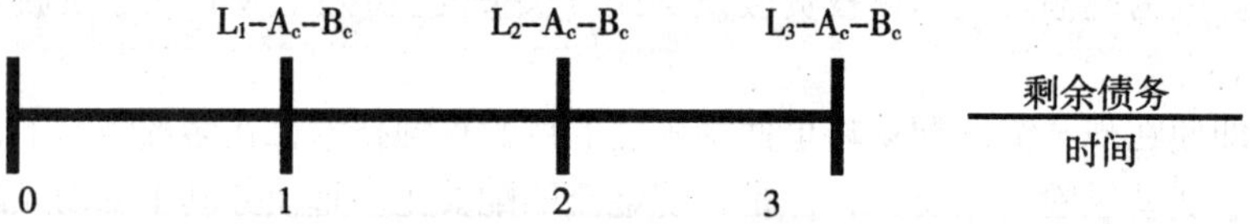

第 3 步：

选择其到期现金流可偿还债务 L_3 的债券 C

未匹配的债务 = $L_3 - A_c - B_c$

利息 = C_c；本金 = C_p，且 $C_c + C_p = L_3 - A_c - B_c$

剩余未匹配的债务流：

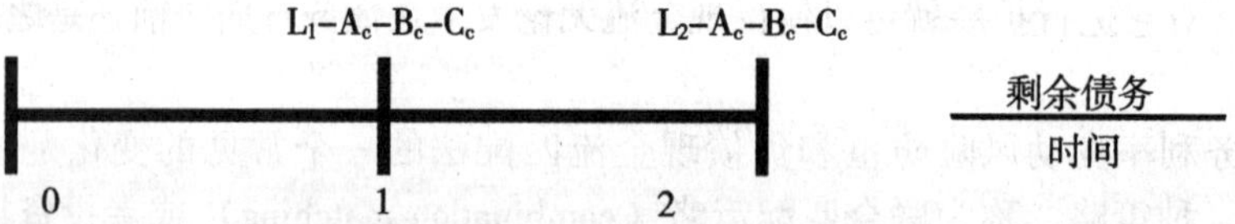

第 4 步：

选择其到期现金流可偿还债务 L_2 的债券 D

未匹配的债务 = $L_4 - A_c - B_c - C_c$

利息 = D_c；本金 = D_p，且 $D_c + D_p = L_2 - A_c - B_c - C_c$

剩余未匹配的债务流：

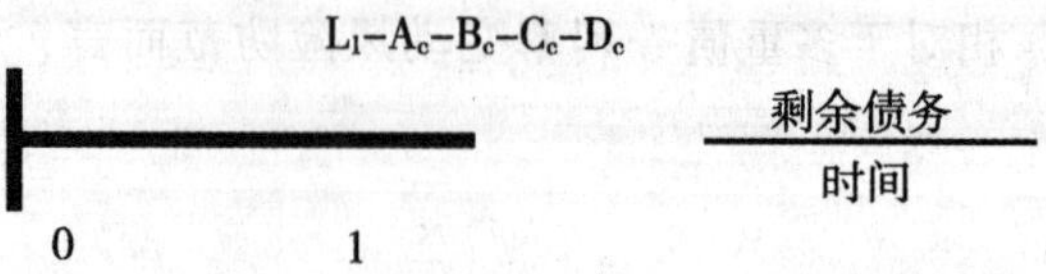

第 5 步：

选择债券 E，其现金流为 $L_1 - A_c - B_c - C_c - D_c$

第 20 章 全球信用债券组合管理的相对价值分析法[1]

20.1 引言

对于大多数资产管理者来说，公司债券是全球债券资本市场中第二古老的，也是最受欢迎的一个品种。公司债券中的“公司”这两个字低估了这个新兴的资产类别的范围。“公司资产类别”通常是在全球债券组合背景下进行交易和管理的，但其事实上包括了比单纯公司实体更多的内容。作为全球债券市场的一部分，“公司资产类别”事实上应该被归类为“信用资产类别”，包括任何非机构抵押贷款支持证券、商业抵押贷款支持证券、资产支持证券。另外，比政府存在更大的信用风险的主权债券和具有外币债务的政府控制实体债券也应该被包含在内。但是，为了和固定收益市场的传统做法保持一致，本章所讲的“信用资产类别”只限于公司债券、主权债券和政府控制实体债券。

来自世界六大洲，数以千计有不同信用“故事”的各种组织（企业、事业、政府机构及债务证券的专业化统筹机构等）通过出售债务来维持其运营并为其扩张提供资金支持。这些借款人所使用的债务工具多种多样（第一抵押债券、公司信用债券、设备信托凭证、次级债券、中期票据、浮动利率债券、私募、优先股等），具有各种货币形式（美元、日元、欧元、瑞士法郎、英镑），期限也有长有短（从一年到一千年）。有时，这些债务结构工具含有嵌入期权，其赋予借款人或投资者在到期之前全部或部分赎回的权利。有时，债券的票面利率会随着短期利率浮动或者在一定期限之后，或是信用评级改变之后被重新设定为某一更高水平的利率。

即使要承担信用风险，投资者还是会受较高长期收益率的驱动而去购买这些信用资产。除了临近经济衰退期及经济衰退时期之外，信用产品通常会比美国国债和其他高质量非国债产品如美国机构证券、住房抵押贷款支持证券、资产支持证券具有更高的收益。自雷曼指数（1973—2002 年）创建以来的 30 多年，投资级信用产品的回报比美国国债平均每年要高出 30 个基点（9.42% 对 9.12%）[2]。当然，该平均数掩盖了信用资产每天、每周、每月及每年相对业绩的波动性。图表 20—1 给出了 1926—2003 年年初美国投资级信用产品的 5 年滚动超额回报，从中可以看到信用资产既有长时期高回报的时候，也有长时期低回报的时候。图表 20—2 给出了美国信用产品相对美国国库券的根据波动性调整后的 5 年滚动超额回报（夏普比率），这张图表更加突出了信用产品相对收益的波动性，而这一点可能更有意义。

全球信用组合管理所带来的挑战更大。每天，数以百计的信用组合管理经理人在一级和

---

① 此章的作者为注册会计师 Jack Malvey。
② 以 1973 年各项核心雷曼指数绝对回报率为基准。

二级市场上需要做出数以千计的决策。除了追踪一级市场和二级市场的动向，投资者不得不关注随时都在变化的发行人基本面、信誉、收购、收入、评级等情况。全球信用组合管理的任务就是对信用产品市场（发行人、发行量、经纪人、竞争对手）时刻变化的所有信息进行处理，并在给定的风险容忍度上构建回报最高的投资组合。这需要将股权分析中的各种定性工具和固定收益分析中的定量工具融合在一起。本章提供了一个简短的指导方法，用以帮助投资组合经理人去迎接这一艰巨的挑战。

图表 20—1　**美国投资级信用指数 5 年滚动超额回报*（基点）**1926 年 1 月—2003 年 12 月 31 日

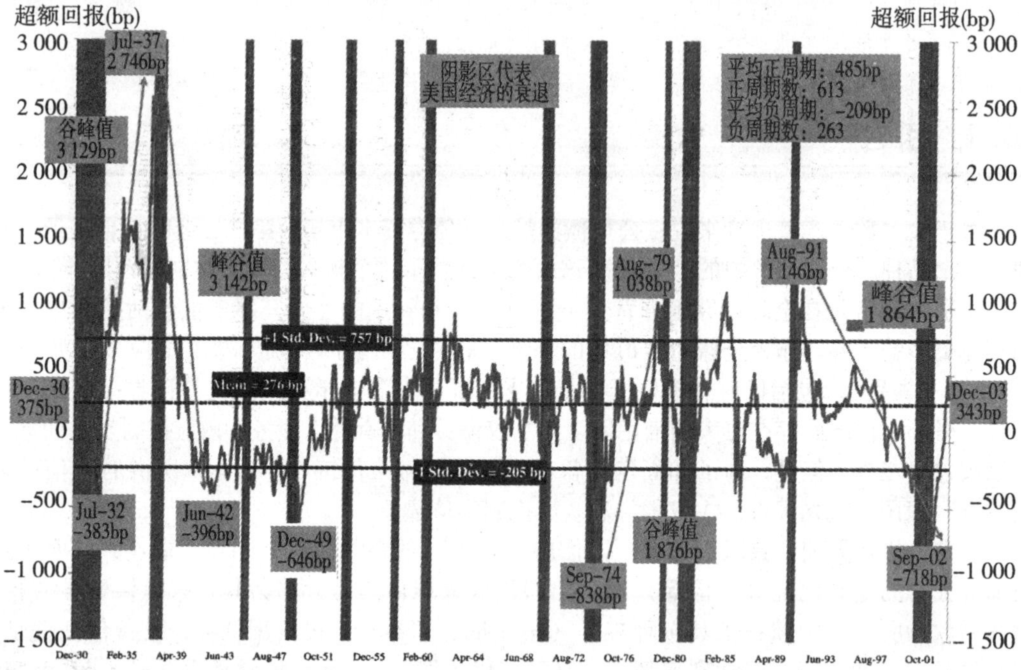

*超额回报指的是在该期限结构下一组关键利率久期点上所有信用债券和国库券总回报之差（可能为正差也可能为负差）。考虑到不同债务资产类别之间的久期差异（本例中为具有较长久期的信用产品和较短久期的国债之间），然后我们将超额回报这一统计指标标准化。

资料来源：1988 年 8 月之前的数据序列来源于 Ibbotson Associates，之后的数据序列来源于 Lehman Brothers。

20.2　信用相对价值分析

信用组合管理是全球多元资产组合管理进程（见图表 20—3）的主要部分。在债券经理人完成了各类固定收益资产之间的货币（本例中为了阐述方便我们以美元为例）配置后，为了构建出一个最优信用组合，其仍然还有一长串的问题需要解决。比如：

- 美国投资者是否应该增加非美国发行人发行的以美元标价的债券投资？
- 中央银行是否应该在其持有的储备资产中增加以欧元标价的优质公司债券？
- 伦敦的那些通过 LIBOR 融资的资产组合经理人是否应该购买美国固定利率工业债券并互换成浮动利率债券？
- 日本的共同基金是否应该持有以欧元标价的电讯债务并通过货币互换将其变成美元或日元标价？

• 美国的保险公司是否应该购买英国银行发行的永久浮动利率债券（即没有到期日的浮动利率债券）并通过货币/利率互换将其变成固定利率的美元债券？

• 什么时候投资者应该减少对信用产品的投资而增加对政府债券的投资，或者去进行“战略性升级交易”（即卖出 Baa/BBB 级债券，买入评级更高的 Aa/AA 级信用债务），或者由工业债券板块轮换为公共事业债券板块，或者从周期性消费品种转换为非周期性品种，或者增持航空行业债券减持电讯行业债券，或者采用某一信用衍生工具[①]（例如，做空高收益债券指数或者通过出售针对某一特定发行人的信用违约互换产品来降低面对该单一发行人所承担的巨大风险）对冲其投资组合风险？

为了回答这些问题，经理人首先需要一个分析性的框架（即相对价值分析）并对全球信用产品市场进行战略性展望。

图表 20—2　**美国信用产品 5 年滚动夏普比率**：1993 年 7 月至 2003 年 12 月 31 日

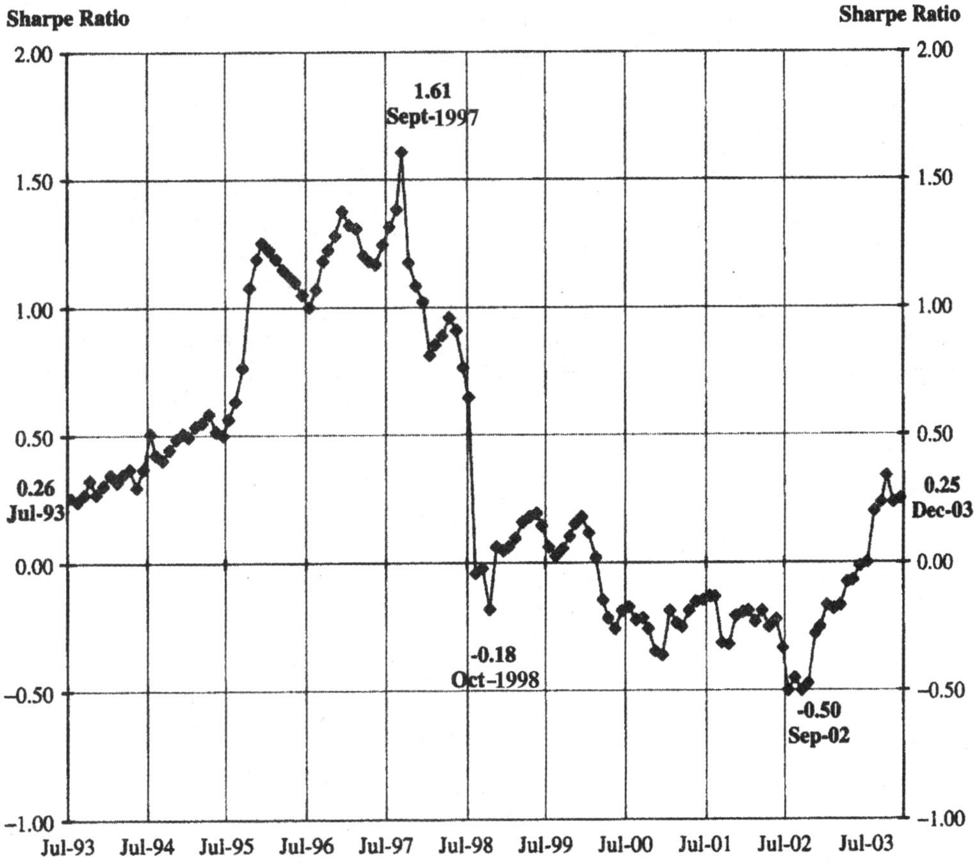

资料来源：Lehman Brothers U. S. Investment-Grade Credit Index。

20. 2. 1　相对价值

长期以来经济学家对价值的概念和衡量尺度就有争议。但是固定收益市场的从业者在价值的概念上却认识一致，这可能是因为市场迫使他们养成了这种实用主义观点。在债券市场中，**相对价值**（relative value）是指*债券市场上按照板块、结构、发行人以及种类，根据未*

① 信用衍生工具在第 24 章中探讨。

来某段时间内的预期表现对固定收益投资进行排序。

对短线投资者而言，考察相对价值的时间至多几分钟。对交易商而言，会在数天乃至数月内考察相对价值。对于总报酬投资者而言，考察相对价值的时间会在 1～3 个月之间。对于大型保险公司来说，通常会在长达几年的时间内考察相对价值。因此，**相对价值分析**（relative-value analysis）是指采用各种方法去对预期报酬进行排序。

图表 20—3　　**固定收入投资组合管理流程**

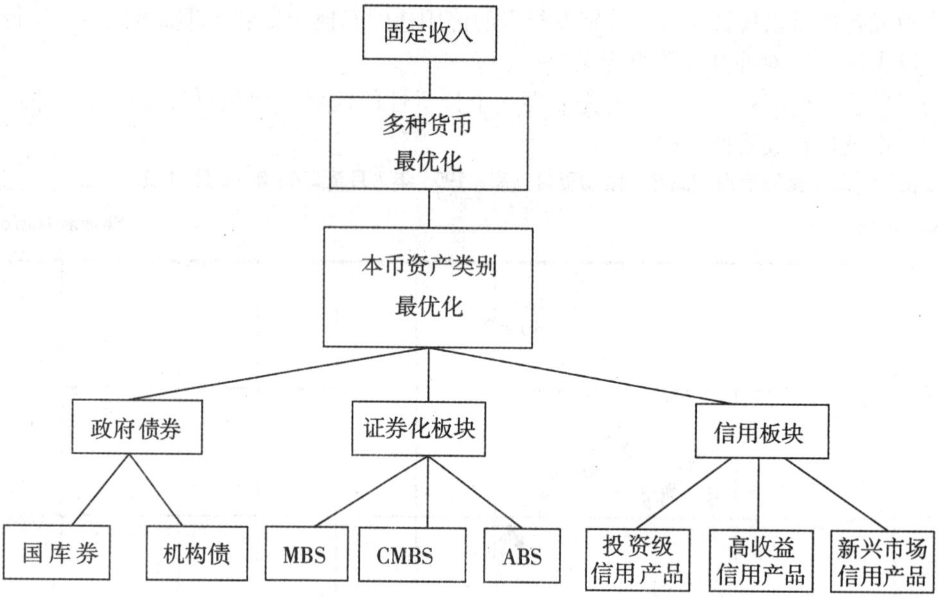

20.2.2　经典相对价值分析法

全球信用债券组合管理有两种基本方法——**自上而下法**（top-down approach）和**自下而上法**（bottom-up approach）。自上而下法侧重于在较高层次上对广义的信用资产类别进行配置。该方法的研究目的是对大规模的经济和产业发展形成一些观点体系。然后根据这些观点做出资产配置决策（增持某些板块债券，减持其他板块债券）。自下而上法则侧重研究那些表现可能会超出其同行或同类的发行人和债券个体。经理人采用这种方法的目的在于希望通过他们卓越的证券筛选获得超出基准水平的收益，同时也保持基准水平中各板块的权重。

经典相对价值分析法（classic relative-value analysis）是一个整合了自上而下法和自下而上法最优部分的辩证过程（如图表 20—4 所示）。该过程将首席投资官、战略家、经济学家以及投资组合经理人的宏观信息和信用分析师、定量分析师以及投资组合经理人的微观信息融合在了一起。该方法的目标是先挑选出最具有上涨潜力的板块，然后在这些中意的板块中找出最具有代表性的发行人，最后在收益率曲线与投资者基准收益率曲线相匹配的点上，从这些指定发行人处挑选出结构性产品。

对很多信用投资者而言，经典相对价值分析为他们提供了一种衡量资产组合成功程度的度量方式。虽然板块分析、发行人分析及结构分析仍然是实现优秀的相对价值分析的核心要素，但是随着信息及技术可获得性的快速增加，该分析过程已经演变成了一门相当复杂的课程。当前，信用产品组合经理人在其进行相对价值分析时拥有比过去要多得多的辅助数据，如各板块、发行人和结构产品的总报酬，新发行债券的数量和构成，投资者产品需求，总体信用质量变化，单个发行人基本面和信用数量分析信息，收益价差数据等。

图表 20—4 **信用板块组合管理流程：经典相对价值分析法**

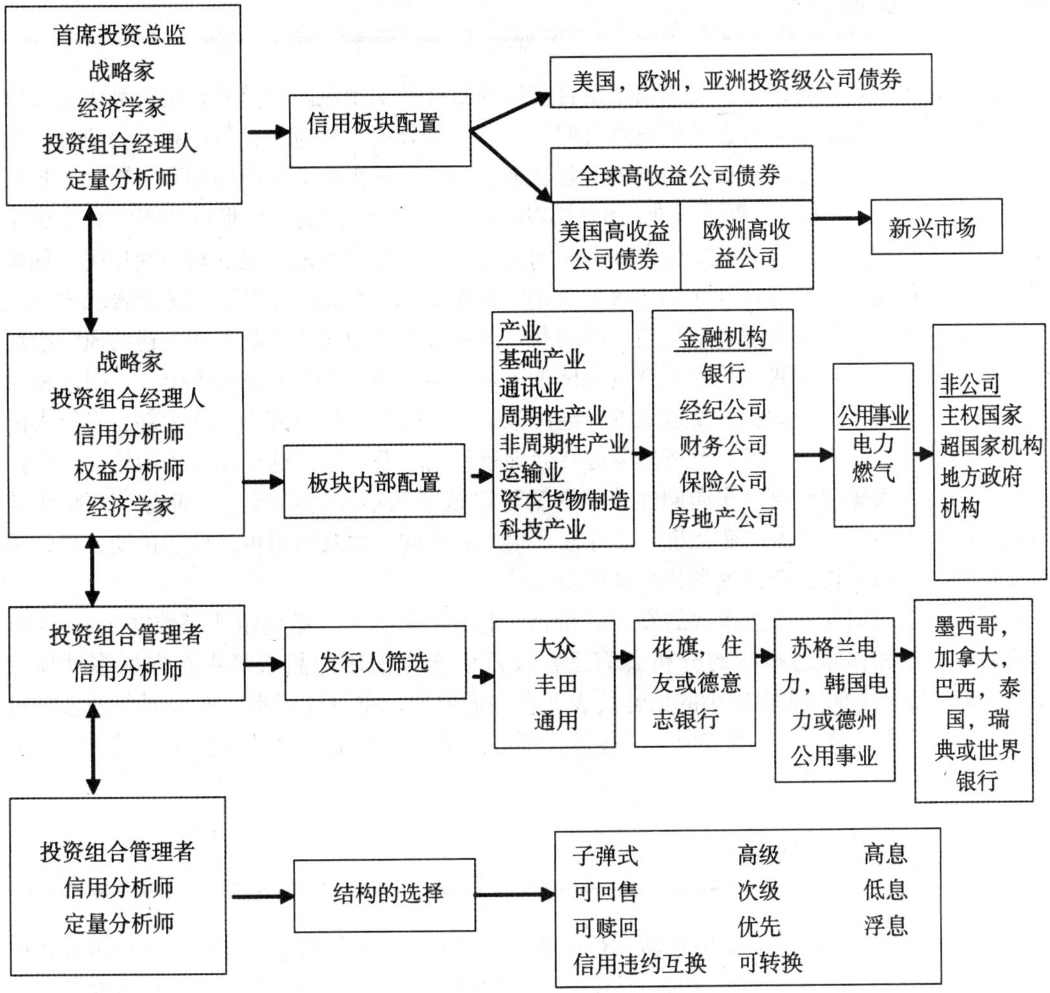

20.2.3 相对价值分析方法

实现信用相对价值最大化的主要方法有：

- 总收益分析；
- 一级市场分析；
- 流动性和交易分析；
- 二级市场交易动机和约束分析；
- 利差分析；
- 结构分析；
- 信用曲线分析；
- 信用分析；
- 资产配置/板块分析。

在后面的章节中，我们将对每一种方法分别讨论。

20.3 总收益分析

对于大多数投资者来说，全球信用组合管理的目标是实现风险调整后信用产品组合总收益的最优化。因此本节最恰当的出发点自然就是总收益分析。相应的，信用相对价值分析始于对过去的报酬进行详细剖析并对未来的收益进行预测。对于整个资产类别和主要的子板块（例如银行业、公用事业、管道行业，Baa/BBB 等）而言，收益是怎样形成的呢？有多少是归功于信用利差的变动，关键发行人基本面的大幅变动以及收益率曲线的动态变化呢？如果有宏观因素影响信用产品报酬（信用资产类别的总报酬），那么信用产品市场会表现出有规律的模式。比如，宏观经济周期是整体信用利差的主要决定因素。在萧条期，违约风险激增会扩大利差（这是针对被认为是无违约风险的政府债券（或互换）的风险溢价），因此相对于国债来说信用报酬会减少。反过来讲，经济繁荣时期破产事件会减少，绝大部分发行人的总体信用基本面会得到改善。经济繁荣通常会导致信用利差收紧，这样相对于国债而言信用报酬会提高。就短期而言，非周期性技术因素可以抵消基本面的影响。比如说，2000 年美国国债收益率曲线的反方向变化事实上导致了信用利差的扩大及信用报酬低于预期，尽管那时全球经济稳固增长，企业盈利状况良好。

得益于信用债券总收益指数的发展（价格、利差、发行人、结构组成等数据库），通过对每月、每年和多年总报酬的分析我们已经发现了全球信用产品市场中存在的多种模式（如规模较大的债券和规模较小的债券其表现存在的差异，季节性因素，选举周期的影响以及政府的基准拍卖效应）。老实说，这些模式不会总是重复发生。但是认识和掌握这些报酬模式对组合业绩最优化而言是至关重要的。

20.4 一级市场分析

对一级市场的分析主要集中在新发行债券的供给和需求上。供给是相对价值技术分析中常常被误解的一个因素。未来新的债券供给会促使很多交易商、分析师以及投资者对整个公司债券市场、各板块和发行人采取防御性立场。但是“供给将会损害利差”的前提只是适用于单个发行人，并不适用于整个信用产品市场。影响信用利差的因素有很多，供给虽然是相当重要的因素，但毕竟只是众多影响因素之一。在大多数年份里，发行量的增加（每年的第一季度里最显著）总是带来市场利差的缩小和信用债券较高的相对报酬。相反，供给的大幅度下滑总是导致利差扩大，以及信用债券的相对收益率和绝对收益率的大幅下滑。比如说，在 1998 年 8 月到 10 月间信用利差大幅增加、新债几乎消失的时候，这种与直觉相反的效应尤为突出（这一时期被称为“大利差板块危机”）。

在投资级信用产品市场，供给量的大幅增加会压缩利差并提高信用资产的相对报酬，因为一级市场新的估价行为会使得二级市场的估价更为有效，质量更高。当一级市场的发起量大幅下降后，二级市场的交易商失去了来自一级市场的支撑，他们会倾向于减少买入差价。与平常的供给—价格关系相反的是，相对信用报酬在有大量供给时通常表现得最好。举例来说，2001 年见证了当时有史以来创纪录的新的信用债券发起数，同时也是近 20 年来美国信用债券相对业绩最好的时期。

20.4.1　市场结构变化的影响

由于投资组合经理人把他们关注的焦点集中在每天和每周的交易上，因此他们在做出各种组合决策时常常会忽略短期和长期的市场结构变化。因为市场结构的变化过程较为缓慢，市场结构变化对短期投资策略的影响不如其对长期投资策略的影响大。

自20世纪80年代以来，全球信用债券市场的组成结构已经发生很大改变。中期票据（MTN）在信用收益率曲线的前端占有绝对优势。而结构债券和互换产品的出现预示着衍生工具已成为了信用产品市场的主流产品。高收益公司债券板块已经成为了投资者普遍接受的资产类别。全球发行已经成为了美国政府机构、超国家机构（如世界银行）、主权国家、大型公司借款人等越来越喜欢采用的一种方式。

虽然在20世纪90年代衍生工具和高收益工具的快速发展尤为引人注目，但是信用产品市场的真正全球化才是这一时期最重要的发展趋势。1975年以来欧洲债券市场取得了快速发展，20世纪90年代许多非美国发行人进入了美国债券市场，1999年1月1日欧元诞生，这些都推动了跨国信用组合真正的繁荣。

发行人渴望在不同的收益率曲线和收益率价差下最小化融资成本，并且，无论是积极型还是资产/负债型债券投资组合经理人都需要实现其风险和报酬目标，这些都导致了全球信用资产组合的长期结构性变化。而投资组合经理人将会调整其投资组合以应对全球信用产品市场上的这些结构性（预期）变化。

20.4.2　产品结构的影响

自20世纪90年代中期以来，全球信用产品市场已经变得越来越具有同质性，这在部分程度上抵消了发行人的多样化趋势。特别的，子弹式和中期结构产品已经主导了整个信用产品市场。**子弹式或一次还本付息债券**（**bullet maturity**）是指不能在预定到期日之前赎回、回售或含有偿债基金条款的债券。向子弹式债券发展的这一趋势并没有在高收益市场中出现，因为高收益市场中的可赎回债券仍然是可以选择的结构产品。随着信用质量的提高，许多高收益债券发行人有望以更低的利率在债券到期之前获得再融资。

产品结构演变对组合策略而言具有三个方面的含义：

首先，子弹式结构产品成为市场主体之后会给那些具有嵌入赎回和回售期权特征的结构产品带来稀缺性价值。也就是说，具有嵌入式期权的信用债券会变得稀缺，从而可以获得溢价。通常，这种溢价并没有在期权估值模型中得到体现。但是，经理人在信用债券的相对价值分析中应该考虑这种稀缺性价值。

其次，到期年限长于20年的债券是未偿付信用债券中很小的一部分。这种变化减少了信用资产类别的有效久期并降低了其利率风险的总体敏感度。对于具有较长投资期的资产/负债管理者而言，到期日分布的变化意味着长期信用负债价值的上升，这也就解释了20世纪90年代早期和中期大家对大部分具有百年期限的新发行债券的热情追捧（至少在最开始是这样的）。

最后，从20世纪90年代开始，信用衍生工具的使用猛增。信用衍生工具市场的快速成熟推动了投资者和发行人开发出新的策略来对各信用板块、发行人和结构产品进行风险匹配。

20.5 流动性和交易分析

短期和长期的流动性需求会对组合管理决策产生影响。投资者如果预期到某些类型的债券具有较低的流动性，他们会不太愿意购买，如规模少于10亿美元的小型债券、私募、MTN及非本地公司发行人发行的债券。其他的一些投资者倒是很乐意以提高收益率来弥补潜在的流动性劣势。对大多数的投资级发行人来说，其流动性问题常常被夸大了。

信用债券的流动性是不断变化的，这与前面所说的一样。具体来说，流动性会随着经济周期、信用周期、收益率曲线的形态、供给和季节的变化而变化。跟其他市场一样，一些无从知晓的冲击，如突然涌现的大量违约，也会减少信用债务的流动性，因为此时投资者对任何利差下新发行债券都不太愿意购买，而经纪人则不太愿意持有二级市场债券头寸，除非利差很大。事实上，这些暂时出现的流动性不足现象掩盖了全球信用资产类别向高度流动性发展的趋势。在监管机构的推动下，全球信用资产类别正在快速地从其历史上的“场外交易”形式转变为一个完全透明的，类似股票/美国国库券的交易市场。在20世纪90年代后期，新科技推动了ECN（电子通讯网络）的诞生，特别是电子交易场所的产生。反过来，超大型知名公司债券的信用买/卖差价趋向于越来越低。技术创新和竞争的强力结合推动了21世纪初全球信用产品市场向流动性更高、效率更高的方向快速发展。

20.6 二级市场交易动因分析

人们对资本市场的预期总是不断变化的。经济衰退可能提前而不是推迟到来，收益率曲线可能变得陡峭而不是变得平缓。汽车和纸张周期可能从高涨走向低谷。较高的油价和天然气价格可能会有助于提高能源板块的信用质量。某企业可能在宣布了一项通过债务融资的收购行动后，评级机构迅速降低了对其的评级。某家大型银行可能计划回购其15%的在外普通股（对股东来说很好，但对债券持有人来说这样做会提高其财务杠杆比率）。根据这样一些日常信息流，投资组合经理人会对组合进行调整。为了了解交易流向和信用产品市场的真实动向，投资者需要了解的是最常见的交易动因。

20.6.1 常见的交易动因

在追求投资组合最优化时，二级市场交易产生的动因有很多。其中最常见的几种动因在下文做出了讨论，二级市场交易的估价框架在第18章的总收益框架中有叙述。

1. 收益/利差获得交易

在全球信用产品市场的所有板块中，**收益/利差获得交易**（yield/spread pickup trades）是最常见的二级市场交易行为。过去至少有一半的二级市场互换交易是投资者在某一组合久期和信用质量约束条件下追求额外收益意图的结果。如果5年期的Baal/BBB通用汽车票据以150个基点进行交易，比同样5年期的Baal/BBB福特汽车高出10个基点，一部分投资者会认为评级差异无关紧要，从而购买通用汽车债券，并卖出福特汽车债券（债券互换），以获得每年10个基点的利差收入。

这种“收益至上心理”表明长期资产/负债经理人对机构收益率的需要。投资者对收益最大化的偏好可能源自于40年前的一项操作手法，它是1970年代初期总收益指数产生并被市场接受之前的那段时期所遗留下来的产物。将收益指标作为潜在业绩指数是具有局限性的，而总收益框架也被证实是评估某项交易潜在表现的一种更为优越的分析框架。

2. 信用提升交易

当债务资产经理人预期发行人的信用质量会得到提高而其却还没有在当前的市场收益利差中反映出来时就会发生**信用提升交易**（credit-upside trades）。在前面提到的通用、福特交易例子中，部分投资者进行债券互换的原因可能是他们认为通用的潜在信用质量得到了提高。很显然，这样的交易依赖于投资管理团队的信用分析技巧。而且，该经理人必须能够先于市场判断出某一潜在的信用升级对象，否则信用升级的好处可能已经在该升级对象的利差中体现出来了。

信用提升交易在交界板块中（即评级介于 Ba2/BB 和 Baa3/BBB - 之间，且是由两个主要评级机构给出的证券）尤其受欢迎。在这种情况下，投资组合经理人认为某一具有最高投机级评级（Ba1/BB + ）的债券具有充分的积极信用基本面使得其评级提高至投资级（即 Baa3/BBB - ）。如果发生这种升级，那么由于信用的提升，不仅该债券的利差会变小（其他条件不变的情况下总报酬会随着增加），而且该债券也会从流动性增加中获得好处，因为那些被禁止购买高收益债券的经理人现在也可以购买该债券了。此外，经理人会预期该组合总的风险状态将得到改善。

3. 信用保护交易

随着地缘政治和经济不确定性的增加，**信用保护交易**（credit-defense trades）越来越受欢迎。板块的长期变化往往会带来不确定性，并且会诱发投资者采用防御性配置策略。部分投资者在预期到某些板块（如电力公用事业及通信业）的竞争会更加激烈后，他们减少了其组合对这些板块的风险敞口。1997 年年中部分亚洲货币和股票暴跌，于是许多投资组合经理人削减了他们在亚洲债券市场的投资比例。不幸的是，由于部分机构（如保险公司）基于收益最大化的需要且通常不太愿意让其损失实现，许多投资者在信用保护配置上的表现都相当迟钝。但是在 2002 年出现了创纪录数量的“堕落天使”（这里面包括一些主要信用产品领头发行人如 WorldCom）后，投资者在丢弃其组合中存在潜在问题的信用资产方面变得迅速多了。具有讽刺意味的是，一旦某一信用产品被评级机构降级，如评级少掉一个 A 或者不再是投资级，一些组合的内部指令通常会要求立即进行抛售。但通常这是抛售债券的最坏时机且会使组合遭受最大的损失。

4. 新债券互换

新债券互换（new-issue swaps）有助于提高二级市场的成交量。由于意识到发行时间更近的大型债券具有更优越的流动性，许多投资组合经理人都愿意将他们的组合逐渐轮换成这些新发行债券。另外美国国债市场上较新发行的债券（即新发行债券）通常会具有良好的市场表现，而这一点又会强化这种配置行为，因此对许多信用债券而言，这种行为已经成为了一种自我促成现象。另外，部分经理人也通过新债券互换来增加某一新发行机构或新结构产品的风险敞口。

5. 板块轮换交易

自 20 世纪 90 年代初以来**板块轮换交易**（sector-rotation trades）在信用和固定收益资产类别交易中广受欢迎。通过这一策略，经理人根据总收益回报将投资组合中预期表现不佳的板块或行业的债券转换为预期表现更好的板块或行业的债券。随着 21 世纪初全球债券市场流动性的提高和交易成本的降低，板块轮换交易在信用资产类别中将会变得更加流行。

这种资产类别内部交易在识别信用组合经理人表现方面具有重要作用。举例来说，1994年2月美联储针对通货膨胀刚实行先发制人的遏制措施，一些投资者就明智地将固定利率公司债券换为浮动利率公司债券。1995年，对美国经济疲软的担忧促使一些高收益公司债券投资者从周期性消费板块如汽车和零售业轮换为非周期性消费板块如食品、饮料和医疗保健业。1998年对美国经济增长放缓的预期使得部分投资组合经理人防御性地减持其他周期性板块如造纸和能源板块。1999年亚洲和欧洲经济的复苏刺激了投资组合经理人对周期性行业、金融机构和能源类债券的兴趣。而2002年信用组合经理人原本也可以通过减持公用事业类和许多产业板块来避免这一时期大量不尽如人意的组合表现。

6. 曲线调整交易

收益率曲线调整交易（yield curve-adjustment trades），或简单地称为**曲线调整交易**（curve-adjustment trades），用来重新配置投资组合的久期。对于大多数信用产品投资者来说，其组合的久期通常在基准指数久期20%上下的范围内。如果信用投资者能够完美地预测出2002年美元、欧元和日元的收益率曲线走势，那么在预计利率下降之后，他们就会在2002年年初增加其信用组合久期。虽然大多数固定收益投资者偏好于在流动性更强的国债市场改变其总组合的久期，但是在信用产品市场上同样可以采用组合久期倾斜策略。

在预期信用期限结构或信用曲线会发生改变时也可以如此操作。例如，某一投资组合经理人认为信用利差将会收紧（不管是总体的还是某一特定板块的），利率会保持相对稳定，那么他们将会增加该板块具有较长利差久期债券的风险敞口。

7. 结构交易

结构交易（structure trades）是指涉及结构产品（例如，可赎回结构产品、子弹式结构产品、可回售结构产品）的互换交易，这些结构产品在给定的波动性和收益率曲线形态预期变化下具有更优越的业绩预期。这里有一些例子说明在20世纪90年代的部分时段，不同的结构产品表现有何不同。

- 1995年第二季度，美国收益率曲线的迅速下降导致具有负凸性的高息可赎回结构产品业绩不佳；
- 当收益率曲线在1995年第三季度期间表现稳定时，相比优质子弹式结构产品，投资者更愿意购买优质可赎回债券，以期赚取额外35个基点的利差；
- 1997年下半年，美国收益率曲线的急剧下降是可回售结构产品相对业绩不佳的主要原因。收益投资者为寻求利率上升导致价格下跌的保护，购买了可回售结构产品，但是当利率下跌时这种策略降低了总回报；
- 1998年下半年，美国利率的大跌和收益率曲线波动性的增大再次抑制了可赎回结构产品相对于子弹式结构产品的业绩；
- 1999年美国利率的回升和利率波动性的下降促成了可赎回结构产品相对于子弹式结构产品的优秀表现。

从前面介绍的不同结构产品的价格/收益特性可以得出以上结论。本章20.8节也对结构产品分析进行了讨论。

8. 现金流再投资

现金流再投资（cash flow investment）迫使投资者不得不定期进入二级市场。2003年全年利息支付、到期偿付和提前赎回的总和，大约相当于美元债券市场所有新债的总发行额。投资者在债券市场上进行任何新的净投资配置之前，他们就已经有了足够的现金流再投资来吸纳几乎所有的新债供给。一级市场空隙期间或者最近的一级市场供给构成与组合目标不匹配时就会出现组合现金流入现象。此时，信用组合经理人必须在二级市场上寻找投资机会，以保持投资的充分性或者通过金融期货暂时地复制公司债券指数。那些在其信用产品市场估值中采用现金流再投资分析方法的投资组合经理人，可以利用现金流再投资的利差效应来配置其组合资产。

20.6.2　交易约束分析

投资组合经理人也应知道其不交易的主要原因。有时候最好的投资决定就是不交易。相反，有时候最坏的投资决定源自陈旧的观点和不合时宜的限制（例如，避免投资评级低于 Aa/AA 的债券）。最好的投资组合经理人具有非常开放的头脑，他们不断地对其成功和不成功的方法论进行评价。

1. 投资组合的约束条件

总的来说，各种约束条件是导致全球信用产品市场长期无效率最大的单一原因。以下给出了一些例子：

- 许多资产组合经理人由于只能持有投资级债券，因此一旦发行人的评级被降低至投机级（Ba1/BB ＋及以下），他们就必须立即抛售其债券。反过来，降级期间的抛售为那些具有更宽松约束条件的投资者提供了一个机会，此时他们可以以某一暂时性折价购买这种刚降级的债券（当然，前提是降级后发行人的信用程度会稳定下来）；
- 基于行政和立法原因，美国的部分雇员养老基金不能购买评级低于 A3/A 的信用债券；
- 部分美国养老基金在持有 MTN 和非美国公司债券方面也存在限制；
- 监管当局对美国保险公司在高收益企业债券的投资方面也已经做出了限制；
- 许多欧洲投资者也受到限制只能购买评级至少有一个 A，或者 Aa3/AA 及以上的债券，这最初是以每年一付的欧洲债券形式创造出来的；
- 许多投资者只能投资于其本币市场——日元、英镑、欧元、美元。这样，即使是同一发行人，如福特，其债券交易差价不同的地域，市场也不相同；
- 全球许多商业银行的经营范围仅限于浮动利率领域：所有的固定利率债券，除非通过利率交换转化为浮动利率现金流，否则都不允许进行交易。

2. “意见”分歧

“意见”分歧对投资组合经理而言可能是有利的也可能是不利的。交易商、销售员、卖方分析师和战略家，以及买方信用研究都会得出众多潜在的据称是有助于组合业绩的交易理由。某些二级市场交易的支持者们可能会给出令人信服的交易理由，但如果该投资建议未能实现其预期回报，那么投资组合经理人可能会不太愿意承受这种“缺口风险”①。例如在 1998 年年初，分析师和投资者对短期内亚洲主权债券业绩向好的看法几乎有一半。而在 1997 年亚洲债券表现相当糟糕之后，1998 年初那些热衷于亚洲债券的人们几乎没有理由来说服那些悲观主义者购买亚洲债券。从技术上讲，信用产品市场上缺乏统一的看法也意味着此时投资可能会获得极大的潜在收益。事实上，大部分亚洲债券在 1998 和 1999 两整年都创造了破纪录的优秀业绩。电力公用事业板块在度过了 2002 年的困难时期后，2003 年也产生

① 第 17 章对缺口风险进行了解释。缺口风险是指最终回报低于目标回报的概率。

了同样的“反弹效应”。当然，“意见”分歧也可能产生相反的作用。比如，在“安然”于2001年年底突然遭受破产风波之前它一直被视为一支相当稳健的信用债券。那些长期坚持这一观点的资产经理人在2001年夏得知有关“安然”不利消息之后，他们可能不太愿意采取相应的行动。

3. 买进并持有

虽然在20世纪90年代很多长期资产/债务经理人声称他们已变得更加注重总回报率，但是会计上的一些约束条件（如不能以低于账面成本的亏本价格卖出头寸，不能获取与账面成本相比的太高的收益），往往限制了这些投资者的交易能力。实际上，这些投资者（主要是保险公司）仍然是传统的“买进并持有”式投资者。部分激进债券经理人在投资顾问减少组合成交量的要求下也开始趋向于采取一些准“买进并持有”策略。1997年至1998年“亚洲金融危机”之后，越来越多的债券交易商变得小心谨慎起来，这种小心谨慎导致了市场流动性的暂时下降，而这又加剧了这种交易量下降的趋势。然而就像我们在2000年至2002年看到的，这种买进并持有的策略会给信用产品组合的业绩带来极大的损害。一旦发现某一发行人出现信用问题，通过减少质量恶化信用的风险暴露可以提高信用组合的回报。

4. 季节性

每个月末、季末和年末二级市场交易的活跃程度都会降低，且降低的幅度依次增大。经纪人通常都喜欢在其财年结束时（11月30日、12月31日或3月31日（日本））简化其资产负债表。投资组合经理人也需要花费时间来整理其投资组合，准备客户报告，制定下一年度投资策略等。在这些时期，即使是那些最引人注目债券的二级市场交易也会变得清淡。

20.7 利差分析

习惯上部分高收益和新兴（EMG）债券市场仍然偏好于使用债券价格或债券收益率而不是利差来度量其价值。但是在全球其他信用产品市场，两个多世纪以来名义利差（即具有相近到期日的公司债券与政府债券收益率之差）一直是价格和相对价值分析的基本工具。

20.7.1 备选利差衡量指标

许多美国从业者都喜欢通过期权调整利差（OAS）来衡量投资级信用债券的价值，因为这样就可以很容易和波动性板块（抵押贷款支持证券和美国机构债券①）进行比较。但是由于1990年以来具有嵌入期权的信用结构产品大幅减少（见上面关于结构产品的讨论），投资级信用资产类别已经很少在一级和二级市场定价中使用OAS。此外，标准的单因素二项模型②没有考虑信用利差的波动。由于OAS期权估值模型中没有考虑违约风险，所以OAS估值法在准股权债券、高回报公司债券及EMG债务资产类别等高风险市场中的运用有限。

始于20世纪90年代早期的欧洲，在20世纪90年代后期得到发展的利率互换利差已经成为衡量固定利率和浮动利率债券信用结构相对价值的通用基准。美国投资级和高收益市场最终可能也会转向使用互换利差这一衡量指标，以便和欧亚两洲一致。

人们也提出了其他一些美国信用利差的计算方法，其大部分采用的是美国机构债券基准

① 将这些板块称为“波动板块”的原因是，这些债券的价值取决于预期利率波动。这些波动债券具有嵌入看涨期权，而这些期权的价值，以及这些证券的价值，就取决于预期利率的波动性。

② 该模型被称为单因素模型是因为利率树的构建中只考虑了短期利率这一个因素。

曲线。这些方法的前提是假定 21 世纪的前十年美国会出现持续的预算盈余以及美国会大量清偿其未偿还国债。2002 年的历史数据再次遗憾地告诉我们这些预算假设都是错误的。尽管部分从业人员可能出于分析目的而去计算信用机构利差，但是这一做法不会成为通用的市场惯例。

信用违约互换利差是在 2000 年到 2002 年信用产品市场极度紧张时期出现的最新估价工具。信用违约互换利差很可能被用作名义利差、OAS 和互换利差方法的配套估价参考指标。这样，市场就能够利用多种利差参考指标来对任何信用工具进行定价。这些参考指标包括我们之前讨论过的各种利差度量指标——名义利差、静态或零波动利差、OAS、信用互换利差（或简称为互换利差）以及信用违约利差。这些利差指标所采用的基准指标是国债收益率曲线或国债即期利率曲线。考虑到互换利差有可能成为新的基准，那么这些指标可以以互换产品而不是美国国债为基础进行计算。但是，在 2000 年到 2002 年之间，传统的信用利差（信用收益率减去政府收益率）与互换利差的脱钩阻碍了互换利率基准化的进程。事实上，全球经济衰退期间的信用风险及其不利后果超越了各种强力技术因素（如更低、更陡峭的收益率曲线，它们具有相反的影响利率互换市场的方向）的反向影响。

20.7.2　互换利差详解

20 世纪 90 年代互换利差成为了欧洲流行的信用债券定价准绳。欧洲信用资产类别的独特性进一步强化了这种做法。与美国不同的是，欧洲信用产品市场一直是同质的。其所发行的大多数品种质量都很高（为 Aa3/AA - 级或以上），且为到期期限适中（10 年或者更短）。于是，在这样一个统一的市场中，互换利差就成为信用利差一个较好的替代工具。大多数发行人都是金融机构，以及在固定利率和浮动债务之间进行互换交易的自然互换者，而且欧洲信用投资者通常都归属于金融机构如商业银行，他们更喜欢使用互换方法来捕捉固定和浮动利率市场的价值差异。

从结构上而言，与美国信用产品市场相比，欧洲信用产品市场要更接近亚洲信用产品市场。因此，在亚洲市场上采用互换利差作为定价的基准也很普遍。

美国信用产品市场中的投资级板块也在朝着互换利差方向快速发展。在 20 世纪 90 年代后半期，美国的 MBS、CMBS、机构债和 ABS 板块（约占美国固定收益市场的 55%）完成了将互换利差作为估值基准的转换过程。2000 年和 2001 年美国的财政盈余和国债回购行为导致了直接从美国国债收益率曲线导出的经典名义信用利差失灵。之后，众多市场从业者都预计未来会出现一个统一的从互换利差导出的单一全球利差标准。

下面举例说明债券经理人如何使用这一利率互换利差架构。假设某一 2008 年福特汽车信用债券 7 1/2^x 以 5 年期的美国国债（其收益率为 6.43%）加上 113 个基点的买入价（亦即交易商愿意买入债券的价格）进行交易。这相当于到期收益率为 7.56%（6.43% 加上 113 个基点）。在当天，5 年期的互换利差为 83 个基点（相对于 5 年期美国国债而言）。大家还记得在互换报价中，固定利率付款人支付的是到期期限与该互换产品初始期限相同的国债收益再加上互换利差。固定利率付款人得到的是无利差 LIBOR，也就是 LIBOR 加 0 个基点。因此，如果债券经理人对福特汽车信用债券进行投资，且同步达成 5 年互换，那么我们会得到如下结果：

	收到福特汽车信用（6.43% +113 个基点）	7.56%
−	支付互换（6.43% +83 个基点）	7.26%
+	收到互换	LIBOR
	净得	LIBOR + 30 个基点

因此，债券经理人可以用该福特汽车信用债券的固定利息现金流交换得到 LIBOR + 30 个基点的浮动利息。在交易日，LIBOR 为 6.24%，因此该资产互换人在首个互换重定日之前能获得 6.54%（6.24% +30 个基点）的收益率。如果总回报经理人预期未来利率会增加，那么他就会从这一互换交易（即支付固定利率，获得浮动利率）中获利。

互换架构使得经理人（及发行人）可以更方便地比较固定利率和浮动利率市场上的债券。互换利差架构不可以延伸到投机级债券，对投机级债券而言，违约风险更为重要。与专业的货币经理人不同的是，个人投资者不习惯采用基于互换利差的债券定价方式。传统的名义利差架构能很好地被个人投资者理解，具有长期的市场惯例优势，同时在整个从 Aaa 到 B 的信用质量范围内运行良好。但是，对于投资者和发行人而言，在对固定利率和浮动利率市场的相对吸引力进行比较时，该名义利差架构并不好用。

20.7.3 利差工具

投资者还应掌握如何在其决策过程中对利差水平做出最恰当的评估。利差估值方法包括均值回归分析法、质量利差分析法和收益利差百分比分析法。

1. 均值回归分析法

均值回归分析法（**mean-reversion analysis**）是单个债券间以及行业板块间利差分析最常用的方法。“均值”表示某一变量在指定区间（通常是信用产品市场的一个经济周期）上的平均值。“均值回归”这一术语指的是某一变量的值有回归其平均值（即向其平均值移动）的趋势。均值回归分析法是相对价值分析法的一种形式，其假设基础是两个板块或两个发行人之间的利差将会回归到其历史平均水平。这样投资者就会买进那些“便宜”板块或发行人的债券，之所以认为它们便宜是因为其利差过去比现在要窄些，并且未来最终会回归到这一较窄的利差水平上。同样，这也会导致投资者卖出那些“昂贵”的行业或发行人的债券，因为其利差过去比现在要更宽，且未来会回归到这一较宽的水平上。

均值回归分析法需要利用统计分析来判断当前利差对平均利差的偏离是否显著。例如，假设某一发行人在过去 6 个月的平均利差是 80 个基点，标准差是 12 个基点。假设该发行人的当前利差是 98 个基点。那么，当前利差超出平均利差 18 个基点，也就是超出 1.5 个标准差单位。经理人可以通过这一信息来判断利差偏差幅度是否大到可以做出购买决定。同样的分析也可用于对某一板块中的一组发行人进行评级。

均值回归分析法可以得出具有指导性的结论，但也可能得出具有误导性的结论。其均值很大程度上取决于所选取的区间。市场在何为恰当的区间上并没有共识，且信用产品市场经常表现出“延续性”，即便宜的证券（主要是信用不确定性的函数）通常趋向于变得更加便宜。昂贵的证券（通常是高质量债券）趋向于依旧昂贵。

2. 质量利差分析

质量利差分析法（**quality-spread analysis**）考察的是低质和高质信用产品之间的利差差额。例如，当质量利差下挫至周期性低位时，投资组合经理人很可能会收到采用（第 20.6

节中讨论的）“信用升级交易”的建议。但是，在经济环境恶化时低质产品收益增加的优势可能无法弥补投资者因低质产品利差扩大而遭受的损失。相应地，信用组合经理人经常可以在经济周期向上逆转之初通过增持低质债券而获利。

3. 收益利差百分比分析法

自20世纪早期开始，**收益利差百分比分析**（percent yield spread analysis）（具有相似久期的债券其信用收益率相对于政府债券收益率的比率）开始成为部分投资者喜欢采用的技术分析工具。该方法的若干重大缺陷极大地削弱了其可用性。收益利差百分比更多的是一个派生变量而不是一个解释或预测变量。通常，信用收益利差百分比在低利率时期（如1997年、1998年和2002年）的扩大会夸大信用负债的风险及相对吸引力。另外，信用收益利差百分比在基准收益率曲线上移时期的典型收缩并不一定就表示该信用资产类别的表现即将恶化。事实上，潜在基准收益的绝对水平仅仅是决定信用资产类别相对价值的众多因素（需求、供应、盈利性、违约等）之一。其他的这些因素能够抵消或加强通过收益利差百分比分析所得出结论的影响。

20.8 结构分析

本章早些时候曾提到，结构产品包括子弹式结构、可赎回结构、可回售结构和偿债基金结构。简单地说**结构分析**（structural analysis）就是对本章所讨论的不同结构产品的表现进行分析。虽然在20世纪80年代债券结构产品评估具有相当的重要性，但是自20世纪90年代中期以来由于如下若干原因其在信用债券市场上影响力大不如以前。首先，欧洲信用债券市场上几乎全部都是中期子弹式债券。其次，如图表20—5所示，美国信用及全球债券市场也已经迎来了这种具有同质结构的欧洲子弹式标准。虽然在美国的高收益和EMG债券市场上仍旧存在大量的结构差异，但是在这些投机级板块中组合决策更多的是取决于纯信用差异，而不是备选债券池中的结构差异。

图表20—5 **美国投资级信用产品市场*的组成变化**

	1990年（%）	2003年（%）
一次还本付息结构	24	94
可赎回结构	72	3
偿债基金结构	32	1
可回售结构	5	2
零息结构	4	N/A

*注意：图表中的数据相加不会得到100%，因为某些结构可能包含多种选择（例如：一份可赎回公司债券可能有偿债基金和可回售条件）。

资料来源：Lehman Brothers U. S. Investment-Grade Credit Index.

另外，结构分析还能提高经风险调整后的信用组合收益。我们已经讨论过，不考虑信用的话，债券结构分析和结构配置决策通常取决于收益率曲线和波动性预测，以及对期权估值模型输出结果的解释（见下面的讨论）。这也是在结构化信用债券、抵押贷款支持证券和资产支持证券间进行相对价值决策的一个重要依据。假设发行人的信誉在短期内没有变化，那么收益率曲线和波动性走势在很大程度上将影响着结构产品的表现。另外投资者还应当考虑影响市场构成及进而影响信用指数基准的长期市场动态因素。

特别的，除了2000年外，可赎回结构产品在美国投资级信用债券市场越来越少见了。原因在于，自1990年以来美国期限结构几乎一直保持着正向倾斜以及收益率曲线在1993年、1997年、1998年和2002年曾短暂地下滑到几十年来的低谷。因此，美国公司债券公开市场的组成已和中期子弹式欧洲债券和欧元标价债券市场趋于一致。要证明这一点，我们只需看看雷曼的美国投资级信用债券指数的结构组成。在这个指数中，子弹式结构产品由1990年初的24%增加到了2003年的94%（以本金价值计）。在这一期间，可赎回结构产品由72%的比例大幅下降至3%。偿债基金结构产品，曾经是天然气管道和许多行业板块的支柱结构产品，现已列入“濒危结构产品清单”中，其占公开债券市场的比例由1990年的32%大幅下滑到2003年的1%。尽管在20世纪90年代中期和后期可赎回/可回售结构产品引入时曾有几次短暂的发行高潮，但可回售结构产品的市场比例仍由1990年的5%下降到2003年的2%。单纯的公司零息结构产品正面临着灭绝的危险，其市场比例由1990年的4%下降到了2003年可忽略不计的程度。

20.8.1 子弹式结构

下面我们谈谈不同类型的投资者如何应用具有不同到期日的子弹式结构产品。

短期子弹式结构（front-end bullets）（亦即到期期限为1到5年的子弹式结构）对于追求“杠铃策略”的投资者而言有较大的吸引力。杠铃策略就是投资于收益率曲线的短端和长端的美国国库券。“杠铃式投资者”投资于收益率曲线的前端或短端则是投资信用债券，投资于其长端则是投资国库券。也有部分非美国机构通过利率互换将短端子弹式结构转换成浮动利率产品。此类交易被称为“资产互换”，采用这类交易的投资者被称为“资产互换人”。

中期信用子弹式结构（Intermediate credit bullets）（即到期期限介于5到12年），特别是其中10年期的板块已经成为美国和欧洲投资级和高收益信用产品市场中最受欢迎的部分。15年期的与10年期的国债相比来说比较罕见，只有那些偶尔将其用于某些互换品种的银行对其比较偏好。因为新的15年期结构产品需要沿着一条正倾斜的收益率曲线下移5年时间后才能和该10年期国债匹配，所以那些希望通过基准收益下滑产生价格上涨从而获利的投资者对其并不感兴趣。相反，较罕见的20年期结构产品却受到很多投资者追捧。这些结构产品的利差基准是30年期国库券。由于20年期结构产品具有一条正斜率的收益率曲线，所以其收益要高于10年期或15年期债券，且比30年期债券要稳定（因其久期较低）。

在全球信用产品市场上30年期的品种是长期债券中最受欢迎的品种。在1992年、1993年、1995年年底和1997年，在美国信用债券市场上曾经出现过50年期（半个世纪）和100年期（一个世纪）债券的发行小高峰。这些超长期的债券为投资者提供了额外的正凸性，而有效久期①（或者经过调整的久期）仅仅增加了一点点。在“亚洲金融危机”特别是1998年8月的“大利差板块危机”后，风险厌恶和流动性溢价的周期性上升大大削弱了发行人和投资者在这些超长期债券中的兴趣。

20.8.2 可赎回结构产品

通常在5年或者10年的等待期后（某些罕见债券的等待时间更长），发行人可选择在

① 请记住到期期限越长，凸性越大。

任何时候赎回信用结构产品。赎回价格通常为票面价格（票面+初始票面利息）加上一个溢价，其在最终到期日之前的5到10年按时间线性回归到票面价格。对于发行人来说在可能会出现的低利率环境下具有为其债务再融资的能力极其重要。反过来对于投资者而言，利息收入高于当前市场却要面临过早清算是件相当恼怒的事情。

在发行可赎回结构产品时，发行人会因多头持有（从发行人的角度而言）看涨期权而向投资者支付一个年度利差溢价（对于高质量发行人而言大约20到40个基点）。同所有债券估值一样，这一赎回溢价会随着资本市场环境的变化而变化。考虑到较高的行权可能性，该看涨期权在低利率和高波动性时期会变得更加昂贵。自1990年以来，对于投资级发行人而言该赎回溢价变动范围大约为15个基点到50个基点。当利率下降时，由于其负凸性，可赎回结构产品的表现远不如子弹式结构产品。当债券市场恢复生机时，由于其上界受到赎回价格的限制，可赎回结构并不会全部参与交易。相反，在熊市债券市场中由于提前赎回的可能消失，可赎回结构产品的表现要好于子弹式结构产品。

20.8.3 偿债基金结构产品

偿债基金结构产品允许发行人可以在到期之前进行一系列的部分赎回活动（每年或每半年）。发行人通常还具有在偿债基金日额外清算一部分债券（通常是偿付计划的1到2倍）的权利。从历史数据上看，特别是20世纪80年代早期，总收益投资者喜欢以低于票面的价格买进偿债基金结构产品。这些折价的偿债基金在利率提升时其价格也持续上升（前提是相应的债券价格仍旧低于票面价格），而且，考虑到发行人至少每年需要以票面价格清算部分债券，当利率上升时这些偿债基金结构产品的价格跌幅要小于可赎回结构产品和子弹式结构产品。应该指出的是，那些具有很强债务管理能力的精明的发行人有时能够通过在公开市场上以低于票面的价格提前购入来全部或部分满足偿债基金的年度义务。而且，在利率上升时期发行人的这一偿债基金年度购买义务的确限制了债券价格的贬值。

20.8.4 可回售结构产品

虽然常规的可回售结构产品比可赎回结构产品要简单，但是交易商对可回售债券的估值常常存在争议。美式看涨期权赋予发行人在除了非赎回时期或非偿还时期之外的任何时候以指定的赎回价格赎回债券的权利。可回售债券通常赋予投资者在行权日按照票面价格进行一次性回售的权利（即欧式期权）。较为少见的是，可回售债券有时也包含一个第二或第三行权日。少量可回售债券赋予投资者在评级下降（通常是下降到投资级以下）时将这种结构产品以票面价格回售给发行人的特殊权利。

由于利率的下降，发行人在20世纪90年代没有发行新的可回售结构产品。与其在5年或10年后面临以更高的成本为可回售债券再融资的风险，许多发行人倒更愿意额外支付10到20个基点来发行期限更长的债务产品。

在利率暴涨时可回售结构产品可以为投资者提供部分程度的保护。假设发行人仍然有能力承担其突发付款义务，那么通过某一信用事件触发的可回售结构产品使得投资者可以抛掉某一品质恶化的信用产品。可能是由于可回售结构产品的相对稀缺性，可回售结构产品的业绩和估值对于很多投资组合经理人来说都不是一件容易的事情。与可赎回结构产品不同的是，回售价格与根据通常的波动性—估值框架得出的预期结果并不一致。特别是，如前所述，一份期权隐含的收益波动性能通过该期权的价格和某——估价模型计算出来。在可回售债券中，该隐含的波动性能够通过某一估值模型（如二项模型）计算得出。在其他因素都不变的情形下，赎回和回售二者隐含的波动性应该是一样的。然而，对于可回售结构产品而言，自1990年以来，其隐含波动性在4%～9%之间波动，远低于同期可赎回结构产品10%～20%的波动范围。基于可赎回结构产品和可回售结构产品在隐含波动性上存在的差异（前者高后者低），那些渴求提高组合回报的资产经理人在获得该回售权利时可以少付一部分价钱给发行人，该权利允许投资人在特定情形下将债券回售给发行人。换言之，典型的回售债券交易时其收益率比市场常见的情形要低些。

除非可回售产品的发行数量大幅增加，使得这一稀有结构债券的流动性增加并创造出更多的标准化交易规则，否则可回售结构产品和公司债券结构产品在隐含波动性上存在的不对称性将永远持续。同时，只有对于那些坚持认为利率将下降的投资者而言，该结构产品才是获得更高回报的有利工具。

20.9 信用曲线分析

20世纪90年代中期以来信用衍生工具[①]的快速增长激发了学术界和实务界开发出更严格的技术方法来分析信用利差曲线（高风险高收益债券以某一价格进行交易，而不是基于利差进行交易）的期限结构（1到100年）和信用结构（Aaa/AAA到B2/B）的兴趣。

信用曲线（不论是期限结构还是信用结构）几乎总是正向倾斜的。为了减轻投资组合风险，很多投资组合经理人承担的都是短期或中期到期的信用风险，并在长久期投资组合桶中用风险较小的政府债券进行替换。这个策略被称为**信用杠铃策略**（**credit barbell strategy**）。结果，很多采用这一策略的总收益经理人、共同基金经理人和银行投资组合债券经理人减少了对长期信用风险债务工具的需求。幸运的是，对于那些希望发行长期信用产品的发行人而言，保险公司和养老金计划发起人常常通过购买到期期限长于20年的信用债券来满足长期负债的需要。

随着信誉的下降，违约风险也在非线性增加。在投资级（Aaa/AAA到Baa3/BBB－）产品类别中，发行人违约的绝对风险在所有年份都很低。但是对于仅能进行高品质投资的投资者而言，评级降低被视为准违约。比如在由A降级到Baa/BBB的情况下，投资者可能在严格的投资组合规定下被迫卖出债券。反过来，当评级等级下降但仍在投资级范围内时，由于潜在信用困境出现的可能性增加了，投资者就会要求得到一个利差溢价。

高收益评级类别（Ba1/BB＋到D）的信用利差与之相比则要大得多，其违约（特别是那些较差的只有一个B和CCC级的）则变得极为可能。随着信用和评级风险的不断增加，信用产品市场自然也会对其要求越来越高的风险溢价（利差）。图表20—6给出了两个信用板块（Baa和单A级行业）的信用曲线，同时也表明随着到期期限的增长，对其要求的利差也更高。

特别的，投资级信用产品市场对10～30年期发行人信用曲线的斜率非常在意。与国债基准曲线类似的是，信用利差曲线在经济周期的不同阶段也会表现出不同的形态。通常，当债券市场对利率和总体信用风险变得越来越敏感时，利差曲线也会变得越来越陡峭。另外，当基准曲线变得平坦或发生反转时，利差曲线一般也会稍微变得陡峭。利差曲线与收益率曲

① 信用衍生工具在第24章中论述。

线之间的这种松散的联系反映了当投资者可以通过短期或中期信用产品获得更高的总回报时，他们就已经不再愿意在收益率曲线的长端同时承担曲线风险和信用风险了。

图表 20—6　　两种典型的美国投资级曲线

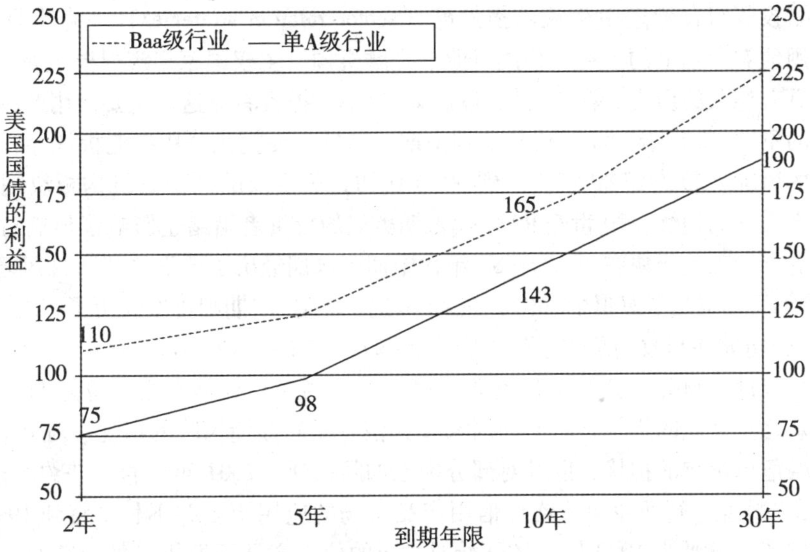

资料来源：Lehman Brothers U. S. Investment-Grade Credit Index, based on average corporate curves 1990—2003 年.

20.10　信用分析

为了寻求潜在的信用升级及之后的发行人/债券利差收缩机会，更为重要的是，为了避免信用降级导致发行人/债券利差上升，卓越的信用分析一直是信用债券投资组合相对业绩最重要的决定因素。与股权定价密切相关的信用筛选工具、相对利差走势，以及因特网（可提供用于追踪所有与持有组合相关的信息）为传统信用研究和机构评级提供了非常有益的补充。但是，那些自我标榜的信用模型无一例外地依赖于利率波动性和二项式过程等借鉴自期权估值技术的变量，而这些模型对于给单个信用产品（如 IBM、英国燃气、德州公用事业、浦项钢铁、Sumitomo 和 Brazil 等产品）的预期信用表现进行比较时作用并不大。

对于众多自上而下式投资组合经理人和策略师而言，他们主要关注的是宏观变量，信用分析对其而言既不轻松也不容易。真正的信用分析实际上包含发行人财务报表和会计方法研究、发行人管理层访问、行业问题评估、受托契约和公司章程查阅，及对评级机构的发行人和行业研究结论的洞察能力培养（当然并不一定要跟它们意见一致）。

不幸的是，这些分析工具的严谨性优势可能会面临信用债券发行人数量快速扩张的挑战。当前全球债券市场上分布着大约 5 000 家不同的信用产品发行人。随着国有企业不断私有化，高收益产品市场上不断有新加入者，以及新兴债券市场预期会出现长期增长，那么到 2010 年全球发行人总数可能会扩充至 7 500 家。如何从这一不断扩充的全球信用债券名录中划分出表现优秀者、表现一般者和表现较差者，这就需要资产经理们建立起一套强大的信用估值方案。

20.11 资产配置/板块轮换

在股票投资组合管理中**板块轮换策略**（**sector rotation strategies**）一直都具有重要的作用。在信用债券市场上的工业、公用事业、金融机构、主权国家和跨国板块等宏观板块间轮换操作也具有悠久的历史。在20世纪最后25年中，投资者对这些主要信用产品板块的态度具有很大的不同。20世纪80年代早期到中期，市场主要担忧公用事业板块存在供给过量和核能泄露的风险。20世纪80年代末到90年代初，美国及欧洲金融机构板块则经历了投资者对其资产质量的担忧。20世纪90年代末期类似的投资者情绪也影响了他们对亚洲金融机构债券的需求。工业板块在20世纪80年代中期到末期经历了严重的“事件风险”，在1990年到1992年间则遭受了衰退的冲击，在20世纪90年代末期则再次经历了一次“事件风险”（尽管此时公司兼并与收购总体上处于繁荣状态），在2001到2002年间公司债券板块则遭受了一系列毁灭性的财务和公司治理丑闻的打击。市场对主权债券板块也定期地表现出其担忧，如对魁北克独立的担忧、对不同国家（如俄罗斯）政治风险的担忧、对1997到1998年间亚洲金融危机影响的担忧，以及对部分国家如阿根廷（2001年）直接违约的担忧。

相反，“微观”行业轮换策略在信用产品市场的应用历史并不长。直到1993年美国信用指数提供商（欧洲为1999年）才开始对主要的信用产品子板块（如银行业、经纪业、能源业、电力业、媒体业、铁路业、主权国家、跨国结构产品）提供详细的风险/回报分类（如平均回报和标准偏差）。自20世纪90年代中期开始，通过这些统计数据，投资组合经理人对信用产品市场内部各板块之间的关系有了一个更加深入的了解，与此同时在信用资产类别中实行的这些“微观”板块轮换策略也具有了越来越大的影响力。

图表20—7列出了与板块轮换和发行人筛选策略相关的一些主要因素。例如，评级机构对于某一板块评级的改变（实际改变或察觉到的改变）和对某一特定行业预期盈利的修正，这仅仅是能够影响板块相对业绩的众多因素中的两个代表因素。

图表20—7　　**一些获得高绩效的方法**

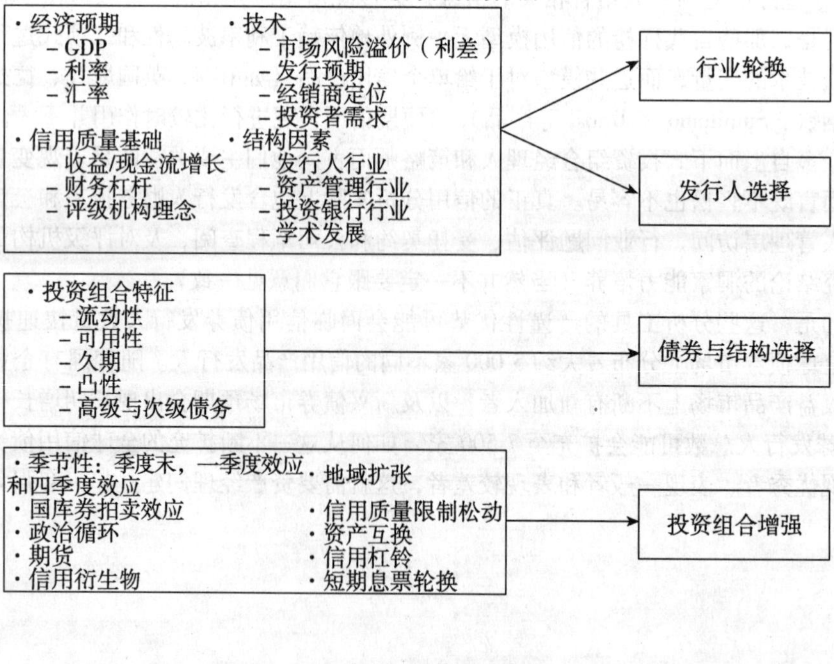

图表 20—7 还着重给出了一些有助于提高信用产品投资组合业绩的常规技巧。另外，季节性问题值得特别加以说明。在债券市场上，几乎每年的下半年都会有一次风险回避年度轮换，这就造成了所谓的“四季度效应”——即相对于评级高的信用产品而言，评级低的产品、高收益中的 B 级产品以及投资级中的 Baa 级产品表现较差。几乎在每个新年，市场乐观主义都会有一次新的爆发。此时评级低的信用产品会比高质量的信用产品表现要好——这被称为“一季度效应”。通过这一规律我们可以得出一种简单却常用的投资组合策略：在每年三季度中期之前减持那些低质量信用产品甚至减持所有信用产品，在每年四季度增持那些低质量信用产品甚至是所有信用产品。

第21章 国际债券投资组合管理[①]

21.1 引言

与国内债券投资组合管理相比，国际债券投资组合管理需要面对更多不同的挑战。在固定收益经理人根据久期、板块和收益率曲线进行组合配置的决策过程中，时区、当地市场结构、结算及监管规则、货币管理等方面的差异，都会使得这些关键的决策程变得复杂。

在第16章我们已经介绍了投资管理流程的基本步骤。这些步骤包括：

1）设置投资目标；

2）制定并实施投资组合策略；

3）跟踪投资组合；

4）调整投资组合。

跨境投资额外增加的复杂性越发突显了制定一个规范严格的投资流程的重要性。本章重点介绍步骤1）、2）和4）。

在一个章节里对国际固定收益投资的各个方面进行宽泛的介绍意味着许多主题都不可能达到其应有的深度。例如，货币管理主题很宽泛，但这里我们只给出了一些最基础的原则。然而，同样的货币管理原则也适用于国际股权投资组合管理。

虽然本章中的许多例子和图表适合投资于美国债券市场之外的美国经理人，但是请务必记住的是，对于任何投资于非本国债券市场的跨境经理人而言这些原则同样适用。世界各地的经理人在进行债券投资时，如果其现金流是以非本币标价的，那么美国经理人在进行货币管理时面临的问题同样适用于他们。

21.2 投资目标和投资策略

由于历史上国际债券的收益高于美国债券，国际债券作为一种资产类别吸引了大多数投资者。其他投资者投资国际债券是由于其具有分散化投资组合整体风险上的价值[②]。投资者投资国际债券的基本原理的核心是制定出合适的收益目标和组合风险容忍度。

广义而言，投资者特定要求包括：

1. 收益目标；
2. 风险容忍度。

---

① 本章作者包括 Christopher B. Steward，J. Hank Lynch，CFA，以及 Frank J. Fabozzi，PhD，CFA，CPA。

② 部分投资者比较担忧的是，随着1999年欧洲货币联盟（EMU）的成立，全球债券投资所带来的分散化好处可能会大幅减少。但实际上，欧洲大陆的各经济体在欧洲货币联盟成立之前就已经非常紧密地联结在一起了，因为大部分欧洲中央银行在利率政策方面几年来一直在仿效德国中央银行。因此，EMU 对全球债券投资组合分散化的影响是有限的，但是，EMU 却在欧洲创建了一个更加有活力的信用市场，因为发行人和投资者已不再限于他们的本国市场，现在他们可以进入一个规模更大、流动性更强的泛欧债券市场。整个欧洲的公司债券发行量增长迅猛，而且势头还在持续，这将导致一个拥有更广泛的类似于美国债券的信用产品和工具市场的形成。这在第20章中讨论过。

每一投资目标对国际债券组合管理而言都具有指导意义，所以在投资策略中也应该得到反映。

基于收益和分散化目的而增持的全球债券仅是整体投资组合的一小部分。投资组合的战略性资产配置由各种基准配置组成，这些基准配置一方面对资产类别进行了定义，另一方面也为每一个力求获得优异业绩的投资经理人提供了一个业绩目标。收益目标通常是用基准收益来表示的，比如，在一个市场周期上，目标收益为基准收益加100个基点。收益目标和风险容忍度不仅决定了最合适的基准，也决定了最适合的投资管理风格。那些主要关注分散化目标的投资者可能会对偏离基准的头寸规模进行严格的限制，以确保分散化目标没有削弱。一个总收益导向的投资者可能对分散化目标不太关注，他们更加关注的是绝对收益，而不是基准相对收益。

投资策略应该具备足够的灵活性，以使得投资组合经理人具有充足的积极管理空间，同时也保持组合和基准的高度一致性以确保组合的分散化。投资策略所提出的准许投资应包含：

1. 投资对象国，包括新兴市场；
2. 准许投资工具，包括抵押债券、公司债券、资产支持证券以及通胀调整债券；
3. 最低信用评级；
4. 货币基准头寸以及风险限制；
5. 衍生工具的使用，如远期、期货、期权、互换和结构化中期债券。

衡量投资业绩的期限也很重要。如果投资期限较短，比如，一个季度，那么短线交易将更为盛行，这将减弱国际债券作为一种资产类别所带来的自然分散化的好处。那些强调降低风险，或者国际债券投资分散化特征的投资者，应该具有一个更长的投资期限，比如三到五年。这样即使经济周期的差异可能被延长，也可以对整个经济周期提供足够的时间来增加分散化的好处。

21.2.1　基准选择

国际债券投资组合的**基准选择**（benchmark selection）存在很多种选择，因此需要特别仔细地对待。就如国际股票基准指数的选取一样，选择单纯的资本（市值）加权指数作为基准可能会带来如下后果，即相对于投资者的负债或分散化偏好[①]而言，投资者在日本市场[②]上的风险暴露会显得不成比例。虽然被选作基准的国际股票指数大部分是以投资者本币报出的（即非对冲的），但是国际债券基准却可能是对冲的，也可能是非对冲的，或者部分对冲的，这具体取决于投资者的投资目标。选择对冲的基准，还是选择非对冲的基准，或者部分对冲的基准，这可能会影响到投资组合的风险和收益状态，且这一选择应该反映出国际债券投资的基本原理。

21.2.2　可选择的基准

基准可以从现有众多债券指数中选取一个，或者通过现有债券指数合并得到：

- 全球性债券指数（所有国家，包括母国）；

① 与其他大部分债券市场相比，日本债券市场的收益要低些。
② 在股票市场中，一个公司的市值增长通常表示该公司财务状况健康，而在债券市场上如果某一公司或国家大量发债（特别是相对于该公司的股票或该国家的国内生产总值而言），则其财务状态更加不稳固。

- 国际性债券指数（不包括母国）；
- 纯政府债券指数；
- 多板块或综合性债券指数（包括公司债券及抵押债券）；
- 货币对冲债券指数；
- 纯 G7 债券指数；
- 到期日受约束债券指数，比如，1~3 年，3~5 年，7~10 年；
- 新兴债券市场指数。

或者，也可创建某一定制指数或“常规”组合。

最常用的固定收益基准是**花旗世界政府债券指数**（**Citigroup World Govern-ment Bond Index WGBI**）以及**雷曼兄弟综合指数**（**Lehman Global Aggregate**）。如上所述，这些基准既提供了收益目标，也提供了组合风险的度量方法。

21.2.3 基准货币头寸

货币管理是一个在学术著作中颇受争议的话题。国际投资自然会产生外币风险敞口。这些货币风险敞口既可以被消极管理也可以被积极管理，尽管大多数全球债券经理人在某种程度上都采用的是积极管理法。

许多经理人都喜欢采用积极的货币管理方式，因为对货币走势的正确预测可以带来高额收益。由于货币收益的波动性比债券市场收益更大，即使是适中的货币头寸也会造成显著的追踪误差（见第 17 章）。传统上，债券经理人在处理货币风险敞口时，会假定影响货币水平的基本经济因素（本章后面会提及）与债券是一样的。然而，许多经理人还是单独雇用了外汇专家，因为债券和货币即使是在相同因素的刺激下，它们的反应也可能大不相同。货币波动既带来了风险也带来了机会，这表明我们需要对货币进行一定程度的专门研究，且债券和货币决策的共同最优化才能带来更好的风险调整收益①。另外研究也表明货币专家的积极管理可以持续增加投资收益。

货币管理的首要任务是决定适合于投资目标的中性的或战略性的外汇风险敞口大小。大多数关于美元投资者货币对冲的学术研究表明，部分对冲的基准比完全对冲或者不对冲的基准能够提供更优的风险调整收益②。这些研究建议，50% 的对冲基准既适用于消极型货币管理策略，也适用于积极型货币经理人将其作为初始的对冲头寸。一旦基准选定后，就应确定出一个合适的货币对冲头寸。比如，一个以减少风险为首要目标的美元固定收益经理人可能会选择这样一个对冲或大部分对冲的基准：该基准在历史上从国际债券中获得了大量的分散化收益。尽管与非对冲国际债券相比，对冲国际债券与美国债券市场具有更高的相关性，但是对冲国际债券具有更好的风险缩减效应，这是由于其债券收益的标准差比单纯的美国债券投资组合更低③。另外，对冲国际债券的稳定性带来更多可预测的收益。相反，具有总体收益目标和更大风险容忍度的投资者将会更倾向于采用非对冲或大部分非对冲的基准，并更多地采用积极货币管理方法。

---

① 见 Philippe Jorion，“Mean/Variance Analysis of Currency Overlays,” *Financial Analysts Journal*（May/June1994），pp. 48－56。Jorion 认为货币管理外包虽然可以增加价值，但是劣于货币管理的整合方法。

② 见 Gary L. Gastineau，“The Currency Hedging Decision：A Search for Synthesis in Asset Allocation,” *Financial Analysts Journal*（May-June1995），pp. 8－17 中关于货币对冲的讨论。关于利用部分对冲基准优势的讨论，见 Steve Gorman，*The International Equity Commitment*（Charlottesville，VA：AIMR 1998）中的货币决策。

③ 回忆一下现代投资组合理论中相关系数在决定分散化优势时的重要角色。

从美国投资者的角度看，图表 21—1 表明在 1985—2002 年的 18 年间，非对冲国际债券投资中的货币成分是总收益波动的主要原因。此处所使用的国际债券指数是不包括美国债券的花旗 WGBI 指数（以"non-U. S. WGBI"标示）。虽然投资于含有对冲成分的国际债券在大部分时候会减少收益，但这也会大幅减少收益的波动性。如图表 21—1 所示，在 WGBI 18 年的历史中，对冲国际债券的收益低于非对冲国际债券，甚至还略滞后于 WGBI 美国成分指数。然而，对冲的 non-U. S. WGBI 的波动性只有非对冲指数的 1/3，亦只有美国成分指数的 3/4。

我们可以采用 Sharpe 比率对各个风险调整收益进行比较①。从 1985—2002 年，尽管非对冲 non-U. S. WGBI 具有更高的收益，但是其风险调整收益却低于对冲指数和美国债券成分指数。

图表 21—1　　**对冲及非对冲国际债券收益：1985—2002 年**

	non-U. S. WGBI	U. S.	non-U. S. WGBI 对冲	50% 对冲
1985—2002				
收益	10. 66%	9. 17%	8. 49%	9. 69%
波动率	10. 4%	4. 9%	3. 4%	6. 2%
Sharpe	0. 47	0. 71	0. 82	0. 64
1985—1990				
收益	18. 23%	11. 27%	8. 01%	13. 18%
波动率	13. 6%	6. 0%	4. 3%	8. 4%
Sharpe	0. 77	0. 60	0. 07	0. 65
1991—1996				
收益	10. 78%	8. 23%	9. 49%	10. 23%
波动率	8. 6%	4. 3%	3. 2%	5. 0%
Sharpe	0. 69	0. 78	1. 44	1. 09
1997—2002				
收益	3. 46%	8. 05%	7. 97%	5. 78%
波动率	8. 6%	4. 3%	2. 4%	4. 8%
Sharpe	-0. 14	0. 80	1. 38	0. 24

如以上所述，采用 50% 对冲投资组合是一种折中做法，因为其收益几乎是介于非对冲 non-U. S. WGBI 和美国债券成分指数的中间位置，而其波动性却大幅低于非对冲指数，这使得其 Sharpe 比率要高于非对冲指数。当然，对冲指数相对于非对冲指数的表现取决于本币（此处为美元）的表现，而本币则可能经历较长的强势或弱势周期。

① Sharpe 比率用以衡量超过无风险利率的收益，每单位的标准偏差。

与全部对冲或全部非对冲基准相比，采用部分对冲基准的好处我们通过均值—方差分析框架在图表 21—2 中进行了描述。当在美国债券组合中适当增加一些国际债券配置时，50%的对冲投资组合将会具有更好的分散性，其收益也略微减少了一点。

图表 21—2 1985—2002 年对冲及非对冲国际债券投资组合的风险—收益（美国投资者视角）

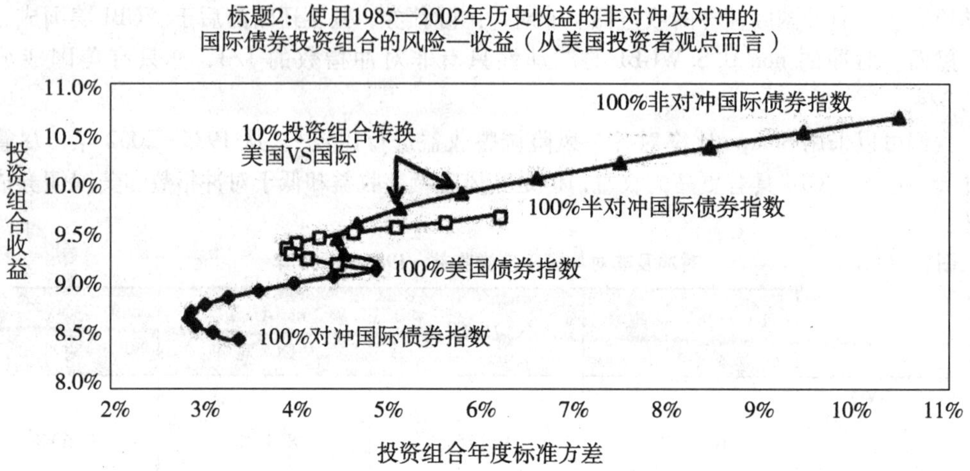

21.2.4 风险限度

除了久期和信用风险外，许多投资准则还对债券和货币头寸规定了明确的风险限度。风险限度既可以用绝对百分数来表示，也可以用相对于基准的权重来表示。另外，追踪误差限度也已经越来越多地在投资准则中被用于设定风险限度。

债券市场可以划分为四个交易市场：

1. 美元交易市场（美国、加拿大、澳大利亚、新西兰）；
2. 欧洲交易市场；
3. 日本；
4. 新兴市场。

欧洲交易市场又可细分为两组：

1. 具有共同货币的欧元区市场（德国、法国、荷兰、比利时、卢森堡、奥地利、意大利、西班牙、芬兰、葡萄牙、希腊）；
2. 非欧元区市场（挪威、丹麦、瑞典）。

另外，英国通常独自进行交易，但同时也受欧元区、美国以及自身经济基本面的影响。

划分交易市场很有用，因为每个交易市场都有一个基准市场，它会极大地影响其他市场的价格走势。投资者通常更加关注比如丹麦—德国的利差水平，而不是丹麦的绝对收益水平（自 1999 年欧洲货币联盟成立后，欧元区债券市场的交易区间大幅收紧）。

对基准以外的国家进行投资的限制也应该在一开始就列明。尽管采用久期来衡量跨国利息率风险存在缺陷，但久期风险限度毫无疑问是有其作用的，在准则中应该设定这一限度。通常，债券风险暴露的可容忍范围要大于货币风险暴露。

信用风险限度（通常表示为主要信用评级机构的信用评级的最低加权平均），以及对低级别或非投资级信用的绝对数额的限制，都应该包括在投资准则里。除了具有违约风险外，低级别债券的低流动性也会制约经理人按预想的目标变更风险暴露的能力。过去，由于许多国家缺乏一个流动的公司债券市场，而且欧洲债券相比于国内政府债券市场来说相对流动性较低，因此大部分国际债券投资组合的信用风险都集中在美国和新兴市场债券上。然而美国公司债券和其他国家债券之间的流动性差异近年来已经大大减少，这是由于欧洲公司债券自欧洲货币联盟成立以来大幅成长所导致的。

21.3　制定投资组合策略

一旦投资策略出台之后，投资组合经理人就需要设计出适合投资者目标和风险容忍度的投资组合策略。与其他领域的投资管理一样，投资组合经理人通常也要采用不同的管理风格和投资准则。

由于大部分投资组合经理人业绩评价的比较标准是基准收益，因此经理人们总是在不断找超越基准业绩的机会。虽然投资组合经理人增加收益的方法有很多种，但是，他们获得相对于基准收益的超额收益主要还是来源于广泛的债券市场和货币配置决策。一项基于基本经济因素或市场价值指标的缜密投资方法，会加快市场和货币筛选过程。由于历史上货币收益具有较高的波动性，所以货币管理方法应该是我们首要的关注点。

21.3.1　国际债券投资组合管理风格

国际固定收益经理人面临的挑战与国内固定收益经理人是不一样的。首先，国际固定收益投资组合经理人必须在美国债券市场和其他10～20个市场中运作，这些市场各自有自己的运行机制。其次，利率变化对美国债券市场不同板块的影响程度虽然可能有所不同，但影响方式通常大致相同（抵押贷款支持证券除外）。就像在股票市场上部分行业和市场板块可能会朝着相反的方向变动，各个国际债券市场同样可能会朝着相反的方向变动，具体取决于经济环境和投资者风险容忍度。

国际债券经理人同样会采用一个或多个不同的管理风格。这些管理风格可以分为四个类别：

经验丰富交易人；

基本面主义者；

黑匣子式交易者；

图形分析师。

下面我们对每一管理风格进行讨论。

经验丰富交易人（experienced trader）　经验丰富交易人利用他或她的经验和直觉发现市场机会。他们多是积极型交易人，他们努力去预测国际固定收益及对冲基金经理人所带来的下一个市场变化。这些交易的基础源于对竞争对手头寸以及风险容忍度的估计，并通过市场价格走势和流量数据得到。经验丰富交易人通常是市场上的逆向思维者，在众多投资者可能被迫止损时，他们则从中寻求获利机会。

基本面主义者　**基本面风格（fundamental style）**基于这样一个信念，即债券和货币交易的依据是经济周期。公司债券内部的板块轮换同样受经济周期的影响，因为不同的板块在不同的周期时点上其相对表现也不同。部分基本面主义者相信经济周期是可以预测的，所以在选择债券市场和货币时，主要依赖于经济分析和预测。由于经济基本面对于短期价格走势的影响很小，这些经理人的组合成交量一般不多。公司债券的“自下至上”式筛选法同样也可以归结为基本面主义方法，尽管其依赖于发行人特定基本面分析而不是广义的经济基本面分析。

黑匣子式交易者 采用**黑匣子方法**（black box approach）的是那些数量型经理人，他们相信计算机模型能够识别出人类所不能识别的市场关系。这些模型仅仅依赖于经济数据、价格数据，或两者某种程度上的混合。数量型经理人相信通过计算机模型可以创建出一种更加严谨的投资方法，由于其他经理人非理性地坚持头寸，缺失交易纪律，或者无力同时处理众多变量，该投资方法将带来更加卓越的投资收益。

图形分析师 一些被称为**图形分析师**（chartists）或技术分析师的投资者主要依靠技术分析来决定买卖何种资产①。图形分析师通过观察日线、周线和月线图来评估市场趋势，或者判断市场潜在的拐点。跟踪趋势方法（如移动平均）的目的是让组合投资经理人能挖掘出市场的动力所在。反向趋势分析（如相对强度指标和震荡指标）可以用来判断近期价格趋势何时反转。

混合模式 仅采用一种管理方式的国际债券投资组合经理人并不多，大部分经理人会混合使用几种方法。那些通过经济周期预测来设计其投资过程的经理人也会时不时地采取与其中期战略相反的头寸，从而可以利用通过技术分析或市场头寸估计得到的市场暂时性高估或低估机会来获利。甚至于那些严重依赖计算机模型来做出投资决定的“数量分析专家”有时也会通过其他一些方法来增加收益。不论经理人的投资风格是怎样的，投资决策必须与投资收益目标、风险容忍度和投资准则相一致。

好的国际债券投资组合经理人在买卖决策上遵循的是一种纪律严明的风格。这就要求每笔偏离基准的配置都有一个明确规定的价格目标（或多数情况是收益利差或外汇汇率水平）和明确的潜在基本原理。头寸规模应该反映出投资者的信心强度及模型信号，具体取决于其管理风格。只要支撑最初决定的原理不变，那么就应保持该头寸，或者市场朝着相反的方向变动时增加该头寸。每一笔交易的设计都应该考虑相关债券收益或汇率的历史表现。例如，如果汇率表现出一种趋势倾向而不是系统地回归至某一平均汇率水平，那么此时就需要运用一种不同的买卖规则。

21.3.2 超额收益的来源

基准是所有国际债券组合投资的比较基线。然而为了获得超过基准的收益，剔除管理费用后，投资组合经理人必须想方设法寻找超额收益。这些超额收益可从下列5种策略的组合中获得：

货币选择；

久期管理/收益率曲线运作；

债券市场选择；

板块/信用/证券选择；

基准指数以外的市场投资。

上述每一种策略都可以增加收益；但是，货币和债券市场选择这两种策略所提供的收益通常是最多的。我们在后面内容中将会对这些超额收益来源一一进行介绍。

货币选择 大多数投资准则都允许一定程度上的积极货币风险管理。由于潜在收益巨

① 技术分析将在股票管理教材中介绍。

大，积极货币管理的吸引力是很大的。表现最好和最差债券市场按当地货币计算的利差平均为13%。当货币变动的影响和当地货币债券市场收益利差被一起考虑时，最好和最差市场的平均利差会翻番，达到28%。这样，国际债券组合投资经理人可以通过在指数中增持表现好的债券市场和货币来大幅提高收益。

然而，由于货币市场收益的波动性一般要高于债券市场，在评估来自货币市场的增量收益时必须考虑由此引起的增量风险大小。如果某一积极货币管理策略想要持续获得卓越的风险调整业绩，那么其就必须有这样一种货币预测方法，即它对未来即期汇率（未来的汇率）的预测要比远期汇率（当前通过远期合约市场能够锁定的汇率）准确。后面会讲到，远期汇率并不是对未来即期汇率的预测，它是由货币间的短期利率差所决定的。

研究表明，通过积极的货币管理，若干策略已成功实现了持续性收益。在未来即期汇率的预测上，远期汇率是一个很糟糕的指标，这是大家公认的事实。从历史上看，贴水货币（即比投资者本国货币利率更高的货币）的贬值幅度低于用远期汇率得出的贬值幅度，这样持有高利率货币的非对冲头寸可以获得不错的回报。同样得到验证的是，增持实际利率较高的货币也可以增加收益①。

另外，某些货币的走势不是一个随机游走过程，而是表现出了序列相关性（即货币走势具有趋势倾向）②。在一个有趋势倾向的市场中，通过一些简单的技术交易规则就可以获得货币收益增加的机会③。许多学术研究的结论表明，强有力的积极货币管理可以持续产生超额收益。

久期管理　久期管理与债券市场选择高度相关，同样能够提高收益。如果某一特定国家的债券市场出现了曲线陡峭化或平坦化的市场环境，那么采用子弹策略或杠铃策略可以提高收益率和总回报④。除了这些投资于国内债券市场的经理人可以使用的策略外，国际固定收益投资组合经理人还可选择在保持组合总久期不变的情况下，在各个市场间改变久期。

近年来国际债券市场久期管理变得更加容易。许多国家将债务集中在少数流动性较高的债券上。目前至少有9个国家拥有官方分离债券市场（该市场将政府债券现金流分割为单个的利息及本金偿付）。在大多数市场都存在的利率期货为迅速改变久期及市场风险暴露提供了一种灵活的低成本手段。在国际债券市场中被大型机构投资者广泛使用的利率互换市场通常具有较好的流动性。在欧洲货币联盟创建之后，互换曲线而不是各国的收益率曲线，越来越多地被部分市场用作参考基准。越来越多的国家成立了独立于央行和财政部的专业债务管理部门。这些债务管理部门自身成为了衍生工具的重要使用者，以降低融资成本、改变到期结构或未到期债务的货币组成，并提高本国市场的流动性⑤。

债券市场选择　通过增持表现最好的债券市场有可能获得远大于基准指数的超额回报。如前所述，发达国家最优和最差债券市场年度本币回报之差平均为13%。这为获得超额收益提供了大量机会。有关债券市场选择决策的过程将在21.3.3节讨论。

板块/信用/证券选择　许多国家的公司债券市场都经历了一段快速发展时期，特别是

---

① 见 Gastineau，“The Currency Hedging Decision”，13～14页。

② 关于为何货币市场具有趋势，有一种说法认为这是央行试图通过干预来平滑汇率波动所造成的。由于央行参与外汇市场是非利润驱动的，央行的行为使得市场无法真正有效率。见 Robert D. Arnott 及 Tan K. Pham，“Tactical Currency Allocation”，*Financial Analysts Journal*，(May/June 1993)，47～52页。

③ 见 Richard M. Levich 和 Lee R. Thomas，“The Merits of Active Currency Risk Management: Evidence from International Bond Portfolios,” *Financial Analysts Journal*，(September/October 1993)，63～70页。

④ 见第18章关于该策略的分析及讨论。

⑤ 参见“OECD Public Debt Markets: Trends and Recent Structural Changes” OECD 2002。

欧洲货币联盟成立之后的欧洲。根据美林证券公司关于世界债券市场规模及结构的统计数据，发达国家300 000亿美元的债券市场中政府债券占了55%，公司债券占债券市场的25%，其他占20%。部分全球性债券指数只包括政府债券，而其他一些债券指数如雷曼全球综合指数（Lehman Global Aggregate）和花旗全球广义投资级指数（Citigroup Global Broad Investment Grade Indices)，则包括公司债券和抵押债券等其他工具。

基准指数以外的市场投资　如果投资准则允许，把资产配置到基准指数以外的市场可以大幅提高回报，但却不会明显改变投资组合的风险状况。这里给出两个例子。第一，1995年芬兰是表现最好的债券市场之一，但由于规模太小，直到1996年6月才被纳入花旗世界政府债券指数（WGBI)。第二，1999年和2000年当以当地货币或美元计算的新兴市场表现超过了所有发达国家债券市场时，以JP摩根EMBI+指数为代表的新兴市场债券投资的回报得到大幅提高①。

选择基准指数以外市场的过程，跟积极型国内债券投资组合经理人在决定是否构建一个配置不同于基准指数的投资组合以及是否进行指数外投资时的过程类似。经理人将会以总回报为基础，评估指数外市场相对于拟减持市场的潜在表现，减持的目的是为指数外市场分配资金。然而，国际债券投资组合经理人还必须考虑货币变动的影响，以及指数内或指数外投资对冲决策的影响。

如前所述，投资新兴市场可以显著增加收益。例如，1994—2002年，由80%花旗非美国政府债券指数和20% JP摩根EMBI+指数构成的投资组合，在国际指数的基础上，可以再增加120个基点的收益，而回报标准差则减少了12%。对于汇率变动得到一半对冲的国际债券组合而言，20%的新兴市场资金配置可以增加223个基点的回报，同时减少37%的回报标准差。

21.3.3 基本面投资法

投资组合策略通常包括：

1. 中期战略性配置策略；
2. 短期战术性配置策略。

战略性配置（strategic allocation）由持有期为1~3个月或更长时间的头寸构成，目的是利用长期经济趋势所带来的好处。基本面法用于设计组合的战略性配置。基于基本面法的投资风格同时也可以加入数量或黑匣子风格来预测相关的策略因素。**战术性配置（tactical allocation）**主要靠技术分析和流量数据来判断市场价格在未来几天或几周可能会出现的变化。由于近期价格趋势会出现反转的预期，因此战术性配置本质上是反对投资的②。当然，经验丰富交易人、黑匣子式交易者和图形分析师式风格的投资者在其战术性配置决策中最常采用的是技术分析整合法。

战略性决策，如应该增持哪些市场债券和货币，往往从对经济前景的展望和待投资市场的债券和货币的预测开始。长期经济周期与债券收益的变化密切相关，经济周期和债券收益的趋势往往会持续一年或更长时间。货币管理公司、银行、经纪公司每年耗费几百万美元来

① JP摩根EMBI+指数主要由新兴市场国家发行的以美元标价的主权债务组成。所以，信用风险和利率风险（后者要小些）是与该指数相关的主要风险。对美国投资者来言，其货币风险基本为零。

② 然而，战术性配置也可能是惯性式的，特别是某一技术区域看起来很可能会得到突破的时候。技术策略在投资管理课本中涉及。

预测经济趋势，这表明正确地预测经济增长或经济周期的拐点可以获得潜在的回报。

然而，利率预测却是非常困难的。学术界一般认为，利率预测并不能带来持续的风险调整超额回报。部分原因是短期内市场价格可能严重偏离与经济基本面相一致的水平。在中长期内经济基本面会影响债券和货币价格。另外，某些经济数据序列的波动性特点可能会导致市场对个别与实际经济趋势不一致的经济数据产生过激反应。这些偏差会保持数月，直到原始数据得到修正，或者后续数据的发布揭示了初始数据的错误。

对经济前景进行独立展望的好处有如下几个。首先，可以有助于判断市场对经济数据的解读是否太过极端，或者通过正确预期市场尚未普遍认识到的经济变化来获得价值增值；其次，由于决定国际固定收益投资收益差异的通常不是某市场利率的绝对变动，而是利率相对于其他市场的变动，所以独立的经济前景展望不要求对每个市场的增长进行精确的预测，只需要估计出不同市场之间经济增长的差异就很有价值了。不论投资组合是否进行美国债券投资，美元和美国国债市场对外国市场的巨大影响都突出了独立的美国经济展望的重要性。

这样，经济前景展望就成为了债券和货币战略性配置的基础。如果能够为每一国家都构建出一份经济前景展望，那么这将有助于我们进行各市场相对吸引力排名。然而，即使某一特定国家的经济基本面对债券市场极度有利，但也可能因为债券价格过高从而使得这一投资不再具有吸引力。同样，在经济基本面较差的国家有时候债券却相当便宜，而这同样可以提供具有吸引力的投资机会。所以，经济前景展望必须与普遍认可的经济预测数据进行比较，或者与某一市场价值指标进行比较，以发现具有吸引力的投资机会。

与基准相比，应该增持哪些市场债券或者减持哪些市场债券，这一战略配置决策是对预期回报（根据经济趋势评估得出）、技术和价值因素等综合考虑的结果。下面我们对各个变量组进行定义和探讨，首先讨论用于经济前景展望的基本面因素。

1. 经济基本面因素

7个主要的经济基本面因素是：

（1）经济周期指标；

（2）通货膨胀；

（3）货币政策；

（4）财政政策；

（5）债务情况；

（6）国际收支；

（7）政治因素。

我们需要根据市场预期对每一因素进行评估，以确定其对债券价格和货币汇率的影响。宏观经济学和国际经济学对各个因素都做了非常详细的论述。部分因素同样是评级公司在对主权发行人进行信用评级时需要考虑的因素，因此在这些部分对它们也有论述。

2. 价值和技术指标

虽然经济基本面趋势的判定有助于发现市场上有价值的投资机会，但是我们也需要一些度量相对价值的准绳。相对价值的判定具有很强的主观性。下面我们对相对客观的三种价值度量方法进行讨论——实际收益率、技术分析、市场情绪。

（1）实际收益率 **实际收益率（real yield）**是市场对持有长期固定收益证券所要求的，经通货膨胀调整的回报率。持续的通货膨胀会导致实际收益率快速下降。实际收益率受诸多因素的影响，包括资本的供求及通胀预期。实际收益率等于名义债券收益率减去预期通胀率，但是预期通胀通常却很难量化。有些国家，比如美国，有通货膨胀指数债券，它所支付的是高于通胀率的实际利率①。这些债券不仅可以保护投资者免受通胀的风险，而且还提供了一种衡量投资者通胀预期的方法②。

虽然经当前通胀率平减的名义债券收益率并不是一项衡量市场实际收益率溢价的精确指标，但是它具有易测性优点，其依然可以提供一些洞察债券价值的有用方法。实际收益率可以在不同市场间进行比较，或在每个市场与其长期（如5～10年）平均值进行比较。由于全球通胀率都已处于很低的水平，所以实际收益率作为相对价值度量的作用已不如从前。

（2）技术分析 **技术分析**既可以像画一条趋势线那样简单，也可以像艾略特波浪分析中计算第三脉冲波目标值那样复杂。技术分析除了可以用于债券和货币估值外，其还可以用于一切对象的估值，如股票、黄金及猪肉。所有技术分析的共同点是它们仅仅通过对过去价格走势的研究来预测未来的价格。大多数技术分析都可以归为两类，顺趋势和逆趋势。前者试图确定哪些趋势还可以继续保持一定时期，后者试图判断近期趋势何时将会改变。由于这些模型通常在投资管理教科书都有讲解，我们在这里不讲述了。

（3）市场情绪 **市场情绪**在以下方面可以视为价值反向指标。超量持有某一特定国家债券市场表明可能增持该市场的经理人很少，以及有越来越多的经理人很可能会抛售（至少最终会抛售）。市场情绪可以通过投资者情绪调查或对投资资金流的调查来估计。

在评估市场情绪时，历史趋势和总体水平都应该考虑在内。例如，有指标表明经理人在减持日本债券，这可能会使某些人认为，日本债券可能要回升了，即使国际固定收益经理人一致减持日本债券（部分原因在于其名义收益率较低）。然而，情绪调查可能不能涵盖所有市场参与者，如散户投资者，他们同样可以推动市场。

21.4 构建投资组合

将战略性展望转化为投资组合配置我们还需要一个预期收益/组合风险增加的评估框架。以下关于收益来源的讨论展示了收益是如何分割为三个部分的：**超额债券收益**（excess returns on bonds），**超额货币收益**（excess returns on currencies）和**短期无风险利率**（short-term risk-free interest rate）。这种分割方法有助于判断市场价格何时与经济前景不符，以及债券市场货币风险暴露是否应该对冲。

21.4.1 收益的组成

为了解释国际债券组合的总收益组成③，我们将使用以下标记。“本币”表示经理人母国的货币，所以，对一个美国经理人来说就是美元，对日本投资组合经理人来说就是日元。“H”就代表本国货币。

“当地货币”就是经理人在某国投资时的当地货币，用“L”表示。所以，一个美国投

① 通胀指数债券前面已经解释过了。

② 到期名义收益率由实际收益率和预期通胀率组成。（到期收益率 = 实际到期收益率 + 到期预期通胀率）。在这些市场上，名义政府债券收益率和具有相同到期期限的通胀指数债券所提供的实际收益率可以用来计算到期预期通胀率，有时也将其称为均衡通胀率。

③ 此处讨论的结构取自 Brian D. Singer 和 Denis S. Karnosky，*The General Framework for Global Investment Management and Performance Attribution*（Charlottesville，VA：The Research Foundation of the Institute of Chartered Financial Analysts，1994）。

资组合经理人在日本购买了日本的债券，日元就是当地货币。同样，日本投资组合经理人在美国购买了美国债券，美元就是当地货币。

非对冲国际投资组合用本币表示的预期总回报取决于三个因素：

1）各国债券在总投资组合中的权重；

2）用当地货币计量的各国债券市场预期回报；

3）本币和当地货币的预期汇率变动百分比。

用本币计量的非对冲国际投资组合的预期总收益用数学公式可以表示如下①：

以经理人本币表示的总预期投资组合收益

$$=W_1\times(r_1+e_{H,1})+W_2\times(r_2+e_{H,2})+\cdots+W_N\times(r_N+e_{H,N}) \quad (21—1)$$

其中：

N = 投资组合中债券所在国家的数目

w_i = 投资组合中国家 i 的债券权重（i = 1，2，…，N）

r_i = 以当地货币表示的国家 i 的预期债券收益

$e_{H,i}$ = 本币对国家 i 的当地货币的预期汇率变动百分比

我们称 $e_{H,i}$ 为**货币收益（currency return）**。

公式（21—1）中的预期投资组合收益在一定程度上会随着经理人调整各国汇率风险暴露而改变。汇率风险暴露调整较常用的工具是**货币远期合约（currency forward contract）**。所以让我们看看这些合约以及它们是如何定价的。这样我们就需要了解在本章剩余部分中用到的一个重要关系，这就是**利率平价（interest rate parity）**。

1. 货币远期合约及其定价

远期合约就是一项协议，该协议规定在未来的某个特定时间，一方同意买入“某物”，而另一方同意卖出相同的“某物”。远期合约广泛用于货币对冲。

多数货币远期合约的到期期限都少于一年。较长期限的远期合约，其买卖报价价差会提高。也就是说，某一特定合约的买卖报价价差会随着合约结算时间的加长而增加。结果，货币远期合约在对冲长期外汇风险方面没什么吸引力。其他工具比如货币互换②，可用作对冲。

经理人可以用货币远期合约锁定未来交割日的汇率。为锁定外汇汇率，经理人放弃了从汇率变动中受益的机会，但是也规避了负面风险。

前面曾讲解了即期价格和远期价格的关系。套利理论同样可以用于货币远期合约关系的推导。比如一个投资期为 1 年的美国经理人，他有两种选择：

选择 1：存 10 万美元到美国银行，年利率为 6%；

选择 2：存 10 万美元的等值的其他币种到美国以外的银行，该银行年利率为 5%。我们称该国家为国家 i。

哪一个是最好的选择？能在一年后带来最大美元收益的方案就是好的选择。假设不考虑美国和国家 i 的利息税和其他税收的因素，我们在选择时需要知道两样东西：

美元和国家 i 当地货币的即期汇率，以及一年后的美元和国家 i 当地货币的即期汇率。

---

①　公式（21—1）是一个近似公式，因为某一外国投资债券和货币回报可以更为精确地表示为这两部分的复合所得：$(1+r_i)\times(1+e_{\$,i})-1$。

②　对货币掉期的解释，见 Don M. Chance, *Analysis of Derivatives for the CFA Program* (*Charlottesville*, VA: Association for Investment Management and Research, 2003)，第 5 章。

前者是已知的，后者未知。然而，我们可以确定一年后的美元和国家 i 当地货币的即期汇率，来使美国经理人在两个选择上的收益一致。

对选择 1：一年后将获得 106 000 美元（100 000 美元的 1.06 倍）；

对选择 2：假设即期汇率为 1 单位当地货币兑换 0.6757 美元，当地货币单位表示为 LC。同时忽略买卖报价价差。100 000 美元可换 LC147 995（100 000 美元除以 0.6757）。第一年末共可获得的当地货币数量为 LC155 395（LC147 995 的 1.05 倍）。

LC155 395 兑换成的美元数量要看一年后的汇率。我们用 F 表示两种货币间自现在始一年后的汇率。特别地，F 将表示自现在始一年后兑换 1 单位 LC 需要的美元数，也称为**远期汇率**（forward exchange rate）。这样，在一年末选择 2 可得到的美元数为：

自现在开始一年后可获得的美元金额 = LC155 395 × F

如果美元数为 106 000 美元，那么根据选择 1 中的数字，投资者两个选择的收益一致，则：

106 000 美元 = LC155 395 × F 或 F = 106 000 美元/ LC155 395

解得，F 等于 0.6821。由于即期汇率是 0.6757，远期汇率（F）是 0.6821，则隐含的当地货币对美元的升值为 0.95% × [（0.6821/0.6757）－1]。当存在隐含的升值时，其被称为**远期汇率升水**（forward exchange rate premium）（**或简称远期升水**（forward premium））。如果，相反，存在隐含的贬值时，其则被称为**远期汇率贴水**（forward exchange rate discount）（**或简称远期贴水**（forward discount））。

这样，如果自现在开始一年后的即期汇率为每 1 单位当地货币兑换 0.6821 美元，两个选择将获得相同数量的美元①。如果当地货币升值超过 0.95%，那么 1 单位当地货币可兑换美元数量高于 0.6821 美元，则在一年后可得到美元数量高于 106 000 美元。例如，1 单位当地货币兑换 0.6910 美元，那么一年后可获得 107 378（LC155 395 × 0.6910）美元。如果 1 单位当地货币可兑换 0.6821 美元，反过来也是这个道理。例如，如果远期汇率是 0.6790，那一年后只能获得 105 513 美元（LC155 395 × 0.6790）。

现在假设有一个经纪人给出了两种货币 1 年期远期汇率的报价。这样，如果 1 年期远期汇率的报价为 0.6821 美元兑换 1 单位当地货币，那么把钱存入国家 i 的银行对美国投资者而言并不能提供套利机会。如果 1 单位当地货币的 1 年期远期汇率大于 0.6821，美国经理人可卖出当地货币远期合约（以及买入美元远期合约）来套利。在这个例子中，假设借贷利率在每个国家都是一样的。

为了理解这个套利机会，想想投资组合经理人是如何利用市场的错误定价获取收益的②。在上面例子的条件下，假设当地货币的 1 年期远期合约汇率是 0.6910。投资组合经理人可以通过下面策略来套利：

策略：借入 1 年期美国年利 6% 的 10 万美元，签订一个远期合约，按 0.6910 的汇率一年后交付 LC155 395。

也就是说，一年后，经理人会用 LC155 395 换 107 378 美元（LC155 395 乘以 0.6910）。为了获得这个 LC155 395，借来的 100 000 美元可以先按现在的即期汇率 0.6757，换成 LC147 995，在国家 i 中以 5% 的存款利率在 1 年中获得 LC155 395。

到了年底，我们看看这个策略的结果：

国家 i 的投资：

---

① 远期汇率也可从国家 i 的投资组合经理人的角度推导出。
② 不仅是货币误定价国家的投资组合经理人，任何国家的投资组合经理人，都可以利用这个套利机会。

国家 i 的投资得到的 LC　　LC155 395

远期合约：

以远期汇率支付 LC155 395（0.6910 美元可兑换 1 单位当地货币）可以得到 107 378 美元

归还贷款后利润：

可用于归还贷款的美元　　107 378 美元

归还贷款（本金加利息）　　106 000 美元

利润　　1 378 美元

假设在远期合约中对方没有违约，由于已经无风险地获得了 1 378 美元的利润，这个合约是无风险套利的。这会导致美元相对于当地货币来说，在远期汇率市场升值，或可能有其他调整①。

现在再看看 1 年期远期汇率小于 0.6821 的情况，投资组合经理人如何通过买入当地货币远期合约（或者，同样地，卖出美元远期合约）来获利。假设 1 年期远期汇率为 0.6790，买入和卖出的汇率在每个国家是一样的。投资组合经理人会采用下面的策略：

策略：借入 1 年期年利率为 5% 的 LC100 000，签订一个远期合约，按每 1 单位当地货币兑换 0.6790 美元的汇率，一年后交付 71 624 美元。

当投资组合经理人收到借入的 LC100 000 时，他会兑换成 67 570 美元。回想一下，每单位当地货币即期外币汇率为 0.6757。这样，LC100 000 乘以即期汇率 0.6757 得到 67 570 美元。这笔美元再投资到美国以获得 6% 的年利率，年底可以获得 71 624 美元（67 570 美元 ×1.06）。

到了年底，我们看看这个策略的结果：

国家 i 的投资：

国家 i 的投资得到的美元　　71 624 美元

远期合约：

以远期汇率支付 71 624 美元（1 单位当地货币可兑换 0.6790 美元）得到的当地货币为 LC105 485

归还贷款后利润：

可用于归还贷款的当地货币　　LC105 485

归还贷款（本金加利息）　　LC105 000

利润　　LC485

同样，假设远期合约的对方没有违约，由于无初始投资获得了 LC485 的利润，这个合约是无风险套利的。这会导致美元相对于当地货币来说，在远期汇率市场贬值，或可能有其他调整。

结论是，1 年期远期汇率必须是 0.6821，因为任何其他的远期汇率都会导致套利机会。

2. 利率平价和抵补利率套利

从上面例子中可以看出，两个国家的即期汇率和短期利率决定了远期汇率。两个国家的即期汇率和短期利率、远期汇率的关系称为**利率平价**（interest rate parity）。也就是说，一个经理人在远期汇率市场对冲后，不论在国内和国外市场投资，将实现相同的国内收益。这

① 由于投资者涌向这个套利机会，他们的行动会使套利机会消失。这会通过多个因素发生作用：(1) 当投资者卖出美元并买入当地货币时，美元相对于当地货币贬值（即以美元表示的每单位当地货币即期汇率上升）；(2) 当投资者在美国借钱，并投资于国家 i，美国利率会上升；(3) 国家 i 利率会下降因为国家 i 接受了更多投资；(4) 因为投资者买了美元远期合约，美元的 1 年期远期汇率相对当地货币将升值（即以美元表示的每单位当地货币远期汇率下降），这样套利机会减少。实务中，最后一个因素占主导地位。

个产生利率平价的套利过程称为**抵补利率套利**（**covered interest arbitrage**）。

投资者国家货币（以 H 表示）以及国家 i 货币间的远期汇率，等于

$$F_{H,i}=S_{H,i}\left(\frac{1+c_H}{1+c_i}\right) \quad (21—2)$$

其中：

$F_{H,i}$ = 投资者本国货币以及国家 i 货币间的远期汇率

$S_{H,i}$ = 投资者本国货币以及国家 i 货币间的即期（现金）汇率

c_H = 与远期合约到期日相应的投资者本国的短期利率

c_i = 与远期合约到期日相应的国家 i 的短期利率

c_H和 c_i称为**现金利率**（**cash rate**）。现金利率通常是与远期合约到期日相对应的，某货币存放的资金的存款利率（即离岸存款利率）。伦敦同业市场拆借利率（LIBOR）是最常用的离岸存款利率。LIBOR 也适用于美元以及其他主要货币，包括欧元存款 EURIBOR。

在上面关于美元和国家 i 汇率的例子里，我们知道

$S_{H,i}=0.6757 \quad c_H=6\%=0.06 \quad c_i=5\%=0.05$

$$F_{H,i}=0.6757\times\left(\frac{1.06}{1.05}\right)=0.6821$$

这里 1 年期远期汇率与前面得到的数值一致。

重新设置以上条件，远期汇率的贴水或升水（或远期汇率相对于即期汇率的变动百分比），以 $f_{H,i}$表示，大致等于两个国家间的短期利率的差异。即[①]：

$$f_{H,i}=\left(\frac{F_{H,i}-S_{H,i}}{S_{H,i}}\right)\approx c_H-c_i \quad (21—3)$$

对于可在两个国家获得相等收益的现金存款，低利率货币必须相对于远期外汇汇率升值。

远期汇率也可用“基点”或者远期汇率与即期汇率的差异 $F_{H,i}-S_{H,i}$表示。当利率在外国较低时（即远期基点为正），远期汇率会溢价交易。

21.4.2 货币对冲决策

如果一个全球的债券投资组合实现全对冲，公式（21—1）组合投资的收益会改变。特别是，如果经理人在所有国家通过货币远期合约对冲货币风险，这种全对冲到本国货币的投资组合的总体收益可以表示如下：

完全对冲到本国货币的投资组合的总体收益为

$$=W_1\times(r_1+f_{H,1})+W_2\times(r_2+f_{H,2})+\cdots+W_N\times(r_N+f_{H,N}) \quad (21—4)$$

其中：

$f_{H,i}$ = 投资者母国货币和国家 i 间的远期汇率贴水或升水

也就是说，经理人将在对冲时锁定远期汇率对即时汇率（远期贴水/升水）的变化百分比，而不会面临投资者母国对国家 i 的货币汇率变化的风险。

是什么使经理人决定是否通过使用货币远期合约对冲某一给定国家的汇率暴露风险？这个决策取决于相对于远期升水和贴水，持有外币的期望收益。也就是说，如果经理人希望从

① 公式（21—2）假设汇率以“直接标价法”表示，即每单位当地货币兑投资者本币的价值，报价随市场行情变化。场外交易远期合约按市场惯例，大部分美元以非直接标价法（间接标价法）表示。使用非直接标价法（间接标价法），公式（21—3）中的贴水和升水变为 $f_{H,i}=c_i-c_H$。为避免复利的复杂性，时间期限假设为 1 年。

某货币风险敞口得到的收益率远大于远期合约升水和贴水，他就不需要用远期合约来对冲货币风险。相反，如果经理人希望从某货币得到的收益率远小于远期贴水或升水，他就需要用远期合约来对冲货币风险。

当经理人希望从某货币的风险敞口得到的收益率远大于远期合约升水或贴水时，其对国家 i 的非对冲收益可表示为：

对国家 i 投资的非对冲收益，$R_{H,i}=r_i+e_{H,i}$ (21—5)

当经理人希望从某货币的风险敞口得到的收益率小于远期合约升水或贴水时，其对国家 i 的对冲收益可表示为使用利率平价关系的投资者母国以及当地货币间的远期汇率。如公式（21—3）所示，远期合约升水或贴水等于短期利率差异，这样，

$f_{H,i}\approx c_H-c_i$

通过把上述关系放到公式（21—4）远期合约对冲中，一个单独国家的对冲收益（HR）的表达式如下：

对国家 i 投资的预期对冲收益，$HR_{H,i}=r_i+f_{H,i}\approx r_i+c_H-c_i$ (21—6)

这样，经理人有两个进一步的对冲方式：**交叉对冲**（cross hedging）和**代理对冲**（proxy hedging）。下面我们分别解释。

1. 交叉对冲

交叉对冲的表达不太妥当，因为它没有减少外币风险，只是用国家 j 的货币风险代替国家 i 的货币风险。（第 22 章中有交叉对冲的解释）例如，假设一个美国经理人有兴趣投资国家 i 的债券，但他想规避国家 i 的货币风险。经理人可以通过把国家 i 的货币换成国家 j 的货币，而不用通过美元和国家 i 之间的远期合约对冲，来减少持有外国货币的风险。通过签订远期合约，经理人可以把国家 i 货币兑换成国家 j 货币。

为什么经理人要做交叉对冲？如果他预计本币走弱，同时他预期国家 j 货币比国家 i 的货币相对表现要好，他就会进行交叉对冲。

当交叉对冲时，在公式（21—6）中的对冲收益 $HR_{H,i}$，可表示为：

对国家 i 投资的预期交叉对冲收益，$CR_{H,i}=r_i+f_{j,i}+e_{H,j}$

这里 $f_{j,i}$ 是国家 j 与国家 i 间的远期贴水或升水。以上公式表明，对国家 i 投资的交叉对冲收益决定于：（1）国家 i 的预期债券收益，（2）通过国家 i 与国家 j 间的交叉对冲锁定的货币收益，（3）投资者本国货币和国家 j 间的货币收益。

我们可以用利率平价给出的短期利率重述以上公式。即，我们用 $f_{j,i}$ 代替 c_j-c_i。这样条件变为：

对国家 i 投资的预期交叉对冲收益，$CR_{H,i}\approx(r_i-c_i)\div(c_j-e_{H,j})$ (21—7)

公式（21—7）说明对国家 i 投资的预期交叉对冲收益决定于：（1）国家 i 的债券收益与国家 i 的短期利率的差异，（2）国家 j 的短期利率收益，（3）投资者本国货币和国家 j 间的货币收益。

2. 代理对冲

代理对冲是保留国家 i 的货币风险，但又通过国家 j 货币的短期头寸创建对冲。为什么经理人要做代理对冲？这个策略主要用于国家 i 和国家 j 的货币高度相关时，而国家 j 的对冲成本小于国家 i 的对冲成本。代理对冲还代表关于投资者本国货币看涨，而对国家 j 货币比国家 i 货币走势更弱的观点。

当进行代理对冲时，在公式（21—6）中对国家 i 投资的对冲收益，$HR_{H,i}$，可以被改

写为：

对国家 i 投资的预期代理对冲收益，$PR_{H,i}=r_i+e_{H,i}+f_{H,j}-e_{H,j}$

这里 $f_{H,j}$是投资者母国货币与国家 j 间的远期贴水或升水。

注意上述公式中，仍然存在本国货币和货币 i 之间的汇率风险。代理对冲将以损失本币和货币 j 之间的货币收益为代价。

在利率平价的基础上，我们可用短期利率差异 c_H-c_j，去代替 $f_{H,j}$，得到

对国家 i 投资的预期代理对冲收益，$PR_{H,i}\approx r_i+e_{H,i}+c_H-c_j-e_{H,j}$

这等价于：

对国家 i 投资的预期代理对冲收益，

$$PR_{H,i}\approx(r_i-c_i)+(c_i+e_{H,i})+[(c_H-c_j)-e_{H,j}] \tag{21—8}$$

公式（21—8）说明对国家 i 投资通过代理对冲来获得期望的收益取决于：

1）国家 i 的债券收益和短期利率的差异；

2）根据国家 i 相对于投资者本币的货币收益调整后的国家 i 的短期利率；

3）根据国家 j 短期货币头寸调整后的投资者本国货币和国家 j 货币之间的短期利率差异。

3. 根据短期利率重定各种关系

当我们用以上远期升水或贴水代替短期利率差异时，从公式（21—6），（21—7），（21—8）很明显可以看出，对冲、交叉对冲、代理对冲收益的差异完全是因为短期利率和货币风险①。这对公式（21—5）给出的一个国家的非对冲收益也是一样的。公式（21—5）可以简化为：

对国家 i 投资的预期非对冲收益，$R_{H,i}=(r_i-c_i)+(c_i+e_{H,i})$

这样预期非对冲收益等于：（1）国家 i 债券收益与短期利率的差异，（2）按货币收益调整后的国家 i 的短期利率。

这些公式说明了短期利率差异与货币对冲决策的关系：（1）短期利率差异应该与货币决策相关，（2）债券市场收益应该是减去当地短期利率的超额收益。这可以通过在投资本国货币短期利率的基础上加上或减去四种收益关系——非对冲、对冲、交叉对冲、代理对冲，来说明清楚。（这些推导过程将在本章附录中提供。）这样处理后，远期溢价（$f_{H,i}=c_H-c_i$）被代入给出的货币收益公式中：

对国家 i 投资的预期非对冲收益，$R_{H,i}=c_H+(r_i-c_i)+(e_{H,i}-f_{H,i})$ (21—9)

对国家 i 投资的预期对冲收益，$HR_{H,i}=c_H+(r_i-c_i)$ (21—10)

对国家 i 投资的预期交叉对冲收益，

$$CR_{H,i}=c_H+(r_i-c_i)+(e_{H,j}-f_{H,j}) \tag{21—11}$$

对国家 i 投资的预期代理对冲收益，

$$PR_{H,i}=c_H+(r_i-c_i)+[(e_{H,i}-e_{H,j})-f_{j,i}] \tag{21—12}$$

从公式（21—9）至（21—12），我们看到每种策略的收益可以被分为三个明显不同的收益组成部分：

组成 1：投资者本国货币短期利率（c_H）

组成 2：国家 i 债券收益超过短期利率的部分（r_i-c_i）

① 本部分列出的金融工具的关系在本章附录中提供。

组成3：超额货币收益——非对冲、交叉对冲或代理对冲

前面两部分 c_H 和（$r_i - c_i$），对每个策略来说都是一样的。超额货币收益（第三部分）是货币收益超过远期升水（或贴水）的部分，而且是货币对冲决策的基础。（我们下面将说明）债券决策是在预期带来最佳超额收益（$r_i - c_i$）的市场上进行投资，债券和货币的选择决策是完全独立的。某种意义上，对冲预期收益可认为是基础预期收益，因为它是非对冲、交叉对冲、代理对冲预期收益的组成部分。

这样，应对第三部分中超额货币收益进行评估，看它们是否能在基本预期对冲收益的基础上增加价值。这种分析收益来源的方法实际上是将它们当成合成期货或远期合约头寸来处理。

请注意，只有对冲可以减少所有货币风险。交叉对冲用一种货币风险代替另一种风险，但仍保持外币风险。如果代理对冲货币相对于投资货币升值，代理对冲将使投资组合面临基本的风险。

4. 案例

我们通过一个美国投资组合经理人对一个特殊市场前景看法的案例说明上述关系。由于此例中是美国投资组合经理人，本国货币是美元，"H"代表本国货币，以"US ＄"表示。预期国家 i 的债券市场好于国家 j 的债券市场，国家 i 的货币市场提供比国家 j 更高的收益。

图表21—3 的例子对比了两个国家间久期为5 的政府债券的收益预测。总收益是超额债券市场收益加上超额货币收益，这与公式（21—9）至（21—12）中解释的方法一致。以 US ＄表示本国货币 H，使用货币 j 交叉对冲和代理对冲，记住 $f_{US\$,i} \approx C_{US\$} - C_i$

对国家 i 投资的预期非对冲收益，$R_{US\$,i} = C_{US\$} + (r_i - c_i) + (e_{US\$,i} - f_{US\$,i})$

对国家 i 投资的预期对冲收益，$HR_{US\$,i} = C_{US\$} + (r_i - c_i)$

对国家 i 投资的预期交叉对冲收益，$CR_{US\$,i} = C_{US\$} + (r_i - c_i) + (e_{US\$,j} - f_{US\$,j})$

对国家 i 投资的预期代理对冲收益，$PR_{US\$,i} = C_{US\$} + (r_i - c_i) + [(e_{US\$,i} - e_{US\$,j}) - f_{j,i}]$

利率以及预期收益如下：

$r_i = 3.5\%$

$c_i = 3.0\%$

图表21—3　　**例1**

	对冲	非对冲	交叉对冲	代理对冲
预期收益				
现金收益	$c_{US\$}$ =5.5%	$c_{US\$}$ =5.5%	$c_{US\$}$ =5.5%	$c_{US\$}$ =5.5%
超额债券收益	$(r_i - c_i)$ =（3.5% −3.0%） =0.5%	$(r_i - c_i)$ =（3.5% −3.0%） =0.5%	$(r_i - c_i)$ =（3.5% −3.0%） =0.5%	$(r_i - c_i)$ =（3.5% −3.0%） =0.5%
超额货币收益	 =0.0%	$e_{US\$,i} - (c_{US\$} - c_i)$ =2.3% − （5.5% −3.0%） =2.3% −2.5% = −0.2%	$e_{US\$,j} - (c_{US\$} - c_j)$ =2.0% − （5.5% −2.9%） =2.0% −2.6% = −0.6%	$(e_{US\$,i} - e_{US\$,j}) - (c_j - c_i)$ =（2.3% −2.0%）− （2.9% −3.0%） =0.3% −（−0.1%） =0.4%
总收益	=6.0%	=5.8%	=5.4%	=6.4%

$e_{US\$,i}=2.3\%$

$c_j=2.9\%$

$e_{US\$,j}=2.0\%$

$c_{US\$}=5.5\%$

如前所述，以上公式的前两部分，国家i美国现金利率和预期的超额债券收益，在四个公式中是等同的，并且等于预期的对冲债券收益。这样，我们可以从对冲债券收益开始，比较非对冲、交叉对冲和代理对冲策略下的超额货币收益（公式的第三部分）。对冲债券收益是

$c_{US\$}+(r_i-c_i)$ or $5.5\%+(3.5\%-3.0\%)=6.0\%$

我们来看看非对冲策略下这部分的组成。从第一个公式：

国家i非对冲策略下的超额货币收益 $=(e_{US\$,i}-f_{US\$,i})$

或者同等地，从利率平价 $f_{US\$,i}=c_{US\$}-c_i$，我们可以重新表达如下：

国家i非对冲策略下的超额货币收益 $=e_{US\$,i}-(c_{US\$}-c_i)$

这样，与对冲货币策略相关的业绩取决于预期货币升值是否大于短期利率差异［即，$e_{US\$,i}>(c_{US\$}-c_i)$］或小于短期利率差异［即，$e_{US\$,i}<(c_{US\$}-c_i)$］。在前面的例子中，非对冲策略的预期表现优于对冲策略。

回到我们的例1，1年投资期货币i的2.3%的预期收益小于2.5%的短期利率差异（美国短期利率为5.5%，国家i短期利率为3.0%）。从另一个角度说，对美元投资者，持有货币i的非对冲的预期超额货币收益部分是-0.2%。结果，当对冲回美元时，该头寸将会有更高的收益。

现在考虑交叉对冲策略。交叉对冲允许投资组合经理人建立随基础债券市场风险变动的货币风险敞口。交叉对冲用其他有更高预期收益的货币风险敞口替代当前的外币风险。交叉对冲策略的超额货币收益部分是：

国家i交叉对冲策略下的超额货币收益 $=(e_{US\$,j}-f_{US\$,j})$，

或者根据利率平价 $f_{US\$,j}\approx c_{US\$}-c_j$，我们可以重新表达如下：

国家i交叉对冲策略下的超额货币收益 $=e_{US\$,j}-(c_{US\$}-c_j)$

相比于对冲策略，如果交叉对冲国家短期利率加上交叉货币预期收益大于美元短期利率，交叉对冲是具有吸引力的。如果美元短期利率大于这两项的和，则交叉对冲不如对冲策略好。

在该例中，美国和国家j间2.6%的短期利率差异（$c_{US\$}-c_j$）大于预期国家j货币对美元货币的升值（$e_{US\$,j}$）。在这种情况下，使用国家j对国家i的交叉对冲策略的预期超额货币收益（i.e.，$e_{US\$,j}-(c_{US\$}-c_j)$）是-0.6%。来自交叉对冲的预期收益是5.4%，所以投资组合经理人将不会使用国家j的交叉对冲，因为预期收益小于非对冲头寸以及对货币i的直接对冲。

最后，我们来看代理对冲策略。从代理对冲策略的收益我们知道：

国家i代理对冲策略下的超额货币收益 $=[(e_{US\$,i}-e_{US\$,j})-f_{j,i}]$

或根据利率平价 $f_{j,i}\approx c_j-c_i$，我们可重述为：

国家i代理对冲策略下的超额货币收益 $=[(e_{US\$,i}-e_{US\$,j})-(c_j-c_i)]$

为了解释上述公式，让我们来了解美国投资者的货币头寸。投资者买入货币i。结果，如果货币i升值，投资者获益，如果贬值，就受损失。在代理对冲中，投资者仍然是买入货币i而同时卖出货币j。由于投资者卖出货币j，如果货币j升值，投资者受到不利的影响，

但当货币 j 相对于货币 i 贬值时却能获益。

在我们的例子中，货币 i 和货币 j 相对于美元都预期是升值的。根据公式，货币 i 和货币 j 之间的相对升值是非常重要的。如果投资者买入的货币 i 的升值比投资者卖出的货币 j 升值大，投资者将从代理对冲中获益。在我们的例子中，国家 i 的货币预期升值2.3%，j 的预期升值仅2%。这样，从代理对冲中可获得30个基点的预期货币收益。这就是超额货币收益公式中第一个括号的内容。

但是，仅仅看代理对冲策略的预期货币收益是不充分的。上述公式表明，代理对冲策略的预期货币收益需要调整，来确定代理对冲策略的超额货币收益。通过从预期的代理对冲货币收益中减去国家 j 和国家 i 的短期利率差来实现调整。如果利率差小于代理对冲的预期货币收益，代理对冲是有吸引力的。如果利率差大于代理对冲货币收益，代理对冲是没有意义的。

在我们的例子中，代理对冲是吸引人的，因为国家 j 和国家 i 短期利率差是 -10 个基准点，小于代理对冲策略的30个基准点的货币收益。那么，代理对冲策略带来的超额收益等于30个基准点减 -10 个基准点的短期利率差。因此，本案中，代理对冲策略的超额收益是40个基准点。代理对冲预期收益为6.4%，大于另外三种选择：非对冲、对货币 i 的对冲，对货币 j 的交叉对冲。

在图表21—4中，我们改变了图表21—3中的例子一个数据。在这个例子中，货币 j 的预期升值为现在的3.2%，而不是2%。这样，货币 j 的预期升值大于货币 i。代理对冲的预期货币收益是 -90 个基准点（2.3% ~3.2%）。调整了短期利率差 -10 个基准点后，代理对冲货币 j 的超额货币收益是 -80 个基准点。结果，代理对冲5.2%的收益就没有吸引力了，它低于其他的三个选择。在这个例子中，交叉对冲在预期收益方面是最好的选择。

图表21—4　**例2**

	对冲	非对冲	交叉对冲	代理对冲
预期收益				
现金收益	$c_{US\$}$	$c_{US\$}$	$c_{US\$}$	$c_{US\$}$
	=5.5%	=5.5%	=5.5%	=5.5%
超额债券收益	(r_i-c_i)	(r_i-c_i)	(r_i-c_i)	(r_i-c_i)
	=（3.5% -3.0%）	=（3.5% -3.0%）	=（3.5% -3.0%）	=（3.5% -3.0%）
	=0.5%	=0.5%	=0.5%	=0.5%
超额货币收益		$e_{US\$,j}-(C_{US\$}-c_i)$	$e_{US\$,i}-(e_{US\$}-c_j)$	$(e_{US\$,i}-C_{US\$,j})-(c_j-c_i)$
		=2.3% -	=3.2% -	=（2.3% -3.2%）
		（5.5% -3.0%）	（5.5% -2.9%）	-（2.9% -3.0%）
		=2.3% -2.5%	=3.2% -2.6%	= -0.9% -（-0.1%）
	=0.0%	= -0.2%	=0.6%	= -0.8%
总收益	=6.0%	=5.8%	=6.6%	=5.2%

21.4.3　根据派息频率调整债券收益

在美国和大多数美元区国家，利息支付每半年一次。还有其他一些市场也实行这个做法。计算每半年支付一次的债券收益包括两步：第一，半年期利率是按使半年现金流的现值等于价格加应计利率来决定的。第二，由于利率是半年期的，一年期利率等于半年利率乘以2。年度收益率也称为**债券等值收益率**（bond-equivalent yield）。

在欧洲市场（除英国）和日本，利息支付是按年支付，而不是半年。这样，收益率简单地等于使现金流的现值等于价格的利率加上应计利息，不需要折算。

按本国市场支付惯例标价的收益率叫做**惯例收益率**（**conventional yield**）。比如，图表21—5显示的数据来自JP摩根欧洲部取自路透市场信息服务的数据。"CNV. YLD"栏是惯例收益率。所以，图表21—5中，美国和英国的收益率分别为4.2%和4.68%，这是基于债券等值收益率将半年收益率翻倍的惯例，因为利息支付是按半年期来支付的。在德国和日本等国家，利息支付是按一年期来支付的，惯例收益率是年收益率。

尽管收益率度量方法存在不足，经理人仍然需要在一个国家的不同市场间或国家之间比较收益率。（下章中将给出例子）撇开汇率潜在变化的问题不说，收益率比较首先需要将惯例收益率（也就是本国市场中标出的收益率）进行调整，使其与另外一个国家的收益率相一致。例如，一个法国政府债券按年支付利息，而美国政府债券按半年支付利息。如果美国政府债券收益跟法国政府债券收益比较，（1）美国政府债券收益必须调整为以年支付为标准或（2）法国政府债券收益必须调整为以债券等值收益为基础。

图表21—5　　**10年期基准债券利差：2002年12月3日**

2002年12月3日 JP MORGAN BENCHMARKS JP MORGAN UK13148

国家	利息	债券		价格	惯例收益率	O/US T	O/GER
美国	4.00	15-11-12	T	98.39-41	4.20		-23
日本	1.00	20-12-12	JGB	99.73-82	1.02	-322	-345
德国	5.00	04-07-12	BUND	103.98-02	4.47	+23	
法国	4.75	25-10-12	OAT	101.56-62	4.55	+30	+7
英国	5.00	07-03-12	GILT	102.36-42	4.68	+49	+26
意大利	4.75	01-02-13	BTP	100.89-91	4.69	+45	+22
西班牙	5.00	30-07-12	BONO	103.42-46	4.55	+31	+7
比利时	5.00	28-09-12	OLO	103.13-17	4.59	+35	+12
荷兰	5.00	15-07-12	DSL	103.57-61	4.52	+28	+5
瑞典	5.50	08-10-12	SGB	103.44-59	5.04	+79	+56
丹麦	5.00	15-11-13	DGN	102.00-08	4.76	+51	+28
芬兰	5.38	04-07-12	FINL	106.34-42	4.60	+35	+12
澳大利亚	5.00	15-07-12	AGB	103.36-42	4.55	+31	+8
希腊	5.25	18-05-12	GGB	103.97-03	4.71	+47	+23

资料来源：路透社市场信息服务MEUR。

注："CNV YLD"指惯例收益率，或本国市场如何标示收益率。比如，美国和英国债券市场的利息是按半年期来支付的，而大多数欧洲国家的收益是按一年期来支付的。然而，在意大利，虽然债券的利息是按半年期支付的，但它们以年度基础标示。用该利差（"O/UST" = 与美国国债的利差，"O/GER" = 与德国政府债券的利差）在计算市场间利差前，应先将半年期支付市场（美国和英国）转为以一年期支付为基

础的市场。

调整方法如下。假设收益率是以年度为基础支付的，其债券等值收益率（即，半年支付的债券收益率）计算如下：

年度支付债券的等值收益率 = 2 × [（1 + 年度支付债券收益率）$^{0.5}$ − 1]

比如，图表 21—5 中列示的法国政府债券的惯例收益率为 4.55%，债券等值收益率为 4.50% 如下所示：

$$2\times[(1+0.0455)^{0.5}-1]=0.0450=4.50\%$$

注意年度支付债券的债券等值收益率低于惯例收益的债券等值收益率。

为调整半年支付的债券的等值收益率至年度基础以使其能与年度支付的债券比较收益率，可使用以下公式：

年度支付基础上的债券等值收益率 =（1 + 债券等值收益率/2）^{2} − 1

比如，图表 21—5 中列示的美国政府债券的惯例收益率为 4.2%，基于年度支付的收益率为：

$$(1+0.0420\div 2)^2-1=0.0424=4.24\%$$

注意，基于按年支付的收益率比惯例收益率要多。

收益率价差通常在一个国家的收益率和基准之间计算。以前解释过，美国政府债券市场和德国政府债券市场就是两个最常用的基准市场。图表 21—5 的倒数第二列，标志有“O/UST”，表示某个国家收益率和美国国债之间的利差。注意，对法国政府债券而言，利差为 +30 个基准点。这个利差来自于调整过的美国政府债券收益率 4.24%（上面计算的）减去法国政府债券收益率 4.54%（图表 21—5 中的惯例收益率）。

图表 21—5 中最后一列，标志有“O/GER”，表明一个国家收益率和德国政府债券收益率之间的利差。例如，在计算法国政府债券收益率对德国政府债券收益率的利差时，由于两国都是按年度付利息，利差就是两者的惯例收益率的差异。由于法国政府债券收益率是 4.55%，德国政府债券收益率是 4.47%，利差有 8 个基点（图表 21—5 显示的 7 个基点，差异来自取整）。

21.4.4 远期利率和均衡分析

前面曾介绍，有不同的方法来评估国际债券市场的相对价值。在应用之前，经理人必须将其战略性预期与目前市场的定价已经反映的预期相比较。这点可以通过把经济前景预测转变成债券和货币层次的预测来实现，或者通过考察目前的市场状况隐含的远期利率，把它与经济前景预测相比较来实现。

债券均衡利率和货币之间的均衡汇率，使两项投资产生相同的总收益率，这常常是通过特殊时间的基准市场收益率来计算的。两个市场的巨大的收益率差价意味着投资期内存在大量的缓冲资金（所要求的利差扩大到使两个市场的收益率相同）。

比较远期利率可以搞清哪些战略性预测和市场价格之间存在差异的地方可能会出现投资机会。如前所述，远期利率使用收益率曲线的形态来计算隐含的远期债券利率，可以满足对每个市场收益率转换快速比较的要求，以提供一个与短期无风险利率相同的收益（零超额收益率）。这对应于公式（21—9）~（21—12）的零债券超额收益的情况，或（$r_i-c_i=0$）。远期利率代表一个市场内的均衡利率，但不是跨市场的。于是，战略债券配置可以通过增加那些预期债券收益超过短期利率最多的市场的投资来得到，也就是，预期债券收益率低于远期收益率最多的时候。远期利率的计算也通过专业系统取得，例如图表21—6中的彭博资讯系统。

远期外汇汇率是对冲和非对冲货币收益的均衡汇率，之前在收益组成分析中谈到过。在公式（21—9）、（21—11）和（21—12）中，当货币变动百分比等于远期升水或贴水时，货币的超额收益为零。由于远期外汇率由短期利率差异决定，它们可通过存款利率来估计，特别是公式（21—2）和（21—3）中的欧元存款利率，这些数据可以方便地从市场服务机构，如彭博资讯和路透社获得。

图表21—6　**远期收益率曲线分析：德国**

远期合同曲线分析图（美元）

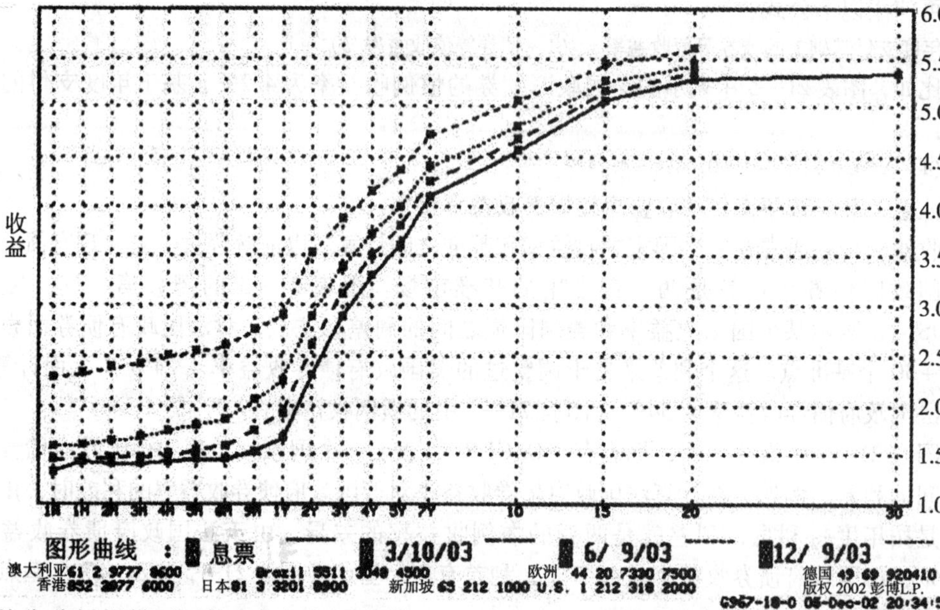

均衡分析提供了评估市场间相对价值的另一种方法。由于基准债券的价格受利息及变动影响，许多国际固定收益交易者和投资组合经理人发现与其关注各个市场的价格变化，不如跟踪它们收益率关系的变化。然而，当收益水平变化时，市场间恒定的利差可能导致收益的波动，这是因为不同的基准债券到期日和利息会导致市场间广泛的利率敏感度。例如，图表21—5中的10年期基准债券，久期范围从最低的7.2（希腊）到最高的9.4（日本），其收益相当于收益最低市场的1/3。美国债券的久期是8.1。这样，当决定均衡利差方案时，必须考虑市场久期。

自欧洲货币联盟成立，欧洲内部这种收益差异变得相当小。持有意大利债券每年可比德国债券多获得22个基点的收益。显然，这么小的一个额外收益会很容易被两个市场间的反向价格波动所抵销。在欧洲货币联盟之前的20世纪90年代中期，意大利债券收益可以比德国的债券高出几百个基点，持有意大利债券面临另外的货币风险对名义收益利差具有实质性影响。即使是一个非常大的收益缓冲，也会很快消失掉。

为了说明这点和如何使用均衡分析，看图表21—5中2002年12月3日美国对日本政府10年期债券的收益利差。利差为322个基准点，日本投资者每季度可以获得80个基点的额外美国基准国债的额外收益。这种额外的收益会由于利差增加小于80个基点而抵销。利差增加会以下面两种方式出现：

● 在日本的收益减少，导致日本政府债券升值；

● 在美国的收益增加，导致美国政府债券贬值。

当然，两种情况可能同时发生。为了量化消除投资于高收益市场收益率优势而要求的利差增加金额，我们需要进行均衡分析。

请注意，这个均衡分析并不是总回报分析，它只适用于当地货币的债券收益，而不考虑货币的变动。这个均衡分析在比较使用相同货币的债券市场时，如欧元区，是有效的。然而，当均衡分析应用于不同货币的市场时，货币因素必须考虑。如果美元一个季度贬值超过 0.80%，上面例子中的额外收益的优势将消失。下面，我们来说明如何使用对冲收益，或者，通过比较两国间远期外汇汇率的升水或贴水，来做对冲均衡分析。

我们知道，日本债券的久期是 9.4①。这意味着日本债券如果有 100 个基点的收益率变化，日本债券价格大致波动 9.4%。如果有 50 个基点的收益率变化，日本债券大致的价格波动是 4.7%。我们可表示如下：

价格变动 = 9.4 × 收益率变动

如果我们用 W 表示利差波动，则以上公式可以改写为：

价格变动 = 9.4 × W

我们要确定日本债券收益率变动多少将抵销投资于美国债券所获得的 0.8% 的收益金额。这样，我们需要计算日本债券收益率下降多少，将产生 0.8% 的价格升值，以使日本投资者在两个投资中收益率相同（忽略任何潜在的货币流动）。这样，公式变为：

$0.8\% = 9.4 \times W$

解出 W，

$W = 0.8\% \div 9.4 = 0.085\% = 8.5$ 个基点

因此，由于日本债券收益率下降而产生的 8.5 个基点的利差波动，将使购买美国国债获得的额外收益不再有吸引力。

换句话说，本例中仅需要 8.5 个基点的收益率变动，去抵销 80 个基点的 3 月期的收益优势。

我们把这种利差变化称为**均衡利差变动**（breakeven spread movement）。注意，均衡利差变动必须（1）与一个投资期限相关；（2）利用两国修正久期较高的一个。利用最高的修正久期将提供最小的利差变动，从而使投资一个较高收益的市场的额外收益被抵销。所以，在上述案例中，日本收益的 3 月期均衡利差变化是 8.5 个基准点，也就是说，利差的变动由于日本利率下降 8.5 个基准点，这将抵销投资美国债券 3 月期的额外收益。如果美国使用 8.1 的久期，这个均衡利差变动将为 9.9 个基点（$0.8 \div 8.1 = 9.9$），相差 1.4 个 基点。

上述均衡利差变动完全省略了货币流动对收益的影响，同时也省略了远期升水或贴水中反映的潜在的货币升值和贬值。如果我们同意前面讨论的将现金收益归于货币决策，用当地收益率减去现金收益率的方法，那么基于对冲的均衡利差变动分析的结果将完全不同。我们可以很简单地通过加入远期汇率升水或贴水来计算对冲的均衡利差变动。在均衡分析时，3 个月利率在日本为 0.0675%，在美国为 1.425%。通过这些信息，用公式（21—3），我们可以得到远期汇率变化；即，

$$f_{¥,\$} \approx c_{¥} - c_{\$} = (0.0675\% - 1.425\%) \div 4 = -0.34\%$$

---

① 这是修正后的久期。由于日本债券和美国债券是无期权债券，修正久期与有效久期较接近。当利率变动时，久期是价值可能变动的首选估计。以上分析只考虑久期忽略了债券凸性对收益的影响。

假设利率没有变化，3 个月的预期对冲收益为名义利差（0.80%）与远期升水（-0.34%）的和，即0.46%。这样，对冲基础上的均衡利差变动为5 个基点（0.46% =9.4 ×W），而不是8.5 个基点。结果，一个日本投资者将希望利差不大于5 个基点，或相信通过降低远期汇率，美元将相对于日元贬值，这样交易才有吸引力。由于货币对冲成本（即，远期升水或贴水）是由短期利率决定的，当用较高的短期利率来对冲货币时，基于对冲基础的均衡利差变化总会小些。

或者，我们可以用公式（21—10）来计算一个日元投资者3 个月期的预期对冲收益，并把它和同期的日本10 年期债券收益相比较。为此，需要先把美国政府债券收益率（基于债券等值收益基础标价）调整为年度收益率，因为日本债券收益率也是基于年度基础的。前面图表21—5 中，美国政府债券惯例收益率为4.2%，换成年度支付的为4.24%。假设没有利率变化，预期对冲收益为：

$$[(r_{\$} - c_{\$}) + c_{¥}] \div 4 = [(4.24\% - 1.43\%) + 0.07\%]/4 = [2.88\%]/4 = 0.72\%$$

预期日本债券收益率为（1.02%/4，或0.26%）。这样，基于对冲的预期收益率为0.44%，这与第一个答案中计算的0.46%比较接近。

21.4.5 债券选择

一旦选择了债券市场，并选定了每个市场的最优久期和收益率曲线分布，就需要通过个别债券的选择来建立整个投资组合结构。许多国际投资组合经理人乐意选择基准证券，因为它们比其他具有相同到期日的债券更具流动性。这有时会导致收益率曲线的“下沉”，因为投资者喜欢特定的债券或到期日区域。同样的现象可能源于国债回购市场特定债券的短缺，或者是对可用作短期债券期货的债券的短期需求的不平衡。

当选择购买个别债券时，税收问题也需要考虑。例如，一些市场有鼓励投资者持有低息票债券的税收制度，因此不同的税收制度将使特定债券实际交易价格高低不同。在对利息支付实行代扣税的市场，国际固定收益投资组合经理人经常通过用另一种到期日相似的债券代替快要支付利息的债券，来最小化税收负担。市场内不同的税收处理方式也会导致市场异常。例如，1988 年以前发行的意大利欧元债券对意大利投资者可豁免代扣税，因此，他们倾向于按比1988 年以后发行的同样到期日的债券更高的价格交易。

附录

本附录的目的是列示本章公式（21—9）、（21—10）、（21—11）和（21—12）是如何推导的。公式中的序号与本章正文一致。

非对冲预期收益：

为得到公式（21—9）给出的非对冲预期收益，我们从公式（21—5）开始：

对国家 i 投资的非对冲预期收益，$R_{H,i} = r_i + e_{H,i}$

加上并减去公式右边的 c_i，我们得到：

$$R_{H,i} = r_i - c_i + c_i + e_{H,i}$$

我们知道 $f_{H,i} = c_H - c_i$，所以 $c_i = c_H - f_{H,i}$，代入上式，我们得到：

$$R_{H,i} = c_H + (r_i - c_i) + (e_{H,i} - f_{H,i})$$

以上等式是公式（21—9），表示对国家 i 投资的非对冲预期收益等于本国短期利率、国家 i 超额债券收益和国家 i 货币非对冲超额货币收益。超额货币收益等于相对于本国国家 i 的货币收益减去本国货币和国家 i 间短期利率差异。

对冲预期收益：

对国家 i 投资的对冲预期债券收益，公式（21—6），来源于对公式（21—5）的非对冲收益加上货币对冲 $-e_{H,i}+c_H-c_i$。通过这样，我们得到：

对国家 i 投资的对冲预期收益，$HR_{H,i}=r_i+e_{H,i}-e_{H,i}+c_H-c_i$

从而得到公式（21—6）：

$HR_{H,i}=r_i+c_H-c_i$

为得到公式（21—10）给出的预期收益，我们改变上述公式（21—6）的条件得到：

$HR_{H,i}=c_H+(r_i-c_i)$

以上公式是公式（21—10），表示国家 i 的对冲预期收益等于母国短期利率和国家 i 超额债券收益。这里没有货币收益部分，因为它已经被对冲了。

交叉对冲预期收益：

为得到公式（21—11）给出的交叉对冲预期收益，我们从公式（21—5）开始，并签订货币远期合约，卖空货币 i 并且买入货币 $j^{(f_{j,i}-e_{i,j})}$。货币头寸 $e_{i,j}$ 与原来货币 i 的买入风险敞口结合，$e_{H,i}$，留下货币 j 对本国货币的净买入头寸，$e_{H,j}$。这样，

对国家 i 投资的交叉对冲预期收益，$CR_{H,i}=r_i+e_{H,i}+f_{j,i}-e_{i,j}$ or，$r_i+f_{j,i}+e_{H,j}$

由于 $f_{j,i}\approx c_j-c_i$，所以我们将以上公式改写为：

$CR_{H,i}=r_i+c_j-c_i+e_{H,j}$

调整顺序后重新组合我们得到：

$CR_{H,i}=(r_i-c_i)+(c_j+e_{H,j})$

以上为公式（21—7）。我们知道 $f_{H,j}\approx c_H-c_j$，因此 $c_j=c_H-f_{H,j}$

在以上公式中将 c_j 替换，重新组合后我们得到：

$CR_{H,i}=c_H+(r_i-c_i)+(e_{H,j}-f_{H,j})$

以上公式是公式（21—11），表示对国家 i 投资的交叉对冲预期收益等于本国短期利率、国家 i 超额债券收益和国家 j 货币在本币上的货币收益减去本币和国家 j 间短期利率差异。

代理对冲预期收益：

为得到公式（21—12）给出的代理对冲预期收益，我们从公式（21—5）非对冲收益开始，并加上货币 j 的卖空货币头寸（$f_{H,j}-e_{H,j}$），来得到本章中给出的代理对冲预期收益公式：

对国家 i 投资的代理对冲预期收益，$PR_{H,i}=r_i+e_{H,i}+f_{H,j}-e_{H,j}$

由于 $f_{H,j}\approx c_H-c_j$，因此在以上公式中替代 $f_{H,j}$ 我们得到：

$PR_{H,i}=r_i+e_{H,i}+c_H-c_j-e_{H,j}$

从公式右边加上并减去 c_i，我们得到：

$PR_{H,i}=r_i+e_{H,i}+c_H-c_j-e_{H,i}+c_i-c_i$

重新组合后得到：

$PR_{H,i}=(r_i-c_i)+(c_i+e_{H,i})+[(c_H-c_j)-e_{H,j}]$

这就是本章的公式（21—8）。该公式也可以表达为：

$PR_{H,i}=c_H+(r_i-c_i)+(e_{H,i}-e_{H,j})-(c_j-c_i)$

由于 $f_{j,i}\approx c_j-c_i$，我们可用 $f_{j,i}$ 代替（c_j-c_i），得到公式（21—12）

$PR_{H,i}=c_H+(r_i-c_i)+[(e_{H,i}-e_{H,j})-f_{j,i}]$

公式（21—12）表示国家 i 的代理对冲预期收益等于本国短期利率、国家 i 超额债券收益和相对于国家 j 和本币而言国家 i 与本币的货币收益的差异减去国家 j 和国家 i 间短期利率差异。

公式（21—9）、（21—10）、（21—11）和（21—12）仅在最后一项不同，表明债券市场决策与货币对冲无关。

第22章 利用衍生金融工具控制利率风险*1

22.1 引言

在此之前，本书已经探讨过利率期货和利率互换的特点和特征。此外，本书第二大部分阐述了这些衍生金融工具的估价。本章的重点是利用衍生金融工具来控制投资组合的利率风险。衍生金融工具的其他用途，包括投机于利率变动和利率波动的变化。这些策略和运用于股票市场上的策略是类似的，但本书并未涉及。

22.2 用期货控制利率风险

利率期货合约的价格与利率呈反向变动：利率上升，期货价格将下跌；利率下降，期货价格上涨。买入一份期货合约会增大由于利率变动而引发的投资组合风险。也就是说，投资组合的久期增大了。卖出一份期货合约会减小由于利率变动而引发的投资组合风险。同理，卖出一份期货合约会缩小投资组合的久期。因此，买卖期货可以用于调整投资组合的久期。

经理可以应用现货市场工具（购进或卖出国库券）来改变他们的投资组合的久期，使用利率期货有以下4个优点：

优点1：期货买卖的交易成本低于现货买卖。

优点2：期货的保证金要求低于国库券；所以使用期货将可以具有更大的杠杆作用。

优点3：在期货市场比在现货市场更容易进行卖空交易。

优点4：相比于现货市场证券，期货可以用于构建更大久期的投资组合。

进一步阐释最后一个优点，假设在一个特定的利率环境下，养老基金管理者必须构建一个久期为15的投资组合来实现一个特定的投资目标。债券可能没有如此大的久期。但是通过购买适当份额和种类的利率期货合约，养老基金管理者能够将投资组合的久期增加到15的目标水平。

22.2.1 利率风险控制的一般原则

利用期货控制利率风险的一般原则是结合当前投资组合的美元风险和期货头寸的美元风险，使总的美元风险等于目标美元风险。这也就是说，管理者必须能够准确地衡量当前投资

---

* 该章由 Frank J. Fabozzi，博士（注册金融分析师、注册会计师）、Shrikant Ramamurthy 和 Mark Pitts 博士授权。

组合的美元风险和用于调整风险水平的期货合约的美元风险。

估计由利率变化而引起的债券或债券组合的美元价值变化有两种常用的方法：基点价格分析（PVBP）和久期分析。基点价格分析是指由于收益率的一个单位基点变化而引发的美元价格变化。基点价格分析的含义是收益率每上、下波动一个基点时，美元价格的变动值。久期分析是指利率每变动100个基点，价格变动的百分点（给定一个价格变动百分点，就可以计算出给定利率变动下的美元价格变动值）。有两种久期分析方法：修正久期和有效久期。有效久期适用于嵌入期权的债券。在这一章里，当我们提及久期时，指的是有效久期。并且，因为管理者对美元风险感兴趣，所以应当使用有效美元久期。假若利率只变动一个基点，基点价格分析就等效于利率只变动一个基点的有效美元久期。

如同前几章所强调的一样，要估计有效美元久期，就必须有一个适当的定价模型。定价模型用于确定当利率发生变动时，投资组合中债券的新的价值。所以，进行利率风险控制的第一步就是建立一个可靠的定价模型。那些希望用衍生金融工具合约来控制利率风险的经理们也需要一个可靠的定价模型进行估价。

假设，投资组合经理要使投资组合具有基于利率的预期或客户指定风险的**目标久期**（**target duration**）。给定一个目标久期，就可以计算当利率变动较小基点值时的目标美元久期。比如当利率变动50个基点的时候，用投资组合的美元价值乘以目标久期，然后再除以200，就可以得出目标美元久期。（我们除以200是因为我们处理的是50个基点的利率变动，它是100个基点的一半。）例如，一个拥有价值5亿美元的投资组合的管理者想要的目标久期为6。也就是说，这个管理者希望利率每变动50个基点，投资组合的价值变动3个百分点（假设所有到期期限的利率都是平行移动的）。用5亿美元乘以目标久期值6然后再除以200，得到目标美元久期为1 500万美元。

接下来，这位管理者必须要决定他当前投资组合的美元久期了。利率变动50个基点所对应的当前美元久期可以这样计算得出：将投资组合的美元价值乘以当前久期，再除以200。对我们5亿美元的投资组合，假设当前久期为4。那么，当前美元久期就是1 000万美元（4×5亿美元÷200）。

接着将当前美元久期和目标美元久期进行比较，它们之间的差异就是必须由期货合约提供的美元风险。如果目标美元久期大于当前美元久期，期货头寸将增加美元风险。为了增加美元风险，必须买入适当数量的期货合约。如果目标美元久期小于当前美元久期，就必须卖出适当数量的期货合约。即

若目标美元久期 - 当前美元久期 > 0，买入期货

若目标美元久期 - 当前美元久期 < 0，卖出期货

一旦持有一个期货头寸，**投资组合的美元久期**（**portfolio's dollar duration**）就等于**无期货的当前美元久期**（**current dollar duration without futures**）加上**期货头寸的美元久期**（**dollar duration of the futures position**）的总额。即

投资组合美元久期 = 无期货的当前美元久期 + 期货头寸的美元久期

我们的目的是通过建立一个期货头寸来控制投资组合的利率风险，以便投资组合的美元久期等于目标美元久期。即

投资组合的美元久期 = 目标美元久期

或，等价地，

目标美元久期 = 不含期货的当前美元久期 + 期货头寸的美元久期 (22—1)

随着时间的推移，由于利率的变化，投资组合的美元久期将会偏离目标美元久期。管理者可以通过改变期货头寸来将投资组合的美元久期调回到目标美元久期。

以上，我们关注的是久期。然而，久期关于价格对利率变动敏感性的估算是以假定收益率曲线呈平行移动为前提而进行的。对债券投资组合，必须要考虑收益率曲线的非平行移动情况。同样，对于个人住宅抵押贷款支持证券也是这样的，因为，如下章解释的一样，这些证券对收益率曲线的变化是敏感的。在下一章里，将会有一个框架用来说明如何对既有利率水平的变化又有收益率曲线形状的变化的情况进行套期保值。

1. 决定合约份数

每份期货合约都要求交割特定面值的标的金融工具。当利率变化时，标的金融工具的市场价值发生改变，因此期货合约的价值也发生变化。期货美元价值的变化额必须要估计出来。这个变化额被称为**每份期货合约的美元久期（dollar duration per futures contract）**。例如，一份利率期货合约的价格是70美元，并且该标的利率工具的面值为100 000美元。因此，该期货的交割价格为70 000美元（100 000美元的0.70倍）。假设利率变动了100个基点导致每份合约的期货价格变动3个百分点。那么，每份期货合约的美元久期为2 100美元（70 000美元的0.03倍）。

那么，期货头寸的美元久期就是期货合约份数与每份期货合约的美元久期的乘积。即

期货头寸的美元久期 = 期货合约份数 × 每份期货合约的美元久期　　(22—2)

需要多少份的期货合约才能到达目标美元久期呢？将公式（22—2）代入公式(22—1)，我们得到

期货合约份数 × 每份期货合约的久期 = 目标美元久期 − 无期货的当前美元久期　　(22—3)

解出上式就得到期货合约的份数：

期货合约份数 = （目标美元久期 − 无期货的当前美元久期）/ 每份期货合约的美元久期　　(22—4)

公式（22—4）给出了一个为将投资组合的美元久期调整到目标美元久期所需要的、粗略的期货合约份数。正数意味着必须买入期货合约；负数意味着必须卖出期货合约。注意，如果目标美元久期大于无期货的当前美元久期，分子为正数应买入期货合约。如果目标美元久期小于无期货的当前美元久期，分子为负数应卖出期货合约。

2. 期货头寸的美元久期

现在我们来讨论如何来计量债券期货头寸的美元久期。谨记我们的目的是度量债券期货价值对利率变动的敏感性。

给定一个定价模型，计算给定利率变动下期货头寸的美元久期的一般方法是很直观的。这个程序是用于计算任意现货市场工具的美元久期的——以相同的基点上下震动（变动）利率并计算出平均美元价格变动值。

中长期国债期货合约需要一个调整。正如解释的那样，期货合约的定价依赖于最经济的可交割证券（CTD）[①]。要计算长期或中期国债期货合约的美元久期，首先要求计算出利率变动对CTD证券价格的影响，这反过来也决定了期货价格的变动。中长期国债期货合约的美元久期的确定如下：

期货合约的美元久期 = CTD证券的美元久期 ×（期货合约的美元久期/CTD证券的美元久期）

转换系数是针对特定的可进行期货合约交割的证券而言的。对于每一个可交割证券，期

① 最经济可交割证券是指可以进行交割的证券中能使一份买现卖期交易合约产生最大收益率的那种证券。这个收益率被称为隐含回购利率。

货价格与转换系数的乘积就是调整之后的该证券的期货价格。这个调整过的价格被称为**转换价格**（converted price）。将这与上面的等式联系起来，第二项可以近似地等于最经济可交割证券的转换系数的倒数。因此，我们表示为：

期货合约的美元久期 = CTD 证券的美元久期/CTD 证券的转换系数

22.2.2 利用利率期货进行套期保值

利用期货进行套期保值（hedging with futures）要求持有期货头寸作为日后将在现货市场进行的交易的临时替代。如果现货与期货价格完全正相关，一个头寸（不管是现货还是期货）的任何损失都将由另外一个头寸的利润完全抵销。*套期保值是利率风险控制的一个特例。在套期保值交易中，管理者寻求一个零目标久期或零目标美元久期。*

空头套期保值（short hedge）（或**卖出套期保值**（sell hedge））用于防范债券的现货价格的下跌。为了实施一个空头套期保值，要卖出期货合约。通过建立一个空头套期保值，管理者可以固定未来的现货价格并且可将所有权的价格风险转移给期货合约的买方。为了理解为何执行一个空头套期保值，我们假设，一个养老基金管理者知道必须在 40 天内卖出债券以支付收益人 5 000 000 美元。如果这 40 天内利率上升了，那为了得到 5 000 000 美元，就要以比今天低的价位来卖出更多的债券。为了避免这种可能性，这位管理者可以通过在期货市场上卖出债券来锁定价位①。

多头套期保值（long hedge）（或**买入套期保值**（buy hedge））用于防范债券的现货价格的上涨。进行多头套期保值时，管理者可以通过买入一份期货合约来锁定买入价格。当预期市场有大量的现金注入并且担心利率将下降时，一个养老基金管理者可能会运用多头套期保值。同样，当意识到债券即将到期并且预期利率将会下降时，资金管理者会利用多头套期保值来锁定再投资收益率。

在债券投资组合管理中，被套期保值债券或投资组合不同于作为期货合约的标的债券。这种类型的套期保值指的是**交叉套期保值**（cross hedging）。

套期保值的程序可分为四个步骤：

第一步：确定适当的套期保值工具；

第二步：确定套期保值所要达到的目标；

第三步：确定套期保值工具中应用的头寸；

第四步：监测和评价该套期保值。

以下，我们来对每个步骤进行讨论。

1. 确定适当的套期保值工具

确定哪种期货合约将提供最好的套期保值的主要因素是，期货合约的价格和导致经理想要消除的潜在风险的利率之间的相关性。例如，对一个长期公司债券组合，应用长期国债期货进行套期保值的效果好于应用短期国债期货，因为长期公司债券的利率和长期国债期货之间的关联度高于和短期国债期货之间的关联度。运用正确的交割月也是很重要的。一个管理者想要锁定九月份的利率或价格，将运用九月份的期货合约，因为这些合约拥有最高的关联度。

然而，如果某套期保值计划的规模相当大，那么，就不能只考虑关联度这一个因素。例

① 当不仅仅只对利率水平进行套期保值时（比如，对坡度变化进行套期保值），会用到不止一种套期保值工具。其中一种套期保值工具可能要求一个多头头寸，即使需要套期保值的工具本身就是多头头寸。

如，如果一位管理者想要对距离交割月还有很长一段时间的6亿美元的现货头寸进行套期保值，流动性就成为一个重要的考虑因素了。在这样一个例子里，该管理者有必要将套期保值分散到两个或两个以上的不同的合约中。

虽然在这一章里，我们关注的是对利率水平变动的套期保值，但当要对多种类型的收益率曲线变动进行套期保值时，就需要运用不止一种的套期保值工具。例如，下一章中，对抵押证券的套期保值。如下章所阐述的，由于抵押证券的特点，对收益率曲线的水平和坡度的变动同时进行保值可能更有效。在这种情况下，会用到两种套期保值工具。也可能要对收益率曲线水平，坡度的和曲度的变动同时进行保值。在那种情况下，会用到三种套期保值工具。

2. 确定套期保值所要达到的目标

确定好了正确的合约与正确的交割月，接下来，管理者就应当确定对套期保值结果的期望——即通过套期保值，平均来说，利率将被锁定为多少。这就是**目标利率**（target rate）或**目标价格**（target price）。如果目标利率太高（对期货空头套期保值）或太低（对期货多头套期保值），套期保值可能不是处理有害风险的正确的策略。确定对套期保值结果的期望（计算套期保值的目标利率或价格）不总是那么简单的。我们将介绍，在简单和复杂的套期保值中，管理者应该如何处理这个问题。

（1）套期保值的风险和预期收益 当一个管理者开始进行套期保值时，他的目标是“锁定”一买卖证券的利率。然而，当运用期货进行套期保值时，对于管理者应该期望锁定哪个利率或价格有很多争议。这里有两种观点：

观点1：一般来说，该管理者可以锁定买入或卖出的期货合约的利率。

观点2：一般来说，该管理者可以锁定证券的当前即期汇率（即现货市场上的当前汇率）。现实往往是介于这两种观点之间的。然而，如下面的例子所述，对特定情况而言，这两种观点都是适用的。

（2）持有至交割日的套期保值的目标 一直持有至期货交割日的套期保值就是一个很好的锁定期货利率的套期保值的例子（即第一种观点）。**期货利率**（futures rate）是对应于可交割工具的期货交割价格的利率。应用长期国债期货和中期国债期货来对中长期债券的价值进行套期保值之所以复杂，是因为由于交割选择权的存在，经理并不确切地知道何时交割及交割何种债券。这是由于交割选择权是被授予空头的①。

接下来说明如何运用持有至交割日的长期国债期货合约来锁定期货利率，为了将问题简单化，我们假定经理清楚将要交割何种债券，并且在交割月的最后一天进行交割。假设期货合约的交割期为1999年9月，可交割国库券（利率为11.25%，到期日为2015年2月15日）的转换系数是1.283，意味着交割该证券的投资者可从买方那得到的金额是1.283倍的期货结算价格加上应计利息。必须记住一个重要的原则，交割时，现货价格和期货价格乘以转换系数的结果必须趋同。**趋同**（convergence）也就是对于一个给定的证券，在进行交割时，它的现货价格和期货价格之间是没有差异的。如果没有办法趋同，套利者可能会低买高卖以此获得无风险的利润。相应的，一个管理者可以以1.283倍的债券面值的价格卖出长期国债期货合约，锁定该证券1999年9月的卖价。例如，为了对这个面值为100 000 000美元的证券进行套期保值，可以卖出面值为128 300 000美元的债券期货（1 283份合约）。

---

① 前面已阐明过这些交割选择。

该管理者锁定的卖价应该是期货价格的 1.283 倍。这就是**转换价格**（converted price）。因此，如果套期保值时的期货价格是 113 美元，不管 1999 年 9 月的利率是多少，该管理者对 1999 年 9 月的交割证券的卖出价格都锁定为 144.979 美元（113 乘以 1.283）。图表 22—1 显示了该证券的不同最终价格的现金流，并说明了期货合约的现金流如何抵销相对于目标价格 144.79 美元而言的收益或者损失。

图表 22—1 **持有至交割日的国库券套期保值**

被套期保值工具：1 亿美元，利率为 11.25%，到期日为 2015 年 2 月 15 日的国库券

1999 年 9 月的转换系数 =1.283

卖出时的期货合约价格 = 113 美元

目标价格 =（1.283×113）= 144.979 美元

套期保值的面值 =100 000 000 美元

期货合约的份数 = 1 283 份

期货头寸 = 目标值 =144 979 000 美元

(1)	(2)	(3)	(4)	(5)	(6)
11.25% 国库券的实际价格（美元）	最终期货价格①（美元）	长期国债的市场价值（美元）	期货头寸的价值②（美元）	期货头寸的损益②（美元）	有效卖价③（美元）
140	109.1192518	140 000 000	140 000 000	4 979 000	144 979 000
141	109.8986750	141 000 000	141 000 000	3 979 000	144 979 000
142	110.6780982	142 000 000	142 000 000	2 979 000	144 979 000
143	111.4575214	143 000 000	143 000 000	1 979 000	144 979 000
144	112.2369447	144 000 000	144 000 000	979 000	144 979 000
145	113.0163679	145 000 000	145 000 000	-21 000	144 979 000
146	113.7957911	146 000 000	146 000 000	-1 021 000	144 979 000
147	114.5752143	147 000 000	147 000 000	-2 021 000	144 979 000
148	115.3546376	148 000 000	148 000 000	-3 021 000	144 979 000
149	116.1340608	149 000 000	149 000 000	-4 021 000	144 979 000
150	116.9134840	150 000 000	150 000 000	-5 021 000	144 979 000
151	117.6929072	151 000 000	151 000 000	-6 021 000	144 979 000
152	118.4723305	152 000 000	152 000 000	-7 021 000	144 979 000
153	119.2517537	153 000 000	153 000 000	-8 021 000	144 979 000
154	120.0311769	154 000 000	154 000 000	-9 021 000	144 979 000
155	120.8106002	155 000 000	155 000 000	-10 021 000	144 979 000

我们来看看图表 22—1 中的每一栏，并来解释其中一个场景的计算——即对利率为 11.25%，到期日为 2015 年 2 月 15 日的国库券的实际卖价的计算。假设第一个实际卖价为 140 美元。通过趋同，栏（2）列出的交割日的最终期货价格必须等于经过转换系数调整的长期国债的实际卖价。因此，图表 22—1 中，栏（2）里的最终期货价格的计算如下：

① 通过趋同，必须等于债券价格除以转换系数。
② 债券期货交易价格的增长间距为 1/32。所以，期货价格和保证金只是近似值。
③ 忽略交易成本和保证金的筹资。

最终期货价格 = 长期国债实际卖价/转换系数

而利率为11.25%，到期日为2015年2月15日的 国库券的转换系数为1.283，第一个实际卖价为140美元，于是最终期货价格为：

最终期货价格 = 140 ÷ 1.283 = 109.1193美元

栏（3）列示的是长期国债的市场价值。它的计算过程是，先将栏（1）中的实际卖价除以100，得出每1美元面值的实际卖价，然后乘以面值100 000 000美元。即

长期国债的市场价值 = （实际卖价/100） × 100 000 000美元

当实际卖价为140美元时，栏（3）中的价值为

长期国债的市场价值 = （140 ÷ 100） × 100 000 000美元 = 140 000 000美元

栏（4）列出了交割日时的期货头寸价值。该价值的计算过程为，首先，将栏（2）中列示的期货价格除以100，得到每1美元面值的期货价格。然后将这个价值乘以每份合约的面值100 000美元再乘以期货合约份数。即

期货头寸的价值 = （最终期货价格/100） × 100 000美元 × 期货合约份数

我们的例子中，期货合约的份数是1 283。债券的实际卖价为140美元，早前计算出来的相应的最终期货价格为109.1193美元。所以栏（4）列出的价值为

期货头寸的价值 = （109.1193 ÷ 100） × 100 000美元 × 1 283 = 140 000 062美元

栏（4）列出的价值为140 000 000美元是因为对最终期货价格109.1193美元进行了四舍五入。多保留一些小数位将使得价值变为140 000 000美元。

现在我们来看看期货头寸的损益。此价值列示在栏（5）。回忆一下，该期货合约为卖空。该期货合约卖出的期货价格为113美元。所以，如果最终期货价格大于113美元，就意味着该期货头寸有亏损——即该期货合约的买入价高于它的卖出价。反之，如果该期货价格小于113美元，这就意味着该头寸有收益——即该期货合约的买入价低于它的卖出价。收益或亏损由下面的公式确定：

[（113 - 最终期货价格） ÷ 100] × 100 000美元 × 期货合约份数

我们的例子中，对于一个最终期货价格为109.1193美元，1 283份的期货合约，我们有收益

[（113 - 109.1193） ÷ 100] × 100 000美元 × 1 283 = 4 978 938.1美元

栏（5）中列示的价值是4 979 000美元，因为对该最终期货价格的计算保留了更多的小数，比图表22—1中的最终期货价格要更为精确。该价值为正数说明该期货头寸是有收益的。注意图表22—1中，如果最终期货价格大于113美元的话，都有一个负值，这意味着该期货头寸有亏损。

最后，栏（6）列出了长期国债的有效卖价。这个价值的计算如下：

长期国债的有效卖价 = 长期国债的实际卖价 + 期货头寸损益

这是栏（3）和栏（5）每一行的数值的总和。与实际卖价为140 000 000美元相对应的收益为4 979 000美元。因此长期国债的有效卖价为

140 000 000美元 + 4 979 000美元 = 144 979 000美元

注意这是长期国债的目标价格。事实上，从图表22—1的栏（6）可以看出对应于长期国债所有实际卖价的有效卖价就是目标价格。然而，目标价格是由期货价格决定的，所以，当进行套期保值时，目标价格可能高于或低于进行套期保值时现货市场的价格。

如果我们承认有这种可能性，即除了我们例子中所列举的证券之外的债券也是能够用来进行交割的，并且这么做更有优势，那么，在某种程度上，情况就变得更复杂了。在这种更为现实的情况下，管理者可能决定不交割这个证券，但是，如果他决定交割，该管理者仍可

确定收到一个约144.979美元的有效卖价。如果该管理者不交割这个证券，可能是因为交割另一个证券可以更为经济，那么该经理做得比目标价格更好。

总的来说，如果一个管理者建立了一个持有至交割日的期货套期保值，在设立套期保值那天，该管理者能够确定收到一个相应期货利率（非即期利率）下的有效价格。

（3）短期持有的套期保值的目标 当一个管理者必须解除（撤销）一个还未到交割日的套期保值时，得到的实际利率可能更接近当前即期利率而不是期货利率，套期保值的期限越短，这种可能性会越大。这种套期保值与持有至交割日的套期保值的重要区别是，一般来说，该套期保值直到该套期保值的结束日期，都不会发生趋同。

为了说明对于一个超短期的套期保值，一个管理者为什么会希望用它去锁定即期利率而不是期货利率，我们来看一个简化了的例子，这个例子之前是用来说明一个持有至交割日的期货套期保值的。假设这个证券是长期国债期货合约里唯一的可交割金融工具。假定该套期保值是在交割日的前三个月设立的，并且该管理者计划一天后就解除该套期保值。该债券的即期价格更可能与转换期货价格（即期货价格乘以转换系数）呈水平变动，而即期价格和转换期货价格在该套期保值被解除时不会趋同。

诚然，持有期为一天的套期保值是一个极端的例子。除了非常频繁地重新配置财产的保险商、经销商和交易商，几乎没有短期资本经营者会对如此短的期限感兴趣。然而，这种超短期的套期保值说明了一个很重要的问题：*进行套期保值时，一个管理者不应期望仅仅依靠利用期货合约进行套期保值去锁定该期货利率（或价格）*。仅当该套期保值是持有至交割日时，才能锁定期货利率，因为这时一定发生趋同。如果该套期保值只持有一天，该管理者应该去锁定一天期的远期利率①，该远期利率相当接近即期利率。通常就算套期保值持有超过一天，也不一定要交割。

（4）基差如何影响套期保值的目标利率 对于一个交割日前解除的套期保值，该目标值由基差决定。简单地说，**基差**是一种证券现货价格与其期货价格之间的差额；即

基差 = 现货价格 - 期货价格

在债券市场上，当尝试实际运用这个基差的概念时，问题就出现了。期货的报价不等于在交割时所得到的价格。对长期国债和中期国债期货合约来说，实际期货价格等于期货报价乘以相应的转换系数。因此，为了使基差更有应用价值，在债券市场里，基差应该用实际的期货交割价格而不是期货的报价进行定义。因此，债券的价格基差应该重定义为：

价格基差 = 现货价格 - 期货交割价格

为了套期保值的目的，根据利率而不是价格来定义基差通常也很有作用。**利率基差**（rate basis）的定义为：

利率基差 = 即期利率 - 期货利率

在此，即期利率指的是被套期保值的工具的即期利率，期货利率指的是对应于可交割工具的期货交割价的利率。

利率基差有助于解释为何前面所描述的两种保值观点会期望去锁定完全不同的利率。为了说明这一点，我们首先定义**目标利率基差**（**target rate basis**）。它被定义为套期保值解除日的期望利率基差。即，

目标利率基差套期保值解除日的即期利率 - 套期保值解除日的期货利率

① 前面已讨论过远期利率。

套期保值的目标利率等于

套期保值目标利率＝期货利率＋目标利率基差

用目标利率基差代入上式

套期保值目标利率＝期货利率＋套期保值解除日的即期利率－套期保值解除日的期货利率

首先考虑在交割日解除的套期保值。在交割日那天，通过趋同，其即期利率和期货利率将会相同。因此，如果该套期保值预备在交割日解除，其目标利率基差为零。将零带入上面等式中的目标利率基差，我们得到：

套期保值目标利率＝期货利率

也就是说，如果该套期保值一直持有至交割日，该套期保值的目标利率是等于该期货利率的。

现在考虑如果该套期保值在交割日之前解除的情况。我们考虑这样一种情况，即第二天就将该套期保值解除。通常认为一天内该基差不会有很大的变动。假设基差不变。那么，

套期保值解除日的即期利率＝套期保值设立日的即期利率

套期保值解除日的期货利率＝套期保值设立日的期货利率

套期保值设立日的即期利率就是即期利率，套期保值设立日的期货利率就是期货利率。所以，我们可以记作：

目标利率基差＝即期利率－期货利率

将等式的右边代入套期保值的目标利率等式中

套期保值的目标利率＝期货利率＋（即期利率－期货利率）

或

套期保值的目标利率＝即期利率

因此，我们发现，当套期保值持有一天时（并且假定在那天里该基差不变），该管理者锁定的目标利率为该即期利率（也就是，当前利率）。

如果计算价格基差比利率基差要容易（对中长期期货而言确实如此），那么计算目标价格基差就比目标利率基差容易。**目标价格基差（target price basis）**是套期保值解除日的设计价格的基差。对一个可交割证券而言，其套期保值的目标值就变为：

套期保值的目标价格＝期货交割价格＋目标价格基差

目标价格或利率基差的概念说明了为什么持有至交割日的套期保值能够锁定价格，而其他套期保值则不然。前面的例子证明确实如此。对于持有至交割日的套期保值，其目标基差不存在不确定性；通过趋同，该套期保值解除日的基差将是零。对于短期持有的套期保值，该基差可能近似等于该套期保值解除日的当日基差，但是事先无法得知它的实际价值。对于持有期长于一天短于其期货交割期的套期保值，可能有不可忽视的基差风险，因为该套期保值的解除之日的基差会是一个宽泛的范围。因此，一个套期保值的结果的不确定性与该套期保值解除日的基差的不确定性直接相关。（即该目标基差的不确定性）。

该套期保值撤销日的基差价值的不确定性被称为**基差风险（basis risk）**。*对于一个给定的投资期限，套期保值用基差风险取代了价格风险*。因此，可以将被套期保值的证券价格的不确定性替换成该基差的不确定性。当一个管理者认为基差风险低于价格风险时，他可能愿意用基差风险取代价格风险。所以，当套期保值没有到达预期的结果时，人们通常把问题归咎于基差风险。然而，只有当该套期保值的目标定义恰当时，基差才是产生问题的真正的原因。基差风险仅指，现货与期货价格关系中的不能预计或预测的那个部分。这种关系随时间而发生变化的事实本身并不能说明有基差风险。

基差风险，其恰当的定义为，仅仅是与目标利率基差或目标价格基差有关的不确定性。因此，如果想要正确地估量一个套期保值的风险和预期收益，恰当地定义其目标基差是绝对必要的。

3. 确定所需头寸

设立套期保值前的最后一步是，必须确定该保值所需要的期货合约份数。这被称为套期保值率。通常，**套期保值率**（hedge ratio）是用相关面额表示的。因此，1.2 的套期保值率意味着，对每份面值为 100 万美元的被套期保值证券，每份都需要面值为 120 万美元的期货合约来抵消风险。*在我们的讨论中，价值已给定，所以该套期保值率为期货合约的份数*。

前面，我们将期货市场中的交叉套期保值定义为这样一种套期保值，其中，被套期保值证券在用于套期保值的期货合约里是不可交割的。（**不可交割债券**（nondeliverable bond）是指这样一种债券，它没有达到某特殊期货合约为交割而规定的特定标准。）例如，一个管理者想对某长期公司债券的卖价进行套期保值，他可能利用长期国债期货合约来进行保值，但是由于非国债基于期货合约规定不能交割，该套期保值就可能被认为是交叉套期保值。管理者可能也想对利率进行套期保值，该利率的性质与其中一份合约中所指定的利率相同，只是到期日不同。例如，可能有必要，对那些到期日不符合任何期货合约中交割要求的长期国债、中期国债或短期国债进行交叉套期保值。因此，当被套期保值的证券不符合期货合约中对性质或到期日的规定时，就形成一个交叉套期保值。

概念上，交叉套期保值，在某种程度上，比可交割证券的套期保值要复杂，因为它涉及两种关系。第一种，最经济可交割（CTD）证券和期货合约之间的关系。第二种，被套期保值证券和 CTD 证券之间的关系。基于现实的考虑，可能常常使得组合管理者简化这两层关系而直接关注被套期保值证券和期货合约之间的关系，即忽略掉 CTD 证券。然而，这样做，管理者会有错误计算套期保值中的目标利率和风险的风险。另外，如果该套期保值不按预期那样运行，该捷径就很难解释为何该套期保值不按照预期运行。

最小化交叉套期保值中风险的关键是选择正确的期货合约数。这要依靠相关的被套期保值债券的美元久期和期货头寸的美元久期。等式（22—4）指明了为达到特定的目标美元久期所需的期货合约数。套期保值的目标是使目标美元久期等于零。将零代入等式（22—4）中的目标美元久期我们得到：

期货合约数 = 无期货的当前美元久期/每份期货合约的美元久期　　(22—5)

为了计算出债券的美元久期，该管理者必须知道要计算的美元久期的准确时点（因为，随着债券的到期，价格的波动通常会逐渐减少）和用于计算美元久期的价格或收益率（因为对于一个给定的收益率变动而言，较高的收益率通常减少美元久期）。*用以计算价格波动的债券期限的相关时点是套期保值被解除的那个时点。其他任何时点的美元久期都基本上不相关，因为目标仅是锁定那一特定日的价格或利率。相似地，用于计算美元久期的相关收益率就是目标收益率。因此，等式（22—5）的分子指的是预期解除套期保值那一天的美元久期*。为了确定该美元久期而在这一天选用的收益率就是该远期利率。

当利用长期国债期货合约进行套期保值时，看看我们如何运用等式（22—5）。期货合约数将受 CTD 证券的美元久期影响。我们可以修正等式（22—5）如下：

期货合约数 = –（无期货的当前美元久期/CTD 证券的美元久期）×（CTD 证券的美元久期/每份期货合约的美元久期）　　(22—6)

如前所述，CTD 证券的转换系数与第二个比值非常相近。因此，等式（22—6）可以重写为：

期货合约数 = -（无期货的当前美元久期/CTD证券的美元久期）×CTD证券的转换系数　（22—7）

（1）案例　下面以单一债券的例子说明为什么运用美元久期会计算出一个套期保值的正确合约数。所列举的套期保值是一个交叉套期保值。假设在1999年6月24日，一个管理者拥有面值为1 000万美元的利率为6.25%的房利美无期权债券，到期日为2029年5月15日，卖出价为88.39美元，收益率为7.20%。该管理者想通过卖出1999年9月的长期国债期货来对该房利美债券的一个未来出售进行套期保值。当时，该长期国债期货合约的价格为113美元。CTD证券是利率为11.25%，到期日为2015年2月15日的证券，交易价格为146.19美元，收益率为6.50%。该CTD证券的转换系数为1.283。为了简化，假定该房利美债券和CTD证券之间的收益率利差保持在0.70%（即，70个基点）并且该计划出售日期为1999年9月的最后一个营业日。

用于CTD证券套期保值的目标价格应当是144.979（113 × 1.283）美元，其目标收益率应当为6.56%。由于该房利美债券的收益率被假定高出该CTD证券收益率0.70%，该房利美证券的目标收益率应当为7.26%。对应于这个目标收益率，该房利美债券相应的价格为87.76美元。在这些目标水平上，利率每变动50个基点，该CTD证券和房利美债券每100美元面值所对应的美元久期分别为6.255美元和5.453美元。如前所述，所有的这些运算都假定结算日等于计划出售日，这个案例中是1999年9月的最后一个营业日。利率每变动50个基点，面值为1 000万美元的房利美债券的美元久期就为545 300美元（（10 000 000美元/100）× 5.453美元）。每100 000美元面值的CTD债券，其每份期货合约的美元久期为6 255美元（（100 000美元/100）× 6.255美元）。

因此，我们知道

无期货的当前美元久期 = 房利美债券的美元久期 = 545 300美元

CTD证券的美元久期 = 6 255美元

CTD证券的转换系数 = 1.283

将这些值代入等式（22—7）我们得到

期货合约数 =（545 300美元/ 6 255美元）×1.283 = -112份

所以，为了对该房利美债券头寸进行套期保值，必须卖空112份长期国债期货合约。

图表22—2运用案例情景分析来说明，在期货合约交割日那天对基于不同价格的房利美债券进行的套期保值的结果。浏览表内各栏。栏（1）列示出了假定的房利美债券的卖价，栏（2）列示出了与栏（1）中的实际卖价相对应的收益率。这个收益率是通过价格/收益率的关系得出的。栏（3）列示出了CTD证券的收益率，是基于假定房利美债券与CTD证券之间的收益率价差为70个基点而计算得出的。所以，通过将栏（2）中的房利美债券的收益率扣除70个基点，就可得出CTD证券的收益率（利率为11.25%，到期日为2015年2月15日）。给定栏（3）中的CTD证券的收益率，就可计算出每100美元面值的CTD证券的价格。这个CTD证券的价格列于栏（4）。

现在，我们从CTD证券的价格转移到期货价格。如对图表22—1中栏目所解释的一样，期货价格的计算是，将栏（4）中列示的CTD证券价格除以CTD证券的转换系数（1.283）。这个价格列在栏（5）。

图表 22—2　　**利用期货对持有至交割日的不可交割债券进行套期保值**

被套期保值工具：面值为 1 000 万美元的利率为 6.25% 的房利美债券，到期日为 2029 年 5 月 15 日

套期保值日为 1999 年 6 月 24 日的房利美债券价格 = 88.39 美元

1999 年 9 月的转换系数 = 1.283

卖出时的期货合约价格 = 113 美元

房利美债券的目标价格 = 87.76 美元

被套期保值的面值 = 10 000 000 美元

期货合约数 = 112 份

期货头寸 = 12 656 000 美元

房利美债券的目标市场价值 = 8 776 000 美元

(1)	(2)	(3)	(4)	(5)	(6)	(7)	(8)
房利美债券实际卖价（美元）	出售时的收益率	利率为 11.25% 的长期国债的收益率①	利率为 11.25% 的长期国债的价格（美元）	期货价格（美元）②	期货头寸价值（美元）	期货头寸损益③（美元）	有效卖价③（美元）
8 000 000	8.027%	7.327%	135.812	105.85510	11 855 771	800 229	8 800 229
8 100 000	7.922%	7.222%	137.024	106.79953	11 961 547	694 453	8 794 453
8 200 000	7.818%	7.118%	138.226	107.73658	12 066 497	589 503	8 789 503
8 300 000	7.717%	7.017%	139.419	108.66640	12 170 637	485 363	8 785 363
8 400 000	7.617%	6.917%	140.603	109.58913	12 273 983	382 017	8 782 017
8 500 000	7.520%	6.820%	141.778	110.50490	12 376 549	279 451	8 779 451
8 600 000	7.424%	6.724%	142.944	111.41384	12 478 350	177 650	8 777 650
8 700 000	7.330%	6.630%	144.102	112.31608	12 579 401	76 599	8 776 599
8 800 000	7.238%	6.538%	145.251	113.21175	12 679 716	−23 716	8 776 284
8 900 000	7.148%	6.448%	146.392	114.10096	12 779 307	−123 307	8 776 693
9 000 000	7.059%	6.359%	147.524	114.98383	12 878 188	−222 188	8 777 812
9 100 000	6.971%	6.271%	148.649	115.86047	12 976 373	−320 373	8 779 627
9 200 000	6.886%	6.186%	149.766	116.73101	13 073 873	−417 873	8 782 127
9 300 000	6.801%	6.101%	150.875	117.59554	13 170 700	−514 700	8 785 300
9 400 000	6.719%	6.019%	151.977	118.45417	13 266 868	−610 868	8 789 132
9 500 000	6.637%	5.937%	153.071	119.30702	13 362 386	−706 386	8 793 614

计算期货头寸价值的方法和图表 22—1 中显示的方法相同。首先，用期货价格除以 100 得出每 1 美元面值的期货价格。然后，将该值乘以 100 000 美元（该合约的面值）再乘以期货合约数。即

期货头寸价值 =（期货价格/100）×100 000 美元 × 期货合约数

栏（6）中的值就是运用这个公式得出的。以房利美的第一个卖价 800 万美元为例，其在栏（5）中相应的期货价格为 105.8551 美元。因为卖出的期货合约数为 112，所以该期货头寸

① 根据假设，CTD 证券的收益率比房利美债券的收益率低 70 个基点。
② 通过趋同，期货价格等于 CTD 证券价格除以 1.283（转换系数）。
③ 忽略交易成本和保证金融资费用。

价值为

期货头寸价值 =（105.8551 ÷ 100）× 100 000 美元 × 112 = 11 855 711 美元

现在，开始计算栏（7）中的期货头寸损益。注意如果所有期货价格高于113美元的话，对应栏（7）都有一个负值，这意味着该期货头寸有亏损。由于在开始套期保值时卖出的合约的期货价格是113美元，该期货头寸的损益计算如下：

[（113 － 最终期货价格）÷ 100] × 100 000 美元 × 期货合约数

例如，对于图表22—2中的第一个方案，该期货价格是105.8551美元，并且卖出112份期货合约。因此，

[（113 － 105.8551）÷ 100] × 100 000 美元 × 112 = 800 229 美元

该期货头寸有获利，因为该期货价格低于113美元。注意，图表22—2中如果最终期货价格高于113美元的话，对应栏（7）都有一个负值，这意味着该期货头寸有亏损。期货价格低于113美元才有获利。

最后，栏（8）列出了债券的有效卖价。这个值的计算如下：

房利美债券的有效卖价 = 房利美债券的实际卖价 + 期货头寸的损益

因为该实际卖价为8 000 000美元，收益为800 229美元。所以该房利美债券的有效卖价为：

8 000 000 美元 + 800 229 美元 = 8 800 229 美元

从图表22—2中的栏（8）我们看出如果该简化假设成立，一个采取了所推荐的期货合约数（112份）的期货套期保值基本可以锁定面值1 000万美元的房利美债券的目标价格。

（2）考虑收益率利差变化　套期保值策略中，对不可交割证券进行套期保值时，另一个需要考虑的因素是有关CTD证券和被套期保值的债券之间的收益率利差的假设。如前文所论述一样，我们假设该收益率利差在一段时间内保持不变。然而，收益率利差不可能在一段时间维持不变。它们因相关工具的到期日、利率水平和许多不可预测的非系统因素的影响而变动。

回归分析使得管理者能够得到收益率水平和收益率利差之间的关系，并且可以充分地利用它。为了达到套期保值的目的，变量设为被套期保值债券的收益率和CTD证券的收益率。该回归等式的形式为：

被套期保值债券的收益率 = a + b × CTD 证券的收益率 + 误差　　(22—8)

该回归步骤计算出了b值，该值代表两个债券间的预期相关收益率变动。这个参数b被称为**收益率贝塔值（yield beta）**。我们运用的例子中利差恒定，潜在假定了该收益率贝塔值b等于1.0，而a等于0.70（因为0.70是其假定的差价）。

对例子中的两个证券，房利美债券和CTD证券，假设其估计的收益率贝塔值为1.05。因此，房利美债券的收益率预期比国库券的收益率多变动5%。为了正确地计算出期货合约数，必须要考虑这个情况。因此，将前面例子中得出的期货合约数乘以因子1.05。所以，该投资者应该通过卖空118（四舍五入）份长期国债合约来对1 000万美元的房利美债券进行套期保值，而不是卖空112份合约。

为了包括收益率贝塔值的影响，期货合约数的公式修正为：

期货合约数 = －（无期货的当前美元久期/CTD 证券的美元久期）
× CTD 证券的转换系数 × 收益率贝塔值　　(22—9)

CTD证券的变化和收益率利差的影响可以在进行套期保值之前估计出来。在放宽假设条件的情况下，可以构建出一个与图表22—2相似的例子。例如，在套期保值解除日的不同利率水平下（图表22—2中的第（2）栏），一个不同的收益率利差可能是合理的，CTD证

券将是一个不同的可接受的证券。该管理者可以确定这些对该套期保值的结果有何影响。

4. 监控与评价套期保值

在确定一个目标值和设立一个套期保值后，还有两项任务需要完成。必须在套期保值的使用期限内对其进行监控并在事后对其进行评价。虽然必须要对套期保值进行监控，但是，相对于不积极的管理，对一个套期保值的过度积极的管理可能会给多数套期保值造成更大的威胁。其原因是，在套期保值的使用期间，管理者通常不能得到足够的新信息，以至于不能正确调整其期货策略。例如，每天根据相关的新数据和所估计的收益率贝塔值变化来重新调整该套期保值率是不合适的。

然而，这个一般原则是有例外的。当利率发生变化时，美元久期也发生变化。因此，该套期保值率可能有略微变动。在另一些情况下，可能会有重要的经济原因使得我们认为该收益率贝塔值已发生变化。虽然有例外，但是最好的方法通常是让一个套期保值按其原始套期保值率进行下去，期间，有必要的话，只对该原始套期保值率进行微调。

通常，只会在套期保值解除后才对该套期保值进行评价。评价包括，首先，对该套期保值最终锁定的实际利率与其目标利率的近似程度进行评估——即该套期保值中有多大的误差。为做出一个有意义的误差解释，该管理者应当计算如果根本没有进行套期保值的话，其售出（或购入）与目标会相差多少。对完成了的套期保值进行评价的一个好的理由是，可以确定该套期保值中误差产生的原因，以期望该管理者能洞察其原因，并将其充分运用到接下来的套期保值中。管理者将发现有三个主要因素会造成套期保值的误差：

（1）被套期保值工具的美元久期不正确；

（2）套期保值撤销日的基差预计价值可能错误；

（3）由回归估计得出的参数（a 和 b）可能不正确。

我们来对前两个造成套期保值误差的原因进行讨论。第三个缘由是无需解释的。回忆一下，在利率以小基点数上下变动，对证券重新定价的情况下，计算久期的方法。那两个重新计算的价值成为该久期公式的分子。上文列举的第一个误差原因认为被套期保值工具可能是个复杂的工具（即含有嵌入期权的工具），当利率变动时，其定价模型失效，不能正确地对该证券进行定价。

造成套期保值误差的第二个主要原因——不正确的基差预计价值——是一个更为麻烦的问题。不幸的是，没有像回归分析那样既符合要求又简单的模型可以用于基差的计算。计算基差的简单模型违反债券间的特定均衡关系，而这是不应该违反的。另一方面，理论上精确的模型又非常不直观，而且通常只能通过复杂的数学方法予以解答。为基差建模，毫无疑问地，是管理者寻求套期保值时所面临的最重要也是最困难的问题之一。

22.3 利用互换控制利率风险

一个利率互换相当于一篮子的远期/期货合约。因此，如同我们之前所讨论的期货一样，互换也可以用于控制利率风险和进行套期保值。

22.3.1 对利率风险进行套期保值

接下来的例子说明了一个利率互换，如何通过改变一个主体的现金流特点而使其更为匹配资产与负债的现金流特点，来对利率风险进行套期保值。在我们的例子里，将运用两个假定的金融机构—— 一家商业银行和一家人寿保险公司。

假设某银行有一个投资组合，该投资组合是由拥有固定利率的 4 年期商业贷款组成的。该投资组合的本金价值为 10 000 万美元，且该投资组合中的每份贷款的利率均为 11%。这些贷款是只收利息的贷款；每半年付息，其本金第 4 年末偿还。假设这些贷款没有违约，来自于该贷款投资组合的现金流，在接下来的 4 年里，每 6 个月收到利息 5 500 000 美元；在第 4 年末，收到本金 10 000 万美元。为了给它的贷款投资组合融资，假定在接下来的 4 年里，该银行能够以 6 个月期 LIBOR（伦敦银行同业拆放利率）进行借贷。

该银行所面临的风险是，6 个月期 LIBOR 将会是 11% 或者更高。这是为什么呢，记住该银行每年从它的商业贷款投资组合中获利 11%。当银行的借入利率调整时，如果 6 个月期 LIBOR 是 11%，在该 6 个月的时期中，银行将没有利差收益。更糟的是，如果 6 个月期 LIBOR 上升到 11% 以上，在该 6 个月的时期中，银行将会有亏损，即资金成本将大于从该贷款投资组合赚取的利率。该银行的目标是锁定其资金成本之上的利差。

利率互换例证的另外一方是某人寿保险公司，该公司允诺，在接下来的 4 年里，为其发行的一份 10 000 万美元的担保投资合同（GIC）支付 8% 的利率。假设，该人寿保险公司有机会在一个私募交易中，投资 10 000 万美元，以买入一份它认为有吸引力的 4 年期浮动利率的债券。该债券的利率为 6 个月期 LIBOR 加上 120 个基点。其票面利率每 6 个月调整一次。

这个例子中，该人寿保险公司所面临的风险是 6 个月期 LIBOR 将会下降，使得该公司赚取不到一个超过它对其 GIC 投保人所保证过的 8% 的利率之上的利差。如果在调息日，6 个月期 LIBOR 下降至 6.8% 或更低，该人寿保险公司将没有利差收益。为了明白为什么，假设，在该浮动利率债券调整其票面利率之日，6 个月期 LIBOR 为 6.8%。那么，在接下来的 6 个月，该票面利率将为 8%（6.8% 加 120 个基点）。由于该人寿保险公司已同意为 GIC 支付 8% 的利率，所以它将没有利差收益。如果 6 个月期 LIBOR 下降到 6.8% 以下，该 6 个月的时期中，人寿保险公司将会有亏损。

我们可以总结一下该银行和人寿保险公司的资产/负债问题，如下：

银行：

1. 贷出长期，借入短期
2. 6 个月期 LIBOR 上升，利差收益下降

人寿保险公司：

1. 贷出短期，借入长期
2. 6 个月期 LIBOR 下降，利差收益下降

现在，假设市场已经提供了 4 年期的利率互换，其名义金额为 100 000 000 美元，提供给该银行的互换条件如下：

1. 每 6 个月，该银行将按 9.50% 支付利息（年利率）
2. 每 6 个月，该银行将按 LIBOR 收到利息

假设提供给该人寿保险公司的互换条件如下：

1. 每 6 个月，该人寿保险公司将按 LIBOR 支付利息
2. 每 6 个月，该人寿保险公司将按 9.40% 收到利息

现在我们来看，互换之后，该银行和人寿保险公司的情况。图表 22—3 总结了每个机构在其互换前后的情况。首先考察该银行。对其互换期限内的每 6 个月，其利率互换如下：

收到的年利率：		
来自商业贷款投资组合	=	11.00%
来自利率互换	=	6 个月期 LIBOR
总计	=	11.00% + 6 个月期 LIBOR

图 22—3 **互换前后银行和人寿保险公司的情况**

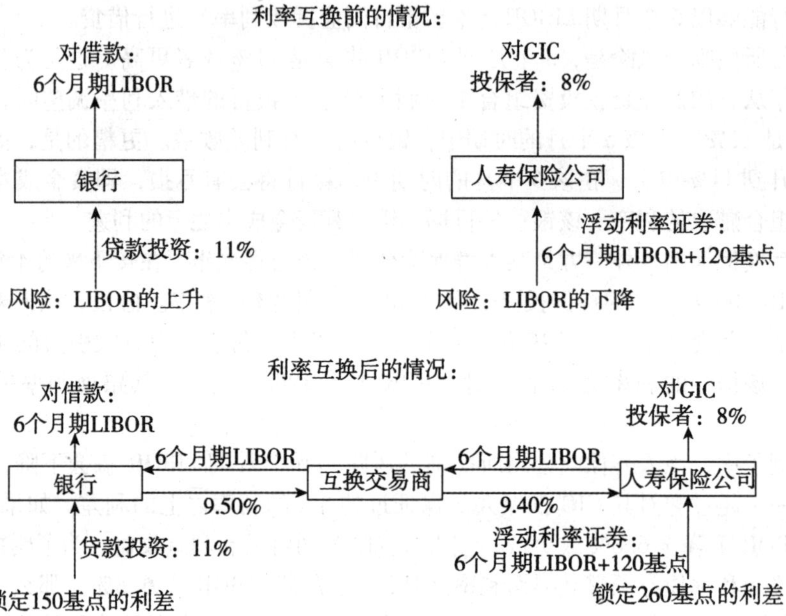

支付的年利率：		
给存款者	=	6 个月期 LIBOR
给利率互换另一方	=	9.50%
总计	=	9.50% +6 个月期 LIBOR

结果		
收到的	=	11.0% +6 个月期 LIBOR
支付的	=	9.50% +6 个月期 LIBOR
利差收益	=	1.50% 或 150 个基点

因此，不管 6 个月期 LIBOR 如何变动，假设没有贷款违约或清算，该银行锁定了 150 个基点的利差。

现在，我们来看利率互换对人寿保险公司的影响：

收到的年利率：		
来自浮动利率债券	=	1.20% +6 个月期 LIBOR
来自利率互换	=	9.40%
总计	=	10.60% +6 个月期 LIBOR

续图表

支付的年利率：		
给 GIC 投保者	=	8.00%
给利率互换另一方	=	6 个月期 LIBOR
总计	=	8.00% +6 个月期 LIBOR

结果：		
收到的	=	10.60% +6 个月期 LIBOR
支付的	=	8.00% +6 个月期 LIBOR
利差收益	=	2.60%或 260 个基点

在假定该浮动利率工具的发行者没有违约的情况下，不管 6 个月期 LIBOR 有何变化，该人寿保险公司都锁定了 260 个基点的利差。

该利率互换使得各方都能达成它锁定利差的资产/负债目标[①]。它能使这两个金融机构改变其资产的现金流的特性：在银行的案例中是从固定到浮动，在人寿保险公司的案例中是从浮动到固定。

22.3.2　互换的美元久期

实际上，利率互换头寸是一种杠杆头寸。这个观点符合我们之前对利率互换所做出的经济学解释。我们知道期货/远期是杠杆工具，在一篮子现货工具的情况下，它是一种杠杆头寸，包括买入一份固定利率债券并且基于浮动利率为其提供资金（即固定利率收款人头寸）或基于固动利率融资买入一份浮定利率债券（即固定利率付款人头寸）。所以，我们可以认为互换的美元久期是该互换的标的债券久期的复合物。

来看如何计算出该美元久期，我们运用互换的第二个经济学含义——来自于买卖现货市场工具的一系列现金流。从固定利率收款人的角度看，该头寸为：

买入一份固定利率债券 + 卖空一份浮动利率债券

该固定利率债券是这样一种债券，其票面利率等于该互换利率，到期日等于该互换期限，并且面值等于该互换的名义金额。

这意味着，从固定利率收款人的角度看，一个利率互换的美元久期是组成该互换的两个债券头寸的美元久期的差额。即，

固定利率收款人角度的互换的美元久期 = 固定利率债券的美元久期 - 浮动利率债券的美元久期

由于其浮动利率债券的美元久期会很小，大多数互换的利率敏感性来自于对其固定利率债券的美元久期。浮动利率债券的美元久期越小，该互换越接近它的调整日期。如果该浮动利率债券的美元久期接近于零，那么：

固定利率收款人角度的互换的美元久期 ≈ 固定利率债券的美元久期

因此，通过粗略计算标的固定利率债券的美元久期，可以知道将一个利率互换加入一个投资组合（在该互换中，管理者支付一个浮动利率，接收一个固定利率）会增加该投资组合的美元久期。这是因为它实际上包括基于杠杆买入一份固定利率债券。

我们可以运用现货市场工具的经济学含义来计算固定利率付款者所进行的互换的美元久期。该美元久期为：

---

① 在这个例子中，我们不考虑该利差的大小是否恰当。

$$\text{固定利率付款人角度的互换的美元久期} = \text{浮动利率债券的美元久期} - \text{固定利率债券的美元久期}$$

同样，假定该浮动利率债券的美元久期很小，我们有

$$\text{固定利率付款人角度的互换的美元久期} \approx -\text{固定利率债券的美元久期}$$

因此，通过计算，管理者可以利用在投资组合加入一个互换（该互换中，支付固定的利率，接收浮动的利率）来将该投资组合的美元久期减少到近似等于该固定利率债券的美元久期的数额。

包含有一个互换的投资组合的美元久期为：

$$\text{资产的美元久期} - \text{负债的美元久期} + \text{互换头寸的美元久期}$$

我们来看看银行/人寿保险公司例子中所谓的美元久期误配。该银行的资产（固定利率贷款）美元久期大于它的负债（它所借的短期资金）。实际上，该银行的情况如下：

$$\text{银行的美元久期} = \text{资产的美元久期} - \text{负债的美元久期} > 0$$

该银行签订了一份利率互换，在该互换中它支付固定的利率，接收浮动的利率。该互换头寸的美元久期为负值，所以加入该互换头寸将使该银行的美元久期头寸趋近于零，从而，减少利率风险。

对人寿保险公司而言，其负债的久期大而其浮动利率资产的久期小。即，

$$\text{人寿保险公司的美元久期} = \text{资产的美元久期} - \text{负债的美元久期} < 0$$

该人寿保险公司签订了一份利率互换，在该互换中它支付浮动的利率而接收固定的利率。这个互换头寸有一个正的久期，将它加入到一个投资组合后，它会使该久期趋近于零，从而减少利率风险。

22.4 利用期权进行套期保值

利用期权进行套期保值的策略包括持有一个期权头寸和一个标的物债券头寸，其持有的方法是使一个头寸价值的变化能抵销另一个头寸的不利的价格（利率）变化。我们从利用期权进行套期保值的基本策略开始。接下来，我们举例说明这些基本策略，即利用期货期权对房利美债券进行套期保值，在22.2节我们曾介绍过期货套期保值。在我们的例证中运用期货期权是一项有意义的工作，因为它展示了期货期权套期保值的复杂性和该过程中所涉及的关键参数。我们还对比了期货套期保值的结果与期货期权套期保值的结果。

22.4.1 基本套期保值策略

有三种流行的套期保值策略：（1）保护性看跌期权买入策略；（2）卖出抵补看涨期权策略；（3）双限策略。下文我们对每个策略进行讨论。

1. 保护性看跌期权买入策略

假定一个管理者有一份债券并且想抵御上升的利率。最显而易见的期权套期保值策略是买入债券看跌期权。这是一种**保护性看跌期权买入策略（protective put buying strategy）**。该看跌期权通常是价外的，并且可能是现货债券的看跌期权或利率期货的看跌期权。如果利率上升，该看跌期权的价值将上升（假定其他因素维持不变），以抵销该投资组合中债券的一些或全部的亏损。

这个策略是一个买入看跌期权与现货债券的多头头寸的简单结合。这种头寸的下行风险是有限的，但上行潜力却是很大的。然而，当利率下降时，该套期保值投资组合的全部头寸

价值相对于该未套期保值的头寸减少了，这是因为该看跌期权的成本。图表 22—4 将该买入有保护的看跌期权的策略与未被套期保值的头寸做了比较。

保护性看跌期权的买入策略经常与购买保险进行比较。像保险一样，为该保障所支付的费用是不可退还的并且要在保护期开始前支付。对投资组合的保障程度是由该期权的执行价格决定的，因此，常将该执行价格与保险政策中的免赔额进行比照。免赔额越低（即看跌期权的执行价格越高），其保障水平越高且其保险成本也越高。反之，免赔额越高（即看跌期权的执行价格越低），其投资组合的价值可能亏损越多，但是，该保险成本降低。

图表 22—4　　保护性看跌期权买入策略

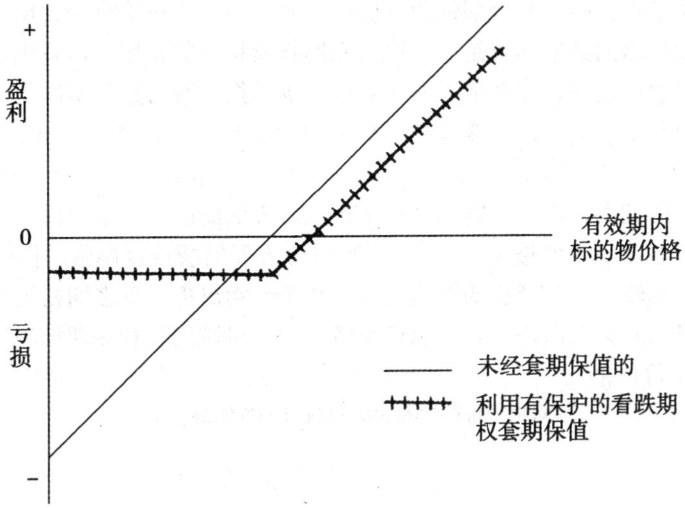

图表 22—5　　不同执行价格的保护性看跌期权买入策略

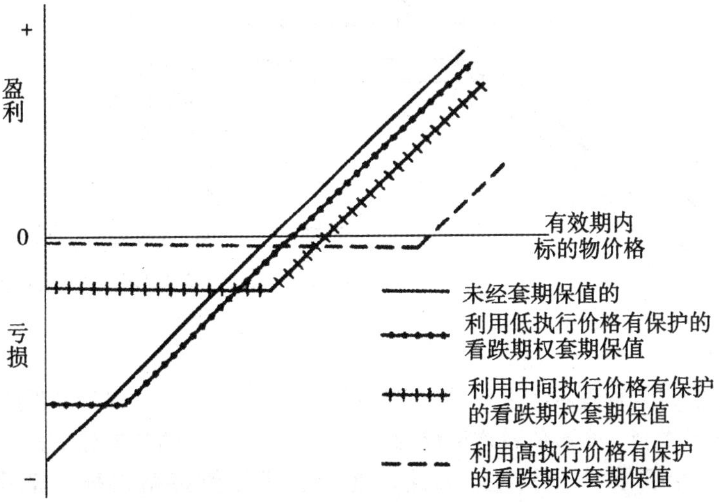

图表 22—5 比较了未经套期保值的头寸与若干有保护性看跌期权头寸，每一个都有不同的执行价格或保障水平。如该图表所示，在所有可能的利率水平下，没有哪个策略绝对优于其他策略。因此，不可能说哪一个执行价格是绝对“最好的”执行价格，也不能说买入保护性看跌期权绝对比什么都不做要好。

2. 卖出抵补看涨期权策略

许多投资组合管理者运用的另一种期权套期保值策略是，卖出看涨期权保障债券投资组合。这种套期保值策略被称为**卖出抵补看涨期权策略**（covered call writing strategy）。该看涨期权是虚值的，并且可能是现货债券的看涨期权或利率期货的看涨期权。卖出抵补看涨期权只是一种完全的多头头寸加上卖出看涨期权头寸。显而易见，比起买入保护性看跌期权以保障该投资组合，这种策略导致的下行风险要大得多。事实上，很多投资组合管理者不大考虑用卖出抵补看涨期权进行套期保值。

不管它是怎样分类的，这点认知很重要：虽然卖出抵补看涨期权有很大的下行风险，但是它的下行风险要小于单独的未经套期保值的多头头寸。在下行风险方面，单独的多头头寸与卖出抵补看涨期权策略间的差异就是卖出该看涨期权所得到的费用。该费用的作用就像是一种对价格的向下运动的缓冲，当利率上升时可以减少亏损。获得这种缓冲的成本是放弃上行潜力的可能性。当利率下降时，对该抵补看涨期权的卖方而言，该看涨期权的债务增加。这些增加的债务减少了收益。因此，该抵补看涨期权的卖方放弃了一部分（或全部）该投资组合的上行潜力的可能性，借以获得一个对下行风险方面的缓冲。上行潜力的可能性放弃得越多（即该看涨期权的执行价格越低），对下行风险方面的缓冲就越强。图表 22—6 举例说明了这一点，通过比较一个未经套期保值的头寸和若干卖出抵补看涨期权策略，每个策略都有不同的执行价格。同买入保护性看跌期权策略一样，对该抵补看涨期权的卖方而言，没有绝对“正确的”执行价格。

图表 22—6　**不同执行价格的卖出抵补看涨期权策略**

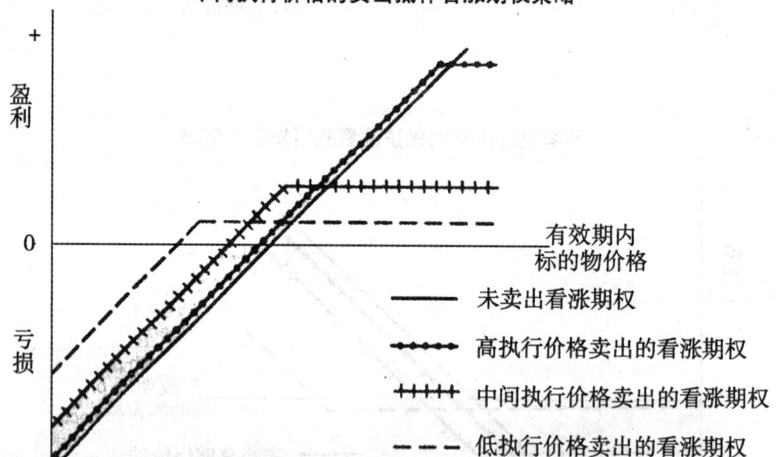

3. 双限策略

另外一个投资组合管理者经常使用的套期保值策略结合了买入保护性看跌期权与卖出抵补看涨期权。通过组合一个虚值看跌期权的多头头寸和一个虚值的看涨期权的空头头寸，该管理者构建了一个*双限*多头头寸。因此，这种套期保值策略被称为**双限策略**（collar strategy）。运用双限的管理者通过放弃部分上行潜力的可能性消除部分该投资组合的下行风险。图表 22—7 展现了利用双限对多头头寸进行的套期保值。

双限在某些方面类似于保护性看跌期权，在某些方面类似于抵补看涨期权，而某些方面类似于未经套期保值的头寸。双限像保护性看跌期权买入策略，因为它限定了，如果利率上升，该投资组合可能发生的亏损。如同卖出抵补看涨期权策略一样，该投资组合的上行潜力可能性是有限的。如同未经套期保值的头寸，该投资组合的价值，在限定的执行价格的范围内，随着利率的变动而变动。

图表 22—7　　　　　**利用双限对多头头寸进行套期保值**

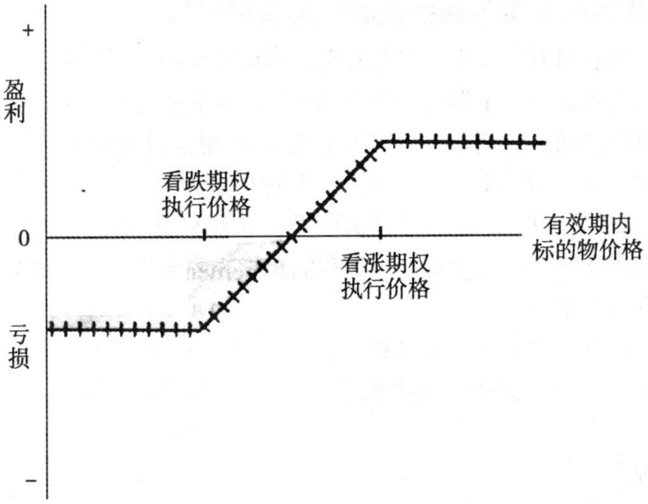

4. 选择“最优”策略

比较利用期权套期保值的两种基本策略，不能说买入保护性看跌期权策略或卖出抵补看涨期权策略是绝对更好的或更为正确的期权套期保值。最优策略（和最优执行价格）取决于管理者对市场看法和对风险的承受力。如果该管理者是完全看跌的，通过支付规定的期权费用购买一个看跌期权是合宜的。如果，相反，该管理者是轻微看跌的，更为妥当的做法是卖出抵补看涨期权以获取期权费用。如果该管理者对市场根本没有把握，并且认为风险越小越好，那么期货套期保值是最适合的选择。如果该管理者是完全看涨的，那么一个未经套期保值的头寸可能是最优的策略。

22.4.2　期权套期保值的步骤

如同利用期货套期保值（在22.2节做过描述），在他们执行期权套期保值前，有若干步骤管理者应当予以考虑。这些步骤包括：

步骤1. *决定一个作为最优的套期保值工具的期权合约*。所使用的最优期权合约取决于若干因素，包括期权价格、流动性以及其与被套期保值债券之间的价格相关性。无论何时，都有这样一种可能，即该期权头寸可能在到期前就转让了，所以流动性是一个重要的因素。如果某个期权是非流动的，转让一个期权头寸可能会相当昂贵，使得该管理者丧失提前转让该头寸或买入其他可能更具吸引力头寸的灵活性。与被套期保值的标的债券价格之间的相关性是选择正确合约的另一因素。相关度越高，越能精确地将最终损益定义为最终利率水平的函数。低相关性导致更多的不确定性。

虽然绝大多数期权套期保值的不确定性来自利率的不确定性，但是，被套期保值债券价格与期权合约的标的工具价格之间的相关性决定了该套期保值目标的实现程度。低相关性导致更多不确定性。

步骤2. *确定合适的执行价格*。对一个交叉套期保值，管理者要将买入或卖出该期权的执行价格转换成等价的被套期保值债券的执行价格。

步骤 3. *决定合约份数*。套期保值率就是将要买卖的期权份数。

运用期货期权的例子可以更好地解释步骤 2 和步骤 3。

22.4.3 利用期货期权的买入保护性看跌期权策略

如上所述，当管理者想对债券头寸进行套期保值以抵御利率可能的上升时，他们会觉得买入期货的看跌期权是购买用于抵御利率上升的保护的最简单方法之一。为了说明买入保护性看跌期权策略，可以借助曾经用过的房利美债券（曾用于说明如何利用长期国债期货进行套期保值的那种债券[①]）。在那个例子中，一个管理者持有面值 1 000 万美元的利率为 6.25%，到期日为 2029 年 5 月 15 日的房利美债券，并且利用 1999 年 9 月长期国债期货来锁定那些债券在其期货交割日时的卖价。现在我们想来说明该管理者可以如何应用期货期权代替期货来抵御上升的利率。

在 1999 年 6 月 24 日，该房利美债券的价格为 88.39 美元，收益率为 7.20%，而 CTD 证券的收益率为 6.50%。为了简化，假定该房利美债券与 GTD 证券之间的收益利差维持在 70 个基点。

1. 选择执行价格

在我们的例子中，选择执行价格意味着管理者想为该房利美债券设定的最低价格。在该例子中我们假定最低的可接受价格（未扣除看跌期权的成本）是 84.453 美元。这就等于说，该管理者想给一个被套期保值的债券的设定一个执行价格 84.453 美元。但是，该管理者没有买入该房利美债券的看跌期权。他买入的是一个长期国债期货合约的看跌期权。因此，该管理者必须决定长期国债期货合约看跌期权的执行价格，其执行价格应等价于房利美债券（84.453 美元）的执行价格。

借助图表 22—8 来完成这项任务。注意所有的方框都编了号，所以，当说明该过程的时候，我们将借用这些编号框。我们从该图表的框 1 开始。在我们的例子中，该投资组合管理者对该房利美债券所设定的执行价格为 84.453 美元。给定它的票面利率 6.25%，它的到期日和价格为 84.453 美元（期望的执行价格），现在我们可以计算出它的收益率为 7.573%。也就是，为该房利美债券设定的执行价格 84.453 美元等价于框 2 中设定的执行收益率（或等价的最大收益率）7.573%。

现在我们来看框 3——最经济可交割证券的收益率。为了从框 2 过渡到框 3，我们应用一个假设，即，该房利美债券与最经济可交割证券之间的利差维持在 70 个基点。由于房利美债券的执行收益率为 7.573%，扣除 70 个基点得出最经济可交割证券的执行收益率（或最高收益率）为 6.873%。

我们再利用价格/收益率的关系从框 3 移动到框 4。该最经济可交割证券为利率是 11.25%，到期日为 2015 年 2 月 15 日的证券。给定到期日、票面利率和它的执行收益率 6.873%，算出其价格为 141.136 美元。这是框 4 中应该显示的价值。

现在计算我们需要的最终价值——该长期国债期货合约的执行价格。我们知道该债券期

① 长期国债的期货期权更为普遍地为机构投资者所应用。期货期权的应用方法如下。如果执行的是一个看跌期权，该期权的买方收到其标的物期货合约的一个空头头寸，而该期权的卖方收到相应的多头头寸。两种头寸的期货价格均为该看跌期权的执行价格。接下来，市场交易使该头寸调整至市场价并且这两种头寸的期货价格就是当前期货价格。如果执行的是一个看涨期权，该期权的买方收到其标的物期货合约的一个多头头寸，而该期权的卖方收到相应的空头头寸。两种头寸的期货价格均为该看涨期权的执行价格。接下来，市场交易使该头寸调整至市场价并且这两种头寸的期货价格就是当前期货价格。

货合约中任何可交割证券的转换价格为：

转换价格 = 期货价格 × 转换系数

图表22—8　　计算利用期货期权套期保值的等价执行价格和收益率

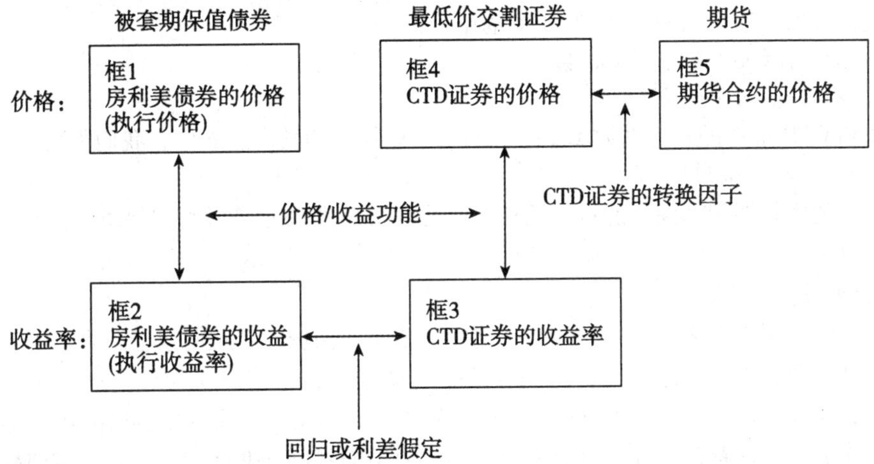

对最经济可交割证券而言：

CTD 证券的转换价格 = 期货价格 × CTD 证券的转换系数

目标是得到该期货合约的执行价格。为得到期货价格，对上式进行处理，我们得到

期货价格 = CTD 证券的转换价格/CTD 证券的转换系数

由于框4中CTD证券的转换价格为141.136美元，而转换系数为1.283，则该长期国债期货合约的执行价格为：

期货价格 = 141.136 ÷ 1.283 = 110.0047 或 110（美元）

长期国债期货合约的看跌期权的执行价格110美元近似地等价于我们房利美债券的看跌期权的执行价格84.453美元。

为了得到正确的期货看跌期权的执行价格，前面的步骤都是非常必要的。该过程并不复杂。简单来说，它包括：（1）价格与收益率之间的关系；（2）被套期保值债券与最经济可交割证券之间的收益率利差的假定关系；（3）最经济可交割证券的转换系数。再次说明，该套期保值策略的成功取决于（a）最经济可交割证券是否发生变化；（b）被套期保值债券与最经济可交割证券之间的收益率利差。

2. 计算期权合约的份数

由于我们假定被套期保值债券与最经济可交割证券之间的收益率利差恒定，其套期保值率是由下面等式所确定的，该等式类似于等式（22—7）：

期权合约数 =（无期权的当前美元久期/CTD 证券美元久期）× CTD 证券的转换系数

当前久期是指设立套期保值时的久期。回忆一下，美元久期计算的是期望利用被套期保值债券的目标收益率将该套期保值撤销那一天的久期。对买入保护性看跌期权策略，我们假定该套期保值将在该期权的到期日撤销（假定是1999年9月末）。为了得到该债券的当前美元久期，其目标收益率为房利美债券的执行收益率，即7.573%。对1999年9月末，利率变动50个基点，目标收益率为7.573%的房利美债券而言，其当前美元久期为512 320美元。这个值和用于计算期货套期保值合约数的当前美元久期不同。那个值是545 300美元，因为它是基于7.26%的目标收益率得到的。

比起利用期货的套期保值，该CTD证券的美元久期基于一个不同的目标价格（即最低价格)。在期货套期保值策略中其目标价格为 113 美元且其 CTD 证券的美元久期为 6 255 美元。在买入保护性看跌期权策略中，因为该期货期权的执行价格为 110 美元（这个策略中的目标价格），所以，当利率变动 50 个基点时，该 CTD 证券的美元久期为 6 021 美元。

因此，我们知道，当利率变动 50 个基点时：

无期权的当前美元久期 = 512 320 美元

CTD 证券的美元久期 = 6 021 美元

将这些值和 CTD 证券的转换系数 1.283 代入关于期权合约数的公式中，我们得出：

期权合约数 = (512 320 美元 ÷ 6 021 美元) × 1.283 = 109 份

因此，若要利用长期国债期货的看跌期权对该房利美债券头寸进行套期保值，必须购买 109 份看跌期权。

3. 套期保值的结果

我们可以运用图表 22—2 中的数据，建立一个关于保护性看跌期权套期保值的表格。图表 22—9 是一个关于买入保护性看跌期权策略的情景分析。前面 5 栏和图表 22—2 中的一样。对该看跌期权套期保值，栏（6）表明，在到期日那天，如果期货价格高于或等于该执行价格 110 美元，该看跌期权的价值就等于零。如果期货价格低于 110 美元，该期权是实值期权并且：

看跌期权头寸的价值 = [(110 - 期货价格) ÷ 100] × 100 000 美元 × 看跌期权份数

例如，图表 22—9 中的第一个情境，相关的期货价格为 105.8551 美元，该看跌期权的价值为：

[(110 - 期货价格) ÷ 100] × 100 000 美元 × 109 = 451 794 美元

房利美债券的有效卖价等于：

有效卖价 = 实际卖价 + 看跌期权头寸价值 - 期权成本

我们来看期权成本。假设执行价格 110 美元的看跌期权价格为每份合约 500 美元。该保护性期权的成本为 54 500 美元（109 × 500 美元，不包含筹资成本和手续费）。这个成本列在栏（7）中，并且等价于每套期保值 100 美元面值，其成本为 0.545 美元。

每个情境下的房利美债券有效卖价都列示在栏（9）中，它们高于 83.902 美元。其计算方法为，等价于 110 美元的期货执行价格的房利美债券价格（即，84.453 美元）减去看跌期权的成本（每套期保值 100 美元面值，其成本为 0.545 美元）。最小有效价格可以在开始套期保值前计算出来。（当价格下跌时，有效卖价的确会超出 83.908 美元的目标最小卖价一些。这仅是因为进行了四舍五入；套期保值率没有改变，尽管用于计算套期保值的相关美元久期随收益率的变动而改变了。）然而，当价格上升时，被保值债券的有效卖价也上升；不像图表 22—2 中所说明的期货套期保值，期权套期保值在利率上升时可以保护投资者，而在利率下降时还能带给投资者利润。

22.4.4 利用期货期权的卖出抵补看涨期权策略

不同于买入保护性的看跌期权策略，卖出抵补看涨期权的目的不是为一个投资组合抵御利率上升的风险。抵补看涨期权的卖方，相信市场不会以比目前水平高出很多或低出很多的水平进行交易，对应现有的债券投资组合头寸，卖出虚值看涨期权。看涨期权的卖出会带来期权费用收益，可以在利率上升时，提供部分保护。收到的费用当然不能提供，像买入看跌

图表22—9　　**利用期货看跌期权对持有至交割日的不可交割债券进行套期保值**

被套期保值工具：面值为1 000万美元，利率为6.25%的房利美债券，到期日为2029年5月15日

设立套期保值日（1999年6月24日）的房利美价格＝88.39美元

转换系数＝1.283

期货合约价格＝113美元

房利美债券中每份债券的目标价格＝84.453美元

有效最低卖价＝83.908美元

被套期保值的面值＝10 000 000美元

看跌期权的执行价格＝110美元

期货看跌期权份数＝109份

每份合约的价格＝500.00美元

看跌期权头寸的成本＝54 500美元

(1)	(2)	(3)	(4)	(5)	(6)	(7)	(8)
房利美债券的实际卖价（美元）	出售时的收益率	利率为11.25%的长期国债收益率	利率为11.25%的长期国债的价格（美元）	期货价格①（美元）	看跌期权的价值②（美元）	看跌期权头寸的成本（美元）	有效卖价③（美元）
8 000 000	8.027%	7.327%	135.812	105.85510	451 794	54 500	8 397 294
8 100 000	7.922%	7.222%	137.024	106.79953	348 851	54 500	8 394 351
8 200 000	7.818%	7.118%	138.226	107.73658	246 712	54 500	8 392 212
8 300 000	7.717%	7.017%	139.419	108.66640	145 362	54 500	8 390 862
8 400 000	7.617%	6.917%	140.603	109.58913	44 785	54 500	8 390 285
8 500 000	7.520%	6.820%	141.778	110.50490	—	54 500	8 445 500
8 600 000	7.424%	6.724%	142.944	111.41384	—	54 500	8 545 500
8 700 000	7.330%	6.630%	144.102	112.31608	—	54 500	8 645 500
8 800 000	7.238%	6.538%	145.251	113.21175	—	54 500	8 745 500
8 900 000	7.148%	6.448%	146.392	114.10096	—	54 500	8 845 500
9 000 000	7.059%	6.359%	147.524	114.98383	—	54 500	8 945 500
9 100 000	6.971%	6.271%	148.649	115.86047	—	54 500	9 045 500
9 200 000	6.886%	6.186%	149.766	116.73101	—	54 500	9 145 500
9 300 000	6.801%	6.101%	150.875	117.59554	—	54 500	9 245 500
9 400 000	6.719%	6.019%	151.977	118.45417	—	54 500	9 345 500
9 500 000	6.637%	5.937%	153.071	119.30702	—	54 500	9 445 500

头寸所提供的那种保障，但是，它确实提供了一些额外的收益，可以用于抵补价格的下跌。反之，如果利率下降，投资组合的增值是有限的，因为该卖出看涨期权头寸带给卖方一种债务，且这个债务随利率的下降而增加。因此，抵补看涨期权的卖方只能分享一个有限的价格上行潜力的好处。当然，如果价格根本不变，这就不是问题；来自于卖出看跌期权的额外收

① 这些数为近似值是因为期货以n/32进行标价交易。
② 来自于｛［（110 － 期货价格）/100］×100 000美元×1 090｝的较高值。
③ 忽略交易成本或期权头寸的筹资成本。

益是不会有任何代价的。

来看看期货期权的卖出抵补看涨期权如何被应用于前面例子中的那个债券（在保护性看跌期权例子中运用过的债券），如同前面，我们构建了一个表格。我们假定，在这个例子中，管理者选择以117美元的执行价格卖出一个看涨期权①。同在期货套期保值有保护性期权的买入策略中一样，假定被套期保值债券与CTD证券的利差维持在70个基点。我们还假定每份看涨期权的价格为500美元。

从图表22—8中的框5开始倒推，期货期权的执行价格117美元等价于看涨期权到期日之时的：

CTD证券的目标价格 = 117 × 1.283 = 150.111美元（框4中的值）

CTD证券的目标收益率 = 6.16%（根据价格/收益率关系，框3）

房利美债券的目标收益率 = 6.86%（根据70个基点利差的假定，框2）

房利美债券的目标价格 = 92.3104美元（根据价格/收益率关系，框1）

基于以上信息，可计算出房利美债券的当前美元久期和CTD证券的当前美元久期。以上信息代表的是看涨期权到期日之时的价值。当利率变动50个基点时，该美元久期为：

无期权的当前美元久期 = 592 031美元

CTD证券的美元久期 = 6 573美元

将这些值和CTD证券的转换系数1.283代入关于期权合约份数的公式中，我们得到：

期权合约份数 = （592 031美元 ÷ 6 573美元）× 1.283 = 115.6（四舍五入得116）

卖出116份看涨期权所得到的收入为58 000美元（116份看涨期权 × 500美元）即每100美元被套期保值的面值的收入为0.580美元。

当房利美债券的目标价格为92.3104美元时，用卖出该看涨期权所得到的收入对该目标价格进行调整得出最高有效卖价。最高有效卖价为92.8904美元（= 92.3104美元 + 0.5800美元）。

图表22—10展现了该卖出抵补看涨期权策略的结果。该图表的前5栏与图表22—9中的一样。栏（6）中，列示出了由该看涨期权头寸所带来的债务。如果期货价格低于117美元的执行价格，其债务为零。如果该情景下的期货价格高于117美元，债务的计算如下：

[（期货价格 − 117）÷ 100] × 100 000美元 × 看涨期权份数

例如，假定房利美债券的卖价为9 500 000美元。相应的期货价格为119.30702美元。卖出的看涨期权份数为116。因此，

[（119.30702 − 117）÷ 100] × 100 000美元 × 116 = 267 614美元

即，

有效卖价 = 实际卖价 + 卖出看涨期权所得到的收入 − 看涨期权头寸的债务

由于卖出该看涨期权的收入为58 000美元，所以

有效卖价 = 实际卖价 + 58 000美元 − 看涨期权头寸的债务

图表22—10中的最后一栏列示出了各个情景的有效卖价。

如图表22—10所示，若该被套期保值债券，以高出所假定的CTD证券70个基点的价格进行交易，实际上，该被套期保值债券的最高有效卖价只是略微高于92.8904美元。该图表中的差异是因为进行了四舍五入。

---

① 注意这是基于该管理者愿意接受的风险—收益率状况。在此例中它不是分析得出的。

图表 22—10 **针对不可交割债券卖出期货看涨期权**

被套期保值工具：面值为 1 000 万美元，利率为 6.25% 的房利美债券，到期日为 2029 年 5 月 15 日

设立套期保值日（1999 年 6 月 24 日）的房利美价格 = 88.39 美元

1999 年 9 月的转换系数 = 1.283

期货合约的价格 = 113 美元

房利美债券中每份债券的目标价格 = 92.3104 美元

有效最高卖价 = 92.8904 美元

被套期保值面值 = 10 000 000 美元

看涨期权的执行价格 = 117 美元

期货看涨期权份数 = 116

每份合约的价格 = 500 美元

看涨期权头寸的价值 = 58 000 美元

(1)	(2)	(3)	(4)	(5)	(6)	(7)	(8)
房利美债券的实际卖价（美元）	售出收益率	利率 11.25% 的长期国债收益率	利率 11.25% 的长期国债价格（美元）	期货价格①（美元）	看涨期权的债务②	卖出看涨期权头寸的收入（美元）	有效卖价（美元）③
8 000 000	8.027%	7.327%	135.812	105.85510	—	58 000	8 058 000
8 100 000	7.922%	7.222%	137.024	106.79953	—	58 000	8 158 000
8 200 000	7.818%	7.118%	138.226	107.73658	—	58 000	8 258 000
8 300 000	7.717%	7.017%	139.419	108.66640	—	58 000	8 358 000
8 400 000	7.617%	6.917%	140.603	109.58913	—	58 000	8 458 000
8 500 000	7.520%	6.820%	141.778	110.50490	—	58 000	8 558 000
8 600 000	7.424%	6.724%	142.944	111.41384	—	58 000	8 658 000
8 700 000	7.330%	6.630%	144.102	112.31608	—	58 000	8 758 000
8 800 000	7.238%	6.538%	145.251	113.21175	—	58 000	8 858 000
8 900 000	7.148%	6.448%	146.392	114.10096	—	58 000	8 958 000
9 000 000	7.059%	6.359%	147.524	114.98383	—	58 000	9 058 000
9 100 000	6.971%	6.271%	148.649	115.86047	—	58 000	9 158 000
9 200 000	6.886%	6.186%	149.766	116.73101	—	58 000	9 258 000
9 300 000	6.801%	6.101%	150.875	117.59554	69 083	58 000	9 288 917
9 400 000	6.719%	6.019%	151.977	118.45417	168 684	58 000	9 289 316
9 500 000	6.637%	5.937%	153.071	119.30702	267 614	58 000	9 290 386

22.4.5 可选策略的比较

本章我们介绍了对一个债券头寸进行套期保值的三种基本策略：（1）利用期货套期保值；（2）利用虚值看跌期权套期保值；（3）利用虚值看涨期权卖出抵补看涨期权套期保值。对担心利率会下降的管理者可采取类似，却又相反的策略。正如预计的那样，没有“最优”

① 这些数为近似值是因为期货以 n/32 进行标价交易。
② 来自于｛［（期货价格 - 17）/100 ］ ×100 000 美元 ×1 160｝ 较大值。
③ 不包括交易成本或在该期权费用上赚的利息。

策略。每种策略都有优点也有缺点，鱼与熊掌不可兼得。为了得到一种价值，必须要付出代价。

为了帮助其确定选择何种策略，我们一步步地对它们进行比较。应用22.2.2节中的例证和22.4.3节中的期货期权例证，图表22—11显示了，在不同套期保值策略下，其投资组合的最终价值。很容易看出，没有哪种策略在任何情况下完全优于其他策略。

因此，我们不能断言哪种策略是最优的策略。管理者在选择策略时，通常是综观全局的，而不是单看某些结果。除了最优的套期保值，投资组合都有可能的最终价值的一个范围。当然，该范围到底是怎样的，还有每种结果的可能性是一个有不同意见的问题。

表22—11　**可选策略的比较**

(1)	(2)	(3)	(4)
房利美债券的实际价格（美元）	利用期货套期保值的有效卖价（美元）	利用有保护性看跌期权的有效卖价（美元）	利用抵补看涨期权的有效卖价（美元）
8 000 000	8 800 229	8 397 294	8 058 000
8 100 000	8 794 453	8 394 351	8 158 000
8 200 000	8 789 503	8 392 212	8 258 000
8 300 000	8 785 363	8 390 862	8 358 000
8 400 000	8 782 017	8 390 285	8 458 000
8 500 000	8 779 451	8 445 500	8 558 000
8 600 000	8 777 650	8 545 500	8 658 000
8 700 000	8 776 599	8 645 500	8 758 000
8 800 000	8 776 284	8 745 500	8 858 000
8 900 000	8 776 693	8 845 500	8 958 000
9 000 000	8 777 812	8 945 500	9 058 000
9 100 000	8 779 627	9 045 500	9 158 000
9 200 000	8 782 127	9 145 500	9 258 000
9 300 000	8 785 300	9 245 500	9 288 917
9 400 000	8 789 132	9 345 500	9 289 316
9 500 000	8 793 614	9 445 500	9 290 386

22.4.6 利用现货工具期权套期保值

利用现货债券期权对一个头寸进行套期保值是一个相对直接的策略。大部分的策略（包括买入保护性看跌期权、卖出抵补看涨期权和买入双限），不论是利用期货期权还是实物期权，在本质上都是相同的。正如所解释的一样，实物期权就是债券期权。在我们的例子中，运用期货期权是因为它们是用于交易的期货合约品种中较为活跃的一种，因此将该合约用于套期保值。虽然这两种期权合约的交易方式不同，其套期保值策略的经济学原理是基本相同的。

通常，运用实物期权可以消除很多与期货期权套期保值相关的基本风险。例如，一个持有长期或中期国债的管理者，通常可能买入或卖出基于其投资组合中某证券的期权。相对于利用长期国债期权而言，利用期货期权会引起额外的不确定因素。

实物期权无需另举例子，可以直接运用上文的例子，并且假定实物期权和期货期权的风险—收益率状况完全相同。唯一重大的差异是关于套期保值率和等价执行价格的计算。为了得出其套期保值率，我们总是利用相关美元久期的表达式。因此，假定一个恒定的利差，实物期权的套期保值率为：

无期权的当前美元久期 / 期权标的物的美元久期

如果我们估计了被套期保值债券的收益率和作为期权标的物工具之间的关系，那么合理的套期保值率为：

（无期权的当前美元久期 / 期权标的物的美元久期）×收益率贝塔值

不同于期货期权的是，在此只有一个可交割债券，所以没有转换系数。当利用实物期权进行交叉套期保值时，计算被保值债券的等价执行价格的程序是类似的。给定该期权的执行价格，通过利用该期权标的物价格/收益率的关系可以确定其执行收益率。然后基于一个关于该期权标的物收益率与被保值债券收益率之间的预期关系，可以得出该被套期保值债券的一个等价执行收益率。最后，运用该被套期保值债券的收益率—价格公式，就可以得到该被套期保值债券的等价执行价格。

22.5　利用上限和下限

利率上限可以用于负债管理，因为它可以为筹资成本设定一个上限。结合一个上限和一个下限就形成了一个对筹资成本的双限。浮动利率工具的买方可以利用下限为其定期利息收入设定一个下限。为了减少一个下限的成本，管理者可以卖出一个上限。这样做的结果是，当利率上涨时，该管理者会限定浮动利率工具的票面利率上升空间，从而形成了一个对票面利率的双限。

为了解利率上限和下限如何用于资产/负债管理，我们思考一下在22.3节中的那家商业银行和人寿保险公司所面临的问题。那家银行的目标是锁定高于它筹资成本的利差，但是由于该银行的筹款为短期，所以它的筹资成本是不确定的。然而，该银行可以买入一个上限，使该上限利率与买入该上限的成本之和低于从它的固定利率商业贷款中所获得的利率。如果短期利率下降，该银行虽然未从该上限中获利，但是它的筹资成本减少了。因此该上限允许该银行为它的筹资成本设定一个上限，同时保留了从利率下降中获利的机会。

该银行可以通过卖出一个下限来减少买入该上限的成本。在这种情况下，如果该参考利率降到执行利率以下，则该银行同意支付该下限利率给买方。该银行会收到卖出下限的报酬，但是它卖掉这样一个机会，即从利率降低至执行利率以下获利的机会。通过买入一个上限和卖出一个下限，该银行已经为它的筹资成本建立了一个预定的范围（即一个双限）。

回想那家人寿保险公司的问题，该公司承诺了在四年内为GIC支付8%的利率，并且考虑在一个私募交易中买入一个浮动利率工具。该公司所面临的风险是，利率可能会下降，以至于它可能没有足够的收入去实现所承诺的8%的利率和一个利差。该人寿保险公司也许可以买入一个下限为它的投资收益设定一个下限，并且保有从利率上升中受益的机会。为减少买入该下限的成本，该人寿保险公司可以卖出一个利率上限。然而，这样做，会损失一个机会，即从利率上升至高于执行利率上限中获利的机会。

第23章 通过抵押贷款支持证券套期保值获取相对价值

23.1 引言

由于住宅机构抵押贷款支持证券存在的利差，这些债券往往比相同利率风险的政府债券更具有优势，因此，当抵押贷款支持证券的收益率优势有吸引力时，住宅机构抵押贷款支持证券相对于基准可以产生更多的收入。然而，要成功执行这一策略，必须对抵押贷款支持证券的提前偿付风险进行谨慎管理。在这一章中，我们将探讨如何对此进行操作，尤其重点讲解如何"套期保值"与固定利率抵押贷款支持证券有关的利率风险以获得比国债更高的利差①。在本章中，抵押贷款支持证券与抵押债券可交互使用。前面内容已经指出抵押贷款支持证券的最基本形式是转手抵押债券，而从转手抵押债券衍生出来的债券包括担保抵押债券和剥离抵押债券（只收利息和只收本金债券）。

23.2 问题

图表23—1旨在说明认为抵押债券存在的价差具有吸引力并希望套期保值这个价差的投资组合经理所面临的问题。图表23—1表明了抵押转手债券的价格和收益之间的关系。抵押债券的收益率是现金流收益率②。价格—收益率关系同时反映了正凸性和负凸性，当收益水平大于 y^* 时，抵押债券呈现的是正凸性，当收益水平小于 y^* 即为负凸性。

图表23—1　抵押贷款支持证券的价格—收益关系

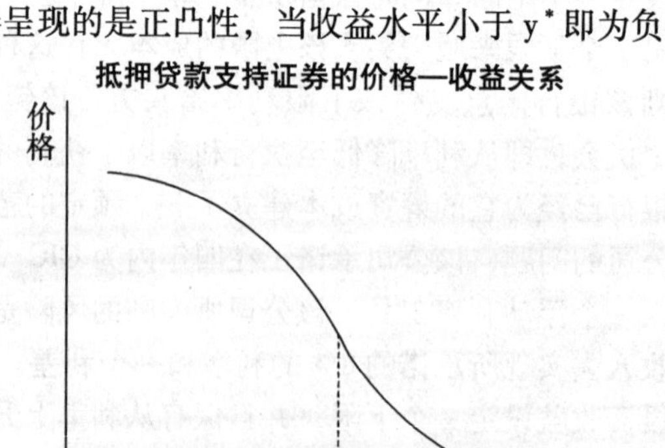

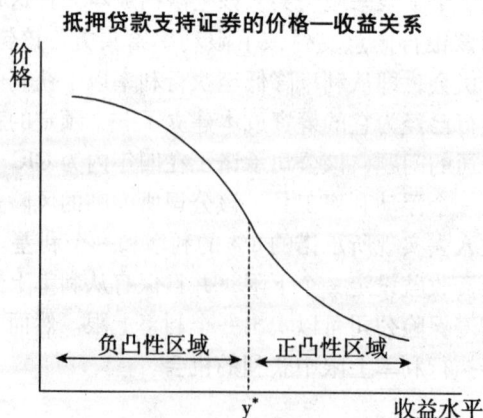

① 在发行抵押贷款支持证券的欧洲国家，票面利率一般为浮动利率。
② 现金流收益率是使抵押贷款支持证券的未来现金流现值等于其价格的利率（年利率）。

理解抵押债券的这个特征很重要。理解此特征的一个方法是，观察当利率上升或下降相同基点时债券价格是如何变动的。这可以从图表 23—2 观察到，图表 23—2 显示了表现出正凸性的证券如国库券与表现出负凸性的证券之间的价格—收益率关系。现在我们来看一下当利率绝对值发生相同变动时，证券价格是如何变动的。从图表 23—2 我们可以得到以下性质：**对于表现出正凸性的证券，利率下降时其价格的增长幅度会超过利率上升时价格的下降幅度。**

表现出负凸性的证券情况有所不同。我们也可以从图表 23—2 得到另一个性质如下：**对于表现出负凸性的证券，利率下降时其价格上升幅度会低于利率上升时其价格的下降幅度。**

为什么在某一收益率水平下抵押债券会表现出负凸性呢？其原因可归结为房主的提前偿付期权。当提前偿付期权的价值上升时，抵押债券的价值将会下降。而随着市场抵押利率的下降，提前偿付期权的价值会上升。因此，由利率下降带来的好处（如果不存在提前偿付期权）会因为期权价值的上升而减少。

我们可以把机构抵押债券价值看作是一个具有类似久期的国库券价值减去看涨期权的价值。抵押债券的价值可以表示如下：

图表 23—2　　**正、负凸性情况下的价格变化**

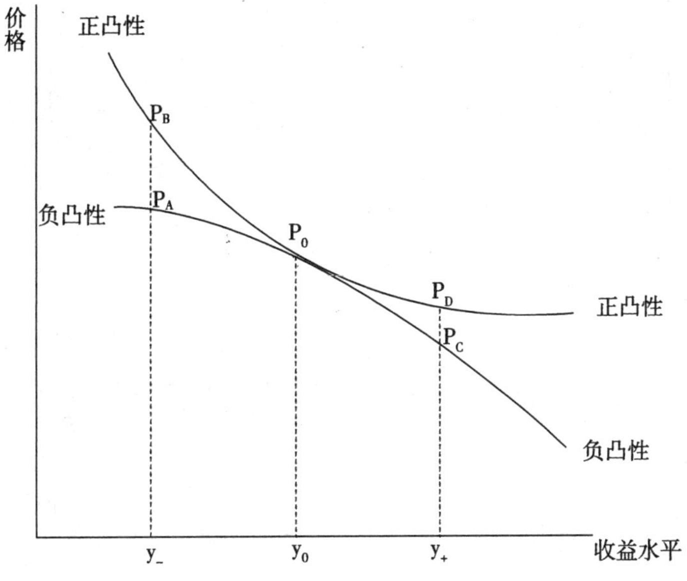

上图中：

P_0 = 原始价

P_A = 负凸性债券的收益从 y_0 下降到 y_- 的新价格

P_B = 正凸性债券的收益从 y_0 下降到 y_- 的新价格

P_C = 负凸性债券的收益从 y_0 上升到 y_+ 的新价格

P_D = 正凸性债券的收益从 y_0 上升到 y_+ 的新价格

推论：

给定收益率的变化，对于正凸性债券：

$P_B - P_0 > |P_D - P_0|$（即收益大于损失）

给定收益率的变化，对于负凸性债券：

$|P_C - P_0| > P_A - P_0$（即损失大于收益）

抵押债券的价值 = 国库券的价值 − 提前偿付期权的价值

之所以要减掉期权的价值是因为抵押债券的投资者已经卖掉了提前偿付期权。想一下，当利率变动时，会出现什么情况。当利率下降时，构成抵押债券价值的国库券价值会上升，但同时利率的下降也会导致提前偿付期权价值的上升，所以由国库券价值的上升带来的好处会因为提前偿付期权价值的上升而有所减少。实际结果是，抵押债券的价值会上升，但由于提前偿付期权的抵销作用，其上升的幅度低于相同久期的国库券。

当利率上升时，提前偿付期权的作用是相反的。利率上升导致构成抵押债券价值的国库券价值的下降。同时，提前偿付期权的价值也下降。实际结果是抵押债券的价值会下降，但由于提前偿付期权的弥补作用，其下降的幅度小于相同久期的国库券。

图表 23—3　　**正、负凸性和久期改变**

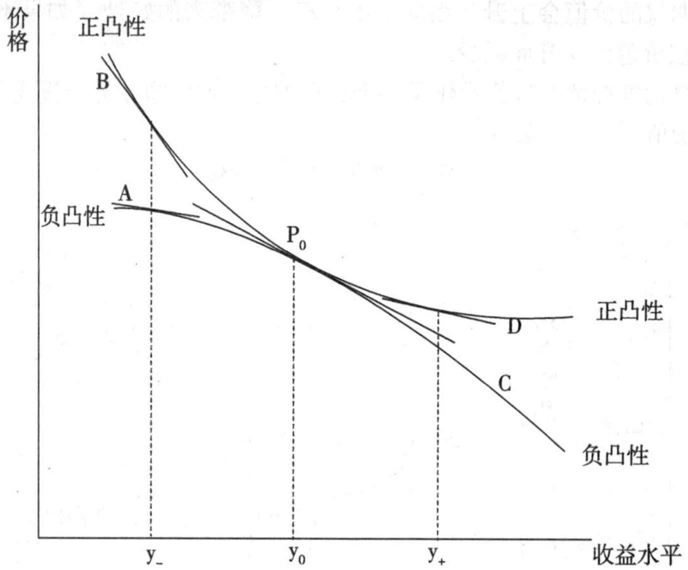

注：在 y_0 点正、负凸性债券的久期是相同的。当利率下降时，正凸性债券的久期（切线 B）增加（即变得更陡峭），而负凸性债券的久期（切线 A）减少（即变得更平坦）。当利率上升时，正凸性债券的久期减少（切线 D）（即变得更平坦），而负凸性债券的久期（切线 C）增加（即变得更陡峭）。

考察债券正、负凸性的另一个方法是观察当利率发生变化时久期如何变化。图表 23—3 显示了正、负凸性两种债券的价格—收益率关系曲线的切线，它与久期紧密相关，切线越陡久期越大。注意观察图表 23—3 中的如下关系：

利率变化对久期的影响

凸 性	下 降	上 升
正	增 加	减 少
负	减 少	增 加

对于表现出正凸性的债券，久期向着预期的方向变化，对于具有负凸性的债券，久期的变化是不利的。

国库券只可能表现出正凸性，而抵押债券可能既表现出正凸性也表现出负凸性。看一下这个问题，即卖空国库券或卖出国库券期货来对冲抵押债券的利率风险（也就是用只具有正凸性的金融工具来对冲潜在的负凸性金融工具）。正如第 22 章所解释的，套期保值的原理是利率发生给定基点变化时引起的抵押债券价值的变化会被相同基点的利率变化引起的国库券价值的变化所抵销。当利率下降时，提前偿付使得抵押债券价值的上升幅度小于具有相同初始久期的国库券价值的上升幅度。因此，利率下降时，如果抵押债券具有负凸性，简单地用国库券头寸的美元久期与抵押债券的美元久期进行匹配将不能取得理想的套期保值结果。

由于这个原因，很多投资者认为抵押债券是市场导向型的投资，当预期利率可能下降时应该避免这种投资①。值得庆幸的是，在适当的管理下，抵押债券将不再是市场导向型的投资。适当管理的第一步是要把抵押债券估价决策与有关投资组合适当的利率敏感性决策区分开来。估价决策和久期决策的分离也取决于适当的套期保值。如果没有正确的套期保值来抵销利率变化导致的抵押债券久期的变化，投资组合的久期将会偏离目标久期。换句话说，利率下降时投资组合的久期比预期的短，利率上升时，投资组合的久期比预期的长。

23.3　抵押债券的风险

适当的套期保值要求理解与投资抵押债券相关的 5 个主要风险：价差、利率、提前偿付风险、波动风险、模型风险②。抵押债券的收益（承担 5 种风险的总回报）由两部分组成：相同利率风险的国库券收益加上一个利差。这个利差是期权成本与期权调整利差之和，其中前者是承担提前偿付风险的预期成本，后者是承担包括模型风险在内的其余风险的风险溢价。

23.3.1　利差风险

当抵押债券相对于国库券的预期利差足够弥补房主提前偿付期权带来的风险时，投资组合经理将愿意投资抵押债券。由于期权调整利差被认为是持有抵押债券的风险溢价，所以投资组合经理不会对利差风险进行套期保值。如果投资组合经理对冲利差扩大带来的风险，这意味着他放弃了利差缩小带来的好处。相反，在利差扩大时增加对抵押债券的投资，在利差缩小时减少对抵押债券的投资，投资经理就是通过这种方式来获取期权调整价差。

为了计算任何一种抵押债券的期权调整利差，提前偿付模型为给定利率路径指定每个月的预期提前偿付率（意味着每个月的预期现金流）。这些预期现金流以美国国库券的即期利率作为折现率进行折现，获取其现值。然后对模型里所有的利率路径重复以上过程就可以计算出现金流的平均现值。一般而言，这个平均现值与债券的价格并不相等。但是，我们可以找到一个利差，使得美国国库券的即期利率加上该利差作为折现率计算的现金流的平均现值等于债券的价格，那么该利差就称为期权调整利差。

与过去比较，仅限于用过去期权调整利差水平对当前水平做判断，因为期权调整利差取决于其潜在的提前偿付模型。随着模型的变化，指定的抵押债券的期权调整利差也会随之改变。在某些时期，提前偿付模型的变化却很显著使得与历史的期权调整利差相比意义很小。投资组合经理应该结合其他工具加强对期权调整利差的分析，辨认出抵押债券的利差具有吸引力的时期，避免利差扩大时，可能抵销相对于相同利率风险的国库券具有的优势。期权调整利差可能发生变化的风险，或**利差风险（spread risk）**，只有在初始的期权调整利差很大

① 这种观念由于人们总是忽视对不同久期的调整，而习惯于用抵押债券指数的收益率和政府、公司债券指数的收益率进行比较而得到强化。因为抵押债券指数的久期比公司、政府债券指数的久期短，所以当利率上升时常常可以产生比利率下降时更可观的相对业绩。

② 模型风险前面已经讨论过。

时才通过大量投资抵押债券来进行管理。

23.3.2 利率风险

抵押债券的利率风险与可比的国库券利率风险（即具有同样久期的国库券）是相对应的。该风险可以通过卖出一揽子的国库券或国库券期货来对冲。一旦组合投资经理对冲了抵押债券的利率风险，他可以得到什么收益呢？经理在对冲利率风险的同时也人为合成创造了一份国库券并由此获得收益。他规避了利率风险，利差风险并没有被对冲掉，它仍然存在。所以，在对冲利率风险后，投资组合经理可以获得国库券收益加上超过国库券的利差。但是，投资组合经理并不能得到全部的利差，因为有一部分要弥补房主提前偿付期权的价值。在考虑了期权的价值后，经理实际赚取的是国库券收益和获得期权调整利差的潜力。

收益率曲线风险

久期和凸性是对由于利率水平变化引起的利率风险的度量。如果国库券利率上升或下降相同基点的话，这些度量能很好地估计债券或组合的利率风险。但收益率曲线并不是平行移动。因此，具有相同久期的投资组合在收益率曲线非平行移动的情况下会出现很大差异。**收益率曲线风险（yield curve risk）**是债券或投资组合收益率曲线的非平行变化的风险。

量化债券或投资组合的收益率曲线风险的一种方法是，假设其他即期利率不变，计算一个特定即期利率的变化是如何影响债券或组合的价值。债券或组合价值变化对特定即期利率变化的敏感程度被称为利率久期[①]。理论上，收益率曲线上每个点都存在一个利率久期。因此，存在不止一个利率久期，而是一组利率久期代表着收益率曲线上的每一个到期日。若所有的利率变化相同的基点，债券或组合价值的总变化便是利率水平变化时债券或组合的久期。也就是说，久期是对风险水平的度量（即收益率曲线的平行移动）。

分析系统的供应商没有提供收益率曲线上每个点的利率久期。相反，他们只关注即期利率曲线上的关键到期日。这些利率久期被称为关键利率久期。

收益率曲线任何一种变动造成的影响都可以用关键利率久期量化。水平移动的量化可以通过给予所有关键利率相同基点的改变量，并在相应关键利率久期的基础上计算对投资组合价值的影响来实现。收益率曲线变陡峭的影响可以通过以下两种方式发现：（1）降低收益率曲线短端部分的关键利率并运用相应关键利率久期确定投资组合价值的变化；（2）增加收益率曲线长端部分的关键利率并运用相应关键利率久期确定投资组合价值的变化。

到期还本（也就是，到期日偿还所有本金）的无期权债券的价值对利率水平的变化很敏感，而对收益率曲线形状的变化却不敏感。这是因为无期权债券的现金流由分期支付的利息和到期一次偿还的本金（到期）构成，即期利率曲线的变化对其价值没有太大影响。相反，无期权债券组合的价值对利率的水平变化却很敏感，相比单个无期权债券，无期权债券组合对收益率曲线形状的变化敏感得多。

而抵押债券，无论是单个抵押债券或抵押债券的投资组合都对收益率曲线形状的变化很敏感，而且对利率的水平变化也很敏感，这是因为抵押债券是分期清偿且附有提前偿付期权的债券。因此，单个抵押债券的预期现金流模式会受收益率曲线形状变化的重大影响。图表23—4显示了吉利美的期限为30年、利率为10%的转手债券的关键利率久期，以及该图表绘制之时吉利美的附息转手债券。图表23—5描述的是从吉利美转手债券（图表23—4已给

① 利率久期前面已经探讨过。

出其关键利率久期）衍生出来的只收本金和只收利息的剥离抵押债券的关键利率久期曲线。

从图表 23—4 可以看出转手抵押债券曲线的形状是一个钟形，最高点在 5 年和 15 年之间。把从 5 年到 15 年之间的关键利率久期（即第 5、7、10、15 年的关键利率久期）相加，意味着在总利率风险中大约有 70% 在这个到期期限的范围内。也就是说，有效久期掩盖了这样一个事实：转手抵押债券的利率风险主要集中在 5 到 15 年的到期期限之间。

只收本金分离债券具有高的正久期，从图表 23—5 的只收本金分离债券的关键利率久期曲线中，我们可以看到一直到第 7 年其关键利率久期都是负的，在这之后关键利率久期才变为正并达到最大值。虽然总风险（有效久期）可能为正，但仍然存在收益率曲线风险。例如，关键利率久期说明如果收益率曲线的长端部分不变，而收益率曲线的短端部分（到第 7 年为止）降低，尽管有效久期为正，只收本金分离债券的价值也会下降。

图表 23—4　　**吉利美的期限为 30 年的转手证券的关键利率久期**

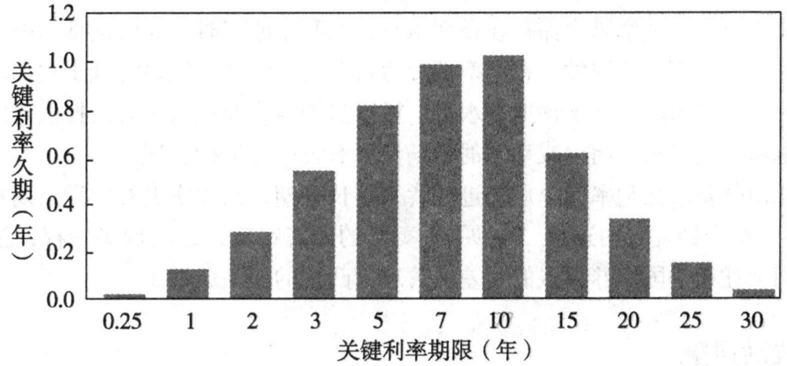

资料来源：Journal of Fixed Income（1992 年 9 月刊 38 页）——《关键利率久期：利率风险的措施》中图表 13　作者：Thomas S. Y. Ho。

注：此图表经机构投资者公司（Journal of Fixed Income 杂志社，地址：纽约，麦迪逊大道 488 号 邮编：10022）授权后翻印。

图表 23—5　　**吉利美只收本金和只收利息的当期息票的主要利率久期**

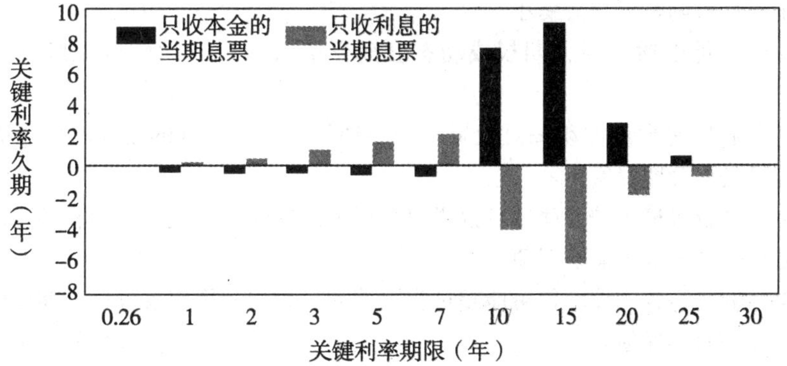

资料来源：Journal of Fixed Income（1992 年 9 月刊 38 页）——《关键利率久期：利率风险的措施》中图表 13　作者：Thomas S. Y. Ho。

注：此图表经机构投资者公司（Journal of Fixed Income 杂志社，地址：纽约，麦迪逊大道 488 号 邮编：10022）授权后翻印。

只收利息分离债券具有高的负久期，但从图表 23—5 中，我们可以看到一直到第 10 年其关键利率久期都是正的而后出现大的负久期值。和只收本金分离债券一样，这种债券对收益率曲线的变化也具有高敏感性。

虽然关键利率久期对理解抵押债券或投资组合的收益率曲线风险有帮助，但在第 23.5 节讨论套期保值方法论时，我们还将介绍另外一种方法来评估抵押债券的收益率曲线风险。

23.3.3 提前偿付风险

当利率下降时，房主在经济利益的驱动下可能会以更低利率进行再融资，提前偿付他们的抵押贷款。正如前面论证的，由于提前偿付期权的存在使得抵押债券的久期随着利率的变动呈现偏离预期的不利波动：随利率的上升而变大，随利率的下降而变小。因此，假如抵押债券的收益率连续下降 25 个基点，其价格上升的百分比会变得越来越小，反之，当利率上升时，其价格下降的百分比会变得越来越大。负凸性使这种影响很显著，尤其是具有提前偿付风险的抵押债券，如只收利息分离债券。

为了将投资组合的利率风险保持在预期水平，当利率改变时，就必须抵消由此造成的抵押债券久期的变化。若不这样做，在利率下降后投资组合的利率风险将低于预期的水平，而在利率上升后其利率风险将高于预期的水平。所以投资组合经理应该对抵押债券的久期进行调整，当然也可以通过买进期权或动态的套期保值对负凸性进行管理。

动态套期保值要求在利率下降后买进期货来延长久期，在利率上升后卖出期货来缩短久期①。无论投资组合经理采用这种“高买/低卖”的动态策略，还是购买期权，投资组合绩效都承担着用上述超过国库券收益的利差来管理负凸性的相关成本。

23.3.4 波动风险

期权投资的一大特征是其价值随预期的波动增加而上升②7。对于利率期权来说，其相关波动性是指利率波动性。提前偿付期权赋予房主利率期权，并且当预期未来利率波动大时比预期未来利率波动小时，提前偿付期权更有价值。这是因为对于出售提前偿付期权给房主，期权调整利差调整已经补偿了投资者，所以当预期波动变大时期权调整价差会扩大，当预期波动变小时期权调整价差会缩小。

投资组合经理可以通过买进期权或动态套期保值来管理波动风险，其选择取决以下条件：

- 当期权价格中隐含的波动高且投资组合经理认为未来实现的波动将低于隐含的波动时，他应该选择动态套期保值；
- 当隐含在期权价格中的波动低且投资组合经理认为未来实现的波动将高于隐含的波动时，他应该通过买入期权来套期保值。

因为根据经验，隐含的波动很可能超过实际波动，相比利用期权进行套期保值，我们更多时候采用了动态套期保值。

23.3.5 模型风险

抵押贷款提前偿付模型得出了基于一系列给定利率路径的现金流。如果模型有错误会出现什么情况呢？在 1993 年，抵押债券提前偿付的速度比用当时普遍采用的提前偿付模型预

① 买卖期货如何影响久期在第 22 章已有论述。
② 在前面对此已做解释。

测结果的速度要快很多。依靠那些提前偿付模型，购买了抵押债券支持的只收利息分离债券的投资者承受了亏损。值得注意的是，这个只收利息分离债券的期权调整利差与历史值相比是很具吸引力的。但是，期权调整利差模型假设抵押债券的条件提前偿付率是 40%，而实际的提前偿付率却高达 60%，使得实际期权调整利差为负值。

根据历史经验值对目前使用的模型进行校准。虽然投资经理不知道模型错误的严重程度，但他可以通过以下办法来测量模型错误的敏感性：增加模型假定的因快于预期的提前偿付而受损的抵押债券提前偿付率或者降低模型假定的因慢于预期的提前偿付而受损的抵押债券提前偿付率。

技术进步使得再融资成本降低，抵押债券再融资当然也随着时间的推移成本会降低。这种类型的提前偿付创新有望在未来几年得到进一步的发展。根据历史表现进行校准的模型会低估创新的影响。因此，投资组合经理在评估容易受这种风险影响的抵押债券时，在决定投资抵押债券组合规模时应该仔细考虑提前偿付创新的影响和可能性。虽然投资组合经理不能有效地对冲模型风险，但他可以通过保持与宽基债券市场指数风险相一致的投资组合的风险来度量和管理模型风险。

23.4 利率如何随着时间变化

虽然关键利率久期可以计量投资组合收益率曲线的不同潜在变化的风险，但却不能用于对冲投资组合的收益率曲线风险。另一种做法是研究收益率曲线历史变化情况，并将典型的收益率曲线变化情形考虑到对冲过程中，这种方法已经被许多在抵押债券管理方面非常专业的公司采用①。

实证研究发现，收益率曲线并不是水平变动。相反，当利率水平变化时，研究表明短期利率变动超过了长期利率变动。一些公司甚至还研发了自己的专有模型用于分析典型的或类似的利率变动，这种专有模型可以分解不同到期日的分离国库券利率的历史变化以分析典型的或者可能的利率变动。分解利率变动的统计技术是主成分分析法。

大部分发表或未发表的实证研究都发现超过 95% 的历史利率变化都可以解释如下：（1）利率的总体水平的变化；（2）收益率曲线形状变化（陡度或缓度），比如，摩根斯坦利的国库分离债券月利率变动模型就显示三种到期日债券的月利率有如下基点的“典型”变化：

	水平移动（基点）		形状变化（基点）	
年　数	上升	下降	缓度	陡度
2	23.0	-23.0	17.2	-17.2
5	25.8	-25.8	11.2	-11.2
10	24.3	-24.3	3.4	-3.4

“典型”是指对月利率变化的一个标准差。上表中最后两列显示的月利率变化（主成分分析法分析的结果）是由收益率曲线陡度或缓度变化引起的。上表中，利率总体水平的典

① 例如，本章讨论的这种方法被摩根斯坦利公司和 Smith Breeden 协会采用（参见由 Michael P. Schumacher, Daniel C. Dektar 和 Frank J. Fabozzi 合编的“*Yield Curve Risk of CMO Bonds*，”其中由 Frank J. Fabozzi 执笔的第 15 章“*CMO Portfolio Management*”（New Hope, PA: Frank J. Fabozzi Associates, 1994）。

型上升和收益率曲线变缓对收益率曲线的影响如下：要找到2年～10年收益率曲线斜率的典型变化，就需要计算它们的基点，经计算其值分别是3.4个基点和17.2个基点。而它们之间13.8个基点的差异意味着典型月缓度为13.8个基点。

由于收益率曲线风险对于抵押债券的重要性，套期保值方法应该把历史收益率曲线移动的相关信息结合起来考虑。我们将在下节讲述这部分内容。

23.5 套期保值方法

正如第22章所解释的，套期保值是投资组合经理试图完全抵销其投资工具的美元价格变化的一种特殊的利率风险控制方法，这种套期保值的实现是通过买进反方向的套期保值工具实现的，当利率发生相同变化时，反方向的套期保值工具可以产生相同的美元价格变化。在第22章只讨论过收益率曲线的平行移动时非抵押债券的套期保值方法。

要正确地对冲抵押债券的利率风险，投资组合经理应结合以下知识：

- 收益率曲线随时间如何变化；
- 收益率曲线的变化对房主提前偿付期权的影响。

利用这些信息，投资组合就可以估计抵押债券的价格如何随利率的变动而变动。

23.5.1 利率敏感性衡量

Scott Richard 和 Benjamin Gord 引入了**利率敏感性**（**interest-rate sensitivity，IRS**）的概念并探讨了它对利率风险的测量优于修正或有效久期的原因①。利率敏感性测量了收益率曲线变化时债券或投资组合价格变化的百分比。

既然两个因素（即前面章节讨论过的“平行变动”、“形状变化”）就能够解释收益率曲线的大部分变化，那只需两种国库券（2年期和10年期）就可以有效地对冲抵押债券的利率风险。由于使用了两种对冲工具，所以这种对冲被称为**双债券对冲**（**two-bond hedge**）。

要创建一个双债券套期保值，我们首先用美国国库券或国库券期货合约②中的“等价头寸”来阐述特定抵押债券。如何确定等价头寸呢？我们可以选择一组包含2年期和10年期的国库券，平均而言，其价格表现和进行对冲的抵押债券在收益率曲线“平行变动”和“形状变化”的情景下的价格表现一样。对于对冲而言，变化的方向即“平行”变化是上升还是下降，“形状”变化是陡还是缓是不知道的（在计算价格随着两种变化如何变化时，我们假设期权调整价差不变）。

用这种方法，投资组合经理就能够计算出用于对冲在“平行变动”和“形状变化”场景下的抵押债券价格变化所需要的2年和10年期国库券或国库券期货的准确值。这种结合使得双债券套期保值适用于典型的收益率曲线变动，所以我们可以根据2年期和10年期国库券或国库券期货定义抵押债券的利率敏感性。

23.5.2 双债券对冲的计算

计算双债券对冲的步骤如下：

---

① 参见“*Perspectives on Interest Rate Risk Management for Money Managers and Traders*”（New Hope，PA：Frank J. Fabozzi Associates，1998）一书第7章“Measuring and Managing Interest-Rate Risk，”作者 Scott F. Richard 和 Benjamin J. Gord。

② 国库券期货合约前面已经讨论过。

步骤 1：假设收益率曲线是平行变动的，我们计算以下数据：

- 假定利率水平上升一定值后的抵押债券价格
- 假定利率水平下降一定值后的抵押债券价格
- 假定利率水平上升一定值后 2 年期国库券（或期货）的价格
- 假定利率水平下降一定值后 2 年期国库券（或期货）的价格
- 假定利率水平上升一定值后 10 年期国库券（或期货）的价格
- 假定利率水平下降一定值后 10 年期国库券（或期货）的价格

步骤 2：根据步骤 1 的结果，计算利率水平的变化造成的抵押债券、2 年期和 10 年期国库券（或期货）的价格变化。对于抵押债券、2 年期对冲工具和 10 年期对冲工具都有两个价格变化。

步骤 3：假定利率上升和下降的概率均等，计算抵押债券和两种对冲工具的平均价格变动。平均价格变化可以表示如下：

MBS Price_L = 收益率曲线平行移动时抵押债券平均价格变动

2-H Price_L = 收益率曲线平行移动时 2 年期国库券平均价格变动

10-H Price_L = 收益率曲线平行移动时 10 年期国库券平均价格变动

步骤 4：根据假设收益率曲线是非平行（变动变缓或变陡）变动的，计算以下内容：

- 假定收益率曲线变缓，抵押债券的价格
- 假定收益率曲线变陡，抵押债券的价格
- 假定收益率曲线变缓，2 年期国库券（或期货）的价格
- 假定收益率曲线变陡，2 年期国库券（或期货）的价格
- 假定收益率曲线变缓，10 年期国库券（或期货）的价格
- 假定收益率曲线变陡，10 年期国库券（或期货）的价格

步骤 5：根据步骤 4 的结果，计算收益率曲线的非平行变化造成的抵押债券、2 年期和 10 年期国库券（或期货）的价格变动。对于抵押债券、2 年期对冲工具和 10 年期对冲工具都有两个价格变化。

步骤 6：假定收益率曲线变陡和变缓（假设收益率曲线非平行移动）的概率均等，计算抵押债券和两种对冲工具的平均价格变动。平均价格变化可以表示如下：

MBS Price_T = 收益率曲线非平行变动时抵押债券平均价格变动

2-H Price_T = 收益率曲线非平行变动时 2 年期国库券对冲工具平均价格变动

10-HPrice_T = 收益率曲线非平行变动时 10 年期国库券对冲工具平均价格变动

步骤 7：收益率曲线平行变动时双债券对冲组合的价值变化，具体计算如下：

H_2 = 抵押债券的每 1 美元市场价值所对应的 2 年期对冲工具金额

H_{10} = 抵押债券的每 1 美元市场价值所对应的 10 年期对冲工具金额

我们的目的是找出投资组合经理希望对冲的抵押债券价格变动与双债券对冲工具的价值变动相一致的最佳的 H_2、H_{10}值。

收益率曲线水平变动时，双债券对冲工具的价值变化：

$H_2 \times (2 - \text{H Price}_L) + H_{10} \times (10 - \text{H Price}_L)$

步骤 8：收益率曲线非水平变动时，双债券对冲组合的价值变化：

$H_2 \times (2 - \text{H Price}_T) + H_{10} \times (10 - \text{H Price}_T)$

步骤 9：根据“双债券对冲工具的价值变化等于抵押债券的价格变化”这一关系建立等式。更准确地说，我们希望双债券对冲工具与抵押债券的价格变化方向相反，于是有下面的

等式：

水平移动：$H_2\times(2-H\ Price_L)+H_{10}\times(10-H\ Price_L)=-MBS\ Price_L$

非水平移动：$H_2\times(2-H\ Price_T)+H_{10}\times(10-H\ Price_T)=-MBS\ Price_T$

步骤10：上面两个等式中除了 H_2 和 H_{10} 未知外，其他值都是已知数，两个方程两个未知数不难求出 H_2 和 H_{10}。

步骤9中，负的 H_2 或 H_{10} 表示空头头寸，正的 H_2 或 H_{10} 表示多头头寸。

23.5.3 双债券对冲的例子

我们将用发生在2003年2月12日和1997年3月4日两个不同时间的交易说明双债券对冲的步骤。例1说明的是用两种对冲工具中的多头头寸和空头头寸的结合来对冲转手抵押债券的多头头寸。例2说明的是用两种对冲工具的空头头寸来对冲转手抵押债券的多头头寸。

例1：带有空头头寸和多头头寸的双债券对冲工具

在例1中，我们可以看到双债券对冲工具如何对冲2003年2月12日票面利率为5%的房利美转手抵押债券的头寸。这种抵押债券的价格是99.126美元。在本例中我们将用2年期和10年期的国库券期货作为双债券对冲工具。2年期国库券期货的当前价格为107.75美元，10年期国库券期货的当前价格为114.813美元。

（1）确定双债券对冲　步骤1：计算由于利率水平发生变动引起的价格变化时，我们假设利率增加或者降低了24.3个基点（这是典型的月利率水平总变化）。每100美元票面价值的债券和国库券期货的价格变化如下：

工具	价格（美元） 收益率上升	价格（美元） 收益率下降
房利美债券（票面利率为5%）	97.787	100.334
2年期国库券期货	107.333	108.168
10年期国库券期货	113.137	116.510

我们利用蒙特卡罗模拟模型来计算收益率变动后的票面利率为5%的房利美转手抵押债券价格，在估价模型中假设期权调整价差保持初始值不变（两种期货工具的价格按前面章节已经介绍过的估价方法来评估）。

步骤2：根据步骤1的结果计算以下价格变化：

工具	价格（美元） 收益率上升	价格（美元） 收益率下降
房利美债券（票面利率为5%）	−1.339	−1.208
2年期国库券期货	−0.417	0.418
10年期国库券期货	−1.676	1.697

步骤3：计算每种工具由于收益率水平变动引起的平均价格变动（绝对值表示，单位：美元）：

$MBS\ P_L=1.274$

$2-H\ P_L=0.418$

$10-H\ P_L=1.687$

步骤4：在计算由于收益率曲线非平行变动造成的价格变化时，我们假设2～10年期收益率曲线斜率变动了13.8个基点（23.4节说明了这是收益率曲线形状典型的月变动）。每100美元票面价值的债券和国库券期货的价格变化如下：

	价　格（美元）	
工具	变缓	变陡
房利美债券（票面利率为5%）	98.89	99.363
2年期国库券期货	107.441	108.064
10年期国库券期货	114.342	115.285

步骤5：根据步骤4的结果计算以下价格变化：

	价　格（美元）	
工具	变缓	变陡
房利美债券（票面利率为5%）	-0.236	0.237
2年期国库券期货	-0.309	0.314
10年期国库券期货	-0.471	0.472

步骤6：计算各种工具由于收益率曲线非平行变动引起的平均价格变动（单位：美元）：

MBS $P_T = 0.237$

2 - H $P_T = 0.312$

10 - H $P_T = 0.472$

步骤7：收益率曲线平行变动时，双债券对冲组合的价值变化（单位：美元）：

$H_2 \times (0.418) + H_{10} \times (1.687)$

步骤8：收益率曲线非平行变动时，双债券对冲组合的价值变化（单位：美元）：

$H_2 \times (0.312) + H_{10} \times (0.472)$

步骤9：根据“双债券对冲工具的价值变化等于抵押债券的价格变化”这一关系建立等式（单位：美元）：

平行变动：$H_2 \times (0.418) + H_{10} \times (1.687) = -1.274$

非平行变动：$H_2 \times (0.312) + H_{10} \times (0.472) = -0.237$

步骤10：根据步骤9的方程求H_2、H_{10}的值（单位：美元）：

由第一个方程得：$H_2 = (-1.274 - 1.687H_{10}) \div 0.418 = -3.048 - 4.036H_{10}$

将上面H_2的代入第二个方程得：

$[-3.048 - 4.036H_{10}](0.312) + H_{10}(0.472) = -0.237$

$-0.950976 - 0.787232H_{10} = -0.237$

解得：$0.787232H_{10} = -0.713976$

$H_{10} = -0.906945$

将H_{10}的值代回第一个方程或第二个方程都可以求出H_2，假如代回第一个方程：

$H_2 \times (0.418) + (-0.906945) \times (1.687) = -1.274$

$H_2 \times (0.418) - 1.530016 = -1.274$

$H_2 = 0.612478$

所以，$H_2 = 0.612478$，　$H_{10} = -0.906945$[①]

H_2的值为0.612478，表示要对冲1美元抵押债券需要0.612478美元面值的2年期国库券期货。所以，如果想要对冲100万美元的房利美转手抵押债券（票面利率为5%）的利率风险，就需买进名义价值为612 478美元的2年期国库券期货。注意本例中，尽管我们要对冲多头头寸，但是仍需要买进多头期货合约。

H_{10}的值为−0.906945，表示每1美元抵押债券将会被0.906945美元面值的10年期国库券期货对冲。再次假设要对冲100万美元票面利率为5%的房利美转手抵押债券的利率风险，那就需卖出名义价值为906 945美元的10年期国库券期货。

（2）久期对冲和双债券对冲的比较　注意观察只使用久期的债券对冲和同时考虑了平行变动和非平行变动的双债券对冲这两种方法潜在的不同结果是很有意思的。

在进行对冲的时候，票面利率为5%的房利美转手抵押债券的有效久期为5.5。如果收益率曲线平行移动，只用久期获得对冲头寸，将会有如下变化：

	房利美债券（票面利率为5%）	久期对冲	误差
利率增加（水平上升）（%）	−1.339	1.360	0.021
利率下降（水平下降）（%）	1.208	−1.379	−0.171

从以上的结果我们可以看到，如果选择久期对冲，当利率上升时，票面利率为5%的房利美债券的价格下降1.339点，但从中得到的收益是1.36点。所以，使用久期对冲收益大于损失，对冲将产生盈利。若利率下降将会得到与上面相反的结果。解释这种现象的理由是市场认为抵押债券是"市场导向型"的投资工具。

但是，使用双债券对冲的结果却不同：因为收益率曲线很少平行移动，对冲抵押债券并非是市场导向型的。双债券对冲会产生以下结果：

	房利美债券（票面利率为5%）	双债券对冲	误差
利率增加（水平上升）（%）	−1.339	1.263	−0.076
利率下降（水平下降）（%）	1.208	−1.284	−0.076

从上表可以看到，当考虑了收益率曲线"可能的平行和非平行"变动时，实际上已经排除了市场导向的作用。两种债券的误差是对票面利率为5%的房利美转手债券负凸性的度量。假设没有对冲的再平衡，10年期国库券期货发生24个基点变动（月度平行变动的标准差），票面利率为5%的房利美转手债券将低于使用国库券期货的双债券对冲的业绩8个基点（或每100美元数额对应8美分）。但是抵押债券相对于国库券的持有优势将远远超过这个损失（抵押债券获得的较高的利息收益与国库券头寸的融资成本比较）。例如，票面利率为5%的房利美转手抵押债券有5.17%的收益率和高出国库券200个基点的价差。它表明每个月这种债券都有17个基点的持有优势（200/12），足够弥补8个基点的对冲损失。

现在我们来看一下票面利率为5%的房利美债券久期和双债券对冲工具隐含的久期，票面利率为5%的房利美债券的久期为5.5，我们可以通过计算2年期和10年期国库券期货合约的1个基点美元价格变化（DV01）来获得双债券对冲的隐含久期[②]。2年期国库券期货合

① 这些结果也可以通过代入上面两个方程得到证实。
② 基点的美元价值又被称为1个基点的价格价值，是对利率变动1个基点引起的某一头寸价值变化的反映。

约的 DV01 为 0.0186 美元，10 年期国库券期货合约的 DV01 为 0.067 美元。所以，一揽子对冲工具（比如两债券对冲）的 DV01 是两个美元久期的加权平均数：

$$0.612478 \times 0.0186 + (-0.906945) \times 0.067 = -0.049373$$

由于价格变动和利率变动的反向关系，所以上面的结果为负。有了这个结果就可以求出两债券对冲的久期：

$(0.049373 \div 99.126) \times 10\,000 = 4.98$，比票面利率为 5% 的房利美息票久期 5.5 少大概 9%。

例 2：空头头寸的双债券对冲

在例 2 中将要对冲的头寸是票面利率为 7.5% 的房地美转手附息债券（日期为 1997 年 3 月 4 日），抵押债券的价格是 99 25/32 美元。和例 1 一样，我们用 2 年期和 10 年期国库券期货作为双债券对冲的对冲工具。

例 1 里，要求 2 年期的国库券期货是多头头寸，10 年期的国库券期货为空头头寸，但在例 2 里将会看到两种对冲工具都要求为空头头寸。

我们没有给出所有的计算步骤，但提供了计算对冲工具头寸的以下基本信息以便计算对冲工具的头寸（美元）：

$\Delta MBS\ P_L = 1.22$　　$\Delta 2-H\ P_L = 0.62$　　$\Delta 10-H\ P_L = 1.69$

$\Delta MBS\ P_T = 0.25$　　$\Delta 2-H\ P_T = 0.01$　　$\Delta 10-H\ P_T = 0.55$

根据以上信息，我们就可以完成下面第 7 步到第 10 步的计算：

步骤 7：收益率曲线平行变动时，双债券对冲组合的价值变化计算如下：

$H_2 \times (0.62) + H_{10} \times (1.69)$

步骤 8：收益率曲线非平行变动时，双债券对冲组合的价值变化计算如下：

$H_2 \times (0.01) + H_{10} \times (0.55)$

步骤 9：根据“双债券对冲工具的价值变化等于抵押债券的价格变化”这一关系建立的等式（单位：美元）：

水平变动：$H_2 \times (0.62) + H_{10} \times (1, 69) = -1.22$

非水平变动：$H_2 \times (0.01) + H_{10} \times (0.55) = -0.25$

步骤 10：根据以上方程求 H_2、H_{10}的值，计算如下（单位：美元）：

由第一个方程得：$H_2 = (-1.22 - 1.69H_{10}) / 0.62$

$= -1.967742 - 2.725806H_{10}$

代入第二个方程得：$[-1.967742 - 2.725806H_{10}](0.01) + H_{10}(0.55) = -0.25$

$-0.019677 - 0.027258H_{10} + 0.55H_{10} = -0.25$

$-0.019677 + 0.522742H_{10} = -0.025$

解得：$0.522742H_{10} = -0.230323$

$H_{10} = -0.440605$

将 H_{10}的值代回第一个方程或第二个方程都可以求出 H_2，代入第一个方程：

$H_2 \times (0.62) + (-0.44005) \times (1.69) = -1.22$

$H_2 \times (0.62) - 0.744622 = -1.22$

$H_2 = -0.766739$

所以，$H_2 = -0.766739$，$H_{10} = -0.440605$

这些值表示 2 年期和 10 年期的国库券期货都是空头头寸。H_2的绝对值为 0.766739，表示每 1 美元抵押债券将会被 0.766739 美元面值的 2 年期国库券期货对冲。所以，如果想要对冲 100 万美元的房地美转手附息债券（票面利率为 7.5%）的利率风险，就需卖出面值为

766 739 美元的 2 年期国库券期货。同样的道理，H_{10}的值为 -0.440605，表示每 1 美元抵押债券将会被 0.440605 倍面值的 10 年期国库券期货对冲。

我们再看看使用双债券对冲而不使用久期对冲的债券价值。在对冲时，票面利率为 7.5%的房地美转手附息债券的有效久期是 4.4。如果收益率曲线平行变动，只用久期获得对冲头寸，价格变化将会产生以下结果：

	房地美债券（票面利率为 7.5%）	久期对冲	误差
利率增加（水平上升）(%)	-1.27	1.360	+0.09
利率下降（水平下降）(%)	1.18	-1.34	-0.16

和例 1 一样，使用久期对冲获得的收益将会大于损失，获得了对冲收益，暗示抵押债券是“市场导向型”的投资工具。但是，对于双债券对冲情况却不同：

	房地美债券（票面利率为 7.5%）	双债券对冲	误差
利率增加（水平上升）(%)	-1.27	1.25	-0.02
利率下降（水平下降）(%)	1.18	-1.2	0.02

从上表可以看出，当收益率曲线典型的变化被考虑进去时，“市场导向型”实际已经被排除。

23.5.4 潜在假设

既然我们对抵押债券利率风险对冲的基本原理和机制都进行了讨论，现在我们来看一下双债券对冲的基本假设，它们是：

- 在构建双债券对冲时收益率曲线的变动是合理的；
- 使用提前偿付模型可以很好地估算收益率曲线改变时现金流如何变化；
- 蒙特卡罗模拟模型的基本假设都满足（如利率波动假设）；
- 平均价格变动是抵押债券价格在利率发生很小变化时的最佳近似值。

最后一个假设可能对于某些类型的抵押债券并不成立，我们在下一节内容中将会对此解释。

23.6 息票高效型抵押债券的套期保值

在大多数情况下，平均价格变动是抵押债券价格在利率发生很小变化时的最佳近似值。这点从图表 23—6 标有“当前息票”（Current Coupon）的切线就可以看出。但是有的抵押债券对利率的微小变化都很敏感。例如，票面利率比当期利率高 100 个基点的抵押债券，若利率上升 25 个基点，则抵押债券的提前偿付速度会很慢，若利率下降 25 个基点，则抵押债券会被很快偿付。利率很小的变动对这种债券的提前偿付将会产生很大的影响进而影响它们的价格。

具有这种特点的抵押债券被称为“息票高效型”（Cuspy Coupon）抵押债券。对于这种抵押债券，平均价格变动不再是抵押债券价格的最佳近似值。换句话说，图表 23—6 中的切线不是价格—收益率曲线理想的替代量（图表 23—6 中标有“高效的息票”的切线）。有时，息票高效型抵押债券具有吸引人的风险调整预期收益；但它们的负凸性比当期票面利率抵押债券高。

只用国库券或期货合约对冲息票高效型抵押债券可能会让投资者面临超过他们预期的负凸性。前面已经解释过负凸性特征是由于抵押债券的投资者赋予房主提前偿付的期权造成的。也就是投资者出售了一份期权给房主。要对冲这份卖出的期权（也就是，期权空头头寸），投资者可以买进一份期权。所以，投资组合经理可以通过买进利率期权以扩展双债券对冲，抵销息票高效型抵押债券的部分或全部负凸性。

我们将用票面利率为8.5%的房地美转手债券和cuspy息票抵押债券（日期为1997年2月）来说明包含了期权的双债券对冲方法。票面利率为8.5%的房地美转手债券的价格是103.5美元。

图表23—7的a部分显示了以下内容（在这儿我们不详细介绍构建双债券对冲的机制）：(1) 抵押债券的价格变化；(2) 收益率曲线平行和非平行变动时双债券对冲的价值变化。图表23—7的a部分表格中最后一列显示的是双债券对冲的误差，这个误差是由票面利率为8.5%的房地美转手债券（息票高效型抵押债券）的负凸性导致的。

因为票面利率为8.5%的房地美的提前偿付期权比票面利率为7.5%的房地美债券的提前偿付期权更接近再融资门槛，所以对于前者而言，双债券对冲的误差更大：票面利率为8.5%的房地美债券误差为-0.05，票面利率为7.5%的房地美债券误差为-0.02。可以通过买进看涨和看跌期权来消除这种偏离，具体地讲，对于每100美元利率为8.5%的房地美债券，我们增加购买下面两种期权头寸：

- 18美元的6个月10年期的国库券（行权价格为99.5美元）看涨期权；
- 17美元的6个月10年期国库券（行权价格为95美元）看跌期权。

图表23—6　**抵押债券的价格/收益率曲线**

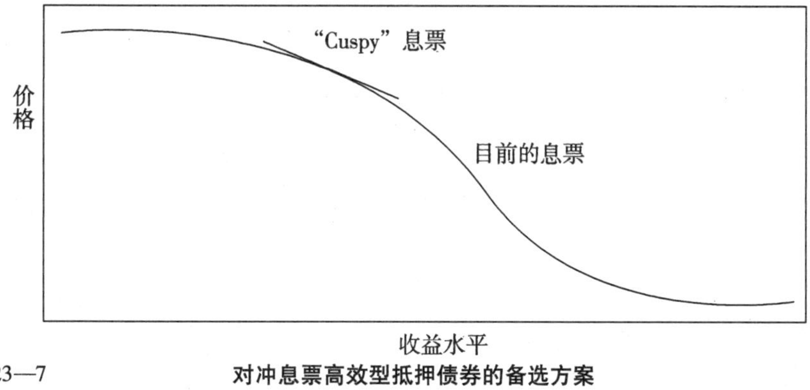

图表23—7　**对冲息票高效型抵押债券的备选方案**

a　**双债券对冲**

收益率曲线变动	票面利率为8.5%的房地美债券价格变化（美元）	双债券对冲价格变化（美元）	双债券对冲误差
平行上升	-0.98	0.93	-0.05
平行下降	0.85	-0.9	-0.05
变缓	0.11	-0.12	-0.01
变陡	-0.12	0.11	-0.01

b 包含期权的双债券对冲

收益率曲线变动	票面利率为 8.5% 的房地美债券价格变化（美元）	双债券对冲价格变化（美元）	期权收益的误差	双债券对冲与期权的误差之和
平行上升	-0.98	0.93	0.05	0.00
平行下降	0.85	-0.9	0.05	0.00
变缓	0.11	-0.12	0.01	0.00
变陡	-0.12	0.11	0.01	0.00

如何获得期权头寸超出了本章的讨论范围。

图表 23—7 的 b 部分说明了增加的 10 年期债券的两个期权头寸刚好抵销了双债券对冲误差，使得总的投资组合（抵押债券 + 双债券对冲 + 期权）对利率的变动不再敏感。当然，购买这些期权每月需支付 7 个基点的期权费用。由于票面利率为 8.5% 的房地美转手债券比国库券高出 11 个基点的收益率，所以在对冲掉负凸性以后，每个月预期比国库券多 4 个基点的额外收益。

第 24 章　债券组合管理中的信用衍生品①

24.1　引言

衍生品是设计用于在两方之间有效转移某种风险的金融工具。衍生品可以按照被转移的风险类别来分类。在固定收益市场中，衍生品包含转移利率风险的利率衍生品和转移信用风险的信用衍生品。投资组合的经理可以利用信用衍生品获取或对冲信用风险。许多经理拥有的投资组合对无风险资产和风险资产之间的利差变化非常敏感，而信用衍生品则可以有效地管理风险。相反，其他经理可能利用信用衍生品来锁定特定的风险，增加组合的收益。在每种情况中，转移信用风险的能力和收益给投资组合经理提供了一个改善业绩的工具。

信用衍生品可以分为：

- 总收益互换；
- 信用违约产品；
- 信用利差期权。

在结构化信用产品中使用的信用衍生产品包括合成式债务抵押债券（简称合成式 CDO）和信用连结债券。在这一章中，我们将介绍每种信用衍生品的结构及投资组合经理如何使用这些信用衍生品。在介绍了信用衍生品后，我们将解释合成式 CDO。

本章的开始，我们对信用衍生品市场上的参与者和为什么说信用风险重要做一个简短的讨论。

24.2　市场参与者

根据英国银行家协会（BBA）的报告，伦敦是全球信用衍生品市场的中心之一，排在纽约和亚洲的前面②。信用衍生品市场由三方面交易者组成:③

- 保护的最终买者（end-buyers of protection）;
- 保护的最终卖者（end-sellers of protection）;
- 中介机构（intermediaries）。

---

① 这一章由 Mark J. P. Anson，博士，CFA，CDA，以及 Frank J. Fabozzi，博士，CFA，CPA，编写。

② 英国银行家协会，《2002 年信用衍生品报告》。

③ David Rule, "The Credit Derivatives Market: Its Development and Possible Implications for Financial Stability," *Financial Stability Review* (June 2001), pp. 117 – 140.

保护的最终买者（end-buyers of protection）是指寻求对冲产生于业务的其他部分的信用风险的实体。这组交易者中最主要的实体是为他们的贷款组合进行对冲的商业银行。但是，也包括为投资组合中持有的信用债券寻找保护的保险公司、养老基金和共同基金。**保护的最终卖者**（end-sellers of protection）是指那些寻求分散现有投资组合的实体，它们能更有效地运用信用衍生品。一个提供保护的企业将面临某一具体信用风险或一系列信用风险。

中介机构（intermediaries）包括商业银行的投资银行部门和证券交易所。这些机构在信用衍生品市场中的主要作用是为最终用户提供流动性。它们交易的目的是为自己的资本寻找套利和其他一些盈利机会。另外，一些中介机构会利用信用衍生品来组合它们可能会或不会参与管理的结构化产品。

24.3 为什么信用风险重要

一种固定收益工具代表了一系列的风险。包括：（1）利率风险（通过久期和凸性来计量）；（2）赎回风险；（3）信用风险。信用风险包括违约风险、降级风险和扩大的信用利差风险。一种固定收益工具的总收益是对承担所有这些风险的补偿。对于某些信用级别的债券工具来说，信用风险所带来的收益将是债券总收益中的一个主要部分。

24.3.1 信用风险的种类

信用风险可能通过三种方式影响投资组合：违约风险、信用利差风险和降级风险。每种风险都可能对固定收益组合的价值产生负面影响。

1. 违约风险

违约风险（default risk）是发行者未来无法履行义务的风险。信用风险债券的违约率可能相当高。例如，美国高收益债券的平均违约率估计为3.17%～6.25%①。而且，在经济萧条期，违约率会显著增加。例如，2001年的经济衰退期，高收益债券的违约率为10.2%。

2001年合计有价值1 060亿美元的公司债券违约②。在美国，所有公司债券（高收益和投资级）最高的违约率为9.2%，发生在20世纪30年代经济大萧条时期③。

与投资本国债券相比，投资其他国家的外币债券也会有违约风险。大多数的投资者认为七大工业国（世界上最大的工业国：美国、英国、法国、德国、意大利、加拿大和日本）的主权债券是无违约风险的。原因是这些国家有着相当数量的内部资源和筹资能力来及时支付其发行在外的债券。

然而，主权债券违约风险主要是与新兴经济有关。新兴经济依赖两种现金流来为政府项目融资及为债券履行还本付息的义务：税收和从国有企业中取得的收入。税收来自个人所得税、企业税收、进口关税和其他消费税。国有企业包括石油公司、电话公司、国家航空、铁路和其他制造业企业。在经济混乱期，如经济萧条期，来自国有企业的现金流会伴随着经济萧条而减少。另外，由于公司的盈利减少、失业增加、个人收入减少，税收也会减少。最终，由于该国货币贬值、进口减少，进口关税也减少了。

---

① Edward Altman, "Measuring Corporate Bond Mortality and Performance," *The Journal of Finance* (June 1991), pp. 909－922; and Gabriella Petrucci, "High-Yield Review—First-Half 1997," Salomon Brothers Corporate Bond Research (August 1997).

② 参见"Default and Recovery Rates of Corporate Bond Issuers," Moody's Investors Services, February 2002。

③ Moody's Investor Service Global Credit Research, Special Comment, "Historical Default Rates of Corporate Bond Issuers, 1920—1999," January 2000.

对投资组合经理们来说，违约是一种重要的风险，是可以通过将信用风险转移给另一方来有效对冲的风险。因此，信用衍生品吸引了那些投资公司债券——特别是高收益公司债券和主权债券的投资组合经理们。

2. 信用利差风险

信用利差风险（credit spread risk）是指在购买风险债券之后，风险债券与无风险债券之间利率利差增加的风险。例如，在美国，通常认为美国国库券是没有信用风险的（没有违约风险）。因此，公司债券、机构债券和外国政府债券的价格通常是在可比的美国国库券收益率基础上加一个利差进行定价的。如果购买了信用风险债券之后这个利差扩大了，那么债券的价值会下降。由于国内或全球金融市场宏观经济事件的影响，信用利差可能会扩大。

例如，1997 年 10 月，亚洲股票市场的迅速下跌波及美国股票市场，导致股票的大幅度下跌。美国国内和全球金融市场的动荡，导致投资资本向安全地方转移。换句话说，为了避免进一步的损失和波动，投资者为他们的投资资本寻找更加安全的避风港。这次的转移导致公司债券和美国国库券之间信用利差显著增加。例如，在 1997 年 6 月 30 日，由标准 & 普尔公司评定为 BB 级的公司债券交易的平均利差高出美国国库券 215 个基本点①。然而，到 1997 年 10 月 31 日，这个利差已经增加到 319 个基本点。对于一张久期为 5 的市值为 1 000 美元的 BB 级公司债券，利差的增加导致每张债券损失 52. 5 美元。

对这种信用利差风险进行估计的是利差久期，这在前面章节讨论过。对于信用风险型债券，利差久期是指当信用利差增加 100 个基点时，债券价格变化的近似百分比（假设国库券利率不变）。例如，利差久期为 3 意味着当信用利差增加 100 个基本点时，债券的价格将下降大约 3%。投资组合的利差久期是通过计算每种债券利差久期的市场价值加权平均值得出来的。这和债券市场指数的计算是一样的。然而，注意，报告的债券市场指数的利差久期与估计一种指数信用利差风险的利差久期是不一样的。例如，2003 年 4 月 25 日，雷曼兄弟公司综合债券指数报告的利差久期为 2. 99。该指数的利差久期是由雷曼兄弟公司基于所有非国库券债券计算出来的。一些板块提供的与国库券之间的利差不仅仅反映了信用风险。例如，指数中的抵押债券板块的利差是针对提前偿付风险的，资产支持证券板块的子板块也一样。雷曼兄弟公司有一个关于指数的信用板块。对该板块而言，利差久期通常反映了信用利差的风险。2003 年 4 月 25 日利差久期为 1. 49，可以解释为：如果信用利差增加 100 个基本点，指数的价值将下降大约 1. 49%。

3. 降级风险

降级风险（downgrade risk）是指当公认的统计评级组织如标准 & 普尔（Standard& Poor's）、穆迪投资者服务公司（Moody's Investor Services），或惠誉评级公司（Fitch Ratings）在评估发行人目前的收益能力及其支付即将到期负债能力的基础上，降低发行人的信用等级时，**债券价格会受到影响**②。

评级机构构建信用转换矩阵。这些矩阵可以用来预测某一等级债券的信用升级或降级的可能性。例如，转换矩阵可能预测一个评级为“A”的公司升到“AA”级的可能性（平均水平）为 2%。相反的，转换矩阵也可能预测到一个评级为“A”的公司降到“BBB”级的可能性为 5%。

---

① “Financial Firms Lose $ 8 Billion so Far”, *The Wall Street Journal* (September 3, 1998), p. A2.
② 关于评级机构考虑因素的讨论，参见第 15 章。

24.3.2 出售信用保护的原因

信用风险并不总是单边的。市场参与者也可能愿意成为信用保护的出售者。这可以通过两种方式来实现。第一个原因是一个市场参与者可以出售偶然或保险类型的保护。如果市场参与者相信信用产品表现将会是这样的，即交易的另一方（也就是，购买信用保护的一方）支付保险费用是不必要的，那么市场参与者就会获得保险费用。第二，一个市场参与者可能希望与信用保护的购买者持相反的观点，而实际上从信用提升中受益。这可以通过出售保护来实现。

至少有三个理由可以解释为什么投资组合经理会愿意承担标的资产或发行人的信用风险。第一个原因是存在信用降级也存在信用升级的可能。影响信用等级提升的因素之一是强势股票市场鼓励信用风险型公司发行股票。通常，大部分的股权融资用于减少发行在外的高成本的债券，结果，改善了资产负债表和发行人的信用评级。

投资组合经理愿意出售信用保护的第二个原因是其他信用事件的预期可能对信用风险债券有正面影响。例如，在高收益公司债券市场上经常发生的兼并与收购。虽然信用风险发行人的债券等级很低，但是它可能有值得收购的技术。相对于有可行产品并且开始形成现金流的中盘股公司，高收益公司债券发行人往往规模比较小。因此，它们能够成为财务成熟公司收购的目标。

第三个原因是随着经济的发展，银行可能愿意为高收益公司提供定期贷款，其贷款利率比债券市场的利率更有吸引力。这将吸引信用风险公司赎回它们的高收益债券，用低成本的银行贷款来取代未偿付债券。赎回高收益债券带来的溢价是有利的信用事件，有利于增加投资组合收益。

24.4 总收益互换

固定收益市场上的**总收益互换**（total return swap）是指一方定期向另一方支付浮动利率款项，以换取从单个参考债券或一揽子参考债券中获取的总收益。总收益支付包括所有来自参考债券或任何资产升值或贬值的现金流。同意按浮动利率支付款项和获得总收益的一方被称为**总收益收取方**（total return receiver）；同意接受浮动利率款项和支付总收益的一方被称为**总收益支付方**（total return payer）。当参考标的是某种债券板块指数时，这也可称为**总收益指数互换**（total return index swap）。

注意，在总收益互换中，总收益收取方面临信用风险和利率风险。例如，信用风险利差可能减少（导致参考债券价格的有利波动），但这个收益被利率水平的上升所抵销。

一个投资组合经理通常会用总收益互换来增加信用风险敞口。总收益互换将单个参考债券或一些参考债券的所有经济风险转移给总收益收取方。作为接受这种风险的回报，总收益收取方按浮动利率给总收益支付方支付款项。

24.4.1 总收益互换的例子

假设一个投资组合经理相信 XYZ 移动公司的财富在接下来的一年中会增加，那么相对于美国国库券的公司信用利差将会减少。该公司平价发行了 10 年期的票面利率为 8.5% 的债券，因此收益率为 8.5%。假设在发行时，10 年期的国债收益率为 5.5%，这意味着信用利差为300个基点，投资组合经理相信在接下来的一年中，这个数字将降低。

于是，投资组合经理作为总收益收取方通过进行一年期的总收益互换，参考债券是10年期的票面利率为8.5%的XYZ移动公司债券。假设（1）这项互换要求每半年互换支付一次；（2）互换的条款是这样的，总收益收取方支付6个月期的国库券利率加上140个基点的利率以获得参考债券的总收益。这个合约的名义金额为1 000万美元。

设想一年内，会出现下列情况：

- 最开始，6个月期的国库券利率为4.6%；
- 计算第二次半年支付的6个月期的国库券利率为5.6%；
- 一年后9年期的国库券利率为7%；
- 一年后参考债券的信用利差是200个基点。

首先，我们看一下投资组合经理必须支付的部分。第一次由投资组合经理履行的半年互换支付金额是3%（4.6%加上140个基本点除以2）乘以1 000万美元的票面金额。第二次互换支付金额是3.5%（5.6%加上140个基本点除以2）乘以1 000万美元的票面金额。因此，

第一次互换支付金额为：10 000 000 × 3%　= 300 000美元

第二次互换支付金额为：10 000 000 × 3.5% = 350 000美元

总支付额　　　　　　　　　　　　　= 650 000美元

其次，投资组合经理能收到的金额为两次的利息加上参考债券价值的变动。有两次利息支付。因为票面利率为8.5%，所以从利息支付中收到的总额为850 000美元。

最后，必须确定参考债券价值的变动。在一年末，参考债券还有9年到期。因为9年期国库券利率假定为7%，信用利差假定为从300个基本点降到200个基本点，所以参考债券的年收益率应为9%。利率为8.5%，9年期的债券在市场收益率为9%时的价格为96.96美元。因为票面价值为1 000万美元，所以市场价格为9 696 000美元。因此资产损失为304 000美元。支付给总收益购买者的金额为

息票支付 = 850 000美元

资本损失 = 304 000美元

互换支付 = 546 000美元

考虑了互换支付的金额和收到的互换金额后，投资组合经理应支付104 000美元。

注意，即使投资组合经理的期望实现了（信用利差减少了），投资组合经理也必须发生净支出。这个例子强调了总收益互换的一个缺点：投资者的收益取决于信用风险（信用利差的减少或增加）和市场风险（市场利率的减少或增加）。两种市场利率风险都会影响到固定收益工具的价格。信用独立型市场风险是指利率水平在互换的期限内变化的风险。这种风险与参考债券的信用质量恶化没有关系。信用依赖型市场利率风险是指用于资产价值的贴现利率根据觉察到的或者实际发生的违约风险进行变动的风险。

在这个例子中，参考债券受信用独立型市场利率风险的不利影响，但从接受信用依赖型市场利率风险中获得收益。为了修正这个问题，总收益收取方可以根据自己的需要定制总收益互换交易。例如，投资组合经理通过谈判能获得参考债券的利息收入加上任何由于信用利差的变动引起的价值变动。现在，投资组合经理仅承担信用风险。信用独立型市场风险不会影响互换结果。在这个例子中，除了利息收入，投资组合经理能获取参考债券信用利差在200个基点时与参考债券信用利差在300个基本点时的现值差额。

24.4.2 总收益互换的好处

同购买参考债券本身相比，总收益互换有几个好处：

第一，总收益收取者不需要融资购买参考债券资产。相反，只要支付给总收益支付者一笔费用就可以从他那里获得参考债券的总收益。

第二，总收益收取者可以在一次互换交易中实现与多样化的一揽子资产同样的经济风险敞口，而在现货市场还需要几次交易才能完成。在这种方式下，总收益互换交易比现货市场更加有效。

第三，投资者发现，在公司债券市场上想要出售一个或者多个发行人的公司债券是很难的。投资者可以通过利用总收益互换来有效地实现这个目的。在这种情况下，投资者需要支付总收益，但能获得按浮动利率支付的金额。

24.5 信用违约产品

信用违约产品可以分为两类：

- 信用违约互换；
- 信用风险资产的信用违约期权。

到目前为止，最受欢迎的信用衍生品是信用违约互换。英国银行家协会的一项年度调查发现信用违约互换占据了将近一半的信用衍生品市场。因为这种信用衍生品不但是常用的独立产品，而且它还广泛应用于结构化的信用产品。

24.5.1 信用违约互换

信用违约互换（credit default swap）可能是所有信用衍生品中最简单的转移信用风险形式。信用违约互换用于将信用风险转移给信用保护的出售者。其主要目的是对冲特定资产或发行人的信用风险。在这个意义上，信用违约互换的操作类似于备用信用证或保险单。

尽管信用违约互换是定制的交易，信用违约互换的一些类型仍然有一些标准化的合约期限和条款。互换通常是按照国际互换和衍生品协会（ISDA）公布的一系列标准形式签订的。

在信用违约互换中，互换协议要明确**参考实体**（reference entity）和**参考债券**（reference obligation）。参考实体是指债务工具的发行人。它可以是一个公司或一个主权政府。参考债券是寻找信用保护的特定证券。例如，在信用违约互换市场上交易的最具流动性的参考实体之一是福特汽车信贷公司。参考债券将会是某一特定的福特汽车信贷公司债券。

信用违约互换中只有一种参考债券的称为**单个信用违约互换**（single-name credit default swap）。当参考债券为一个组合时（如，高收益公司债券组合）时，我们把它称为**一揽子违约互换**（basket default swap）。对于**信用违约互换指数**（credit default swap index），标的是标准化的一揽子参考实体。交易最活跃的信用违约互换指数是北美投资级指数。该指数包含了 125 家公司。

图表 24—1　**信用违约互换**

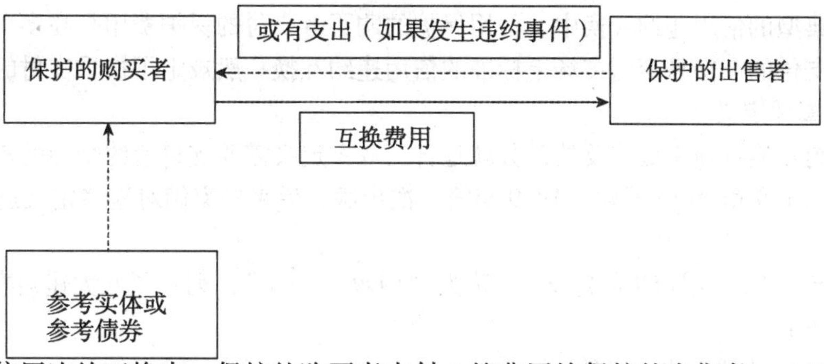

在单个信用违约互换中，保护的购买者支付一笔费用给保护的出售者，一旦参考债券或参考实体发生违约事件，保护的购买者有权获得基于违约事件的支付。如果发生了一个违约事件，保护的出售者必须支付一笔费用。由保护的购买者支付的费用叫做**互换费用支出**（premium leg）；保护的出售者可能必须发生的或有的支出被称为**保护支出**（protection leg）。图表 24—1 显示了信用违约互换中的支出。

在一揽子违约互换中，发生与一个参考债券相关的违约事件可能会也可能不会触发保护的出售者发生支出。需要多少参考债券发生违约事件才可以获得支付款项在合约中有具体说明。在 24. 8 节，我们将解释不同类型的一揽子违约互换和其提供的信用保护。

交易商间市场已经发展到公司和主权参考实体的单个信用违约互换已经标准化了。虽然交易商之间的交易被标准化了，但是交易商间市场上仍然有一些不常见的交易是定制的。由于投资组合经理们在寻找信用保护，所以交易商将会创造出定制的产品。

在交易商间市场上，信用违约互换的期限或时间跨度一般为 5 年。投资组合经理们可以让交易商创造出一个与参考债券到期日相同的期限或一个更短的期限来匹配投资组合经理的投资期限。

1. 结算方法

信用违约互换可以通过现金或实物进行结算。在交易商间市场上，单个信用违约互换通常是通过实物结算。**实物交割**（physical delivery）是指如果合约规定的违约事件发生了，保护的购买者须将参考债券交割给保护的出售者以获得一笔现金。因为在决定单个信用违约互换的支付金额时，实物交割不依赖于参考债券的市场价格，所以这种交割方法更加有效。当信用违约互换是通过现金结算时，存在着向同一交易对手支付款项的义务。

如果互换到期时没有发生违约事件，双方终止互换协议，义务解除。

2. 支付款项义务的决定因素

在互换协议中，用于确定保护的出售者支付金额的方法可能存在着很大的差异。例如，信用违约互换可以规定，当出现违约事件时，保护的出售者在合同日应支付的金额。相反，信用违约互换可以结构化，由出售者支付的数额在违约事件发生之后确定。在这种情况下，保护的出售者应支付的数额是在市场上可观察到的与参考实体类似的债券价格基础上确定的。最后，信用违约互换非常类似于信用看跌期权（在后面讨论），信用保护的出售者支付的数额是以确定的执行价格减去参考债券当前的市场价格。

如果出现违约事件，由信用保护的出售者支付的现金可以是预先确定的一个固定数额，也可以根据参考资产的价值下跌来确定。在交易商间市场上，当参考债券为公司债券或是主权债券时，标准的单个信用违约互换是基于名义金额确定的。当现金支付是基于资产价值贬值的数额，那么这个数额通常是基于对一些交易商的调查来决定的。

在一个典型的信用违约互换中，信用保护的购买者支付的保护费用是在多个结算日之后而不是提前支付的。交易商间市场上标准的信用违约互换一般规定了按季支付的款项。

3. 违约事件定义

信用违约互换合同中最重要的部分就是合约双方定义需要支付违约金额的违约事件。这些违约事件的定义由 ISDA 提供。1999 年第一次出版，后来专家们对这些定义进行周期性的更新和归纳。

《1999 年 ISDA 信用衍生品定义》（称为“1999 年定义”）列示了八大违约事件：

（1）破产；

（2）兼并中的信用违约事件；

（3）交叉加速到期；

（4）交叉违约；

（5）信用降级；

（6）无法支付；

（7）拒绝清偿/延期偿还；

（8）重组。

这八个事件试图囊括每一种可能导致参考实体信用质量恶化，或导致参考债券价值降低的情况。

破产（bankruptcy）是按照与破产或破产法相关的一些法规来定义的。**无法支付**（failure to pay）是指参考实体无法履行一项或者多项到期支付义务。一个参考实体违背了合约，也就是说它没有履行义务。

当违约发生时，债务的到期和偿付比规定的参考实体正常履约的到期日提前了。这也被称为**债务加速到期**（obligation acceleration）。一个参考实体可能否认或质疑它的债务的有效性。这样的违约事件属于**拒绝清偿/延期偿付**（repudiation/moratorium）。2002 年 11 月，美国信用违约互换市场上，债务加速到期和拒绝清偿/延期偿付被归入标准的违约事件。2003 年 4 月，在欧洲市场上，这两类违约事件也被归入标准违约互换。

当债券的条款发生改变，使得改变后的条款比原来的条款对债券持有者的吸引力更小时，就发生了**债务重组**（restructuring）。可以改变的条款一般包括，但不局限于下面的一种或几种：（1）降低利率；（2）本金减少；（3）本金偿还计划的重新制订（如，延长债券的到期日）或推迟利息支付；（4）参考实体债务结构中长期债务水平的变动。

重组是所有信用违约互换中最有争议的违约事件。如此受争议的原因是很容易理解的。保护的购买者将重组归属于违约事件，从中获益，并认为把重组排除于违约事件之外会损害它的信用保护。相反的，保护的出售者却倾向于重组不属于违约事件，因为贷款协议中关于债务的常规修订可能会导致向保护的购买者支付款项。

而且，如果参考债券是一项贷款，保护的购买者是贷款人，那么对于保护的购买者来说，重组一项贷款将带来双重收益。第一重收益是保护的购买者可以从保护的出售者那儿获得一笔款项。第二，提供的重组有助于巩固贷款人（保护的购买者）和其他客户（公司实体，参考债券的债务人）之间建立的关系。

由于这个问题，2001 年 4 月公布的《1999 年 ISDA 信用衍生品定义的有关重组补充定义》（补充定义），为重组提供了一个修正的定义。修正的定义包含对由保护的购买者向借款人（参考债券的债务人）提供的与贷款重组有关的参考债券的限制条款①。

因此，直到2003年，在信用违约互换市场上，交易的双方对重组有以下三种选择：

1. 无债务重组；

2. 按照1999年版定义的重组（称为“旧重组”或“完全重组”）；

3. 按照重组补充定义的重组（称为“修正重组”）。

修正重组一般在北美使用，而旧重组一般在欧洲使用。当参考实体为主权政府时，重组一般是指旧重组。

无论是否包括重组，如果包括，无论是旧重组还是修正的重组，都影响到互换费用。特别是，当所有其他因素不变时，如果包含了重组，费用会更高。而且，包含旧重组比包含修正的重组的互换费用更大。

图表24—2　　**“2003ISDA信用衍生品定义：A类”的违约事件节选**

违约事件：下面的违约事件适用于这样的交易：

[破产]

[无法支付]

　　[适用于优惠期延期]

　　[优惠期：]

　　支付要求：[　]

[无法履行义务]

[债务加速到期]

[拒绝清偿/延期偿付]

[重组]

　　[重组到期限制和完全可转换债券：[可适用]]

　　[修正过的重组到期限制和有条件的可转换债券：[可适用的]]

　　[多持有人债券：[可适用]]

　　[违约要求：[　]]

资料来源：International Swaps and Derivatives Association，Inc。

随着信用衍生品市场的发展，市场参与者对如何更好地定义违约事件有了进一步了解，特别是对高收益公司债券2002年的违约率和2001—2002年发生在阿根廷的债务危机的主权违约的创纪录水平，有了更深刻的认识。2003年1月，ISDA在《2003ISDA信用衍生品定义》（“2003定义”）中公布了它修正过的违约事件定义。

修正的定义反映了对“1999定义”中一些违约事件定义的修正。具体包括了对破产、拒绝清偿和重组的修正。主要的变化是对重组的修正，ISDA允许双方对一个给定交易可以从以下四种定义中选择：

（1）无债务重组；

（2）完全重组，不包含可交割参考债券方面的修正；

（3）修正的重组；

（4）重新修正的重组。

最后一个选项是新公布的，主要用来解决欧洲市场上产生的问题。

---

① 这项条款要求必须满足以下条件才能重组：（1）参考债券必须有4个以上的持有人；（2）参考债券重组必须获得绝大多数（66.67%）持有人的同意。另外，当重组导致保护的购买人发生支出时，补充条款对可以进行实物交割的参考债券的到期日作了限制。

ISDA 对信用衍生品交易的定义采取了统一的形式，“2003ISDA 信用衍生品定义：A 类”，设定了交易的条款和条件。一个违约事件的定义采用“复选框”格式。图表 24—2 列示了双方选择包含于交易中的违约事件的确认表格的一部分。

4. 标准单个信用违约互换的例子

下面通过举例来说明参考实体为公司的标准单个信用违约互换的过程。我们利用信用违约互换市场上一个主要的经纪商 creditex 报道的 2002 年 11 月 26 日的一次真实交易，参考债券为福特汽车信贷公司发行的优先债券。交易的预定期限为 2007 年 11 月 26 日。也就是说，期限为 5 年——交易商间市场上的典型期限。互换的期限一般是预定的，因为违约事件会导致保护的出售者发生支出，会使得信用违约互换终止。互换费用——由保护的购买者支付给保护的出售者，为 410 个基本点。如果发生违约事件，保护的出售者将支付合同规定的名义金额给保护的购买者。在本例子中，假设名义金额为10 000 000美元。

名义金额不是参考债券的票面价值。例如，假设一种债券以 80 美元的价格交易（票面价值为 100 美元）。如果一个投资组合经理拥有票面价值为 1 250 万美元的该种债券，并希望保护目前的 1 000 万美元（1 250 万美元的 80%）的价值，那么投资组合经理希望名义金额为1 000万美元。如果发生了一个违约事件，投资组合经理将交割票面价值为 1 250 万美元的该种债券，获得 1 000 万美元的现金。

在交易商间市场上，单个信用违约互换的标准合约要求按季度支付互换费用。按季度支付是利用债券市场上一种计算天数的惯例来确定的。计算天数惯例指一个月或一年中用于决定如何将互换费用分配到季度的天数。可能的计算天数惯例包括：（1）实际天数/实际天数；（2）实际天数/360；（3）30 天/360。美国政府债券市场上使用的计算天数惯例是实际天数/实际天数，而公司债券市场上用的是 30 天/360。信用违约互换使用的计算天数惯例是实际天数/360。这与利率互换市场上的惯例相同。实际天数/360 的天数惯例意味着为了确定一季度应支付的数额，假设一年为 360 天，一个季度按照实际天数计算。因此，

季度互换费用支付额 = 名义金额 × 互换费用（小数表示）× 一个季度的实际天数/360

例如，如果名义金额为 1 000 万美元，一个季度的实际天数为 92 天，互换费用率为 410 个基本点（0.0410），由保护的购买者支付的季度互换费用等于：

10 000 000 × 0.0410 × 92/360 = 104 777.80 美元

在没有发生违约事件的季度中，保护的购买者仍然按季度继续支付互换费用。如果发生违约事件，保护的出售者要向保护的购买者支付名义金额，在我们的例子中为 1 000 万美元，并从保护的购买者那儿获得福特汽车信用公司的优先债券（也就是，参考债券）。

5. 市场术语

信用违约互换市场的新参与者有时会对市场术语感到困惑。产生困惑的第一个可能是由于市场参与者试图将衍生品市场上的头寸与现货市场上的头寸联系起来。产生困惑的第二个可能是使用术语“互换”来描述交易，而支付额是否发生取决于违约事件是否发生。

（1）现货市场与信用违约互换市场术语　衍生品市场的参与者发现将他们在衍生品市场上的风险（多头或空头）与在现货市场上的风险做比较是有帮助的。有时，关系是很直接的。例如，在第 22 章中解释的，国债期货合约中的多头头寸等价于国债市场上的多头头寸；国债期货合约中的空头头寸等价于国债市场上的空头头寸。但在一些情况下，关系并不是那么直接。例如，在普通利率互换中，固定利率支付者被称为“债券市场上的空头”，固定利率接收者被称为“债券市场的多头”。这是因为，对于固定利率支付者而言，当利率增

加时，利率互换的价值会增加。现货市场上，当利率增加时，空头债券头寸的价值才会增加。同样的，对于固定利率接收者来说，当利率减少时，利率互换的价值会增加，因此，相当于多头持有债券。

信用违约互换中交易双方头寸的术语也令人困惑。“多头持有”一种工具一般指购买该种工具。在现货市场上，多头持有一种债券指购买了一种债券并获得票面利息，因此债券购买者承担了发行人的违约风险。在信用违约互换中，“多头持有”是购买互换，但是购买者是购买保护，并支付互换费用；购买者没有承担任何参考实体的违约风险，实际上是“卖空”参考债券（与在现货市场上卖出一种债券和支付利息是一样的）。因此，购买信用违约互换（购买保护）通常是指在信用衍生品市场上“卖空”参考债券。

（2）互换与期权术语　保护的出售者保证保护的购买者不承担任何参考债券的信用违约损失。但是当术语“互换”用来描述信用衍生品时，就应当清楚这是个期权型的支付。就是说，它不具有衍生品市场上典型的互换特征。例如，在普通掉期交易或是普通利率互换中，交易双方定期互换支付额。交易的一方按固定利率支付（称为“互换利率”），另一方按浮动利率支付。双方的支付额是按互换协议的期限而定的。而且，支付额不视某一事件而定，任何事件的发生都不会终止互换协议。信用违约互换不具有这样的特征。

那么问题是：为什么把这样的交易称为互换？原因是它在某些方面具有期权特征。有两种属性使得衍生品具有期权的特征。第一个特征是不对称的支付。第二个特征是其价格表现的特征。虽然信用违约互换确实是不对称支付的，但它的价格表现像互换而不是期权。期权的价格表现取决于标的的价格。当信用风险债券被指定为标的时，影响债券价格的是信用利差。因此，期权的价格表现机制如下：信用利差的变动影响到标的债券的价格，进而影响到期权的价格。在信用违约互换的例子中，信用利差的变动直接影响到交易的价格，而不是通过影响参考债券（也就是，标的债券）来影响交易的价格。这是互换的特征，如利率互换，互换的价格直接取决于利率。这也是信用违约互换之所以称为互换的原因。

24.5.2　信用风险资产的违约期权

信用风险资产的**违约期权**（**default option**）是信用违约产品的另一种形式。这些期权还没有像信用违约互换那样应用广泛。因此，我们只对它们做一个简单的介绍。

在**二项信用期权**（**binary credit option**）中，当与参考债券或参考实体相关的违约事件发生时，期权的出售者将支出固定的数额。因此，二项信用期权代表了两种状况：违约或没有违约。它是最简单的信用保护形式。期权到期时，如果参考债券或参考实体出现违约，期权持有者将获得一笔事先确定的金额。如果期权到期，没有违约，期权购买者什么也得不到。

信用降级也会触发二项信用期权。我们将在信用评级的基础上举例说明二项信用期权（包括看涨期权和看跌期权）。考虑这样一种情况，投资组合经理持有投资级别的债券，但是认为发行人的信用级别将会降低，相应的，债券的价值也会减少。那么投资组合经理可以购买一项二项看跌期权，如果债券发行人的级别降到投资级以下，该期权允许持有人将债券以票面价值回售给期权的出售者。

例如，假设投资组合经理购买了票面价值为100万美元的W公司的债券，目前该债券的评级为AA级。投资组合经理购买了一项看跌期权，当W公司级别降到投资级以下（BBB级以下），他可以按票面价值将债券卖给看跌期权的出售者。这项二项看跌期权的收益可以描述如下：

$$
\text{收益} = \begin{cases} 1\ 000\ 000\text{美元} - \text{债券的市场价值，如果 W 公司的信用级别降到 BBB 级以下} \\ \text{或} \\ 0\text{美元，如果 W 公司的信用级别仍然保持在投资级} \end{cases} \qquad (24\text{—}1)
$$

等式（24—1）因为它的“或有”支付结构而被称为二项信用期权。W 公司的信用级别可能降到投资级以下，也可能没有下降。因此，投资组合经理只有在一种情况下才能从信用看跌期权中获得收益：W 公司降级到投资级以下；否则，投资组合经理将什么也得不到。

现在我们考虑一下二项信用看涨期权。设想一下，如果投资组合经理不是购买一项债券面值的二项信用看跌期权来保护投资，而是购买一系列的看涨期权，那么如果 W 公司降级，看涨期权将会给他带来额外的收入。换句话说，当 W 公司被降级时，投资组合经理将收到一笔补偿款，这笔款项用于补偿他所持有的债券相关的较高的信用风险。这就像以获得额外的利息收入来反映 W 公司债券的较高的信用风险。

假设例子中，如果 W 公司被降一级，投资组合经理能获得 25 个基本点的收入，如果 W 公司被降两级，则能获得 50 个基本点的收入，依此类推。这项信用看涨期权收益的描述如下：

$$
\text{收益} = \begin{cases} 2\ 500\text{美元，如果 W 公司的信用级别降低一级；} \\ \text{或} \\ 5\ 000\text{美元，如果 W 公司的信用级别降低两级；} \\ \text{或} \\ 0\text{美元，如果 W 公司的信用级别没有降低。} \end{cases} \qquad (24\text{—}2)
$$

2 500 美元 = 0.25% × 1 000 000 美元

5 000 美元 = 0.50% × 1 000 000 美元

等式（24—2）与等式（24—1）的不同在于二项信用看涨期权的收益不是债券市场价值的函数。

24.6 信用利差产品

信用衍生品的第三类是信用利差产品，包括：

- 信用利差期权；
- 信用利差远期。

接下来我们会讨论每一种信用利差产品。但是，我们应该注意到信用利差期权并没有像市场参与者预期的那样迅速发展。

24.6.1 信用利差期权

信用利差期权（credit spread option）的价值/收益取决于参考债券信用利差的变动。在讨论信用利差期权时，关键是要确定标的是什么。标的可以是：

- 固定信用利差的参考债券；
- 参考债券的信用利差水平。

1. 标的是固定信用利差的参考债券　当标的是固定信用利差的参考债券时，信用利差期权的定义如下：

信用利差看跌期权：赋予期权购买者权利，但没有义务，在执行日以高于指定基准的敲定信用利差决定的价格出售参考债券。

信用利差看涨期权：赋予期权购买者权利，但没有义务，在执行日以高于指定基准的敲定信用利差决定的价格购买参考债券。

信用利差期权可以有不同的执行方式：只能在执行日执行（欧式），可以在执行日前的任何时点执行（美式），或是在执行日前的某个确定日期（百慕大式）执行。

参考债券的价格（也就是，信用风险债券）是由高于参考基准（一般是无违约风险的政府债券）的具体敲定信用利差决定的。例如，假设参考债券是年收益率为8%的10年期的信用风险债券。这种债券的价格为100美元。进一步假设参考基准是年收益率6%的美国国债。那么，当前的信用利差是200个基点。假设确定的敲定信用利差是300个基点，期权在6个月后到期。在6个月末，假设9.5年期国债的利率为6.5%。因为敲定信用利差为300个基点，那么用于计算参考债券的执行价格的收益率是9.5%（国债的6.5%加上300个基点的敲定信用利差）。9.5年期的票面利率为8%的债券要产生9.5%的收益率时，每100美元的面值价格为90.75美元。

到期日的支付取决于参考债券的市场价格。例如，假设在6个月末，参考债券市场价格为82.59美元。这时的收益率为11%，相对于9.5年期利率为6.5%的国债，信用利差为450个基点。对于信用利差看跌期权，购买者可以按照90.75美元的执行价格出售参考债券（市场售价为82.59美元）。从这项执行中可以获得8.16美元的收益。这项收益在扣除期权费用后会略有减少。对于信用利差看涨期权，购买者不会执行该项期权，直到到期它也没有价值。这时相当于损失了期权成本。

在标的为固定信用利差的参考债券时，使用信用利差期权存在一个问题。收益取决于参考债券的价值，其价值不仅受利率水平波动的影响（由参考基准的利率衡量），并且受信用利差变动的影响。例如，假设在我们的例子中，9.5年期国债在执行日的收益率为4.5%（而不是6.5%），信用利差增加到450个基点。这意味着参考债券在收益率为9%的基础上交易（4.5%加上450个基点）。因为收益率为9%，那么9.5年期的票面利率为8%的债券的价格为93.70美元。在这个例子中，信用利差看跌期权将获得965美元的收益，因为参考债券的价格为93.7美元，执行价格为103.35美元。因此，由于参考基准的利率下降到足够低的程度就可以抵销信用利差的增加，所以对信用利差风险没有任何的保护。

当信用利差期权的标的为固定信用利差的参考债券时，在没有考虑期权成本的情况下，期权所有者的收益：

期权类型	到期日的正收益
看跌	到期时信用利差 > 敲定信用利差
看涨	到期时信用利差 < 敲定信用利差

因此，为了抵御信用利差风险，投资者可以购买标的为固定信用利差的参考债券的信用利差看跌期权。

2. 标的是参考债券的信用利差　当信用利差期权的标的是高于基准的参考债券的信用利差时，执行一项看涨或看跌期权的收益如下：

信用利差看涨期权：

收益 =（执行日的信用利差 - 敲定的信用利差）× 名义金额 × 风险因子

信用利差看跌期权：

收益 =（敲定的信用利差 - 执行日的信用利差）× 名义金额 × 风险因子

敲定的信用利差（以小数形式）在期权开始时就固定了，执行日信用利差（以小数的形式）是执行日高于参考基准的信用利差，并且，风险因子是基于债务工具的利率敏感性的。

注意，当信用利差期权的标的为参考债券的高于参考基准的信用利差时，信用利差看涨期权被用于防止信用利差的增加。相反，当信用利差期权的标的是参考债券时，信用利差看跌期权被用于防止信用利差的增加。

风险因子（risk factor）是由参考债券对信用利差变动的敏感性决定的。风险因子可以按不同的方式计算。一种方式是计算当利率变动 100 个基点时，参考债券价格变动的百分比。

因为价格变动百分比根据观察的信用利差的增加还是减少而会有所差别，所以使用的价格变动可以根据具体的情况来确定。例如，如果期权涉及信用利差增加，利率的增加将被用于确定价格下降的幅度。一旦由利率变动 100 个基点引起的价格变动百分比确定了，那么就可以用它除以 100 来获得利率变动 1 个基点引起的价格变动的大约百分比。也就是，

利率变动 1 个基点的价格变动（百分比）= 利率变动 100 个基点的价格变动（百分比）/100

根据到期信用利差和敲定信用利差定义来计量风险因子，可以按如下公式计算：

风险因子 = 利率变动 1 个基点所引起的价格变动百分比 × 10 000

通过引入风险因子，此处的信用利差期权克服了我们在标的是参考债券的信用利差期权中提到的问题：收益取决于利率水平的变动（参考基准的收益）和信用利差。这里，收益仅取决于信用利差的变动。因此，参考基准利率水平的波动不会影响到期权的价值。

为了举例说明信用利差看涨期权，我们假设 BB 级，票面利率为 7.75% 的尼亚加拉莫霍克电力公司债券，到期时间在 2008 年。在 1998 年 9 月，这种债券的市场价格为 104.77 美元，到期收益率大约为 7.08%。风险因子通过利率增加 100 个基点引起的价格变动百分比来确定[①]。对于尼亚加拉莫霍克电力公司债券，利率增加 100 个基点会导致价格变动 6.65%。因此，信用利差增加 1 个基点，将会导致价格变动约 0.0665%。那么风险因子为：

$$0.000665 \times 10\ 000 = 6.65$$

当该债券的收益率为 7.08% 时，10 年期国库券的收益为 5.3%，信用利差为 178 个基本点。考虑到尼亚加拉莫霍克电力公司债券的 BB 信用等级，这时的利差很窄。可能市场认为尼亚加拉莫霍克电力公司债券的信用风险更加接近于 BBB 级而不是 BB 级。

或者，也可能是市场高估了这种债券。如果投资组合经理认为该种债券被高估了，投资组合经理就可能敲定在 178 个基点购买信用利差期权。这与经理认为的参考债券的价格在当前的信用利差下被高估且预期扩大的信用利差将上升回归到正常水平的观点是一致的。

假设经理相信该债券的信用利差在一年内会增加到 250 个基点。投资组合经理可以基于尼亚加拉莫霍克电力公司债券和美国国库券之间的信用利差，购买名义金额 2 000 万美元的平价看涨期权。

期权的期限是一年，成本是 125 个基本点，风险因子是 6.65。

在期权的到期日，如果信用利差是 250 个基点（也就是到期信用利差），投资组合经理将收到：

收益 = （0.025 − 0.0178）× 20 000 000 美元 × 6.65 = 957 600 美元

---

① 使用利率增加是因为我们在考察价格对信用利差增加的敏感性。

投资组合经理获得的收益为收到的金额减去期权成本。因为期权成本为 20 000 000 美元名义数额乘以 125 个基点，所以期权成本是 250 000 美元。投资组合经理的收益是 707 600 美元（957 600 - 250 000）。图表 24—3 演示了这个收益/损失的计算。

图表 24—3　　尼亚加拉莫霍克电力公司债券敲定在 178 个基点的期权

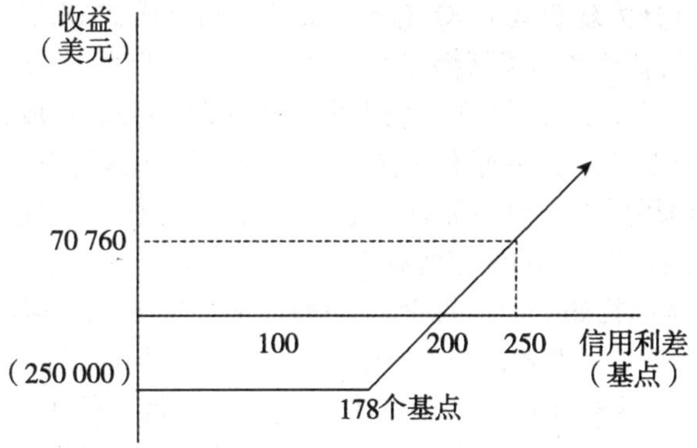

24. 6. 2　信用利差远期合约

信用利差远期（credit spread forward）要求在结算日根据信用利差进行支付额交换。与信用利差期权一样，标的可以是固定信用利差的参考债券的价值，也可以是信用利差。收益取决于合约结算日的信用利差。如果结算日信用利差向有利于交易方的方向移动，收益是正的（也就是将收到现金）。如果结算日信用利差向不利的方向移动，将发生支出。

例如，假设经理认为一年内信用风险债券的信用利差会增加（也就是扩大），超过目前的 250 个基点。那么，这项信用利差远期合约的收益函数如下：

（结算日的信用利差 - 250）×名义金额×风险因子

假设名义金额为 1 000 万美元，风险因子为 5，如果结算日的信用利差是 325 个基点，那么投资组合经理将收到的数额为：

（0. 0325 - 0. 025）×10 000 000 ×5 = 375 000（美元）

相反，如果结算日的信用利差减少到 190 个基点，那么投资组合经理将发生 300 000 美元的支出，计算如下：

（0. 019 - 0. 025）×10 000 000 ×5 = -300 000（美元）

总之，如果投资组合经理持有信用利差远期合约头寸，信用利差的增加将使他从中获益，那么收益的计算如下：

（结算日的信用利差 - 约定的信用利差）×名义金额×风险因子

如果处于信用利差减少的情况下，那么支出为：

（约定的信用利差 - 结算日的信用利差）×名义金额×风险因子

24. 7　合成式债务抵押债券

信用衍生品被用于创造具有特定结构的债务工具，这些债务工具的收益源自参考债券、一揽子参考债券、实体的信用特征。这些产品被称为**结构化信用产品**（structured credit products）。这里，我们阐述这些产品中的一种：合成式债务抵押债券。

之前已经介绍过了债务抵押债券。债务抵押债券（CDO）由下面一种或几种的债券的多样化组合来支持：投资级公司债券、高收益公司债券、新兴市场债券、银行贷款、资产支持证券、住宅和商业抵押贷款支持证券、不动产投资信托。在债务抵押债券结构中，抵押品管理者有责任管理抵押资产。购买抵押资产的资金是从债券的发行中获得的。一般情况下，有优先债券和夹层债券，也有次级/权益级组别。

债务抵押债券可以分为**现金式** CDO（cash CDO）和**合成式** CDO（synthetic CDO）。在现金式 CDO 中，抵押品管理者购买抵押资产。这就是之前所讨论的现金式 CDO。此处我们的关注点在合成式 CDO 上，这是 CDO 市场上发展最快的部分。合成式 CDO 之所以这样命名，是因为抵押品管理者实际上不拥有一揽子含信用风险暴露的资产。换句话说，合成式 CDO 纳入了参考标的信用风险，但不拥有法定所有权。一揽子信用违约互换一般允许机构转移信用风险，但不是标的资产的法定所有权。

合成式 CDO 的基本结构如下。与现金式 CDO 一样，合成式 CDO 会发行债券。从出售债券中获得的收入被抵押品管理者用于投资低风险的资产。同时，抵押品管理者与交易对手进行一揽子的违约互换，为存在信用风险的参考债券提供信用保护（也就是说，抵押品管理者是保护的出售者）。因为抵押品管理者出售信用保护，所以他能够获得信用违约互换费用。

一揽子信用违约互换的另一方是保护的购买者，支付互换费用给抵押品管理者。这个实体一般是金融机构，它们企图摆脱其所拥有的资产的信用风险，这些资产就是信用违约互换的参考债券。如果违约事件没有发生，抵押品管理者获得的能够支付给 CDO 持有人的款项是低风险资产构成的抵押品收益加上信用违约互换费用。

如果发生了任何参考债券的违约事件，抵押品管理者必须支付款项给交易对手。这将减少用于支付给 CDO 持有人的收益。

最近，出现了合成式 CDO 的一种新形式：信用违约互换指数的标准组别①。[10]

24.8 一揽子违约互换

由于合成式 CDO 市场越来越重要，在这些结构化产品中和可能在市场上出现的其他类型信用结构化产品中，一揽子违约互换的作用也越来越重要，在这部分我们将仔细阐述一下一揽子违约互换的不同类型。在一揽子违约互换中，参考实体不止一个。一般情况下，在一揽子违约互换中，存在三到五个参考实体。市场上有许多不同类型的一揽子违约互换。它们的分类如下：

- 前 N 个违约互换；
- 次级一揽子违约互换；
- 优先一揽子违约互换。

本部分将对每一类型进行讨论。

24.8.1 前 N 个违约互换

在**前 N 个违约互换**（**Nth-to-default swap**）中，只有在前 n 个参考实体发生了违约时，保护的出售者才向保护的购买者支付款项，在只有前 N - 1 个参考实体发生违约时，才无需支

① 参见 Douglas J. Lucas, Laurie S. Goodman, and Frank J. Fabozzi, *Collateralized Debt bligations: Structures and Analysis*, Second Edition（Hoboken, NJ: John Wiley & Sons, 2006）的第 15 章。

付款项。一旦有前N个参考实体违约的支出发生，信用违约互换终止。也就是，如果其他没有违约的参考实体后来发生了违约，保护的出售者也不会发生支出。

例如，假设有五个参考实体。在**前一个违约一揽子互换**（**first-to-default basket swap**）中，只要参考实体中的一个发生违约事件就会触发支出。即使其他四个参考实体后来也出现了违约事件，保护的出售者也不会再发生任何的其他支出。如果只有在参考实体中出现了第二个违约后，才会触发支出，这样的互换称为**前两个违约一揽子互换**（**second-to-default basket swap**）。因此，如果互换期限内参考实体只有一次违约，保护的出售者不需要发生支出。如果在互换的有效期内，发生了第二个参考实体违约，保护的出售者发生支出，互换终止。保护的出售者不会为剩下三个参考实体的违约发生支付。

24.8.2 次级和优先一揽子信用违约互换

在**次级一揽子违约互换**（**subordinate basket default swap**）中，包括（1）每个参考实体违约的最大支出；（2）一揽子参考实体在互换期限内的最大总支出。例如，假设有五个参考实体，（1）一个参考实体的最大支出是1 000万美元；（2）最大的总支出是1 500万美元。再假设在互换期限内违约会导致下面的损失：

由第一个参考实体违约引起的损失=600万美元

由第二个参考实体违约引起的损失=1 000万美元

由第三个参考实体违约引起的损失=1 600万美元

由第四个参考实体违约引起的损失=1 200万美元

由第五个参考实体违约引起的损失=1 500万美元

当第一个参考实体违约时，需要发生600万美元的支出。可以用于支付其他四个参考实体发生违约的剩余数额是900万美元。当第二个参考实体发生1 000万美元违约时，只能支出900万美元。这时，互换终止。

在**优先一揽子违约互换**（**senior basket default swap**）中，每个参考实体存在一个最大支出，但是只有在确定的金额损失达到临界点之后，才会发生支出。为了举例说明，假设存在五个参考实体，每个参考实体的最大支出是1 000万美元。并假设只有违约损失达到4 000万美元（临界点）时，才会发生支出。利用上面的假设，保护的出售者发生的支出如下。前三次违约损失是3 200万美元。但是，由于一个参考实体有最大损失限制，那么1 600万美元中只有1 000万美元用于计算是否达到4 000万美元的临界点。因此，在发生了第三次违约之后，2 600万美元（600万美元+1 000万美元+1 000万美元）用于计算是否达到4 000万美元的临界点。当第四个参考实体违约时，只有1 000万美元用于计算是否达到4 000万美元的临界点。这时，3 600万美元的累积损失还没有达到4 000万美元的临界点。当我们例子中的第五个参考实体违约时，只有1 000万美元是相关的，因为参考实体的最大支出是1 000万美元。1 000万美元中的400万美元参与累积达到临界点。因此，保护的出售者会发生600万美元的支出。

24.8.3 不同违约互换风险的比较[①]

我们从保护的出售者的角度比较每种违约互换的风险。这也有助于加强对每种互换类型

① 本部分例子和讨论来自于"*Nth* to Default Swaps and Notes: All About Default Correlation," *CDO Insight* (May 30, 2003) UBS Warburg。

的理解。假设对于一揽子违约互换，有相同的五个参考实体。四个信用违约互换，按风险从高到底排列，是：

1. 次级一揽子违约互换：每个参考实体的最大支出是1 000 万美元，最大的总支出是1 000万美元。

2. 前一个违约互换：第一个参考实体违约的最大支出是1 000 万美元。

3. 前五个违约互换：前五个参考实体违约的最大支出是1 000 万美元。

4. 优先一揽子违约互换：每一个参考实体违约的最大支出是1 000 万美元，但是只在达到4 000 万美元的临界点之后才会发生支出。

在有五个参考实体违约时，除了优先一揽子违约互换外，其他都明确要求保护的出售者支付款项（不超过对单个参考实体损失的最大支出）。因此，优先一揽子违约互换将保护的出售者的风险降至最低。

现在，我们看看三个有1 000 万美元最大支出的违约互换：次级一揽子违约互换，前一个违约互换，前五个违约互换。先考虑次级一揽子互换和前一个违约互换。假设第一个参考实体违约损失是800 万。在前一个违约互换中，保护的出售者需要发生的支出是800 万美元，然后互换终止（也就是说，保护的出售者无须发生其他的支出）。对于次级一揽子互换，在支付完第一次参考实体违约的800 万美元之后，互换没有终止。相反，保护的出售者仍然有为其他四个参考实体发生违约支付200 万美元损失的风险。因此，次级一揽子违约互换比前一个违约互换的风险更高。

最后，对保护的出售者而言，前一个违约互换比前五个违约互换的风险高，因为保护的出售者必须在第一个参考实体发生违约时支付款项。

CFA 考试

关于注册金融分析师考试

注册金融分析师考试是金融分析领域全球公认的最高标准的考试，该考试不仅用来衡量金融分析师的业务能力，也同时代表其诚信度。要获得注册金融分析师资格，候选人必须通过注册金融分析师的考试，这是全球研究生水平的自学考试，内容包含了投资领域的专业咨询所要求的许多课程。

立足于基于实践的课程体系，注册金融分析师项目关注专业人士在做投资决定过程中所必须具备的知识。在全球执业的注册金融分析师中进行常规、广泛的调查之后，发现这部分内容仍然是适当的。课程体系涵盖了 10 个主要领域，内容包括从权益和固定收益分析到投资组合管理和公司理财，所有的课程都非常强调在专业领域中的执业道德。由于其严格和广泛性，注册金融分析师项目课程强调每个市场的共同原则，这样，获得资格的注册金融分析师能够有全球投资视角和对全球市场的深刻理解。

www. cfainstitute. org